E-Book inside.

Mit folgendem persönlichen Code können Sie die
E-Book-Ausgabe dieses Buches downloaden:

```
69018-hiz6p-56r00-2npgu
```

Registrieren Sie sich unter

www.hanser-fachbuch.de/ebookinside

und nutzen Sie das E-Book auf Ihrem Rechner*, Tablet-PC
und E-Book-Reader.

Der Download dieses Buches als E-Book unterliegt gesetzlichen Bestimmungen bzw.
steuerrechtlichen Regelungen, die Sie unter **www.hanser-fachbuch.de/ebookinside** nachlesen können.

* Systemvoraussetzungen: Internet-Verbindung und Adobe® Reader®

Krooß

Algorithmen und Datenstrukturen

Ihr Plus – digitale Zusatzinhalte!
Auf unserem Download-Portal finden Sie zu diesem Titel kostenloses Zusatzmaterial.
Geben Sie auf **plus.hanser-fachbuch.de** einfach diesen Code ein:

```
plus-35ipn-en7sk
```

Bleiben Sie auf dem Laufenden!
Unser **Computerbuch-Newsletter** informiert Sie monatlich über neue Bücher und Termine. Profitieren Sie auch von Gewinnspielen und exklusiven Leseproben. Gleich anmelden unter:
www.hanser-fachbuch.de/newsletter

René Krooß

Algorithmen und Datenstrukturen

Praktische Übungen
für die Vorlesungen und Praktika

HANSER

Alle in diesem Buch enthaltenen Informationen, Verfahren und Darstellungen wurden nach bestem Wissen zusammengestellt und mit Sorgfalt getestet. Dennoch sind Fehler nicht ganz auszuschließen. Aus diesem Grund sind die im vorliegenden Buch enthaltenen Informationen mit keiner Verpflichtung oder Garantie irgendeiner Art verbunden. Autor und Verlag übernehmen infolgedessen keine juristische Verantwortung und werden keine daraus folgende oder sonstige Haftung übernehmen, die auf irgendeine Art aus der Benutzung dieser Informationen – oder Teilen davon – entsteht.

Ebenso übernehmen Autor und Verlag keine Gewähr dafür, dass beschriebene Verfahren usw. frei von Schutzrechten Dritter sind. Die Wiedergabe von Gebrauchsnamen, Handelsnamen, Warenbezeichnungen usw. in diesem Buch berechtigt deshalb auch ohne besondere Kennzeichnung nicht zu der Annahme, dass solche Namen im Sinne der Warenzeichen- und Markenschutz-Gesetzgebung als frei zu betrachten wären und daher von jedermann benutzt werden dürften.

Bibliografische Information der Deutschen Nationalbibliothek:

Die Deutsche Nationalbibliothek verzeichnet diese Publikation in der Deutschen Nationalbibliografie; detaillierte bibliografische Daten sind im Internet über http://dnb.d-nb.de abrufbar.

Dieses Werk ist urheberrechtlich geschützt.
Alle Rechte, auch die der Übersetzung, des Nachdruckes und der Vervielfältigung des Buches, oder Teilen daraus, vorbehalten. Kein Teil des Werkes darf ohne schriftliche Genehmigung des Verlages in irgendeiner Form (Fotokopie, Mikrofilm oder ein anderes Verfahren) – auch nicht für Zwecke der Unterrichtsgestaltung – reproduziert oder unter Verwendung elektronischer Systeme verarbeitet, vervielfältigt oder verbreitet werden.

© 2022 Carl Hanser Verlag München, www.hanser-fachbuch.de
Lektorat: Brigitte Bauer-Schieweck
Copy editing: Petra Kienle, Früstenfeldbruck
Umschlagdesign: Marc Müller-Bremer, München, www.rebranding.de
Umschlagrealisation: Max Kostopoulos
Titelmotiv: © stock.adobe.com/Alexander Limbach
Satz: Eberl & Koesel Studio, Altusried-Krugzell
Druck und Bindung: Eberl & Koesel GmbH, Altusried-Krugzell
Ausstattung patentrechtlich geschützt. Kösel FD 351, Patent-Nr. 0748702
Printed in Germany

Print-ISBN: 978-3-446-47222-8
E-Book-ISBN: 978-3-446-47241-9
E-Pub-ISBN: 978-3-446-47303-4

Inhalt

Vorwort IX

Teil I: Grundlagen 1

1 Einführung 3
1.1 Berechenbarkeit von Algorithmen 4
1.2 Wie eine Turing-Maschine arbeitet 5
    1.2.1 Beispiel 1: Addition zweier Zahlen mit einer Turing-Maschine 6
    1.2.2 Beispiel 2: Suchen und ersetzen 8
    1.2.3 Beispiel 3: Multiplikation zweier Zahlen mit einer erweiterten Turing-Maschine 10
    1.2.4 Von der Turing-Maschine zum Prozessor 13
1.3 Laufzeitanalyse von Algorithmen 14
    1.3.1 Das P-NP-Problem 16
1.4 Laufzeitabschätzungen von C-Programmen 17
1.5 Übungen 21

2 Basisalgorithmen 23
2.1 Der Ringtausch 24
2.2 Einfache Textsuche 28
2.3 Einfaches Suchen und Ersetzen 33
    2.3.1 Entfernen eines Textes aus einer Zeichenkette 33
    2.3.2 Einfügen von Freiräumen in den Text 34
    2.3.3 Ein vollständiges Programm zum Suchen und Ersetzen 35
2.4 Einfaches Sortieren von Zahlen 38
    2.4.1 Bubble Sort 39
    2.4.2 Einfaches, sortiertes Einfügen 43
2.5 Primfaktorzerlegung 47
    2.5.1 Wann ist eine Zahl eine Primzahl? 47
    2.5.2 Die Primfaktorzerlegung – das Programm „Primteiler" 49
2.6 Berechnung des GGT (größter gemeinsamer Teiler) 53

2.7		Gezielte Suche nach Primzahlen	56
	2.7.1	Das Sieb des Eratosthenes	56
2.8		Rechnen mit beliebig langen Zahlen	59
	2.8.1	Addition beliebig langer Zahlen	59
	2.8.2	Subtraktion beliebig langer Zahlen	64
	2.8.3	Multiplikation beliebig langer Zahlen (Ägyptische Multiplikation)	68
	2.8.4	Division beliebig langer Zahlen (Ägyptische Division)	71
2.9		Übungen	83

3 Rekursive Algorithmen ... 85

3.1		Der Prozessorstapel (Stack)	85
3.2		Was sind Rekursionen und wozu werden sie benötigt?	87
3.3		Beispielprogramme zur Rekursion	87
	3.3.1	Berechnung der Fakultät	88
	3.3.2	Berechnung von Fibonacci-Zahlen	90
	3.3.3	Das Erstellen von Galois-Feldern	92
	3.3.4	Die Türme von Hanoi	95
	3.3.5	Ein Backtracking-Algorithmus	98
	3.3.6	Ein einfacher Taschenrechner	104
3.4		Wann Rekursion und wann lieber nicht?	113
3.5		Übungen	114

Teil II: Fortgeschrittene Themen ... 115

4 Verkettete Listen ... 117

4.1		Die Erstellung verketteter Listen	117
	4.1.1	Einfach verkettete Listen	118
	4.1.2	Doppelt verkettete Listen	127
4.2		Blockchains und Listen mit beliebigen Objekten	138
	4.2.1	Blockchains	138
	4.2.2	Listen mit beliebigen Objekttypen	151
4.3		Listen mit Java erstellen	166
	4.3.1	Erstellen von Java-Listen mit LinkedList	167
	4.3.2	Erstellen von Java-Listen mit Vector	171
	4.3.3	Wann LinkedList und wann Vector?	172
4.4		Übungen	173

5 Bäume ... 175

5.1		Allgemeine Bäume	176
	5.1.1	Einfach strukturierte allgemeine Bäume	176
	5.1.2	Allgemeine Bäume mit beliebigen Objekten	188
5.2		Binärbäume	202
5.3		Bäume in Java	213
5.4		Übungen	218

6 Such- und Sortierverfahren ... 219
6.1 Wichtige effiziente Sortierverfahren ... 220
6.1.1 Min-Max-Sort ... 220
6.1.2 Mergesort ... 225
6.1.3 Quicksort ... 231
6.1.4 Treesort ... 238
6.1.5 Heapsort ... 241
6.2 Effiziente Suchalgorithmen ... 250
6.2.1 Der KMP-Algorithmus ... 250
6.2.2 Threadsearch ... 257
6.3 Übungen ... 264

Teil III: Weiterführende Themen ... 265

7 Signalverarbeitung ... 267
7.1 Was ist ein Signal? ... 267
7.1.1 Korrektes Messen von Signalen ... 268
7.2 Generierung digitaler Signale ... 272
7.2.1 Das Rechtecksignal ... 273
7.2.2 Das Sägezahnsignal ... 276
7.2.3 Das Dreiecksignal ... 278
7.2.4 Das weiße Rauschen ... 280
7.2.5 Das Sinussignal ... 283
7.2.6 Zeitveränderliche diskrete Signale ... 285
7.3 Filteralgorithmen ... 289
7.3.1 Der Pop-Klick-Filter ... 290
7.3.2 Der Distortion-Filter ... 293
7.3.3 Der EMA-Filter ... 295
7.3.4 Diskrete Fourier-Transformation (DFT) ... 299
7.4 Übungen ... 303

8 Grafische Bildverarbeitung ... 305
8.1 Der Medianfilter ... 305
8.2 Binärfilter ... 321
8.3 Lineares Filtern mit Filtermasken ... 324
8.4 Chroma Keying ... 329
8.5 Übungen ... 332

9 Simulation neuronaler Netze ... 333
9.1 Zeichenerkennung mit neuronalen Netzen ... 334
9.2 Spracherkennung ... 347

10 Kryptographische Algorithmen ... 357
- 10.1 Historische Chiffren ... 357
  - 10.1.1 Die Caesar-Chiffre ... 358
  - 10.1.2 Die Vigenère-Verschlüsselung ... 363
  - 10.1.3 Die Enigma ... 366
- 10.2 Sichere Schlüsselübertragung ... 375
  - 10.2.1 Verwenden der Modulo-Operation ... 375
  - 10.2.2 Verwenden des RSA-Algorithmus ... 382
- 10.3 Blockchiffren ... 395
- 10.4 Hashing-Verfahren ... 412
  - 10.4.1 Erweitertes XOR-Hashing ... 412
  - 10.4.2 Der SHA-Algorithmus ... 422
- 10.5 Erzeugen sicherer Pseudo-Zufallszahlen ... 429
- 10.6 Übertragen von Nachrichten durch Quantenkryptographie ... 432

11 Graphen ... 435
- 11.1 Darstellung eines Graphen als Adjazenzmatrix ... 437
- 11.2 Darstellung eines Graphen als verallgemeinerte Baumstruktur ... 446
- 11.3 Eulerkreise ... 455
- 11.4 Petri-Netze ... 462
  - 11.4.1 Prozess-Synchronisation ... 462
  - 11.4.2 Das Erzeuger-Verbraucher-Problem ... 465
  - 11.4.3 Das Philosophenproblem von Dijkstra ... 467
  - 11.4.4 Simulation von Petri-Netzen mit Inzidenzmatrizen ... 481
- 11.5 Übungen ... 491

Anhang: Lösung der Übungsaufgaben ... 493
Anhang zu Kapitel 1 „Einführung" ... 493
Anhang zu Kapitel 2 „Basisalgorithmen" ... 498
Anhang zu Kapitel 3 „Rekursive Algorithmen" ... 500
Anhang zu Kapitel 4 „Verkettete Listen" ... 502
Anhang zu Kapitel 5 „Bäume" ... 504
Anhang zu Kapitel 6 „Such- und Sortierverfahren" ... 506
Anhang zu Kapitel 7 „Signalverarbeitung" ... 507
Anhang zu Kapitel 8 „Grafische Bildverarbeitung" ... 510
Anhang zu Kapitel 11 „Graphen" ... 512

Index ... 515

Vorwort

Bücher über Algorithmen gibt es mittlerweile viele und natürlich gibt es noch viel mehr Projekte, die komplexe Algorithmen verwenden. Warum muss es dann noch ein weiteres Buch über Algorithmen geben? Die Antwort ist, dass bei der Flut an Büchern, die es zum Thema Algorithmen mittlerweile gibt, das Thema Studium oft außen vor bleibt. In diesem Buch geht es deshalb um die Frage, welche Algorithmen speziell für das Studium wichtig sind und welche nicht. Eine zweite wichtige Frage ist natürlich auch die, ob Sie einen einfachen Einstieg in das komplexe Thema Algorithmen und Datenstrukturen finden können, der Ihnen im Studium weiterhilft. Die Antwort ist: Ja, auf jeden Fall, und das mit einem vertretbaren Aufwand. Die Frage, warum Sie sich gerade für dieses Buch entscheiden sollten, ist hiermit beantwortet: Bei den meisten Büchern über Algorithmen und Datenstrukturen, die zumindest ich selbst verwenden musste, steigt die Lernkurve oft schon am Anfang steil an. Auch wird oft Programmcode mit komplexen mathematischen Abhandlungen und Beweisen vermischt und dadurch kommt die Programmierpraxis zu kurz. Ich dagegen möchte den Schwerpunkt auf die Praxis legen und Ihnen Programmcode vorstellen, der sozusagen out oft the box lauffähig ist. Dabei fange ich ganz einfach an und erkläre zunächst einmal, wie Sie zwei Werte miteinander vertauschen oder Zahlen sortiert in ein Array einfügen können. Ich möchte an dieser Stelle aber nicht an Bücher wie „Algorithmen und Datenstrukturen für Dummies" anknüpfen, die die meisten Dinge im Comic- oder Pseudocode-Stil erklären. Ich möchte schon ein oder zwei Stufen höher ansetzen und Ihnen ausführbaren Quellcode zeigen. Von mir aus können Sie sogar „Algorithmen und Datenstrukturen für Dummies" parallel zu diesem Buch lesen, oder – falls Sie dieses Buch schon gelesen haben – gleich mit diesem Buch weitermachen. Sie haben in diesem Fall quasi Level 1 und 2 schon geschafft und können sich nun Level 3 vornehmen. Ich denke, 10 000 Erfahrungspunkte könnte ich Ihnen als Dungeon-Master schon für die Dummies anschreiben.

Ich will mit dem letzten Absatz keinesfalls ausdrücken, dass all die Bücher, die Sie in Ihrem Studium durcharbeiten müssen, überflüssig sind. Wenn Sie aber vorher gelernt haben, wie Sie so einfache Dinge wie den größten gemeinsamen Teiler oder die Primfaktoren einer natürlichen Zahl berechnen können, dann können Sie später auch komplexe mathematische Verfahren in ein laufendes Programm umsetzen. Grundlegende Kenntnisse in der Programmierung möchte ich natürlich voraussetzen, Erfahrungen mit der Programmiersprache C oder Java sind an dieser Stelle von Vorteil. Dies heißt natürlich nicht, dass ich Sie mit allerhand unverständlichen, komplexen Klassendiagrammen aus der objektorientierten Entwicklung bombardiere, die nur ein Profi verstehen kann. Obwohl ich dies durchaus könnte, möchte ich versuchen, die Programmierung und auch die Mathematik, die hinter vielen Algorithmen steckt, möglichst leicht verdaulich zu präsentieren.

Kommen wir nun zum Aufbau dieses Buchs. Die einzelnen Kapitel sind jeweils ähnlich gegliedert. Zuerst erfolgt eine kurze Einleitung, worum es geht, und dann schließt sich, falls erforderlich, eine Beschreibung der eventuell erforderlichen Programmiertechniken an. Wenn es mathematische Grundlagen gibt, werden die entsprechenden Funktionen erläutert und auch, welche Variablen diese Funktionen verwenden. Ich habe besonders darauf geachtet, dass Sie zu jedem Algorithmus mindestens ein Listing vorfinden, das anschließend ausführlich erklärt wird. In den Kapiteln selbst finden sich oft verschiedene Tipps und Hinweise, die auch durch spezielle Kästchen mit der Überschrift „Hinweis" gekennzeichnet sind. Ich empfehle Ihnen, die Hinweise ernst zu nehmen, denn so erleichtern Sie sich das Leben.

Ich empfehle Ihnen auch, auf die in den Kapiteln angegebenen Webseiten oder weiterführenden Links zu gehen, denn auch dort erhalten Sie wertvolle Informationen. Online stehen Ihnen außerdem alle Quellcodes zum Buch zur Verfügung. Auf dieser Website des Hanser-Verlags

https://plus.hanser-fachbuch.de/

geben Sie folgenden Zugangscode ein:

```
plus-35ipn-en7sk
```

Kommen wir nun zur verwendeten Programmiersprache. Sämtliche Programme in diesem Buch sind in C, C++ oder Java geschrieben. Dies sind die Programmiersprachen, die auch im Studium verwendet werden. Natürlich können Sie diese Programme nicht auf e-Book-Readern wie z. B. dem Tolino ausführen, obwohl diese unter Umständen sogar angezeigt werden, wenn Sie auf den entsprechenden Link klicken. Bei Tablets mag sich die Sache anders verhalten, weil dort zumindest Java manchmal vorinstalliert ist. Am Ende jedes Kapitels befindet sich eine Rubrik mit Übungen, die Sie möglichst alle bearbeiten sollten. Dies hat den einfachen Grund, dass die Übungen an den Praktika und Klausuren orientiert sind, deshalb können ähnliche Aufgaben durchaus auch in den Prüfungen vorkommen.

Nun möchte ich noch ein paar Worte über die Gliederung dieses Buchs verlieren. In den ersten Kapiteln des Buchs lernen Sie alle Grundlagen in Bezug auf Algorithmen kennen. Sie lernen, was ein Algorithmus ist, wie und ob man entscheiden kann, ob ein bestimmtes mathematisches Problem überhaupt berechenbar ist, und welche grundlegenden (und einfachen) Algorithmen es gibt. An dieser Stelle lernen Sie z. B., wie Sie die Werte zweier Variablen vertauschen können, wie Sie den GGT zweier Zahlen berechnen, wie Sie eine Zahl in ihre Primfaktoren zerlegen oder wie Sie mit nur wenigen Programmzeilen ein einfaches Such- oder Sortierverfahren implementieren können. Auch der Umgang mit beliebig langen Zahlen wird hier erklärt. So erfahren Sie z. B., wie Sie mit Hilfe der ägyptischen Division beliebig lange Zahlen durcheinander dividieren können.

Im zweiten Teil (ab dem 4. Kapitel) werden die fortgeschrittenen Themen behandelt, die direkt auf dem ersten Teil aufbauen. Hier geht es um Dinge, die im Studium wichtig sind und die auch in den Vorlesungen und Praktika immer wieder vorkommen. Dies sind z. B. verkettete Listen, schnelle Sortierverfahren, effektive Mustersuche in Texten und Bäume.

Ab Kapitel 7 behandelt der dritte Teil spezielle Themen, die unter Umständen in Wahlpflichtfächern vorkommen und so nicht unbedingt in den zweiten Teil gehören. Dies umfasst z. B. die grafische Bildverarbeitung, die Signalverarbeitung oder spezielle Algorithmen für neuronale Netze. Viele Algorithmen im letzten Teil werden Sie wahrscheinlich niemals verwenden, denn vor allem die Wahlpflichtfächer sind oft eine Sache des Geschmacks und der eigenen Vorlieben. Ich habe versucht, möglichst viele wichtige Themenbereiche abzudecken, kann aber auch nicht ausschließen, dass die eine oder andere Sache fehlt. So gibt es z. B. über hundert Sortierverfahren und ebenso viele Suchalgorithmen. Auch über reguläre Ausdrücke, die in diesem Buch nicht enthalten sind, gibt es inzwischen mehrere gute Bücher, die ich einfach nicht nochmal schreiben möchte.

Nun wünsche ich Ihnen viel Spaß mit diesem Buch. Sollten während des Lesens Unklarheiten oder Fragen aufkommen, so scheuen Sie sich nicht, mir eine E-Mail zu schicken:

renekrooss@t-online.de

Ich freue mich über ein Feedback von Ihnen.

René Krooß

René Krooß ist Diplom-Informatiker, Programmierer und Experte für Computer-Hardware, Videoverarbeitung und 3D-Rendering. Seine Hobbys sind Elektronik, Modellbau und Retro-Computing.

Teil I: Grundlagen

- Kapitel 1: Einführung
- Kapitel 2: Basisalgorithmen
- Kapitel 3: Rekursive Algorithmen

1 Einführung

„Was genau ist ein Algorithmus?" Auf diese Frage müssen wir zuerst eine Antwort finden, wenn wir uns weiter mit dem Thema beschäftigen wollen – sonst ist alles weitere Vorgehen sinnlos. Die Antwort ist aber eigentlich nicht so schwer zu finden, denn was ein Algorithmus ist, ist streng definiert. Die Definition lautet in etwa wie folgt:

> **Definition Algorithmus**
>
> Ein Algorithmus ist eine streng formale, ausführbare Rechenvorschrift, die in einer überschaubaren Zeit für eine bestimmte Ausgangsbedingung (z. B. in Form einer Zahl) ein reproduzierbares Ergebnis liefert. Hierbei ist es zulässig, dass einzelne Rechenschritte mehrmals wiederholt werden.

Ähnliche Definitionen gibt es zuhauf in zahlreichen Lehrbüchern, manchmal sind sie länger, manchmal kürzer. Ich habe eine möglichst kurze Fassung gewählt, weil es mir auf *die Essenz* ankommt. Außerdem möchte ich von Anfang an Missverständnissen vorbeugen, denn oft werden Algorithmen mit Dingen verglichen, die sie gewiss nicht sind. Einige Lehrbücher vergleichen z. B. Algorithmen mit Kochrezepten, bei deren strikter Einhaltung ein reproduzierbares Gericht herauskommt. Leider ist bei einem Kochrezept schon die Reproduzierbarkeit nicht gegeben, denn jeder Koch kocht anders. Bei dem einem Italiener ist z. B. die Tomatensauce sämiger, bei dem anderen Italiener ist sie schärfer. Außerdem enthalten Kochrezepte Anweisungen, wie „eine Prise Salz" hinzuzugeben oder das Gericht „auf kleiner Stufe" zu garen. Keine dieser Anweisungen ist exakt ausführbar. Aber selbst eine Anweisung wie „1,534 Gramm Salz hinzufügen" oder „bei 102,885 Grad 582,35 Sekunden lang garen" beachtet noch nicht, dass jeder Herd anders ist und dass Wasser bei hohem Luftdruck später kocht als bei niedrigem Luftdruck. Ein klassisches Kochrezept ist also weit davon entfernt, ein Algorithmus zu sein, weshalb Algorithmen auch eher im mathematischen Bereich angesiedelt sind. Dort und nur dort sind streng formale, ausführbare Vorschriften mit einer genau festgelegten Ausgangsbedingung und reproduzierbarem Ergebnis denkbar. Ein gutes erstes Beispiel für einen Algorithmus ist die schriftliche Division zweier Dezimalzahlen a und b. Wenn Sie für a = 12 und für b = 5 einsetzen, dann erhalten Sie als Ergebnis stets 2,4 – egal wie oft Sie (natürlich in korrekter Weise) nachrechnen.

Kommen wir nun zum letzten Punkt, nämlich zu der Aussage, dass ein Algorithmus „in einer überschaubaren Zeit" ein Ergebnis liefern muss. Für die Division von 12 durch 5 tut die schriftliche Division genau dies: Sie kommt in nur wenigen Schritten zu einem korrekten Ergebnis. Leider ändert sich die Sache schon dramatisch, wenn Sie z. B. 10 durch 3 teilen: Ab dem dritten Schritt wiederholen sich die Ziffern endlos und Sie bekommen 3,3333 … heraus, ohne jemals den Rest 0 zu erhalten. Ihr Algorithmus endet also nicht in einer überschaubaren Zeit, wenn Sie keine zusätzliche Abbruchbedingung einfügen. Die Abbruchbedingung, die Sie wahrscheinlich schon aus der Schule kennen, ist die Perioden-Schreibweise. Sobald sich ein Rechenschritt wiederholt, wird der Algorithmus abgebrochen und man gibt eine Periode an.

■ 1.1 Berechenbarkeit von Algorithmen

Ein großes (und wahrscheinlich das größte) Problem von Algorithmen ist also zu entscheiden, ob diese berechenbar sind. „Berechenbar" im mathematischen Sinne heißt, dass ein Algorithmus in einer endlichen Anzahl von Schritten anhält und dann auch ein korrektes Ergebnis liefert. Leider ist die Aussage, dass ein bestimmtes mathematisches Problem berechenbar ist, erst bewiesen, wenn es einen Algorithmus für dieses Problem gibt, der für jede mögliche Eingabe (z. B. in Form einer Zahl) stets in einer endlichen Anzahl von Schritten ein korrektes Ergebnis liefert. Genau dieser Beweis ist sehr schwierig und kann oft nur mit einem mathematischen Beweisverfahren wie der vollständigen Induktion erbracht werden. Man kann also innerhalb der Mathematik bestimmte Aussagen beweisen, aber eben nicht alle. So gibt es z. B. keinen perfekten Algorithmus, der mir innerhalb einiger Sekunden für eine beliebig lange Zahl sagt, ob diese eine Primzahl ist, und dieser Algorithmus kann wahrscheinlich auch überhaupt nicht gefunden werden. Weil die Sache mit der Berechenbarkeit in der Mathematik nicht so einfach ist, hat man sie in späteren Definitionen von Algorithmen abgeschwächt – sie ist nun für ein Berechnungsverfahren, das ein Algorithmus „sein möchte", nicht mehr unbedingt nötig, sondern nur noch wünschenswert.

Trotzdem ist die Frage nach der Berechenbarkeit mathematischer Probleme an dieser Stelle immer noch nicht ganz beantwortet. Gibt es zumindest ernstzunehmende Versuche, um herauszufinden, wie wir feststellen können, ob eine bestimmte Fragestellung in einer endlichen bzw. vernünftigen Zeit beantwortbar ist? Leider ist es so, dass wir diese Frage bis jetzt nicht beantworten können. In der Vergangenheit, vor allem in den 20er-Jahren des letzten Jahrhunderts, gab es viele Ansätze und Vorschläge aus der Gruppentheorie, die aber spätestens aufgegeben wurden, als der Mathematiker Kurt Gödel seinen Unvollständigkeitssatz aufstellte. Der Unvollständigkeitssatz besagt Folgendes: In jedem mathematischen Axiomensystem (dies ist quasi eine Sammlung von Regeln, die für eine bestimmte Zahlengruppe wie z. B. die natürlichen Zahlen gilt) gibt es immer Annahmen, die weder beweisbar noch widerlegbar sind. D. h. natürlich auch, dass es immer Algorithmen gibt, von denen man nicht sagen kann, ob sie in einer endlichen Anzahl von Schritten ein Ergebnis liefern. Dennoch gibt es einige populäre Ansätze, um herauszufinden, ob ein bestimmter Algorithmus zumindest nachvollziehbare Ergebnisse liefert. Einer der populäreren Ansätze, den man auch immer im Studium kennenlernt, ist das verwenden einer Turing-Maschine. Auf den folgenden Seiten werden Sie nun an Beispielen erfahren, wie eine Turing-Maschine arbeitet.

1.2 Wie eine Turing-Maschine arbeitet

In seinem berühmten Werk „On computable numbers" (über berechenbare Zahlen) entwickelte Alan Turing ein Modell, mit dem man feststellen kann, ob ein mathematisches Problem berechenbar ist. Dieses Modell ist die später nach ihm benannte Turing-Maschine. Die Turing-Maschine ist so konstruiert, dass sie immer dann anhält, wenn ein mathematisches Problem berechenbar ist.

Eine Turing-Maschine wird oft in Form einer Eingabeeinheit dargestellt, in die ein unendlich langes Band hineinführt. Dieses Band, das Eingabeband, führt im einfachsten Fall auch direkt wieder aus der Maschine heraus und ist so auch gleichzeitig das Ausgabeband. Auf dem Band können nun – auch schon am Anfang – Symbole stehen. Diese Symbole sind beliebig wählbar, in den meisten Einführungsbeispielen in Bezug auf Turing-Maschinen sind dies aber fast immer Punkte und Striche, Nullen und Einsen oder Zahlen und Buchstaben. Wird die Turing-Maschine nun gestartet (dies kann z. B. durch einen Startknopf oder Hebel geschehen), liest sie zuerst das Symbol ein, über dem sich der Lesekopf zurzeit befindet. Je nachdem, welches Symbol sich nun gerade unter dem Lesekopf befindet, und je nachdem, in welchem Zustand sich die Maschine aktuell befindet, wird eine entsprechende Aktion ausgeführt. Diese Aktion ist meistens eine Ersetzung des Symbols, das sich unter dem Lesekopf befindet, durch ein anderes Symbol und ein anschließendes Verschieben des Bands nach rechts oder links. Natürlich kann der Ersetzungsschritt auch entfallen. Nach Ausführen einer Aktion wechselt die Maschine dann in einen anderen Zustand. Welcher Zustand dies ist, entnimmt die Maschine einer internen Tabelle. Gleichzeitig zu den Zustandswechseln können in der internen Tabelle auch noch zusätzliche Kommandos stehen, die z. B. das Band anhalten, wenn ein bestimmter Endzustand erreicht wird.

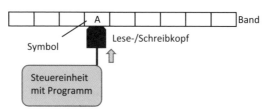

Bild 1.1 Arbeitsweise einer Turing-Maschine

Wie Sie in Bild 1.1 sehen können, hat das Eingabeband kein Ende und keinen Anfang. Ferner sind die Programme, die die Steuereinheit ausführt, fest verdrahtet. Weil die Turing-Maschine so ähnlich arbeitet wie ein sehr einfacher Computer, wird sie auch im Studium immer irgendwann besprochen. Meistens geschieht dies schon in den Vorlesungen zu den Grundlagen der Informatik, also in den ersten zwei Semestern. Deswegen habe auch ich die Turing-Maschine und die grundlegenden Überlegungen zur Berechenbarkeit mathematischer Probleme an den Anfang dieses Buchs gestellt. Die Betonung liegt hier auf „grundlegend", ich werde also einige einfache Beispiele zu Turing-Maschinen anführen. Die ganzen komplexen mathematischen Formeln aus der Gruppentheorie, die Turing selbst verwendete, um sein Modell zu definieren, werde ich Ihnen natürlich ersparen.

Hinweise für Linux und den Raspberry Pi

Ich habe durchgehend dafür gesorgt, dass sämtliche Listings und Programme in diesem Buch sowohl unter Windows 10 als auch unter Linux ausführbar sind. Dies gilt auch für den inzwischen sehr populären Raspberry Pi – sämtliche Listings sind auf dem Pi übersetzbar, auch die Java-Beispiele. Wenn Sie auf dem Pi bestimmte Dinge beachten müssen, wird dies durch separate Kästchen mit dem Titel „Hinweise für den Raspberry Pi" angezeigt.

1.2.1 Beispiel 1: Addition zweier Zahlen mit einer Turing-Maschine

Sie kennen wahrscheinlich die Binär-Schreibweise von Zahlen und wissen bereits, dass die Zahl 2 im Computer als „10" abgebildet wird. Für die Addition von zwei Zahlen durch eine Turing-Maschine möchte ich aber eine noch einfachere Schreibweise mit Nullen und Einsen verwenden, nämlich die längencodierte Darstellung, die auch schon die ENIAC verwendete. Die ENIAC war der erste wirklich funktionierende Computer, den die Amerikaner entwickelt haben. Längencodierte Zahlendarstellung bedeutet nichts anderes, als eine Zahl in der entsprechenden Anzahl von Einsen darzustellen. Wenn Sie also in diesem Beispiel die Zahl 5 darstellen wollen, dann schreiben Sie „111110". Dies sind fünf Einsen gefolgt von einer 0, die den Abschluss einer Zahl angibt. In diesem Beispiel müssen Sie also zwei Zahlen durch genau eine Null getrennt hintereinanderschreiben, die Trennung von Zahlen durch mehr als eine Null sei hier nicht erlaubt.

Kommen wir nun zu unserem ersten Beispiel, in dem die Zahlen 5 und 7 addiert werden sollen. Diese müssen Sie zuerst in folgender Form auf das Band schreiben:

111110111111110

In den folgenden Beispielen wird angenommen, dass ein Buchstabe im Text genau ein Symbol auf dem Band der Turingmaschine abbildet und dass sich der Lesekopf über dem ersten, linken Symbol im Text befindet. Nehmen wir nun an, dass die Turing-Maschine in diesem Beispiel einen Starthebel besitzt, den Sie zuerst umlegen müssen, um die Maschine in Gang zu setzen. Nehmen wir weiter an, dass Sie die Möglichkeit haben, das Band vorher korrekt einzulegen, und so den Lesekopf gezielt auf der ersten Eins (also ganz links) platzieren können. Ferner nehmen wir an, dass die Maschine immer zuerst Zustand Nr. 0 (den Initialisierungszustand) annimmt. Um zwei Zahlen zu addieren, müssen Sie nun folgende Regeln aufstellen:

- Wenn sich die Maschine in Zustand 0 befindet und das Symbol unter dem Lesekopf 1 ist, verschiebe das Band um eine Position nach links (dies ist quasi dasselbe, als ob der Lesekopf nach rechts wandert).
- Wenn sich die Maschine in Zustand 0 befindet und das Symbol unter dem Lesekopf 0 ist, so drucke das Symbol 1, verschiebe das Band um eine Position nach links und wechsle zu Zustand 1.
- Wenn sich die Maschine in Zustand 1 befindet und das Symbol unter dem Lesekopf 1 ist, verschiebe das Band um eine Position nach links.

- Wenn sich die Maschine in Zustand 1 befindet und das Symbol unter dem Lesekopf 0 ist, verschiebe das Band nach rechts (dies ist quasi dasselbe, als ob der Lesekopf nach links wandert), drucke das Symbol 0 und halte an.

Die Maschine startet in diesem Beispiel in Zustand 0 und liest so lange Einsen ein, bis sich die erste Null unter dem Lesekopf befindet. Diese Null wird dann durch eine Eins überschrieben und das Band wird danach um eine Position nach links gerückt. Die zu addierenden Zahlen werden dadurch zusammengefügt. Bevor die Maschine zu Zustand 1 wechselt, befinden sich nun die folgenden Zeichen auf dem Band (die eckigen Klammern geben die aktuelle Position des Lesekopfs an):

111111[1]1111110

Nun haben Sie aber die Zahlen noch nicht richtig addiert. Zählen Sie ruhig nach: Sie haben jetzt 13 Einsen auf dem Band stehen, 5+7 ist aber 12. Um diesen Fehler zu korrigieren, benötigen Sie eben einen zusätzlichen Zustand, nämlich Zustand 1. Dieser Zustand funktioniert zunächst wie Zustand 0 und rückt das Band so lange um eine Position nach links, bis eine Null gefunden wird. Diese Null ist aber nun das Ende des Addiervorgangs, bei dem die letzte Eins entfernt und danach die Maschine angehalten wird. Das Entfernen von Symbolen läuft dabei so ab: Das Band wird um eine Position zurückgeschoben (also nach rechts) und an diese Stelle wird eine Null geschrieben. Jetzt ist das Ergebnis korrekt und auf dem Band steht:

111111111111[0]0

Wahrscheinlich werden Sie mit dem letzten Beispiel einige Probleme gehabt haben, bis Sie es richtig verstanden haben. Das erste Problem war vermutlich die Tatsache, dass die Regeln, nach denen die Maschine arbeitet, in einer relativ unübersichtlichen 4-Punkte-Liste zusammengestellt wurden. Das zweite Problem war wahrscheinlich die Verschiebung des Bands, die umgekehrt zur Verschiebung des Lesekopfs verlaufen musste. Deshalb werde ich ab jetzt annehmen, dass sich der Lesekopf und nicht das Band bewegt, denn dadurch verändere ich nicht die grundlegenden Eigenschaften der Turing-Maschine, sondern nur die Notation der Richtungsangaben (Mathematiker sagen in diesem Fall, ich führe eine eigenschaftserhaltende Transformation durch). Außerdem verwende ich ab jetzt Zustandstabellen, in der Art, wie auch Turing sie später vorschlug, um die Übersichtlichkeit der oft zahlreichen Regeln zu erhöhen. Zustandstabellen können Sie sehr gut in Excel erstellen. Für dieses Beispiel gilt Tabelle 1.1.

Tabelle 1.1 Zustandstabelle der Turing-Maschine aus Beispiel 1.2.1

Zustand	Symbol	Schreibe	Verschiebung	Nächster Zustand
0	1	–	1 rechts	0
0	0	1	1 rechts	1
1	1	–	1 rechts	1
1	0	–	1 links	2
2	–	0	–	Halt

Ein kleiner Nachteil der Zustandstabellen bleibt: Für das Entfernen der letzten Eins am Ende der Addition benötigen Sie einen zusätzlichen Zustand, weil die Tabelle immer nur einen Zustandswechsel und eine Lesekopf-Verschiebung pro Schritt abbilden kann. Der Vorteil ist hier aber die gute Abbildbarkeit von Zustandstabellen z. B. auf ein C-Programm, mit dem Sie dann beliebige einfache Turing-Maschinen simulieren können. Hierbei sind die sogenannten einfachen Turing-Maschinen Turing-Maschinen, die nur ein Band und nur einen Lese-/Schreibkopf besitzen.

Kommen wir nun zu der Frage, ob Sie es in dem letzten Beispiel mit einem berechenbaren Problem zu tun haben. Bleibt die Turing-Maschine also für jede Eingabe stehen und liefert sie dann auch stets ein korrektes Ergebnis? Um diese Frage zu beantworten, wähle ich nun folgende fehlerhafte Eingabe aus:

111001110

Die Turing-Maschine startet hier wieder in Zustand 0 und liest so lange Einsen, bis sich die erste 0 unter dem Lesekopf befindet. Nach dem Überschreiben der ersten 0 mit einer 1 und dem Verrücken des Lesekopfs nach rechts wechselt die Maschine zu Zustand 1. Das Band sieht nun so aus:

1111[0]1110

Nun ist das Symbol unter dem Lesekopf „0", und dies bedeutet, dass die Maschine die Eins vor der Null entfernt, und danach anhält. Das Band enthält nun folgende Ausgabe, die sich anschließend auch nicht mehr ändert:

111[0]01110

Dieses Ergebnis lässt sich entweder als die Zahl 3 oder als ungültige Ausgabe interpretieren. Auf jeden Fall ist das Ergebnis falsch, obwohl die Turing-Maschine für jede beliebige Eingabe einer endlichen Anzahl von Einsen stehen bleibt. Haben Sie es aber in diesem Beispiel wenigstens mit einem berechenbaren Problem zu tun? Die Antwort, die Turing hier geben würde, ist „nein", denn ein Algorithmus sollte immer das korrekte Ergebnis liefern und dies tut der Algorithmus in diesem Beispiel für unkorrekte Eingaben nicht. Wenn Sie aber voraussetzen, dass sämtliche Eingaben stets im korrekten Format vorliegen, dann haben Sie es hier in der Tat mit einem berechenbaren Problem zu tun, sofern Sie eine endliche Anzahl an Einsen auf dem Band voraussetzen.

1.2.2 Beispiel 2: Suchen und ersetzen

Mit dem Wissen aus dem letzten Beispiel können Sie jetzt eine einfache Zeichenersetzung realisieren. Im nächsten Beispiel sollen alle Buchstaben durch Großbuchstaben ersetzt werden. Wenn das gelesene Symbol bereits ein Großbuchstabe ist, können Sie es einfach durch sich selbst ersetzen. Zahlen, Kommas, Bindestriche und Leerzeichen sollen ignoriert werden und ein Satz soll grundsätzlich durch einen Punkt beendet werden. Ein Punkt soll dann auch die Maschine stets zum Anhalten bringen. Der Ausgangstext soll wie folgt lauten:

1937 hat Turing seine Turing-Maschine erfunden.

Die Maschine startet nun wieder in Zustand 0 und findet die Zahl 1. Dieses Symbol wird ignoriert und der Lesekopf rückt um ein Feld nach rechts. Dieser Schritt wird nun für jede Zahl wiederholt und natürlich auch für das Leerzeichen. Das Zeichen „h" wird dann durch das Zeichen „H" ersetzt. Das Band enthält nun folgende Symbole:

1937 H[a]t Turing seine Turing-Maschine erfunden.

Auch das Zeichen „a" wird durch das Zeichen „A" ersetzt und der Lesekopf befindet sich anschließend auf dem Zeichen „t". Anscheinend funktioniert unser Ersetzungsalgorithmus einwandfrei, wenn wir Tabelle 1.2 verwenden.

Tabelle 1.2 Zustandstabelle für die Turing-Maschine aus Beispiel 1.2.2

Zustand	Symbol	Schreibe	Verschiebung Lesekopf	Nächster Zustand
0	Leerzeichen	Leerzeichen	1 rechts	0
0	0	0	1 rechts	0
0	1	1	1 rechts	0
...	...	...	...	...
0	9	9	1 rechts	0
0	a	A	1 rechts	0
0	b	B	1 rechts	0
...	...	...	...	...
0	z	Z	1 rechts	0
0	.	.	—	Halt

Ich habe in der letzten Tabelle immer dort drei Punkte eingesetzt, wo Sie sich die entsprechenden Einträge dazu denken müssen. So muss ich nicht z. B. sämtliche Zustandsänderungen zwischen den Zahlen 1 und 9 auflisten, sondern Sie können die entsprechenden Ersetzungen zwischen den Zahlen 2 und 8 im Geist ergänzen. An dieser Stelle sehen Sie wahrscheinlich schon den größten Nachteil von Turing-Maschinen: Die Zustandstabellen können wahrlich umfangreich werden, denn Sie müssen dort jedes Symbol einzeln auflisten. Außerdem sind zumindest die einfachen Turing-Maschinen sehr unflexibel und Sie benötigen quasi für jeden Algorithmus eine separate Maschine. Turing führte später den Gedanken einer universellen Maschine ein, den er aber leider aus gesundheitlichen Gründen nicht mehr zu einer vollständigen Theorie ausbaute.

In diesem Buch geht es aber nicht um das wahrlich tragische Schicksal Alan Turings, sondern darum, wie seine Ideen später in der Informatik eingesetzt wurden. Deshalb ist die Frage nun, ob auch das Ersetzungsverfahren in diesem Beispiel ein Algorithmus ist, der auf jeden Fall anhält. Wenn Sie aber etwas nachdenken, kommen Sie schnell darauf, dass das Ersetzungsverfahren in diesem Beispiel z. B. niemals anhält, wenn der Punkt am Satzende fehlt oder wenn ein Zeichen im Text auftaucht, für das keine Ersetzungsregel existiert (in diesem Fall würde die Turing-Maschine einfach nichts tun und das für immer). Fügen wir nun die folgende implizite Regel ein: „Immer, wenn für ein Symbol keine Regel zutrifft oder das betreffende Feld leer ist, halte an." Nun hält unser Algorithmus zwar stets an, liefert aber nicht immer eine vollständige Ersetzung aller Buchstaben durch Großbuchstaben. Nehmen Sie z. B. folgenden Satz als Eingabe an:

Hallo Klaus! Es regnet, darum bleibe ich heute zuhause.

Da für das Zeichen „!" keine Regel existiert, hält die Turing-Maschine dort an und das Band enthält in diesem Fall folgenden Text:

HALLO KLAUS[!] Es regnet, darum bleibe ich heute zuhause.

Ändern wir nun unsere implizite Regel wie folgt ab: „Immer, wenn für ein Symbol keine Regel zutrifft, ersetze das gelesene Symbol durch sich selbst und bewege den Lesekopf um einen Schritt nach rechts. Außerdem halte an, wenn der Lesekopf auf ein leeres Feld trifft." Nun können wir auch den Rest des Satzes in Großbuchstaben umwandeln und sogar den Punkt am Ende weglassen. Wenn wir voraussetzen, dass das Band nur eine endliche Anzahl nicht leerer Felder enthalten darf und dass ferner der Eingabetext nicht durch leere Felder unterbrochen werden darf, wird unser Beispiel aus Abschnitt 1.2.2 berechenbar und liefert auch stets korrekte Ergebnisse.

1.2.3 Beispiel 3: Multiplikation zweier Zahlen mit einer erweiterten Turing-Maschine

Wollen wir nun versuchen, zwei Zahlen nicht nur zusammenzufügen, sondern auch zu multiplizieren (die Multiplikation war übrigens lange Zeit das größte Problem bei der ENIAC). Wir wollen also statt 5+7 5*7 berechnen. Die Ausgangsschreibweise der Zahlen soll wieder wie im allerersten Beispiel erfolgen, nämlich als:

1 1 1 1 1 0 1 1 1 1 1 1 0

Sie müssen nun versuchen, die Symbolfolge „11111110" fünfmal hintereinanderzuhängen. Dies können Sie wie folgt realisieren: Sie ersetzen erst einmal die erste Eins durch eine Null und suchen danach die nächste Null. Dies ist die Null vor der Zahl, die hinter dem Produkt steht. Anschließend müssen Sie die Folge „1111111" kopieren. Danach müssen Sie zum ersten Zeichen zurückfinden, das nicht 0 ist, und den Kopiervorgang der Folge „1111111" so lange wiederholen, bis die erste Ziffernfolge vor dem Multiplikanden *aufgebraucht* ist. Ein großes Problem hierbei ist leider, dass Sie den Multiplikanden in dem Moment verändern, in dem Sie dort eine Zeichenkette anhängen. Das Problem der Multiplikation zweier Zahlen ist in der Tat mit einer Art einfacher Turing-Maschinen realisierbar, die sich *fleißige Biber* nennen, aber diese nun darzustellen, würde so manchen Leser schon jetzt *aussteigen* lassen. Ich will natürlich vermeiden, dass Sie schon jetzt aufgeben, Ihnen aber trotzdem ein Gefühl dafür geben, wo die Grenzen der ursprünglichen Turing-Maschinen liegen und was diesen fehlt. Dies wären folgende Dinge:

- Turing-Maschinen besitzen kein Gedächtnis in Form eines wie immer gearteten internen Speichers und können sich z. B. nicht daran erinnern, welches Symbol im letzten Schritt gelesen wurde.
- Turing-Maschinen können nicht an eine bestimmte Position direkt zurückspringen, sondern können den Lesekopf nur relativ zur aktuellen Position bewegen (man sagt auch, Turing-Maschinen können nur relative Sprünge ausführen).
- Bei Turing-Maschinen kann man das Programm, das ihnen einmal eingegeben wurde, nicht mehr ändern.
- Turing-Maschinen können nicht *lernen*, z. B. indem man ihnen später neue Regeln hinzufügt.

Kommen wir nun zurück zur Multiplikation zweier Zahlen. Dieses Problem können Sie nicht so einfach mit einer einfachen Turing-Maschine lösen, deshalb möchte ich die ursprüngliche Maschine durch einen Puffer erweitern. Ein Puffer ist ein Zwischenspeicher, der eine bestimmte Anzahl an Symbolen aufnehmen kann, um diese später bei Bedarf weiterzuverarbeiten. Ich will nun annehmen, dass ein zusätzlicher Puffer in einer erweiterten Turingmaschine bis zu 100 Symbole aufnehmen kann und dass ein spezielles Kommando den Pufferinhalt auf das Band schreiben kann, wobei der Lesekopf automatisch um die entsprechende Anzahl an Symbolen weiterbewegt wird. Durch einen Puffer können also Kopiervorgänge relativ einfach realisiert werden. Ferner will ich annehmen, dass es ein spezielles Kommando gibt, mit dem die Maschine sich die aktuelle Position des Lesekopfs merken kann, um später zu dieser Position zurückkehren zu können. Mit der erweiterten Turing-Maschine ist die Multiplikation zweier Zahlen nun relativ einfach realisierbar. Schauen Sie sich dazu das Ausgangsbeispiel noch einmal an. Am Anfang enthält das Band folgende Symbole:

11110111111110

Die Maschine befindet sich am Anfang in Zustand 0. In diesem Zustand liest sie zunächst das aktuelle Symbol unter dem Lesekopf, das am Anfang eine Eins ist. Wenn das Symbol unter dem Lesekopf eine Eins ist, wird diese durch eine Null ersetzt und der Lesekopf bewegt sich um eine Position nach rechts. Die Maschine merkt sich danach die aktuelle Position P und wechselt danach zu Zustand 1. In Zustand 1 wird der Lesekopf nun so lange nach rechts bewegt, wie sich unter diesem eine Eins befindet. Eine Null dagegen bewegt den Lesekopf um eine Position nach rechts, die Maschine leert den Zeichenpuffer und wechselt anschließend zu Zustand 2. In Zustand 2 liest die Maschine nun ebenfalls so lange Einsen vom Band, bis eine Null gefunden wurde, jedoch speichert sie nun jede Eins im Zeichenpuffer. Wurde in Zustand 2 eine Null gefunden, gibt die Maschine daraufhin den Zeichenpuffer aus, bewegt den Lesekopf zurück zu der Position, die sich die Maschine vorher gemerkt hat, und wechselt daraufhin wieder zu Zustand 0. Nun kann der Kopiervorgang erneut stattfinden, bis irgendwann alle Einsen am Anfang *aufgebraucht* sind und sich eine Null unter dem Lesekopf befindet. Dies ist die Null direkt vor dem Multiplikanden.

Wenn Sie jedoch aufgepasst haben, dann haben Sie gemerkt, dass die Maschine ein falsches Ergebnis liefert. Das liegt daran, dass wir ein Problem noch nicht gelöst haben: Immer, wenn an das Ende etwas angehängt wird, ändert sich automatisch der Multiplikand, wodurch beim nächsten Kopiervorgang die doppelte Anzahl Zeichen kopiert wird. Genau deshalb muss die ursprüngliche Zustandstabelle durch Kommandos erweitert werden, die z. B. explizit Zeichen in den Puffer kopieren oder diesen bei Bedarf leeren können. Ferner reichen die Symbole „0" und „1" nicht mehr aus, um z. B. die Eingabe von dem Ergebnis trennen zu können. Deshalb habe ich eine Zwei an der Position eingesetzt, ab der das Ergebnis stehen soll. Die Eingabe lautet also jetzt wie folgt:

11110111111112

Schauen wir, ob die Maschine nun korrekt arbeitet. In Zustand 0 liest die Maschine die Zahl 1 ein, ersetzt diese durch eine Null, bewegt den Lesekopf um eine Position nach rechts, merkt sich die aktuelle Position P und wechselt zu Zustand 1. In diesem Zustand werden jetzt so lange Einsen gelesen, bis unter dem Lesekopf eine Null steht. Ist dies der Fall, rückt der Lesekopf um eine Stelle nach rechts, der Zeichenpuffer wird geleert und die Maschine wechselt zu Zustand 2. In diesem Zustand werden nun so lange Einsen gelesen und im Zeichenpuffer gespeichert, bis eine Zwei gefunden wird. Wird eine Zwei gefunden, rückt der Lesekopf eine Position nach rechts und die Maschine wechselt zu Zustand 3. In diesem Zustand werden so lange Einsen gelesen, bis sich unter dem Lesekopf eine Null oder ein leeres Feld befindet. Ist dies der Fall, wird der Zeichenpuffer ausgegeben. Nach dem ersten Kopiervorgang steht auf dem Band Folgendes:

01111011111121111111[leer]

Nachdem der Zeichenpuffer ausgegeben wurde, wechselt die Maschine zu Zustand 4. Zustand 4 ist nur dazu da, das Kommando „bewege den Lesekopf zurück zu der vorher gemerkten Position P" auszuführen und anschließend zu Zustand 0 zu wechseln. Dies ist hier die zweite Position auf dem Band, das jetzt folgende Symbole enthält:

0[1]11101111112111111

Da sich unter dem Band eine Eins befindet, wird der Kopiervorgang wiederholt: Zuerst ersetzt die Maschine die 1 durch eine 0, anschließend sucht die Maschine die Zahl 0. Danach leert sie den Zeichenpuffer, liest sämtliche Einsen in den Puffer ein, bis sich die Zwei unter dem Lesekopf befindet, und sucht anschließend das erste leere Feld hinter der letzten Eins. Durch die Trennung von Eingabebereich und Ergebnisbereich werden die Einsen nun korrekt zusammengefügt. Am Ende enthält das Band folgende Ausgabe:

0000001111111111111111111111111111112

Leider kann auch die erweiterte Turing-Maschine unter Umständen unvorhergesehenes Verhalten zeigen, wie z. B. bei der folgenden Eingabe:

1111121111112

Für Zustand 0 wurde nicht definiert, wie bei dem Symbol „2" verfahren werden soll, deshalb friert die Maschine an dieser Stelle ein. Wenn Sie sich wieder dafür entscheiden, vorher die implizite Annahme zu machen, dass die Maschine stehen bleiben soll, falls für ein Symbol keine Regel existiert, wird am Ende das Ergebnis falsch sein. Es folgt die erweiterte Zustandstabelle für das letzte Beispiel.

Tabelle 1.3 Zustandstabelle für die Turing-Maschine aus Beispiel 1.2.3

Zustand	Symbol	Schreibe	Verschiebung Lesekopf	Kommando	Nächster Zustand
0	1	0	1 rechts	Merke aktuelle Position P	1
0	0	–	–	–	Halt
1	1	–	1 rechts	–	1
1	0	–	1 rechts	Leere Zeichenpuffer	2
2	1	–	1 rechts	Übertrage Symbol in den Zeichenpuffer	2
2	2	–	1 rechts	–	3
3	1	–	1 rechts	–	3
3	leer	–	–	Ausgabe Zeichenpuffer	4
3	0	–	–	Ausgabe Zeichenpuffer	4
4	–	–	–	Zurück zu Position P	0

1.2.4 Von der Turing-Maschine zum Prozessor

Das letzte Beispiel funktioniert sehr gut für kleine Zahlen bis 100, danach ist entweder der Zeichenpuffer voll oder es dauert (bei einem beliebig erweiterbaren Puffer) sehr lange, um z. B. eine Zahl 1000-mal in den Ergebnisbereich zu übertragen. Kurz: Wir benötigen für komplexere Algorithmen eine alternative Lösung. Diese Lösung ist, die Zahlen anders darzustellen. Statt viele Einsen aneinanderzuhängen, wird mit den Nullen und Einsen ein Stellenwertsystem aufgebaut, das dem gewohnten Zahlensystem mit zehn Ziffern ähnelt. Anstatt jedoch nach der Zahl 9 eine neue Stelle zu benutzen und danach „10" zu schreiben, muss in dem Binärsystem, das Computer benutzen, schon nach der Ziffer 1 (also für die Zahl 2) „10" geschrieben werden. Der Vorteil des Binärsystems ist, dass dies sehr gut in elektronischen Schaltungen realisiert werden kann und die Ziffernfolgen so lang auch wieder nicht sind. Zumindest müssen die Zahlen im Binärsystem nicht so umständlich codiert werden wie die Zahlen in den letzten Beispielen. Eine weitere Überlegung der Ingenieure ab den 50er-Jahren war, mehrere binäre Symbole gleichzeitig zu verarbeiten und auf diese Weise zu Blöcken zusammenzufassen. Mit diesen Blöcken konnten dann auch (wieder durch entsprechende elektronische Schaltungen) grundlegende Operationen wie z. B. Addition, Subtraktion, Multiplikation und Division durchgeführt werden. Diese Blöcke von binären Zeichen (dies waren am Anfang oft vier oder acht Binärsymbole) nennt man Register, die auf diese Weise erweiterten Turing-Maschinen, die auch von sich aus grundlegende Rechenoperationen durchführen können, nennt man Prozessoren. Ein Prozessor ist der wichtigste Bestandteil moderner Computer und das elektronische Bauteil, das die Programme ausführt. Ein Prozessor ist quasi der real gewordene Traum Alan Turings, eine universelle Variante seiner Maschine zu bauen.

Eine zusätzliche Maßnahme bei Prozessoren ist, dass die auszuführenden Algorithmen nicht mehr in einer Tabelle fest verdrahtet sind. Was fest verdrahtet ist, sind grundlegende Operationen, wie z. B. einen separaten Speicher anzusprechen oder zwei Zahlen zu addieren. Jede Operation wird durch ein bestimmtes Muster von binären Symbolen bestimmt, die binären Symbole heißen seit den 50er-Jahren Bits (binary digits). Ich will im Folgenden annehmen, dass immer 8 Bits zu einer Einheit zusammengefasst werden (man spricht dann seit den 60er-Jahren von einem Byte) und dass auch ein Register 8 Bit breit ist. Auch die auszuführenden Operationen sollen 8 Bit breit sein und eine spezielle Nummer zwischen 0 (binär 00000000) und 255 (binär 11111111) zugeordnet bekommen. Der Prozessor liest nun erst einmal 8 Bits aus dem Speicher (es gibt also kein Band mehr), bestimmt die zugehörige Zahl, die dahintersteckt, und führt anhand einer internen Tabelle den dazugehörigen Befehl aus (gegebenenfalls werden dazu auch weitere Bytes eingelesen). Die Nummer, die zu einem bestimmten Befehl gehört, nennt man OP-Code.

An dieser Stelle ist Turings Traum einer universellen Rechenmaschine Wirklichkeit geworden, anstatt des Bands werden nun Speicherbausteine mit wahlfreiem Zugriff benutzt. An dieser Stelle taucht dann zum ersten Mal der Begriff *random access memory*, kurz RAM, auf. Der wahlfreie Zugriff auf das RAM macht einen Prozessor sehr leistungsfähig, weil die Zeit, die benötigt wird, um auf eine bestimmte Adresse zuzugreifen, kaum von der Größe des Speichers abhängt. Statt der Position eines Lesekopfs auf einem Band benutzt man also heute Speicheradressen. Manchmal wird die Abkürzung RAM in diesem Zusammenhang auch für *random access machine* (Maschine mit wahlfreiem Zugriff) benutzt. Diese Abkürzung ist schlicht falsch und Sie sollten diese überlesen, wenn sie z. B. in Internetforen auftaucht. Kommen wir aber zurück zu den Prozessoren. Moderne Prozessoren können nämlich noch viel mehr, sie können z. B. Speicheradressen direkt anspringen, um die Programmausführung an genau dieser Stelle fortzusetzen. Dies leisten spezielle Register, wie z. B. der Programmzähler PC (program counter). Das Zählregister PC zeigt immer auf die Speicheradresse des nächsten Befehls und wird auch stets automatisch aktualisiert, nachdem ein Befehl ausgeführt wurde.

Nehmen wir nun einen einfachen Prozessor, der zusätzlich zum Programmzähler ein Register besitzt, das 8 Bit breit ist. In dieses Register soll nun mit dem Befehl Nr. 1 eine 8-Bit-Zahl eingelesen werden. Schreiben wir ab jetzt Byte-Werte als Zahlen zwischen 0 und 255 und ersetzen die Bandposition durch eine Speicheradresse, die die Position des Bytes im Speicher angibt. Die Position 0 soll das erste Byte im Speicher darstellen. Nun müssen Sie für die Multiplikation von 5 mit 7 aus unserem letzten Beispiel zuerst die Zahl 5 in das Zahlenregister schreiben, das ich hier mit A abkürzen möchte. Dazu müssen Sie dem Prozessor folgende Bytes übergeben:

1,5 (Lade den Wert 5 in Register A)

Nun benötigen Sie noch zusätzliche Befehle für die Grundrechenarten. Seien die OP-Codes 2, 3, 4 und 5 für die Grundrechenarten +, -, * und / vorgesehen. Das Byte, das dem OP-Code folgt, sei der Operand des Befehls. Ein Operand ist der Teil einer mathematischen Operation, mit dem gerechnet wird, also der eigentliche Zahlenwert. Bei 5+7 wären die Operanden 5 und 7. Unser Prozessor in diesem Beispiel speichert die Operanden in Register A. Um die Multiplikation aus Abschnitt 1.2.3 auszuführen, müssen Sie nun vorher die folgenden Bytes benutzen:

1,5 (Lade den Wert 5 in Register A)

5,7 (Multipliziere A mit 7 und speichere das Ergebnis wieder in Register A)

Sie sehen an dieser Stelle schon, dass moderne Prozessoren sehr viel effizienter arbeiten als die relativ langsamen Turing-Maschinen. Liefern aber die Algorithmen, die auf modernen Prozessoren laufen, nun endlich immer die richtigen Ergebnisse? Werden nun sämtliche mathematischen Probleme im Prinzip berechenbar? Die Antwort ist leider „nein", denn die grundlegenden Probleme in Bezug auf die Berechenbarkeit werden auch durch moderne, schnelle Prozessoren nicht gelöst. Mehr noch: Im Prinzip kann ein moderner Prozessor durch eine einfache Turing-Maschine nachgebildet werden, wenn auch die Ausführungsgeschwindigkeit der Programme eher bescheiden ist. In dem nächsten Abschnitt werde ich nun eine Methode vorstellen, mit der Sie die Laufzeit von Algorithmen abschätzen können, die in C programmiert wurden. Auch dieses Thema ist Bestandteil der Vorlesungen in Allgemeiner Informatik.

■ 1.3 Laufzeitanalyse von Algorithmen

Die Grundlage der Komplexitäts- und Laufzeitanalyse von Algorithmen und Computerprogrammen im Allgemeinen ist das Entscheidungsproblem: Wie kann entschieden werden, ob eine bestimmte mathematisch-logische Aussage eindeutig wahr oder falsch ist und wie kann man in einer sinnvollen Zeit zu einem eindeutigen Ergebnis kommen? Und wenn z. B.

eine Berechnung mit einem plausiblen Ergebnis endet, was heißt dann in einer *sinnvollen Zeit*? Einen möglichen Ansatz haben Sie bereits kennengelernt, nämlich die Turing-Maschine. Beginnen wir nun wieder mit einem einfachen Beispiel für eine einfache Turing-Maschine. Es seien auf dem Band vor dem Start folgende Zeichen enthalten:

aaaaaaaaaaaaaabbbbbbbbbbbbbaaaaaaaaaaaaaaa

Angenommen, es sollen alle „a" durch „z" ersetzt werden und die Maschine startet wieder in Zustand 0. Nun genügt im Endeffekt folgende Regel: Falls ein „a" gelesen wurde, schreibe ein „z" und rücke den Lesekopf um eine Position nach rechts. Das Programm verläuft nach diesen Überlegungen in folgender Schleife ab:

1. Falls ein „a" gelesen wurde, schreibe ein „z"
2. Rücke den Lesekopf um eine Position nach rechts
3. Zurück zu Schritt 1

An dieser Stelle sehen Sie schon, dass der Algorithmus tut, was er soll – nur stoppt er nicht. Es wurde nämlich nicht definiert, was mit den anderen Zeichen geschehen soll. Da das Eingabeband unendlich lang ist, wird die Turing-Maschine bis in alle Ewigkeit um eine Position weiterrücken. Auch in diesem einfachen Beispiel wird die Turing-Maschine also erst stoppen, wenn ein Endzustand definiert wird. Dies kann z. B. die Regel sein, dass die Maschine immer dann anhält, wenn sich ein leeres Feld unter dem Lesekopf befindet. Der veränderte Algorithmus stoppt in diesem Fall, wenn das erste Leerfeld auftritt. Wenn das erste Eingabezeichen unter dem Lesekopf kein Leerfeld ist, stoppt der Algorithmus nun in einer endlichen Zeit, die sich einfach berechnen lässt:

Laufzeit=K*Anzahl der Zeichen bis zum ersten Leerfeld

Die Konstante K gibt hier an, wie lange die Turing-Maschine benötigt, um einen einzelnen Schritt inklusive möglicher Zustandswechsel auszuführen. Wenn es also einen definierten Startzustand und einen definierten erreichbaren Endzustand gibt, lässt sich die Laufzeit des Algorithmus relativ einfach berechnen. Ferner gilt: Jeder Algorithmus, der auf einer Turing-Maschine für sämtliche möglichen Eingaben zu einem Ende kommt, ist auch vollständig berechenbar. Leider liegt das grundlegende Problem genau hier, nämlich bei der Aussage „für sämtliche Eingaben". Da das Eingabeband bei einer Turing-Maschine unendlich lang ist, bedeutet dies, dass für den im letzten Beispiel vorgestellten Algorithmus das Entscheidungsproblem nicht gelöst werden kann – man müsste bei beliebig langen Eingaben auch beliebig lang warten, um zu entscheiden, ob die Turing-Maschine jemals stoppt und ob sie dann eine logisch wahre, plausible und reproduzierbare Antwort liefert. Es gibt in der Mathematik viele Probleme, die sich nicht in einer *vernünftigen* Zeit berechnen lassen. Hier sind einige Beispiele:

- Das Produkt a*b sehr langer Primzahlen (ab etwa 100 Stellen) lässt sich nur sehr schwer faktorisieren, wenn man a und b nicht kennt.
- Die Entscheidung, ob eine zufällig gewählte Zahl eine Primzahl ist, wird mit wachsender Stellenanzahl schwieriger. Der Schwierigkeitsgrad wächst exponentiell mit der Stellenanzahl.
- Es gibt Funktionen, die Einwegfunktionen sind: Eine Berechnung in die eine Richtung ist sehr einfach, während die andere Richtung schwer bis unmöglich zu berechnen ist. Ein Beispiel ist das Produkt langer Primzahlen, ein anderes Beispiel ist z. B. der diskrete Logarithmus.

Sämtliche als „schwer bis unmöglich zu lösen" deklarierten mathematischen Probleme haben die Eigenschaft, dass der Zeitaufwand der Berechnung exponentiell mit der Länge der Eingabe (z. B. der Stellen- oder Bitanzahl) wächst und Sie die Laufzeit nicht mehr durch ein wie immer geartetes Polynom der Art

$f(x) = a_n x^n + a_{n-1} x_{n-1} + \ldots + a_0 x^0$

ausdrücken können. Stellen Sie sich an dieser Stelle z. B. eine dreifach verschachtelte Schleife vor, die die Variablen i, j und k als Zähler benutzt. Wenn i, j und k nun jeweils den Wert 10 haben, dann wird die äußerste Schleife zehnmal, und die innerste Schleife 1000-mal durchlaufen. Die Laufzeit ergibt sich hier also aus dem Produkt von i, j und k und lässt sich allgemein als Polynom der Form

$f(x) = ax^3$

darstellen. Solche Probleme, bei denen sich die Laufzeit durch ein wie immer geartetes Polynom darstellen lässt, sind mit einem modernen Computer noch in einer vernünftigen Zeit berechenbar. Mathematische Algorithmen jedoch, bei denen die Laufzeit wie folgt wächst, sind kaum noch in einer vernünftigen Zeit berechenbar:

$f(x) = a * e^{bx}$

Was diese Aussage bedeutet, erfahren Sie in den nächsten Abschnitten.

1.3.1 Das P-NP-Problem

Bis jetzt gilt also folgende Aussage: Für mathematische Probleme, bei denen der Berechnungsaufwand exponentiell mit der Eingabelänge (gemessen in Ziffern bzw. Bits) wächst, gibt es zumindest in der nahen Zukunft trotz Einbeziehung moderner Technologien keine effiziente Lösung. Auf dieser Feststellung basieren einige wichtige Verschlüsselungsverfahren, wie z. B. RSA oder der sichere Schlüsselaustausch mit dem Diffie-Hellmann-Verfahren. In der Komplexitätstheorie gibt es drei für die Informatik wichtige Komplexitätsklassen. Diese nennt man P, EXP und NP. P umfasst dabei sämtliche Probleme, bei denen der Berechnungsaufwand polynomial mit der Länge der übergebenen Daten steigt. Der Aufwand lässt sich hier durch eine Funktion der Form

$t(k) = n * k^b$

darstellen. t(k) ist der Zeitaufwand in Abhängigkeit von der Eingabelänge k in Bit, b und n sind Konstanten. Bei den Problemen, die zur Komplexitätsklasse EXP gehören, wächst der Zeitaufwand exponentiell mit der Größe der zu berechnenden Zahlen. Der Aufwand lässt sich also hier durch eine Funktion der Form

$t(k) = n * b^k$

darstellen. Auch hier sind n und b wieder Konstanten. Die Klasse NP (nicht polynomiale Algorithmen) liegt innerhalb von EXP und umfasst P. Die Klasse NP lässt im Gegensatz zu P und EXP zusätzlich zu den ursprünglichen Turing-Maschinen auch nicht-deterministische Turingmaschinen zu. Diese Art Turingmaschinen enthält an einigen Stellen Zufallselemente, die eine genaue Vorhersage unmöglich machen. Diese Eigenschaft nennt man nicht-deterministisch. Man könnte z. B. die zuletzt genannte Ersetzung von a durch z wie folgt abändern, um eine nicht-deterministische Turing-Maschine zu erzeugen:

Falls ein a gelesen wurde, schreibe ein z mit einer Wahrscheinlichkeit von 0,8 und schreibe sonst ein y. Rücke danach den Lesekopf nach rechts.

Da sich die Probleme aus P auch nicht-deterministisch lösen lassen, ist P eine Teilmenge von NP. Zurzeit kann nicht beantwortet werden, ob P nur eine untergeordnete Teilmenge von NP ist oder ob sogar P = NP gilt. In diesem Fall (also wenn P = NP wäre) müssten sich sämtliche mathematischen Probleme in polynomialer Zeit lösen lassen, auch z. B. die Faktorisierung langer Primzahlen oder das Berechnen diskreter Logarithmen. Dies wäre ein großes Problem, weil damit lang bewährte Verfahren, wie z. B. RSA oder der sichere Schlüsselaustausch nach Diffie-Hellmann unbrauchbar würden.

1.4 Laufzeitabschätzungen von C-Programmen

Moderne Prozessoren können Algorithmen viel schneller ausführen als Turing-Maschinen und arbeiten auch sehr viel effizienter. Die Unterschiede in der Laufzeit unterscheiden sich dennoch nur um einen linearen Faktor. Auch, wenn der Geschwindigkeitszuwachs schon bei einfachen Prozessoren wie z. B. dem in den 80er-Jahren populären 6502-Mikroprozessor im Vergleich zu den Turing-Maschinen etwa dem Faktor 1000 bis 10 000 entspricht, so ist der Unterschied trotzdem nicht so gravierend, dass Sie plötzlich ganz andere mathematische Modelle verwenden müssen. Aber auch der Umstieg auf eine moderne Programmiersprache wie C ändert an der Komplexität eines Algorithmus nicht viel, deshalb können Sie statt des umständlichen Maschinencodes auch direkt die C-Programme analysieren. In den nächsten Beispielen verwende ich nun die Programmiersprache C, um Ihnen einige Grundlagen der Laufzeitanalyse vorzustellen.

Beispiel 1: Geschachtelte Schleifen

Gegeben sei das folgende C-Listing:

```
01  for (int x=0; x<n; x++)
02  {
03      for (int y=0; y<n; y++)
04      {
05          for (int z=0; z<n; z++)
06          {
07      printf("x=%d,y=%d,z=%d\n",x,y,z);
08          }
09      }
10  }
```

Sei n=10. In diesem Fall wird jede der drei geschachtelten Schleifen zehnmal durchlaufen. Die Ausgabe der Variablen x, y und z innerhalb der innersten Schleife ist für die Laufzeit des Programms relativ uninteressant, weil dieser Teil nur jeweils einmal pro Schleifendurchlauf ausgeführt wird. In diesem Beispiel ist es nicht wichtig, wie das C-Programm genau in Maschinencode aussieht. Wichtig ist nur, dass Sie sich die Schleifen genau ansehen.

Wenn Sie sich das C-Listing ansehen, sehen Sie, dass die drei Schleifen geschachtelt sind. D.h., die äußere Schleife für x wird nur zehnmal durchlaufen (denn n ist 10), die Schleife für y 100-mal und die innerste Schleife 1000-mal. In diesem Beispiel würden also 1000 Zeilen mit den jeweiligen Werten für x, y und z ausgegeben. Wenn Sie n erhöhen, so verlängern Sie natürlich auch die Laufzeit des Programms. In diesem Beispiel wächst die Laufzeit aber nicht linear mit n, sondern mit der Geschwindigkeit n*n*n. Bei n = 100 würde die innerste Schleife also schon eine millionen-mal durchlaufen. An dieser Stelle sagt man: Für die Laufzeit des Algorithmus gilt: Es ist $O(n^3)$ und die Laufzeit steigt polynomial, nämlich mit der dritten Potenz von n. Bei vier geschachtelten Schleifen gilt dann, dass $O(n^4)$ ist. Ich werde nun einige Regeln für die Laufzeitanalyse von C-Programmen angeben, die Sie sich gut einprägen sollten.

Regeln für die Laufzeitanalyse von C-Programmen:

- Allen einfachen Rechenoperationen und Funktionsaufrufen der Standardbibliothek wird O(1) zugewiesen.
- Einfache if-Ausdrücke oder case-Anweisungen erhalten O(1), wenn sie keine weiteren Schleifen enthalten.
- Einfache, nicht verschachtelte Schleifen erhalten O(n).
- Verschachtelte Schleifen erhalten $O(n^{Verschachtelungstiefe})$. D.h., wenn z.B. drei Schleifen ineinander verschachtelt werden, erhält dieser Programmteil $O(n^3)$.
- Bei Schleifen, die von einer Bedingung abhängen, wird immer der worst case betrachtet und die größtmögliche Laufzeit gewählt (es wird so getan, als ob die längst mögliche Schleife gewählt wird)
- Die geschätzte Laufzeit des gesamten Programms ist die Summe aller analysierten Funktionen der Art O(…). Bei Funktionsaufrufen werden sämtliche aufgerufenen Funktionen separat betrachtet.

Beispiel 2: Eine Worst-Case-Betrachtung

Gegeben sei das folgende C-Listing:

```
01    while (Text[i]!=0)
02    {
03        a=Text[i];
04        if (a<65)
05        {
06            for (j=0; j<20; j++)
07            {
08                for (k=0; k<20; k++)
09                {
10                    ... komplexe Berechnungen mit verschachtelter Schleife ...
11                }
12            }
13        }
14        else
15        {
16            for (j=0; j<20; j++) { ... einfache Berechnungen ... }
17        }
18        i++;
19    }
```

In diesem Beispiel wird die äußerste Schleife ausgeführt, solange der Text nicht mit einem Nullzeichen endet. Dieser Schleife wird also O(n) zugewiesen. Die erste der inneren Schleifen mit einer Tiefe von 2 wird nur ausgeführt, wenn a < 65 ist. Dies ist zwar nur für nicht-Buchstaben der Fall, kann aber trotzdem auftreten. Obwohl das Programm fast immer den else-Zweig nimmt, muss hier trotzdem der worst case betrachtet und O(n²) für die beiden inneren Schleifen angenommen werden. Es gilt also: O(n*n²) = O(n³), wobei n die Anzahl der Zeichen im Text darstellt.

Beispiel 3: Wort-Case-Betrachtung mit Benutzereingaben

Gegeben sei das folgende C-Listing:

```
01  void ClearText(char *Text, long int Len)
02  {
03      for (long int i=0; i<Len; i++)
04      {
05          Text[i]=0;
06      }
07  }
08
09  int main (void)
10  {
11      char C=0;
12      long int i=0;
13      char Text[10000];
14      do
15      {
16          C=getch( );
17          switch (C)
18          {
19              case '$F1KEY$':
20                  ClearText(Text,i);
21                  i=0;
22                  break;
23              default:
24                  Text[i]=C;
25                  printf("%c",C);
26                  i++;
27                  break;
28          }
29      }
30      while (C!='$ESCAPEKEY$')
31      Text[i]=0;
32      printf("%s\n",Text);
33      return(0);
34  }
```

In dem letzten Beispiel wächst die Laufzeit des Programms mit der Textlänge, der äußeren Schleife wird O(n) zugewiesen. Der worst case ist sicherlich, dass der Benutzer mehrere Texte eingibt und am Ende immer F1 statt ESC drückt. In diesem Fall müsste die Funktion `ClearText()` immer wieder aufgerufen werden, und zwar für jeden Text, den der Benutzer eingibt und mit F1 statt mit ESC abschließt. Dies würde so lange geschehen, bis der Benutzer die Geduld verliert. In diesem Fall müsste die Laufzeit O(n²) betragen, denn die einfache Schleife, die `ClearText()` ausführt, muss separat betrachtet werden und ist deshalb als in der äußeren Schleife geschachtelt zu betrachten.

Leider stoßen Sie bei diesem Programm auf zwei Probleme. Das erste Problem ist die Funktion getch(), die so lange wartet, bis eine Taste gedrückt wird – und wenn es ewig dauert. Auf jeden Fall erschlägt die Verzögerung durch getch() die Laufzeit sämtlicher anderer Schleifen, weshalb die Laufzeit auch vor allem von der Tippgeschwindigkeit des Benutzers abhängt. Im besten Fall (ohne Fehlbedienung) wächst die Laufzeit nur linear mit der Textlänge und folgt dann O(n). Das zweite Problem ist der Benutzer selbst, der einfach das Programm missverstehen kann. Statt „Drücke ESC zum Beenden und F1 zum Löschen des Textes" liest der Benutzer „Drücke F1 zum Beenden und ESC zum Löschen des Textes". Es gibt nicht wenige Programme, die deswegen abstürzen und auf diese Weise quasi unendlich lange Laufzeiten haben.

Beispiel 4: Einfache Grafikausgabe

Gegeben sei das folgende C-Listing:

```
01  void DrawRectangle(long int y1, long int x2, long int y2, long int Color)
02  {
03      long int x,y;
04      if (x1>x2) { Swap(x1,x2); }
05      if (y1>y2) { Swap(y1,y2); }
06      for (y=y1; y<y2; y++)
07      {
08          for (x=x1; x<x2; x++)
09          {
10              SetPixel(x,y,Color);
11          }
12      }
13  }
```

Die Funktion DrawRectangle() zeichnet ein Rechteck von (x1,y1) nach (x2,y2). Die Vertauschung der Koordinaten wird nur aufgerufen, falls versehentlich z.B. x1 > x2 und/oder y1 > y2 ist. Die Vertauschungsfunktion Swap() bekommt also O(1) zugewiesen. Die Ausgabe des Rechtecks auf dem Bildschirm wird durch eine verschachtelte Schleife realisiert, die jedes Pixel einzeln setzt. Die Laufzeit erhöht sich also mit der Größe des Rechtecks und folgt $O(n^2)$.

Ich habe nun die wichtigsten Grundlagen so weit behandelt, dass ich Ihnen in den nächsten Kapiteln die ersten einfachen Algorithmen zeigen kann. An dieser Stelle muss ich noch einen Hinweis für Einsteiger einfügen: Dieses Buch ist kein C-Buch und auch kein Buch über die Grundlagen der Programmierung. Es werden hier also keine Themen, wie z.B. Variablendeklaration, Schleifen, bedingte Anweisungen, Strukturen oder Arrays besprochen. Diese Themen sind Bestandteil anderer Bücher, und natürlich Ihrer Vorlesungen in Programmierung. Wenn Sie noch nicht programmieren können, ist also dieses Buch nichts für Sie – zumindest nicht, bevor Sie sich die grundlegenden Kenntnisse angeeignet haben. Selbstverständlich können Sie dieses Buch als Studienbegleiter sehen, und dieses je nach Bedarf Kapitel für Kapitel durcharbeiten.

1.5 Übungen

Übung 1

Geben Sie die Zustandstabelle einer Turing-Maschine an, mit der Sie eine Zahl b von einer Zahl a subtrahieren können. Hierbei soll stets b<a sein und es soll die längencodierte Zahlendarstellung verwendet werden. Die Zahlen a und b sollen durch genau eine Null getrennt werden und am Ende der Eingabe soll eine 2 stehen.

Übung 2

Geben Sie die Zustandstabelle einer Turing-Maschine an, mit der Sie zwei Wörter zu einem Wort vereinigen können. Aus „Haus" und „Tür" wird also „Haustür". Die zwei Wörter sollen vorher durch genau ein Leerzeichen getrennt sein und die Eingabedaten sollen durch eine 2 abgeschlossen werden. Am Ende sollen die Wörter zu einem einzigen Wort (mit nur einem Großbuchstaben am Anfang) vereinigt worden sein und durch eine 2 abgeschlossen werden.

Übung 3

Überlegen Sie, wie Sie mit einer einfachen Turingmaschine zwei Nibbels (inklusive Übertrag) addieren können. Ein Nibbel ist ein halbes Byte und Sie können damit Zahlenwerte zwischen 0 und 15 darstellen. Benutzen Sie hierfür am besten die Hexadezimalschreibweise und schreiben die Symbole 0 – 9 als Zahlen, sowie a für 10 und f für 15.

Übung 4

Überlegen Sie sich, wie Sie mit C ein kleines Simulationsprogramm für eine einfache Turing-Maschine erstellen können, mit dem Sie Ihre Ergebnisse aus den Übungen überprüfen können. Verwenden Sie für die Zustandstabelle ein globales Array und für den aktuellen Zustand eine globale Variable.

Hinweis

Sämtliche Lösungen zu den Übungsaufgaben befinden sich im Anhang.

2 Basisalgorithmen

Im letzten Kapitel wurde die Frage „Was ist ein Algorithmus?" ausführlich beantwortet. Auf diese Frage musste ich Ihnen zuerst eine Antwort liefern, bevor Sie nun fortfahren können.

Ich möchte Ihnen in diesem Kapitel einige grundlegende Algorithmen vorstellen, die immer wieder in der Informatik auftauchen. Ich nenne diese Algorithmen „Basisalgorithmen", weil sie die Grundlage darstellen, auf der alle komplexeren Verfahren aufbauen. Stellen Sie sich an dieser Stelle ein solides Fundament vor. Genauso, wie ein Haus ohne Fundament zusammenbricht, brechen komplexe Algorithmen in sich zusammen, wenn die Basis nicht richtig implementiert wird. Dies geschieht schneller, als Sie denken und betrifft sogar erfahrene Programmierer. Wenn Sie z. B. den Tausch zweier Zahlen nicht richtig umsetzen, handeln Sie sich unter Umständen schwer aufzufindende Bugs ein. Ein *Bug* ist in der Informatik ein Fehler, der ein Programm zu einem Verhalten veranlasst, das der Programmierer nicht vorhergesehen hat. Dies kann ein falsches Ergebnis oder ein Absturz sein. Sie können jedoch die Anzahl Bugs in Ihren Programmen minimieren, wenn Sie sich einen guten Werkzeugkoffer zulegen (in diesen gehören natürlich die Basisalgorithmen auf jeden Fall hinein). Wie jeder gute Handwerker werden Sie dann mit fortschreitender Praxiserfahrung und mit einem stetig umfangreicheren Werkzeugkoffer ein immer besserer Programmierer werden. Dies setzt natürlich (wie alles, was man erst lernen muss) stetige Übung voraus, und genau solche Übungsbeispiele für Ihren Studienalltag möchte ich Ihnen in diesem Buch vorstellen. Ich versuche also, möglichst nah an den Programmierpraktika zu bleiben und keine abgehobenen mathematischen Theorien oder ähnliche Dinge zu behandeln, die nicht zu lauffähigen Programmen führen. Für den Bereich „Theoretische Informatik" benötigen Sie also ein anderes Buch.

Ich werde nun damit beginnen, in jedem Unterpunkt einen Basisalgorithmus behandeln und am Ende ein C-Listing für diesen Algorithmus angeben. Ich verwende an dieser Stelle C, weil auch im Studium die Basisalgorithmen meistens in der Programmiersprache C vorgestellt werden. Auch, wenn im Studium immer öfter Java eingesetzt wird, unterstützt diese Programmiersprache jedoch eine wichtige Sache nicht: die Verwendung von Zeigern, die für dieses Kapitel sehr wichtig sind. An dieser Stelle gilt wieder: Dieses Buch ist kein Programmierhandbuch, sondern setzt voraus, dass Sie an den entsprechenden Programmierpraktika teilnehmen, sich mit der Verwendung von Zeigern und indirekter Adressierung auskennen und ferner in der Lage sind, PAPs (Programmablaufpläne) zu lesen.

2.1 Der Ringtausch

Bevor ich die ersten lauffähigen Programme anführe, muss ich noch ein paar Dinge über die Formatierung des Textes sagen. Ich habe Programmierbegriffe, die in den Text eingebunden sind, besonders hervorgehoben, z. B. bei `printf()`. Typenangaben wie z. B. `int` sind Programmierelemente und werden so hervorgehoben wie z. B. `printf()`. Ferner habe ich Variablennamen und Zeilennummern **fett** hervorgehoben, so können Sie z. B. (wie es z. B. später bei den verketteten Listen der Fall ist) nicht das in den Text eingebundene Wort Nachfolger mit dem Variablennamen **Nachfolger** verwechseln. Ich setze an dieser Stelle wieder voraus, dass Sie sich mit C auskennen und wissen, was ein Array ist und wie man eine Variable deklariert. Ich setze auch voraus, dass Sie wissen, was ein Zeiger ist und wie Sie diesen in C verwenden. Wenn Sie gerade erst mit dem Studium begonnen haben, kann es sein, dass Sie diese Dinge noch nicht wissen. Dies macht aber nichts, denn in diesem Fall können Sie dieses Buch einfach dann weiterlesen, wenn Sie Zeiger und Arrays behandelt haben. Genauso können Sie auch mit den anderen Kapiteln verfahren und diese genau dann lesen und durcharbeiten, wenn Sie diese benötigen. Sie müssen dieses Buch also nicht von vorne nach hinten lesen wie einen Roman (vor allem hätte ich dann einfach einen Roman geschrieben, wenn ich diesen Anspruch an Sie hätte).

Kommen wir nun zurück zum Ringtausch. Vertauschungen kommen sehr oft vor, z. B. bei Sortierverfahren. Auch, wenn einige höhere Programmiersprachen, wie z. B. Java, Sortierverfahren quasi schon „drin" haben, so kann es trotzdem hilfreich sein, den Ringtausch zu verstehen. Fangen wir nun erst einmal sehr einfach an und deklarieren zwei Variablen, nämlich **a** und **b**. Diese Variablen seien vom Typ `int`. Der hier behandelte Ringtausch funktioniert folgendermaßen: Es wird zuerst eine temporäre Variable **temp** erstellt, der der Wert von **a** zugewiesen wird. Anschließend wird a=b gesetzt. Die Werte von **a** und **b** sind nun identisch und haben den Wert von **b**. Genau hier benötigen Sie die temporäre Variable, denn Sie setzen nun b=temp. Nun ist a=b und b=a, die beiden Werte wurden vertauscht. Sehen Sie sich nun Listing 2.1 an:

Listing 2.1 ringtausch.c
```
01  #include<stdio.h>

02  void ringtausch(int *a, int *b)
03  {
04      int *temp=a;
05      a=b; b=temp;
06  }

07  int main(void)
08  {
09      int a=47, b=11;
10      ringtausch(&a,&b);
11      printf("a=%d,b=%d\n");
12      return 0;
13  }
```

In Zeile **01** binden Sie zunächst **stdio.h** ein, damit Sie Funktionen wie `printf()` benutzen können. Anschließend folgt in den Zeilen **02 – 06** die Funktion `ringtausch()`, der Sie zwei

Parameter (**a** und **b**) als Zeiger übergeben. Die Verwendung von Zeigern ist hier deshalb wichtig, weil Sie direkt mit den Speicheradressen der Variablen arbeiten müssen. Andernfalls würden nur Kopien der übergebenen Parameter benutzt und die veränderten Variablen wären außerhalb der Funktion `ringtausch()` nicht mehr sichtbar. Die Funktion `ringtausch()` führt nun den Algorithmus aus, der hier am Anfang beschrieben wurde: Erst wird `a` in der Variablen **temp** zwischengespeichert, anschließend wird `a=b` gesetzt. Zum Schluss wird der in der Variablen **temp** gesicherte Wert nach `b` übertragen.

Sie haben an dieser Stelle vielleicht schon den Verdacht gehabt, dass hier eigentlich nur die Speicheradressen von **a** und **b** vertauscht werden, nicht die Werte selbst. Dies ist richtig: Es werden nur die Zeiger vertauscht, aber genau dies ist an dieser Stelle auch gewollt. Wenn Sie nämlich für den Ringtausch von Anfang an Zeiger verwenden, können Sie sogar lange Zeichenketten vertauschen, ohne sämtliche Daten vorher in einen Puffer kopieren zu müssen. An einer Stelle müssen Sie jedoch aufpassen: Weil für die Übergabeparameter der Funktion `ringtausch()` Zeiger benutzt werden, müssen Sie im Hauptprogramm entsprechend in Zeile **10** die Variablen **a** und **b** mit dem Address-Of-Operator „&" übergeben und so gewährleisten, dass hier wirklich die Speicheradressen und nicht die Werte selbst benutzt werden. Das Programm gibt bei der Ausgabe Folgendes in der Konsole aus:

a=11, b=47

Leider können Sie Zeichenketten nicht auf die Weise vertauschen, wie dies in Listing 2.1 geschehen ist. Der Grund hierfür ist, dass Zeichenketten `char`-Arrays sind, von denen nur die Anfangsadressen in der Variablentabelle abgelegt werden. Sie können aber den Ringtausch so abwandeln, dass Sie mit diesem auch Zeichenketten vertauschen können, ohne sämtliche Zeichen einzeln kopieren zu müssen. Hierzu müssen Sie, genau wie im ersten Beispiel, die Zeiger vertauschen. Dies erreichen Sie bei Zeichenketten durch einen doppelten Zeiger vom Typ `char**`. Sehen Sie sich dazu Listing 2.2 an:

Listing 2.2 ringtausch_strings.c

```
01  #include<stdio.h>
02  void ringtausch_st(char **a, char **b)
03  {
04      char *temp=*a;
05      *a=*b;
06      *b=temp;
07  }
08  int main(void)
09  {
10      char *a="Hallo";
11      char *b="Welt";
12      printf("%s %s\n",a,b);
13      ringtausch(&a,&b);
14      printf("%s %s\n",a,b);
15      return 0;
16  }
```

Die Funktion `ringtausch_st()` (das „st" steht für „String") bekommt nun zwei Parameter (**a** und **b**) vom Typ `char**` übergeben. Hier wird also ein doppelter Zeiger benutzt, nämlich ein Zeiger, der die Anfangsadresse eines Eintrags in der Variablentabelle enthält, der wiederum auf die Anfangsadresse eines Strings zeigt (Zeichenketten werden oft als *Strings* bezeichnet, ich werde diese Bezeichnung ab jetzt auch benutzen). Wenn Sie nun **a** und **b** vertauschen, vertauschen Sie auch in diesem Beispiel wieder die Zeigeradressen in der Variablentabelle.

Dies funktioniert aber nur, wenn Sie in Zeile **04** die Variable **temp** als String (also als char*) deklarieren und dieser anschließend einen Zeiger auf die Variable **a** (also a*) zuweisen. Mit einer Deklaration von **temp** ohne Zeigertyp und einer Zuweisung wie temp=a würden Sie nur auf das erste Zeichen der Zeichenkette a zugreifen, nicht aber auf die Zeigereinträge in der Variablentabelle. Deshalb wird auch in Zeile **05** *a=*b und nicht a=b gesetzt, sowie in Zeile **06** *b=temp und nicht b=temp. Aber Vorsicht: **temp** ist schon ein Zeiger, also wäre *b=*temp falsch und würde zu einem Compilerfehler der Art „CANNOT CONVERT CHAR* TO CHAR**" führen.

Das Hauptprogramm funktioniert nun ähnlich wie in Listing 2.1. Zuerst werden in Zeile **10** und **11** die zwei String-Variablen **a** und **b** deklariert, **a** bekommt die Zeichenkette „Hallo" und **b** die Zeichenkette „Welt" zugewiesen. Bei der ersten Ausgabe mit printf() in Zeile **12** werden **a** und **b** durch Leerzeichen getrennt ausgegeben, also wird „Hallo Welt" ausgegeben. In Zeile **13** werden nun **a** und **b** getauscht und in Zeile **14** wird noch einmal **a** und **b** durch ein Leerzeichen getrennt ausgegeben. Das Programm gibt bei der Ausführung also Folgendes aus:

Hallo Welt

Welt Hallo

 Hinweis: Benutzung von Zeigern beim Ringtausch

Beim Ringtausch müssen Sie sehr achtsam mit den entsprechenden Zeiger-Variablen umgehen, sonst können Sie sich schwer zu findende Fehler einhandeln. Besonders, wenn Sie eine allgemeine Schutzverletzung erhalten oder Ihr Programm abstürzt, sollten Sie Ihre Zeigerdeklarationen nochmal dahingehend prüfen, ob sämtliche Zeiger auf eine gültige Adresse zeigen.

Als abschließendes Beispiel zum Ringtausch möchte ich Ihnen nun zeigen, wie Sie Strukturvariablen miteinander vertauschen können. Dieses Verfahren taucht immer wieder im Studium auf. Eine Standardanwendung ist z. B. das Sortieren von Personendaten mit einem wie immer gearteten Sortierverfahren. Ich werde auf Sortierverfahren noch sehr detailliert eingehen, eine Sache ist jedoch immer wichtig: Sie sollten beim Sortieren stets auf die Performance achten und es vermeiden, Daten hin und her zu kopieren. Deshalb benutzt auch das folgende Beispielprogramm Zeiger. Sehen Sie sich dazu Listing 2.3 an:

Listing 2.3 Ringtausch_structs.c

```
01  #include<stdio.h>
02  #include<string.h>

03  typedef struct
04  {
05      char Anrede[5];
```

```
06      char Vorname[50];
07      char Nachname[50];
08      int Alter;
09   } Person_t;

10   void ringtausch(Person_t *a, Person_t *b)
11   {
12      Person_t temp=*a;
13      *a=*b;
14      *b=temp;
15   }

16   int main(void)
17   {
18      Person_t a,b;
19      strcpy(a.Anrede,"Herr");
20      strcpy(a.Vorname,"Herbert");
21      strcpy(a.Nachname,"Meyer");
22      a.Alter=42;
23      strcpy(b.Anrede,"Frau");
24      strcpy(b.Vorname,"Erika");
25      strcpy(b.Nachname,"Mustermann");
26      b.Alter=46;
27      ringtausch(&a,&b);
28      printf("Person 1:\n");
29      printf("Name:%s %s %s\n",a.Anrede,a.Vorname,a.Nachname);
30      printf("Alter:%d\n",a.Alter);
31      printf("Person 2:\n");
32      printf("Name:%s %s %s\n",b.Anrede,b.Vorname,b.Nachname);
33      printf("Alter:%d\n",b.Alter);
34      return 0;
35   }
```

In den Zeilen **01** und **02** wird zusätzlich zu **stdio.h** noch **string.h** eingebunden. Diese Header-Datei ermöglicht es Ihnen, Funktionen wie strcpy() zu benutzen. In den Zeilen **03 – 09** wird nun der strukturierte Datentyp Person_t deklariert. Hierzu müssen Sie zusammen mit dem Schlüsselwort struct auch typedef verwenden. Nur auf diese Weise gewährleisten Sie, dass der strukturierte Datentyp Person_t auch wirklich als ein eigener Typ betrachtet wird, der auch stets bei der Variablendeklaration den entsprechenden Speicher zugewiesen bekommt. Wenn Sie einen C++-Compiler verwenden, ist das typedef nicht unbedingt nötig, da C++ struct immer automatisch um ein typedef ergänzt.

Die Funktion ringtausch() funktioniert fast wie die Funktion ringtausch() im ersten Beispiel. Die Parameter **a** und **b** werden als Zeiger übergeben und sind vom Typ Person_t. Sie können aber nun nicht einfach Person_t *temp=a statt int *temp=a schreiben, wie im ersten Beispiel. Strukturierte Datentypen werden nämlich ähnlich abgespeichert, wie Strings. Es wird hier also nur die Anfangsadresse des Datenblocks der entsprechenden Struktur in der Variablentabelle abgelegt, weshalb Sie in Zeile **12** durch Person_t temp=*a angeben müssen, dass Sie **temp** eine Zeigeradresse zuweisen wollen. Probieren Sie es ruhig aus und benutzen Sie z. B. Person_t *temp=a bzw. Person_t *temp=a. Sie erhalten in beiden Fällen Fehlermeldungen in der Art „CANNOT CONVERT PERSON_T TO PERSON_T*".

Auch in Zeile **13** und **14** müssen Sie mit Zeigern arbeiten, deshalb schreiben Sie *a=*b statt a=b und *b=temp. Auch hier wäre *b=*temp falsch. In diesem Fall würden nämlich am Ende des Tauschvorgangs **a** und **b** auf die gleiche Speicheradresse zeigen. Wenn Sie dann Glück haben, gibt Ihr Compiler eine entsprechende Warnmeldung aus, dass Sie versuchen, nicht kompatible Typen ineinander umzuwandeln.

Im Hauptprogramm werden nun zwei Variablen (**a** und **b**) vom Typ `Person_t` deklariert und anschließend in den Zeilen **18–26** mit entsprechenden Werten gefüllt. Hier benötigen Sie die Funktion `strcpy()`, um die Struktur-Variablen-Elemente **Anrede**, **Vorname** und **Nachname** entsprechend zu initialisieren. Am Ende haben Sie zwei Personen angelegt. Person **a** ist Herr Herbert Meyer (42), Person **b** ist Frau Erika Mustermann (46). Nun wird in Zeile **27** der Ringtausch von **a** und **b** ausgeführt und anschließend werden die Personendaten durch `printf()` ausgegeben. Nun ist Person **a** Erika Mustermann und Person **b** Herbert Meyer. Das Programm gibt bei der Ausführung Folgendes aus:

> **Person 1:**
>
> **Name:Frau Erika Mustermann**
>
> **Alter:46**
>
> **Person 2:**
>
> **Name:Herr Herbert Meyer**
>
> **Alter:42**

■ 2.2 Einfache Textsuche

Es gibt zahlreiche komplexe Algorithmen, um z. B. ein bestimmtes Wort in einem Text zu finden. Auf einige dieser Algorithmen werde ich später noch detaillierter eingehen. Da komplexe und geschwindigkeitsoptimierte Suchverfahren aber oft gar nicht gebraucht werden, fange ich nun mit einem sehr einfachen Verfahren an, dass Sie in nur einer einzigen Praktikumsstunde umsetzen können. Die Grundidee einer einfachen Textsuche ist recht simpel. Es sei eine Variable vom Typ `char*` gegeben, die den zu durchsuchenden Text enthält. Der Einfachheit halber heißt die Variable **Text** und wird wie folgt initialisiert:

```
char *Text="Ich bin ein einfacher Text. Suche bitte in mir nach einem Wort.";
```

Nun benötigen Sie ein Suchmuster, das durch folgende Variable deklariert wird:

```
char *P="bitte";
```

Hinweis: Der Variablenname P bei Suchalgorithmen

Der Variablenname **P** taucht in vielen Suchalgorithmen immer wieder auf. Der Name „P" bedeutet „pattern" und ist englisch für „Muster". Die Variablennamen **TextPos** (aktuelle Textposition) und **PatternPos** (aktuelle Leseposition im Muster) werden auch oft verwendet, vor allem in Internetforen.

Suchen wir nun nach dem Vorkommen des ersten Zeichens des Wortes „bitte" in unserem Text. Dies kann durch die folgende einfache Schleife realisiert werden:

```
TextPos=0;
while ((Text[TextPos]!=P[0])&&(Text[TextPos]!=0))
{
    TextPos++;
}
```

Falls nun das Wort „bitte" oder ein anderes Wort, das mit „b" anfängt, im Text enthalten ist, dann ist irgendwann die Bedingung `Text[TextPos]==P[0]` erfüllt (`true`). In diesem Fall trifft die Bedingung, dass die Schleife irgendwann „aussteigt", weil sie am Textende angelangt ist, nicht zu. Sie prüfen dann in diesem Fall (also, wenn das Textende noch nicht erreicht ist) in einer zweiten `while`-Schleife, ob nun das vollständige Muster **P** folgt, und brechen die `while`-Schleife vorzeitig ab, wenn dies nicht der Fall ist. Intelligenterweise benutzen Sie hierfür auch wieder die Variable **TextPos**:

```
PatternPos=0;
while ((Text[TextPos]==P[PatternPos]) &&(P[PatternPos]!=0))
{
    TextPos++; PatternPos++;
}
```

Wenn die `while`-Schleife abbricht und `P[PatternPos]==0` ist, dann wurde das gesamte Muster **P** im Text gefunden. Dies ist so, weil sämtliche C-Strings mit einem Null-Byte enden. Falls die `while`-Schleife abbricht und `P[PatternPos]!=0` ist, traf die erste Bedingung zu, nämlich dass vorher im Text ein Zeichen aufgetreten ist, das nicht mehr mit den Zeichen im Suchmuster übereinstimmt. Genialerweise enthält dann **TextPos** genau die Position, an der das Programm weitersuchen muss, wenn das Wort „bitte" dann doch nicht gefunden wurde. In diesem Beispiel ist dies an der sechsten Position der Fall (diese ist in eckigen Klammern angegeben):

Text="Ich bi[n] ein einfacher Text. Suche bitte in mir nach einem Wort.";

Bei einem zweiten Durchlauf der `while`-Schleife zum Suchen nach dem Muster **P** wird dann das Wort „bitte" gefunden. An dieser Stelle können Sie dann die Suche abbrechen und z. B. von der entsprechenden Suchfunktion die Position zurückgeben lassen, an der zum ersten Mal das Wort „bitte" auftritt. Sehen Sie sich hierzu nun Listing 2.4 an. Ich empfehle Ihnen auch, sich hierfür zusätzlich den entsprechenden Programmablaufplan anzusehen.

Listing 2.4 Mustersuche.c

```
01  #include<stdio.h>
02  int Textsuche(char *Text, char *P)
03  {
04      bool gefunden;
05      int TextPos,PatternPos,temp;
06      gefunden=false; TextPos=0; PatternPos=0;
07      while ((gefunden==false)&&(Text[TextPos]!=0))
08      {
09          while ((Text[TextPos]!=P[0])&&(Text[TextPos]!=0))
```

```
10          {
11              TextPos++;
12          }
13          PatternPos=0; temp=TextPos; // Zähler zurücksetzen
14          while ((Text[TextPos]==P[PatternPos])&&(P[PatternPos]!=0))
15          {
16              TextPos++; PatternPos++; // Immer ein Zeichen weiter
17          }
18          if (P[PatternPos]==0) // Die Suche war erfolgreich
19          {
20              gefunden=true;
21          }
22      }
23      if (gefunden==true) { return temp; }
24      else { return -1; }
25  }

26  int main(void)
27  {
28      int Pos;
29      char P[100];
30      char *Text="Ich bin ein einfacher Text. Suche bitte in mir nach einem Wort.";
31      printf("Text:%s\n",Text);
32      printf("Zu suchendes Wort:"); scanf("%s",&P);
33      Pos=Textsuche(Text,P);
34      if (Pos>=0) { printf("Das Wort '%s' wurde an Position %d gefunden.\n",P,Pos); }
35      else { printf("Das zu suchende Wort wurde nicht gefunden.\n"); }
36      return 0;
37  }
```

Für dieses Programm benötigen Sie nur die Bibliothek **stdio.h**, die Sie in Zeile **01** einbinden. Danach folgt die Funktion Textsuche(), der zwei Parameter vom Typ char* übergeben werden müssen, nämlich der zu durchsuchende Text und das Suchmuster **P**. Zuerst müssen in den Zeilen **04 – 06** einige Variablen deklariert werden. Dies ist einmal die Variable **gefunden** (Typ bool), die einen Wahrheitswehrt enthält, der angibt, ob das gesuchte Muster bereits gefunden wurde. Ferner werden noch die Zähler-Variablen **TextPos**, **PatternPos** und **temp** benötigt. **TextPos** ist zu Beginn der Suche 0 und zeigt auf den ersten Buchstaben des zu durchsuchenden Textes, **gefunden** ist am Anfang false. In Zeile **07** folgt nun die erste while-Schleife für den Haupt-Suchvorgang, die so lange wiederholt wird, bis entweder **gefunden** wahr wird oder das Textende-Zeichen (das Nullbyte) erreicht wird.

 Hinweis: Verwendung von C++ statt C

Wenn Sie das vorige Beispiel-Listing auf einem C++-Compiler eingeben, dann können Sie den Variablentyp bool ohne Weiteres benutzen. Ansonsten müssen Sie vor allem bei ANSI-C-Compilern entweder **stdbool.h** einbinden oder aber folgende Typendefinition an den Anfang Ihres Programms stellen:

```
typedef enum {false,true} bool;
```

Nun folgt in den Zeilen **0-12** die erste Suchschleife, die Sie schon aus der Einführung kennen – nämlich die Suche nach dem ersten Zeichen des Suchmusters. Wenn dieses Zeichen gefunden wird, ohne vorher das Textende zu erreichen, wird in den Zeilen **14-17** die zweite Suchschleife ausgeführt. Da die zweite Suchschleife die Variable **TextPos** verändert, muss diese vorher in der Variablen **temp** gesichert werden. Die zweite Suchschleife überprüft nun, ob ab der aktuellen Position **TextPos** das vollständige Suchmuster **P** folgt. Ist dies der Fall, so bricht die zweite Suchschleife ab und P[PatternPos] ist 0, woraufhin gefunden auf wahr (true) gesetzt wird. Ist allerdings P[PatternPos] nicht 0, so bleibt gefunden falsch (false) und die Mustersuche wird ab der Position **TextPos** fortgesetzt.

Die Funktion Textsuche() kann nun auf zwei Arten beendet werden. Entweder gefunden behält den Wert false, was bedeutet, dass das Suchmuster nicht gefunden wurde. In diesem Fall wird in Zeile **24** der Wert -1 zurückgegeben. Wurde das Suchmuster gefunden, wird in Zeile **23** die Position zurückgegeben, an der das Suchmuster zum ersten Mal auftrat. Diese Position wurde zuvor in Zeile **13** in der Variablen **temp** gesichert.

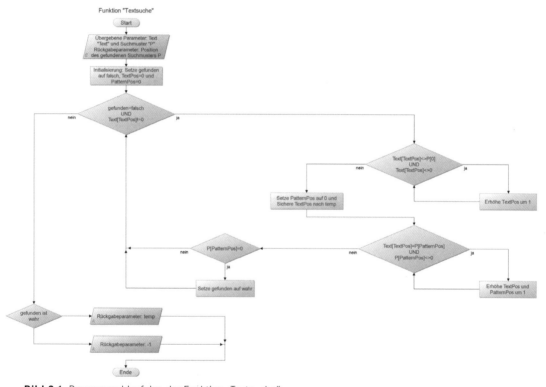

Bild 2.1 Programmablaufplan der Funktion „Textsuche"

Das Hauptprogramm habe ich sehr einfach gehalten. Zuerst werden in den Zeilen **28-30** die Variable **Pos** (Rückgabewert der Funktion Textsuche()), die Variable **P** (für bis zu 100 Zeichen eines Suchmusters) und der zu durchsuchende Text selbst initialisiert. Anschließend wird in Zeile **31** der zu durchsuchende Text ausgegeben und der Benutzer wird zur Eingabe des zu suchenden Wortes aufgefordert. Anschließend wird die Funktion Textsuche() aufgerufen. Gibt Textsuche() eine positive Zahl zurück, so wird diese Position in der Konsole ausgegeben. Gibt Textsuche() -1 zurück, so wurde das vorher eingegebene Wort nicht gefunden und es wird ein entsprechender Hinweis ausgegeben. Das Programm gibt bei der Ausführung z. B. Folgendes aus:

/home/rene/Listings/Kapitel 2>./wortsuche

Text:Ich bin ein einfacher Text. Suche bitte in mir nach einem Wort.

Zu suchendes Wort:bitte

Das Wort 'bitte' wurde an Position 34 gefunden.

/home/rene/Listings/Kapitel 2>./wortsuche

Text:Ich bin ein einfacher Text. Suche bitte in mir nach einem Wort.

Zu suchendes Wort:Ich

Das Wort 'Ich' wurde an Position 0 gefunden.

/home/rene/Listings/Kapitel 2>./wortsuche

Text:Ich bin ein einfacher Text. Suche bitte in mir nach einem Wort.

Zu suchendes Wort:Haus

Das zu suchende Wort wurde nicht gefunden.

Das letzte Beispiel arbeitet tadellos, jedoch gibt es ein kleines Problem: Was ist, wenn ein Wort mehrmals im Text vorkommt? In diesem Fall müsste Ihre Funktion direkt mit der übergebenen Textposition (quasi als Startposition) arbeiten, aber trotzdem noch die Position zurückliefern, an der Ihr Suchmuster auftritt. Dies ist aber nicht allzu schwierig, denn hierzu müssen Sie die Variable **TextPos** nur wie folgt per Referenz (also mit dem Address-Of-Operator) übergeben:

```
int Textsuche(char *Text, char *P, int &TextPos);
```

Bei einer erfolgreichen Suche zeigt nun **TextPos** direkt hinter das gefundene Muster, sodass Sie direkt danach eine neue Suche starten können. Bei einer erfolglosen Suche zeigt **TextPos** auf das Textende und Textsuche() gibt den Wert -1 zurück.

Tipp: Die richtige Verwendung des Address-Of-Operators

Der Address-Of-Operator „&" ist nur bei C++ identisch mit einem Zeiger. Dies liegt daran, dass C und C++ unterschiedlich mit den indirekten Adressierungsmodi Ihres Prozessors umgehen – dies detailliert zu erklären, würde allerdings zu weit führen. Wenn Sie einen reinen C-Compiler verwenden und hierbei Probleme mit der Variante int &TextPos bekommen, müssen Sie die Variable **TextPos** durch int *TextPos übergeben und Ihre Funktion notfalls entsprechend anpassen. Da es sehr viele verschiedene Compiler gibt, kann ich Ihnen an dieser Stelle leider keine genauen Anweisungen geben. Studieren Sie auf jeden Fall Ihr Compiler-Handbuch oder die entsprechenden Howtos. Am wenigsten Probleme werden Sie haben, wenn Sie einen modernen Compiler verwenden, der mindestens den C18-Standard unterstützt. Bei Microsoft Visual Studio ist dies auf jeden Fall gegeben. Unter Linux (dies gilt auch für den Pi) müssen Sie dem gcc-Compiler eventuell das Compiler-Flag -std=c18 übergeben, um C18 zu benutzen. Ein Beispiel hierzu wäre:

cc wortsuche.c -o wortsuche -std=c18

2.3 Einfaches Suchen und Ersetzen

Suchen und Ersetzen, auf Englisch „search and replace", und Kopieren und Einfügen, auf Englisch „copy and paste", sind die Grundlagen jedes modernen Texteditors. Es gibt einige sehr effiziente Lösungen für diese Probleme, nur sind die entsprechenden Algorithmen für einen Anfänger kaum zu bewältigen. Deshalb stelle ich Ihnen nun ein Verfahren vor, dass Sie „mal eben" eingeben können, wenn Sie im Praktikum eine entsprechende Aufgabe bekommen und nur wenig Zeit für die Lösung haben.

Nehmen wir nun als Test folgenden Ausgangstext:

```
char *Text="Einfaches * und Ersetzen";
```

In diesem Text soll das Sternchen durch das Wort „Suchen" ersetzt werden. Um dies zu erreichen, können Sie jetzt die folgenden, einfach umzusetzenden Schritte programmieren:

1. Entfernen des Sternchens: Kopieren sämtlicher Zeichen des Strings Text bis zu der Position, an der das Sternchen steht, nach unten (das Sternchen muss dabei korrekt überschrieben werden) und Merken der letzten Position des Sternchens.
2. Einfügen von sechs freien Stellen: Kopieren sämtlicher Zeichen des Strings Text ab der Position, an der das Sternchen zuletzt stand, um sechs Positionen nach oben.
3. Einfügen des Wortes „Suchen": Kopieren des Wortes „Suchen" an die Stelle, an der zuletzt das Sternchen stand.

Das hier erläuterte Verfahren ist sehr einfach und hat außerdem den Vorteil, dass Sie nach der Umsetzung noch andere grundlegende Funktionen zur Verfügung haben, wie z. B. das Löschen von Textpassagen oder das Einfügen von Leerzeichen. Zusammen mit der einfachen Textsuche aus dem letzten Abschnitt haben Sie dann grundlegende Funktionen zur Verfügung, um z. B. einen einfachen Texteditor zu erstellen. Selbstverständlich können Sie mit den hier vorgestellten Basisalgorithmen keine Geschwindigkeitsrekorde brechen, trotzdem haben Sie aber schon einmal einen guten Werkzeugkoffer zur Verfügung, mit dem Sie 75 Prozent der Praktikumsaufgaben und Übungen meistern können. Ich möchte Ihnen nun die Schritte, die für das einfache Suchen und Ersetzen notwendig sind, vorstellen. Am Ende steht dann wieder ein vollständiges C-Programm zum Suchen und Ersetzen eines Wortes durch ein anderes.

2.3.1 Entfernen eines Textes aus einer Zeichenkette

Sei unser Text nun der folgende String:

```
char *Text="Einfaches * und Ersetzen";
```

Angenommen, Sie kennen bereits die Position, an der das Sternchen steht (das ist die Position 10, die Zählung beginnt bei Arrays und Strings ab 0). Nun müssen Sie sämtliche Zeichen ab Position 10 um eine Position nach unten kopieren. Vielleicht denken Sie jetzt an folgende Schleife:

```
int i=0, StartPos=10, Anzahl=1;
int L=strlen(Text);
for (i=StartPos; i<L; i++)
{
     Text[i]=Text[Anzahl+i];
}
```

Sie haben richtig gedacht, diese Schleife ist genau das, was Sie brauchen, und in dem hier vorgestellten Verfahren wird sogar das String-Ende-Zeichen mitkopiert. Sie müssen also nichts Weiteres mehr beachten.

 Tipp: Der richtige Umgang mit Zeichenketten

Beachten Sie, dass Zeichenketten von C wie Arrays behandelt werden, in denen jedes einzelne Zeichen durch einen Index angesprochen werden kann. Dieser Index fängt bei 0 und nicht bei 1 an. Achten Sie ferner darauf, auch wirklich jede Zeichenkette mit einem Nullzeichen abzuschließen und hierfür auch den entsprechenden Speicher anzulegen. Beispielsweise können in dem Array char Text[10] nur neun Textzeichen abgelegt werden, da hier spätestens die Position 9 das Nullzeichen enthalten muss. An dieser Stelle sage ich immer: „Strings sind fast Arrays, aber eben nur fast." Natürlich gilt diese Aussage nicht für Java, denn dort werden Strings durch eine separate Klasse mit separaten Methoden verwaltet, die viel mächtiger sind, als die hier vorgestellten Basisalgorithmen. Vor allem das Ersetzen von Teilstrings durch andere ist in Java quasi schon fest eingebaut. Trotzdem kann es hilfreich sein, zu verstehen, wie Java intern arbeitet, wenn es Strings verarbeitet.

2.3.2 Einfügen von Freiräumen in den Text

Wenn Sie Freiräume in den Text einfügen wollen, müssen Sie sämtliche Zeichen nach oben kopieren, in diesem Beispiel also ab der Position, an der zuletzt das Sternchen stand, um sechs Positionen nach oben. Vielleicht kommen Sie jetzt auf die Idee, die Schleife aus dem letzten Punkt wie folgt abzuwandeln:

```
int i=0, StartPos=10, Anzahl=6;
int L=strlen(Text);
for (i=StartPos; i<L; i++)
{
    Text[Anzahl+i]=Text[i];
}
```

Wenn Sie das vorige Programmfragment zur Ausführung gebracht haben und auf die Idee kommen, sich das Zwischenergebnis in der Konsole ausgeben zu lassen, werden Sie allerdings merken, dass hier etwas gewaltig schiefläuft. Es kommt wahrlich nicht das heraus, was Sie sich vorgestellt haben. Der Text lautet nun:

Einfaches ErsetzErsetz

Wenn Sie etwas nachdenken, werden Sie aber schnell merken, dass Sie die Zeichen von der falschen Seite aus kopieren und einige Zeichen überschreiben, noch bevor sie korrekt kopiert werden können. Sie müssen also die Schleife für das Kopieren nach oben wie folgt abwandeln:

```
for (i=L; i>=StartPos; i--)
{
    Text[Anzahl+i]=Text[i];
}
```

2.3.3 Ein vollständiges Programm zum Suchen und Ersetzen

Nun haben Sie alles zusammen, um ein bestimmtes Wort durch ein anderes zu ersetzen. Das folgende Beispielprogramm liest von der Tastatur einen Text und anschließend zwei Wörter ein. Anschließend wird in dem Text das erste Wort durch das zweite ersetzt. Wird das erste Wort nicht gefunden, wird eine Fehlermeldung ausgegeben. Um das Listing möglichst einfach zu halten, wird das gesuchte Wort nur einmal im Text ersetzt, nämlich an der Position, an der es zum ersten Mal auftritt, und der Programmablauf/Programmablaufplan der Funktion Suchen() ist identisch mit dem aus dem letzten Beispiel.

Listing 2.5 suchen_und_ersetzen.c

```
01  #include<stdio.h>
02  #include<stdlib.h>
03  #include<string.h>

04  long int Suchen(char *Text, char *P)
05  {
06      bool gefunden;
07      long int TextPos,PatternPos,temp;
08      gefunden=false; TextPos=0; PatternPos=0;
09      while ((gefunden==false)&&(Text[TextPos]!=0))
10      {
11          while ((Text[TextPos]!=P[0])&&(Text[TextPos]!=0))
12          {
13              TextPos++;
14          }
15          PatternPos=0; temp=TextPos; // Zähler zurücksetzen
16          while ((Text[TextPos]==P[PatternPos])&&(P[PatternPos]!=0))
17          {
18              TextPos++; PatternPos++; // Immer ein Zeichen weiter
19          }
20          if (P[PatternPos]==0) // Die Suche war erfolgreich
21          {
22              gefunden=true;
23          }
24      }
25      if (gefunden==true) { return temp; }
26      else { return -1; }
27  }

28  void Entfernen(char *Text, long int StartPos, long int Anzahl)
```

```
29  {
30      long int i,L;
31      L=strlen(Text);
32      for (i=StartPos; i<L; i++)
33      {
34          Text[i]=Text[Anzahl+i];
35      }
36  }

37  void Einfuegen(char *Text, long int StartPos, long int Anzahl)
38  {
39      long int i=0,L=strlen(Text);
40      for (i=L; i>=StartPos; i--)
41      {
42          Text[Anzahl+i]=Text[i];
43      }
44  }

45  void Ueberschreiben(char *Text, char *P, long int StartPos, long int L)
46  {
47      long int i=0;
48      for (i=0; i<L; i++)
49      {
50          Text[StartPos+i]=P[i];
51      }
52  }

53  void Ersetzen(char *Text, char *Wort1, char *Wort2, long int Pos)
54  {
55      Entfernen(Text,Pos,strlen(Wort1));
56      Einfuegen(Text,Pos,strlen(Wort2));
57      Ueberschreiben(Text,Wort2,Pos,strlen(Wort2));
58  }

59  int main(void)
60  {
61      long int Pos;
62      char Puffer[100];
63      char *Text,*Wort1,*Wort2;
64      printf("Text:"); fgets(Puffer,100,stdin);
65      Text=(char*)malloc(2*strlen(Puffer));
66      Puffer[strlen(Puffer)-1]=0; strcpy(Text,Puffer); // newline entfernen
67      printf("Wort:"); fgets(Puffer,100,stdin);
68      Wort1=(char*)malloc(strlen(Puffer)+1);
69      Puffer[strlen(Puffer)-1]=0; strcpy(Wort1,Puffer); // newline entfernen
70      printf("Ersetzen durch:"); fgets(Puffer,100,stdin);
71      Wort2=(char*)malloc(strlen(Puffer)+1);
72      Puffer[strlen(Puffer)-1]=0; strcpy(Wort2,Puffer); // newline entfernen
73      Pos=Suchen(Text,Wort1);
74      if (Pos!=-1)
75      {
76          Ersetzen(Text,Wort1,Wort2,Pos);
77          printf("%s\n",Text);
78      }
79      else
80      {
81          printf("Das gesuchte Wort kann nicht gefunden werden.\n");
82      }
83      return 0;
84  }
```

In Zeile **01 - 03** müssen Sie zusätzlich zu **stdio.h** noch **stdlib.h** und **string.h** einfügen, damit Sie im Hauptprogramm die Funktionen `malloc()` und `strcpy()` benutzen können. Die Zeilen **04 - 27** enthalten nichts Neues, sondern implementieren nur die Wort-Suchfunktion, die Sie schon aus dem letzten Beispiel kennen.

In Zeile **28 - 36** wird nun das Entfernen von Zeichen aus einer Zeichenkette in die Funktion `Entfernen()` ausgelagert. `Entfernen()` bekommt drei Parameter übergeben, nämlich den Ausgangstext als String (Typ `char*`), die Startposition als ganze Zahl (Typ `long int`) und die Anzahl Zeichen, die ab der Startposition entfernt werden sollen. Ich verwende hier den Typ `long int`, damit Sie später auch Texte mit einer Länge von mehr als 65535 Zeichen verarbeiten können (auf manchen (älteren) Systemen ist der Typ `int` nur 16 Bit breit). Die Schleife, die von der Funktion `Entfernen()` zum Löschen von Zeichen verwendet wird, ist identisch mit der Kopierschleife aus Abschnitt 2.3.1 .

In Zeile **37 - 44** wird nun das Einfügen von freien Positionen in eine Zeichenkette in die Funktion `Einfuegen()` ausgelagert. `Einfuegen()` bekommt drei Parameter übergeben, nämlich den Ausgangstext als String (Typ `char*`), die Startposition als ganze Zahl (Typ `long int`) und die Anzahl Zeichen, die ab der Startposition „freigeschaufelt" werden sollen. Auch hier verwende ich den Typ `long int`, damit Sie später auch Texte mit einer Länge von mehr als 65535 Zeichen verarbeiten können. Die Schleife, die von der Funktion `Einfuegen()` zum Reservieren von neuen Zeichen verwendet wird, ist identisch mit der Kopierschleife aus Abschnitt 2.3.2 . Beachten Sie, dass die Funktion `Einfuegen()` keine neuen Zeichen in die ihr übergebene Zeichenkette schreibt, sondern lediglich sämtliche Zeichen ab einer gewissen Position nach oben verschiebt. Deswegen müssen Sie auch im Hauptprogramm mit `malloc()` vorher genug Speicher für die Variable **Text** reservieren (in diesem Fall das Doppelte der Eingabepuffer-Größe), damit der spätere Zeichen-Kopierprozess nicht an Speichermangel scheitert.

Da die Funktion `Einfuegen()` nur die entsprechenden Zeichen nach oben kopiert, benötigen Sie noch die Funktion `Ueberschreiben()`, die in Zeile **45 - 52** definiert wird. `Ueberschreiben()` macht nichts anderes, als **L** Zeichen des Musters **P** in die Zeichenkette **Text** zu kopieren, die Sie im ersten Parameter übergeben haben. Die Startposition wird durch den Parameter **StartPos** übergeben. Die Funktion `Ersetzen()`, die in Zeile **53 - 58** definiert wird, ruft dann lediglich die Funktionen `Entfernen()`, `Einfuegen()` und `Ueberschreiben()` in der richtigen Reihenfolge auf.

Tipp: Verwendung von Umlauten im Quellcode ist oft nicht möglich

In C und auch in anderen Programmiersprachen wie Java gibt es einen Ausführungszeichensatz und einen Ausgabezeichensatz für die Ausgabe von Text in der Konsole. Deshalb werden Umlaute in der Konsole oft richtig dargestellt, in Funktionsnamen dürfen sie aber nicht vorkommen, weil Umlaute im Ausführungszeichensatz nicht enthalten sind. Deswegen heißt die entsprechende Funktion in dem letzten Beispiel auch nicht `Überschreiben()`, sondern `Ueberschreiben()`.

Kommen wir nun zum Hauptprogramm. Zuerst werden die entsprechenden Variablen deklariert, die Sie benötigen: Dies ist einmal die Variable **Text** vom Typ `char*` sowie die

Variable **Wort1** (zu suchendes Wort) und **Wort2** (das Wort, wodurch **Wort1** ersetzt werden soll) vom selben Typ. Um zu erreichen, dass das letzte Beispiel beliebig lange Texte verarbeiten kann, habe ich nur für die Größe des Eingabepuffers einen festen Wert gewählt und reserviere den Speicher für die Variablen **Text**, **Wort1** und **Wort2** dynamisch mit malloc(). Ferner lasse ich bei der Eingabe der Texte Leerzeichen zu und verwende fgets() zusammen mit einem Eingabepuffer anstatt scanf(). Deshalb sieht das Einlesen des zu durchsuchenden Textes so aus:

```
printf("Text:"); fgets(Puffer,100,stdin);
Text=(char*)malloc(2*strlen(Puffer));
Puffer[strlen(Puffer)-1]=0; strcpy(Text,Puffer); // newline entfernen
```

Sie lesen also die Variable **Text** mit fgets() von der Standardeingabe ein und reservieren anschließend mit malloc() für die Variable **Text** neuen Speicher, dessen Größe der doppelten Länge des Eingabepuffers entspricht. Nach Ersetzen des **newline**-Zeichens am Ende des Eingabepuffers durch das Nullzeichen wird der Eingabepuffer mit strcpy() in den Zielstring kopiert. Mit den anderen Tastatureingaben verfahren Sie auf dieselbe Weise. Der Vorteil dieses eher umständlichen Vorgehens ist die hohe Flexibilität, die Sie damit erreichen. So können Sie in dem letzten Beispiel durchaus auch ein Wort durch mehrere Wörter ersetzen.

Tipp: Verwenden von Unicode-Zeichen (z. B. unter Windows 10)

Wenn Sie Unicode-Zeichen verwenden, dann belegt ein Zeichen zwei Bytes Speicher. Wenn Sie sich nicht sicher sind, ob Sie ein Unicode-System benutzen, wandeln Sie die malloc()-Anweisungen wie folgt ab:

```
printf("Text:"); fgets(Puffer,100,stdin); // Zeichen
Text=(char*)malloc(2*sizeof(char)*strlen(Puffer)); // Bytes
Puffer[strlen(Puffer)-1]=0; strcpy(Text,Puffer); // Zeichen
```

■ 2.4 Einfaches Sortieren von Zahlen

Es gibt sehr effiziente Sortieralgorithmen, die ich Ihnen natürlich auch später noch vorstellen möchte. Nur sind diese Algorithmen alles andere als einfach gestrickt und gehören deswegen nicht zu den Basisalgorithmen, die Sie mal eben umsetzen können. Dagegen können Sie mit dem nun vorgestellten Sortierverfahren Bubble Sort ein Zahlenarray mit bis zu 1000 Zahlen relativ zügig sortieren. Die Betonung liegt hier auf relativ, denn bei mehr als etwa 1000 Zahlen wird Bubble Sort spürbar langsam. Trotzdem sollten Sie Bubble Sort in Ihrem Werkzeugkoffer haben, denn oft ist es überhaupt nicht nötig, große Zahlenkolonnen zu sortieren, und Sie benötigen dagegen eine Methode, die Sie z. B. in einem einzelnen Praktikum umsetzen können.

2.4.1 Bubble Sort[1]

Bubble Sort als der einfachste unter den Sortieralgorithmen arbeitet nach einer sehr simplen Methode: Das zu sortierende Zahlenarray, das ich hier durch die Variable **Zahlen** repräsentiere, wird wiederholt von vorne nach hinten durchlaufen. Hierzu dient ein einfacher Positionszähler, den ich hier **i** nenne. Angenommen, Sie wollen das Array aufsteigend sortieren. Dann wird das entsprechende Array-Element an der Zähler-Position **i** immer dann mit dem benachbarten Array-Element an der Position **i+1** vertauscht, wenn der Wert dieses Elements größer ist als der des Nachbarelements. Angenommen, das Array hat **n** Elemente. Dann durchlaufen Sie das Array im ersten Schritt mit folgender Schleife:

```
for (i=0; i<n-1; i++)
{
    if (Zahlen[i]>Zahlen[i+1])
    {
        tausche(Zahlen,i,i+1); // Ringtausch
    }
}
```

Weitere Durchläufe durch Ihr Zahlen-Array führen Sie so lange aus, bis keine Vertauschungen mehr vorgenommen werden müssen. Die Prüfung, ob noch Vertauschungen nötig sind, können Sie z. B. mit einem Zähler erreichen, der vor jedem Durchlaufen des Zahlen-Arrays auf 0 zurückgesetzt wird und immer dann um 1 erhöht wird, wenn eine Vertauschung nötig ist. Sie können dazu die obige Schleife wie folgt abwandeln:

```
Zaehler=0;
for (i=0; i<n-1; i++)
{
    if (Zahlen[i]>Zahlen[i+1]) { tausche(Zahlen,i,i+1); Zaehler++; }
}
```

Wahlweise können Sie auch eine Variable vom Typ `bool` verwenden, die vor jedem Durchlauf des Zahlen-Arrays auf `false` gesetzt wird und immer dann auf `true` gesetzt wird, wenn doch noch eine Vertauschung nötig ist. Wie Sie vorgehen, ist Geschmackssache, ich bevorzuge jedoch die Variante mit der Variablen vom Typ `bool`. Dies tue ich deswegen, weil Zähler gerne mal überlaufen und dadurch schwer auffindbare Fehler verursacht werden können.

Schauen Sie sich nun das folgende Zahlen-Array mit zehn Zahlen an:

```
int Zahlen[10]={13,44,12,78,42,43,78,19,54,60};
```

Im ersten Durchlauf werden dann folgende Vertauschungsschritte ausgeführt:
- Die Zahl 44 wird mit der Zahl 12 vertauscht.
- Die Zahl 78 wird mit der Zahl 42 vertauscht.
- Die Zahl 78 wird anschließend noch einmal mit der Zahl 43 vertauscht.
- Die Zahl 79 wird mit der Zahl 19 vertauscht.

---

[1] *https://de.wikipedia.org/wiki/Bubblesort*

- Die Zahl 79 wird anschließend noch einmal mit der Zahl 54 vertauscht.
- Die Zahl 79 wird anschließend noch einmal mit der Zahl 60 vertauscht.

Am Ende des ersten Durchlaufs sieht das Zahlen-Array so aus:

13,12,44,42,43,78,19,54,79,60

Wie Sie sehen, rücken bei jedem Durchlauf die Zahlen immer etwas näher an ihren richtigen Platz. Weil die großen Zahlen hier langsam nach oben steigen, wie Schaumblasen an die Wasseroberfläche, heißt der Algorithmus eben Bubble Sort. Sehen Sie sich nun die restlichen Durchläufe von Bubble-Sort an:

zweiter Durchlauf:

12,13,42,44,43,19,54,78,60,79

dritter Durchlauf:

12,13,42,43,19,44,54,60,78,79

vierter Durchlauf:

12,13,42,19,43,44,54,60,78,79

fünfter Durchlauf:

12,13,19,42,43,44,54,60,78,79

An diesem Beispiel sehen Sie sehr schön, wie die kleineren Zahlen wie schwerer Sand nach unten sinken und die großen, leichteren Zahlen nach oben steigen. Sehen Sie sich nun Listing 2.6 an:

Listing 2.6 bubblesort.c

```
01  #include<stdio.h>
02  #include<string.h>
03  #include<stdlib.h>
04  #include<time.h>
05  // Bei reinen C-Compilern bitte den Kommentar vor typedef entfernen
06  // oder wahlweise stdbool.h inkludieren
07  // typedef enum{false,true} bool;
08  void tausche(int *A, int Pos1, int Pos2) // Arrayübergabe als Pointer
09  {
10      int temp=A[Pos1];
11      A[Pos1]=A[Pos2];
12      A[Pos2]=temp;
13  }
14  void BubbleSort(int *A, long int n, bool Testausgabe)
15  {
16      bool getauscht;
17      int i;
18      do
19      {
20          getauscht=false; // Initialisierung
21          for (i=0; i<n-1; i++)
22          {
23              if (A[i]>A[i+1])
24              {
25                  tausche(A,i,i+1);
26                  getauscht=true; // Wird wahr, sobald getauscht wurde
27              }
```

```
28            }
29            if (Testausgabe==true) // Die Testausgabe gibt das gesamte
                                    Zahlenarray aus
30            {
31                for (i=0; i<n; i++) { printf("%d ",A[i]); }
32                printf("\n");
33            }
34        }
35        while (getauscht==true); // Noch Vertauschungen aufgetreten?
                                    In diesem Fall neuen Durchlauf starten
36  }
37
38  int main(void)
39  {
40        int i;
41        int Zahlen[20];
42        char Auswahl[20];
43        printf("Ausgabe der Sortierschritte (j/n)?");
44        scanf("%s",&Auswahl);
45        srand(clock());
46        printf("Erzeuge 20 Zufallsahlen zwischen 1 und 100 …");
47        for (i=0; i<20; i++) { Zahlen[i]=rand()%100+1; }
48        printf("\nAusgabe des Zahlen-Arrays:\n");
49        for (i=0; i<20; i++) { printf("%d ",Zahlen[i]); }
50        printf("\nSortiere Zahlen mit Bubble Sort …\n");
51        if (strcmp(Auswahl,"j")==0) { BubbleSort(Zahlen,20,true); }
52        if (strcmp(Auswahl,"n")==0) { BubbleSort(Zahlen,20,false); }
53        for (i=0; i<20; i++) { printf("%d ",Zahlen[i]); }
54        printf("\n");
55  }
```

Die Funktion `tausche()` muss wahrscheinlich nicht mehr erklärt werden, weil in dieser Funktion nur eine Ringtausch-Variante für `int`-Arrays implementiert wird, die einen entsprechenden Parameter **A** (A steht für Array) per Zeiger übergeben bekommt. In den Zeilen **14 - 37** folgt nun die Funktion `BubbleSort()`, die einen `int`-Array per Zeiger übergeben bekommt, sowie die Größe des zu sortierenden Arrays. Der dritte Parameter ist vom Typ `bool` und gibt an, ob das Array nach jedem Durchlauf testweise in der Konsole ausgegeben werden soll. In Zeile **16** und **17** werden nun die benötigten Variablen getauscht und **i** (für den Positionszähler des aktuellen Elements im Array **A**) deklariert. Anschließend folgt in Zeile **18 - 28** der Hauptteil des Bubble-Sort-Algorithmus. Dieser beginnt mit einer fußgesteuerten do-Schleife. Das bedeutet, dass immer mindestens ein Durchlauf ausgeführt wird.

Ein einzelner Durchlauf sieht nun wie folgt aus: Zuerst wird in Zeile **20** getauscht auf `false` gesetzt, und anschließend wird in den Zeilen **21 - 28** das gesamte Array einmal durchlaufen, und zwar bis zum vorletzten Element. Die `if`-Anweisung kennen Sie schon, diese enthält das Tauschverfahren des Bubble-Sort-Algorithmus, das schon weiter oben erläutert wurde. In Zeile **29 - 34** wird nun noch abgefragt, ob nach jedem Durchlauf eine Testausgabe der Array-Werte in der Konsole ausgegeben wird. Erst danach wird das Ende der fußgesteuerten do-Schleife erreicht. Hier wird nun geprüft, ob bei dem Durchlauf Vertauschungen aufgetreten sind. Ist dies der Fall, wird die do-Schleife erneut ausgeführt, ansonsten kehrt die Funktion zum Hauptprogramm zurück, weil das Array nun sortiert ist.

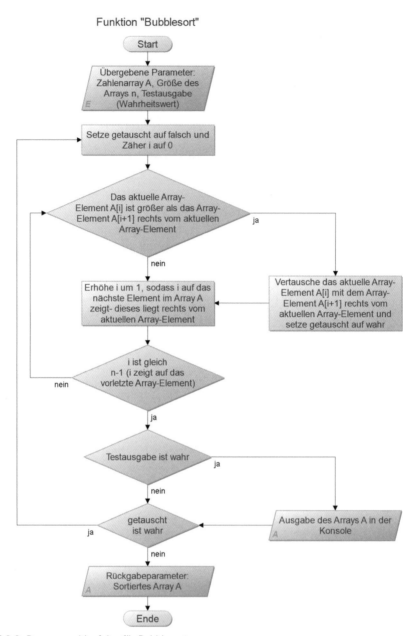

Bild 2.2 Programmablaufplan für Bubblesort

Das Hauptprogramm erzeugt am Anfang zuerst 20 Zufallszahlen. Um die entsprechenden Funktionen rand() und srand() zu benutzen, muss in Zeile **03 stdlib.h** eingebunden werden. Damit aber nicht immer derselbe Startwert für den Zufallszahlengenerator benutzt wird (dadurch würden immer dieselben Zufallsahlen erzeugt), verwende ich einen Trick: Ich benutze die Computeruhr, um den Zufallszahlengenerator zu initialisieren. Hierzu muss in Zeile **04 time.h** eingebunden werden. Bevor der Zufallsgenerator startet, werden Sie in

Zeile **43** und **44** erst einmal danach gefragt, ob Sie die einzelnen Sortierschritte in der Konsole ausgeben wollen. Hierfür müssen Sie „j" oder „n" auf der Tastatur eingeben. Wie lange Sie dafür genau brauchen, ist nicht von vornherein vorherzusehen und unterliegt dem Zufall. Während Sie also tippen, läuft die Computeruhr weiter und wenn Sie mit dem Tippen fertig sind, wird in Zeile **45** anschließend der Wert der Computeruhr als Startwert an den Zufallsgenerator übergeben. Anschließend wird das ursprüngliche Zahlen-Array noch einmal ausgegeben und anschließend sortiert. Wenn Sie am Anfang angegeben haben, dass die einzelnen Sortierschritte in der Konsole ausgeben wollen, wird die Funktion BubbleSort() entsprechend so aufgerufen, dass der dritte Parameter true ist. Am Ende wird stets das sortierte Zahlen-Array in der Konsole ausgegeben. Das Programm gibt bei der Ausführung z. B. Folgendes aus:

Ausgabe der Sortierschritte (j/n)?j

Erzeuge 20 Zufallsahlen zwischen 1 und 100 ...

Ausgabe des Zahlen-Arrays:

86 25 15 18 70 69 45 18 66 5 69 2 92 12 89 72 22 27 41 57

Sortiere Zahlen mit Bubble Sort ...

25 15 18 70 69 45 18 66 5 69 2 86 12 89 72 22 27 41 57 92

15 18 25 69 45 18 66 5 69 2 70 12 86 72 22 27 41 57 89 92

15 18 25 45 18 66 5 69 2 69 12 70 72 22 27 41 57 86 89 92

15 18 25 18 45 5 66 2 69 12 69 70 22 27 41 57 72 86 89 92

15 18 18 25 5 45 2 66 12 69 69 22 27 41 57 70 72 86 89 92

15 18 18 5 25 2 45 12 66 69 22 27 41 57 69 70 72 86 89 92

15 18 5 18 2 25 12 45 66 22 27 41 57 69 69 70 72 86 89 92

15 5 18 2 18 12 25 45 22 27 41 57 66 69 69 70 72 86 89 92

5 15 2 18 12 18 25 22 27 41 45 57 66 69 69 70 72 86 89 92

5 2 15 12 18 18 22 25 27 41 45 57 66 69 69 70 72 86 89 92

2 5 12 15 18 18 22 25 27 41 45 57 66 69 69 70 72 86 89 92

2 5 12 15 18 18 22 25 27 41 45 57 66 69 69 70 72 86 89 92

2 5 12 15 18 18 22 25 27 41 45 57 66 69 69 70 72 86 89 92

2.4.2 Einfaches, sortiertes Einfügen

Noch einfacher als „Bubble Sort" ist das direkte sortierte Einfügen in ein leeres bzw. vorsortiertes Array. Auch dieses Verfahren sollten Sie in Ihrem Werkzeugkoffer haben, weil Sie hierdurch z. B. Dinge wie den Median in sehr einfacher Weise berechnen können. Für das sortierte Einfügen benötigen Sie außer dem Array nur eine einzige zusätzliche Information, nämlich wie viele Zahlen sich bereits in diesem Array befinden. Zu diesem Zweck verwende ich im nächsten Beispiel Zahlen vom Typ long int und speichere die Anzahl an Elementen, die sich bereits im Array befinden, an Position 0. In dem nächsten Beispiel sollen 20 Zahlen von der Tastatur eingelesen werden und als Werte vom Typ long int sortiert in ein Array eingefügt werden. Das Array nenne ich auch hier wieder **Zahlen**, am Anfang ist Zahlen[0]=0.

Das sortierte Einfügen ist nun recht simpel und in einem einzigen Praktikum umsetzbar: Die einzufügende Zahl wird zuerst an die erste noch freie Position im Array geschrieben (also quasi am Ende angehängt), die ich hier **i** nenne. Danach wird eine Schleife für sämtliche Elemente von der Position **i** bis zur Position 1 ausgeführt, die Folgendes tut: Solange die Zahl an der Position **i** kleiner ist, als der linke Nachbar im Array (also Zahlen[i]<Zahlen[i-1]), werden die beiden Array-Elemente Zahlen[i] und Zahlen[i-1] vertauscht. Danach wird **i** um 1 erniedrigt und die Schleife erneut ausgeführt. Die Schleife bricht ab, sobald entweder die Bedingung Zahlen[i]<Zahlen[i-1] falsch ist, oder i=1 wird (in diesem Fall haben Sie eine Zahl eingefügt, die kleiner als alle anderen Zahlen ist). In C sieht der „Einfüge-Algorithmus" so aus (die einzufügende Zahl ist in der Variablen **Wert** abgelegt):

```
long int i=0;
bool getauscht=true; // Erst einmal annehmen, dass getauscht werden muss
i=Zahlen[0]+1; // Anzahl der bereits eingefügten Elemente ist hier
Zahlen[0]++; // Anzahl der eingefügten Elemente erhöhen
Zahlen[i]=Wert; // Die nächste freie Position ist jetzt in i
while ((i>1)&&(getauscht==true))
{
    if (Zahlen[i]<Zahlen[i-1]) { tausche(Zahlen,i,i-1); } // tauschen
    else { getauscht=false; } // Es muss nicht mehr getauscht werden
    i--; // Abbruch der Schleife spätestens, wenn i=1 wird
}
```

Sehen Sie sich uns nun an, was geschieht, wenn Sie die Zahlen 15,4,13,28 und 1 sortiert in ein leeres Array einfügen. Am Anfang ist die erste freie Position die Position 1, an dem die Zahl 15 eingesetzt wird. Das Array enthält nun folgende Zahlen (das Feld mit dem Index 0, dass die aktuelle Anzahl der Array-Elemente enthält, wird hier nicht dargestellt):

15

Im nächsten Schritt müssen Sie die Zahl 4 einfügen. Diese wird zuerst hinten angehängt. Das Array enthält nun folgende Zahlen:

15,4

Nun werden die Zahlen 4 und 15 getauscht, weil 4<15 ist. Anschließend wird **i**=1 und die Einfüge-Schleife bricht ab. Das Array enthält nun folgende Zahlen:

4,15

Wenn Sie im nächsten Schritt nun die Zahl 13 hinzufügen, wird diese nur einmal mit der Zahl 15 vertauscht, danach ist dann die Aussage 13<4 falsch und die Schleife bricht ab. Das Array enthält nun folgende Zahlen:

4,13,15

Wenn Sie im nächsten Schritt nun die Zahl 23 hinzufügen, bricht die Einfüge-Schleife sofort ab (28 ist nicht kleiner als 15). Das Array enthält nun folgende Zahlen:

4,13,15,28

Wenn Sie nun zum Schluss die Zahl 1 einfügen, wird diese so lange mit dem linken Nachbarn vertauscht, bis i=1 ist. Ähnlich wie bei „Bubble Sort" sinkt die Zahl 1 nach unten und bleibt „unten liegen". Am Ende enthält das Array folgende sortierte Zahlenreihe:

1,4,13,15,28

Sehen Sie sich nun Listing 2.7 an.

Listing 2.7 sortiertes_einfuegen.c

```
01  #include<stdio.h>
02  void tausche(long int *A, int Pos1, int Pos2) // Arrayübergabe als Pointer
03  {
04      long int temp=A[Pos1];
05      A[Pos1]=A[Pos2];
06      A[Pos2]=temp;
07  }
08  void ZahlEinfuegen(long int *A, long int Wert)
09  {
10      long int i=0;
11      bool getauscht=true; // Erst einmal annehmen, dass getauscht werden muss
12      i=A[0]+1; // Erstes freies Element im Array finden
13      A[0]++; // Anzahl Elemente aktualisieren
14      A[i]=Wert;
15      while ((i>1)&&(getauscht==true))
16      {
17          if (A[i]<A[i-1]) { tausche(A,i,i-1); } // tauschen
18          else { getauscht=false; } // Es muss nicht mehr getauscht werden
19          i--; // Abbruch der Schleife spätestens, wenn i=1 wird
20      }
21  }
22  void Ausgabe(long int *A)
23  {
24      for (long int i=1; i<=A[0]; i++) { printf("%d ",A[i]); }
25      printf("\n");
26  }
27  int main(void)
28  {
29      long int Zahlen[11]={0}; // Speicher für 11 Zahlen reservieren
30      long int Wert;
31      while ((Wert>=0)&&(Zahlen[0]<10)) // Ende:Wert=-1 oder Array voll
32      {
33          printf("Neuer Wert (-1=Ende):"); scanf("%ld",&Wert); // neuen Wert einlesen
34          if ((Wert>=0)&&(Zahlen[0]<11)) // Array voll bei Zahlen[0]=10
35          {
36              ZahlEinfuegen(Zahlen,Wert);
37              printf("Zahlen im Array:\n");
38              Ausgabe(Zahlen);
39          }
40      }
41      if (Zahlen[0]==10) { printf("Das Array ist voll.\n"); }
42      else { printf("Das Programm wurde beendet\n"); }
43      printf("Das Array beinhaltet nun folgende Werte:\n");
44      Ausgabe(Zahlen);
45      return 0;
46  }
```

In diesem Beispiel werden außer **stdio.h** keine weiteren Header-Dateien benötigt, deshalb wird in Zeile **01** auch nur **stdio.h** eingebunden. Die Funktion `tausche()` entspricht wieder der Ringtauschfunktion für Array-Elemente. Das sortierte Einfügen erledigt die Funktion `ZahlEinfuegen()`, die ein Array vom Typ `long int*` übergeben bekommt, sowie den einzufügenden Wert (Typ `long int`). Sie können also theoretisch etwa 2 Milliarden Elemente im Wertebereich zwischen −2147483647 und 2147483648 in ein Array einfügen. In diesem

Beispiel werden jedoch nur zehn Zahlen verwendet, an Position 0 im Array muss die Anzahl der bereits eingefügten Elemente gespeichert werden. Das erste freie Element kann also in Zeile **12** durch den Ausdruck `i=A[0]+1` bestimmt werden. Anschließend wird die durch den Parameter **Wert** übergebene Zahl hinten angehängt, indem diese an der Array-Position `A[0]+1` abgelegt wird. Anschließend wird in Zeile **13** das Array-Element `A[0]` um 1 erhöht, um die Anzahl der bereits eingefügten Werte zu aktualisieren. In Zeile **15 – 20** wird dann der Einfüge-Algorithmus implementiert. Für die testweise Ausgabe sämtlicher bereits eingefügter Array-Elemente in der Konsole dient die Funktion `Ausgabe()`.

Das Hauptprogramm habe ich relativ einfach gehalten. Ich habe Speicher für genau zehn Zahlen und einen Zähler für die Anzahl bereits eingefügter Array-Elemente reserviert. Wenn Sie zehn Zahlen oder den Wert -1 eingeben (ich habe also nur positive Zahlen als Array-Elemente zugelassen), wird das Programm beendet und es werden vorher noch einmal alle Array-Elemente in der Konsole ausgegeben. Beim Beenden des Programms wird in den Zeilen **41** und **42** eine entsprechende Meldung ausgegeben, dass das Programm entweder durch den Benutzer beendet wurde oder dass das Array voll ist.

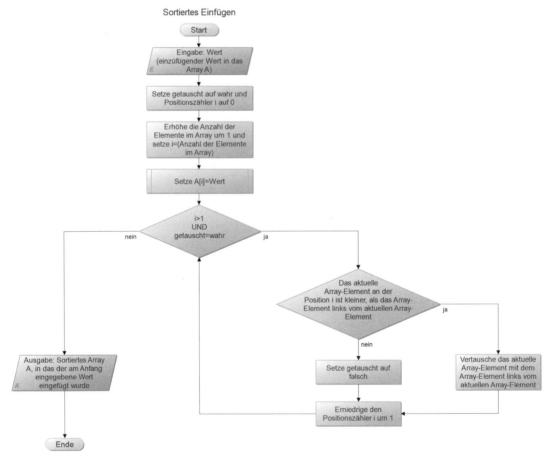

Bild 2.3 Programmablaufplan für das sortierte Einfügen

2.5 Primfaktorzerlegung

Primzahlen kennen Sie wahrscheinlich noch aus Ihrer Schulzeit, aber diese kommen auch im Informatikstudium sehr oft vor. *Primzahlen* sind sämtliche natürlichen Zahlen, die nur durch 1 und sich selbst teilbar sind. In diesem Abschnitt geht es darum, eine Zahl in ihre Primfaktoren zu zerlegen. Eine *Primfaktorzerlegung* durchzuführen, heißt, eine natürliche Zahl als Produkt einer oder mehrerer Primzahlen darzustellen. Dabei können Faktoren auch doppelt auftreten. Beispielsweise kann die Zahl 12 als 2 * 2 * 3 geschrieben werden, 2 und 3 sind beides Primzahlen.

Bevor ich Ihnen jedoch den entsprechenden Algorithmus für die Primfaktorzerlegung vorstelle, möchte ich noch die Frage beantworten, wozu denn solche „Spielereien" nötig sind, außer für diejenigen Studenten, die mathematische Rätsel und Knobelaufgaben mögen. Die Antwort auf die vorige Frage ist recht schnell gegeben: Die wichtigsten Verschlüsselungsalgorithmen, die einen öffentlichen und einen privaten Schlüssel benutzen (sogenannte Public-Key-Verschlüsselungsverfahren), beruhen auf der Schwierigkeit, sehr große Zahlen in ihre Primfaktoren zu zerlegen. Ein oft genutztes Programm, das solche Verfahren für den sicheren Datenaustausch verwendet, ist z. B. das ELSTER-Programm für Ihre elektronische Steuererklärung. In diesem Buch geht es mir zwar nur am Rande um Public-Key-Verschlüsselungsverfahren wie z. B. RSA, ich möchte aber dennoch, dass Sie verstehen, wie wichtig es für Mathematiker ist, sich mit der Primfaktorzerlegung zu beschäftigen. Wenn nämlich die Mathematiker noch vor den Hackern ein effizientes Verfahren finden, eine Zahl in ihre Primfaktoren zu zerlegen, können Sie z. B. Ihre Regierungen und Geheimdienste noch rechtzeitig warnen. Finden die Hacker dieses Verfahren aber noch vor den Mathematikern, dann könnten die Hacker z. B. unbemerkt große Mengen an Schlüsseln und Kundendaten stehlen. Zurzeit gibt es zum Glück noch kein effizientes Verfahren, um eine Zahl in ihre Primfaktoren zu zerlegen (also keines, das über schlichtes Ausprobieren hinausgeht). Methoden des schlichten Ausprobierens aller möglichen Varianten (z. B. eines möglichen Schlüssels) werden auch als *Brute Force* (auf Englisch etwa „Anwenden roher Gewalt") bezeichnet. Genau diese relativ simple Brute-Force-Methode für die Primfaktorzerlegung möchte ich Ihnen nun vorstellen.

2.5.1 Wann ist eine Zahl eine Primzahl?

Es gibt unendlich viele Primzahlen, dies hat schon der Grieche Euklid vor mehr als 2000 Jahren bewiesen. Noch schwerer wiegt aber die Tatsache, dass die Primzahlen quasi willkürlich verteilt sind. Um also wirklich zweifelsfrei herauszufinden, ob eine Zahl eine Primzahl ist, müssen Sie sämtliche in Frage kommenden Teiler durchprobieren. Sei nun **Zahl** eine Variable vom Typ `long int`. Es sei `Zahl=17`. Die Zahl 17 ist eine Primzahl. Natürlich ist Ihr Programm, das feststellen soll, ob 17 eine Primzahl ist, „dumm", weil es die Information, die Sie sicherlich noch aus Ihrer Schulzeit haben, nicht besitzen kann. Wie kann dieses „dumme" Programm aber nun herausfinden, ob es eine Zahl gibt, die Teiler von 17 ist? Diese Antwort liefert der Modulo-Operator %, den es in vielen modernen Programmiersprachen wie C, C++ und Java gibt. Der Modulo-Operator liefert den Rest einer Division zweier ganzer Zahlen (meist vom Typ `long int`) zurück. Dieser Rest ist genau dann >0, wenn zwei ganze Zahlen nicht durcheinander teilbar sind. So ist z. B. 17%2=1 und 16%2=0. Um nun sämtliche möglichen Teiler von 17 durchzuspielen, können Sie folgende einfache Schleife verwenden:

```
long int Zahl=17;
bool prim=true; // Erst einmal annehmen, Zahl sei prim
long int i; // Schleifenzähler
for (i=2; i<Zahl; i++) // Teiler zwischen 2 und Zahl-1 prüfen
{
    if ((Zahl%i)==0) { prim=false; break; }
}
```

Die hier vorgestellte Schleife probiert sämtliche möglichen Teiler zwischen 2 und 16 schlicht durch und bricht die Schleife durch ein `break` ab, wenn ein solcher Teiler gefunden wurde. Bei der Zahl 17 geschieht dies nicht und die ursprüngliche Aussage, dass 17 eine Primzahl ist, ist damit wahr. Sie können die „Teiler-Suchschleife" noch um den Faktor 2 beschleunigen, wenn Sie sämtliche geraden Zahlen außer 2 ausschließen, denn diese können keine Primzahlen sein:

```
for (i=3; i<Zahl; i+=2)
{
    if ((Zahl%i)==0) { prim=false; break; }
}
```

Natürlich müssen Sie jetzt gerade Zahlen von vornherein von der Prüfung ausschließen, z. B. indem Sie Ihre Primzahl-Prüffunktion sofort beenden und `false` zurückgeben, wenn die übergebene Zahl gerade ist:

```
if ((Zahl%2)==0) { return false; }
```

Eigentlich müssen Sie auch nicht alle ungeraden Teiler zwischen 3 und Zahl-1 prüfen. Sie können z. B. Quadratzahlen ausschließen, die Sie dadurch feststellen können, dass Sie die Wurzel aus der entsprechenden Zahl ziehen und schauen, ob nach dieser Operation ein Nachkommaanteil verbleibt. Diese ganzen Optimierungen möchte ich Ihnen jedoch ersparen, weil dadurch das Listing nur unnötig kompliziert wird. Ferner ändert sich durch das Ausschließen bestimmter Teiler nicht die Komplexitätsordnung Ihres Algorithmus – die Laufzeit steigt stets exponentiell mit der Größe der Variablen **Zahl** und kann auch niemals polynomial steigen. Der Beschleunigungsfaktor durch sämtliche Optimierungen ist hier also stets linear und Sie haben auf diese Weise quasi nichts gewonnen.

Es gibt natürlich mittlerweile sehr effiziente Prüfverfahren auch für sehr lange Zahlen, denn sonst wären Verschlüsselungsverfahren wie RSA, die auf der Erzeugung langer Primzahlen basieren, nicht denkbar. Diese Prüfverfahren, wie z. B. der oft eingesetzte Miller-Rabin-Test, erzeugen aber eben keine perfekte Sicherheit. So gibt es z. B. besonders unter den sehr langen Zahlen (also Zahlen, die aus weit mehr als 64 Bits bestehen) Pseudo-Primzahlen. *Pseudo-Primzahlen* sind Zahlen, die Primzahltests wie den Miller-Rabin-Test bestehen, ohne wirklich Primzahlen zu sein. Diese hoch mathematischen Abhandlungen über schnelle Primzahltests und Pseudo-Primzahlen möchte ich Ihnen aber an dieser Stelle ersparen.

2.5.2 Die Primfaktorzerlegung – das Programm „Primteiler"

Sie haben nun alle Voraussetzungen, um das folgende Listing **primteiler.c** zu verstehen. Ein ähnliches Programm gab es übrigens schon auf dem C64 in BASIC. Vielleicht bekommen Sie an dieser Stelle ein Gefühl dafür, was für eine harte Nuss die Primzahlen sind – an dem Stand des Wissens hat sich quasi seit den 80ern nicht viel geändert. Moderne Server können die meisten Rechenschritte der „Probiermethode" zwar parallel und stark optimiert durchführen, aber für einen etwas größeren Zahlenraum (z. B. bei der Verwendung von 2048 Bits statt 32 oder 64) streiken auch solche Programme. Der Grund hierfür ist, dass die Primfaktorzerlegung mit den herkömmlichen Algorithmen zur Komplexitätsklasse EXP gehört und keine noch so hochgradige Parallelisierung dies beheben kann. Ob moderne Quantencomputer in ein paar Jahrzehnten dazu fähig sein werden, steht noch in den Sternen. Sehen Sie sich nun Listing 2.8 an.

Listing 2.8 Primteiler.c

```
01  #include<stdio.h>

02  bool IstPrim(long int Zahl)
03  {
04      long int i,l;
05      bool prim=true;
06      if ((Zahl%2)==0) { return false; }
07      for (i=3; i<Zahl; i+=2)
08      {
09          if ((Zahl%i)==0) { prim=false; break; }
10      }
11      return prim;
12  }

13  void Primfaktoren(long int Zahl)
14  {
15      bool prim=true;
16      long int Teiler=2;
17      long int Alt=Zahl;
18      while (Teiler<Alt)
19      {
20          while ((Zahl%Teiler)==0)
21          {
22              Zahl=Zahl/Teiler;
23              printf("%ld",Teiler);
24              if (Zahl>1) { printf("*"); }
25              prim=false;
26          }
27          Teiler++;
28          while (IstPrim(Teiler)==false) { Teiler++; }
29      }
30      if (prim==true) { printf("%ld ist eine Primzahl.\n",Alt); }
31      else { printf("\n"); }
32  }

33  int main(void)
34  {
35      long int Zahl;
36      printf("Primteiler berechnet die Primfaktorzerlegung einer Zahl\n");
```

```
37        printf("Zahl:"); scanf("%ld",&Zahl);
38        printf("Primfaktoren von %ld …\n",Zahl);
39        Primfaktoren(Zahl);
40        return 0;
41   }
```

Die Funktion IstPrim(), die in Zeile **02 – 12** deklariert wird, gibt einen Wert vom Typ bool zurück, der immer dann wahr ist, wenn die im Parameter **Zahl** übergebene Zahl eine Primzahl ist. Um bool zu verwenden, müssen Sie auch an dieser Stelle entweder vorher **stdbool.h** einbinden oder aber in der ersten Programmzeile das Konstrukt

```
typedef enum {false,true} bool;
```

verwenden. Bei einem C++-Compiler brauchen Sie nichts Weiteres zu beachten, dort ist bool vordefiniert. Die Funktion IstPrim() führt nun in Zeile **07 – 10** die entsprechende Brute-Force-Methode zum Prüfen aller ungeraden Teiler zwischen 3 und **Zahl**-1 aus. Wenn ein solcher Teiler gefunden wurde, bricht die Prüfschleife mit einem break ab und **prim** wird auf false gesetzt. In Zeile **06** werden für die Prüfschleife explizit alle geraden Zahlen ausgeschlossen und IstPrim() kehrt unverzüglich mit dem Wert false zurück, wenn der Parameter **Zahl** gerade ist. Wenn die Prüfschleife jedoch durchläuft, ohne einen Teiler von **Zahl** zu finden, so behält die in Zeile **05** auf true gesetzte Variable **prim** den Wert true. Die IstPrim() übergebene Zahl ist dann eine Primzahl. Entsprechend wird in Zeile **11** dann auch **prim** als Rückgabewert verwendet.

Die Funktion Primfaktoren() verwendet nun die Funktion IstPrim(), um die durch den Parameter **Zahl** übergebene Zahl zu faktorisieren und die Faktoren in der Konsole auszugeben. Auch Primfaktoren() verwendet eine Methode des schlichten Ausprobierens aller in Frage kommenden Teiler, in diesem Fall aller Primzahlen, die kleiner als **Zahl** sind. Am Anfang ist der entsprechende Teiler 2. In Zeile 16 wird hierfür die Variable **Teiler** vom Typ long int deklariert. Auch in der Funktion Primfaktoren() nehmen Sie erst einmal an, dass **Zahl** eine Primzahl ist, und setzen **prim** auf true. Weil der nun folgende Algorithmus den Parameter **Zahl** verändert, muss die Variable **Zahl** vorher in Zeile **17** in der Variablen **Alt** gesichert werden. Nun folgt die Hauptschleife, die so lange läuft, wie **Teiler** kleiner ist als die am Anfang als Parameter übergebene Zahl.

Nehmen wir nun den Wert 18 als Übergabeparameter, **Zahl** ist also 18. In der while-Schleife in Zeile **20 – 26** wird **Zahl** nun so lange durch **Teiler** geteilt (am Anfang ist dieser auch hier wieder 2), bis dies nicht mehr geht und Zahl%Teiler=0 ist. Immer, wenn bei einem Teilungsschritt Zahl/Teiler keinen Rest ergibt, wird in Zeile **23** die Variable **Teiler** ausgegeben. Falls **Zahl** noch nicht den Wert 1 hat und die Primfaktorzerlegung so ihr Ende erreicht hat, wird zusätzlich noch ein Multiplikationszeichen in der Konsole ausgegeben. Natürlich ist, falls **Teiler** ein Primfaktor von **Zahl** ist, die ursprüngliche Annahme, dass der Funktion Primfaktoren() eine Primzahl übergeben wurde, falsch. Die Variable **prim** muss in diesem Fall auf false gesetzt werden. Nehmen wir nun an, dass die Zahl 18 übergeben wurde. Dann wird in der Konsole zunächst Folgendes ausgegeben:

   2*

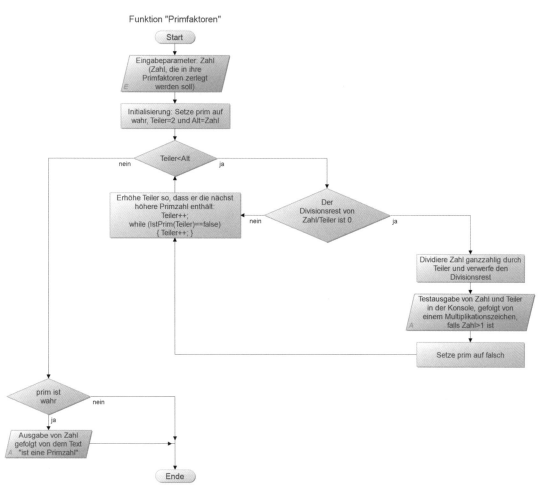

Bild 2.4 Programmablaufplan für das Programm „Primteiler"

18/2 ist 9, deshalb ist schon im zweiten Schritt ein neuer Teiler nötig. Dieser Teiler wird nun durch schlichtes Ausprobieren weiterer Zahlen ermittelt. Hierzu wird die Variable **Teiler** um 1 erhöht. Anschließend wird in Zeile **28** folgende Schleife ausgeführt:

```
while (IstPrim(Teiler)==false) { Teiler++; }
```

Diese Schleife erhöht nun **Teiler** so lange um 1, bis dieser die nächste Primzahl enthält. Dieser neue Wert wird nun für den nächsten Schritt verwendet, falls die Variable **Zahl** noch nicht den Wert 1 hat. Auch im Fall der Zahl 18 ist ein weiterer Durchlauf der Hauptschleife mit dem Teiler 3 nötig. Es wird nun in der Konsole Folgendes ausgegeben (die alte Ausgabe steht in eckigen Klammern):

[2*]3* 3

An dieser Stelle hat **Zahl** den Wert 1 und die Funktion Primfaktoren() kehrt zurück. Zeile **30** wird in dem letzten Beispiel nicht ausgeführt, denn 18 ist keine Primzahl und **prim** hat den Wert false. Das Hauptprogramm ist nun recht simpel und muss nicht weiter erklärt werden: Der Benutzer gibt eine Zahl ein, die an die Funktion `Primfaktoren()` übergeben wird, die anschließend sämtliche Primfaktoren in der Konsole ausgibt. Das Programm „Primteiler" gibt bei der Ausführung z. B. Folgendes aus:

/home/rene/Kapitel 2>./primteiler

Primteiler berechnet die Primfaktorzerlegung einer Zahl

Zahl: 11

Primfaktoren von 11 ...

11 ist eine Primzahl.

/home/rene/Kapitel 2>./primteiler

Primteiler berechnet die Primfaktorzerlegung einer Zahl

Zahl: 100

Primfaktoren von 100 ...

2 * 2 * 5 * 5

/home/rene/Kapitel 2>./primteiler

Primteiler berechnet die Primfaktorzerlegung einer Zahl

Zahl: 123456

Primfaktoren von 123456 ...

2 * 2 * 2 * 2 * 2 * 2 * 3 * 643

/home/rene/Kapitel 2>./primteiler

Primteiler berechnet die Primfaktorzerlegung einer Zahl

Zahl: 1000000000

Primfaktoren von 1000000000 ...

2 * 2 * 2 * 2 * 2 * 2 * 2 * 2 * 2 * 5 * 5 * 5 * 5 * 5 * 5 * 5 * 5 * 5

[an dieser Stelle stürzt das Programm ab]

An der letzten Ausgabe mit Werten ab einer Milliarde (hier werden alle 32 Bits des Typs `long int` ausgereizt) sehen Sie, dass hier die Komplexität der Primfaktorzerlegung schon so groß ist, dass diese auf einem normalen PC etwa eine Stunde dauert. Wenn Sie dann Ihr Programm noch etwas optimieren, können Sie noch gerade eben 64-Bit-Zahlen verarbeiten. Bei Servern mit Tausenden von Prozessoren kommen Sie bei etwa 256 Bits an die Grenzen des Machbaren. Sichere RSA-Schlüssel benutzen hier die 8- oder 16-fache Bit-Menge, also entweder 2048 oder bei besonders sicherheitskritischen Anwendungen, wie z. B. ELSTER, 4096 Bits.

Hinweis: Primzahltest vs. Primfaktorzerlegung

Moderne Primzahltests beschleunigen den Test darauf, ob eine bestimmte Zahl eine Primzahl ist, enorm. Diese Art Tests liefern mittlerweile relativ schnell ein Ergebnis. Effiziente Primzahltests können jedoch nur die Grundlage für die viel schwierigere Primfaktorzerlegung sein. Die Primfaktorzerlegung ist für das Produkt langer Primzahlen ab einer Länge von 256 Bits kaum noch in einer sinnvollen Zeit durchführbar, ein Primzahltest aber schon.

2.6 Berechnung des GGT (größter gemeinsamer Teiler)

Den größten gemeinsamen Teiler (GGT) von zwei Zahlen a und b können Sie mit dem *Euklidischen Algorithmus* berechnen[2]. Dieser funktioniert wie folgt: Wenn a die größte der beiden Zahlen ist, dann wird b so lange von a subtrahiert, bis dies nicht mehr geht. Wenn nun ein Rest verbleibt, der größer als 0 ist, dann wird dieser Rest notiert, es wird a=b gesetzt und b enthält nun den Rest. Danach beginnt der Algorithmus von vorn, und zwar so lange, bis bei der Subtraktion von a und b kein Rest mehr verbleibt. Im alten Griechenland gab es noch keine Computer, deshalb konnte Euklid den Rest einer Division nur durch wiederholtes Subtrahieren der kleineren Zahl berechnen.

Wir können heute jedoch den Euklidischen Algorithmus wie folgt abwandeln: Wenn a die größte der beiden Zahlen a und b ist, dann berechne a mod b. Wenn nun a mod b>0 ist, dann wird dieser Rest (also a mod b) notiert, es wird a=b gesetzt und b enthält nun den Rest a mod b. Danach beginnt der Algorithmus von vorn. Am Ende ist der GGT der Rest, der als Letztes notiert wurde. In C sieht der Euklidische Algorithmus wie folgt aus:

```
Rest=a; temp=0;
while (Rest>0)
{
    Rest=a%b; // Hauptschritt Euklidischer Algorithmus
    if (Rest>0) { temp=Rest; } // Rest>0? Dann Rest zwischenspeichern
    a=b; b=Rest; // a wird zur kleineren Zahl, b zu Rest
}
GGT=temp;
```

Der Programmablaufplan des euklidischen Algorithmus ist ebenfalls entsprechend simpel:

---

[2] *https://de.wikipedia.org/wiki/Euklidischer_Algorithmus*

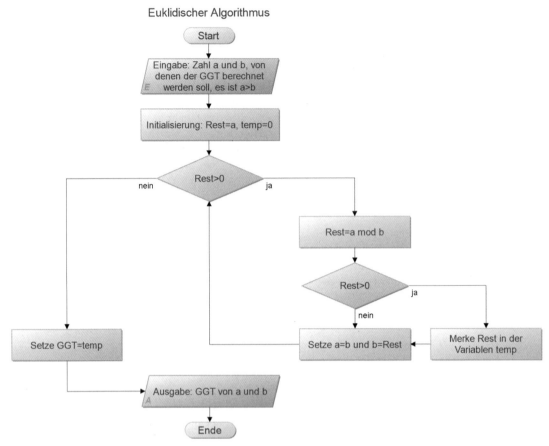

Bild 2.5 Programmablaufplan des Euklidischen Algorithmus

Es folgt nun mit Listing 2.9 ein Programm, das den größten gemeinsamen Teiler berechnet:

Listing 2.9 GGt.c

```
01  #include<stdio.h>

02  long int GGT(long int a, long int b)
03  {
04      long int Rest,temp;
05      if (a>b)
06      {
07          temp=a; a=b; b=temp; // Ringtausch bei a>b
08      }
09      while (Rest>0)
10      {
11          Rest=a%b; // Hauptschritt Euklidischer Algorithmus
12          if (Rest>0) { temp=Rest; } // Rest>0? Dann Rest zwischenspeichern
13          a=b; b=Rest; // a wird zur kleineren Zahl, b zu Rest
14      }
15      return temp; // Der GTT ist in temp
16  }
```

```
17  int main(void)
18  {
19      long int a,b;
20      printf("Berechnung des GGT zweier Zahlen\n");
21      printf("Zahl a:"); scanf("%ld",&a);
22      printf("Zahl b:"); scanf("%ld",&b);
23      printf("Der GGT ist %ld\n",GGT(a,b));
24      return 0;
25  }
```

Die Funktion GGT() bekommt als Parameter die zwei Zahlen **a** und **b** übergeben und gibt den GGT von **a** und **b** zurück. Sie müssen jedoch in Zeile **05** bis **08** zunächst einen Ringtausch von **a** und **b** durchführen, falls a<b ist. Ich verwende an dieser Stelle nicht die Funktion tausche(), weil diese die Speicheradressen der als Zeiger übergebenen Parameter **a** und **b** verändern würde, und das ist in diesem Fall nicht erwünscht. In Zeile **09 - 16** wird dann der Euklidische Algorithmus ausgeführt und am Ende wird der GGT als Variable vom Typ long int zurückgegeben. Das Hauptprogramm liest nun zwei Zahlen von der Tastatur ein und gibt den GGT dieser zwei Zahlen in der Konsole aus. Dies kann z. B. wie folgt aussehen:

/home/rene/Kapitel_2>./GGT

Berechnung des GGT zweier Zahlen

Zahl a:17

Zahl b:10

Der GGT ist 1

/home/rene/Kapitel_2>./GGT

Berechnung des GGT zweier Zahlen

Zahl a:0815

Zahl b:15

Der GGT ist 5

/home/rene/Kapitel_2>./GGT

Berechnung des GGT zweier Zahlen

Zahl a:60

Zahl b:36

Der GGT ist 12

2.7 Gezielte Suche nach Primzahlen

Auch die gezielte Suche nach Primzahlen gehört in Ihren Werkzeugkoffer, weil diese fast immer in irgendeiner Form in Programmierpraktika vorkommt, meistens zusammen mit dem GGT oder direkt danach. Wenn Sie gezielt nach Primzahlen suchen wollen (z. B. nach sämtlichen Primzahlen zwischen 1 und 100), können Sie eine `for`-Schleife benutzen, die einen Zähler hochzählt. Dieser Zähler wird dann an die Funktion `IstPrim()` weitergegeben und immer dann in der Konsole ausgegeben, wenn `IstPrim()` `true` zurückliefert. Wenn es schnell gehen muss, dann sollten Sie auch genauso vorgehen. Diese Brute-Force-Methode ist jedoch genauso ineffizient wie die Primfaktorzerlegung. Für mehr Effizienz können Sie alternativ das Sieb des Eratosthenes verwenden.

2.7.1 Das Sieb des Eratosthenes[3]

Mit dem *Sieb des Eratosthenes* gibt es ein effizientes Verfahren für die Suche nach Primzahlen. Das Sieb des Eratosthenes ist ein Filteralgorithmus, der aus einem Zahlenarray (z. B. mit Zahlen zwischen 1 und 100) sämtliche Zahlen ausstreicht, die keine Primzahlen sind. Diese Filtermethode ist recht einfach zu programmieren. Am Anfang des Sieb-Algorithmus von Eratosthenes wird die Wurzel aus der größten Zahl im Array gezogen und wenn die Wurzel keine ganze Zahl ist, wird diese auf die nächste ganze Zahl aufgerundet. Diese aufgerundete Wurzel wird nun in die der Variablen **L** abgelegt. Im nächsten Schritt werden für sämtliche Zahlen zwischen 2 und **L** jeweils ihre Vielfachen aus dem Array gestrichen, in diesem Beispiel würde also für die Zahl 2 folgende Reihe aus dem Array gestrichen:

4, 8, 12, 16, 20, 24, 28, 32, 36, 40, 44, 48, 52, 56, 60, 64, 68, 72, 76, 80, 84, 88, 92, 96

Angenommen, das Array enthält sämtliche Zahlen zwischen 1 und 100 an ihren jeweiligen Positionen (die Position 0 habe ich hier nicht verwendet). Dann sieht das Array nach dem ersten Filterschritt, in dem alle Vielfachen von 2 gestrichen werden, so aus:

1	2	3		5		7		9	
11		13		15		17		19	
21		23		25		27		29	
31		33		35		37		39	
41		43		45		47		49	
51		53		55		57		59	
61		63		65		67		69	
71		73		75		77		79	
81	82			85		87		89	
91		93		95		97		99	

---

[3] David Acheson, 1089 oder das Wunder der Zahlen, ISBN 978-3-86647-020-0, S. 28 ff

Im nächsten Schritt werden dann alle Vielfachen von 3 aus dem Array gestrichen. Das Array sieht danach so aus:

1	2	3		5		7			
11		13				17		19	
		23						29	
31						37			
41		43				47			
		53						59	
61						67			
71		73						79	
		82						89	
						97			

Schon nach dem dritten Schritt sehen Sie, dass sich das Array „ausdünnt", und wenn Sie dann noch die Vielfachen von 4 und 5 streichen, haben Sie bereits fast alle Primzahlen erfasst. Nach sämtlichen Schritten erhalten Sie folgendes Array, in dem die Primzahlen stehenbleiben:

1,2,3,5,7,11,13,17,19,23,29,31,37,41,43,47,53,59,61,67,71,73,79,83,89,97

Bevor ich mit dem Listing fortfahre, das ein Array mit allen Primzahlen zwischen 1 und einer vom Benutzer eingegebenen Zahl erzeugt, darf ich natürlich nicht vergessen, auf die großen Probleme hinzuweisen, die es mit dem Sieb des Eratosthenes gibt. Wahrscheinlich haben Sie auch schon gemerkt, dass der Algorithmus sehr viel Speicher benötigt, für das Finden sehr langer Primzahlen ist das Sieb des Eratosthenes schlicht nicht geeignet. Dies war aber auch nicht das Ziel des alten Griechen, denn dieser wollte nur die Primzahlen zwischen 1 und 10.000 finden. Sie können natürlich jetzt auf die Idee kommen, Ihr Primzahlen-Array auf eine große Festplatte auszulagern und jeder Zahl im Sieb nur ein einziges Bit zuordnen, das gelöscht wird, wenn eine Zahl gestrichen wird. Die größten Festplatten, die normale PC-Nutzer zurzeit besitzen, umfassen 8 Terrabytes. Dies sind 8000 Milliarden Bytes oder 64 000 Milliarden Bits. Die größte Primzahl, die Sie mit einem solchen Sieb finden können, liegt also etwa in der Nähe von 64 000 000 000 000 000. Diese Zahl kann durch einen 64-Bit-Wert dargestellt werden und liegt weit unterhalb der Grenze, die Sie für sichere Verschlüsselungsverfahren benötigen.

Kommen wir nun zum nächsten Listing. Listing 2.10 gibt alle Primzahlen zwischen 1 und einer oberen Grenze aus.

Listing 2.10 Primzahlsuche.c

```
01  #include<stdio.h>
02  #include<stdlib.h> // für malloc()
03  #include<math.h>   // für sqrt()

04  int main(void)
05  {
```

```
06      long int *Zahlen; // Uahlenarray
07      long int i,j,L,MaxZahl,ArrayGroesse;
08      printf("Finden von Primzahlen mit dem Sieb des Eratosthenes\n");
09      printf("Bitte geben Sie die größte Zahl in Ihrem Array ein.\n");
10      printf("Zahl:"); scanf("%ld",&MaxZahl);
11      printf("Erzeuge Primzahlen zwischen 1 und %ld\n",MaxZahl);
12      L=(long int)(sqrt(MaxZahl)); L++;
13      ArrayGroesse=L*L*sizeof(long int); // Bytes
        Zahlen=(long int *)malloc(ArrayGroesse); // Speicher für das Array reservieren
14      for (i=1; i<=MaxZahl; i++) { Zahlen[i]=MaxZahl; } // Initialisierung des Arrays
15      for (i=2; i<=L; i++)
16      {
            for (j=2*i; j<=MaxZahl; j+=i) { Zahlen[j]=0; } // Gestrichene Zahlen werden zu 0
17      }
18      for (i=1; i<MaxZahl; i++)
19      {
20          if (Zahlen[i]!=0) { printf("%ld ",i); }
21      }
22      printf("\n");
23      free(Zahlen); // Speicher für das Array freigeben
24      return 0;
25  }
```

Ich habe das letzte Programm so angelegt, dass das Zahlenarray, in das die Primzahlen geschrieben werden, dynamisch mit `malloc()` erzeugt wird. Deswegen wird das Zahlenarray in der Variablen **Zahlen** vom Typ `long int*` abgelegt. Nachdem der Benutzer die Größe des Arrays durch Eingabe der größten Zahl im Array (Variable **MaxZahl**) festgelegt hat, wird in Zeile **11** eine Information der Art „Erzeuge Primzahlen zwischen 1 und ..." ausgegeben. In Zeile **12–14** wird dann die tatsächliche Größe des zu reservierenden Speichers berechnet. Hierzu wird die Variable **L** gleich der Wurzel der größten Zahl im Array gesetzt und anschließend wird zu L 1 addiert. L hat z.B. bei MaxZahl=1000 den Wert 31+1=32. 32*32 ist 1024, also größer als 1000. Diese Vorgehensweise garantiert Ihnen, dass auch wirklich alle 1000 Zahlen in das Zahlenarray passen, was bei L=31 nicht der Fall wäre (31*31=961). Die Array-Größe in Bytes ist nun die Anzahl der Elemente im Array multipliziert mit `sizeof(long int)`. Dieser Wert wird anschließend an `malloc()` übergeben.

Nun wird das Sieb des Eratosthenes gestartet. Hierzu wird das Zahlenarray erst einmal in Zeile **15** aufsteigend mit den Zahlen zwischen 1 und **MaxZahl** gefüllt, das Element an Position 0 bleibt ungenutzt. In Zeile **16–19** wird dann der entsprechende Filteralgorithmus ausgeführt. Der Zähler **i** geht nun sämtliche Zahlen zwischen 2 und **L** durch und in der Schleife in Zeile **18** werden sämtliche Vielfachen von **i** aus dem Array **Zahlen** gestrichen (zu 0 gesetzt), die kleiner oder gleich **MaxZahl** sind. Am Ende werden in Zeile **20–23** sämtliche Einträge im Array **Zahlen** ausgegeben, die nicht auf 0 gesetzt wurden. Dies sind die übrig gebliebenen Primzahlen. Nach der Ausgabe der Primzahlen muss in Zeile **25** der für das Zahlenarray reservierte Speicher mit `free()` wieder freigegeben werden. Das Programm gibt bei der Ausführung z.B. Folgendes aus:

Finden von Primzahlen mit dem Sieb des Erastothenes

Bitte geben Sie die größte Zahl in Ihrem Array ein.

Zahl: 1000

Erzeuge Primzahlen zwischen 1 und 1000
1 2 3 5 7 11 13 17 19 23 29 31 37 41 43 47 53 59 61 67 71 73 79 83 89 97 101 103 107 109 113 127 131 137 139 149 151 157 163 167 173 179 181 191 193 197 199 211 223 227 229 233 239 241 251 257 263 269 271 277 281 283 293 307 311 313 317 331 337 347 349 353 359 367 373 379 383 389 397 401 409 419 421 431 433 439 443 449 457 461 463 467 479 487 491 499 503 509 521 523 541 547 557 563 569 571 577 587 593 599 601 607 613 617 619 631 641 643 647 653 659 661 673 677 683 691 701 709 719 727 733 739 743 751 757 761 769 773 787 797 809 811 821 823 827 829 839 853 857 859 863 877 881 883 887 907 911 919 929 937 941 947 953 967 971 977 983 991 997

■ 2.8 Rechnen mit beliebig langen Zahlen

Ihr Prozessor im PC ist wahrscheinlich ein 64-Bit-Prozessor. Das bedeutet, dass der Prozessor Zahlen mit einer Länge von bis zu 64 Bits in einem Schritt addieren kann. Für Zahlen größerer Länge benötigen Sie jedoch spezielle Algorithmen, die ich Ihnen nun zeigen werde. Keine Angst, es folgt jetzt keine ausgiebige Erläuterung einer sogenannten „Langzahlbibliothek" wie GMP. Ich möchte Ihnen lediglich einige Konzepte erläutern, mit denen quasi seit den 80er-Jahren lange Ganzzahlen behandelt werden. Diese Konzepte sind in keinerlei Weise veraltet, denn vor allem in der modernen Kryptographie spielen sehr lange Ganzzahlen eine wichtige Rolle.

Trotzdem kommen die Konzepte, die ich Ihnen nun zeigen werde, im Studium oft zu kurz, und wenn Sie dann irgendwann wirklich in die Verlegenheit kommen sollten, z. B. sehr lange Zahlen durcheinander zu dividieren, stehen Sie erst einmal auf dem Schlauch. Zumindest ging es mir selbst nicht anders. Diesen Frust möchte ich Ihnen natürlich ersparen.

2.8.1 Addition beliebig langer Zahlen

Fangen wir ganz einfach an, nämlich mit der Addition zweier Zahlen im bekannten Dezimalsystem. Um z. B. 18 und 8 zu addieren, müssen Sie 18 als 1*10+8 und 8 als 0*10+8 darstellen. Bei der Addition erhalten Sie dann folgende Tabelle, die Sie wahrscheinlich noch aus der Schule kennen:

Operation	Zehner	Einer
	1	8
+	0	8
Übertrag	1	0
Ergebnis	2	6

Da Sie bei den Einern 8 und 8 addieren, passt das Ergebnis (16) nicht mehr in die Einer-Stelle und Sie müssen beim Ergebnis einen Übertrag von 1 zur Zehner-Stelle addieren. Wechseln wir nun vom Zehner-System in das Binärsystem des Computers, fassen aber 8 Bits zu einem Block zusammen, den man allgemein ein *Byte* nennt. In einem *Byte* können Zahlen zwischen 0 und 255 gespeichert werden. Ich mache nun folgenden Trick: Ich stelle die Zahlen als Werte zur Basis 256 dar. Wenn Sie nun 255 und 1 addieren, müssen Sie zum ersten Mal einen Übertrag durchführen. Genialerweise ist ein Byte oft identisch mit dem Typ `unsigned char` und der Datentyp `int` besitzt seit dem C18-Standard mindestens die doppelte Breite eines `unsigned char`. Ferner werden Zeichen beim Auslesen aus einem char-Array grundsätzlich in Zahlen vom Typ `int` gewandelt. Wenn Sie nun hergehen und sämtliche Zahlen als Zeichenketten vom Typ `unsigned char*` betrachten, dann können Sie zwei beliebig lange Zahlen einfach dadurch addieren, dass Sie die einzelnen Bytes in den jeweiligen Zeichenketten addieren, die die Zahl repräsentieren. Natürlich müssen Sie die jeweiligen Überträge in die nächste Stelle beachten. Dies ist aber kein Problem, denn der Übertrag kann hier maximal 1 sein (255+255 ist 511). Sie können also am neunten Bit des Ergebnisses (das dann natürlich vom Typ `int` sein muss) erkennen, ob ein Übertrag in das nächste Byte stattgefunden hat. Die englische Bezeichnung für ein Übertrag-Bit ist „Carry-Bit". Das *Carry-Bit* ist 1, wenn bei der Addition zweier Byte-Werte das Ergebnis nicht mehr in ein Byte passt und so ein neuntes Bit verwendet werden muss. Ich werde diese Bezeichnung ab jetzt ebenfalls verwenden.

Das Zahlensystem zur Basis 256 hat nun einen großen Nachteil: Sie müssten 256 verschiedene Zeichen verwenden, um die einzelnen Ziffern darzustellen. Deshalb unterteilt man ein Byte in zwei Hälften und nennt die einzelnen Hälften „Nibbles". Ein *Nibble* ist ein halbes Byte und umfasst 4 Bits. Mit den Zahlen 0–9 und den Buchstaben A–F können nun die einzelnen Nibbles dargestellt werden. Das an dieser Stelle oft verwendete Hexadezimalsystem stellt nun die Bits einer Zahl als Nibble-Pakete dar und verwendet für die Nibble-Werte 10–15 die Buchstaben A–F.

Wir wollen nun zunächst die Zahlen 10 000 und 20 000 als Byte-Pakete betrachten und später ein C-Programm erstellen, das beliebig lange Zahlen korrekt addiert. Zunächst müssen die Zahlen 10 000 und 20 000 in Hexadezimalzahlen umgewandelt werden. Auf diese Weise erhalten Sie die Zahlen a=0x2710 und b=0x4e20 (das Präfix „0x" bedeutet in C „Hexadezimalzahl"). Nun werden **a** und **b** als Variablen vom Typ char* aufgefasst, wobei die Länge der Zeichenketten im ersten Byte (Position 0) abgelegt wird:

```
unsigned char a[3]={2,0x10,0x27};
unsigned char b[3]={2,0x20,0x4E};
```

Nun ist die Addition von a und b sehr einfach mit einer for-Schleife realisierbar:

```
int i,Sum,Carry,L;
Carry=0;
L=a[0]; // Länge L=erstes Byte von a
for (i=1; i<=L; i++)
{
    Sum=a[i]; Sum+=b[i]; Sum+=Carry; // Sum ist 16 Bit breit
    Carry=Sum>>8; // Carry ist das 9. Bit vom Sum
    a[i]=Sum&0xff; // a[i] enthält die untersten 8 Bits von Sum
}
```

Zugegeben: Ein paar kleine Tricks gibt es bei der Addition schon, nämlich die Verwendung einer logischen Operation und eines Bit-Shifts. Das Carry-Bit ist nämlich im letzten Beispiel so beschaffen, dass es bei der Summierung der einzelnen Bytes stets einfach addiert werden kann, weil es immer den korrekten Übertrag der vorigen Stelle enthält. Dies geschieht dadurch, dass die Summe aus a[i] und b[i] stets als 16-Bit-Zahl betrachtet wird. Im Carry-Bit wird dann das um acht Positionen nach unten verschobene neunte Bit von **Sum** gespeichert. In a[i] werden dann zum Schluss jeweils nur die untersten acht Bits von **Sum** abgelegt. Dies gewährleistet die Verknüpfung von c[i] mit der AND-Maske 0xff. Bei einer Verknüpfung von **a** und **b** durch AND werden sämtliche Bits von **a** gelöscht, die bei **b** nicht gesetzt (=1) sind. Die Tatsache, dass die Summe wieder in **a** gespeichert wird (der ursprüngliche Inhalt von **a** geht dadurch verloren), ist an dieser Stelle gewollt. Im weiteren Verlauf müssen Sie nämlich mit Additionsketten der Art „a=16+8+2+1" arbeiten, und diese sind am einfachsten realisierbar, wenn Sie die Addition auf die Weise „a=a+b" darstellen. Sehen Sie sich nun Listing 2.11 an.

Listing 2.11 Addition.c

```
01  #include<stdio.h>
02  #include<string.h>

03  int Hex2Dez(int Ziff)
04  {
05      if ((Ziff>='0')&&(Ziff<='9')) { return (Ziff-48); } // ASCII '0'=48
06      if ((Ziff>='a')&&(Ziff<='f')) { return (Ziff-87); } // ASCII 'a'=97
07      return -1; // Ungültiges Zeichen=-1
08  }

09  void Str2Num(char *Num, char *Str)
10  {
11      long int L,i,j,Shift=0;
12      L=strlen(Str)-1; j=1;
13      for (i=L; i>=0; i--)
14      {
15          Num[j]|=Hex2Dez(Str[i])<<Shift;
16          Shift+=4;
17          if (Shift==8) { Shift=0; j++; Num[j]=0; }
18      }
19      Num[0]=j; Num[j]=0; // Das letzte Byte immer mit 0 füllen
20  }

21  void println(unsigned char *Num)
22  {
23      long int L,i;
24      L=Num[0];
25      for (i=L; i>0; i--)
26      {
27          printf("%02x",Num[i]);
28      }
29      printf("\n");
30  }

31  void Add(unsigned char *a, unsigned char *b)
32  {
33      long int i,L;
34      int Carry,Sum;
```

```
35      Carry=0;
36      if (a[0]>=b[0]) { L=a[0]; } // a läger als b?
37      if (b[0]>=a[0]) { L=b[0]; } // b länger als a?
38      a[0]=L; b[0]=L; // Längen angleichen
39      for (i=1; i<=L; i++)
40      {
41          Sum=a[i]; Sum+=b[i]; Sum+=Carry; // Sum ist 16 Bit breit
42          Carry=Sum>>8; // Carry ist das 9. Bit vom Sum
43          a[i]=Sum&0xff; // a[i] enthält die untersten 8 Bits von Sum
44      }
45  }

46  int main(void)
47  {
48      unsigned char a[256]={0};
49      unsigned char b[256]={0};
50      char Puffer[512]={0};
51      printf("Zahl a (Hex):"); scanf("%s",&Puffer);
52      Str2Num(a,Puffer); // Puffer in binäre Langzahl a wandeln
53      printf("Zahl b (Hex):"); scanf("%s",&Puffer);
54      Str2Num(b,Puffer); // Puffer in binäre Langzahl b wandeln
55      printf("Berechne a+b:\n");
56      Add(a,b); // Addition von Langzahlen a und b
57      printf("Ergebnis:");
58      println(a); // Ausgabe Ergebnis (ist in a)
59      return 0;
60  }
```

In dem nächsten Programm müssen zunächst Hexadezimalzahlen von der Tastatur eingelesen werden. Um Hexadezimalzahlen von der Tastatur einzulesen, kann normalerweise einfach scanf() verwendet werden. Leider funktioniert dies hier nicht, weil scanf() nur lange Zahlen mit maximal 64 Bit Breite unterstützt. Deshalb muss in Listing 2.11 eine entsprechende Funktion bereitgestellt werden, die einen String mit einem Hexadezimalwert in eine beliebig lange Zahl umwandelt, mit der sich auch rechnen lässt.

Dafür wird zunächst einmal in Zeile **03–08** eine Funktion erstellt, die ein ASCII-Ziffernzeichen als Parameter übernimmt und in einen Wert vom Typ int wandelt. Dies ist aber nicht sehr schwer, denn der ASCII-Code für die Ziffer 0 ist 48 und der ASCII-Code für die Ziffer 9 ist 57. Wenn also die Bedingung in Zeile **05** erfüllt ist, dass eine Ziffer übergeben wurde, wird mittels return der Wert Ziff-48 zurückgegeben. Ist das übergebene Zeichen dagegen ein Buchstabe im Bereich [a-f], ist die Bedingung in Zeile **06** erfüllt und es wird mittels return der Wert Ziff-87 (=96-10) zurückgegeben, so dass der Buchstabe a auf die Zahl 10 abgebildet wird (das kleine a hat also den ASCII-Wert 97). In Zeile **07** wird -1 zurückgegeben, wenn weder eine Ziffer noch ein gültiger Buchstabe übergeben wurde. Auf diese Weise können Sie Ihr Programm später noch um eine Überprüfung der Eingabe auf Fehler erweitern. Sie können das, was Hex2Dez() tut, natürlich auch mit Standardfunktionen umsetzen. Ich habe mich aber an dieser Stelle bewusst dafür entschieden, das Rad neu zu erfinden. Ich denke, dass Sie auf diese Weise den Umgang mit Hexadezimalzahlen und Nibbles besser lernen als durch das schlichte Pauken der Standardfunktionen. Ferner können Sie die Funktion Hex2Dez() noch beliebig erweitern und z. B. auch (oder nur) Großbuchstaben in Hexadezimalzahlen zulassen.

Die Funktion `Str2Num()` (string to number) in Zeile **09-20** wandelt nun eine Eingabe in Textform in eine beliebig lange Zahl in Byte-Form um. Auch dies hätten Sie durch ein paar Standardfunktionen wie `sprintf()` hinbekommen, aber auch an dieser Stelle will ich aus didaktischen Gründen das Rad neu erfinden (Sie werden sich noch wundern, wie oft Sie im Studium ein Zahlenformat in ein anderes überführen müssen). Die der Funktion `Str2Num()` übergebenen Parameter sind vom Typ `char*`. **Num** ist hierbei der Ziel-String, **Str** der Quell-String. **Num** wird von der Funktion `Str2Num()` als Zeiger übergeben und direkt mit den korrekten Bytes beschrieben. Der Rückgabetyp ist deshalb void. In den Zeilen **11** und **12** werden erst einmal ein paar lokale Variablen definiert. Die Variable **L** erhält die Länge des Quellstrings **Str**, **i** ist der Schleifenzähler der `for`-Schleife und **j** ist die aktuelle Schreibposition im Ziel-Array **Num**. Da die Byte-Länge des Ziel-Arrays **Num** an Position 0 gespeichert wird, ist am Anfang j=1. In der `for`-Schleife in Zeile **13-18** wird nun der Quell-String von hinten nach vorne durchlaufen. Dieses Vorgehen ist nötig, weil bei Zahlenwerten die kleinste Stelle hinten steht und die größte vorne. Innerhalb der `for`-Schleife in Zeile **13-18** wird nun jedes Zeichen des Quell-Strings **Str** in einen Hexadezimalwert umgewandelt und in das Ziel-Array **Num** an die Position **j** kopiert. Anschließend wird **j** entsprechend erhöht. Dies kann aber nicht einfach durch eine Anweisung wie

```
j++;
```

am Schleifenende geschehen. Der Grund hierfür ist, dass bei der Hexadezimalschreibweise eine Ziffer einem Nibble entspricht. Deshalb wird in der Variablen Shift zusätzlich eine Verschiebung gespeichert, die 0 oder 4 Bits nach links betragen kann. Die folgenden Anweisungen in Zeile **15** und **16** setzen die Nibbles im Ziel-Array korrekt zusammen:

```
Num[j]|=Hex2Dez(Str[i])<<Shift;
Shift+=4;
```

Da **Shift** am Anfang den Wert 0 hat, werden durch die entsprechende ODER-Verknüpfung mit `Num[j]` zuerst die unteren 4 Bits beschrieben. Im nächsten Schleifendurchlauf ist `Shift=4` und es werden die oberen Bits (7-4) beschrieben, ohne die alten Bits zu löschen. Erst, wenn in Zeile **17 Shift** den Wert 8 hat, wird **j** um 1 erhöht und **Shift** wird wieder auf 0 zurückgesetzt. Auf diese Weise werden sämtliche Zeichen im Quell-String korrekt in Nibbles umgewandelt. Bevor die Funktion `Str2Num()` zurückkehrt, wird der Zähler **j** an Position 0 im Array **Num** gespeichert, damit dort die korrekte Länge in Bytes eingetragen wird.

Die Funktion `println()` muss nicht gesondert erklärt werden, weil diese nur dazu da ist, die Ergebnisse der Berechnungen korrekt in der Konsole auszugeben. Da die Funktion `printf()` schon existiert, habe ich mich bei der Benennung der Funktion zur Ausgabe langer Zahlen an Java orientiert und diese `println()` genannt. Die Funktion `Add()` in Zeile **31-45** leistet nun die Hauptarbeit. `Add()` bekommt als Parameter zwei lange Zahlen vom Typ `char*` übergeben. `Add()` setzt voraus, dass die übergebenen Parameter **a** und **b** bereits in einem korrekten Format vorliegen und dass `a[0]` und `b[0]` die korrekte Länge beider Arrays in Bytes enthalten. Bevor nun der zuvor erläuterte Additionsalgorithmus in Zeile **39-44** ausgeführt wird, müssen aber noch einige Vorbedingungen erfüllt sein. Es kann z.B. vorkommen, dass **a** und **b** nicht die gleiche Länge in Bytes haben, weil Sie z.B. 0x01 und 0x1111 addieren wollen. In Zeile **36** und **37** wird dies überprüft. Wenn **a** in Bytes gemessen länger ist als **b**, wird L=a gesetzt. Ist **b** länger als **a**, wird L=b gesetzt. Anschließend erhalten **a** und **b** die Länge **L**- die Länge wird also angeglichen. Sie müssen also über die Tastatur keine gleich langen Zahlen eingeben, aber die Längen müssen in Nibbles gemessen gerade sein. Am Ende des Kapitels werde ich dieses Problem noch beheben, zurzeit würde dies jedoch die Listings unnötig verkomplizieren. In der for-Schleife in Zeile **39 - 44** wird nun der Additionsalgorithmus implementiert, wie ich ihn zuvor geschildert habe. Die Funktion Add() gibt keine Parameter zurück und legt auch keine Sicherheitskopie von **a** an. Sie können also theoretisch **b** in einer Schleife tausendmal zu **a** addieren und Sie erhalten als Ergebnis

    a=1000*b.

Das Hauptprogramm definiert nun die zwei char-Arrays **a** und **b** mit einer Länge von 256 Bytes. In diese Arrays können also beliebig lange Zahlen mit einer maximalen Länge von 255 Bytes eingetragen werden. Am Anfang werden beide Arrays mit Null-Bytes vorbelegt und erst später werden in den Zeilen **51 - 54** die entsprechenden Werte von der Tastatur eingelesen. Dadurch wird gewährleistet, dass Add() die Längen von **a** und **b** richtig angleichen kann. In Zeile **57** und **58** wird dann das Ergebnis der Addition mit der Funktion println() ausgegeben.

2.8.2 Subtraktion beliebig langer Zahlen

Jede Subtraktion kann als Addition aufgefasst werden. So ist z. B. 5−6=5+(−6)=−1. Wie wird jedoch der negative Wert -1 dargestellt? Die Antwort ist, dass wenn Sie von dem Byte-Wert 0 den Wert 1 abziehen, das Byte wieder zu 255 (=0xff) umschlägt und Sie wieder 0 erhalten, wenn Sie zu 255 (=0xff) den Wert 1 addieren. Diesen Vorgang des Umschlagens bezeichnet man als Überlauf (Overflow). Ein *Overflow* geschieht immer dann, wenn der entsprechende Wertebereich erschöpft ist und z. B. bei einer Addition von 0xffff und 0x0001 zu 0x0000 umschlägt. Einige Prozessoren haben sogar ein spezielles Bit, das auf 1 gesetzt wird, wenn ein Überlauf auftritt. In der Programmierung nutzt man nun Overflows geschickt aus und definiert den Wert -1 als maximalen Wert des Wertebereichs als vorzeichenlose Zahl betrachtet. Hierzu möchte ich ein paar Beispiele anführen, damit der Sachverhalt klarer wird:

Bytes (short char)

Ein als vorzeichenlos betrachtetes Byte kann Werte zwischen 0 und 255 aufnehmen. Deshalb wird hier die Zahl -1 eines als vorzeichenbehaftet betrachteten Bytes auf den Hex-Wert 0xff abgebildet und die Zahl -2 auf den Wert 0xfe. Das oberste Bit (Bit 7) zeigt hier deshalb ein negatives Vorzeichen an, wenn es gesetzt (=1) ist. Der bekannte 6510-Prozesor des legendären C64 bildete z. B. die Zahlen als Bytes ab.

Kurze Integer-Werte (short int)

Eine als vorzeichenlos betrachtete 16-Bit-Zahl kann Werte zwischen 0 und 65 535 aufnehmen. Deshalb wird hier die Zahl -1 eines als vorzeichenbehaftet betrachteten short int auf den Hex-Wert 0xffff abgebildet und die Zahl -2 auf den Wert 0xfffe. Das oberste Bit (Bit 15) zeigt hier deshalb ein negatives Vorzeichen an, wenn es gesetzt (=1) ist. Die 8ß86-Prozessoren in den ersten PCs bildeten z. B. die Zahlen als 16-Bit-Werte ab.

Lange Integer-Werte (long int)

Eine als vorzeichenlos betrachtete 32-Bit-Zahl kann Werte zwischen 0 und 4 294 967 295 aufnehmen. Deshalb wird hier die Zahl -1 eines als vorzeichenbehaftet betrachteten long int auf den Hex-Wert 0xffffffff abgebildet und die Zahl -2 auf den Wert 0xfffffffe. Das oberste Bit (Bit 31) zeigt hier deshalb ein negatives Vorzeichen an, wenn es gesetzt (=1) ist. Ab dem 386-Prozessor ist es möglich, 32-Bit-Zahlen in nur wenigen Takten zu verarbeiten.

Nun müssen die Regeln für C-Datentypen auf Zahlen beliebiger Länge übertragen werden. Dies ist aber nicht so schwer, wie Sie vielleicht denken, denn Sie müssen nur Bit Nr. 7 des letzten Bytes in Ihrer langen Zahl als Vorzeichenbit betrachten. Am einfachsten geht dies, wenn Sie bei der Subtraktion für a und b Zahlen gleicher Byte-Länge benutzen. In diesem Fall entsteht dann ein negatives Vorzeichen dadurch, dass Sie sämtliche Bits der entsprechenden positiven Zahl (man spricht hier auch vom Betrag) umdrehen und anschließend zum Ergebnis 1 addieren. So wird z. B. die negative 16-Bit-Zahl -2 wie folgt gebildet:

|-2|=2=0x0002 (Betrag bilden)

NOT 0x0002=0xfffd (Invertieren mit logischem NOT)

0xfffd+0x0001=0xfffe (Addieren von 1)

Da Sie die Addition schon programmiert haben, müssen Sie an dieser Stelle nur noch die Funktion Invert() erstellen, die sämtliche Bits einer langen Zahl umdreht. Invert() können Sie dann später als Basis für die Funktion Sub() benutzen, die Invert() und Add() in der korrekten Reihenfolge aufruft. An dieser Stelle merken Sie vielleicht, dass es von Anfang an Sinn macht, die Addition von a und b als „a=a+b" darzustellen, und die Veränderung des Originalwerts für a in Kauf zu nehmen. Die Subtraktion lässt sich nämlich so einfach als „a=a+(NOT(b)+1)" schreiben. Sie werden später noch sehen, dass auch die Multiplikation und die Division relativ einfach zu programmieren sind, wenn Sie die Addition als „a=a+b" implementieren. Auch die Programmablaufpläne für die noch zu erläuternde ägyptische Multiplikation und Division werden hierdurch stark vereinfacht.

Vielleicht fragen Sie sich an dieser Stelle, was eigentlich der Unterschied zwischen einer sehr langen Zahl und einem String ist, der z. B. einen Text enthält. Außer der zusätzlichen Längenangabe besteht aus Sicht des Computers tatsächlich keinerlei Unterschied zwischen einem Text und einer sehr langen Zahl. Mehr noch: Zahlreiche populäre Verschlüsselungsverfahren wie PGP basieren auf der Möglichkeit, z. B. E-Mails als sehr lange Zahlen zu betrachten und auf diesen Zahlen komplexe mathematische Operationen auszuführen. Kommen wir aber nun zum nächsten Beispielprogramm, in dem die Funktion Sub() implementiert wird. Sehen Sie sich dazu Listing 2.12 an.

Listing 2.12 Subtraktion.c

```
01  #include<stdio.h>
02  #include<string.h>

03  int Hex2Dez(int Ziff)
04  {
05      if ((Ziff>='0')&&(Ziff<='9')) { return (Ziff-48); } // ASCII '0'=48
06      if ((Ziff>='a')&&(Ziff<='f')) { return (Ziff-87); } // ASCII 'a'=97
07      return -1; // Ungültiges Zeichen=-1
08  }
```

```
09  void Str2Num(char *Num, char *Str)
10  {
11      long int L,i,j,Shift=0;
12      L=strlen(Str)-1; j=1;
13      for (i=L; i>=0; i--)
14      {
15          Num[j]|=Hex2Dez(Str[i])<<Shift;
16          Shift+=4;
17          if (Shift==8) { Shift=0; j++; Num[j]=0; }
18      }
19      Num[0]=j; Num[j]=0; // Das letzte Byte immer mit 0 füllen
20  }

21  void println(unsigned char *Num)
22  {
23      long int L,i;
24      L=Num[0];
25      for (i=L; i>0; i--)
26      {
27          printf("%02x",Num[i]);
28      }
29      printf("\n");
30  }

31  void Invert(unsigned char *a)
32  {
33      int L=a[0]; // Länge von a holen
34      int i;
35      for (i=1; i<=L; i++)
36      {
37          a[i]=~a[i]; // Die NOT-Operation (Tilde-Zeichen) dreht die Bits um
38      }
39  }

40  void Add(unsigned char *a, unsigned char *b)
41  {
42      long int i,L;
43      int Carry,Sum;
44      Carry=0;
45      if (a[0]>=b[0]) { L=a[0]; } // a läger als b?
46      if (b[0]>=a[0]) { L=b[0]; } // b länger als a?
47      a[0]=L; b[0]=L;
48      for (i=1; i<=L; i++)
49      {
50          Sum=a[i]; Sum+=b[i]; Sum+=Carry; // Sum ist 16 Bit breit
51          Carry=Sum>>8; // Carry ist das 9. Bit vom Sum
52          a[i]=Sum&0xff; // a[i] enthält die untersten 8 Bits von Sum
53      }
54  }

55  void Sub(unsigned char *a, unsigned char *b)
56  {
57      long int i,L;
58      int Carry,Sum;
59      char c[256]; // Puffer für den Wert 1
60      Carry=0;
61      if (a[0]>=b[0]) { L=a[0]; } // a läger als b?
62      if (b[0]>=a[0]) { L=b[0]; } // b länger als a?
```

2.8 Rechnen mit beliebig langen Zahlen

```
63        a[0]=L; b[0]=L; c[0]=L; c[1]=1; // Längen angleichen und c=1 setzen
64        for (i=2; i<=L; i++) { c[i]=0; } // c mit Nullen auffüllen
65        Invert(b); // Bits von b umdrehen
66        Add(b,c); // Zu b 1 addieren
67        Add(a,b); // Die Subtraktion als Addition betrachten
68    }
69    int main(void)
70    {
71        unsigned char a[256]={0};
72        unsigned char b[256]={0};
73        char Puffer[512]={0};
74        printf("Zahl a (Hex):"); scanf("%s",&Puffer);
75        Str2Num(a,Puffer); // Puffer in binäre Langzahl a wandeln
76        printf("Zahl b (Hex):"); scanf("%s",&Puffer);
77        Str2Num(b,Puffer); // Puffer in binäre Langzahl b wandeln
78        printf("Berechne a-b:\n");
79        Sub(a,b); // Addition von Langzahlen a und b
80        printf("Ergebnis:");
81        println(a); // Ausgabe Ergebnis (ist in a)
82        return 0;
83    }
```

Listing 2.12 gleicht fast Listing 2.11, deshalb erläutere ich an dieser Stelle nur die neu hinzugekommenen Funktionen Invert() und Sub().

Die Funktion Invert() wird in Zeile **31–39** implementiert. Invert() bekommt einen Parameter vom Typ unsigned char* übergeben. An der Array-Position 0 muss hier wieder die korrekte Länge der übergebenen Zahl stehen, damit die Länge korrekt in der Variablen **L** abgelegt werden kann. Invert() durchläuft nun in Zeile **35–38** das im Parameter a übergebene char-Array von Position 1 bis L und wendet auf sämtliche Bytes den Operator „~" an. Dieser Operator entspricht einer Verknüpfung der einzelnen Bits von a[1] bis a[L] durch NOT. Sie können in Zeile **37** als Alternative auch die XOR-Verknüpfung a[i]=a[i]^0xff verwenden. Welche der beiden Varianten (NOT oder XOR) schneller ist, hängt vom Compiler und vom Prozessor ab. Auf sehr kleinen Mikrocontrollern oder auf älteren Prozessoren wie dem MSP430, der immer noch z. B. in Lichtsteuerungen verwendet wird, ist allgemein die XOR-Variante schneller, auf PCs oder dem Raspberry Pi unterscheiden sich die Ausführungsgeschwindigkeiten beider Varianten kaum. Zur Not müssen Sie einen Laufzeittest durchführen und die Ausführungsgeschwindigkeiten z. B. mit der clock()-Funktion in der Bibliothek **time.h** messen.

Die Funktion Sub() wird in Zeile **55–68** implementiert. Sub() unterscheidet sich von der Funktion Add() dadurch, dass diese Add() aufruft, um eine Subtraktion zu realisieren. Zuerst werden – wie auch bei Add() – die Byte-Längen der Zahlen a und b angeglichen. Zusätzlich wird jedoch in Zeile **59** die Puffervariable c angelegt. In diesen Puffer wird dann die Länge **L** (dies ist dieselbe Byte-Länge, die auch **a** und **b** besitzen) und die Zahl 1 geschrieben. Anschließend wird in Zeile **64** das Array c mit Nullen aufgefüllt, damit c wirklich nur die Zahl 1 enthält. In Zeile **65–67** wird dann die Zahl b in eine negative Zahl umgewandelt (also erst durch Invert() invertiert und anschließend um 1 erhöht, indem c zu b addiert wird). Anschließend wird b zu a addiert, sodass das Ergebnis a=a+(-b)=a-b ist.

Tipp: Korrekte Initialisierung von Arrays

Beachten Sie, dass Sie das Array **c** wirklich mittels Schleife mit Null-Bytes initialisieren müssen. C-Compiler weisen Variablen nämlich erst einen Wert zu, wenn Sie es im Programm selbst tun. Die einzige Ausnahme sind Anweisungen wie

```
char a[256]={0};
```

Nur solche Anweisungen initialisieren ein Array mit Null-Bytes. Indes ist die Wirkung von Anweisungen wie

```
char a[256]={0,1,0};
```

mit mehr als einem Byte in der Initialisierungsliste vom Compiler abhängig und das Verhalten ist undefiniert. So ist z. B. im C-Standard nicht festgelegt, ob das Array mit der letzten Zahl in der Initialisierungsliste aufgefüllt wird, wenn mehr als eine Zahl in der Liste steht. Vermeiden Sie möglichst solche Anweisungen, bei denen das Verhalten undefiniert ist.

Das Hauptprogramm liest nun die Zahlen a und b von der Tastatur ein und subtrahiert diese. Anschließend wird das Ergebnis in der Konsole ausgegeben. Ich habe die Funktion `println()` bewusst nicht so angepasst, dass diese die Zahlen korrekt mit Vorzeichen ausgibt. Auf diese Weise sehen Sie sehr gut, wie negative Zahlen intern dargestellt werden. Probieren Sie es ruhig aus und ziehen z. B. von 0xc0000000 den Wert 0xd0000000 ab.

2.8.3 Multiplikation beliebig langer Zahlen (Ägyptische Multiplikation)[4]

Die Multiplikation beruht auf der Addition und Sie können z. B. den Ausdruck „10*a" als „a+a+a+a+a+a+a+a+a+a" schreiben. Den Ausdruck „-10*a" bzw. „a*(-10)" können Sie als „-a-a-a-a-a-a-a-a-a-a" schreiben. Damit haben Sie bereits einen Algorithmus für die Multiplikation zur Verfügung, der stets das richtige Ergebnis liefert und auch in einer endlichen Zeit anhält. Die entsprechende Schleife, um a und b zu multiplizieren, würde somit so aussehen:

```
for (i=1; i<=b; i++) { a=a+b; }
```

Diese einfache Lösung ist natürlich sehr ineffizient und außerdem können die in den letzten Beispielen in char-Arrays gespeicherten sehr langen Zahlen nicht einfach ohne zusätzliche Funktionen in einer einfachen Schleife benutzt werden. Deshalb verwende ich an dieser Stelle die Ägyptische Multiplikation. Die *Ägyptische Multiplikation* von **a** mit **b** funktioniert so: Zuerst wird **a** in die Hilfsvariable **c** und **b** in die Hilfsvariable **d** übertragen. Anschließend wird **a** zu 0 gesetzt. Es wird nun das unterste Bit von **b** betrachtet. Ist dieses Bit 0, geschieht nichts. Ist dieses Bit 1, so wird **c** zu **a** addiert. Anschließend wird **c** mit 2 multipli-

---

[4] *https://de.wikipedia.org/wiki/Mathematik_im_Alten_%C3%84gypten*

ziert (dies entspricht in diesem Beispiel einer Verschiebung aller Bits um eine Position nach links) und **b** durch 2 dividiert (dies entspricht in diesem Beispiel einer Verschiebung sämtlicher Bits nach rechts). Dies bedeutet also, dass **b** stets um 1 Bit nach rechts und **c** stets um 1 Bit nach links verschoben wird. Nun beginnt der Algorithmus wieder von vorne, nämlich bei dem nächsten untersten Bit von **b**, das hier auch als *LSB* (least significant bit) bezeichnet wird. Die ägyptische Multiplikation endet, wenn sämtliche Bits von **b** Null sind. Nun enthält **a** das Produkt. Am Ende wird dann **d** zurück nach **b** übertragen, um den Ausgangswert für **b** wiederherzustellen.

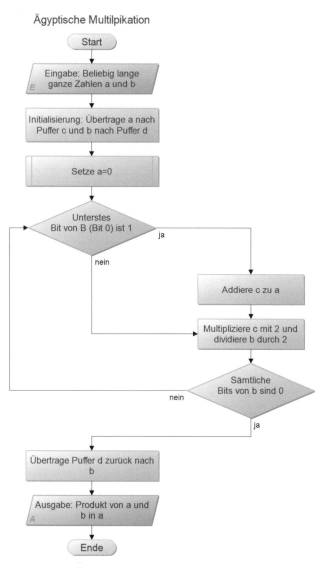

Bild 2.6 Programmablaufplan Ägyptische Multiplikation

Sehen Sie sich nun das nächste einfache Beispiel für die Zahlen a=1234 und b=34 an (und nehmen Sie unter Umständen den obigen Programmablaufplan zu Hilfe). Diese Zahlen sollen miteinander multipliziert werden. Die 16-Bit-Binärdarstellung von 1234_{10} ist 0000010011010010_2 und die Binärdarstellung von 34 ist 0000000000100010_2. Sie erhalten nun folgende Anfangsbedingungen:

0000000000000000 (a=0=0x0)

0000000000100010 (b=34=0x22)

0000010011010010 (c=1234=0x4d2)

0000000000100010 (d=34=0x22)

Nun ist das unterste Bit von **b** nicht gesetzt, deshalb geschieht nichts, außer dass **b** durch 2 geteilt und **c** mit 2 multipliziert wird. Sie erhalten folgende Binärdarstellung für a, b und c:

0000000000000000 (a=0=0x0)

0000000000010001 (b=17=0x11)

0000100110100100 (c=2468=0x9a4)

Nun ist das unterste Bit von **b** gesetzt und deshalb wird a=a+c=2468. Anschließend wird **b** zu b/2=8 und **c** zu c*2=4936 gesetzt (bei der ganzzahligen Division von **b** durch 2 fällt also der Kommateil weg). In den nächsten drei Schritten geschieht nichts, außer dass **b** durch 2 geteilt und **c** mit 2 multipliziert wird (das unterste Bit von **b** ist hier stets 0). Am Ende erhalten Sie folgende Binärdarstellung:

0000000000000000 (a=0=0x0)

0000000000000001 (b=17=0x11)

1001101001000000 (c=39488=0x9a40)

Nun ist das unterste Bit von **b** gesetzt und deshalb wird **a** zu a=a+c=2468+39488=41956. Nach der nun folgenden Bitverschiebung von **b** um eine Stelle nach rechts ist b=0 und der Algorithmus stoppt. In **a** steht das korrekte Ergebnis von 1234*34=41956. Am Ende wird **b** wieder restauriert, indem der vorher in **d** gesicherte Wert zurück nach **b** kopiert wird.

2.8.4 Division beliebig langer Zahlen (Ägyptische Division)[5]

Die Division beruht – im Gegensatz zur Multiplikation – nicht direkt auf der Addition und Sie können z. B. den Ausdruck a/10 deshalb nicht als Kette der Art „a+a+a+a+a+a+a+a+a+a" schreiben. Den Ausdruck a/-10 bzw. a/(-10) können Sie dann auch nicht als Kette der Art „-a-a-a-a-a-a-a-a-a-a" auffassen. Damit haben Sie also keinen Algorithmus für die Division zur Verfügung, zumindest keinen einfachen?

Die Antwort, die Sie vielleicht noch aus der Schule kennen, lautet in der Tat „nein". Vielleicht erinnern Sie sich noch an die schriftliche Division oder die Polynomdivision, bei der Sie den ersten Faktor schlicht raten mussten. Diese „Ratelösung" ist natürlich auf einem Computer sehr ineffizient, denn im Endeffekt kann ein „dummes" Programm nur Brute-Force-Methoden verwenden, um den korrekten Einstieg in die schriftliche Division zu finden. Bei sehr langen Zahlen wächst aber die Ratezeit exponentiell mit der Länge der Zahlen, ähnlich wie bei der Primfaktorzerlegung. Sie benötigen also für lange Zahlen eine Alternative für die „Schul-Lösung". Zum Glück gibt es diese, doch wird diese Lösung selbst im Studium nur selten gelehrt. Diese Lösung ist die ägyptische Division, die ich selbst auch nur durch Zufall gefunden habe – bei einem Besuch einer Ausstellung im Heinz-Nixdorf-Museum.

Die *Ägyptische Division* von a durch b funktioniert so: Zuerst wird **b** in einen Puffer **c** übertragen und ein weiterer Puffer **d** wird zu 1 gesetzt. Nun werden **b** und **d** so lange mit 2 multipliziert (dies ist in unserem Beispiel einfach eine Bitverschiebung nach links), bis **b** größer ist als **a**. Wenn **b** größer ist als **a**, wird der letzte Schritt wieder rückgängig gemacht, indem **b** und **d** durch 2 geteilt werden (dies ist in diesem Beispiel eine Bitverschiebung um 1 Bit nach rechts). Nun wird die Ergebnisvariable **e** initialisiert und erst einmal zu 0 gesetzt. Nach der Initialisierungsphase beginnt der eigentliche Algorithmus: Immer, wenn **b** kleiner oder gleich **a** ist, wird **b** von **a** subtrahiert und außerdem **d** zu **e** addiert, ansonsten geschieht einfach nichts. Anschließend werden **b** und **d** durch 2 geteilt und der Algorithmus beginnt von vorn. Die einzelnen Schritte werden nun so lange wiederholt, bis **d** den Wert 1 hat. Am Ende wird **b** wieder restauriert, indem **c** nach **b** kopiert wird, außerdem wird **e** nach **a** kopiert, damit das Ergebnis in der Variablen **a** steht.

---

[5] *https://de.wikipedia.org/wiki/Mathematik_im_Alten_%C3%84gypten*

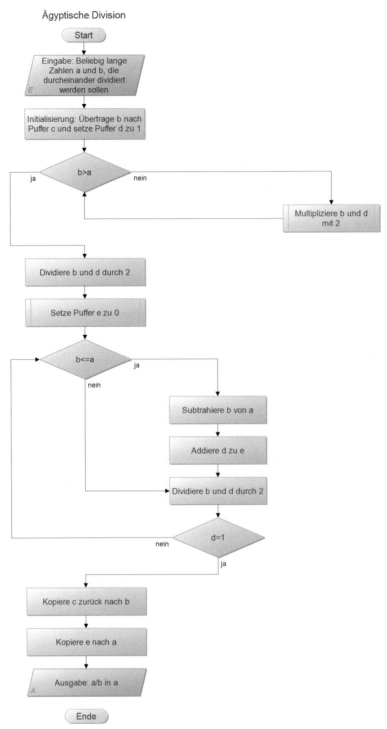

Bild 2.7 Programmablaufplan Ägyptische Division

Sehen Sie sich nun wieder die Zahlen aus dem letzten Beispiel an – am besten auch hier wieder unter Zuhilfenahme des entsprechenden Programmablaufplans. Diesmal soll a=1234 durch b=34 dividiert werden. Die 16-Bit-Binärdarstellung von 1234_{10} ist 0000010011010010_2 und die Binärdarstellung von 34 ist 0000000000100010_2.

Wenn Sie nun **b** und **d** um 5 Bits nach links verschieben, erhalten Sie folgendes Ergebnis:

0000010011010010 (a=1234=0x4d2)

0000010001000000 (b=1088=0x440)

0000000000100000 (d=32=0x20)

Sie setzen nun a=a-b=146. Gleichzeitig setzen Sie e=e+d=32. Anschließend werden **b** und **d** durch 2 dividiert und Sie erhalten b=544 und d=16. Nun ist b>a, also geschieht im nächsten Schritt nichts, außer dass **b** und **d** durch 2 geteilt werden. Nun ist a=146, b=272 und d=8. Auch jetzt ist noch b>a, also werden wiederum nur **b** und **d** durch 2 geteilt. Jetzt ist a=146, b=136 und d=4 und es ergibt sich folgende binäre Darstellung:

0000000010010010 (a=146=0x92)

0000000010001000 (b=136=0x88)

0000000000000100 (d=4=0x4)

Sie sehen an dieser Stelle, dass Sie das korrekte Ergebnis, nämlich 36 Rest 10, bis jetzt noch nicht erhalten haben. Da aber nun **b** wieder kleiner als **a** ist, muss a=a-b=10 gesetzt werden und das Ergebnis wird nun zu e=e+d=32+2=36. Im nächsten Schritt ist nun a=10, b=68 und d=2, also geschieht auch hier nichts, außer dass **b** und **d** durch 2 geteilt werden. Nun ist d=1 und der Algorithmus endet. Nun wird a=e gesetzt und **b** wird restauriert. Bei Bedarf kann noch der in **a** verbleibende Rest in eine separate Variable kopiert werden. Auf diese Weise erhalten Sie eine Division mit Rest, also eine zusätzliche Modulo-Operation.

Auch zu der Multiplikation und der Division möchte ich Ihnen ein Listing vorstellen. Sie werden in dem nächsten Beispiel sehen, dass die einzelnen Funktionen aufeinander aufbauen und z. B. die Multiplikation davon abhängt, dass Sie die Addition richtig implementiert haben. Die Division hängt ferner – wie auch die Multiplikation – davon ab, dass Sie die Subtraktion und die Bitverschiebungen richtig umgesetzt haben. Sehen Sie sich nun Listing 2.13 an.

Listing 2.13 MulDiv.c

```
01  #include<stdio.h>
02  #include<string.h>

03  void WriteLongInt(void *S, long int Pos, long int Val)
04  {
05      char *BOS=(char *)S+Pos; // BOS=begin of string
06      long int *NumArray=(long int *)BOS;
07      NumArray[0]=Val;
08  }

09  long int ReadLongInt(void *S, long int Pos)
10  {
11      char *BOS=(char *)S+Pos; // BOS=begin of string
12      long int *NumArray=(long int *)BOS;
13      return NumArray[0];
14  }
```

```c
15  long int GetLen(unsigned char *S)
16  {
17      return ReadLongInt(S,0); // 4 Bytes Pos 0-3
18  }

19  void SetLen(unsigned char *S, long int L)
20  {
21      WriteLongInt(S,0,L); // 4 Bytes Pos 0-3
22  }

23  int Hex2Dez(int Ziff)
24  {
25      if ((Ziff>='0')&&(Ziff<='9')) { return (Ziff-48); } // ASCII '0'=48
26      if ((Ziff>='a')&&(Ziff<='f')) { return (Ziff-87); } // ASCII 'a'=97
27      return -1; // Ungültiges Zeichen=-1
28  }

29  void Str2Num(char *Num, char *Str) // Hex
30  {
31      long int L,i,j,Shift;
32      Shift=0; // Verschiebung am Anfang 0
33      L=strlen(Str); // Länge des Eingabestrings holen
34      j=4; // Erstes byte der Zahl steht an Position 4
35      for (i=L-1; i>=0; i--) // Niederwertigste Ziffer steht am Ende
36      {
37          Num[j]|=Hex2Dez(Str[i])<<Shift;
38          Shift+=4; // Nächstes Nibble
39          if (Shift==8) { Shift=0; j++; Num[j]=0; } // Shift=8? Dann nächstes Byte benutzen
40      }
41      if ((L%2)!=0) { j++; Num[j]=0; } // Die Anzahl der Nibbles muss gerade sein
42      SetLen(Num,j); // Am Ende korrekte Länge setzen
43      Num[j]=0; // Zahl mit 0-Byte abschließen
44  }

45  void println(unsigned char *Num) // Ausgabe einer Zahl mit Zeilenende
46  {
47      long int L,i;
48      L=GetLen(Num)+4;
49      for (i=L; i>3; i--)
50      {
51          printf("%02x",Num[i]); // Hex-Ziffern
52      }
53      printf("\n");
54  }

55  void print(unsigned char *Num) // Ausgabe einer Zahl ohne Zeilenende
56  {
57      long int L,i;
58      L=GetLen(Num)+4;
59      for (i=L; i>3; i--)
60      {
61          printf("%02x",Num[i]);
62      }
63  }
```

```
64  void Invert(unsigned char *a)
65  {
66      long int L,i;
67      L=GetLen(a)+4; // Länge von a holen
68      for (i=4; i<=L; i++)
69      {
70          a[i]=~a[i]; // Die NOT-Operation (Tilde-Zeichen) dreht die Bits um
71      }
72  }

73  void Copy(unsigned char *a, unsigned char *b) // Dst,Src
74  {
75      long int L,i;
76      L=GetLen(b)+4; // Länge von b holen
77      for (i=0; i<=L; i++) // Längenbyte mitkopieren
78      {
79          a[i]=b[i]; // Byte-Kopierschleife
80      }
81  }

82  void Clear(unsigned char *a)
83  {
84      long int L,i;
85      L=GetLen(a)+4;
86      for (i=4; i<=L; i++) { a[i]=0; } // Alle Bytes löschen, bis auf das Längenbyte
87  }

88  void ShiftRight(unsigned char *a)
89  {
90      long int L,i;
91      L=GetLen(a)+4;
92      for (i=4; i<=L; i++)
93      {
94          a[i]>>=1; // Die Zahl Byteweise um 1 Bit nach rechts verschieben
    if (i<L-1) { a[i]|=(a[i+1]<<7); } // Außer beim letzten Byte muss das LSB des
    vorigen Bytes in das MSB des aktuellen Bytes geschoben werden
95      }
96  }

97      void ShiftLeft(unsigned char *a)
98  {
99      long int L,i;
100     L=GetLen(a)+4;
101     for (i=L; i>=4; i--)
102     {
103         a[i]<<=1; // Die Zahl Byteweise um 1 bit nach links verschieben
104         if (i>0) { a[i]|=(a[i-1]>>7); } // Außer beim ersten Byte muss
        das MSB des vorigen Bytes in das LSB des aktuellen Bytes geschoben werden
105     }
106 }

107 void Add(unsigned char *a, unsigned char *b)
108 {
109     long int L,i;
110     int Carry,Sum;
111     Carry=0;
112     if (GetLen(a)>=GetLen(b)) { L=GetLen(a); } // a läger als b?
113     if (GetLen(b)>=GetLen(a)) { L=GetLen(b); } // b länger als a?
```

```
114      SetLen(a,L); SetLen(b,L); L+=4;
115      for (i=4; i<=L; i++)
116      {
117          Sum=a[i]; Sum+=b[i]; Sum+=Carry; // Sum ist 16 Bit breit
118          Carry=Sum>>8; // Carry ist das 9. Bit vom Sum
119          a[i]=Sum&0xff; // a[i] enthält die untersten 8 Bits von Sum
120      }
121  }

122  void Sub(unsigned char *a, unsigned char *b)
123  {
124      int i,L;
125      int Carry,Sum;
126      char c[256]; // Puffer für den Wert 1
127      char d[256]; // Puffer für b
128      Copy(d,b);
129      Carry=0;
130      if (GetLen(a)>=GetLen(b)) { L=GetLen(a); } // a läger als b?
131      if (GetLen(b)>=GetLen(a)) { L=GetLen(b); } // b länger als a?
132      SetLen(a,L); SetLen(b,L);
133      if (a[0]>=b[0]) { L=a[0]; } // a läger als b?
134      if (b[0]>=a[0]) { L=b[0]; } // b länger als a?
135      SetLen(a,L); SetLen(b,L); SetLen(c,L); c[4]=1; L+=4; // Längen
         angleichen und c=1 setzen
136      for (i=5; i<=L; i++) { c[i]=0; } // c mit Nullen auffüllen
137      Invert(b); // Bits von b umdrehen
138      Add(b,c); // Zu b 1 addieren
139      Add(a,b); // Die Subtraktion als Addition betrachten
140      Copy(b,d); // b restaurieren
141  }

142  bool IsMore(unsigned char *a, unsigned char *b)
143  {
144      long int L;
145      char Buff[256]={0};
146      if (GetLen(a)>=GetLen(b)) { L=GetLen(a); } // a läger als b?
147      if (GetLen(b)>=GetLen(a)) { L=GetLen(b); } // b länger als a?
148      SetLen(a,L); SetLen(b,L);
149      Copy(Buff,b);
150      Sub(Buff,a);
151      if ((Buff[L+4]&0x80)==0x80) { return true; }
152      else { return false; }
153  }

154  bool IsLess(unsigned char *a, unsigned char *b)
155  {
156      long int L;
157      char Buff[256]={0};
158      if (GetLen(a)>=GetLen(b)) { L=GetLen(a); } // a läger als b?
159      if (GetLen(b)>=GetLen(a)) { L=GetLen(b); } // b länger als a?
160      SetLen(a,L); SetLen(b,L);
161      Copy(Buff,a);
162      Sub(Buff,b);
163      if ((Buff[L+4]&0x80)==0x80) { return false; }
164      else { return true; }
165  }

166  bool IsEqual(unsigned char *a, unsigned char *b)
```

```
167 {
168     bool EQ=true; // Erst einmal annehmen, a und b sind gleich
169     long int L,i;
170     if (GetLen(a)>=GetLen(b)) { L=GetLen(a); } // a läger als b?
171     if (GetLen(b)>=GetLen(a)) { L=GetLen(b); } // b länger als a?
172     SetLen(a,L); SetLen(b,L); L+=4;
173     for (i=4; i<=L; i++) // einzelne Zeichen durchgehen
174     {
175         if (a[i]!=b[i]) // a[i] ist nicht b[i]?
176         {
177             EQ=false; // Dann sind a und b doch nicht gleich
178             break; // In diesem Fall, Schleife abbrechen
179         }
180     }
181     return EQ; // Wenn EQ hier immer noch true ist, sind a und b gleich
182 }

183 bool IsZero(unsigned char *a)
184 {
185     bool Z=true; // Erst einmal annehmen, a sei 0
186     long int L,i;
187     L=GetLen(a)+4; // Länge von a holen
188     for (i=4; i<=L; i++)
189     {
190         if (a[i]!=0) // a[i] ist nicht 0?
191         {
192             Z=false; // Dann ist Z doch nicht 0
193             break; // In diesem Fall, Schleife abbrechen
194         }
195     }
196     return Z; // Wenn Z hier immer noch true ist, ist a=0
197 }

198 void Mul(unsigned char *a, unsigned char *b, bool Ausgabe)
199 {
200     long int L,i;
201     unsigned char c[256]; // Puffer für a
202     unsigned char d[256]; // Puffer für b
203     unsigned char LSB; // Niederwertigstes Bit=LSB
204     Copy(c,a); // a in c puffern
205     Copy(d,b); // b sichern
206     Clear(a); // a zu 0 setzen
207     L=GetLen(b); L*=8; // L=Länge von b in Bits
208     for (i=0; i<L; i++)
209     {
210         LSB=b[4]&0x01; // LSB holen
211         if (LSB==1) { Add(a,c); }
212         ShiftLeft(c); ShiftRight(b);
            if (Ausgabe==true) // 3. Parameter true? Dann einzelne Schritte ausgeben
213         {
214             printf("a="); print(a);
215             printf("b="); print(b);
216             printf("c="); print(c);
217             printf("d="); println(d); // Hier ist das Zeilenende
218         }
219     }
220     Copy(b,d); // b restaurieren
221 }
```

```c
222 void Div(unsigned char *a, unsigned char *b, bool Ausgabe)
223 {
224     long int i,L;
225     unsigned char c[256]; // Puffer für a
226     unsigned char d[256]; // Puffer für b
227     unsigned char e[256]; // Ergebnis ist in e
228     unsigned char LSB; // Niederwertigstes Bit=LSB
229     L=GetLen(a);
230     SetLen(d,L); SetLen(e,L); // d und e die Länge von a zuweisen
231     Copy(c,b); // b in c puffern
232     Clear(d); d[4]=1; // d zu 1 setzen
233     Clear(e); // e zu 0 setzen
234     // Initialisierung
235     while (IsMore(b,a)==false)
236     {
237         ShiftLeft(b); ShiftLeft(d);
238     }
239     ShiftRight(b); ShiftRight(d); // Letzten Schritt rückgängig machen
240     // Haupt-Algorithmus
241     GetLen(a); L*=8; // Länge in Bits bestimmen
242     for (i=0; i<L; i++)
243     {
244         if ((IsMore(a,b)==true)||(IsEqual(a,b)==true)) // a>b,
         dann a=a-b und e=e+d setzen
245         {
246             Sub(a,b);
247             Add(e,d);
248         }
249         if (Ausgabe==true) // 3. Parameter true? Dann einzelne Schritte
         ausgeben
250         {
251             printf("a="); print(a);
252             printf("b="); print(b);
253             printf("c="); print(c);
254             printf("d="); print(d);
255             printf("e="); println(e); // Hier ist das Zeilenende
256         }
257         ShiftRight(b); ShiftRight(d); // b=b/2 und d=d/2 setzen
258         if (IsZero(a)==true) { break; }
259     }
260     Copy(a,e); // Ergebnis nach a kopieren
261     Copy(b,c); // Rest (Modulo) nach b kopieren
262 }

263 int main(void)
264 {
265     unsigned char a[256]={0};
266     unsigned char b[256]={0};
267     char Puffer[256]={0};
268     char Puffera[256]={0};
269     char Pufferb[256]={0};
270     printf("Zahl a (Hex):"); scanf("%s",&Puffer);
271     Str2Num(a,Puffer); // Puffer in binäre Langzahl a wandeln
272     printf("Zahl b (Hex):"); scanf("%s",&Puffer);
273     Str2Num(b,Puffer); // Puffer in binäre Langzahl b wandeln
274     Copy(Puffera,a); // a sichern
275     Copy(Pufferb,b); // b sichern
```

```
276     printf("Berechne a/b:\n");
277     Div(a,b,true); // Rechenschritte ausgeben
278     printf("Ergebnis:"); println(a); // Ergebnis ist in a
279     printf("Rest:"); println(b); // Rest ist in b
280     Copy(a,Puffera); // a restaurieren
281     Copy(b,Pufferb); // b restaurieren
282     printf("Berechne a*b:\n");
283     Mul(a,b,true); // Rechenschritte ausgeben
284     printf("Ergebnis:"); println(a); // Ergebnis ist in a
285     return 0;
286 }
```

Ich werde nun nur die Funktionen erläutern, die neu hinzugekommen sind, und nicht noch einmal ausführlich die Addition und Subtraktion beschreiben. Die ersten Funktionen, die neu hinzugekommen sind, sind `WriteLongInt()` (Zeile **003 - 008**) und `ReadLongInt()` (Zeile **009 - 014**). Diese Funktionen werden benötigt, um einen 32-Bit-Zahlenwert, der in Form von einzelnen Bytes vorliegt, direkt in einen String zu schreiben bzw. diesen Wert aus einem String auszulesen. Auf diese Weise können die langen Zahlen eine fast unbegrenzte Länge haben, weil nun für diese Information vier Bytes statt eines Bytes am String-Anfang verwendet werden. `ReadLongInt()` und `WriteLongInt()` benutzen explizites Typecasting, um einen Zeiger auf einen String vom Typ `char*` ab einer bestimmten Position als Array vom Typ `long int*` zu betrachten. Dies leistet einmal die Anweisung `char *BOS=(char *) S+Pos`, die den als Parameter übergebenen String `char *S` als einen neuen String betrachtet, dessen Startadresse um **Pos** Bytes nach hinten verschoben ist. Zum anderen wird mit der Anweisung `long int *NumArray=(long int *)BOS` dieser verschobene String als long-int-Array betrachtet. Deshalb können Sie nun in den Speicherbereich, auf den der Zeiger `(char *)S+Pos` zeigt, ohne Bedenken einen Wert vom Typ `long int` schreiben. Der Variablenname „BOS" ist hier die Abkürzung für „begin of string". Die Funktion `GetLen()` (Zeile **015 - 018**) benutzt in Zeile **017** die Funktion `ReadLongInt()`, um die ersten vier Bytes des übergebenen Strings **S** als Zahl vom Typ `long int` auszulesen und an den Aufrufer zurückzugeben. Die Funktion `SetLen()` in Zeile **019 - 022** benutzt dagegen `WriteLongInt()`, um die übergebene Länge **L** an den Anfang des Strings **S** (Array-Position 0-3) zu schreiben. Auch in dem Listing **MulDiv.c** muss also die Byte-Länge der Zahlen, mit denen später gerechnet wird, separat abgelegt werden – nämlich an der Position 0-3 in dem entsprechenden String, der die einzelnen Bytes der langen Zahl enthält.

Die Funktion `Hex2Dez()` hat sich nicht geändert, wohl aber die Funktion `Str2Num()`, die einen String mit einem Hexadezimalwert in eine lange Zahl umwandelt, mit der Sie rechnen können. Die erste Änderung ist, dass die Byte-Werte der Zahl selbst, die in dem Parameter `char *Num` per Referenz übergeben wird, an Position 4 beginnen, deshalb startet der Umwandlungsalgorithmus auch in Zeile **034** an der Position **j=4**. Wie im Listing **Subtraktion.c** auch, wird der String **Str**, der die Ausgangszahl in Hexadezimaldarstellung enthält, von hinten nach vorn durchlaufen. Allerdings wird am Ende der Funktion ein Problem behoben, dessen Lösung ich bis jetzt aufgeschoben habe: Wenn die Länge der zu benutzenden Zahlen in Nibbles gerechnet nicht gerade ist, können falsche Ergebnisse auftreten. Deshalb wird in Zeile **041** am Ende der Umwandlung noch einmal überprüft, ob die Länge **L** des Ausgangs-Strings, der die Hexadezimaldarstellung enthält, wirklich gerade ist ((L%2)==0). Wenn dies nicht der Fall ist, wird ein zusätzliches Nibble reserviert. Erst danach wird in Zeile **042** die Länge der Zahl **Num** festgelegt.

Die Funktion `println()` habe ich in zwei Funktionen aufgeteilt. Die Funktion `println()` gibt eine lange Zahl so aus, dass der Cursor am Ende in die nächste Zeile gesetzt wird, die Funktion `print()` ist mit `println()` identisch, außer dass der Cursor nach der Ausgabe der langen Zahl nicht in die nächste Zeile gesetzt wird. Die Funktion `Invert()` in Zeile **064 – 072** benutzt nun auch 4-Byte-Werte für die Längenangaben, weshalb in Zeile **067** die Funktion `GetLen()` benutzt wird und nicht mehr die Anweisung `L=Num[0]`. Sonst hat sich an der Funktion `Invert()` nichts geändert. Neu hinzugekommen sind hingegen die Funktionen `Copy()` (Zeile **073 – 081**) und die Funktion `Clear()` (Zeile **082 – 087**). `Copy()` bekommt zwei Parameter **a** und **b** übergeben, die jeweils vom Typ `char*` sind. Der Parameter **a** enthält das Ziel-Array, in das das Quell-Array **b** kopiert werden soll, das die entsprechende lange Ausgangszahl enthält. Zu diesem Zweck wird zunächst in Zeile **076** die Länge der Quell-Zahl **b** mittels `GetLen()` ermittelt und dieser Wert wird um 4 erhöht und an die Variable **L** weitergegeben. Nun enthält **L** die Anzahl der Bytes, die kopiert werden sollen, inklusive der ersten 4 Bytes, die die Länge der Quell-Zahl in Bytes enthalten. Anschließend wird in der for-Schleife in Zeile **077 – 079** die Quell-Zahl in den Speicherbereich der Ziel-Zahl kopiert. Die Funktion `Clear()` funktioniert wie `Copy()`, nur werden hier sämtliche Bytes außer den Bytes, die die Längenangabe enthalten, mit 0-Bytes überschrieben. `Clear()` setzt also eine Zahl zu 0.

Die Funktionen `Add()` und `Sub()` haben sich nicht wesentlich geändert, außer dass hier wieder `GetLen()` benutzt wird, um die Länge der übergebenen Zahlen festzustellen. Auch bei `Add()` und `Sub()` werden natürlich die Längen der übergebenen Zahlen so angeglichen, dass diese während der Berechnung übereinstimmen. Die Ägyptische Multiplikation und die Ägyptische Division benötigen jedoch die zusätzlichen Funktionen `ShiftRight()` (Zeile **088 – 097**) , `ShiftLeft()` (Zeile **098 – 107**) und einige Hilfsfunktionen. `ShiftRight()` liest die einzelnen Bytes aus der im Parameter **a** übergebenen langen Zahl ein und wendet auf diese eine Bitverschiebung um eine Position nach rechts an. Dies leistet zunächst der Schleifenzähler **i**, der bei jedem Schleifendurchlauf um 1 erhöht wird und immer auf das aktuelle Array-Element `a[i]` zeigt. Allerdings muss in diesem Fall - außer beim letzten Byte im Array - das niederwertigste Bit (LSB) des vorigen Bytes von oben in das aktuelle Byte geschoben werden. Hierzu dient die entsprechende if-Anweisung in Zeile **095**: Wenn i<L-1 ist und somit das aktuelle Byte nicht das letzte Byte im Array ist, muss durch eine Oder-Verknüpfung von `a[i]` mit `a[i+1]<<7` das erste Bit von `a[i+1]` an die achte Bit-Position von `a[i]` kopiert werden. Nach einer Erhöhung des Zählers **i** um 1 am Schleifenende ist anschließend das Byte `a[i+1]` das aktuelle Byte. `ShiftLeft()` liest nun die einzelnen Bytes aus der im Parameter **a** übergebenen langen Zahl ein und wendet auf diese eine Bitverschiebung um eine Position nach links an. In diesem Fall muss der Zähler **i** jedoch am Ende der Zahl anfangen und stets um 1 erniedrigt werden. Ferner muss - außer beim ersten Byte - das höchstwertigste Bit (MSB) des vorigen Bytes stets in das aktuelle Byte geschoben werden. Hierzu dient die entsprechende if-Anweisung in Zeile **105**: Wenn i>0 ist und somit das aktuelle Byte nicht das erste Byte im Array ist, muss durch eine Oder-Verknüpfung von `a[i]` mit `a[i-1]>>7` das achte Bit von `a[i-1]` an die erste Bit-Position von `a[i]` kopiert werden. Nach einer Erniedrigung des Zählers **i** um 1 am Schleifenende ist anschließend das Byte `a[i-1]` das aktuelle Byte.

Wie gesagt ändern sich die Funktionen `Add()` und `Sub()` kaum, allerdings müssen der Addition und der Subtraktion ein paar zusätzliche Funktionen zur Seite gestellt werden, um die Ägyptische Multiplikation und die Ägyptische Division korrekt implementieren zu können. Die erste Hilfsfunktion ist `IsMore()` (Zeile **143 – 154**). `IsMore()` liefert `true` zurück, wenn von den beiden als Parameter übergebenen Zahlen a>b ist. `IsMore()` gleicht in den Zeilen **145 – 149** zunächst die Längen der als Parameter übergebenen Zahlen an. Anschließend wird die Zahl **b** in den Puffer Buff kopiert und von dieser Zahl im Puffer (Variable **Buff**) wird die Zahl **a** subtrahiert. Falls a>b ist, ist b-a negativ und das oberste Bit der Zahl in **Buff** ist gesetzt. In diesem Fall gibt die if-Anweisung `if ((Buff[L+4]&0x80)==0x80)` in Zeile **152** den Rückgabewert `true` zurück. Ansonsten ist das Vorzeichenbit der Zahl in **Buff** nicht gesetzt und die Funktion gibt in Zeile **153** `false` zurück. Die Hilfsfunktion `IsLess()` (Zeile **155 – 166**) arbeitet genau wie die Funktion `IsMore()`, allerdings wird hier in Zeile **165** `true` zurückgegeben, wenn nach der Subtraktion von **Buff** und **a** das Vorzeichenbit nicht gesetzt ist. Die Hilfsfunktion `IsEqual()` (Zeile **167 – 183**) gibt `true` zurück, wenn die als Parameter übergebenen Zahlen gleich groß sind. Dies ist aber in einfacher Weise festzustellen: Nachdem die Längen von **a** und **b** angeglichen worden sind, werden einfach in einer `while`-Schleife sämtliche Bytes von **a** und **b** auf Gleichheit geprüft. Falls sich nur ein einziges Byte von **a** und **b** unterscheidet, wird die `while`-Schleife abgebrochen und `IsEqual()` gibt `false` zurück. `IsZero()` (Zeile **184 – 198**) bekommt dagegen nur den Parameter **a** übergeben und liefert genau dann `true` zurück, wenn sämtliche Bytes der übergebenen Zahl **a** Null sind.

Nun haben Sie die Voraussetzungen, um die Ägyptische Multiplikation und die Ägyptische Division zu implementieren. Zugegebenermaßen waren diese Voraussetzungen nicht einfach zu erfüllen und die Lernkurve ist auf den letzten Seiten stark angestiegen. Wenn Sie also inzwischen „nur noch Bahnhof verstehen", bedenken Sie, dass das Arbeiten mit beliebig langen Zahlen im Studium nicht sehr oft vorkommt. Ganz ausklammern wollte ich das Thema aber dann doch nicht, aus dem einfachen Grund, dass ich das Arbeiten mit beliebig langen Zahlen im eigenen Studium schmerzlich vermisst habe. Als ich dann später im Bereich Kryptographie arbeiten musste, stand ich zuerst ziemlich auf dem Schlauch. Die meisten Verfahren zum sicheren Schlüsselaustausch arbeiten nämlich mit sehr langen (Prim-)Zahlen.

Wenn Sie aber die Voraussetzungen erfüllt und die Hilfsfunktionen verstanden haben, können Sie auch die Funktionen `Mul()` (Zeile **199 – 223**) und `Div()` (Zeile **224 – 264**) meistern. `Mul()` bekommt drei Parameter übergeben, nämlich die lange Zahl **a**, den Multiplikanden **b**, und den Parameter **Ausgabe** vom Typ `bool`. Die Länge der Zahlen **a** und **b** steht wieder in den ersten vier Bytes des char-Arrays, der direkt danach die Bytes der Zahlen **a** und **b** enthält. Bevor der Haupt-Algorithmus ausgeführt werden kann, müssen vorher die Puffer **c** und **d** angelegt werden, um die Zahl **a** nach **c** und den Multiplikanden **b** nach **d** zu kopieren. Anschließend wird in Zeile **208** mit der Anweisung `L=GetLen(b); L*=8` die Länge des Multiplikanden in Bits ermittelt. Nun wird der Haupt-Algorithmus für jedes einzelne Bit des Multiplikanden separat ausgeführt. Am Beginn wird das niederwertigste Bit (LSB) von **b** eingelesen. Das LSB steht stets im fünften Byte der Zahl **b** (also direkt nach der Längenangabe) und zwar im untersten Bit (`LSB=b[4]&0x01`). Falls die Variable **LSB** nun den Wert 1 hat (alle anderen Bits wurden vorher durch die UND-Verknüpfung ausmaskiert), wird die Zahl **c**, die am Anfang den Wert von **a** hat, zu **a** addiert, ansonsten geschieht nichts. Anschließend wird **c** mit 2 multipliziert (dies entspricht einer Verschiebung um 1 Bit nach links) und **b** durch 2 dividiert (dies entspricht einer Verschiebung um 1 Bit nach rechts). Wenn Sie den Parameter **Ausgabe** auf `true` gesetzt haben, wird in den Zeilen **214 – 220** noch jeder Schritt in der Konsole ausgegeben. Wenn die Multiplikation korrekt bis zum Ende ausgeführt wurde, enthält der übergebene Parameter **a** das Ergebnis a*b, jedoch wird der Parameter **b** durch den Algorithmus ebenfalls verändert. Deshalb muss **b** in Zeile **222** restauriert werden. Übrigens verwende ich für die temporären Puffer feste Größen, denn eine dynamische Speicherverwaltung mittels `malloc()` würde die Lernkurve noch einmal stark ansteigen lassen. Deshalb lasse ich nur Zahlenlängen bis maximal 256 Bytes zu.

Kommen wir nun zur Funktion `Div()`, die eine Ägyptische Division ausführt. `Div()` bekommt drei Parameter übergeben, nämlich die lange Zahl **a**, den Dividenden **b** und den Parameter **Ausgabe**. Ist der Parameter **Ausgabe** `true`, so werden – wie bei der Multiplikation auch – die einzelnen Schritte des Algorithmus in der Konsole ausgegeben. Bevor der Haupt-Algorithmus ausgeführt wird, müssen zunächst die Puffer **c**, **d** und **e** angelegt werden. Anschließend werden in Zeile **232** die Längen der Puffer und des Dividenden so angeglichen, dass sie der Länge der Zahl **a** entsprechen. Außerdem muss vorher **b** in den Puffer **c** kopiert sowie d=1 und e=0 gesetzt werden (erster Initialisierungsschritt). In Zeile **237 – 240** wird nun eine `while`-Schleife ausgeführt, die so lange **b** und **d** mit 2 multipliziert, bis b>a ist. Anschließend wird der letzte Multiplikationsschritt wieder rückgängig gemacht. Sehen Sie sich an dieser Stelle am besten noch einmal Abschnitt 2.8.4 an, in dem erläutert wird, warum die `while`-Schleife in Zeile **237 – 240** nötig ist. Kommen wir nun zum Haupt-Algorithmus, der (wie auch die Ägyptische Multiplikation) für jedes Bit der Zahl **a** separat ausgeführt wird (in Zeile **243** muss also die Länge der Zahl **a** in Bits ermittelt werden, bevor die Schleife in Zeile **244** startet). Für jeden Divisionsschritt wird nun zuerst in Zeile **246** ermittelt, ob a>b oder a=b (also a>=b) ist. Ist dies der Fall, wird von **a** der Dividend **b** subtrahiert und zu **e** wird **d** addiert (am Anfang ist d=1 und e=0). Wenn Sie den Parameter **Ausgabe** vorher auf `true` gesetzt haben, wird nun in Zeile **251 – 258** der aktuelle Divisionsschritt in der Konsole ausgegeben. Am Ende der Schleife wird jeweils **b** durch 2 dividiert (Verschiebung um 1 Bit nach rechts) und **d** mit 2 multipliziert (Verschiebung um 1 Bit nach links). Die Schleife, die den Haupt-Algorithmus wiederholt ausführt, wird entweder abgebrochen, wenn sämtliche Bits von **a** verarbeitet wurden oder wenn a=0 wird (`break`-Anweisung in Zeile **260**). Wenn der Algorithmus am Ende angelangt ist, wird zum Schluss noch das Ergebnis **e** nach **a** kopiert und der Parameter **b** wird restauriert.

> **Hinweis: Little und Big Endian**
>
> Es gibt Prozessoren, z. B. von Motorola, die die Bits umgekehrt im Speicher ablegen und bei denen das LSB am Ende einer Zahl steht (also an den höheren Speicheradressen). Solche Prozessoren, die als Little-Endian-Prozessoren bezeichnet werden, wurden z. B. in Amigas oder älteren i-Macs oder iPhones von Apple verbaut. Wenn Sie auf einem solchen System programmieren, dann müssen Sie die letzten Beispiele angleichen und die **Division** durch 2 durch eine Verschiebung um **1 Bit nach links** abbilden. Die **Multiplikation** mit 2 entspräche dann einer Verschiebung um **1 Bit nach rechts.** Wenn Sie auf einem PC oder einem Raspberry Pi, also einem „Big-Endian-Prozessor", programmieren, müssen Sie nichts Weiteres beachten.

Das Hauptprogramm ist nun relativ einfach gehalten und tut nichts anderes, als zwei lange Zahlen **a** und **b** als Hexadezimalwerte von der Konsole einzulesen und anschließend mit diesen eine Multiplikation und eine Division durchzuführen. Die Zwischenschritte der Multiplikation und Division werden in der Konsole ausgegeben. So können Sie leicht verfolgen, wie die Multiplikation und die Division langer Zahlen funktionieren.

Wenn Sie an dieser Stelle angelangt sind, dann besitzen Sie schon ein solides Grundverständnis und kennen die wichtigsten Werkzeuge, mit denen Sie im Studienalltag schon viel anfangen können. In den nächsten Kapiteln werde ich Ihnen nun Algorithmen vorstellen, die zur gehobenen Klasse gehören, und die es auch teilweise in sich haben.

■ 2.9 Übungen

Übung 1

Ergänzen Sie das letzte Programm durch eine Funktion, mit der sich auch beliebig lange Zahlen, die Sie vorher von der Tastatur im Dezimalformat eingelesen haben, in eine lange Binärzahl umwandeln lassen. Gehen Sie wie folgt vor:

1. Initialisierung einer Zahl a mit dem Wert 1, einer Zahl b mit dem Wert 10 und der Ergebniszahl e mit dem Wert 0
2. Einlesen des nächsten Zeichens aus dem Eingabepuffer und Erzeugen einer langen Zahl zwischen 0 und 9 aus diesem Puffer. Der Puffer muss hierbei von hinten nach vorne durchlaufen werden.
3. Multiplikation der im letzten Schritt erzeugten Zahl mit a
4. Addition von c zur Ergebniszahl e
5. Multiplikation von a mit b (dadurch wird a=10*a)

Die Punkte 2 bis 5 in der Liste werden so lange ausgeführt, bis entweder Enter gedrückt wird oder (bei Verwenden eines Eingabepuffers) der Eingabepuffer vollständig verarbeitet wurde.

Übung 2

Ergänzen Sie Ihr Programm aus Übung 1 so, dass auch negative Dezimalzahlen in der richtigen Weise eingelesen werden können. Tipp: Bei negativen Zahlen kann der Betrag dadurch ermittelt werden, dass sämtliche Bits umgedreht und anschließend 1 addiert wird.

Hinweis:

Sämtliche Lösungen inklusive Programmcodes befinden sich im Anhang.

3 Rekursive Algorithmen

Im letzten Kapitel haben Sie die Algorithmen kennengelernt, die Sie im Studium fast immer benötigen. In den nächsten Kapiteln dieses Buchs geht es nun um spezielle Themen aus Ihrem Studium. Diese Kapitel mit den ganz speziellen Themen können Sie genau dann durcharbeiten, wenn das entsprechende Thema in Ihren Vorlesungen, Übungen oder Praktika durchgenommen wird. In dem aktuellen Kapitel geht es nun um das spezielle Thema Rekursion. Eine *Rekursion* erhalten Sie, wenn Sie eine Funktion erstellen, die sich wiederholt selbst aufruft. Damit Sie auf diese Weise keine Endlosschleife erhalten, definieren Sie Bedingungen, die das endlose Sich-selbst-Aufrufen irgendwann beenden. Um das Thema Rekursion besser zu verstehen, werde ich nun erst einmal erklären, wie ein Funktionsaufruf funktioniert und wie diese auf einem Prozessor umgesetzt wird.

■ 3.1 Der Prozessorstapel (Stack)[1]

Vielleicht haben Sie sich schon einmal gefragt, was bei einem C-Funktionsaufruf genau geschieht. Wie werden Ihre Parameter übergeben und wie findet das Programm nach einem `return`-Befehl zurück zu der Stelle, an der Sie Ihre Funktion aufgerufen haben? Die Antwort ist, dass Ihr Prozessor nicht nur in der Lage ist, externen Speicher anzusprechen, sondern dass der Prozessor auch ein paar Speicherstellen besitzt, die fest eingebaut sind. Diese Speicherstellen nennt man Register. Ein *Register* ist ein prozessorinterner Speicher, der Zahlen einer bestimmten Größe speichern kann, die Sie in einem Maschinenprogramm (man spricht hier auch von Assembler-Code) entweder als feste Zahlenwerte übergeben oder auch aus dem Hauptspeicher auslesen können. Selbstverständlich können Sie auch durch spezielle Maschinenbefehle Registerinhalte im Speicher ablegen. Mit den Registern können Sie aber auch rechnen oder logische Operationen durchführen. Wie dies im Einzelnen geschieht, ist vom Prozessortyp abhängig und soll hier auch nicht weiter behandelt werden. An dieser Stelle ist nur wichtig, dass manche Register Spezialfunktionen haben. So gibt es z. B. das Register *IP* (instruction pointer), das immer auf den Befehl im Speicher zeigt, der als Nächstes abgearbeitet werden soll. Ferner gibt es das Register *SP* (stack poin-

---

[1] Jürgen Wolf, René Krooß. C von A bis Z, 4. überarbeitete Auflage, ISBN 978-3-8362-3973-8, S. 267ff.

ter), das auf den nächsten freien Bereich im Speicher zeigt, an dem als Nächstes ein Wert abgelegt wird, wenn dieser auf den Stapel geschoben wird. Der *Prozessorstapel* (auch Stack genannt) funktioniert nun in der Tat wie ein Kartenstapel. Sie können z. B. einen Pik-Buben auf den Stapel legen und anschließend ein Kreuz-Ass. Wenn Sie nun die Karten wieder vom Stapel ziehen, werden Sie zuerst das Kreuz-Ass und anschließend den Pik-Buben erhalten.

Damit der Prozessorstapel korrekt funktioniert, muss also der Stack Pointer richtig verwaltet werden. Auf Intel-Prozessoren und den meisten Big-Endian-Prozessoren funktioniert der Prozessorstapel so:

- Wenn ein Wert auf dem Stapel abgelegt wird, wird dieser Wert im Speicher an der Adresse abgelegt, auf die das Register SP zeigt (SP ist in der Tat ein Zeiger). Vom Inhalt von SP wird anschließend 8 subtrahiert (hier wird ein 64-Bit-Prozessor mit 8 Bytes pro Zahlenwert angenommen) und SP zeigt auf den nächsten freien Speicherplatz auf dem Stapel (der Stapel wächst also nach unten).
- Wenn ein Wert vom Stapel gezogen wird, wird zum Inhalt von SP 8 addiert (hier wird ein 64-Bit-Prozessor angenommen) und der Wert, der in der Speicherstelle steht, auf die SP zeigt, wird an den entsprechenden Maschinenbefehl zurückgegeben.
- Vor einem Sprung zu einem Unterprogramm (z. B. einer Funktion) wird das Register IP so erhöht, dass dies auf den nächsten Befehl zeigt, und auf den Stack geschoben. Erst jetzt wird der Sprung ausgeführt.
- Bei der Rückkehr aus einem Unterprogramm wird IP wieder vom Stack gezogen.
- Funktionsparameter werden noch vor dem eigentlichen Funktionsaufruf auf den Stapel geschoben, und zwar in der umgekehrten Reihenfolge, wie Sie diese der C-Funktion in der Parameterliste übergeben haben.

Wenn Sie also aus Ihrem Hauptprogramm heraus eine Funktion aufrufen, dann werden die Überparameter und die Rücksprungadresse auf dem Stapel zwischengespeichert. Deshalb können Sie auch eine Funktion aus einer Funktion heraus aufrufen, denn Ihr Prozessor merkt sich die entsprechenden Zustände Ihres Haupt- und Unterprogramms und auch die Werte lokaler Variablen so lange, bis er wieder zum Hauptprogramm zurückkehrt. Genau deshalb kann sich eine Funktion auch selbst aufrufen: In diesem Fall wird einfach die Rücksprungadresse zu der Funktion selbst mehrmals auf dem Stapel abgelegt. An dieser Stelle merken Sie wahrscheinlich auch, warum sich eine Funktion nicht endlos selbst aufrufen kann: Irgendwann ist der Stapelspeicher (der ja vom Hauptspeicher abgezweigt wird) aufgebraucht und kann keine neuen Daten mehr aufnehmen. In diesem Fall erhalten Sie einen Stack-Overflow. Ein *Stack-Overflow* ist ein kritischer Zustand, in dem der Prozessor keinen Stapelspeicher mehr anfordern kann und daraufhin ein undefiniertes Verhalten zeigt. Dies kann ein Absturz, ein Systemneustart, ein Deadlock (Ihr Desktop friert ein) oder einfach eine allgemeine Schutzverletzung sein, mit der Ihr Programm beendet wird. Ihr Prozessor hat sich an dieser Stelle quasi verlaufen und es gibt niemandem mehr, der ihm heimleuchtet.

Mit diesem Vorwissen können Sie nun in das Thema Rekursion tiefer einsteigen. Aber: Seien Sie wachsam, denn Rekursionen sind eines der Dinge, mit denen Sie sich „richtig verhauen" können.

3.2 Was sind Rekursionen und wozu werden sie benötigt?

Was eine Rekursion ist, wurde soeben beantwortet: Es ist eine Funktion, die sich selbst (oft auch mehrere Male) wieder aufruft. Die Werte der lokalen Variablen und die Zustände des Prozessors innerhalb der Funktion werden dabei auf dem Stack abgelegt. Wenn aber dieser Umstand (nämlich die Verwendung und ggf. Überlastung des Stacks) so viele Probleme macht, warum werden dann Rekursionen überhaupt verwendet? Können nicht sämtliche Algorithmen immer auch iterativ (d. h. ohne Rekursion) programmiert werden? Obwohl die letzte Aussage wahr ist, und sämtliche Algorithmen auch ohne Rekursion umgesetzt werden können, sind dennoch einige Probleme viel einfacher lösbar, wenn Sie Rekursionen verwenden. So ist z. B. der Code einer Funktion für die Suche in Bäumen oder das Finden eines Wegs durch einen Irrgarten viel übersichtlicher, wenn Sie statt eines rein iterativen Algorithmus eine rekursive Lösung verwenden. In den nächsten Abschnitten werde ich Ihnen nun einige Beispiele für Rekursionen vorstellen, die auch im Studium fast immer vorkommen. Dabei beginne ich mit einfachen Beispielen, wie der Berechnung der Fakultät und ende mit einem Parsing-Algorithmus, der einfache mathematische Ausdrücke auflösen kann.

Die nächsten Beispiele habe ich mit Visual Studio (Visual J++) erstellt, Sie können aber durchaus auch eine andere Java-Entwicklungsumgebung wie Eclipse oder einen separaten Texteditor und den kommandozeilenorientierten Java-Compiler javac verwenden. Wie Sie am Ende vorgehen, ist reine Geschmackssache. Wenn Ihnen also bestimmte Java-Entwickler weismachen wollen, Sie müssten unbedingt Visual Studio, Eclipse oder auf jeden Fall die Linux-Variante gcc-java verwenden, bedenken Sie, dass Sie das Tool verwenden sollten, mit dem Sie am besten klarkommen, bzw. das Tool, das Sie auch im Studium verwenden. Ich möchte mir an dieser Stelle natürlich ebenfalls Installationsanleitungen irgendeiner Art ersparen, die z. B. beschreiben, wie Sie Java auf dem Raspberry Pi verwenden können, oder wie Sie mit Eclipse oder Visual Studio Projekte anlegen.

3.3 Beispielprogramme zur Rekursion

Kommen wir nun zu den Beispielen für rekursive Funktionen. Ich habe die Beispiele wieder so strukturiert, wie auch schon im zweiten Kapitel. Zuerst erhalten Sie eine kurze Erklärung der entsprechenden Algorithmen und Programmiermethoden, die Sie für die Algorithmen anwenden müssen. Anschließend folgt ein vollständiges Java-Listing mit Erklärung des Codes.

3.3.1 Berechnung der Fakultät

Die Fakultät einer Zahl n (geschrieben als n!) ist das Produkt aller Zahlen von 1 bis n. So ergibt z. B. die Fakultät der Zahl 10 folgende Reihe:

10!=1*2*3*4*5*6*7*8*9*10=3.628.800

Sie können nun die Fakultät iterativ oder rekursiv berechnen. Die iterative Lösung wird z. B. durch das folgende Programmfragment realisiert:

```
long int i=0,n=0,Fakultaet=1; // Initialisierung:Fakultaet=1
System.out.println("Berechne die Fakultät einer Zahl");
System.out.print("Bitte eine Zahl eingeben:");
Console.in.readInt(n);
for (i=1; i<=n; i++) { Fakultaet=Fakultaet*i; } // 1*1=1
System.out.println("Die Fakultät ist "+Fakultaet);
```

Die rekursive Lösung verwendet nun eine Funktion Fakultaet(), die den Parameter int n übergeben bekommt und die Fakultät von **n** zurückliefert. Der entsprechende Algorithmus funktioniert so: Solange **n** nicht 0 oder 1 ist, ruft sich die Funktion Fakultaet() mit dem Parameter n*(n-1) selbst wieder auf. Wenn n=0 oder n=1 ist, wird der Wert 1 zurückgegeben und die Funktion beendet sich, ohne sich vorher wieder selbst aufzurufen. Dieses Verhalten können Sie durch folgende if-Abfrage innerhalb der Funktion Fakultaet() realisieren:

```
if ((n==0)||(n==1)) { return 1; }
else { return n*Fakultaet(n-1); }
```

Sehen Sie sich nun an, welche Werte die Funktion Fakultaet() für n=10 auf dem Stack ablegt:

n=10, Stack=[9]

n=09, Stack=[9,8]

n=08, Stack=[9,8,7]

n=07, Stack=[9,8,7,6]

n=06, Stack=[9,8,7,6,5]

n=05, Stack=[9,8,7,6,5,4]

n=04, Stack=[9,8,7,6,5,4,3]

n=03, Stack=[9,8,7,6,5,4,3,2]

n=02, Stack=[9,8,7,6,5,4,3,2,1]

n=01, die Funktion wird sofort beendet, der Stack ändert sich nicht

Sobald die Funktion Fakultaet() nach zehn Rekursionsschritten erfolgreich beendet wurde, kehrt diese zum Hauptprogramm zurück. Hierfür muss aber vorher der Stack aufgeräumt werden. Das bedeutet an dieser Stelle, dass vorher die Werte 9, 8, 7, 6, 5, 4, 3, 2 und 1 vom Stack gezogen und miteinander multipliziert werden müssen, damit die Funktion Fakultaet() nachher die richtige Rücksprungadresse zum Hauptprogramm finden kann. Der Rückgabewert, der am Ende zurückgegeben wird, ist also 10*(9*8*7*6*5*4*3*2*1)=10!=3.628.800. Vielleicht sind Sie an dieser Stelle etwas irritiert. Wie können plötzlich neun Werte auf dem Stack liegen und dazu noch in der richtigen

Reihenfolge? Die Antwort: Sie haben dafür gesorgt, dass Ihr Programm die Werte dort vorher in der richtigen Reihenfolge abgelegt hat, und zwar an den Stellen, an denen die Funktion Fakultaet() sich noch vor der Rückkehr zum Hauptprogramm selbst aufgerufen hat. Das bedeutet natürlich auch: Wenn Sie die Rekursion fehlerhaft umsetzen, kommen eben nicht die richtigen Ergebnisse heraus. Sehen Sie sich nun Listing 3.1 an.

Listing 3.1 FakultaetRekursiv.java

```
01  import java.io.*;

02  public class FakultaetRekursiv
03  {
04      private static long Fakultaet(long n)
05      {
06          if ((n==0)||(n==1)) { return 1; }
07          else { return n*Fakultaet(n-1); }
08      }

09      public static void main (String[] args)
10      {
11          long n;
12          String ConsoleInput;
13          System.out.println("Berechnung der Fakultät von n");
14          System.out.print("Bitte die Zahl n eingeben:");
15          ConsoleInput=System.console().readLine();
16          n=Integer.parseInt(ConsoleInput);
17          System.out.println("n!="+Fakultaet(n));
18      }
19  }
```

In Zeile **01** muss zunächst **java.io.*** importiert werden, damit die Funktionen der System-Klasse benutzbar sind, die die Konsolen-Ein-/Ausgabe steuern. Die Klasse FakultaetRekursiv (Zeile **02 – 19**) enthält nun die Funktionen des Hauptprogramms und die Funktion Fakultaet() (Zeile **04 – 08**). Ich habe also sämtliche Beispiele so angelegt, dass diese in einer einzigen Quellcode-Datei untergebracht sind. Auch, wenn es viele Java-Entwickler gibt, die sämtliche Funktionen, die von ihnen selbst stammen, noch einmal in separaten Klassen (und so auch in separaten Dateien) unterbringen, habe ich mich anders entschieden. Ich denke, dass das Verwenden mehrerer Code-Fragmente die Beispiele nur unnötig kompliziert macht und das Verständnis der Dinge, um die es wirklich geht, erschwert.

Kommen wir wieder zurück zu unserem Listing. Das Hauptprogramm (Zeile **09 – 19**) liest nun eine Zahl **n** vom Typ long von der Tastatur ein. Hierzu muss zuerst in Zeile **15** der String **ConsoleInput** mittels der Methode console().ReadLine() aus der System-Klasse eingelesen werden. Anschließend wird dieser String durch die Methode Integer.parseInt() in die entsprechende Zahl long n umgewandelt und an die Funktion Fakultaet() übergeben. Die Funktion Fakultaet() berechnet nun die Fakultät von **n** rekursiv anhand des weiter oben erläuterten Algorithmus. Das Programm gibt bei der Ausführung z. B. Folgendes aus:

/home/rene/Kapitel_3>java FakultaetRekursiv
Berechnung der Fakultät von n
Bitte die Zahl n eingeben:6
n!=720

3.3.2 Berechnung von Fibonacci-Zahlen[2]

Die *Fibonacci-Folge* (oft auch als *Fibonacci-Zahlen* bezeichnet) ist nach dem Mathematiker Leonard Fibonacci benannt. Ursprünglich wollte Fibonacci mit seiner Zahlenfolge Wachstumsprozesse beschreiben, z. B. die Anzahl der Nachkommen seiner Kaninchenzucht nach einer bestimmten Anzahl Generationen. Jedoch kann man mit der Fibonacci-Folge viel mehr machen, als der italienische Mathematiker sich vorgestellt hat, vor allem in der Informatik. Die Fibonacci-Folge ist z. B. ein sehr gutes Beispiel für einen rekursiven Algorithmus.

Was ist nun eine Fibonacci-Folge? Eine *Folge* ist allgemein eine Zahlenreihe, die nach bestimmten mathematischen Regeln gebildet wird und die sich auch meistens unendlich lang fortsetzen lässt. Die Fibonacci-Folge ist ebenfalls eine unendliche Folge, d. h., auch sie lässt sich unendlich lange fortsetzen. Manche Mathematiker unterscheiden zwischen Reihen und Folgen, und nennen die Folgen, die sie nicht unendlich lange fortsetzen können, Reihen. Manchmal werden auch Folgen und Reihen gleichgesetzt, obwohl dies eigentlich nicht ganz korrekt ist. Eine Fibonacci-Folge ist nun eine unendliche Folge natürlicher Zahlen, die nach einem bestimmten Verfahren gebildet wird, sprich: einem Algorithmus. Dieser Algorithmus arbeitet wie folgt:

Das erste Element (hier f(0)) der Folge f(n) wird zu 0 gesetzt, das zweite und dritte Element jeweils zu 1. In der Initialisierungsphase besitzt die Fibonacci-Folge also die folgenden Elemente:

{0, 1, 1}

Nun wird mit f(n) das n. Element in der Folge bezeichnet, Element Nr. 0 wird hier auch als *Startelement* bzw. *Initialisierungselement* bezeichnet. Am Anfang ist also f(0) = 0, f(1) = 1 und f(2) = 1. Alle weiteren Elemente der Folge werden nun nach dem folgenden Algorithmus gebildet:

f(n)=f(n-1)+f(n-2) für alle n ≥ 3

Wie Sie sehen, eignet sich die Fibonacci-Folge sehr gut, um in das Thema Rekursion einzusteigen. Kommen wir nun zum praktischen Teil und erstellen ein Java-Programm, das die Fibonacci-Folge bis zu einem bestimmten Wert für **n** erstellt, den der Benutzer vorher in der Konsole eingegeben hat. Hierfür muss zunächst einmal die Funktion Fibonacci() erstellt werden, die den Parameter **n** übergeben bekommt und am Ende das n. Element der Fibonacci-Folge zurückliefert. Dies ist aber nicht weiter schwierig, denn Sie müssen nur den Algorithmus zur Bildung der Fibonacci-Folge in folgende Java-Anweisungen übertragen:

```
if (n==0) { return 0; }
else if ((n==1)||(n==2)) { return 1; }
else { return Fibonacci(n-1)+Fibonacci(n-2); }
```

Es folgt nun Listing 3.1, ein vollständiges Programm zur Berechnung eines bestimmten Elements einer Fibonacci-Folge:

---

[2] *https://de.wikipedia.org/wiki/Fibonacci-Folge*

Listing 3.2 FibonacciRekursiv.java

```
01  import java.io.*;

02  public class FibonacciRekursiv
03  {
04     private static long Fibonacci(long n)
05     {
06        if (n==0) { return 0; }
07        if ((n==1)||(n==2)) { return 1; }
08        else { return Fibonacci(n-1)+Fibonacci(n-2); }
09     }

10     public static void main (String[] args)
11     {
12        long n;
13        String ConsoleInput;
14        System.out.println("Berechnung von Fibonacci-Zahlen");
15        System.out.print("Element n eingeben:");
16        ConsoleInput=System.console().readLine();
17        n=Integer.parseInt(ConsoleInput);
18        System.out.println("Das Element hat den Wert "+Fibonacci(n));
19     }
20  }
```

Das Hauptprogramm unterscheidet sich kaum von dem Hauptprogramm in Listing 3.1. Zuerst wird die Zahl **n** über die Tastatur eingelesen (wiederum mit dem Umweg über die Funktionen System.console().readLine() und Integer.parseInt()) und an die Funktion Fibonacci() weitergegeben. Die Funktion Fibonacci() (Zeile **04 – 09**) berechnet nun den Wert des n. Elementes einer Fibonacci-Folge rekursiv. Das Programm gibt bei der Ausführung z. B. Folgendes aus:

/home/rene/Kapitel3>java FibonacciRekursiv –stackinfo

Berechnung von Fibonacci-Zahlen

Element n eingeben:10

Das Element hat den Wert 55

<stack used 223 bytes>

/home/rene/Kapitel3>java FibonacciRekursiv –stackinfo

Berechnung von Fibonacci-Zahlen

Element n eingeben:30

Das Element hat den Wert 832040

<stack used 6189 bytes>

Wenn Sie Linux verwenden, dann können Sie der Java-Engine zusätzlich den Parameter –*stackinfo* übergeben. Dieser Parameter bewirkt, dass am Ende angezeigt wird, wie viel Stack-Speicher Ihr Programm benutzt hat. Auf diese Weise sehen Sie sehr schön, dass die rekursive Variante der Fibonacci-Berechnung sehr viel Stack-Speicher verbraucht. Bei Werten von n<=10 ist dies noch nicht wirklich der Fall, aber bei Werten von n>=30 wächst der Speicherverbrauch exponentiell. Dies ist dann auch der Grund dafür, warum Sie die Berechnung der Fibonacci-Zahlen dann doch lieber iterativ programmieren sollten. Trotzdem ist die rekursive Variante immer wieder ein schönes Beispiel dafür, wo die Rekursion an ihre Grenzen stößt.

3.3.3 Das Erstellen von Galois-Feldern[3]

Das Erstellen von Galois-Feldern ist ein Thema, das immer wieder in Programmierpraktika auftaucht und zu sehr viel Verwirrung beiträgt. Suchen Sie an dieser Stelle ruhig einmal im Internet nach dem Begriff „Galoisfeld", und Sie werden sich wundern, wie viele Artikel es zu diesem Thema gibt, die für mehr Verwirrung sorgen, als dass sie nützen. Dort ist dann z. B. von kryptischen Modulo-Operationen, Zahlenkörpern, Gruppentheorie und allerhand anderen unverständlichen, teilweise hoch mathematischen Dingen die Rede. Kein Wunder, dass besonders die Praktikumsaufgaben zu Galois-Feldern viele Studenten abschrecken.

Dabei ist die Sache gar nicht so schwer und ähnelt zum Teil den Fibonacci-Zahlen. Um einen Teil der Verwirrung aufzulösen, muss ich Ihnen natürlich erst einmal erklären, was ein Galois-Feld ist und wie es definiert wird. Ein *Galois-Feld,* das nach dem gleichnamigen Mathematiker Galois benannt wurde, ist nichts anderes, als ein Polynom, das in seiner Nullstellenschreibweise vorliegt. Die Nullstellenschreibweise eines Polynoms kennen Sie wahrscheinlich noch aus der Schule. Sie können z. B. das Polynom x^2+2x-2 auch als $(x-1)*(x-1)$ schreiben. Ein Galois-Polynom ist nun ein spezielles Polynom der folgenden Form:

f(n) = (n–0)*(n–1)*(n–2)*...*(n–(p–1))

Hierbei ist **n** ein bestimmter konstanter Wert, der eine natürliche Zahl sein muss, und **p** ist eine Primzahl, die kleiner als **n** sein muss. Die einzelnen Faktoren des Galois-Polynoms können nun als einzelne Koeffizienten in einem Galois-Feld (also einem Array) eingetragen werden. Was nun noch fehlt, ist die Antwort auf die Frage, wozu Galois-Felder gut sind. Wie auch schon die Primzahlen, spielen Galois-Felder in der Kryptographie eine wichtige Rolle. So werden bestimmte Koeffizienten eines speziellen Galois-Polynoms von dem Verschlüsselungsverfahren AES verwendet, das unter anderem für sichere WLAN-Schlüssel benutzt wird. In diesem Kapitel geht es natürlich nicht um Kryptographie, sondern lediglich um die Frage, wie Sie ein Galois-Feld mit einem rekursiven Algorithmus erstellen können. Um dies zu leisten, benötigen Sie in diesem Fall eine Funktion `Galois()`, die sich mehrere Male selbst aufruft und zwischendurch die einzelnen Koeffizienten des Galois-Feldes in der Konsole ausgibt. Der Funktion `Galois()` müssen Sie in dem nächsten Programmbeispiel drei Parameter übergeben, nämlich die natürliche Zahl **n**, die natürliche Zahl **s** und die Primzahl **p**. Die Zahl **n** ist hier die Konstante, die in das entsprechende Galois-Polynom eingesetzt wird, **s** ist der Startwert, ab der die Berechnung starten soll, und **p** ist eine Primzahl, die kleiner als **n** ist und gewissermaßen die Abbruchbedingung für den Algorithmus vorgibt.

Nehmen wir nun an, es sei n=20, p=17 und s=0. Der erste Faktor ist also:

```
F(0)=(n-0)=(20-0)=20.
```

Die Variable **s** ist also am Anfang 0. Solange jetzt **s<(p-1)** ist, muss im nächsten Schritt für **s** der Wert **s+1** eingesetzt werden. Angenommen, die Funktion `Galois()` bekommt die Parameter in der Reihenfolge `Galois(n,s,p)` übergeben. Dann sieht die if-Anweisung, die die Rekursion ausführt, so aus:

```
if (s<(p-1)) { Galois(n,s+1,p); }
```

---

[3] *https://de.wikipedia.org/wiki/Endlicher_K%C3%B6rper*

Fehlt nur noch der letzte Schritt, der den letzten Faktor berechnet. Dieser kann z. B. in einer else-Anweisung stehen, die erfüllt ist, wenn s=(p-1) ist. Auf diese Weise erhalten Sie nun folgende Anweisungen:

```
if (s<(p-1)) { Galois(n,s+1,p); }
else { F=(n-s)*(n-(s+1)); }
```

Sie sehen, dass die Sache mit den Galois-Feldern gar nicht so schwer ist. Schauen Sie sich nun Listing 3.3 an, dass die Zahl **n** von der Tastatur einliest und für diese Zahl ein Galois-Feld erstellt:

Listing 3.3 GaloisRekursiv.java

```
01   import java.io.*;
02   public class GaloisRekursiv
03   {
04       private static boolean IstPrim(long Zahl)
05       {
06           long i,l;
07           boolean prim=true;
08           if ((Zahl%2)==0) { return false; }
09           for (i=3; i<Zahl; i+=2)
10           {
11               if ((Zahl%i)==0) { prim=false; break; }
12           }
13           return prim;
14       }

15       private static void Galois(long n, long s, long p)
16       {
17           long F;
18           if (s<(p-1))
19           {
20               F=(n-s)*(n-(s+1));
21               System.out.print(F); System.out.print(" ");
22               Galois(n,s+1,p);
23           }
24           else
25           {
26               F=(n-s)*(n-(s+1));
27               System.out.println(F);
28           }
29       }

30       public static void main (String[] args)
31       {
32           long n,s,p;
33           String ConsoleInput;
34           System.out.println("Berechnung von Galois-Feldern");
35           System.out.print("Bitte Wert n eingeben:");
36           ConsoleInput=System.console().readLine();
37           n=Integer.parseInt(ConsoleInput);
38           p=n-1; s=0; // Startwert 0
39           while (IstPrim(p)==false) { p--; } // Finde größte Primzahl<n
40           System.out.println("Benutze Primzahl p="+p);
41           System.out.println("Ausgabe Galois-Feld:");
```

```
42          Galois(n,s,p);
43       }
44  }
```

Es gibt im Endeffekt unendlich viele Möglichkeiten, Galois-Felder zu erstellen, und auch unendlich viele Möglichkeiten, die einzelnen Koeffizienten anzuordnen (z.B. aufsteigend, absteigend oder in einem zweidimensionalen Array). Das Programm in Listing 3.3 wählt eine bestimmte Möglichkeit davon aus. Im Hauptprogramm wird hierzu zuerst die Zahl **n** von der Tastatur eingelesen. Diese Zahl sollte >=3 gewählt werden. Anschließend wird in der Variablen **p** die größte Primzahl gespeichert, die <n ist. Hierzu dient die Funktion IstPrim() (Zeile **04–14**), die Sie schon aus dem zweiten Kapitel kennen. IstPrim() probiert sämtliche möglichen Teiler der ihr als Parameter übergebenen Zahl durch und liefert true zurück, wenn die übergebene Zahl eine Primzahl ist. In der while-Schleife in Zeile **39** wird nun von **p**, das anfangs auf p=n-1 gesetzt wird, so lange 1 abgezogen, bis **p** eine Primzahl ist. Auf diese Weise erhalten Sie die größte Primzahl, die <n ist. Anschließend wird in Zeile **42** die Funktion Galois() aufgerufen, die das entsprechende Galois-Feld für den Wert **n** erzeugt und die Koeffizienten in der Konsole ausgibt.

Die Funktion Galois() (Zeile **15–29**) definiert zuerst in Zeile **17** den aktuellen Faktor **F**, der von Typ long ist. Danach wird zuerst in Zeile **18** geprüft, ob s<(p-1) ist, und in diesem Fall Galois() erneut rekursiv aufgerufen werden muss. Dies ist für sämtliche Funktionsaufrufe der Fall, außer für den letzten. Bevor aber die Rekursion ausgeführt wird, muss der aktuelle Koeffizient noch in der Konsole ausgegeben werden. Hierzu dient die Anweisung in Zeile **20**, die den Faktor **F** nach der Formel F=(n-s)*(n-(s+1)) berechnet. Erst nach der Ausgabe von **F** in der Konsole kann die Funktion Galois() mit den Parametern n, s+1 und p erneut aufgerufen werden. Falls die Bedingung, dass s<(p-1) ist, nicht mehr zutrifft, wird der alternative else-Zweig in Zeile **24–28** ausgeführt. Die Anweisungen im else-Zweig sind identisch mit den Anweisungen in Zeile **19–23**, außer dass hier der erneute rekursive Aufruf von Galois() fehlt. Es wird also in Zeile **26** und **27** nur der aktuelle Koeffizient **F** ausgegeben und der Algorithmus stoppt danach. Das Programm gibt bei der Ausführung z.B. Folgendes aus:

/home/rene/Kapitel3>java GaloisRekursiv

Berechnung von Galois-Feldern

Bitte Wert n eingeben:10

Benutze Primzahl p=7

90 72 56 42 30 20 12

/home/rene/Kapitel3>java GaloisRekursiv

Berechnung von Galois-Feldern

Bitte Wert n eingeben:20

Benutze Primzahl p=19

380 342 306 272 240 210 182 156 132 110 90 72 56 42 30 20 12 6 2

/home/rene/Kapitel3>java GaloisRekursiv

Berechnung von Galois-Feldern

Bitte Wert n eingeben:30

Benutze Primzahl p=29

870 812 756 702 650 600 552 506 462 420 380 342 306 272 240 210 182 156 132
110 90 72 56 42 30 20 12 6 2

3.3.4 Die Türme von Hanoi[4]

Wahrscheinlich kennt fast jeder das Holzspiel mit der entsprechenden Bezeichnung. Auf einer Holzplatte sind drei Stangen angebracht und auf der linken Stange liegen acht Scheiben übereinander. Dabei sind die Scheiben unterschiedlich groß. Unten liegt die größte und oben die kleinste Scheibe. Ziel des Spiels ist es nun, sämtliche Scheiben so auf die rechte Stange zu legen, dass auch dort wieder die größte Scheibe unten und die kleinste Scheibe oben liegt. Während des Spiels dürfen Sie nur einzelne Scheiben versetzen und es darf niemals eine größere auf eine kleine Scheibe gelegt werden.

Meistens löst man die Türme von Hanoi durch Ausprobieren aller möglichen Varianten, also durch Versuch und Irrtum. Die Lösungsstrategie ist hier also ein reines Brute-Force-Verfahren und Menschen benötigen oft mehrere Wochen, um die Türme mit drei Stangen und acht Scheiben zu lösen. An dieser Stelle stellt sich nun die Frage, ob man die Brute-Force-Methode nicht in irgendeiner Weise einem Computer beibringen kann, der die einzelnen Züge sehr viel schneller ausführen kann als ein Mensch. Die Antwort ist, dass es einen relativ einfachen rekursiven Lösungsalgorithmus für die Türme von Hanoi gibt. Deswegen wird dieser Algorithmus auch in Vorlesungen und Praktika sehr gerne als Beispiel angeführt.

Wie funktioniert aber nun der Lösungsalgorithmus für die Türme von Hanoi? Die Grundidee des Algorithmus ist relativ einfach. Stellen Sie sich vor, Sie haben es bereits geschafft, alle Scheiben bis auf die letzte von links nach rechts zu legen, und die letzte Scheibe befindet sich noch auf einer der beiden anderen Stangen. In diesem Fall müssen Sie nur noch die letzte Scheibe an ihr Ziel legen und haben zumindest den letzten Schritt erfolgreich ausgeführt. Die verbleibenden Schritte haben Sie natürlich noch nicht erfolgreich ausgeführt. Also wiederholen Sie Ihren Gedankengang und nehmen an, dass Sie auch den vorletzten Schritt erfolgreich ausführen können (und so auch den letzten) und machen wiederum mit den verbliebenen Scheiben weiter. Auf diese Weise erhalten Sie eine rekursive Funktion, die sich genau dann wieder selbst aufruft, wenn die vollständige Lösung Ihres Teilproblems (z. B. sieben von acht Scheiben von links nach rechts zu legen) noch nicht gefunden wurde. Das Prinzip, das Sie an dieser Stelle verwenden, ist in der Informatik weit verbreitet. Dieses Prinzip nennt man „teile und herrsche". Algorithmen, die dem *Teile-und-herrsche-Prinzip* (divide and conquer) folgen, versuchen, ein schwieriges Problem in einfachere Teilprobleme aufzuteilen und diese Teilprobleme zu lösen. Wenn es nötig ist, werden auch diese Teilprobleme wieder rekursiv in weitere Teilprobleme zerlegt. Sie fragen sich an dieser Stelle vielleicht, ob es einen Beweis dafür gibt (zur Not mathematischer Art), dass der hier angeführte Lösungsalgorithmus in allen Fällen funktioniert. Die Antwort ist, dass es diesen Beweis nicht gibt, zumindest nicht in einer so einfachen Form, dass ich Ihnen diesen nun hier mal eben vorstellen kann. Wenn Sie natürlich Spaß am Knobeln und allgemein an Mathematik haben, können Sie nun auf *de.wikipedia.org* gehen und dort nach dem Begriff

---

[4] *https://de.wikipedia.org/wiki/T%C3%BCrme_von_Hanoi*

„Türme von Hanoi" suchen. Sie finden hier alles, was Sie über die Türme wissen müssen, vom Beweis der generellen Lösbarkeit über die Lösungsalgorithmen selbst, bis hin zur Anzahl der Lösungsschritte für eine bestimmte Anzahl Scheiben, die stets der Formel

n = 2^{n-1}

folgt, wobei n die Anzahl an Scheiben bei drei Stangen ist.

Kommen wir nun zum eigentlichen Lösungsalgorithmus für die Türme von Hanoi. Der Algorithmus selbst besteht nur aus einer einzigen Funktion, die ich an dieser Stelle einfach Spielzug() nenne. Die Funktion Spielzug() führt immer nur einen einzigen Zug aus, der durch die vier Parameter **i**, **von**, **ueber** und **nach** angegeben wird. Mit dem Parameter **i** definieren Sie die Anzahl der zu verschiebenden Scheiben, mit dem Parameter **von** den Stab, von dem eine Scheibe heruntergenommen werden soll, und mit dem Parameter **nach** das Ziel, an das die Scheibe gelegt werden soll. Einen kleinen Trick, damit der Algorithmus auch wirklich funktioniert, gibt es an dieser Stelle aber doch, nämlich die Definition eines Zwischenziels (Parameter **ueber**). Auf diese Weise entstehen pro Spielzug zwei Verschiebungen. Sie können z. B. die linke Scheibe **über** die Mitte **nach** rechts legen, in diesem Fall wäre **ueber** der mittlere Stab (hätte also bei drei Stäben den Wert 2). Kommen wir nun zur Lösung des eigentlichen Problems mittels der Funktion Spielzug(). Angenommen, am Anfang befänden sich drei Scheiben auf der linken Stange (Stange 1), und sie sollen sich am Ende auf der rechten Stange (Stange 3) befinden. Wenn Sie nun annehmen, dass am Anfang **von** die linke Stange (Stange 1), **ueber** die mittlere Stange (Stange 2) und **nach** die rechte Stange (Stange 3) ist, müssen Sie am Anfang die Funktion Spielzug() mit folgenden Parametern aufrufen:

```
Spielzug(3,1,2,3)
```

Nun müssen Sie natürlich noch die Funktion Spielzug() implementieren, die bewirkt, dass die obersten Scheiben z. B. von der linken Stange weggenommen und über das Zwischenziel an den Bestimmungsort gelegt werden. Dies geschieht natürlich nur dann, wenn sich noch Scheiben auf der Stange befinden, von der etwas heruntergenommen werden soll. Die folgende if-Anweisung löst dieses Problem:

```
if (i>0)
{
    Spielzug(i-1,von,nach,ueber);
    Spielzug(i-1,ueber,von,nach);
}
```

Gewissermaßen tauschen hier die Stäbe zwischenzeitlich ihre Rollen, das Entfernen einer Scheibe wird dadurch realisiert, dass der Funktion Spielzug() stets i-1 als erster Parameter übergeben wird. Die einzelnen Teilprobleme werden dadurch gelöst, dass sich die Funktion Spielzug() immer dann selbst neu aufruft, wenn sich noch mehr als eine Scheibe auf der Stange befindet, von der etwas heruntergenommen werden soll (Sie dürfen ja nur eine Scheibe auf einmal verschieben). Sehen Sie sich nun Listing 3.4 an, das die einzelnen Spielzüge für eine beliebige Anzahl Scheiben und drei Stangen in der Konsole ausgibt.

Listing 3.4 Hanoi.java

```java
01  import java.io.*;

02  public class Hanoi
03  {
04      private static int Scheiben[]={0,0,0,0};
05      private static void Spielzug(int i, int von, int ueber, int nach)
06      {
07          if (i>0)
08          {
09              System.out.print("Lege Scheibe von Stab "+von+" nach Stab "+ueber);
10              Scheiben[von]--; Scheiben[ueber]++;
11              System.out.println("  ["+Scheiben[1]+" "+Scheiben[2]+" "+Scheiben[3]+"]");
12              System.out.print("Lege Scheibe von Stab "+ueber+" nach Stab "+nach);
13              Scheiben[ueber]--; Scheiben[nach]++;
14              System.out.println("  ["+Scheiben[1]+" "+Scheiben[2]+" "+Scheiben[3]+"]");
15              Spielzug(i-1,von,nach,ueber);
16              Spielzug(i-1,ueber,von,nach);
17          }
18      }
19      public static void main (String[] args)
20      {
21          int i,von,ueber,nach;
22          String ConsoleInput;
23          System.out.println("Die Türme von Hanoi");
24          System.out.print("Anzahl Scheiben:");
25          ConsoleInput=System.console().readLine();
26          i=Integer.parseInt(ConsoleInput);
27          System.out.print("Lege Scheiben von:");
28          ConsoleInput=System.console().readLine();
29          von=Integer.parseInt(ConsoleInput);
30          System.out.print("Gehe über:");
31          ConsoleInput=System.console().readLine();
32          ueber=Integer.parseInt(ConsoleInput);
33          System.out.print("Nach:");
34          ConsoleInput=System.console().readLine();
35          nach=Integer.parseInt(ConsoleInput);
36          Scheiben[von]=i;
37          Spielzug(i,von,ueber,nach); // 1. Spielzug
38      }
39  }
```

Das Hauptprogramm in Zeile **19 – 39** muss nicht mehr umfangreich erläutert werden, denn hier werden nur die Variablen **i**, **von**, **ueber** und **nach** von der Tastatur eingelesen. Anschließend wird in Zeile **36** die entsprechende Anzahl der Scheiben an die richtige Position im Array Scheiben geschrieben. Das Array Scheiben wird in Zeile **04** zuerst mit Nullen initialisiert und enthält später die Anzahl der Scheiben, die auf den entsprechenden Stäben liegen. Array-Position 0 wird hierbei nicht benutzt, Position 1 entspricht dem linken Stab, Position 2 dem mittleren Stab und Position 3 dem rechten Stab. In Zeile **37** wird die Funktion Spielzug() mit den Parametern Spielzug(i,von,ueber,nach) aufgerufen. Durch den Funktionsaufruf in Zeile **37** wird nur der erste Spielzug initialisiert, die restlichen Spielzüge werden in dem Fall, dass am Anfang versucht wird, mehr als eine Scheibe gleichzeitig zu bewegen, rekursiv berechnet. Die Funktion Spielzug() (Zeile **05 – 18**) prüft nun in Zeile **07** zunächst, ob i>0 ist. Wenn dies nicht der Fall ist, dann ist es gelungen, eine Scheibe so zu verschieben, wie es die Regeln vorschreiben. Wenn jedoch i>0 ist, wird zunächst in Zeile **09** der erste Schritt des nächsten Spielzugs in der Konsole ausgegeben, der eine Scheibe von der Zielposition auf die Zwischenposition legt. In Zeile **10** muss danach noch die Anzahl der Scheiben aktualisiert werden, die sich auf den entsprechenden Stäben befindet. Diese Information ist in dem Array **Scheiben** gespeichert. Anschließend wird in Zeile **12** der zweite Schritt des nächsten Spielzugs ausgegeben, der eine Scheibe von der Zwischenposition auf die Endposition legt. In Zeile **13** muss danach noch die Anzahl der Scheiben aktualisiert werden, die sich auf den entsprechenden Stäben befindet. In Zeile **15** und **16** wird dann die Funktion Spielzug() erneut rekursiv aufgerufen, und zwar so, dass das nächst einfachere Teilproblem der Lösung ermittelt wird. Dies besteht darin, so lange genau eine Scheibe weniger zu verschieben, bis nur noch eine einzige Scheibe verschoben werden muss. Das Programm gibt bei der Ausführung z. B. Folgendes aus:

/home/rene/Kapitel_3>java Hanoi

Die Türme von Hanoi

Anzahl Scheiben:3

Lege Scheiben von:1

Gehe über:2

Nach:3

Lege Scheibe von Stab 1 nach Stab 2 [2 1 0]

Lege Scheibe von Stab 2 nach Stab 3 [2 0 1]

Lege Scheibe von Stab 1 nach Stab 3 [1 0 2]

Lege Scheibe von Stab 3 nach Stab 2 [1 1 1]

Lege Scheibe von Stab 1 nach Stab 2 [0 2 1]

Lege Scheibe von Stab 2 nach Stab 3 [0 1 2]

Lege Scheibe von Stab 3 nach Stab 1 [1 1 1]

Lege Scheibe von Stab 1 nach Stab 2 [0 2 1]

Lege Scheibe von Stab 2 nach Stab 1 [1 1 1]

Lege Scheibe von Stab 1 nach Stab 3 [0 1 2]

Lege Scheibe von Stab 2 nach Stab 3 [0 0 3]

Lege Scheibe von Stab 3 nach Stab 1 [1 0 2]

Lege Scheibe von Stab 1 nach Stab 2 [0 1 2]

Lege Scheibe von Stab 2 nach Stab 3 [0 0 3]

3.3.5 Ein Backtracking-Algorithmus

Backtracking-Algorithmen gibt es viele und ich möchte Ihnen genau einen davon vorstellen. Stellen Sie sich vor, Sie stecken in einem Labyrinth aus Höhlen und Gängen fest, wissen aber, dass Sie zuvor irgendwie in das Labyrinth hineingekommen sind. Es gibt also einen Ausgang, nur wissen Sie nicht, wo dieser ist. Wie finden Sie den Ausgang wieder? Es hilft alles nichts: Sie müssen sämtliche Gänge und Höhlen absuchen, bis einer der Wege zum Ausgang führt. Dass es eine Lösung für Ihr Problem gibt, das wurde ja am Anfang vorausgesetzt, und auch, dass sämtliche Höhlen immer durch Gänge verbunden sind. Natürlich können Sie sich nicht sämtliche Gänge merken, die Sie schon abgesucht haben. Was tun Sie nun in Ihrer verzweifelten Lage? Sie markieren mit einem Stück Kreide (das Sie zum Glück dabeihaben) alle Gänge, die Sie schon besucht haben, mit einem weißen Fragezeichen. Wenn Sie in eine Sachgasse laufen, gehen Sie einfach wieder zurück und benutzen wiederum einen Pfad, den Sie noch nicht markiert haben. Auf diese Weise bleibt am Ende stets ein Weg über, der zum Ausgang führt, was schon Justus Jonas von den drei Fragezeichen zu seiner großen Erleichterung feststellen musste. Was die drei Fragezeichen können, können Sie vielleicht auch, denn Sie haben ja einen Computer (vielleicht haben Sie sogar Java auf Ihrem Handy und das Handy hat man ja auch immer bei). Die Frage lautet also: Gibt es ein Verfahren, mit dem man einen Computer dazu bringen kann, den Weg aus einem Irrgarten zu finden? Die Antwort lautet, dass es mit dem Backtracking ein rekursives Verfahren gibt, das dies leistet. *Backtracking* bedeutet, sich erst einmal für einen beliebigen Weg zu entscheiden und diesen nach Lösungen abzusuchen. Wenn sich dieser Weg als falsch herausstellt, werden sämtliche Schritte rückgängig gemacht, die nicht zur Lösung geführt haben. Danach wird ein neuer Weg gesucht, der noch nicht gegangen wurde. Dies setzt voraus, dass sich Ihr Programm sämtliche missglückten Versuche merkt, die es bereits ausgeführt hat.

Bevor Sie jedoch mithilfe Ihres Computers den Ausgang aus einem gegebenen Höhlenlabyrinth finden können, benötigen Sie eine geeignete Darstellungsform des Gangsystems. Die Darstellungsform, die meistens für das Backtracking gewählt wird, ist der Graph. Ein *Graph* ist ein bestimmtes Diagramm, das aus Knoten (dargestellt durch Kreise) und Kanten (dargestellt durch Linien) besteht. Jeder Knoten kann über die Kanten mit einer beliebigen Anzahl an weiteren Knoten verbunden werden. Der Graph kann nun in einer bestimmten Weise durchlaufen werden, z. B. derart, dass ein bestimmter Knoten getroffen wird. Falls für die Kanten bestimmte Richtungen gelten, in denen diese durchlaufen werden müssen, spricht man von einem *gerichteten Graph*, ansonsten von einem *ungerichteten Graph*. Die Kanten und Knoten können Sie in einer beliebigen Weise beschriften, im weiteren Verlauf werde ich die Knoten mit Zahlen versehen und für die Darstellung des Höhlenlabyrinthsystems einen ungerichteten Graphen verwenden. Ich habe ferner dafür gesorgt, dass auf jeden Fall mindestens ein Pfad zum gesuchten Ausgang führt, dem ich die Zahl 1 zuordne. Sehen Sie sich nun das Höhlensystem an und den zugehörigen Graphen, der das Höhlensystem beschreibt:

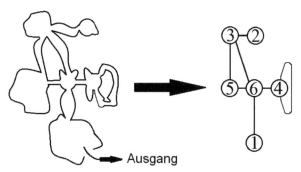

Bild 3.1 Höhlensystem des Labyrinths und der zugehörige Graph

Dem vorigen Bild können Sie entnehmen, dass Knoten 2 in eine Sackgasse führt, und dass Knoten 4 einen Kreispfad enthält, der nicht zum Ziel führen kann. Der wichtigste Knoten ist Knoten Nr. 6. Diesen Knoten müssen Sie auf jeden Fall passieren, wenn Sie zum Zielknoten Nr. 1 gelangen wollen. Um den hier abgebildeten Graphen in eine Form zu überführen, mit der sich Algorithmen ausführen lassen, müssen Sie eine *Adjazenzmatrix* erstellen. Eine *Adjazenzmatrix* ordnet sämtliche n Knoten eines Graphen in einer nxn-Matrix an und enthält in jeder Zeile jeweils die Verknüpfungsdaten für einen von den n Knoten. In Zeile 1 stehen also die Verknüpfungsdaten für Knoten Nr. 1, in Zeile n stehen die Verknüpfungsdaten für den letzten Knoten n. Die Verknüpfungsdaten stehen also in den einzelnen Spalten einer bestimmten Zeile und beschreiben sämtliche Knoten, mit denen der betreffende Knoten verknüpft ist. Immer, wenn in einer Spalte eine Zahl steht, die nicht 0 ist, so bedeutet dies, dass der Knoten, der durch die Zeile beschrieben wird, mit dem Knoten verbunden ist, der durch die betreffende Spaltennummer bestimmt wird. Damit die rein mathematische Definition der Adjazenzmatrix nicht in der Luft hängt, möchte ich nun den im letzten Bild angegebenen Graphen in Form einer Adjazenzmatrix darstellen. Hierzu muss ich (da der Graph sechs Knoten enthält) eine 6x6-Matrix wählen. Ich erstelle aber in diesem Fall das Array `Adj[7][7]` und benutze Zeile 0 und Spalte 0 nicht, weil dies das Programm, dass ich Ihnen später vorstelle, übersichtlicher macht. Sehen sie sich nun die Adjazenzmatrix an, die die Verknüpfung der Gänge unseres Höhlensystems beschreibt:

```
int Adj[7][7]=
{
0,0,0,0,0,0,0,
0,0,0,0,0,0,6,
0,0,0,3,0,0,0,
0,0,2,0,0,5,6,
0,0,0,0,4,0,6,
0,0,0,3,0,0,6,
0,1,0,3,4,5,0
};
```

Zeile 0 und Spalte 0 werden nicht verwendet und enthalten nur Nullen. Zeile 1 beschreibt den Knoten 1, der nur mit Knoten 6 verbunden ist. Deshalb steht in Zeile 1 an Position 6 die Zahl 6. Knoten 2 ist mit Knoten 3 verbunden, deshalb steht in Zeile 2 an Position 3 die Zahl 3. Knoten 3 ist aber natürlich auch mit Knoten 2 verbunden, deshalb steht in Zeile 3 an Position 2 die Zahl 2. Knoten 3 ist mit Knoten 2, 5 und 6 verbunden (Zeile 3), Knoten 4 ist mit sich selbst und Knoten 6 verbunden (Zeile 4). Knoten 5 ist mit Knoten 3 und 6 verbunden (Zeile 5) und Knoten 6 mit Knoten 1, 3, 4 und 5 verbunden (Zeile 6).

Kommen wir nun zum eigentlichen Algorithmus, der den Weg von Knoten 2 (Start) zu Knoten 1 (Ausgang) finden soll. Zunächst definieren Sie zusätzlich zum Array **Adj** das Array `Marke[7][7]`, das Werte vom Typ `bool` enthält, die genau dann auf `true` gesetzt werden, wenn der entsprechende Knoten im Array **Adj** überprüft wurde. Um die einzelnen Zielknoten zu überprüfen, die mit einem bestimmten Startknoten verknüpft sind, müssen Sie zunächst einmal die betreffende Zeile auswählen (am Anfang ist dies die zweite Zeile). Anschließend durchlaufen Sie in einer Schleife sämtliche Spalten, die der Zeile zugeordnet sind, die den vorher ausgewählten Knoten beschreibt. In dieser Schleife ruft sich nun der Suchalgorithmus selbst wieder auf, und zwar für jeden Spalteneintrag einmal.

Sei nun **i** die i-te Zeile von **Adj** und **j** die j-te Spalte von **Adj**. Sei **k** ein Zähler, der in diesem Beispiel von 1 bis 6 zählt, und **j** eine beliebige festgehaltene Spalte, die am Anfang 2 ist. Dann sieht der Hauptalgorithmus so aus:

```
for (int k=0; k<=6; k++) { SucheAusgang(j,k); } // j ist fest vorgegeben
```

Die Funktion SucheAusgang(), in die der Hauptalgorithmus eingebettet ist, bekommt zwei Parameter übergeben, nämlich i und j. Der Parameter i beschreibt hierbei den Startknoten und j einen Knoten, der genau im nächsten Schritt erreicht werden kann. Die Funktion SucheAusgang() untersucht nun für jeden Knoten, der mit dem Knoten j verknüpft ist, ob dieser der Zielknoten ist. Dies geschieht rekursiv, d. h., es wird versucht, das Ausgangsproblem in kleinere Teile zu zerlegen. Sie wenden also auch hier (wie schon bei den Türmen von Hanoi) einen Teile-und-herrsche-Algorithmus an.

An dieser Stelle sind Sie aber noch nicht ganz fertig, denn innerhalb der Funktion SucheKnoten() muss festgestellt werden können, ob ein gewählter Teilpfad eine Sackgasse ist oder aber zur Lösung führt. Ohne diese Überprüfung würde sich der Suchalgorithmus endlos selbst aufrufen. Eine Sackgasse ist dann erreicht, wenn entweder Adj[j][i]=0 ist (in diesem Fall führt der Pfad von Knoten i nach Knoten j ins Nichts) oder der entsprechende Knoten vorher schon untersucht wurde (Marke[i][j]==true). Auf diese Weise erhalten Sie folgende erste Ausstiegsbedingung aus der Rekursion:

```
if ((Adj[i][j]==0)||(Marke[i][j])==true) { return; }
```

Wenn die erste Ausstiegsbedingung nicht zutrifft, muss zunächst einmal Marke[i][j] auf true gesetzt werden, um den gerade überprüften Knoten als bereits getestet zu markieren. Anschließend müssen Sie die zweite Ausstiegsbedingung überprüfen, die dann erfüllt ist, wenn Knoten 1 erreicht wurde:

```
if(Adj[i][j]==1) { AusgangGefunden=true; STOP; }
```

Erst, wenn keine Ausstiegsbedingung zutrifft, wird nach neuen Verzweigungen gesucht, die vom Knoten j abgehen. Sehen Sie sich nun die vollständige Funktion SucheAusgang() an:

```
public static void SucheAusgang(int i, int j)
{
    if (AusgangGefunden==false)
    {
        if ((Adj[i][j]==0)||(Marke[i][j])==true) { return; }
        Marke[i][j]=true;
        if(Adj[i][j]==1)
        {
            AusgangGefunden=true;
        }
        for (int k=0; k<=6; k++) { SucheAusgang(j,k); }
        Marke[i][j]=false;
    }
}
```

SucheAusgang() wird also so lange rekursiv aufgerufen, bis die globale Variable **AusgangGefunden** auf true gesetzt wird, weil Knoten 1 passiert wurde. In dem Fall, dass eine Sackgasse oder ein bereits benutzter Knoten gefunden wurde, kehrt die Funktion sofort zurück. Sie sehen an dieser Stelle, dass der Hauptalgorithmus im Endeffekt nur aus einer einzigen Zeile besteht, die SucheAusgang() in einer Schleife rekursiv aufruft. Erst, wenn diese Schleife vollständig „durchläuft", kann die Markierung desjenigen Knotens wieder entfernt werden, der ursprünglich auf Verknüpfungen mit anderen Knoten überprüft werden sollte. Sehen Sie sich hierzu nun Listing 3.5 an:

Listing 3.5 Backtracking.java

```
01   import java.io.*;
02   public class Backtracking
03   {
04       private static boolean Marke[8][8]={false};
05       private int Adj[8][8]=
06       {
07           0,0,0,0,0,0,0,0,
08           0,0,0,0,0,0,6,0,
09           0,0,0,3,0,0,0,7,
10           0,0,2,0,0,5,6,0,
11           0,0,0,0,4,0,6,0,
12           0,0,0,3,0,0,6,0,
13           0,1,0,3,4,5,0,0,
14           0,0,2,0,0,0,0,0
15       };

16       private int Pfad[1000]={0};
17       private int Cnt, Start;
18       private boolean Init=false;
19       private boolean AusgangGefunden=false;

20       private void FindeAusgang(int i, int j)
21       {
22           if (Init==false) { Init=true; Start=i; Pfad[0]=Start; }
23           if (AusgangGefunden==false)
24           {
25               if ((Adj[i][j]==0)||(Marke[i][j])==true) { return; }
26               System.out.println("Ueberprufe Pfad "+i+"->"+Adj[i][j]);
27               if (i==Start)
28               {
29                   System.out.println("Pfad wird zurückgesetzt");
30                   Cnt=0;
31               }
32               else
33               {
34                   Pfad[Cnt]=i; Pfad[Cnt+1]=Adj[i][j];
35                   Cnt+=2;
36               }
37               if(Adj[i][j]==1) { AusgangGefunden=true; }
38               else { Marke[i][j]=true; }
39               for (int k=0; k<=7; k++) { FindeAusgang(j,k); } // Hauptalgorithmus
40               Marke[i][j]=false;
41           }
42       }
43       public static void main(String[] args)
44       {
45           FindeAusgang(2,3);
46           System.out.prinln("Ausgang gefunden");
47           System.out.println("------------------------");
48           System.out.prinln("Gefundener Pfad:");
49           for (int i=0; i<Cnt; i++)
50           {
51               System.out.print(Pfad[i]); System.out.print("->");
52           }
53           System.out.println("1");
54       }
55   }
```

Auch in dem letzten Listing habe ich wieder nur eine Datei erzeugt, in der sich sowohl die Klasse `Backtracking` mit der Hauptmethode `main()` als auch die Methode `FindeAusgang()` befindet, die den eigentlichen Algorithmus ausführt. Das Array **Marke**, das die Markierungen der zuletzt besuchten Knoten enthält, wird in Zeile **04**, die Adjazenzmatrix **Adj** wird in Zeile **05 – 15** definiert. Um das Programm einfacher zu halten, wird auch hier wieder Zeile 0 und Spalte 0 der Arrays **Marke** und **Adj** nicht benutzt und bei der Definition `Marke[8][8]` und `Adj[8][8]` statt `Marke[7][7]` und `Adj [7][7]` verwendet. **Adj** wird in Zeile **05 – 15** fest definiert, das Höhlenlabyrinth ist also „fest verdrahtet". In Zeile **16 – 19** müssen noch zusätzlich einige Hilfsvariablen angelegt werden. Dies ist einmal das Array **Pfad**, das am Ende die „Lösung" enthält, und die Variablen **Cnt**, die von der Funktion `FindeAusgang()` benutzt wird, um den Suchpfad mit der „Lösung" zu verwalten. Die Variable **Init** gibt an, ob die Funktion `FindeAusgang()` schon einmal aufgerufen wurde und ist am Anfang `false`. Zusätzlich zu **Init** wird in Zeile **19** die Statusvariable **Gefunden** definiert, die angibt, ob der Ausgang bereits gefunden wurde. Die Statusvariable **Gefunden** wird dann von der rekursiven Methode `FindeAusgang()` (Zeile **20 – 42**) verwendet. Gefunden ist am Anfang `false`.

`FindeAusgang()` führt nun den eigentlichen Backtracking-Algorithmus aus und bekommt zwei Parameter übergeben, nämlich **i** und **j**. Dabei gibt **i** einen Startknoten und **j** einen Zielknoten an, der in einem einzigen Schritt erreicht werden kann. Am Anfang wird die Funktion `FindeAusgang()` vom Hauptprogramm mit den Parametern `i=2` und `j=3` aufgerufen. Dies ist quasi der erste gültige Initialisierungsschritt: Zuerst soll das Programm also vom Konten 2 zu Knoten 3 gehen. `FindeAusgang()` nimmt nun diese Startparameter entgegen und schaut in Zeile **22** erst einmal nach, ob `Init=false` ist, was zunächst der Fall ist. In diesem Fall wird der Suchpfad, der am Ende die „Lösung" enthält, mit einem ersten Eintrag initialisiert, der identisch mit dem Startknoten `Start` ist (dieser wird am Anfang auch auf `Start=i` gesetzt). Nach der Initialisierung ist dann `Init=true`. Ist dann in Zeile **23** `Gefunden==false` (das ist direkt am Anfang der Fall), muss der nächste Suchschritt ermittelt werden. Zunächst muss hierfür in Zeile **25** festgestellt werden, ob der aktuelle Knoten schon markiert wurde (`Marke [i][j]==true`), denn in diesem Fall kehrt `FindeAusgang()` zurück, ohne etwas zu tun oder sich erneut aufzurufen. Wenn Sie jedoch alleine diese Bedingung als Ausstiegskriterium aus der Rekursion verwenden, wird sich das Programm irgendwann aufhängen, denn Sie müssen ebenfalls aus der Rekursion aussteigen, Wenn `Adj[i][j]==0` ist. Dies bedeutet dann, dass ein bestimmter Knoten nicht vorhanden ist. So ist z. B. `Adj[2][4]==0`, was bedeutet, dass Knoten 2 nicht mit Knoten 4 verbunden ist und diese Verbindung nicht weiter beachtet werden darf. Wenn der Startknoten dagegen gültig ist (das ist am Anfang der Fall), wird versucht, zum nächsten Knoten zu gelangen. Damit Sie auch sehen, was Ihr Algorithmus tut, wird in Zeile **26** erst einmal der zu überprüfende Teilschritt in der Konsole ausgegeben. Nun folgt in den Zeilen **27 – 40** der eigentliche Backtracking-Algorithmus, der in der Tat von der Idee her sehr simpel ist:

Immer, wenn Sie noch nicht den Zielknoten gefunden haben, aber die Funktion `FindeAusgang()` zum aktuellen Ausgangsknoten zurückgekehrt ist, wird die Meldung ausgegeben, dass der aktuelle Suchpfad zurückgesetzt wird und so keine Lösung darstellt. Da jeder bereits besuchte Knoten stets markiert wird, wird ein Suchpfad, der nicht zum Erfolg führt, nicht erneut benutzt. Wenn jedoch der aktuelle Suchpfad noch zum Erfolg führen könnte, wird erst einmal der Knoten **i** durch die Anweisung `Pfad[Cnt]=i` in den aktuellen Suchpfad eingefügt. **Cnt** ist also der Zähler, der den als Nächstes zu belegenden Array-Eintrag im aktuellen Suchpfad angibt, und dies ist dann auch der Grund, warum dieser Zähler in Zeile 30 auf 0 zurückgesetzt werden muss, wenn ein bestimmter Suchpfad eben keinen Erfolg hatte. Nun muss noch der Zielknoten ermittelt werden, der mit dem aktuellen Startknoten verbunden ist. Dieser Zielknoten steht im Eintrag `Adj[i][j]`. Dies ist so, weil die Adjazenzmatrix vorher genau so angelegt wurde, dass dies der Fall ist. Nachdem der Suchpfad aktualisiert wurde, muss natürlich in Zeile 35 noch der Zähler **Cnt** aktualisiert werden, damit dieser auf den nächsten freien Eintrag im Suchpfad-Array zeigt.

Wenn nun der Knoten im nächsten Schritt der Zielknoten ist (also `Adj[i][j]==1`), dann wird `FindeAusgang()` sofort beendet und auch nicht mehr erneut aufgerufen. In diesem Fall wurde in Zeile **37** die Lösung gefunden. Direkt am Anfang ist dies aber nicht der Fall, deshalb muss der aktuelle Knoten **i** als bereits besucht markiert und die Suche fortgesetzt werden. Nun kann ein „dummer" Algorithmus aber nicht intuitiv erahnen, welcher Pfad denn nun der richtige ist, deshalb muss er auch genauso „dumm" vorgehen und eine Brute-Force-Methode anwenden: In Zeile **39** wird die Funktion `FindeAusgang()` für jeden möglichen Verbindungsknoten von **i** erneut rekursiv aufgerufen, unabhängig davon, ob dieser gültig ist oder zum Ziel führt. Viele rekursive Aufrufe von `FindeAusgang()` laufen also ins Leere, weil ein bestimmter Knoten keine Verbindung des aktuellen Knotens **i** ist oder ein bestimmter Suchpfad einen Kreispfad bildet, in dem der Zielknoten nicht enthalten ist. Wenn es jedoch eine Lösung gibt, dann wird diese irgendwann in den Suchpfad eingetragen und genau dieser Pfad wird dann nicht gelöscht und am Ende ausgegeben.

Das Hauptprogramm muss nun nicht mehr viel leisten, sondern die Suche nur anstoßen. Hierzu dient Zeile **45**, die den ersten Schritt von Knoten 2 zu Knoten 3 definiert, der natürlich erst einmal gültig sein muss. Wenn die Suche dann erfolgreich verläuft und die Funktion `FindeAusgang()` erfolgreich zurückkehrt, wird danach der Suchpfad ausgegeben, der zum Erfolg geführt hat.

3.3.6 Ein einfacher Taschenrechner

Manche Studenten denken, dass die rekursiven Algorithmen eigentlich nur Spielereien sind, die sie nun mal lernen müssen. Diese Einstellung übersieht natürlich viele Dinge, die mit Rekursionen so viel einfacher gelöst werden können, als mit rein iterativen Verfahren. Denn auch, wenn es für die Türme von Hanoi eine iterative Lösung gibt und dies genauso gut für das Backtracking gilt, gibt es auch Dinge, die Sie nur mit Rekursion lösen können.

Ich stelle Ihnen nun eine Sache vor, die ich selbst entwickelt habe und die Sie iterativ nicht so einfach lösen können: die Programmierung eines Taschenrechners. Dieser Taschenrechner soll natürlich mehr können als ein billiger Standardrechner, er soll nämlich die Regel „Punkt vor Strich" beachten sowie auch Klammern korrekt auflösen. Ferner soll es das Zeichen ∧ geben (also einen Exponenten), der Vorrang vor * und / hat. Fehlt nur noch die Antwort auf die Frage, warum denn die Programmierung eines Taschenrechners mehr ist als eine mathematische Spielerei oder eine von den vielen Praktikumsaufgaben, die Sie eben machen müssen. Die Antwort ist, dass viele Skriptsprachen rekursive Algorithmen verwenden, um Klammern, Formeln und andere komplexe Ausdrücke auszuwerten. Viele moderne Browser-Sprachen, wie z. B. JavaScript, sind aus solchen einfachen Fingerübungen entstanden. Damit es aber nicht bei den Fingerübungen bleibt, machen wir mit einem konkreten Beispiel weiter und wollen nun den folgenden Ausdruck korrekt auswerten:

(2^2)+(1*2*3)-(4*5*6)+(7*8-9)

Damit Sie die einzelnen Zeichen korrekt zuordnen können, nehme ich im weiteren Verlauf an, dass der auszuwertende Ausdruck ein C-String vom Typ `char*` ist und mit einem Null-Byte abgeschlossen wird. Die Startposition ist hier also erst einmal 0 und soll in der Variablen **Pos** abgelegt werden.

Nun wird die Funktion zum Auswerten des Ausdrucks aufgerufen, die ich hier `Pasre()` nenne. Dies hat den einfachen Grund, dass der Fachausdruck für Funktionen, die Ausdrücke vom Typ `char*` in einer bestimmten Weise auswerten, „Parser" ist. Die Funktion `Parse()` soll nun als ersten Parameter den Ausdruck selbst (in der Variablen **Exp**, was die Abkürzung von „expression" ist) und als zweiten Parameter einen Zeiger auf die Variable **Pos** übergeben bekommen. `Parse()` nimmt nun erst einmal an, dass der gesamte Ausdruck in einem Durchlauf von vorne nach hinten ausgewertet werden kann und dass es auch keine Prioritätsunterschiede zwischen den Operatoren gibt. Deshalb wird erst einmal das Zeichen `Exp[Pos]` eingelesen. Nun ist aber das erste Zeichen schon eine geöffnete Klammer und deshalb ist die Annahme, dass der Ausdruck quasi in einem Rutsch verarbeitet werden kann, schon an dieser Stelle falsch. Wenn Sie nun annehmen, dass die Lösung wieder das Teile-und-herrsche-Prinzip ist, dann haben Sie Recht: `Parse()` muss in eine Rekursion einsteigen, und zwar an der Stelle direkt hinter der geöffneten Klammer (also bei Pos=1).

Bei Pos=1 kann nun die folgende Berechnung ausgeführt werden:

2.000000^2.000000=4.000000

Push 4.000000

Ich nehme an diesem Punkt nun an, dass `Parse()` für jeden Funktionsaufruf einen separaten Stack verwaltet, auf dem sowohl Operatoren (also die Berechnungszeichen +, -, *, /, ^) als auch Operanden (also Zahlen) mit Push abgelegt werden können. Nach der Berechnung von 2^2 (hier geschrieben als 2^2) wird also das Ergebnis mit Push auf dem Stack abgelegt. Nach dem Ausrechnen von 2^2 findet `Parse()` eine geschlossene Klammer, was bewirkt, dass eine Rückkehr aus der Rekursion stattfindet und die als Erstes aufgerufene Instanz von `Parse()` bei Pos=5 weitermacht. Dadurch bleibt der folgende Teil von **Exp** übrig:

+(1*2*3)-(4*5*6)+(7*8-9)

> **Hinweis: Operanden und Operatoren**
>
> Im Grundlagenstudium und in vielen Programmiersprachen ist die Unterscheidung zwischen *Operanden* und *Operatoren* wichtig. Ein *Operand* ist der Teil eines mathematischen Ausdrucks, **mit dem gerechnet wird**, also eine Zahl oder eine Variable. Der *Operator* bezeichnet **den Rechenschritt selbst** und ist in einem mathematischen Ausdruck ein bestimmtes **Rechenzeichen**, z. B. +, -, *, / und ^. ∎

Das Ergebnis, das `Parse()` von dem rekursiven Aufruf zurückbekommt, wird erst einmal mit Push auf dem Stack abgelegt (das bedeutet, dass sich nun der Wert 4 auf dem TOS (top of stack) befindet). Anschließend wird der Operator + gefunden, der auf einem separaten Operatoren-Stack abgelegt wird. Danach folgt wieder eine geöffnete Klammer, was wieder zu einem rekursiven Aufruf von `Parse()` führt. Der Operator + und die geöffnete Klammer führen also zu den folgenden Schritten:

Push +

Einstieg in die Rekursion an Position 7

Der Ausdruck (1 * 2 * 3) wird nun ohne erneute Rekursionen oder Zwischenschritte aufgerufen, weil hier sämtliche Operatoren dieselbe Priorität haben. Es werden also folgende Schritte ausgeführt:

Push 1.000000

Push *

Push 2.000000

1.000000 * 2.000000=2.000000

Push *

Push 3.000000

2.000000 * 3.000000=6.000000

Ich setze an dieser Stelle voraus, dass `Parse()` in der Lage ist zu erkennen, dass hier der zweite Operand auf dem Stack stets eine korrekte Multiplikation auslösen muss und dass dies auch für alle folgenden Operanden gilt. Wenn an Position 12 die geschlossene Klammer gefunden wird, kehrt `Parse()` aus der Rekursion zurück und macht bei `Pos=13` weiter. Auch hier wird zunächst das Ergebnis (=6) auf dem Stack abgelegt. Anschließend wird der Operator – gefunden und auf dem Stack abgelegt. Allerdings müssen an dieser Stelle die folgenden zwei Schritte ausgeführt werden:

Push –

4.000000+6.000000=10.000000

`Parse()` muss also auch hier erkennen können, dass noch ein weiterer Operator unter dem TOS liegt, und deswegen das Ergebnis der letzten Rekursion (also 6) mit dem Wert 4 verknüpfen, der dort vorher schon abgelegt wurde. Allerdings muss vorher der Operator – (das ist das Zeichen, das zuletzt eingelesen wurde) gesichert und anschließend wieder restauriert werden, z. B. mit dem folgenden Schritt:

Restore –

Anschließend findet `Parse()` wieder eine geöffnete Klammer und steigt danach an Position 15 in eine neue Rekursion ein. Dadurch bleibt der folgende Teil von **Exp** übrig:

-(4 * 5 * 6)+(7 * 8-9)

Auch der Ausdruck (4 * 5 * 6) innerhalb der ersten Klammer kann auf die folgende Weise ohne Zwischenschritte ausgeführt werden:

Push 4.000000

Push *

Push 5.000000

4.000000 * 5.000000=20.000000

Push *

Push 6.000000

20.000000 * 6.000000=120.000000

Rückkehr aus der Rekursion bei Position 21

Auch das Zwischenergebnis 120 wird wieder auf die folgende Weise mit den Werten und Operatoren verknüpft, die noch auf dem Stack liegen:

Push 120.000000

Push +

10.000000-120.000000=-110.000000

Restore +

Hier muss Parse() dann erkennen können, dass der Operator +, der direkt unter dem Minus-Operator auf dem TOS liegt, noch zusätzlich ausgeführt werden muss. Wenn Parse() danach wieder auf eine geöffnete Klammer trifft, wird ein neuer Einstieg in eine Rekursion an Position 23 ausgelöst. Nun bleibt der folgende Teil von **Exp** übrig:

+(7*8-9)

Der Ausdruck 7*8+9 innerhalb der letzten Klammer kann jedoch nicht einfach hintereinander ausgeführt werden und muss auf die folgende Weise in eine Multiplikation und eine anschließende Addition aufgeteilt werden:

Push 7.000000

Push *

Push 8.000000

7.000000*8.000000=56.000000

Push -

Push 9.000000

56.000000-9.000000=47.000000

Wenn also unter dem Operator auf dem TOS entweder der Operator * oder / liegt, muss die Multiplikation bzw. Division zuerst ausgeführt werden und Parse() muss auch dies erkennen. Erst, wenn dann der Ausdruck innerhalb der letzten Klammer in der korrekten Reihenfolge bearbeitet wurde, kann Parse() bei Position 29 aus der Rekursion zurückkehren und 47 zurückliefern. Das Ergebnis ist dann der folgende Ausdruck:

-110.000000+47.000000=-63.000000

Ergebnis:-63.000000

Schauen Sie sich nun Listing 3.6 an, das Ihnen zeigt, wie Sie einen Ausdruck mit Klammern und den Operatoren +, -, *, / und ^ so auswerten können, dass dort ein richtiges Ergebnis herauskommt – keine Angst, so schwer ist dies nicht.

Listing 3.6 Parser.c

```
01  #include<stdio.h>
02  #include<math.h>
03  #include<string.h>
04  #include<stdlib.h>

05  float GetNum(char *S, long int &Pos)  // Zahlen aus S am Position Pos scannen
06  {
07      char Num[50];
08      int NumPos=0;
09      while (((S[Pos]>='0')&&(S[Pos]<='9'))||(S[Pos]=='.')||(S[Pos]=='-'))  //
Zulässig sind 0-9, . und negatives Vorzeichen
```

```
10      {
11          Num[NumPos]=S[Pos]; // Ziffern in Puffer Num ablegen
12          Pos++; NumPos++;
13      }
14      Num[NumPos]=0; // ASCII-String mit 0 abschließen
15      return atof(Num); // atof wandelt Strings nach float
16  }

17  bool IsOperator(char O) // Operatoren sind +,-,*,/ und ^
18  {
19      switch(O)
20      {
21          case '+': return true;
22          case '-': return true;
23          case '*': return true;
24          case '/': return true;
25          case '^': return true;
26          default: return false;
27      }
28  }

29  float OPExe(float a, float b, char OP) // OPExe führt einen Operator aus
30  {
31      switch(OP)
32      {
33          case '+': printf("%f+%f=%f\n",a,b,a+b); return a+b;
34          case '-': printf("%f-%f=%f\n",a,b,a-b); return a-b;
35          case '*': printf("%f*%f=%f\n",a,b,a*b); return a*b;
36          case '/': printf("%f/%f=%f\n",a,b,a/b); return a/b;
37          case '^': printf("%f^%f=%f\n",a,b,pow(a,b)); return pow(a,b);
38          default: return 0.0;
39      }
40
41  }

42  float Parse(char *Exp, long int &Pos) // Parse wertet den Ausdruck in S aus
43  {
44      float Num=0,Num2=0;
45      float OPR[4]={0,0,0,0}; // Stack für 4 Operanden
46      int OP[4]={0,0,0,0}; // Stack für 4 Operatoren
47      int OPPtr=-1,OPRPtr=-1,OPTemp=0; // Stack stets zurücksetzen
48      long int i=0;
49      while (Exp[Pos]!=0) // Ende des Ausdrucks in S ist das Nullzeichen
50      {
51          if (Exp[Pos]=='(') // geöffnete Klammer startet neue Rekursion
52          {
53              Pos++; // Parse rekursiv für den Ausdruck direkt nach der Klammer aufrufen
54              printf("Einstieg in die Rekursion an Position %ld\n",Pos);
55              printf("--------------------------------------------------\n");
56              Num=Parse(Exp,Pos); // Der rekursive Aufruf gibt einen Zahlenwert zurück
57              printf("--------------------------------------------------\n");
58              printf("Rückkehr aus der Rekursion bei Position %ld\n",Pos);
59              printf("Push %f\n",Num);
60              OPRPtr++; OPR[OPRPtr]=Num; // Num auf dem Stack ablegen
61              if (OPPtr>=0) // noch ein verbliebener Operator auf dem Stack?
```

```
62              {
63                  if ((OP[OPPtr]=='*')||(OP[OPPtr]=='/')) // Operator * und / direkt ausführen
64                  {
65                      OPR[OPRPtr-1]=OPExe(OPR[OPRPtr-1],OPR[OPRPtr],OP[OPPtr]);
66                      OPRPtr--; OPPtr--;
67                  }
68              }
69          }
70          if (Exp[Pos]==')') // geschlossene Klammer bewirkt Rückkehr aus Rekursion
71          {
72              Pos++; // Mit Position direkt nach der Klammer zurückkehren
73              if (OPPtr>=0) // Noch nicht ausgewerteten Operator ausführen
74              {
75                  OPR[OPRPtr-1]=OPExe(OPR[OPRPtr-1],OPR[OPRPtr],OP[OPPtr]);
76                  OPRPtr--;
77              }
78              return OPR[OPRPtr]; // Rückgabeparameter an den Aufrufer übergeben
79          }
80          if (((Exp[Pos]>='0')&&(Exp[Pos]<='9'))||(Exp[Pos]=='-')) // Zahl gefunden?
81          {
82              Num=GetNum(Exp,Pos); // Dann ASCII-Zahl in float wandeln
83              while (Exp[Pos]=='^') // Zahl folgt ein Exponent? Dann alle Exponenten einlesen
84              {
85                  Pos++;
86                  if (Exp[Pos]!='(')
87                  {
88                      Num2=GetNum(Exp,Pos);
89                  }
90                  else // Exponenten in Klammern müssen rekursiv verarbeitet werden
91                  {
92                      Pos++;
93                      printf("Einstieg in die Rekursion an Position %ld\n",Pos);
94                      printf("--------------------------------------------------\n");
95                      Num2=Parse(Exp,Pos);
96                      printf("--------------------------------------------------\n");
97                      printf("Rückkehr aus der Rekursion bei Position %ld\n",Pos);
98                  }
99                  printf("%f^%f=%f\n",Num,Num2,pow(Num,Num2));
100                 Num=pow(Num,Num2); // Exponenten direkt verarbeiten (höchste Prioritätsstufe)
101             }
102             OPRPtr++;
103             printf("Push %f\n",Num);
104             OPR[OPRPtr]=Num; // Ergebnis erst hier auf dem Stack ablegen
105             if (OPPtr>=0) // noch ein verbliebener Operator auf dem Stack?
106             {
107                 if ((OP[OPPtr]=='*')||(OP[OPPtr]=='/')) // * und / direkt ausführen
108                 {
109                     OPR[OPRPtr-1]=OPExe(OPR[OPRPtr-1],OPR[OPRPtr],OP[OPPtr]);
110                     OPRPtr--; OPPtr--;
111                 }
112             }
113         }
114         else if (IsOperator(Exp[Pos])) // Operator gefunden?
115         {
```

```
116         printf("Push %c\n",Exp[Pos]);
117         OPPtr++; OP[OPPtr]=Exp[Pos]; // Operator auf den Operatorenstack legen
118         Pos++;
119         // Falls +/- oder -/+ auf dem Stack liegen, hat der unterste Operator Vorrang
120         if ((OPPtr>0)&&(OP[OPPtr-1]!='*')&&(OP[OPPtr-1]!='/')&&(OP[OPPtr]!='*')&&(OP[OPPtr]!='/'))
121         {
122             OPTemp=OP[OPPtr];
            OPR[OPRPtr-1]=OPExe(OPR[OPRPtr-1],OPR[OPRPtr], OP[OPPtr-1]);
123             OPRPtr--; OPPtr--;
124             printf("Restore %c\n",OPTemp);
125             OP[OPPtr]=OPTemp;
126         }
127     }
128   }
129   if (OPPtr>=0) // noch ein verbliebener Operator auf dem Stack? Dann diesen ausführen
130   {
131       OPR[OPRPtr-1]=OPExe(OPR[OPRPtr-1],OPR[OPRPtr],OP[OPPtr]);
132       OPRPtr--;
133   }
134   return OPR[OPRPtr];
135 }

136 int main(void)
137 {
138     char Exp[256];
139     long int Pos;
140     float Res;
141     printf("Ausdruck:"); scanf("%s",Exp);
142     Pos=0;
143     Res=Parse(Exp,Pos);
144     printf("Ergebnis:%f\n",Res);
145     return 0;
146 }
```

Damit Sie ASCII-Zahlen korrekt aus Strings extrahieren können, benötigen Sie erst einmal die Funktion GetNum() (Zeile **005 – 016**). GetNum() bekommt zwei Parameter übergeben, nämlich des String **S** und die Startposition **Pos**, die von GetNum() direkt verändert wird. Dies ist nötig, weil GetNum() die eingelesene ASCII-Zahl als Wert vom Typ float zurückgibt. Gleichzeitig wird aber auch **Pos** verändert, und zeigt nach Rückkehr der Funktion direkt hinter die letzte Ziffer der eingelesenen Zahl.

GetNum() geht **S** nun Zeichen für Zeichen durch und schaut jeweils, ob das Zeichen an der Position Exp[Pos] eine Ziffer im Bereich 0-9, ein negatives Vorzeichen oder ein Dezimalpunkt ist. Wenn dieses Zeichen dann noch zu einer ASCII-Zahl gehört, wird dies im Puffer **Num** abgelegt. Wenn das zuletzt eingelesene Zeichen jedoch nicht mehr zu einer ASCII-Zahl gehört, werden die Zeichen im Puffer **Num** in eine Zahl vom Typ float umgewandelt und als Parameter zurückgegeben.

Damit Sie feststellen können, ob ein Zeichen, dass Sie z.B. einem auszuwertenden Ausdruck entnehmen, ein gültiger Operator ist, benötigen Sie zusätzlich die Funktion IsOperator() (Zeile **017 – 028**). IsOperator() nimmt einen Parameter **O** vom Typ char entgegen und wertet dieses Zeichen innerhalb eines `switch-case`-Blocks aus. Nur, wenn **O** das Zeichen +, -, *, / und ^ enthält, wird `true` zurückgegeben, ansonsten `false`.

`OPExe()` (Zeile **029** – **041**) führt nun einen Operator (falls dann ein solcher gefunden und als ASCII-Zeichen übergeben wird) mit den Parametern **a** und **b** vom Typ float aus. Im Endeffekt führt `OPExe()` nur primitive Rechenoperationen aus, aber diese habe ich trotzdem der Übersicht halber aus der rekursiven Funktion `Parse()` ausgelagert.

Die Funktion `Parse()` (Zeile **042** – **136**) leistet also die Hauptarbeit. `Parse()` bekommt als Parameter den Ausdruck **Exp** als String übergeben, sowie die aktuelle Leseposition **Pos** per Address-Of-Operator. Zunächst wird in Zeile **044** – **048** für jeden Funktionsaufruf von `Parse()` ein separater Operanden-Stack (**OPR**) und ein separater Operator-Stack (**OP**) eingerichtet. Die Stack-Pointer **OPPtr** (für den Operator-Stack) und **OPRPtr** (für den Operanden-Stack) werden an dieser Stelle auf -1 gesetzt, was einen leeren Stack anzeigt. `Parse()` verwaltet den Stack übrigens selbst und benutzt keine zusätzlichen Funktionen wie `Push()` oder `Pop()`, weil sämtliche Parameter (inklusive Stack-Pointern) auch über Rekursionsgrenzen erhalten bleiben müssen. In einer großen `while`-Schleife (Zeile **049** – **129**) wird nun jeweils immer das nächste Zeichen in `Exp[Pos]` ausgelesen und anschließend ausgewertet. In Zeile **051** wird zunächst überprüft, ob dieses Zeichen eine geöffnete Klammer ist. Ist dies der Fall, dann muss sich `Parse()` mit den Parametern `Parse(Exp,Pos+1)` erneut rekursiv aufrufen. Dies geschieht in Zeile **053** durch die Anweisung `Pos++` und in Zeile **056** durch die Anweisung `Num=Parse(Exp,Pos)`. Ich habe `Parse()` nun so programmiert, dass stets Testausgaben erzeugt werden, die anzeigen, an welcher Stelle `Parse()` in die Rekursion einsteigt und an welcher Stelle `Parse()` wieder aus der Rekursion zurückkehrt. Auf diese Weise können Sie z. B. sehr gut sehen, dass jedes Ergebnis einer Rekursion als normaler Zahlenwert betrachtet wird, der dann auch wieder ganz normal auf dem lokalen Operanden-Stack abgelegt wird. Deshalb ist auch in Zeile **061** – **068**, nachdem `Parse()` rekursiv eine Klammer aufgelöst hat, eine Überprüfung notwendig, ob bereits ein Operator auf dem Stack liegt. Wenn dies der Fall ist, dann muss der Operator immer dann sofort ausgeführt werden, wenn dies eine Multiplikation oder Division impliziert (diese hat Vorrang vor einer Addition oder Subtraktion). Wenn allerdings noch kein Operator auf dem Stack liegt, wird als Nächstes überprüft, ob das Zeichen in `Exp[Pos]` eine geschlossene Klammer ist. In diesem Fall wird `Parse()` beendet und gibt den Operanden zurück, der an der untersten Position auf dem Operanden-Stack liegt. Wenn jedoch noch ein Operator auf dem Operatoren-Stack liegt, wird auch in diesem Fall die entsprechende Operation vorher noch ausgeführt. Auch an dieser Stelle verwaltet `Parse()` die Stack-Pointer wieder selbst und verwendet z. B. für `OPExe()` stets die Parameter `OPExe(OPR[OPRPtr-1],OPR[OPRPtr])`, um die obersten zwei Operanden an `OPExe()` zu übergeben. Auch die Stack-Pointer werden hier also per Hand aktualisiert.

Wenn an `Exp[Pos]` keine Klammer steht, dann kann dort entweder eine Zahl (eventuell zusätzlich mit einem Vorzeichen) oder aber ein Operator stehen. Wenn dort eine ASCII-Zahl steht und die `if`-Anweisung in Zeile **080** zutrifft, dann wird diese Zahl zunächst in Zeile **082** per `GetNum()` in die Variable **Num** vom Typ float übertragen. Nun kann es natürlich passieren, dass dieser nun eingelesenen ASCII-Zahl der Operator ^ folgt, der Vorrang vor allen anderen Operatoren hat. Auch können mehrere Exponenten folgen, die ineinander verschachtelt sind. Deshalb werden in einer `while`-Schleife (Zeile **083** – **113**) sämtliche Operatoren des Typs ^ nacheinander verarbeitet. Nun können bei dieser Verarbeitung leider mehrere Fälle auftreten, die alle voneinander abhängig sind. Der einfachste Fall, der in der if-Anweisung in Zeile **086–090** geprüft wird, ist, dass dem Operator ^ direkt eine weitere ASCII-Zahl folgt. In diesem Fall muss dann nur diese Zahl zusätzlich eingelesen werden (Variable **Num2**). Wenn jedoch dem Operator ^ eine geöffnete Klammer folgt, muss Parse() – genau wie im Fall der Klammer ohne vorausgegangenen ^-Operator – erneut rekursiv aufgerufen werden und nach Rückkehr aus der Rekursion muss das Ergebnis anschließend in **Num2** abgelegt werden. Dies leistet dann der else-Zweig in Zeile **090–098**, wobei auch hier wieder Testausgaben in der Konsole angezeigt werden, damit sie die Arbeitsweise von Parse() gut verfolgen können. Nachdem ein einzelner Exponent verarbeitet wurde, wird **Num** stets zu Num^Num2 gesetzt, um die einzelnen Exponenten miteinander zu verketten. Wenn sämtliche Exponenten ausgewertet worden sind, kann es trotzdem (wie auch schon im Fall der normalen Klammern) vorkommen, dass sich noch ein Operator auf dem Stack befindet. Dieser Fall wird anschließend in Zeile **105–113** überprüft. Auch hier werden wieder * und / sofort ausgeführt.

Wenn an der Position Exp[Pos] jedoch direkt ein Operator gefunden wird, liegen die Verhältnisse ein wenig anders. Ein direkt gefundener Operator wird nämlich auch direkt auf dem Operator-Stack abgelegt (wobei auch hier die Stack-Pointer wieder per Hand verwaltet werden). An dieser Stelle müssen Sie dann entscheiden, ob Sie in einer Additions-/Subtraktions-Kette oder aber innerhalb einer Multiplikations-/Divisionskette sind. In einer Additions-/Subtraktions-Kette sind Sie, wenn auf dem TOS und direkt darunter kein Multiplikationszeichen und kein Divisionszeichen liegen (if-Block in Zeile **120–127**). In diesem Fall müssen Sie den Operator, der unter dem TOS liegt, ausführen und anschließend den Operator, der vorher auf dem TOS lag, an die Position OP[TOS-1] schreiben. Wenn Sie dann den TOS um eine Position erniedrigen, können Sie eventuell mit dem Operator, der jetzt auf dem TOS liegt, einen weiteren Term in der aktuellen Additions-/Subtraktions-Kette berechnen. Natürlich unterbricht eine Multiplikation oder Division eine solche Additions-/Subtraktions-Kette, weil ein solcher Operator eben immer sofort ausgeführt wird. Das Vorkommen eines Exponenten (sofern Ihr Ausdruck in Exp korrekt ist) stört hingegen nicht die Verarbeitung von Additionsketten, weil dieser immer direkt hinter einer Zahl steht und dann auch sofort ausgewertet wird.

Das Hauptprogramm (Zeile **137–147**) liest nun einen Ausdruck von der Konsole ein und berechnet das Ergebnis dieses Ausdrucks, indem dieser geparst wird. Das Hauptprogramm prüft dabei den Ausdruck, der an Parse() übergeben wird, nicht auf Fehler oder Stack-Overflows, gibt aber sämtliche Zwischenschritte der Berechnung in der Konsole aus.

Mit dem letzten Listing ist die Lernkurve stark angestiegen, aber die Erstellung von Programmen zur Auswertung von mathematischen Ausdrücken kommt eben doch manchmal im Studium vor. Zum Glück ist dies selten der Fall, aber wenn dies doch geschehen sollte, dann möchte ich Ihnen an dieser Stelle lieber doch ein Beispiel an die Hand geben, das Ihnen von Nutzen sein kann.

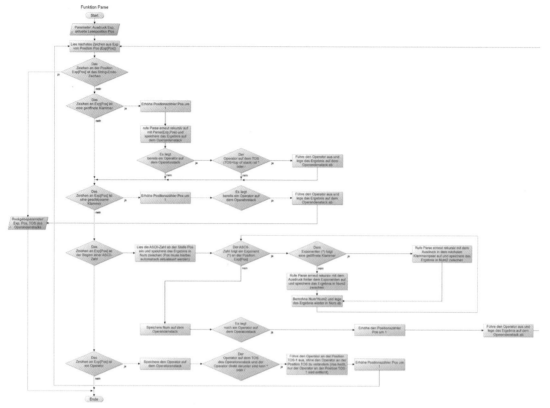

Bild 3.2 Programmablaufplan der Funktion Parse()

3.4 Wann Rekursion und wann lieber nicht?

Sie haben nun einige Probleme kennengelernt, die man mit rekursiven Algorithmen lösen kann. Da es zu jedem rekursiven Verfahren immer auch eine iterative Variante gibt, möchte ich nun die Frage beantworten, wann sich ein rekursives Verfahren lohnt. Im Fall der Fakultät, der Fibonacci-Zahlen und der Galois-Felder lohnt sich ein rekursives Verfahren nicht, weil sich die iterativen Varianten genauso einfach (d. h. mit genauso wenigen Code-Zeilen) umsetzen lassen. In diesem Fall ist zu empfehlen, das Verfahren zu wählen, das am wenigsten Speicherplatz benutzt – also ein iteratives Verfahren. Dagegen lassen sich solche Probleme wie die Türme von Hanoi oder auch das Finden eines Wegs aus einem Irrgarten nur mit rekursiven Verfahren in einfacher Weise lösen. Hier überwiegt dann der Vorteil des überschaubaren Codes den Nachteil des hohen Speicherverbrauchs. Im Fall des Parsers aus dem letzten Beispiel ist dagegen ein rekursiver Algorithmus der einzig gangbare Weg und ich selbst habe innerhalb der letzten Jahre keine Alternative zur rekursiven Lösung gefunden. Es scheint also so zu sein, dass vor allem für die Probleme, die sich in kleinere Teilprobleme zerlegen lassen, rekursive Algorithmen besonders geeignet sind. Wenn Sie also ent-

scheiden sollen, ob Sie ein rekursives Verfahren verwenden können, denken Sie darüber nach, ob das zu lösende Problem zu einem der folgenden Bereiche gehört:
- Ein Strategiespiel, bei dem es pro Spielzug sehr viele Möglichkeiten gibt
- Ein schneller Suchalgorithmus
- Ein schnelles Sortierverfahren
- Ein Compiler, ein Interpreter oder eine Skriptsprache, bei denen einfache (Rechen-)Operationen miteinander oder ineinander verschachtelt werden können
- Eine automatische Auswahl einiger Möglichkeiten aus sehr vielen
- Ein Problem, das sich gut in Teilprobleme zerlegen lässt
- Ein Problem, das sich überhaupt nur rekursiv in einer einfachen Weise lösen lässt

Zu jedem dieser Punkte gibt es mindestens ein Problem, das sich in den entsprechenden Bereich einordnen lässt. So gehören die Türme von Hanoi sicherlich in die Rubrik der Probleme, die sich überhaupt nur rekursiv in einer einfachen Weise lösen lassen. Genauso verhält es sich mit sämtlichen guten Schachprogrammen. Um den Weltmeister zu schlagen, benötigt man schon sehr viel Speicherplatz, am besten einen Server, der nichts anderes kann, als Schach zu spielen. Ich möchte nun das Thema Rekursion abschließen und mich im nächsten Kapitel den verketteten Listen widmen.

■ 3.5 Übungen

Übung 1
Erklären Sie, was bei einem Funktionsaufruf geschieht und wie es der Prozessor schafft, die lokalen Variablen zwischenzuspeichern.

Übung 2
Erläutern Sie, was die folgenden Begriffe bedeuten: TOS, Operand, Operator, Operatoren-Stack, Operanden-Stack. Erläutern Sie ferner, was ein Stack Overflow ist und warum dies einen sehr kritischen Zustand darstellt.

Übung 3
Erklären Sie, welche kritischen Programmierfehler möglicherweise bei der Verwendung von Rekursionen auftreten können.

Übung 4
Nennen Sie drei Beispiele für Algorithmen, die nur rekursiv umgesetzt werden können bzw. die ohne Rekursion nur sehr schwer zu beherrschen sind.

Teil II:
Fortgeschrittene Themen

- Kapitel 4: Verkettete Listen
- Kapitel 5: Bäume
- Kapitel 6: Such- und Sortierverfahren

4 Verkettete Listen[1]

Im letzten Kapitel haben Sie Algorithmen kennengelernt, die rekursive Verfahren einsetzen. Rekursionen werden Sie noch einmal benötigen, besonders, wenn es um Bäume und Sortierverfahren geht. Bevor Sie aber die Bäume und vor allem die separaten Kapitel über Such- und Sortierverfahren verstehen können, muss ich Ihnen noch erklären, wie die Verfahren funktionieren, auf denen die Sortier- und Suchalgorithmen aufbauen. Diese Verfahren betreffen die Verwaltung von verketteten Listen. Stellen Sie sich an dieser Stelle vor, Sie wollen mit einem C-Programm eine beliebige Anzahl Zahlen von der Tastatur einlesen und sortiert abspeichern (z. B. in einer aussteigenden Reihenfolge). Nun könnten Sie sich noch einmal Kapitel 2 ansehen und einfach den dort beschriebenen Algorithmus des sortierten Einfügens von Zahlen in ein Array verwenden, zur Not zusammen mit der C-Funktion realloc() und dynamischen Arrays. Wenn Sie in einem Praktikum wenig Zeit haben, dann sollten Sie auch so vorgehen. Was ist aber, wenn Sie wirklich eine beliebige Anzahl an Zahlen sortiert einfügen wollen und das auch noch relativ schnell? Die Antwort ist, dass Sie in diesem Fall eine verkettete Liste verwenden müssen.

■ 4.1 Die Erstellung verketteter Listen

Was ist aber nun eine verkettete Liste? Eine verkettete Liste ist eine dynamische Struktur, bei der jedes neue Listenelement gesondert für sich im Speicher abgelegt wird, die einzelnen Elemente aber durch Verweise miteinander verknüpft sind. Diese Verweise werden durch Zeiger realisiert, die vom selben Typ sind, wie die Elemente. Eine *einfach verkettete Liste* (auch oft als vorwärts verkettete Liste bezeichnet) speichert für jedes einzelne Element stets nur die Speicheradresse des Nachfolgers in einem Zeiger. Eine *doppelt verkettete Liste* speichert für ein Element jeweils die Adresse des Vorgängers und des Nachfolgers in separaten Zeigern. Bei einer verketteten Liste ist das erste Element oft ein spezielles *Anker-Element*, das dann einen Zeiger auf das wirkliche erste Element in der Liste enthält. Der Vorteil der Verwendung eines Ankers ist, dass Sie in diesem Fall keine zusätzliche Struktur benötigen, um die Anfangsadresse der Liste zu speichern.

---

[1] Jürgen Wolf, René Krooß, C von A bis Z, 4, erweiterte Auflage, ISBN 978-3-8362-3973-8, S. 797 ff.

Kommen wir nun zurück zu unserem Einführungsbeispiel. Ich werde Ihnen nun erst einmal zeigen, wie Sie eine vorwärts verkettete Liste erstellen, in die Sie Zahlen so einfügen können, dass diese am Ende aufsteigend sortiert vorliegen. Natürlich gebe ich auch in diesem Kapitel am Ende jedes Unterkapitels ein Beispiel-Listing an, sowie einen Programmablaufplan für die wichtigsten Funktionen. Für die Beispiele in diesem Kapitel verwende ich C++. Dies hat den einfachen Grund, dass C++ besser mit dynamischen Strukturen umgehen kann als das reine C. Außerdem möchte ich Ihnen am Ende ein Beispiel für eine Klasse präsentieren, die es Ihnen ermöglicht, beliebige Objekte eines beliebigen Typs in eine doppelt verkettete Liste einzufügen. Alternativ können Sie für das letzte Beispiel auch die Collections-Klasse von Java verwenden, die ich Ihnen am Ende des Kapitels noch näherbringen möchte.

4.1.1 Einfach verkettete Listen

Um die einzelnen Elemente einer einfach verketteten Liste zu definieren, benötigen Sie einen strukturierten Datentyp, also einen `struct`. Dieser `struct` fasst im nächsten Beispiel die einzufügende Zahl und einen Verweis auf den Nachfolger zusammen:

```
struct Element_t
{
    long int Wert;
    Element_t *Nachfolger;
};
```

Im Endeffekt erhalten Sie durch die Definition des Datentyps `Element_t` eine rekursive Struktur, in der die Zeigervariable **Nachfolger** zurück auf den Strukturtyp selbst verweist. Da die Variable **Nachfolger** ein Zeiger ist, können Sie mit diesem Zeiger auch problemlos auf weitere Listenelemente verweisen, die Sie vorher dynamisch angelegt haben. Dies leistet in C++ der `new`-Operator, den Sie in der folgenden Weise verwenden müssen, um ein neues Element anzulegen:

```
Element_t *Neu; // Neu muss ein Zeiger sein
Neu=new Element_t;
```

Der `new`-Operator ist in diesem Beispiel identisch mit folgenden C-Anweisungen:

```
Element_t *Neu;
Neu=(Element_t*)malloc(sizeof(Element_t));
```

Der Operator `new` ruft also intern nur die Funktion `malloc()` auf, die neuen Speicher für ein Speicherobjekt vom Typ `Element_t` reserviert. Der `new`-Operator ist jedoch einfacher zu handhaben, als `malloc()`, weil Sie hier die Größe des anzulegenden Speicherobjekts nicht separat ermitteln müssen. Angenommen, Sie haben nun ein neues Speicherobjekt vom Typ `Element_t` angelegt, jetzt müssen Sie dies mit Leben füllen. Sie entscheiden sich nun dafür, erst einmal einen Wert in die Strukturvariable **Neu** einzutragen, z. B. die Zahl 42. Da **Neu** eine Zeigervariable ist, müssen Sie hierfür folgende Schreibweise verwenden:

```
Neu->Wert=42 // Neu.Wert=42 wäre falsch
Neu->Nachfolger=NULL;
```

Sie setzen also einen Wert für das erste Element fest und wissen, dass dieses Element noch keinen Nachfolger hat – was Sie dadurch kennzeichnen, dass Sie `Neu->Nachfolger=NULL` setzen. Was geschieht aber nun, wenn Sie ein weiteres Element anlegen, z. B. mit folgender Zeile?

```
Neu=new Element_t;
```

Sie werden es an dieser Stelle vielleicht schon geahnt haben: Sie verlieren Ihr erstes Element, weil Sie nun nicht mehr darauf zugreifen können. **Neu** zeigt ja jetzt nicht mehr auf den Anfang der Liste und Sie haben sich die Anfangsadresse des Anfangselements auch gar nicht gemerkt! Sie können nun zwei Strategien verwenden, um das Problem des Zugriffs auf das erste Element zu lösen. Die erste Variante ist, dass Sie die Liste selbst so definieren, dass diese vom Typ `Element_t` ist. Die zweite Variante ist die Verwendung einer separaten Struktur für Ihre Liste, die einen Anker enthält. Dieser Anker zeigt dann auf das erste Element in Ihrer Liste und wenn der Anker auf NULL zeigt, ist die Liste leer. Ich persönlich bevorzuge die zweite Variante, denn diese ist nicht so schwer umzusetzen, wie Sie vielleicht denken. Hier ist sie:

```
struct Liste_t
{
    Element_t *Anker;
};
Liste_t *Liste; // Neue Variable vom Typ Liste_t erstellen
Liste=new Liste_t; // Neues Listenobjekt im Speicher anlegen
Liste->Anker=NULL; // Liste initialisieren
```

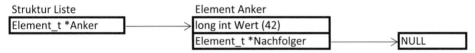

Bild 4.1 Verkettete Liste mit Anker und einem Element

Kommen wir nun zu den C++-Anweisungen, mit denen Sie ein Element in Ihre Liste einfügen können. Beim Einfügen können zwei Szenarien auftreten. Das erste Szenarium ist, dass das Element, das Sie einfügen wollen, das erste Element werden muss. In diesem Fall zeigt `Liste->Anker` auf NULL und das Einfügen eines neuen Elements ist durch folgende einfache Anweisung möglich:

```
if (Liste->Anker==NULL)
{
    Neu=new Element_t;
    Neu->Wert=NeuerWert; // Wert zuweisen
    Neu->Nachfolger=NULL;
    Liste->Anker=Neu; // Anker erstellen
}
```

Ich setze nun voraus, dass es jetzt genau ein Element in der Liste gibt, das als Nachfolger kein Element mehr besitzt, und einen gültigen Anker, der auf das einzige Element in der Liste verweist.

Das zweite Szenarium beim Einfügen neuer Elemente ist nun, dass das einzufügende Element nicht das erste Element in der Liste ist. In diesem Fall müssen Sie die Position suchen, an der Ihr neues Element eingefügt werden soll. Angenommen, Sie haben bereits ein Element mit dem Wert 42 eingefügt. Nun soll ein Element mit dem Wert 44 eingefügt werden. Sie müssen dazu erst einmal ein neues Element **Neu** erstellen und diesem den Wert 44 zuweisen. Ferner benötigen Sie eine temporäre Zeigervariable **Alt** vom Typ Element_t*, die Sie erst einmal auf den Anker Ihrer Liste zeigen lassen. Ferner benötigen Sie noch eine Zeigervariable **Aktuell**, die immer auf das aktuell zu überprüfende Element in Ihrer Liste zeigt. Nun führen Sie folgende Schleife aus:

```
Alt=Liste->Anker;
Aktuell=Liste->Anker;
Neu=new Element_t; // Neuen Speicherplatz anfordern
Neu->Wert=NeuerWert; // 44
bool SuchEnde=false;
while (SuchEnde==false)
{
    if (Aktuell==NULL) { SuchEnde=true; }
    else
    {
        if (Aktuell->Wert<Neu->Wert) { SuchEnde=true; }
        Alt=Aktuell; // Zeiger auf aktuelles Element
                     zwischenspeichern
        Aktuell=Aktuell->Nachfolger; // Nächstes Element suchen
    }
}
```

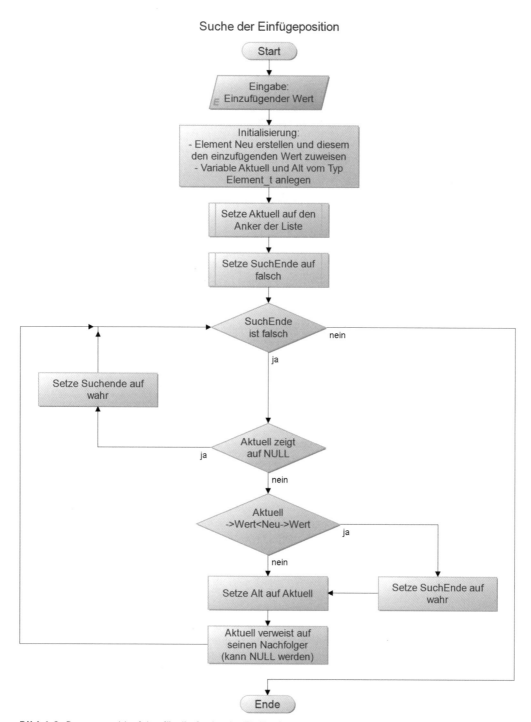

Bild 4.2 Programmablaufplan für die Suche der Einfügefunktion

Wenn Sie sich den letzten Programmablaufplan ansehen, werden Sie sich vielleicht fragen, warum Sie einen so umständlichen Weg über die Hilfsvariable **SuchEnde** gehen müssen. Die Antwort ist, dass Sie nicht auf den Wert eines Zeigers zugreifen können, der auf NULL zeigt. Sie müssen also zuerst prüfen, ob Aktuell==NULL ist (z. B. wenn die Liste leer ist oder die Suche am Listenende angelangt ist), dann erst können Sie prüfen, ob der Wert des aktuellen Elements kleiner ist als der Wert, den Sie einfügen wollen. **SuchEnde** wird also entweder auf true gesetzt, wenn Aktuell==NULL ist und die Suchschleife am Ende der Liste angelangt ist, oder wenn eine Position gefunden wurde, an der das neue Element hineinpasst. In diesem Beispiel ist das erste Element in Ihrer Liste bereits vorhanden und besitzt den Wert 42. D. h., dass Ihre Schleife zum Suchen der Einfügeposition mindestens einmal ausgeführt wird. Nach dem ersten Durchlauf Ihrer Suchschleife wird aber schon das Listenende (Aktuell wird NULL) erreicht und Ihre Suchschleife bricht ab. Nun haben Sie den ersten Fall, der beim Einfügen eines Elements in eine nicht leere Liste auftreten kann, nämlich das Anhängen eines neuen Elements an das Ende der Liste. Das Anhängen eines neuen Elements am Ende der Liste ist aber relativ einfach, denn Sie müssen nur das Element, das Sie vor dem aktuellen Element ausgewählt hatten, zum Vorgänger des einzufügenden Elements machen. Dies tun Sie auf folgende Weise:

```
if (Aktuell==NULL)
{
    Alt->Nachfolger=Neu; // Neues Element anhängen
    Neu->Nachfolger=NULL; // Neues Listenende definieren
}
```

Bild 4.3 Einfach verkettete Liste mit zwei Elementen

Fügen wir nun den Wert 43 in die Liste ein. Ihre Suchschleife wird wiederum einmal ausgeführt, bricht dann aber nicht deswegen ab, weil das Ende der Liste erreicht ist, sondern weil die Aussage „44<43" falsch ist. Kommen wir nun zum zweiten Fall, der beim Einfügen eines neuen Elements in eine nicht leere Liste auftreten kann: Das Element muss direkt vor dem Element an der aktuellen Position eingefügt werden. Deshalb muss der Nachfolger des neuen Elements das aktuelle Element werden. Dies erreichen Sie durch folgende Anweisung:

```
Neu->Nachfolger=Aktuell;
```

Leider ist durch die letzte Anweisung das neue Element noch nicht adressierbar, weil ja der Zeiger **Nachfolger**, den Sie vor dem aktuellen Element ausgewählt hatten, noch auf **Aktuell** zeigt. Sie müssen also das Element **Neu** noch durch folgende Anweisungen in die Liste einhängen:

```
Alt->Nachfolger=Neu;
```

Die folgende if-Anweisung fügt nun ein Element in die Liste ein, wenn dies nicht am Ende angehängt werden darf:

```
if (Aktuell!=NULL)
{
    Neu->Nachfolger=Aktuell;
    Alt->Nachfolger=Neu;
}
```

Bild 4.4 Einfügen eines Elements in der Mitte der Liste

Fügen wir nun ein Element ein, das den Wert 1 besitzt. Bis jetzt wurde dieses Szenario noch überhaupt nicht behandelt, denn schon der Wert des ersten Elements ist größer als 1 (nämlich 42). Ihre Suchschleife wird also überhaupt nicht durchlaufen und am Ende zeigt die Zeigervariable **Aktuell** noch auf den Listenanker. Darüber hinaus besitzt das erste Element in der Liste keinen Vorgänger, deshalb kann auch das neu einzufügende Element nicht auf die folgende Weise behandelt werden:

```
Neu->Nachfolger=Aktuell;
```

Der Nachfolger des neuen Elements ist korrekt (nämlich das Element mit dem Wert 42), auf das neue Element selbst kann aber nicht so einfach zugegriffen werden. Sie haben also an dieser Stelle ein Problem, und genau dies ist der Grund, warum ich die Variante mit dem Listenanker in einer separaten Struktur bevorzuge. Wenn Sie nämlich den Listenanker wie folgt „umbiegen", dann können Sie über diesen auf das neue Element zugreifen:

```
Liste->Anker=Neu;
```

Natürlich benötigen Sie nun eine zusätzliche if-Abfrage der folgenden Form:

```
if (Aktuell==Liste->Anker)
{
        Neu->Nachfolger=Aktuell;
        Liste->Anker=Neu;
}
```

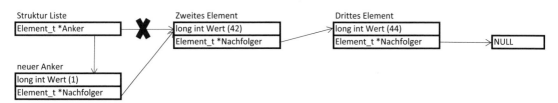

Bild 4.5 Einfügen eines Elements am Anfang der Liste

Kommen wir nun zum ersten Beispielprogramm, in dem eine verkettete Liste erstellt wird, in die Sie Werte einfügen können. Diese Werte werden von der Tastatur eingelesen und so lange sortiert in die Liste eingefügt, bis Sie eine negative Zahl eingeben. Wenn Sie eine negative Zahl eingeben, wird die Liste in der Konsole ausgegeben und das Programm wird beendet. Sehen Sie sich nun Listing 4.1 an:

Listing 4.1 Liste1.cpp

```
01  #include<stdio.h>

02  struct Element_t
03  {
04      long int Wert;
05      Element_t *Nachfolger;
06  };

07  struct Liste_t
08  {
09      Element_t *Anker;
10  };

11  void Initialisieren(Liste_t *Liste)
12  {
13      Liste->Anker=NULL;
14  }

15  void Ausgeben(Liste_t *Liste)
16  {
17      Element_t *Aktuell;
18      Aktuell=Liste->Anker;
19      while (Aktuell!=NULL)
20      {
21          printf("[%ld]",Aktuell->Wert);
22          Aktuell=Aktuell->Nachfolger;
23      }
24      printf("\n");
25  }

26  void Einfuegen(Liste_t *Liste, Element_t *Neu)
27  {
28      Element_t *Alt;
29      Element_t *Aktuell;
30      Aktuell=Liste->Anker;
31      Alt=Liste->Anker;
32      bool SuchEnde=false;
33      while (SuchEnde==false)
34      {
35          if (Aktuell==NULL) { SuchEnde=true; }
36          else
37          {
38              if (Aktuell->Wert>Neu->Wert) { SuchEnde=true; }
39              else
40              {
41                  Alt=Aktuell; // Zeiger auf aktuelles Element
42                  zwischenspeichern
43                  Aktuell=Aktuell->Nachfolger; // Nächstes Element suchen
44              }
45          }
46      }
47      // Element in leere Liste einfügen?
```

```
48      if (Liste->Anker==NULL)
49      {
50          Neu->Nachfolger=NULL;
51          Liste->Anker=Neu; // Anker erstellen
52      }
53      // Element am Anfang einfügen?
54      else if (Aktuell==Liste->Anker)
55      {
56          Neu->Nachfolger=Aktuell;
57          Liste->Anker=Neu;
58      }
59      // Element am Ende anhängen?
60      else if (Aktuell==NULL)
61      {
62          Alt->Nachfolger=Neu; // Neues Element anhängen
63          Neu->Nachfolger=NULL; // Neues Listenende definieren
64      }
65      // Element in der Mitte einfügen?
66      else if ((Aktuell!=NULL)&&(Aktuell!=Liste->Anker))
67      {
68          Neu->Nachfolger=Aktuell;
69          Alt->Nachfolger=Neu;
70      }
71  }

72  int main(void)
73  {
74      long int Wert,i;
75      Liste_t *Liste;
76      Element_t *Neu;
77      Liste=new Liste_t; Initialisieren(Liste);
78      printf("Erstellen einer einfach verketteten Liste.\n");
79      printf("Geben Sie die einzelnen Werte ein.\n");
80      printf("Die Werte werden sortiert eingefügt.\n");
81      printf("Ein negativer Wert beendet die Eingabe.\n");
82      i=1;
83      do
84      {
85          printf("Wert Nr.%ld:",i); scanf("%ld",&Wert);
86          if (Wert>=0) // Negativer Wert?
87          {
88              Neu=new Element_t; // Nein, dann neues Element erzeugen
89              Neu->Wert=Wert; // Neuem Element neuen Wert zuweisen
90              Einfuegen(Liste,Neu); // Element in die Liste einfügen
91              i++;
92          }
93      }
94      while (Wert>=0);
95      Ausgeben(Liste); // Am Ende die Liste ausgeben
96      return 0;
97  }
```

In Zeile **01-10** werden erst einmal die benötigten Include-Dateien eingebunden und die Strukturen definiert, die Sie für das Erstellen einer verketteten Liste benötigen. Ich gehe auch in diesem Beispiel wieder so vor, dass ich eine separate Struktur struct Liste_t definiere, die einen Anker auf das erste Element enthält. Wenn Sie anfangen, mit Ihrer Liste zu arbeiten, müssen Sie diese erst einmal mit der Funktion Initialisieren() (Zeile **11-14**) einrichten. `Initialisieren()` erstellt eine leere Liste, bei der der Anker auf `NULL` zeigt. Damit Sie die Liste am Ende auch in der Konsole ausgeben können, verwenden Sie die Funktion `Ausgeben()` (Zeile **15 – 25**). `Ausgeben()` wählt erst einmal den Anker der Liste aus. Wenn der Anker nicht auf `NULL` zeigt, werden der Wert des entsprechenden Anker-Elements und die Werte sämtlicher nachfolgender Elemente ausgegeben, die nicht `NULL` sind. Da sämtliche Elemente außer dem Element, das dem letzten Element folgt, nicht `NULL` sind, wird auf diese Weise die gesamte Liste ausgegeben.

Die Funktion `Einfuegen()` (Zeile **26 – 71**) realisiert nun den zuvor besprochenen Einfüge-Algorithmus. `Einfuegen()` bekommt als Parameter einen Zeiger auf die Liste übergeben, in die ein neues Element eingefügt werden soll, und das Element selbst als Zeiger vom Typ `Element_t*`. Zu Beginn werden die beiden Hilfszeiger **Alt** und **Aktuell** deklariert und auf den Anfang der Liste gesetzt. Anschließend wird in Zeile **34 – 46** die Suchschleife ausgeführt, die die Position bestimmt, an der das neue Element eingefügt werden soll (siehe dazu auch noch einmal den Programmablaufplan in Bild 4.2). Wurde die entsprechende Einfügeposition bestimmt, werden in Zeile **47 – 70** die bereits besprochenen entsprechenden Szenarien überprüft, die bei dem Einfügen von neuen Elementen auftreten können. Die einzelnen Szenarien schließen sich jedoch gegenseitig aus. Wenn Sie z. B. festgestellt haben, dass Sie den Anker neu bestimmen müssen, können Sie nicht dasselbe Element später noch einmal in der Mitte einfügen, nachdem Sie den Anker „umgebogen" haben. Deshalb müssen Sie sämtliche Bedingungen, außer der ersten Bedingung in Zeile **048 – 053**, mit `else if` überprüfen. Andernfalls kommt es zu Überschneidungen der `if`-Anweisungen und so zu Fehlern im Programmablauf. Leider bildet ein Programmablaufplan keine direkten C-Anweisungen ab, deshalb muss der Programmierer selbst entscheiden, ob er die einzelnen Pfade mit `if` oder `else if` umsetzt. Das Hauptprogramm in Zeile **72 – 97** muss nicht weiter erklärt werden, da es nichts Neues enthält. Das Hauptprogramm liest so lange Werte von der Tastatur ein, bis Sie einen negativen Wert eingeben. Jeder Wert, der nicht negativ ist, wird in Ihre Liste eingefügt. Selbstverständlich muss hierfür in Zeile **88** jedes Mal Speicher für ein neues Listenelement von Typ `Element_t*` angefordert werden.

Auf diese Weise kommen wir nun zu einem Problem, das in dem letzten Listing noch nicht gelöst wurde, nämlich die Freigabe des benutzten Speichers, bevor sich das Programm beendet. Die meisten Betriebssysteme geben sämtlichen benutzten Speicher beim Beenden des Programms wieder frei. Das muss aber nicht so sein. Außerdem gibt es Programme, die länger laufen als ein paar Minuten. Stellen Sie sich vor, Ihr Programm ist ein Online-Spiel, das die Daten aller Spieler, die zurzeit angemeldet sind, in einer verketteten Liste ablegt. In diesem Fall müssen Sie immer dann, wenn sich ein Spieler ausloggt, die entsprechenden Einträge aus Ihrer Liste löschen und den Speicher wieder freigeben. Wie dies funktioniert, werde ich Ihnen in den nächsten Abschnitten erklären. Allerdings werde ich nun die Liste selbst in eine eigene Klasse auslagern. Dies ist ein Schritt, der auch im Studium häufig gemacht wird, um die Studenten in die objektorientierte Programmierung einzuführen. Im weiteren Verlauf werde ich ferner eine doppelt verkettete Liste benutzen. Keine Angst, so schwer ist die Sache nicht, denn im Endeffekt ist die Verwaltung einer doppelt verketteten Liste sogar einfacher als die Verwaltung einer nur vorwärts verketteten Liste. Besonders das Suchen und Löschen von Elementen ist hier viel einfacher, weil nämlich stets auch der Vorgänger des aktuellen Elements bekannt ist.

4.1.2 Doppelt verkettete Listen[2]

Bevor ich die Erklärung der einfach verketteten Listen beende, möchte ich Ihnen trotzdem noch zeigen, wie Sie aus einer einfach verketteten Liste ein Element entfernen können. Hierzu nehme ich wieder die Liste aus dem Einführungsbeispiel. Genau wie beim Einfügen auch, müssen Sie zuerst eine Suchschleife ausführen, um die Position des Elements zu finden, das Sie entfernen wollen. Hierzu müssen Sie die Suchschleife wie folgt abwandeln:

```
Element_t *Alt;
Element_t *Aktuell;
Aktuell=Liste->Anker;
Alt=Liste->Anker;
bool SuchEnde=false;
while (SuchEnde==false)
{
    if (Aktuell==NULL) { SuchEnde=true; }
    else
    {
        if (Aktuell->Wert==ZuSuchen->Wert) { SuchEnde=true; }
        else
        {
            Alt=Aktuell; // Zeiger auf aktuelles Element sichern
            Aktuell=Aktuell->Nachfolger; // Nächstes Element suchen
        }
    }
}
```

ZuSuchen ist hier das Element, das den zu suchenden Wert enthält. Falls dieses Element gefunden wurde, dann ist **Aktuell** nicht NULL und das Element, auf das der Zeiger **Aktuell** zeigt, kann aus Ihrer Liste gelöscht werden. Beim Entfernen können nun dieselben Szenarien auftreten, wie beim Einfügen von Elementen. Falls das zu entfernende Element der Listenanker ist, muss der Listenanker nach dem Löschvorgang der Nachfolger des Listenankers werden. Dies erreichen Sie mit der folgenden Anweisung:

```
Liste->Anker=Liste->Anker->Nachfolger;
```

Wenn die Liste leer ist (`Liste->Anker==NULL`), könnte sich die Löschfunktion eigentlich unverzüglich beenden. Wenn `Anker->Nachfolger==NULL` ist, besteht auch kein Problem, denn Sie erhalten dann nach dem Löschen des alten Ankers die Anfangskonfiguration einer leeren Liste. Wenn Sie jedoch den Zeiger `Liste->Anker` auf `Liste->Anker->Nachfolger` setzen, ist der alte Anker nicht mehr referenzierbar und Sie können diesen auch nicht mehr gezielt aus dem Speicher entfernen. Sie müssen also folgende Zeilen benutzen, um das erste Element in der Liste gezielt zu entfernen:

```
Alt=Liste->Anker; // Anker sichern
Liste->Anker=Liste->Anker->Nachfolger; // Nachfolger holen
delete Alt; // alten Anker aus dem Speicher entfernen
```

Falls das zu entfernende Element nicht der Listenanker ist, dann könnte der Nachfolger des zu suchenden Elements NULL sein (das zu entfernende Element ist dann das letzte Element

---

[2] Jürgen Wolf, René Krooß, C von A bis Z, 4, erweiterte Auflage, ISBN 978-3-8362-3973-8, S. 831 ff.

in der Liste). In diesem Fall muss einfach der Nachfolger des vorigen Elements auf NULL gesetzt werden. Auch hier benötigen Sie die Hilfsvariable **Alt**:

```
Alt->Nachfolger=NULL;
delete Aktuell;
```

Falls sich das zu entfernende Element in der Mitte der Liste befindet, dann ist weder der Vorgänger (also das Element **Alt**) NULL noch der Nachfolger und **Aktuell** zeigt auch nicht auf den Listenanker. In diesem Fall müssen Sie das zu löschende Element überspringen, indem Sie die entsprechenden Zeiger des Vorgängers „umbiegen". Dies leisten die folgenden Anweisungen:

```
Alt->Nachfolger=Aktuell->Nachfolger;
delete Aktuell;
```

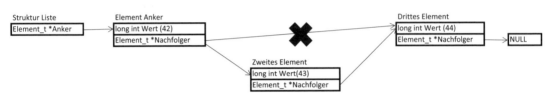

Bild 4.6 Entfernen eines Elements aus einer einfach verketteten Liste

Als Übung können Sie an dieser Stelle einmal die Funktion bool Loesche(Liste_t *Liste, Element_t *Ref) programmieren, die ein bestimmtes Referenzelement **Ref** sucht und aus der Liste entfernt. Wenn das gesuchte Referenzelement nicht vorhanden ist, gibt Lösche() false zurück, ansonsten true.

Vielleicht haben Sie sich an dieser Stelle bereits Gedanken darüber gemacht, ob es nicht von Vorteil wäre, wenn der Strukturtyp Element_t neben einem Zeiger auf den Nachfolger auch einen Zeiger auf das Vorgängerelement enthielte. Hierdurch könnten Sie Ihre Liste in beiden Richtungen durchlaufen und die Werte z. B. wahlweise aufsteigend oder absteigend ausgeben. Wir unternehmen nun genau diesen Schritt und definieren die einzelnen Listenelemente auf die folgende Weise:

```
struct Element_t
{
    long int Wert;
    Element_t *Nachfolger;
    Element_t *Vorgaenger;
};
```

Der Listenanker besitzt nun einen Vorgänger, der NULL ist, und einen Nachfolger, der bei einer leeren Liste ebenfalls NULL ist. Sie können also die Liste vorwärts und rückwärts (also doppelt) durchlaufen. Genau dies ist die Definition einer doppelt verketteten Liste: Eine *doppelt verkettete* Liste ist eine Liste, in der jedes Element einen Vorgänger und einen Nachfolger besitzt. Vorgänger und Nachfolger dürfen dabei auch NULL sein.

Ich mache an dieser Stelle aber noch eine Änderung: Ich definiere die doppelt verkettete Liste als Klasse. Dies ist ein Schritt, der auch im Studium oft gemacht wird, um die Studenten in die objektorientierte Programmierung einzuführen. Die Listen-Klasse soll die Methoden `ElementEinfuegen()`, `ElementSuchen()`, `ElementLoeschen()` und `ListeLoeschen()` enthalten sowie die Eigenschaft haben, sich automatisch korrekt zu initialisieren. Ferner wird die eigentliche Liste in der lokalen Variablen L gekapselt (die Wahl des Variablennamens L hat den einfachen Grund, dass Sie unter C++ einen Klassennamen nicht als Variablennamen verwenden dürfen). Die Klasse `Liste` definieren Sie mit folgenden Anweisungen:

```
struct Element_t
{
    long int Wert;
    Element_t *Nachfolger;
    Element_t *Vorgaenger;
};

struct Liste_t
{
    Element_t *Anker;
};

class Liste
{
    private:
    Element_t *Alt; // Temporäres Element beim Suchen
    Element_t *Aktuell; // Aktuelles Element beim Suchen
    Liste_t *L; // Lokale Liste, die durch die Klasse verwaltet wird
    public:
    Liste::Liste(); // Konstruktor-Funktion
    void ElementEinfuegen(Element_t *E);
    Element_t* ElementSuchen(Element_t *E);
    void ElementEinfuegen(Element_t *E);
    bool ElementLoeschen(Element_t *E);
    bool ElementAusgeben(Element_t *E);
    bool ListeAusgeben(Element_t *E);
    void ListeLoeschen(Element_t *E);
}
```

Ich werde Ihnen nun die einzelnen Techniken erläutern, die Sie benötigen, um in eine doppelt verkettete Liste Elemente einzufügen oder Elemente aus dieser zu entfernen. Die einzelnen Elemente sind hierbei wieder Zahlenwerte vom Typ `long int`. Ich werde nun die einzelnen Methoden der Klasse `Liste` mit Leben füllen. Kommen wir aber zunächst zu einem Problem, das wir noch lösen müssen, bevor wir mit der doppelt verketteten Liste arbeiten können. Wir hatten ja die Forderung aufgestellt, dass die Listen-Objekte, die aus der Klasse `Liste` abgeleitet werden, automatisch initialisiert werden sollen. Dieses Problem kann über den Konstruktor der Klasse `Liste` gelöst werden. Der *Konstruktor* befindet sich in der Methode `Liste::Liste()`, die aufgerufen wird, sobald Sie ein Listen-Objekt deklarieren oder ein neues Listen-Objekt mit new anlegen. Die Konstruktor-Methode muss wie folgt deklariert werden, um ein Listen-Objekt korrekt automatisch zu initialisieren:

```
Liste::Liste()
{
    L=new Liste_t;
    L->Anker=NULL;
}
```

Um also ein Objekt der Klasse Liste korrekt verwenden zu können, muss erst einmal die lokale leere Liste L des Typs Liste_t im Speicher angelegt werden, in die Sie neue Elemente einfügen können. Verwechseln Sie an dieser Stelle bitte den Strukturtyp Liste_t nicht mit der Klasse Liste, denn der Datentyp Liste_t und die Klasse Liste sind zwei verschiedene Paar Schuhe. Die Klasse Liste stellt nur die Funktionen zur Verfügung, mit der Sie das Speicherobjekt Liste_T *L verwalten können, das selbst keine Methoden besitzt, die Sie aufrufen können. Die Konstruktor-Methode der Klasse Liste ist eine dieser Methoden, die auf das Speicherobjekt Liste_t *L zugreift. Natürlich können Sie auch von der Klasse Liste Speicherobjekte ableiten und genau dies ist der Trick bei der objektorientierten Programmierung: Eine *Klasse* stellt den Objekten, die Sie aus der Klasse ableiten, Methoden zur Verfügung, die Sie aufrufen können, um die Objekte selbst zu verwalten. Ein *Objekt* ist eine bestimmte Instanz einer Klasse. Stellen Sie sich an dieser Stelle vor, Sie kaufen ein Auto einer bestimmten Marke, z. B. einen Ford. Ford ist dann die Klasse, aber MeinFord – also Ihr ganz persönliches Auto – ist dabei das Objekt.

Fahren wir nun fort, die Klasse Liste mit Leben zu füllen. Nehmen wir nun an, die Variable L sei schon initialisiert, weil Sie gerade ein neues Listen-Objekt erstellt haben. Ihnen steht nun die leere lokale Liste L vom Typ Liste_t* zur Verfügung, in die Sie mit der Methode Einfuegen() neue Elemente einfügen können. Das Einfügen von Werten soll an dieser Stelle wieder sortiert geschehen, und zwar in aufsteigender Reihenfolge. Sie müssen also, bevor Sie ein neues Element in die lokale Liste L einfügen, wieder die korrekte Einfügeposition finden, was Sie aber in Abschnitt 4.1.1 schon erfolgreich getan haben. Wir haben uns an dieser Stelle jedoch für die objektorientierte Programmierung entschieden. Sie müssen also eine separate Funktion zum Finden der korrekten Einfügeposition erstellen. Dies erreichen Sie, indem Sie diese wie folgt als Klassenmethode deklarieren:

```
Element_t* Liste::EinfuegePositionFinden(Element_t *E);
```

EinfuegePositionFinden() bekommt ein Referenzelement E als Zeiger übergeben. Wenn dieses Referenzelement in der Liste L gefunden wird, wird ein Zeiger auf dieses Element von der Funktion zurückgegeben, ansonsten wird NULL zurückgegeben. Die Methode EinfuegePositionFinden() unterscheidet sich nicht wesentlich von der Suchschleife in Abschnitt 4.1.1, nur dass diese wie folgt als Klassenmethode deklariert werden muss:

```
Element_t* Liste::EinfuegePositionFinden(Element_t *E)
{
    Aktuell=L->Anker;
    Alt=L->Anker;
    bool SuchEnde=false;
    while (SuchEnde==false)
    {
        if (Aktuell==NULL) { SuchEnde=true; }
        else
        {
            if (Aktuell->Wert>E->Wert) { SuchEnde=true; }
            else
            {
                Alt=Aktuell;
                Aktuell=Aktuell->Nachfolger;
            }
        }
    }
```

```
    }
    return Aktuell;
}
```

Aktuell und **Alt** sind nun lokale Variablen vom Typ `Element_t*`, die vorher als `private` deklariert wurden. Dadurch sind diese Hilfsvariablen nur innerhalb der Klasse `Liste` sichtbar, dort aber von jeder Methode verwendbar. An dieser Stelle sehen Sie, dass sich das Finden der korrekten Einfügeposition (außer dass diese jetzt als Methode der Klasse `Liste` implementiert wird) nicht wesentlich von der Suchschleife in Bild 4.2 unterscheidet. Der einzige Unterschied ist, dass das gefundene Element **Aktuell** einen Zeiger beinhaltet, der als Rückgabewert verwendet werden kann. Dieser Rückgabewert kann dann auch von anderen Methoden benutzt werden.

Angenommen, Sie haben nun die korrekte Einfügeposition für Ihr Element **Neu** durch folgende Anweisung bestimmt:

```
Aktuell=EinfuegePositionFinden(Neu);
```

Sei nun der Wert des neu einzufügenden Elements 42. Sie haben an dieser Stelle das erste von vier möglichen Szenarien vorliegen, nämlich dass Ihre Liste noch leer ist. In diesem Fall ist

```
L->Anker==NULL
```

und Sie müssen einen neuen Anker anlegen. Dies erreichen Sie durch folgende Anweisungen:

```
Neu->Vorgaenger=NULL;
Neu->Nachfolger=NULL;
L->Anker=Neu; // Anker erstellen
```

Der Anker ist nun das einzige Element in Ihrer Liste und dieser hat keinen Vorgänger und keinen Nachfolger.

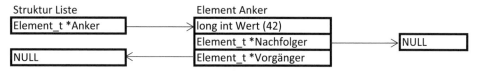

Bild 4.7 Doppelt verkettete Liste mit Anker und einem Element

Was geschieht jedoch, wenn Sie nun ein Element mit dem Wert 1 einfügen wollen? In diesem Fall haben Sie das zweite Szenario, nämlich dass das neue Element, dessen Wert kleiner ist als der Wert des Anker-Elements, zum neuen Anker-Element werden muss. Dies erreichen Sie mit den folgenden Anweisungen:

```
Neu->Nachfolger=Aktuell;
Neu->Vorgaenger=NULL;
L->Anker=Neu;
```

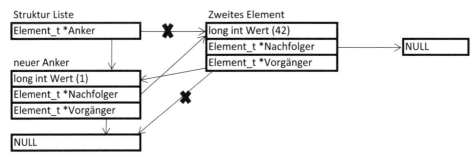

Bild 4.8 Verschieben des Ankers in einer doppelt verketteten Liste

Sie sehen an dieser Stelle, dass auch bei einer doppelt verketteten Liste unter Umständen der Anker verschoben werden muss, nämlich genau dann, wenn das Element, das Sie einfügen wollen, das erste Element in der Liste werden muss. In diesem Fall hat das Element Neu keinen Vorgänger (da es der neue Anker wird), aber der Nachfolger muss nun das Element werden, das die Funktion EinfuegePositionFinden() vorher ermittelt hat. Am Ende wird dann das Element Neu der neue Anker der Liste.

Fügen wir nun ein weiteres Element mit dem Wert 44 in die Liste ein. Sie haben an dieser Stelle das dritte Szenario vorliegen, nämlich den Fall, dass Sie das neue Element am Ende der Liste anhängen müssen. In diesem Fall muss der Nachfolger des einzufügenden Elements NULL sein und das letzte Element in der Liste muss der Vorgänger des neuen Elements werden. Dies erreichen Sie mit den folgenden Programmzeilen:

```
Alt->Nachfolger=Neu;
Neu->Nachfolger=NULL;
Neu->Vorgaenger=Alt;
```

Sie müssen also zum Anhängen eines Elements an das Ende auch bei einer doppelt verketteten Liste die Hilfsvariable **Alt** verwenden. Dies hat den einfachen Grund, dass Sie dem Zeiger Neu->Vorgaenger nur den Zeiger **Aktuell** zuordnen können. Dieser zeigt aber, wenn Sie am Ende der Liste angelangt sind, auf NULL, und nicht mehr auf ein gültiges Element. Deshalb muss Neu->Vorgänger auf **Alt** zeigen (dies ist das Element vor dem Element, auf das der Zeiger **Aktuell** zeigt).

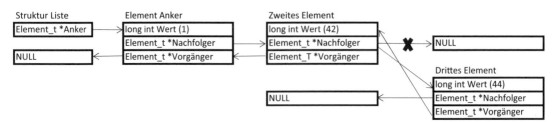

Bild 4.9 Anhängen eines Elements am Ende einer doppelt verketteten Liste

Fügen wir nun zum Schluss den Wert 43 in die Liste **L** ein. Sie haben nun das vierte und letzte Szenario, das beim Einfügen eines neuen Elements auftreten kann, nämlich das Einhängen eines Elements in der Mitte der Liste. In diesem Fall ist Aktuell->Vorgaenger nicht

NULL und Aktuell->Nachfolger nicht NULL. Sie müssen nun die Zeiger des Vorgänger- und des Nachfolger-Elements **Aktuell** so umbiegen, dass das neue Element korrekt referenziert werden kann. Dies erreichen Sie durch folgende Programmzeilen:

```
Neu->Nachfolger=Aktuell;
Neu->Vorgaenger=Alt;
Alt->Nachfolger=Neu;
```

Auch beim Einfügen von Elementen in der Mitte der Liste können Sie den Hilfszeiger **Alt** verwenden, was ich Ihnen an dieser Stelle auch empfehle. Sie könnten natürlich auch Konstruktionen wie Aktuell->Vorgaenger->Nachfolger=Neu statt Alt->Nachfolger=Neu verwenden, dies würde aber den Code unnötig komplizert machen. Natürlich ist es immer Geschmacksache, wie Sie Ihren Code strukturieren. Sie könnten z.B. auch komplett ohne das Hilfselement **Alt** auskommen, falls Sie sich dann die Mühe machen, die Funktion EinfuegePositionFinden() entsprechend so umzuschreiben, dass diese keine NULL-Zeiger mehr zurückgibt. Andererseits haben Sie dann beim Einfügen neuer Elemente mehr Fälle zu beachten.

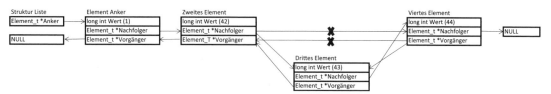

Bild 4.10 Einfügen eines Elements in der Mitte einer doppelt verketteten Liste

Wenn Sie nun streng sind, dann werden Sie die letzten vier Bilder vielleicht als fehlerhaft empfinden, weil im Endeffekt der Zeiger **Nachfolger** nicht direkt auf den Zeiger **Nachfolger->Nachfolger** zeigt, sondern auf die erste Speicheradresse in der Struktur, auf die der Zeiger **Nachfolger** zeigt. Dies ist natürlich der entsprechende Wert des Strukturelements der Struktur Element_t* L. Natürlich verhalten sich die Dinge bei dem Zeiger **Vorgaenger** ebenso. Leider würden sich bei einer akribisch korrekten Darstellung viele Pfeile in den Diagrammen derart überkreuzen, dass Sie nicht mehr viel erkennen könnten. Deshalb habe ich mich dafür entschieden, eine didaktische Darstellung der superkorrekten vorzuziehen und einen entsprechenden Hinweis einzufügen. Sie haben nun sämtliche Voraussetzungen, um Listing 4.2 zu verstehen, das eine doppelt verkettete Liste als Klasse implementiert.

Listing 4.2 Liste2.cpp

```
01  #include<stdio.h>

02  struct Element_t
03  {
04      long int Wert;
05      Element_t *Vorgaenger;
06      Element_t *Nachfolger;
07  };

08  struct Liste_t
09  {
10      Element_t *Anker;
```

```cpp
11   };

12   class Liste
13   {
14       private:
15       Element_t *Alt;
16       Element_t *Aktuell;
17       Liste_t *L;
18       Element_t* EinfuegePositionFinden(Element_t *Ref);
19       public:
20       Liste::Liste();
21       Element_t* ElementSuchen(Element_t *Ref);
22       void ElementEinfuegen(Element_t *Neu);
23       bool ElementLoeschen(Element_t *E);
24       bool ElementAusgeben(Element_t *E);
25       void ListeAusgeben();
26       void ListeLoeschen();
27   };
28   Liste::Liste()
29   {
30       L=new Liste_t;
31       L->Anker=NULL;
32   }

33   Element_t* Liste::EinfuegePositionFinden(Element_t *E)
34   {
35       Aktuell=L->Anker;
36       Alt=L->Anker;
37       bool SuchEnde=false;
38       while (SuchEnde==false)
39       {
40           if (Aktuell==NULL) { SuchEnde=true; }
41           else
42           {
43               if (Aktuell->Wert>E->Wert) { SuchEnde=true; }
44               else
45               {
46                   Alt=Aktuell;
47                   Aktuell=Aktuell->Nachfolger;
48               }
49           }
50       }
51       return Aktuell;
52   }

53   Element_t* Liste::ElementSuchen(Element_t *Ref)
54   {
55       bool gefunden=false;
56       Aktuell=L->Anker;
57       while ((Aktuell->Nachfolger!=NULL)&&(gefunden==false))
58       {
59           if (Aktuell->Wert==Ref->Wert) { gefunden=true; }
60           else { Aktuell=Aktuell->Nachfolger; }
61       }
62       return Aktuell;
63   }

64   void Liste::ElementEinfuegen(Element_t *Neu)
```

```
65   {
66       Aktuell=EinfuegePositionFinden(Neu);
67       // Element in leere Liste einfügen?
68       if (L->Anker==NULL)
69       {
70           Neu->Vorgaenger=NULL;
71           Neu->Nachfolger=NULL;
72           L->Anker=Neu; // Anker erstellen
73       }
74       // Element am Anfang einfügen?
75       else if (Aktuell==L->Anker)
76       {
77           Neu->Nachfolger=Aktuell;
78           Neu->Vorgaenger=NULL;
79           L->Anker=Neu;
80       }
81       // Element am Ende anhängen?
82       else if (Aktuell==NULL)
83       {
84           Alt->Nachfolger=Neu;
85           Neu->Nachfolger=NULL;
86           //Neu->Vorgaenger=Aktuell;
87       }
88       // Element in der Mitte einfügen?
89       else if ((Aktuell!=NULL)&&(Aktuell!=L->Anker))
90       {
91           Neu->Nachfolger=Aktuell;
92           Neu->Vorgaenger=Alt;
93           Alt->Nachfolger=Neu;
94       }
95   }

96   bool Liste::ElementLoeschen(Element_t *Ref)
97   {
98       Aktuell=ElementSuchen(Ref);
99       if (Aktuell!=NULL)
100      {
             if ((Aktuell->Vorgaenger==NULL)&&(Aktuell->Nachfolger==NULL)) // Aktuell ist das einzige Element in der Liste
101          {
102              L->Anker=NULL; // Lösche Anker
103          }
             if ((Aktuell->Vorgaenger==NULL)&&(Aktuell->Nachfolger!=NULL)) // Aktuell ist das erste Element in der Liste
104          {
105              L->Anker=Aktuell->Nachfolger; // Anker verschieben
106              L->Anker->Vorgaenger=NULL; // Anker hat keinen Vorgänger
107          }
             if ((Aktuell->Vorgaenger!=NULL)&&(Aktuell->Nachfolger==NULL)) // Aktuell ist das letzte Element in der Liste
108          {
                 Aktuell->Vorgaenger->Nachfolger=NULL; // Aktuelles Element aushängen
109          }
             if ((Aktuell->Vorgaenger!=NULL)&&(Aktuell->Nachfolger!=NULL)) // Aktuell ist in der Mitte der Liste
110          {
111              Aktuell->Vorgaenger->Nachfolger=Aktuell->Nachfolger;
112          }
```

```cpp
113            delete Aktuell;
114            return true;
115        }
116        else
117        {
118            return false;
119        }
120 }

121 bool Liste::ElementAusgeben(Element_t *E)
122 {
        if (E!=NULL) { printf("%ld\n",E->Wert); return true; } // gültiges Element
123     else { return false; } // Ungültiges Element
124 }

125 void Liste::ListeAusgeben()
126 {
127     Element_t *Aktuell;
128     Aktuell=L->Anker;
129     while (Aktuell!=NULL)
130     {
131         printf("[%ld]",Aktuell->Wert);
132         Aktuell=Aktuell->Nachfolger;
133     }
134     printf("\n");
135 }

136 void Liste::ListeLoeschen()
137 {
138     Element_t *Aktuell;
139     Element_t *Alt;
140     Aktuell=L->Anker;
141     Alt=L->Anker;
142     while (Aktuell!=NULL)
143     {
144         printf("[%ld]",Aktuell->Wert); // Testausgabe
145         Alt=Aktuell;
146         Aktuell=Aktuell->Nachfolger;
147         if (Alt!=NULL) { delete Alt; }
148     }
149     L->Anker=NULL;
150     printf("\n");
151 }

152 int main(void)
153 {
154     Element_t *Neu;
155     Element_t *Ref;
156     Liste MyList;
157     Neu=new Element_t; Neu->Wert=42; MyList.ElementEinfuegen(Neu);
158     Neu=new Element_t; Neu->Wert=44; MyList.ElementEinfuegen(Neu);
159     Neu=new Element_t; Neu->Wert=1; MyList.ElementEinfuegen(Neu);
160     Neu=new Element_t; Neu->Wert=43; MyList.ElementEinfuegen(Neu);
161     Ref->Wert=43; MyList.ElementLoeschen(Ref);
162     MyList.ListeAusgeben();
163     MyList.ListeLoeschen(); // Speicher wieder freigeben (mit Testausgabe)
164     return 0;
165 }
```

Wie Sie die richtige Einfügeposition für ein neues Element finden können, wurde bereits erläutert. Zusätzlich zu der Methode EinfuegePositionFinden(), die in Zeile **033–052** implementiert wird, benötigt die Klasse Liste noch zusätzliche Methoden. Eine von diesen Methoden ist ElementEinfuegen() (Zeile **064–095**). Das Verfahren, mit dem Sie neue Elemente in die lokale Liste **L** einfügen können, wurde im vorigen Abschnitt erläutert. Wie bei der vorwärts verketteten Liste auch, schließen sich die einzelnen Fälle, die beim Einfügen neuer Elemente auftreten können, gegenseitig aus. Deshalb müssen Sie bei der Überprüfung der einzelnen Fälle bis auf den ersten Fall else if statt if verwenden. Bei der Methode ElementLoeschen() (Zeile **096–125**) ist dagegen die Verwendung von else if nicht nötig, denn die einzelnen Fälle, die beim Entfernen von Elementen auftreten können, schließen sich gegenseitig aus. Allerdings dürfen Sie das aus der Liste „ausgehängte" Element erst am Ende der Überprüfung der einzelnen Fälle aus dem Speicher entfernen. Falls das zu entfernende Referenzelement nicht existiert, wird die Überprüfung der einzelnen Fälle erst gar nicht ausgeführt und ElementLoeschen() gibt false statt true zurück.

Wenn Sie ein bestimmtes Element suchen wollen, können Sie die Methode ElementSuchen() verwenden, die in Zeile **053–063** implementiert wird. ElementSuchen() wird auch von der Methode ElementLoeschen() verwendet, um die korrekte Position des zu entfernenden Elements zu finden. Die Methode ElementSuchen() funktioniert fast wie die Methode EinfuegePositionFinden(), jedoch ist die Abbruchbedingung der Suchfunktion in Zeile **059** die folgende:

```
if (Aktuell->Wert==Ref->Wert) { gefunden=true; }
```

ElementSuchen() gibt einen Zeiger auf das entsprechende Element zurück, wenn dies gefunden wurde, ansonsten NULL. Der Wert dieses Elements kann dann mit der Methode ElementAusgeben() (Zeile **126–130**) in der Konsole ausgegeben werden. ElementAusgeben() ist jedoch nur eine Testfunktion, die Sie verwenden können, um einzelne Programmteile auf Korrektheit zu prüfen. Wenn Sie die gesamte Liste ausgeben wollen, verwenden Sie am besten die Methode ListeAusgeben() (Zeile **131–141**). ListeAusgeben() setzt zunächst die Zeigervariable **Aktuell** auf den Listenanker. Anschließend wird eine while-Schleife ausgeführt, die so lange den Wert der einzelnen Listenelemente in der Konsole ausgibt, bis das Listenende erreicht ist. Die Methode ListeLoeschen() arbeitet ähnlich wie die Methode ListeAusgeben(), nur dass das Element **Aktuell** nicht ausgegeben, sondern aus dem Speicher entfernt wird, nachdem von diesem der Nachfolger ermittelt wurde. Auch hier ist das Listenende wieder erreicht, wenn Aktuell -> Nachfolger NULL ist. Nachdem die gesamte Liste aus dem Speicher entfernt wurde, muss auch der Anker wieder auf NULL gesetzt werden.

Das Hauptprogramm schreibt nun einige Testwerte in die Liste **MyList** und löscht anschließend ein Element aus der Mitte der Liste. Anschließend wird zur Kontrolle die gesamte Liste in der Konsole ausgegeben. Bevor sich das Programm beendet, muss die Liste **MyList** vollständig aus dem Speicher entfernt werden. Dies ist dann auch die Variante, die Sie ab jetzt stets verwenden sollten.

■ 4.2 Blockchains und Listen mit beliebigen Objekten

Sie haben nun die Grundlagen, um Ihre Praktikumsaufgaben zu lösen, die mit einfach und doppelt verketteten Listen zusammenhängen. Zusammen mit den Basisalgorithmen und Ihren umfangreichen Programmierkenntnissen, die Sie wahrscheinlich bereits erworben haben, haben Sie nun ein solides Fundament für ein erfolgreiches Studium. Trotzdem gibt es hin und wieder Themen, die kurzfristig neu mit aufgenommen werden, da sie zurzeit in Mode sind. Dies betrifft z. B. das Thema Bitcoin und Blockchains, das direkt mit Bitcoin zusammenhängt. Ein zweites Thema, das zurzeit in Mode ist, ist die Verwendung vorgefertigter Listen-Klassen, in die Sie beliebige Objekte eines beliebigen Typs einfügen können. Ich persönlich finde diese Entwicklung, dass kurzfristig immer mehr Modethemen aufgenommen (bzw. auch kurzfristig wieder entfernt) werden, sehr schade, weil ich meine, dass es sich bei den Blockchains gar nicht um ein modernes Thema handelt, genauso wenig wie bei der Erstellung einer Listen-Klasse für beliebige Objekttypen. Außerdem meine ich, dass Studenten nicht viel lernen, wenn sie zu schlichten Anwendern vorgefertigter Bibliotheken und Module werden, ohne die Grundlagen dahinter zu verstehen. Aus diesem Grund habe ich dann auch die Blockchains und die Programmierung einer Listen-Klasse für beliebige Objekttypen mit ausgenommen. Sie werden sehen: Auch die modernen Themen enthalten viele alte Elemente, die Sie wahrscheinlich sogar sofort wiedererkennen werden.

4.2.1 Blockchains[3]

Zurzeit sind sie in aller Munde: Blockchains. Meist tritt dieses Modewort zusammen mit dem Begriff *Bitcoin* auf und manchmal werden sogar Blockchains mit Bitcoins gleichgesetzt. Um diese Begriffsverwirrung aufzulösen (Bitcoins und andere digitale Währungen sind inzwischen fester Bestandteil moderner Studiengänge), möchte ich an dieser Stelle nun einige Dinge über Blockchains einschieben. Im Endeffekt ist eine Blockchain nichts Geheimnisvolles, sondern schlicht und ergreifend eine Datenstruktur, auf die (wen wundert es) Algorithmen ausgeführt werden können: Eine *Blockchain* ist eine Kette von Blöcken, in denen jeweils Daten des gleichen Typs abgelegt werden. Die Datenblöcke, die durchaus auch komplexe Objekte enthalten können, sind miteinander verkettet. Eine Blockchain ist also schlicht eine verkettete Liste und deshalb nichts grundlegend Neues. Vor allem alte Dateisysteme arbeiten oft mit Blockchain-Strukturen. So bestehen z. B. beim FAT-Dateisystem, das später von NTFS abgelöst wurde, Dateien aus verketteten Daten-Clustern einer bestimmten Größe.

Was eine Blockchain jedoch so interessant für digitale Währungen macht, ist die Tatsache, dass es kryptographische Verfahren gibt, die sich auf die einzelnen Datenblöcke einer Blockchain anwenden lassen. Interessant für digitale Währungen wie Bitcoin sind die kryptographischen Hashing-Verfahren. Ein *kryptographisches Hashing-Verfahren* verwandelt Datenblöcke in (möglichst eindeutige) lange Bitfolgen, mit deren Hilfe allein es nicht

---

[3] *https://de.wikipedia.org/wiki/Blockchain*

mehr möglich ist, den Originalblock wiederherzustellen. Kryptographische Hashing-Verfahren können aber noch mehr: Sie können mit diesen Verfahren dafür sorgen, dass jeder Block in der Liste (außer natürlich der erste Block) eine eindeutige Referenz auf den Vorgänger enthält und dieser Vorgänger auch nicht mehr unbemerkt verändert werden kann, wenn ein Block erst einmal in die Liste eingefügt wurde. Wenn Sie an dieser Stelle vermuten, dass dann ja der Hash-Wert, der einen Block beschreibt, selbst Bestandteil der Blockdaten sein muss, dann haben Sie richtig vermutet: Genauso ist es auch bei Bitcoin. Mehr noch: Um eine Transaktion (also z. B. das Kaufen einer Ware mit Bitcoins) durchzuführen, muss Ihr elektronisches Portemonnaie (das sogenannte Wallet) die gesamte Blockchain speichern, die dann auch in verschlüsselter Form sämtliche Transaktionen enthält, die jemals gemacht wurden. Erst, wenn Ihre eigene Transaktion dann als gültiger Datenblock in die Blockchain eingehängt werden kann, wird diese auch ausgeführt und der Kauf gilt als getätigt. Bei Bitcoin leisten die Gültigkeitsprüfung separate Server, die bestimmte komplexe Probleme lösen und die Lösung dann in die Datenblöcke eintragen müssen. Erst nach der Lösung dieser komplexen mathematischen Probleme sind ein Datenblock und die in ihm enthaltene Transaktion gültig.

In diesem Buch ist natürlich kein Platz, um mich an dieser Stelle ausführlich über Bitcoins auszulassen, ich möchte aber dennoch eine einfache Blockchain erstellen, die eine abgewandelte Form von Listing 4.1 ist. In dieser streng vorwärts gerichteten (also einfach verketteten) Blockchain sollen chronologisch alle Ausgaben landen, die Sie während eines Jahres tätigen, und es soll auch neben dem Datum vermerkt werden, wofür Sie Ihr Geld ausgeben. Ferner soll jeder Block durch ein einfaches Hashing-Verfahren verifiziert werden und ungültig werden, wenn einer der Vorgängerblöcke verändert wird. Dies wird wie folgt erreicht: Jeder Block in der Blockchain bekommt einen Hash-Wert zugewiesen, der durch ein spezielles Verfahren berechnet wird. Ferner wird zusätzlich innerhalb des aktuellen Datenblocks der Hash-Wert des Vorgängerblocks abgelegt. Sie berechnen also in jedem Blockchain-Element quasi den Hash-Wert des Hash-Werts eines Datenblocks. Genau durch diese Maßnahme werden sämtliche Blöcke in der Blockchain validiert und gegen eine Veränderung durch Angreifer geschützt. Um nun die Beispiel-Blockchain mit C++ zu erstellen, benötigen Sie erst einmal die Struktur, die eine Ausgabe enthält, die Sie irgendwann einmal getätigt haben, inklusive den zugehörigen Hash-Werten:

```
struct Ausgabe_t
{
    float Betrag; // Betrag in Euro
    char Datum[11]; // Datum in Form TT.MM.JJJJ
    char Zweck[100]; // Freitext für den Zweck der Ausgabe
    unsigned char VorgaengerHash[16]; // Hash-Wert Vorgänger
    unsigned char BlockHash[16]; // Hash-Wert gesamter Block
};
```

Nun müssen Sie jedoch noch eine Sache erreichen: Sie müssen es irgendwie hinbekommen, beliebige Objekte in Ihre verkettete Liste einzufügen, die bis jetzt nur Werte vom Typ long int aufnehmen kann. Der Schlüssel zur Lösung dieses Problems ist der Datentyp void*. Mit void* können Sie typenlose Zeiger erstellen, die Ihr Compiler auch nicht auf Korrektheit prüft, wenn Sie darauf zugreifen. Für unser Beispiel heißt dies, dass ein Blockchain-Element wie folgt definiert werden muss:

```
struct Element_t
{
    void *Daten;
    Element_t *Nachfolger;
};
```

Jedes Element in Ihrer vorwärts verketteten Liste enthält nun schlicht einen Zeiger auf einen separaten Datenblock. Wenn Sie nun noch eine Listenstruktur mit Anker definieren, haben Sie eine Blockchain-Struktur erstellt:

```
struct Blockchain_t
{
    Element_t *Parent;
    Element_t *End;
};
```

Aber halt: Warum heißt es plötzlich *Parent* und *End* und nicht *Anker* und *Ende*? Sind dies nicht alles synonyme Begriffe? Ja, in der Tat, aber bei Blockchains wird manchmal gesagt, dass das erste Element das Elternelement, sozusagen der *Erzeugerblock*, ist, von dem alle weiteren Blöcke abstammen. Im Endeffekt ist der Begriff *Parent* an dieser Stelle nicht ganz korrekt, weil normalerweise „Parent" einen Elternknoten (also einen übergeordneten Knoten) in Bäumen bezeichnet. Leider taucht die Bezeichnung *parent block* immer wieder in Internet-Foren und den dazugehörigen Programmen auf, weshalb ich auf diese Tatsache dann doch eingehen muss. Im weiteren Verlauf möchte ich aber doch lieber konform mit den früheren Beispielen sein und definiere die Blockchain wie folgt:

```
struct Blockchain_t
{
    Element_t *Anker;
    Element_t *Ende;
};
```

An dieser Stelle haben Sie sich vielleicht schon Gedanken darüber gemacht, wie denn ein Hashing-Verfahren genau aussieht. Die Antwort ist, dass moderne kryptographische Hashing-Verfahren, wie z. B. das bei Bitcoin verwendete RIPEMD160, hoch komplexe mathematische Algorithmen sind, für die in diesem Buch einfach kein Platz ist. D. h. natürlich auch, dass das Basisverfahren, das ich Ihnen nun vorstellen möchte, um Ihre Blöcke zu *hashen*, bei Weitem nicht alle Veränderungen an Ihrer Blockchain erkennen kann. Trotzdem gehört das *XOR-Hashing*, das ich Ihnen nun vorstellen möchte, in Ihren Werkzeugkoffer, weil es Grundlage für viele sichere Verfahren ist.

Um für einen Block mit Daten vom Typ `Ausgabe_t` einen sogenannten *16-Byte-XOR-Hash* zu berechnen, muss dieser Datenblock erst einmal als eine Ansammlung von Bytes (also als `unsigned char`-Array) betrachtet werden. Auf diese einzelnen Bytes müssen Sie dann auch separat zugreifen können. Sie ahnen an dieser Stelle sicherlich schon, dass hier wieder `void*` (also ein typenloser Zeiger) eine Rolle spielt, ohne den Sie einen Zugriff auf die einzelnen Bytes eines Struct nicht realisieren können. Sehen Sie sich hierzu folgende Funktion an:

```
unsigned char ReadByte(void *S, long int Pos)
{
    unsigned char *ByteArray=(unsigned char *)S;
    return ByteArray[Pos];
}
```

Die Funktion ReadByte() bekommt Ihren strukturierten Datentyp als typenlosen Zeiger (void*) übergeben, sowie die Variable **Pos**, die angibt, das wievielte Byte der Struktur **S** Sie lesen wollen. ReadByte() definiert nun eine neue lokale Variable, die durch Typecasting so definiert wird, dass die Struktur **S** anschließend als Byte-Array betrachtet wird. Auf diese Weise können Sie quasi das Element **S[Pos]** als Byte zurückgeben. Was haben Sie aber nun gewonnen? Die Antwort ist, dass Sie nun das einfache XOR-Hashing programmieren können, das wie folgt arbeitet:

- Nimm den Datenblock **S** und bestimme die Länge **L** in Bytes.
- Initialisiere einen Datenblock **T**, der 16 Null-Bytes enthält.
- Starte nun bei Position i=0.
- Verknüpfe die einzelnen Bytes von T[i] und S[i mod 16] für alle 0<i<L durch die XOR-Funktion.

Durch die Funktion ReadByte() erhalten Sie nun folgende C-Programmzeilen, um ein einfaches, aber effizientes Hashing-Verfahren zu implementieren:

```
void XORHash(void *S, unsigned char *H, long int L)  // L=Blocklänge
{
    long int i;
    for (i=0; i<16; i++) { H[i]=0; } // Initialisierung
    for (i=0; i<L; i++)
    {
        H[i%16]=H[i%16]^ReadByte(S,i); // XOR-Verknüpfung
    }
}
```

Die Funktion XOR-Hash() würde dann z. B. mit der Variable **A** vom Typ Ausgabe_t wie folgt aufgerufen:

```
char Hash[16];
XORHash(A,Hash,sizeof(Ausgabe_t));
```

An dieser Stelle werden Sie vielleicht denken, dass Blockchains doch eigentlich recht beschränkt sind, denn Sie können z. B. nicht einfach Daten entfernen, wenn Sie versehentlich eine Ausgabe doppelt eingegeben haben – es sei denn, Sie berechnen anschließend sämtliche Hash-Werte neu. Blockchains sollen dies aber auch gar nicht leisten, sie sollen im Endeffekt nur gewährleisten, dass chronologisch eingegebene Daten (wie z. B. bereits abgeschlossene Bitcoin-Transaktionen) über die Zeit unveränderlich bleiben.

Kommen wir nun zum nächsten Listing. Keine Angst, Sie werden viele Dinge wiedererkennen und der Umgang mit typenlosen Zeigern, um beliebige Objekte in eine vorwärts verkettete Liste einzufügen, ist wirklich nicht so schwer. Mehr noch: Das Verwalten der Blockchain im nächsten Beispiel ist sehr viel einfacher als das Verwalten der doppelt verketteten Liste in Listing 4.2. Wenn ich Ihnen dann am Ende noch erkläre, wie Sie die Collections-

Klasse von Java verwenden können, um in einfacher Weise genau die Dinge zu tun, die Sie in den nächsten zwei Listings mit C++ tun, dann werden Sie wahrscheinlich aufatmen und denken: „Wenn ich nun in einer Vorlesung die Begriffe Blockchain, Bitcoin und Java Collections höre, verfalle ich wirklich nicht mehr in Panik." Schauen Sie sich nun Listing 4.3 an.

Listing 4.3 Blockchain.cpp

```
01  #include<stdio.h>
02  #include<stdlib.h>
03  #include<time.h>
04  #include<string.h>
05  unsigned char ReadByte(void *S, long int Pos)
06  {
07      unsigned char *ByteArray=(unsigned char *)S;
08      return ByteArray[Pos];
09  }
10  void XORHash(void *S, unsigned char *H, long int L) // L=Blocklänge
11  {
12      long int i;
13      for (i=0; i<16; i++) { H[i]=0; } // Initialisierung
14      for (i=0; i<L; i++)
15      {
16          H[i%16]=H[i%16]^ReadByte(S,i); // XOR-Verknüpfung
17      }
18  }
19  void HashAusgabe(unsigned char *H)
20  {
21      long int i;
22      for (i=0; i<16; i++)
23      {
24          printf("%02x ",H[i]);
25      }
26      printf("\n");
27  }
28  bool HashCheck(unsigned char *H, unsigned char *I)
29  {
30      bool OK=true;
31      long int i;
32      for (i=0; i<16; i++)
33      {
34          if (H[i]!=I[i]) { OK=false; break; }
35      }
36      return OK;
37  }
38  void clrstr(char *S, long int L)
39  {
40      long int i;
41      for (i=0; i<L; i++) { S[i]=0; }
42  }
43  struct Ausgabe_t
44  {
```

```
45      float Betrag; // Betrag in Euro
46      char Datum[11]; // Datum in Form TT.MM.JJJJ
47      char Zweck[100]; // Freitext für den Zweck der Ausgabe
48      unsigned char VorgaengerHash[16]; // Hash-Wert Vorgänger
49      unsigned char BlockHash[16]; // Hash-Wert gesamter Block
50  };

51  struct Element_t
52  {
53      void *Daten;
54      Element_t *Nachfolger;
55  };

56  struct Blockchain_t
57  {
58      Element_t *Anker;
59      Element_t *Ende;
60  };

61  class Blockchain
62  {
63      private:
64      Element_t *Alt;
65      Element_t *Aktuell;
66      Blockchain_t *B;
67      public:
68      Blockchain::Blockchain();
69      void ElementAnhaengen(Element_t *Neu);
70      Element_t* FindeLetztes();
71      void Ausgeben();
72  };

73  Blockchain::Blockchain()
74  {
75      B=new Blockchain_t;
76      B->Anker=NULL;
77      B->Ende=NULL;
78  }

79  void Blockchain::ElementAnhaengen(Element_t *Neu)
80  {
81      // Element in leere Blockchain einfügen?
82      if ((B->Anker==NULL)&&(B->Ende==NULL))
83      {
84          Neu->Nachfolger=NULL;
85          B->Anker=Neu; // Anker erstellen
86          B->Ende=Neu; // Anker=Ende
87      }
88      // Element am Ende anhängen?
89      else
90      {
91          B->Ende->Nachfolger=Neu;
92          B->Ende=Neu;
93          Neu->Nachfolger=NULL;
94      }
95  }

96  Element_t* Blockchain::FindeLetztes()
```

```
97   {
98       return B->Ende;
99   }

100  void Blockchain::Ausgeben()
101  {
102      unsigned char H[16];
103      unsigned char I[16];
104      long int i,j,L;
105      Ausgabe_t *AktuelleAusgabe;
106      Element_t *Aktuell;
107      Aktuell=B->Anker;
108      i=1; L=sizeof(Ausgabe_t);
109      while (Aktuell!=NULL)
110      {
111          AktuelleAusgabe=(Ausgabe_t*)(Aktuell->Daten);
112          for (j=0; j<16; j++)
113          {
114              H[j]=AktuelleAusgabe->BlockHash[j];
115              AktuelleAusgabe->BlockHash[j]=0;
116          }
117          XORHash(AktuelleAusgabe,AktuelleAusgabe->BlockHash,L);
118          printf("Blockchain-Element #%ld:\n",i);
119          printf("Block-Hash:"); HashAusgabe(AktuelleAusgabe->BlockHash);
120          printf("Check-Hash:"); HashAusgabe(H);
121          if (HashCheck(AktuelleAusgabe->BlockHash,H)==false)
122          {
123              printf("Fehler im Hash-Wert, der aktuelle Eintrag ist ungültig.\n");
124          }
125          else
126          {
127              printf("Datum:%s\n",AktuelleAusgabe->Datum);
128              printf("Betrag:%f\n",AktuelleAusgabe->Betrag);
129              printf("Zweck:%s\n",AktuelleAusgabe->Zweck);
130          }
131          i++; Aktuell=Aktuell->Nachfolger;
132      }
133      printf("\n");
134  }

135  int main(void)
136  {
137      bool Ende;
138      bool Init;
139      long int i,Z,L;
140      char Eingabe[100];
141      float Betr;
142      Ausgabe_t *NeueAusgabe;
143      Ausgabe_t *AlteAusgabe;
144      Element_t *Neu;
145      Element_t *Alt;
146      Blockchain MyBlockchain;
147      L=sizeof(Ausgabe_t);
148      Ende=false; Init=false;
149      // Init
150      while (Ende==false)
151      {
152          printf("Neue Ausgabe (Abbruch mit 0):\n");
```

```
153         printf("Betrag:"); scanf("%f",&Betr);
154         if (Betr>0)
155         {
156             NeueAusgabe=new Ausgabe_t;
157             Neu=new Element_t;
158             NeueAusgabe->Betrag=Betr;
159             printf("Datum:");
160             clrstr(Eingabe,100); // Vor Eingabe alle Bytes des Puffers nullen
161             scanf("%s",Eingabe);
162             Eingabe[10]=0; strcpy(NeueAusgabe->Datum,Eingabe);
163             printf("Zweck:");
164             clrstr(Eingabe,100); // Vor Eingabe alle Bytes des Puffers nullen
165             scanf("%s",Eingabe);
166             strcpy(NeueAusgabe->Zweck,Eingabe);
167             if (Init==true) // Mindestens zwei Elemente in der Blockchain
168             {
169                 Alt=MyBlockchain.FindeLetztes();
170                 AlteAusgabe=(Ausgabe_t *)(Alt->Daten);
171             }
172             for (i=0; i<16; i++)
173             {
174                 if (Init==false) // Erstes Element Vorgänger-Hash ist 0,…,0
175                 {
176                     NeueAusgabe->VorgaengerHash[i]=0;
177                 }
178                 else
179                 {
180                     NeueAusgabe->VorgaengerHash[i]=
        AlteAusgabe->BlockHash[i];
181                 }
182                 NeueAusgabe->BlockHash[i]=0;
183             }
184             Init=true; // Init ist true nach Einfügen des ersten Elements
185             XORHash(NeueAusgabe,NeueAusgabe->BlockHash,L);
186             // Testausgabe
187             printf("Hash Alt:"); HashAusgabe(NeueAusgabe
        ->VorgaengerHash);
188             printf("Hash Neu:"); HashAusgabe(NeueAusgabe->BlockHash);
189             srand(clock()); Z=rand()%10+1; // Zufallszahl 1<=Z<=10 ziehen
190             if (Z==1) // Bei Z=1 wird der Betrag geändert
191             {
192                 printf("Test:Erhöhe den Betrag nachträglich um 1.0\n");
193                 NeueAusgabe->Betrag+=1.0;
194             }
195             Neu->Daten=NeueAusgabe;
196             MyBlockchain.ElementAnhaengen(Neu);
197         }
198         else { Ende=true; }
199     }
200     MyBlockchain.Ausgeben();
201     return 0;
202 }
```

In den Zeilen **001 - 004** müssen Sie außer **stdio.h** auch noch **stdlib.h**, **time.h** und **string.h** einbinden. Die Bibliotheken **stdlib.h** und **time.h** benötigen Sie für die Testfunktion, die einige Werte in Ihrer Blockchain zufällig abändert. Die Bibliothek **string.h** benötigen Sie für die Tastatureingaben.

Nun müssen Sie zunächst einige Hilfsfunktionen bereitstellen, die für die Erzeugung der XOR-Hashwerte für die Datenblöcke in Ihrer Blockchain benötigt werden. Dies ist einmal die zuvor schon beschriebene Funktion `ReadByte()` in den Zeilen **005–009** und die Funktion `XORHash()` in den Zeilen **010–018**. Die Funktion `HashAusgabe()` in Zeile **019–027** leistet hier nichts anderes, als einen als Byte-Array übergebenen Hash-Wert als Hexadezimalzahlen auszugeben, den eigentlichen Block-Hash-Wert erzeugt stets die Funktion `XORHash()`. Das Verfahren, mit denen die Block-Hash-Werte erzeugt werden, wurde bereits erläutert. Natürlich benötigen Sie nicht nur eine Funktion, mit der Sie Hash-Werte erzeugen können, sondern auch eine Funktion, mit der Sie zwei Hash-Werte miteinander vergleichen können. Dies leistet die Funktion `CheckHash()` in den Zeilen **028–037**. `CheckHash()` bekommt zwei Parameter **H** und **I** übergeben, die jeweils Zeiger auf Byte-Arrays sind. **H** und **I** werden nun in einer `for`-Schleife miteinander Byte für Byte verglichen. Die `for`-Schleife wird mit einem `break` verlassen, sobald ein Byte des Hash-Werts **H** und **I** verschieden ist. Da die Hash-Werte hier immer 16 Bytes lang sind, sind **H** und **I** gleich, wenn die `for`-Schleife durchläuft, ohne die vorher auf `true` gesetzte Variable **OK** auf `false` zu setzen. **OK** wird dann auch als Parameter zurückgegeben und ist immer dann `true`, wenn **H** und **I** gleich sind. Sie fragen sich an dieser Stelle vielleicht, warum nicht die Funktion `strcmp()` die bessere Wahl ist, um zwei Byte-Ketten miteinander zu vergleichen. Die Antwort ist, dass die Hash-Werte Null-Bytes enthalten können, was C++ dann als String-Ende interpretiert. Dies ist auch dann der Grund, warum es die Funktion `clrstr()` in den Zeilen **038–042** geben muss, die explizit sämtliche Bytes z. B. des Tastatureingabepuffers vorher auf 0 setzen kann: Anders können keine eindeutigen Hash-Werte erzeugt werden. Was bei C++ nämlich nach der Deklaration eines Byte-Arrays im Speicher steht, ist nicht vorherzusagen (es sei denn, man initialisiert diesen eben explizit mit Null-Bytes).

In den Zeilen **043–078** werden dann die Strukturen deklariert, die für die Blockchain wichtig sind und die vorher schon beschrieben wurden. Dies ist einmal der strukturierte Datentyp `Ausgabe_t`, der eine bestimmte getätigte Geldausgabe für einen bestimmten Tag enthält sowie einen Freitext mit dem Verwendungszweck dieser Ausgabe. Der strukturierte Datentyp `Element_t` enthält dann einen Zeiger vom Typ `void*` auf den Datenblock eines Blockchain-Elements (für das auch jeweils der Hash-Wert des Vorgängers und des aktuellen Blocks berechnet wird) und einen Verweis auf den Nachfolger in der Blockchain. Die Blockchain-Struktur selbst enthält nur zwei Zeiger, nämlich einen Verweis auf den Anker und einen Verweis auf das Ende der Blockchain.

In Zeile **061–072** wird nun die Klasse `Blockchain` definiert. Wenn Sie an dieser Stelle noch das Listing **Liste2.cpp** im Kopf haben, werden Sie merken, dass die Blockchain-Klasse nur sehr wenige Attribute besitzt. Dies sind einmal ein Zeiger auf die Datenstruktur der Blockchain selbst (`Blockchain_t *B`) und einmal die Hilfszeiger **Alt** und **Aktuell**, die Sie schon aus dem Listing **Liste2.cpp** kennen. Die Methoden sind dann auch überschaubar und Sie können quasi die Blockchain nur initialisieren (was automatisch geschieht, wenn Sie ein Objekt vom Typ `Blockchain` anlegen), einen neuen Datenblock an diese anhängen und die einzelnen Datenblöcke in der Konsole ausgeben. Ferner können Sie das letzte Element finden, das Sie eingehängt haben (diese Funktion ist aber quasi nur eine Hilfsfunktion).

Die Initialisierung Ihrer Blockchain geschieht automatisch durch den Konstruktor `Blockchain::Blockchain()`. Der Konstruktor legt eigentlich nur eine neue Struktur vom Typ `Blockchain_t` im Speicher an und erzeugt danach eine leere Liste. Diese leere Liste kann nun von der Funktion `ElementAnhaengen()` (Zeile **079–095**) gefüllt werden. Bei einer

Blockchain gibt es nur zwei Szenarien. Das erste Szenario ist, dass diese noch kein Element enthält. In diesem Fall muss das neue Element (Variable **Neu** vom Typ Element_t*), das die Funktion ElementEinfuegen() als Parameter übergeben bekommt, zum Anker werden. Ferner müssen Anker und Ende beide auf das einzige Element zeigen, das es gibt. Dies geschieht durch die folgenden Zeilen:

```
if ((B->Anker==NULL)&&(B->Ende==NULL))
{
    Neu->Nachfolger=NULL;
    B->Anker=Neu; // Anker erstellen
    B->Ende=Neu; // Anker=Ende
}
```

Das zweite Szenario ist, dass die Blockchain nicht leer ist und deshalb ein Element an das letzte Element angehängt werden muss. Dies geschieht dann im else-Zweig in den Zeilen **089 - 094**:

```
else
{
    B->Ende->Nachfolger=Neu;
    B->Ende=Neu;
    Neu->Nachfolger=NULL;
}
```

Wenn also die Blockchain nicht leer ist, wird einfach das neue Element der Nachfolger des letzten Elements, das durch den Zeiger Element_t *Ende referenzierbar ist. Nach dem Anhängen des Elements wird der Zeiger **Ende** auf das neue Element „umgebogen". Die Funktion FindeLetztes() (Zeile **096 - 099**) gibt dann entsprechend auch nur den Zeiger Ende zurück.

Etwas komplizierter gestrickt ist die Methode Ausgeben() der Klasse Blockchain in den Zeilen **100 - 133**. Die Ausgabe der Blöcke selbst ist eigentlich ganz simpel, denn es muss nur immer der Nachfolger des aktuellen Elements (das am Anfang der Anker ist) ausgegeben werden, und zwar so lange, wie das aktuelle Element nicht NULL ist. Allerdings ist in diesem Fall während der Ausgabe keine Prüfung der Blockchain auf Korrektheit möglich. Deshalb habe ich zwei Zeiger definiert, nämlich **Aktuell** und **AktuelleAusgabe**. **Aktuell** zeigt immer auf das aktuelle Element in der Blockchain und **AktuelleAusgabe** auf den dazugehörigen Datenblock, der die Daten zu einer bestimmten Geldausgabe an einem bestimmten Tag enthält. Am Anfang zeigt **Aktuell** auf den Anker der Blockchain. Die Blockchain wird nun vom Hauptprogramm so angelegt, dass der Hash-Wert des Vorgänger-Datenblocks des Anker-Elements immer eine Nullfolge (also 16 Null-Bytes) enthält, und alle weiteren Datenblöcke enthalten dann immer den Hash-Wert des Vorgängerblocks und den Hash-Wert des aktuellen Blocks. Auf diese Weise kann überprüft werden, ob die Blockchain nachträglich verändert wurde. Dies geschieht auf folgende Weise:

Zunächst wird in Zeile **112 - 116** der aktuelle Block-Hash in die Hilfsvariable **H** kopiert und der aktuelle Block-Hash wird mit Null-Bytes überschrieben. Danach wird in Zeile **117** der aktuelle Block-Hash neu berechnet und erst wenn **H** und der neu berechnete Block-Hash übereinstimmen, ist der aktuelle Block gültig. Die Methode Ausgeben() gibt dann auch nur Daten gültiger Blöcke aus. Da der Hash-Wert der Vorgängerblocks immer Bestandteil des Hash-Werts des aktuellen Blocks ist, werden natürlich auch sämtliche Blöcke ungültig, die sich noch nach dem veränderten Block in der Kette befinden. Dieses Verhalten ist bei Blockchains durchaus gewollt und deshalb kein Fehler im Programm.

Kommen wir nun zum Hauptprogramm, das in diesem Beispiel sehr umfangreich ist. Da nämlich Blockchains recht einfache Datenstrukturen sind, muss die Anwendung selbst den größten Teil der Verwaltung leisten, inklusive der Erzeugung der Hash-Werte für die einzelnen Blöcke. Im Endeffekt sind diese Tatsache der aufgeblähten Apps und des bei digitalen Währungen immensen Speicherverbrauchs (sämtliche jemals getätigten Geldausgaben müssen für immer gespeichert werden) der größte Nachteil von Blockchains. In Zeile **137** bis **146** müssen zu diesem Zweck erst einmal zahlreiche Hilfsvariablen angelegt werden. Dies ist nötig, weil für jeden neuen Block in der Blockchain sowohl der neu anzuhängende Block (`Element_t *Neu`) als auch der Vorgängerblock (`Element_t *Alt`) wichtig ist, und auch auf die Daten des neuen Blocks (`Ausgabe_t *NeueAusgabe`) und des alten Blocks (`Ausgabe_t *AlteAusgabe`) separat zugegriffen werden muss. Ferner muss sich das Programm merken, ob die Blockchain schon initialisiert wurde (`bool init`), und entsprechend Null-Bytes in das Strukturelement `NeueAusgabe->VorgaengerHash` eintragen, wenn **init** (noch) den Wert `false` hat.

Das eigentliche Hauptprogramm (Zeile **151 – 200**) läuft nun so lange, bis der Benutzer dies beendet (Ende wird in diesem Fall auf `false` gesetzt), indem er bei einer Ausgabe einen Betrag von 0 eingibt. Ist dies nicht der Fall, behält Ende den Wert `false` und es werden erst einmal die Daten des neu anzulegenden Blocks mit `scanf()` von der Tastatur eingelesen. Ist die Blockchain schon initialisiert, enthält diese mindestens ein Element und der Zeiger **Alt** kann in Zeile **170** auf das letzte Element in der Blockchain gesetzt werden. Der Zeiger **AlteAusgabe** enthält dann in diesem alle Blockdaten für das zuletzt eingefügte Element. Daraufhin werden in den Zeilen **173 – 184** die Hash-Werte für den neu einzufügenden Block bestimmt. Hierfür werden in einer for-Schleife 16 Bytes angelegt, nämlich 16 Null-Bytes für den aktuellen Block-Hash. Wenn jedoch **init** (noch) den Wert `false` hat, bekommt auch zusätzlich `NeueAusgabe->VorgaengerHash` 16 Null-Bytes zugewiesen. Ansonsten werden einfach sämtliche Bytes von `AlteAusgabe->BlockHash` nach `NeueAusgabe->VorgaengerHash` kopiert. Der Block-Hash des aktuellen Datenblocks wird erst nach dem Kopiervorgang in Zeile **173 – 184** berechnet und erst dann wird der neue Block in die Blockchain eingehängt.

An dieser Stelle ist das aktuelle Beispiel aber noch nicht sehr lehrreich, denn die Verwaltung von Geldausgaben an einem bestimmten Tag könnten Sie genauso gut (oder sogar besser) mit einer doppelt verketteten Liste erledigen. Deshalb habe ich eine Testfunktion hinzugefügt, die folgendermaßen arbeitet: Es wird eine Zufallszahl $1<=Z<=10$ gezogen und wenn diese den Wert 1 hat, wird der Bereich `Betrag` in den neu einzufügenden Block vorher um 1 erhöht. Natürlich geschieht dies erst nach der Berechnung des Block-Hash-Werts. Ich simuliere hier also gewissermaßen eine einfache Fehlübertragung von Daten, nämlich eine Veränderung des Felds `Betrag` bei gewissen Blöcken. Die Methode `Ausgabe()` stellt in einem solchen Fall später fest, dass der veränderte Block und alle folgenden Blöcke ungültig sind. Ich habe nun zwei Testausgaben erzeugt, die ich Ihnen erklären will:

1. Testausgabe:

Neue Ausgabe (Abbruch mit 0):
Betrag:45.35
Datum:05.01.2021

Zweck:Benzinkosten
Hash Alt:00 00 00 00 00 00 00 00 00 00 00 00 00 00 00 00
Hash Neu:7b 6c 1d 28 56 11 69 15 54 22 49 64 10 78 64 52
Neue Ausgabe (Abbruch mit 0):
Betrag:30.00
Datum:12.01.2021
Zweck:Benzinkosten
Hash Alt:7b 6c 1d 28 56 11 69 15 54 22 49 64 10 78 64 52
Hash Neu:00 c2 9f 4e 39 9c 27 2c c8 05 65 ac 15 1d c8 47
Test:Erhöhe den Betrag nachträglich um 1.0
Neue Ausgabe (Abbruch mit 0):
Betrag:48.25
Datum:25.01.2021
Zweck:Benzinkosten
Hash Alt:00 c2 9f 4e 39 9c 27 2c c8 05 65 ac 15 1d c8 47
Hash Neu:1e 96 2c 53 38 bd 5c 42 64 30 32 9c 07 66 30 50
Neue Ausgabe (Abbruch mit 0):
Betrag:20.00
Datum:01.02.2021
Zweck:Benzinkosten
Hash Alt:1e 96 2c 53 38 bd 5c 42 64 30 32 9c 07 66 30 50
Hash Neu:f3 91 fd 35 96 fc 27 ed 07 30 f3 53 32 f0 cf 77
Neue Ausgabe (Abbruch mit 0):
Betrag:0

Blockchain-Element #1:
Block-Hash:7b 6c 1d 28 56 11 69 15 54 22 49 64 10 78 64 52
Check-Hash:7b 6c 1d 28 56 11 69 15 54 22 49 64 10 78 64 52
Datum:05.01.2021
Betrag:45.349998
Zweck:Benzinkosten
Blockchain-Element #2:
Block-Hash:00 32 2e 0f 39 6c 66 2c 38 44 65 5c 54 1d 38 06
Check-Hash:00 c2 9f 4e 39 9c 27 2c c8 05 65 ac 15 1d c8 47
Fehler im Hash-Wert, der aktuelle Eintrag ist ungültig.
Blockchain-Element #3:
Block-Hash:1e 96 2c 53 38 bd 5c 42 64 30 32 9c 07 66 30 50

Check-Hash:1e 96 2c 53 38 bd 5c 42 64 30 32 9c 07 66 30 50
Datum:25.01.2021
Betrag:48.250000
Zweck:Benzinkosten
Blockchain-Element #4:
Block-Hash:f3 91 fd 35 96 fc 27 ed 07 30 f3 53 32 f0 cf 77
Check-Hash:f3 91 fd 35 96 fc 27 ed 07 30 f3 53 32 f0 cf 77
Datum:01.02.2021
Betrag:20.00
Zweck:Benzinkosten

In dem obigen Beispiel wird der zweite Block in der Blockchain vom Programm verändert. Dadurch werden sämtliche Blocks ab dem zweiten Block ungültig.

2. Testausgabe:

Neue Ausgabe (Abbruch mit 0):
Betrag:49.50
Datum:05.01.2021
Zweck:Benzinkosten
Hash Alt:00 00 00 00 00 00 00 00 00 00 00 00 00 00 00 00
Hash Neu:7b 79 08 4e 30 62 0f 73 27 44 2f 17 76 1e 17 34
Test:Erhöhe den Betrag nachtraglich um 1.0
Neue Ausgabe (Abbruch mit 0):
Betrag:10.00
Datum:10.01.2021
Zweck:Benzinkosten
Hash Alt:7b 79 08 4e 30 62 0f 73 27 44 2f 17 76 1e 17 34
Hash Neu:66 63 4f 28 5f 3d 27 2c 1a 63 03 0d 15 1d 1a 21
Neue Ausgabe (Abbruch mit 0):
Betrag:20.00
Datum:20.01.2021
Zweck:Benzinkosten
Hash Alt:66 63 4f 28 5f 3d 27 2c 1a 63 03 0d 15 1d 1a 21
Hash Neu:6d c4 ce 36 4b ef 5f 57 97 33 27 bd 62 15 b0 35
Test:Erhöhe den Betrag nachträglich um 1.0
Neue Ausgabe (Abbruch mit 0):
Betrag:40.00
Datum:01.02.2021

Zweck:Benzinkosten
Hash Alt:6d c4 ce 36 4b ef 5 f 57 97 33 27 bd 62 15 b0 35
Hash Neu:21 96 1b 36 44 fb 41 4c 52 55 47 f5 54 51 48 74
Neue Ausgabe (Abbruch mit 0):
Betrag:0

Blockchain-Element #1:
Block-Hash:7b 75 04 4e 30 6e 0f 73 2b 44 2f 1b 76 1e 1b 34
Check-Hash:7b 79 08 4e 30 62 0f 73 27 44 2f 17 76 1e 17 34
Fehler im Hash-Wert, der aktuelle Eintrag ist ungültig.
Blockchain-Element #2:
Block-Hash:66 43 2e 69 5f 1d 66 2c 3a 22 03 2d 54 1d 3a 60
Check-Hash:66 63 4f 28 5f 3d 27 2c 1a 63 03 0d 15 1d 1a 21
Fehler im Hash-Wert, der aktuelle Eintrag ist ungültig.
Blockchain-Element #3:
Block-Hash:6d cc c6 36 4b e7 5f 57 9f 33 27 b5 62 15 b8 35
Check-Hash:6d c4 ce 36 4b ef 5f 57 97 33 27 bd 62 15 b0 35
Fehler im Hash-Wert, der aktuelle Eintrag ist ungültig.
Blockchain-Element #4:
Block-Hash:21 96 1b 36 44 fb 41 4c 52 55 47 f5 54 51 48 74
Check-Hash:21 96 1b 36 44 fb 41 4c 52 55 47 f5 54 51 48 74
Datum:01.02.2021
Betrag:40.00
Zweck:Benzinkosten

In dem obigen Beispiel wird bereits der erste Block in der Blockchain vom Programm verändert. Dadurch werden sämtlich Blocks ungültig, bis auf das End-Element.

4.2.2 Listen mit beliebigen Objekttypen

Bis jetzt mussten Sie Ihre Listen stets per Hand anpassen, um neue Objekttypen zu verwenden. Wenn Sie z.B. statt Zahlen oder Geldausgaben Personen verwalten müssen, müssen Sie die gesamte Elementstruktur nachträglich so ändern, dass diese auf Ihre neuen Bedürfnisse ausgerichtet ist. Ein zweites Problem, das auch bei den doppelt verketteten Listen noch nicht gelöst wurde, betrifft die Verwendung mehrerer Hilfszeiger und die Überprüfung zahlreicher Bedingungen beim Einfügen von neuen Elementen. Ich möchte nun diese verbleibenden Probleme lösen, indem ich zwei Änderungen vornehme. Die erste Änderung betrifft die Struktur der Elemente selbst, die ich nun wie folgt definiere:

```
struct Element_t
{
    void *Aktuell;
    void *Vorgaenger;
    void *Nachfolger;
};
```

Element_t enthält also nun drei typenlose Zeiger (void *), wobei der Zeiger void *Aktuell auf einen beliebigen Datenblock zeigen kann. Dieser Datenblock, auf den **Aktuell** zeigt, enthält dann die eigentlichen Elementdaten, die Sie in Ihre Liste einfügen wollen. Wie bei der doppelt verketteten Liste in Listing 4.2 auch, besitzt jedes Element vom Typ Element_t ein Vorgängerelement und ein Nachfolgerelement und diese Elemente sind auch vom Typ void*. Der Trick ist hier also, die Datenblöcke selbst auszulagern – diese müssen Sie dann natürlich in einer eigenen Klasse definieren und später als Parameter an Ihre universelle Listenklasse weiterreichen.

Die zweite Änderung betrifft die Listenstruktur selbst. Ihre Listen haben nach wie vor einen Anker, der auf das erste Element in Ihrer Liste oder bei einer leeren Liste auf NULL zeigt. Damit Sie aber beim Einfügen nur zwei Bedingungen überprüfen müssen, bekommt nun jede Liste (außer der leeren Liste) einen Anker und einen Listenkopf. Der Listenkopf ist ein NULL-Element (d. h., dass Kopf->Aktuell==NULL ist), das stets der Nachfolger des letzten Elements ist, auf das dann auch der Zeiger **Ende** zeigt. Sie können in diesem Fall also nur Elemente ganz am Anfang oder in der Mitte der Liste einfügen. Auf diese Weise kommen Sie ganz ohne Hilfsvariablen aus, denn der Vorgänger und der Nachfolger eines Elements sind in der Struktur Element_t abgelegt.

Ihre Liste selbst wird nun wieder in einer Klasse gekapselt. Da Sie jedoch nur noch Zeiger vom Typ void* verwenden, muss Ihre Liste selbst nicht mehr in einem separaten Datentyp abgelegt werden, wie es in Listing 4.2 der Fall war. Im nächsten Beispiel definiere ich folgende Attribute innerhalb der Klasse Liste:

```
private:
void *Anker; // Erstes Element in der Liste
void *Aktuell; // Aktuell adressiertes Element
void *Ende; // Element direkt vor dem Listenkopf
long int Index; // Aktueller Positionsindex
long int MaxIndex; // Anzahl der Elemente in der Liste
```

Ich benötige also nur noch zwei Hilfszeiger, nämlich Aktuell und Index. Aktuell zeigt dabei auf das Element, das ich zurzeit ausgewählt habe und mit dem ich arbeiten möchte. Index ist der Index des aktuellen Elements und wird adressiert wie in einem Array: 0 ist das erste Element und MaxIndex ist das letzte Element. Dem letzten Element folgt stets der Listenkopf, der nicht adressierbar ist.

Ihre Listenklasse besitzt auch im nächsten Beispiel wieder einen Konstruktor, der aufgerufen wird, sobald Sie ein neues Listenobjekt im Speicher anlegen. Der Konstruktor erstellt jeweils einen neuen Anker, ein neues aktuelles Element und ein neues Endelement und weist diesen drei Zeigern NULL zu:

```
Liste::Liste()
{
    Anker=new Element_t;
    Aktuell=new Element_t;
    Ende=new Element_t;
    Anker=NULL; Aktuell=NULL; Ende=NULL;
}
```

Wenn Sie nun in die leere Liste ein neues Element einfügen, haben Sie aber noch keinen Listenkopf definiert und deshalb ist der Nachfolger von Aktuell nicht NULL, sondern einfach nicht definiert. D. h., wenn Sie direkt nach dem Aufruf von Liste::Liste() auf Aktuell->Nachfolger zugreifen, erhalten Sie eine allgemeine Schutzverletzung und Ihr Programm beendet sich. Sie benötigen also an dieser Stelle doch noch die Funktion Init(), die immer dann aufgerufen wird, wenn Sie ein Element in eine noch leere Liste einfügen wollen:

```
void Liste::Init(void *Obj)
{
    Element_t *Erstes=new Element_t; // Noch kein Element in der Liste
    Element_t *ListenKopf=new Element_t; // Dem letzten Element folgt stets ein Listenkopf
    Erstes->Aktuell=Obj; Anker=Erstes; Aktuell=Anker; // Der Anker ist immer das erste Element
    // Im Listenkopf zeigen alle Zeiger auf NULL
    ListenKopf->Aktuell=NULL; ListenKopf->Nachfolger=NULL;
    ListenKopf->Vorgaenger=Erstes; Erstes->Vorgaenger=NULL;
    Erstes->Nachfolger=ListenKopf; Ende=ListenKopf;
    Index=0; MaxIndex=0; // Index 0 ist das erste Element
}
```

Init() legt ein erstes Element (Element_t *Erstes) sowie einen neuen Listenkopf (Element_t *ListenKopf) an, bei dem sämtliche Zeiger der Struktur Element_t auf NULL zeigen. Sie müssen Init() stets ein bereits existierendes Datenobjekt übergeben, auf das dann später der Anker zeigen kann. Da **Obj** vom Typ void* ist, wird die Zuweisung

```
Erstes->Aktuell=Obj
```

nicht vom Compiler geprüft und Sie können Init() beliebige Objekte oder Strukturen übergeben. D. h. natürlich auch, dass Sie selbst dafür verantwortlich sind, Ihre Elemente korrekt an Ihre Klassenmethoden zu übergeben, die die Elemente später in Ihre Liste einfügen. Es hindert Sie dann auch niemand daran, Elemente mit ganz verschiedener Struktur in Ihrer Liste abzulegen. Ich persönlich würde Ihnen jedoch davon abraten und empfehle an dieser Stelle, in einer universellen Liste immer nur Objekte gleicher Größe und gleichen Typs zu speichern.

Kommen wir nun zu den Methoden, die die universelle Listen-Klasse mindestens unterstützen sollte. Dies sind die folgenden Methoden.

void Anhaengen(void *Obj);

Anhaengen() fügt ein Element am Ende der Liste ein. Da das einzufügende Datenobjekt vom Typ void* ist, können sowohl Zahlen als auch Strukturen und Objekte in die Liste eingefügt werden.

void Einfuegen(void *Obj);

Einfuegen() fügt ein Element in die Liste ein. Da das einzufügende Datenobjekt vom Typ void* ist, können sowohl Zahlen als auch Strukturen und Objekte in die Liste eingefügt werden. Anders als bei Anhaengen() müssen Sie bei Einfuegen() zuerst mit anderen Methoden die aktuelle Position festlegen, an der Sie das Element einfügen wollen, z. B. mit folgenden Zeilen:

```
// L ist das aktuelle Listenobjekt, in das Sie schon Elemente eingefügt haben
// Neu sei ein gültiges Element
L.FindeErstes(); // Einfügen am Anfang
L.Einfuegen(Neu);
void EinfuegenAn(void *Obj, long int Index);
```

void EinfuegenAn(void *Obj, long int Index);

EinfuegenAn() fügt ein Element in die Liste ein. Da das einzufügende Datenobjekt vom Typ void* ist, können sowohl Zahlen als auch Strukturen und Objekte in die Liste eingefügt werden. Anders als bei Einfuegen() müssen Sie in dem übergebenen Parameter Index die aktuelle Position festlegen, an der Sie das Element einfügen wollen. Das neue Element wird stets vor dem aktuellen Element in die Liste eingehängt. Wenn Index<0 ist, wird das Element vor dem ersten Element eingefügt, wenn Index die Anzahl der in der Liste befindlichen Elemente übersteigt, wird das neue Element hinten angehängt.

void Loeschen();

Loeschen() löscht das aktuelle Element in der Liste. Loeschen() funktioniert wie Einfuegen(), Sie müssen also das Element, das Sie löschen wollen, zuerst mit anderen Methoden bestimmen.

void LoeschenAn(long int Index);

LoeschenAn() löscht ein Element aus der Liste. Anders als bei Loeschen() müssen Sie in dem übergebenen Parameter Index die aktuelle Position festlegen, an der Sie das Element löschen wollen. Wenn Index<0 ist, wird das erste Element gelöscht, wenn Index die Anzahl der in der Liste befindlichen Elemente übersteigt, wird das letzte Element aus der Liste entfernt.

void *Liste::FindeErstes();

FindeErstes() setzt den internen Positionszeiger Index auf das erste Element in der Liste, also auf den Listenanker. Das gefundene Objekt wird am Ende als Rückgabeparameter an den Aufrufer zurückgegeben. Ist die Liste leer, wird NULL zurückgegeben. An dieser Stelle benötigen Sie unter Umständen explizites Typecasting, um den zurückgegebenen Zeiger vom Typ void* in Ihrem Programm weiterzuverarbeiten.

void *Liste::FindeLetztes();

FindeLetztes() setzt den internen Positionszeiger Index auf das letzte Element in der Liste. Das gefundene Objekt wird am Ende als Rückgabeparameter an den Aufrufer zurückgegeben. Ist die Liste leer, wird NULL zurückgegeben. An dieser Stelle benötigen Sie unter

Umständen explizites Typecasting, um den zurückgegebenen Zeiger vom Typ void* in Ihrem Programm weiterzuverarbeiten.

void *Liste::FindeNaechstes();
FindeNaechstes() findet den Nachfolger des aktuellen Elements. Das gefundene Objekt wird am Ende als Rückgabeparameter an den Aufrufer zurückgegeben. Ist die Liste leer oder ist das aktuelle Element bereits das letzte Element in der Liste, wird NULL zurückgegeben. An dieser Stelle benötigen Sie unter Umständen explizites Typecasting, um den zurückgegebenen Zeiger vom Typ void* in Ihrem Programm weiterzuverarbeiten.

void *Liste::Lesen();
Lesen() gibt das Element zurück, das aktuell adressiert wird. Wenn die Liste leer ist oder Sie auf ein Element zugreifen, das nicht existiert (z.B. auf den Nachfolger des letzten Elements) wird NULL zurückgegeben.

void *Liste::LesenAn(long int Index);
LesenAn() gibt das Element zurück, das durch den Parameter Index adressiert wird. Wenn die Liste leer ist, wird NULL zurückgegeben. Wenn Index<0 ist, wird das erste Element der Liste zurückgegeben, wenn Index die Anzahl der in der Liste befindlichen Elemente übersteigt, wird das letzte Element in der Liste zurückgegeben.

long int GetMaxIndex();
MaxIndex enthält den maximalen Positionsindex in der Liste, den Sie verwenden können. Die Anzahl der Elemente in der Liste ist deshalb stets GetMaxIndex()+1.

long int GetIndex();
Die Get-Funktion GetIndex() liefert den aktuellen Positionszeiger Index zurück, also die Position des aktuell adressierten Elements in der Liste.

void Save(char *FileName, long int ObjSize);
Save() speichert die gesamte Liste in einer Datei ab, der String-Parameter FileName gibt den Dateinamen an, unter dem Ihre Liste abgelegt werden soll. An dieser Stelle müssen Sie die Größe Ihrer Speicherobjekte im Parameter ObjSize angeben oder vorher mit sizeof() ermitteln.

void Load(char *FileName, long int ObjSize);
Load() lädt eine Liste aus einer Datei, der String-Parameter FileName gibt den Dateinamen an, unter dem Ihre Liste zuvor abgelegt worden ist. An dieser Stelle müssen Sie die Größe Ihrer Speicherobjekte im Parameter ObjSize angeben oder vorher mit sizeof() ermitteln.

Kommen wir nun zu Listing 4.4. Dieses Programm ist sehr umfangreich und implementiert eine vollständige Personenverwaltung mit einer universellen Listenklasse. Viele Funktionen im nächsten Listing sind so konzipiert, dass diese wiederverwertbar sind. Sie benötigen aber unter Umständen einige Zeit, um Listing 4.4 zu verstehen.

Listing 4.4 Personenverwaltung.cpp

```cpp
01  #include<stdio.h>
02  #include<stdlib.h>
03  #include<conio.h> // für getch() und clrscr()
04  #include<string.h> // für strcpy() und strcat()

05  struct Element_t // typenloser Elementzeiger für beliebige Objekte
06  {
07      void *Aktuell;
08      void *Vorgaenger;
09      void *Nachfolger;
10  };

11  class Liste // universelle Objektliste
12  {
13      private:
14      void *Anker; // Erstes Element in der Liste
15      void *Aktuell; // Aktuell adressiertes Element
16      void *Ende; // Listenkopf
17      long int Index; // Positionsindex Hilfszeiger
18      long int MaxIndex; // Anzahl Elemente in der Liste
19      void Init(void *Obj); // Init() ist nicht von außen adressierbar
20      public:
21      Liste::Liste(); // Konstruktor
22      void Anhaengen(void *Obj); // Element hinten anhängen
23      void Einfuegen(void *Obj); // Element an der aktuellen Position einfügen
24      void EinfuegenAn(void *Obj, long int Index); // Element an der aktuellen
Position Index einfügen
25      void Loeschen(); // Aktuelles Element löschen
26      void LoeschenAn(long int Index); // Element an der Position Index löschen
27      void *Liste::FindeErstes(); // Gibt erstes Objekt in der Liste zurück
28      void *Liste::FindeLetztes(); // Gibt letztes Objekt in der Liste zurück
29      void *Liste::FindeNaechstes(); // Gibt nächstes Objekt in der Liste zurück
30      void *Liste::Lesen(); // Liest das Objekt von der aktuellen Position ein
31      void *Liste::LesenAn(long int Index); // Liest das Objekt von der Position
Index ein
32      long int GetMaxIndex(); // MaxIndex enthält die Anzahl der Elemente in der Liste
33      long int GetIndex(); // GetIndex liefert den aktuellen Index zurück
34      void Save(char *FileName, long int ObjSize); // Speichert die gesamte Liste
in einer Datei
35      void Load(char *FileName, long int ObjSize); // Lädt eine Liste aus einer Datei
36  };

37  Liste::Liste()
38  {
39      Anker=new Element_t;
40      Aktuell=new Element_t;
41      Ende=new Element_t;
42      Anker=NULL; Aktuell=NULL; Ende=NULL; // In einer leeren Liste zeigen alle
Zeiger auf NULL
43  }
44  void Liste::Init(void *Obj)
45  {
46      Element_t *Erstes=new Element_t; // Noch kein Element in der Liste
47      Element_t *ListenKopf=new Element_t; // Dem letzten Element folgt stets ein
Listenkopf
```

```
48        Erstes->Aktuell=Obj; Anker=Erstes; Aktuell=Anker; // Der Anker ist immer das
erste Element
49        // Im Listenkopf zeigen alle Zeiger auf NULL
50        ListenKopf->Aktuell=NULL; ListenKopf->Nachfolger=NULL;
51        ListenKopf->Vorgaenger=Erstes; Erstes->Vorgaenger=NULL;
52        Erstes->Nachfolger=ListenKopf; Ende=ListenKopf;
53        Index=0; MaxIndex=0; // Index 0 ist das erste Element
54   }

55   void Liste::Anhaengen(void *Obj)
56   {
57        Element_t *Neu; // neues Element
58        Element_t *ListenKopf;
59        Element_t *E; // Letztes Element in der Liste
60        Element_t *EV; // Vorgänger des letzten Elements
61        if (Anker==NULL) { Init(Obj); return; } // Leere Liste? dann Init() aufrufen
62        Neu=new Element_t;
63        ListenKopf=new Element_t;
64        Neu->Aktuell=Obj;
65        E=(Element_t*)Ende; // Anhaengen() fügt die Elemente stets hinten an
66        EV=(Element_t*)E->Vorgaenger;
67        EV->Nachfolger=Neu; Neu->Vorgaenger=EV; Neu->Nachfolger=ListenKopf;
68        // Im Listenkopf zeigen alle Zeiger auf NULL
69        ListenKopf->Aktuell=NULL; ListenKopf->Vorgaenger=Neu;
70        ListenKopf->Nachfolger=NULL; Ende=ListenKopf;
71        MaxIndex++;
72   }

73   void Liste::Einfuegen(void *Obj)
74   {
75        Element_t *Neu;
76        Element_t *A;
77        Element_t *V;
78        Element_t *N;
79        if (Anker==NULL) { Init(Obj); return; } // Bei einer leeren Liste ist die
Einfügeposition egal
80        Neu=new Element_t;
81        Neu->Aktuell=Obj;
82        if (Aktuell!=Anker) // Einfügen in der Mitte
83        {
84            A=(Element_t*)Aktuell;
85            V=(Element_t*)A->Vorgaenger; N=(Element_t*)A->Nachfolger;
86            V->Nachfolger=Neu; Neu->Vorgaenger=V;
87            Neu->Nachfolger=A; A->Vorgaenger=Neu;
88        }
89        else // Einfügen vor dem Anker
90        {
91            A=(Element_t*)Aktuell;
92            A->Vorgaenger=Neu; Neu->Nachfolger=A;
93            Anker=Neu;
94        }
95        // Da es stets einen zusätzlichen Listenkopf gibt, müssen nicht mehr
Bedingungen geprüft werden
96        MaxIndex++;
97   }

98   void Liste::EinfuegenAn(void *Obj, long int Index)
```

```
 99   {
100       long int i=0;
101       if (Anker==NULL) { Init(Obj); return; } // Bei leerer Liste ist die
Einfügeposition egal
102       if (Index<0) { Index=0; } // Negative Indices->Einfügen am Anfang
103       if (Index>MaxIndex) { Anhaengen(Obj); } // Index>MaxIndex->Anhängen am Ende
104       else
105       {
106           FindeErstes();
107           for (i=1; i<Index+1; i++) { FindeNaechstes(); }
108           Einfuegen(Obj);
109       }
110   }

111   void Liste::Loeschen()
112   {
113       Element_t *A;
114       Element_t *V;
115       Element_t *N;
116       if (Aktuell==Anker) // Löschen des ersten Elements verschiebt den Anker
117       {
118           A=(Element_t*)Aktuell; N=(Element_t*)A->Nachfolger;
119           Anker=N; N->Vorgaenger=NULL; Aktuell=N;
120           delete(A); MaxIndex--; Index--;
121       }
122       else if (Aktuell!=Anker) // Löschen aus der Mitte der Liste
123       {
124           A=(Element_t*)Aktuell;
125           V=(Element_t*)A->Vorgaenger; N=(Element_t*)A->Nachfolger;
126           V->Nachfolger=N; N->Vorgaenger=V; Aktuell=N;
127           delete(A); MaxIndex--; Index--;
128       }
129       // Da es stets einen zusätzlichen Listenkopf gibt, müssen nicht mehr
Bedingungen geprüft werden
130       if (MaxIndex==0) { Index=0; MaxIndex=0; Anker==NULL; }
131   }

132   void Liste::LoeschenAn(long int Index)
133   {
134       long int i=0;
135       if (Anker==NULL) { return; } // Löschen aus leerer Liste nicht möglich
136       if (Index<0) { Index=0; } // Negative Indices->Löschen vom Anfang aus
137       if (Index>MaxIndex) { Index=MaxIndex; } // Index>MaxIndex->Entfernen des
letzten Elements
138       FindeErstes();
139       for (i=1; i<Index+1; i++) { FindeNaechstes(); }
140       Loeschen();
141   }

142   void *Liste::FindeErstes()
143   {
144       Element_t *E;
145       Aktuell=Anker;
146       if (Aktuell==NULL) { return NULL; }
147       else
148       {
149           E=(Element_t*)Aktuell; // Hier muss Typecasting stattfinden
150           Index=0; return E->Aktuell; // der Datensatz ist in E->Aktuell!
```

```
151     }
152 }

153 void *Liste::FindeLetztes()
154 {
155     Element_t *E;
156     Element_t *V;
157     E=(Element_t*)Ende; // Listenkopf
158     V=(Element_t*)E->Vorgaenger; // Vorgänger des Listenkopfs ist das letzte
gültige Element
159     Aktuell=V;
160     Index=MaxIndex; return V->Aktuell; // Der Datensatz ist in V->Aktuell
161 }

162 void *Liste::FindeNaechstes()
163 {
164     Element_t *E;
165     Element_t *Nachfolger;
166     if (Index>MaxIndex)
167     {
168         return NULL; // Ungültige Elemente sind NULL
169     }
170     else
171     {
172         E=(Element_t*)Aktuell; // Hier muss Typecasting stattfinden!
173         Nachfolger=(Element_t*)E->Nachfolger; // Nachfolger holen
174         Aktuell=Nachfolger;
175         Index++;
176         return Nachfolger->Aktuell; // Der Datensatz ist in
        Nachfolger->Aktuell
177     }
178 }

179 void *Liste::Lesen()
180 {
181     Element_t* E;
182     E=(Element_t*)Aktuell;
183     return E->Aktuell; // Der Datensatz ist in E->Aktuell
184 }

185 void *Liste::LesenAn(long int Index)
186 {
187     long int i=0;
188     Element_t* E;
189     if (Index>MaxIndex)
190     {
191         return NULL; // Ungültige Elemente sind NULL
192     }
193     else
194     {
195         FindeErstes();
196         for (i=1; i<Index+1; i++) { FindeNaechstes(); }
197         E=(Element_t*)Aktuell; // Hier muss Typecasting stattfinden!
198         return E->Aktuell; // Der Datensatz ist in Nachfolger->Aktuell
199     }
200 }

201 long int Liste::GetMaxIndex()
```

```cpp
202 {
203     return MaxIndex;
204 }

205 long int Liste::GetIndex()
206 {
207     return Index;
208 }

209 void Liste::Save(char *FileName, long int ObjSize)
210 {
211     long int i;
212     Element_t *E;
213     FILE *SavList=fopen(FileName,"wb");
214     FindeErstes();
215     fwrite(&MaxIndex,sizeof(MaxIndex),1,SavList); // Am Anfang der Datei wird MaxIndex gespeichert
216     for (i=0; i<=MaxIndex; i++) // MaxIndex ist das letzte gültige Element in der Liste
217     {
218         E=(Element_t*)Aktuell;
            fwrite(E->Aktuell,ObjSize,1,SavList); // Der Datensatz ist in E->Aktuell
219         FindeNaechstes();
220     }
221     fclose(SavList);
222 }

223 void Liste::Load(char *FileName, long int ObjSize)
224 {
225     long int i,j;
226     char *Dummy; // Hilfsvariable für Objektdaten-Bytes
227     Element_t *E;
228     FILE *SavList=fopen(FileName,"rb");
229     fread(&j,sizeof(j),1,SavList); // MaxIndex in j einlesen
230     for (i=0; i<=j; i++) // MaxIndex wird in der Schleife neu bestimmt und ist am Anfang 0
231     {
232         Dummy=new char[ObjSize]; // Die Größe des Datenblocks steht nicht im Type Element_t
233         E=new Element_t; // E enthält nur 3 Zeiger, aber nicht die Daten selbst
234         fread(Dummy,ObjSize,1,SavList); // Hier werden nur die Datenbytes eingelesen
235         E=(Element_t *)Dummy; // Durch das Typecasting wird Dummy als Zeiger vom Typ Element interpretiert
236         Anhaengen(E); // MaxIndex wird hier automatisch erhöht und der Datentyp ist wieder Element_t*
237     }
238     fclose(SavList);
239 }

240 class Person // Einfache Klasse zum Verwalten von Personendaten (Typ char*)
241 {
242     private:
243     char Name[50];
244     char Vorname[50];
245     char Strasse[100];
246     char PLZ[10];
247     char Ort[50];
```

```
248        char Telefon[50];
249        char eMail[100];
250     public:
251        // Set-Funktionen zum gezielten Verändern von Attributen
252        void SetName(char *S);
253        void SetVorname(char *S);
254        void SetStrasse(char *S);
255        void SetPLZ(char *S);
256        void SetOrt(char *S);
257        void SetTelefon(char *S);
258        void SeteMail(char *S);
259        // Get-Funktionen zum gezielten Auslesen von Attributen
260        void GetName(char *S);
261        void GetVorname(char *S);
262        void GetStrasse(char *S);
263        void GetPLZ(char *S);
264        void GetOrt(char *S);
265        void GetTelefon(char *S);
266        void GeteMail(char *S);
267        // Ein/Ausgabefunktionen
268        void Ausgabe();
269        void Eingabe();
270     };

271     // Set-Funktionen
272     void Person::SetName(char *S)    { strcpy(Name,S); }
273     void Person::SetVorname(char *S) { strcpy(Vorname,S); }
274     void Person::SetStrasse(char *S) { strcpy(Strasse,S); }
275     void Person::SetPLZ(char *S)     { strcpy(PLZ,S); }
276     void Person::SetOrt(char *S)     { strcpy(Ort,S); }
277     void Person::SetTelefon(char *S) { strcpy(Telefon,S); }
278     void Person::SeteMail(char *S)   { strcpy(eMail,S); }
279     // Get-Funktionen
280     void Person::GetName(char *S)    { strcpy(S,Name); }
281     void Person::GetVorname(char *S) { strcpy(S,Vorname); }
282     void Person::GetStrasse(char *S) { strcpy(S,Strasse); }
283     void Person::GetPLZ(char *S)     { strcpy(S,PLZ); }
284     void Person::GetOrt(char *S)     { strcpy(S,Ort); }
285     void Person::GetTelefon(char *S) { strcpy(S,Telefon); }
286     void Person::GeteMail(char *S)   { strcpy(S,eMail); }
287     // Ein-/Ausgabefunktionen

288     void Person::Ausgabe()
289     {
290         printf("%s,%s\n",Vorname,Name);
291         printf("%s\n",Strasse);
292         printf("%s %s\n",PLZ,Ort);
293         printf("Telefon:%s\n",Telefon);
294         printf("eMail:%s\n",eMail);
295     }

296     void Person::Eingabe()
297     {
298         fflush(stdin);
299         printf("Vorname:"); fgets(Vorname,50,stdin);
300         Vorname[strlen(Vorname)-1]=0;
301         printf("Name:"); fgets(Name,50,stdin);
302         Name[strlen(Name)-1]=0;
```

```
303      printf("Straße:"); fgets(Strasse,100,stdin);
304      Strasse[strlen(Strasse)-1]=0;
305      printf("PLZ:"); fgets(PLZ,10,stdin);
306      PLZ[strlen(PLZ)-1]=0;
307      printf("Ort:"); fgets(Ort,50,stdin);
308      Ort[strlen(Ort)-1]=0;
309      printf("Telefon:"); fgets(Telefon,50,stdin);
310      Telefon[strlen(Telefon)-1]=0;
311      printf("eMail:"); fgets(eMail,50,stdin);
312      eMail[strlen(eMail)-1]=0;
313 }

314 void main()
315 {
316      Liste L;
317      Person *P;
318      Person *Neu;
319      char S[100];
320      char T[100];
321      long int i=0;
322      int F=0;
323      bool stop=false;
324      // Wenn im aktuellen Programmpfad eine Personendatei existiert, diese öffnen
325      FILE *FI=fopen("Personen.lst","rb"); fclose(FI);
326      if (FI!=NULL) { L.Load("Personen.lst",sizeof(Person)); }
327      while (F!=4)
328      {
329          clrscr();
330          printf("Funktion wählen:1=Neue Person erstellen,2=Person suchen,3=Liste ausgeben,4=Programm beenden>");
331          scanf("%d",&F);
332          switch(F)
333          {
334              case 1: Neu=new Person; Neu->Eingabe();
335                      P=(Person *)L.FindeErstes();
336                      i=0; stop=false;
337                      // Suchschleife zum Finden der richtigen Einfügeposition
338                      while ((i<=L.GetMaxIndex())&&(stop==false)&&(P!=NULL))
339                      {
340                          Neu->GetName(S); P->GetName(T);
341                          if (strcmp(S,T)<0) { stop=true; }
342                          else { P=(Person *)L.FindeNaechstes(); i++; }
343                      }
344                      L.EinfuegenAn(Neu,i-1); // Hier ist man gewissermaßen über das Ziel hinausgeschossen
345                      break;
346              case 2: printf("Suche Vorname:"); // Die Suchfunktion unterstützt nur die Suche nach Vornamen
347                      fflush(stdin);
348                      fgets(S,50,stdin); S[strlen(S)-1]=0; // Vornamen von der Tastatur einlesen
349                      P=(Person *)L.FindeErstes(); // An den Anfang der Liste gehen
350                      if (P==NULL) { printf("Die Liste ist leer."); getch(); }
351                      else
352                      {
353                          i=0;
354                          while (P!=NULL)
355                          {
```

```
356                         P->GetVorname(T); // Vornamen des aktuellen
Listenelements in Hilfsvariable T einlesen
357                         if (strcmp(S,T)==0) // in S ist die Suchmaske und
diese stimmt hier mit T überein
358                         {
359                             clrscr();
360                             P->Ausgabe();
361                             printf("Weiter (w) oder Person löschen (l)?\n");
362                             scanf("%s",T);
363                             if (T[0]=='l') { L.LoeschenAn(i); printf("Person
gelöscht\n"); getch(); }
364                             if (T[0]=='w') { printf("Setze Suche fort\n");
getch(); }
365                         }
366                         P=(Person *)L.FindeNaechstes(); i++; // Nächstes
Listenelement holen
367                     }
368                 }
369         break;
370         case 3: P=(Person *)L.FindeErstes();
371                 if (P==NULL) { printf("Die Liste ist leer."); getch(); }
372                 else
373                 {
374                     for (i=0; i<=L.GetMaxIndex(); i++) // Hier werden
sämtliche Listenelemente angezeigt
375                     {
376                         clrscr();
377                         P->Ausgabe(); getch();
378                         P=(Person *)L.FindeNaechstes(); // Nächstes
Listenelement holen
379                     }
380                 }
381         break;
382         default: break;
383     }
384   }
385   printf("Das Programm wird beendet …\n");
386   // Wenn eine nicht leere Liste im Speicher ist, diese in der Datei Personen.
lst sichern
387   if (L.FindeErstes()!=NULL) { L.Save("Personen.lst",sizeof(Person)); }
388   getch();
389 }
```

Das nächste Programm läuft in der Windows-Eingabeaufforderung, die den Befehl clrscr() zum Löschen des Bildschirms unterstützt. Deshalb wird in Zeile **001-004** neben **stdio.h** und **string.h** auch **conio.h** eingebunden. Auch **stdlib.h** muss eingebunden werden, um **atoi()** und **atof()** verwenden zu können. Wenn Sie Linux verwenden, dann gibt es **conio.h** nicht und Sie müssen den Bildschirm mit

```
system("clear");
```

löschen. Die Struktur der Elemente in der universellen Liste wird in Zeile **005-010** deklariert. Statt für die einzelnen Listenelemente bestimmte strukturierte Datentypen zu benutzen, enthält Element_t nur drei typenlose Zeiger, nämlich Aktuell, Vorgaenger und Nachfolger. Aktuell zeigt hier auf den Datensatz selbst, den Element_t referenzieren soll, Vorgaenger und Nachfolger zeigen dann auf das Vorgänger- und Nachfolgerelement in

Ihrer Liste. Die Liste selbst wird auch in diesem Beispiel wieder in die Klasse `Liste` ausgelagert. Anders, als in Listing 4.2, wird jedoch noch zusätzlich zum Ankerelement das Element `Ende` (Zeile **018**) definiert, das stets auf das Ende der Liste zeigt. Außerdem sind durch die Variablen `Index` und `MaxIndex` stets die aktuelle Position sowie die maximal mögliche Position eines Elements in der Liste bekannt. Auf diese Weise kann dann auch die Anzahl der Elemente in der Liste bestimmt werden, die stets `MaxIndex+1` ist. Die einzelnen Methoden der Klasse `Liste`, die in Zeile **021 – 035** definiert werden, wurden schon vorher kurz erläutert, nun möchte ich Ihnen zeigen, wie diese Methoden arbeiten.

Der Konstruktor `Liste::Liste()` (Zeile **037 – 043**) arbeitet hierbei, wie Sie es schon kennen. Der Anker wird auf NULL gesetzt und auch **Aktuell** und **Ende** bekommen jeweils NULL zugewiesen. Die Liste ist also am Anfang leer und enthält keine Elemente. Die Methode `Anhaengen ()` arbeitet jedoch etwas anders als in Listing 4.2, da ich es nun vermeiden möchte, dass Sie Ihre Listen gezielt initialisieren müssen, um mit ihnen zu arbeiten. Deshalb verwendet `Anhaengen()` die nicht nach außen sichtbare Methode `Init()`, um eine Liste immer dann automatisch zu initialisieren, wenn Sie ein Objekt in eine noch leere Liste einfügen wollen. `Anhaengen()` reicht dieses Objekt dann per Zeiger an `Init()` weiter und `Init()` erstellt daraufhin eine Liste mit nur einem Element als Anker. `Init()` (Zeile **044 – 054**) funktioniert aber etwas anders, als der Initialisierungsvorgang in Listing 4.2. In den Zeilen **046** und **047** wird nämlich zusätzlich zum Element `Element_t *Erstes`, auf das dann später auch der Anker zeigt, ein Listenkopf angelegt, der zusätzlich an den Anker angehängt wird. Dieser Listenkopf wird in Zeile **050** und **051** so definiert, dass der Datenzeiger `ListenKopf->Aktuell` auf NULL zeigt. Der Listenkopf enthält also einen Vorgänger, aber keinen Datenblock. Natürlich zeigen dann der Zeiger `Erstes->Nachfolger` und der Zeiger für das Listenende direkt nach der Initialisierung auf den Listenkopf und nicht auf NULL. Was Sie durch diese Konstruktion gewonnen haben, werde ich Ihnen erklären, wenn ich die Funktionen `Einfuegen()` und `EinfuegenAn()` beschreibe.

Kommen wir nun zu der Methode `Anhaengen()` (Zeile **055 – 072**). Das Anhängen von Elementen an das Ende der Liste ist einerseits einfacher als in Listing 4.2, andererseits aber auch komplizierter. Die erste Vereinfachung ist, dass `Anhaengen()` automatisch `Init()` aufruft, wenn Ihre Liste leer ist (Zeile **061**). Eine weitere Vereinfachung ist, dass Sie einen Zeiger zur Verfügung haben, der stets auf das letzte Element direkt vor dem Listenkopf zeigt. Sie können also einfach in Zeile **062** ein neues Element im Speicher anlegen und diesem anschließend in Zeile **064** den der Funktion `Anhaengen()` als Parameter übergebenen Zeiger auf Ihren Datenblock zuweisen. Auch die Schritte, die nötig sind, um das vormals letzte Element in Ihrer Liste zum Vorgänger des nun letzten Elements zu machen, sind nicht so kompliziert und Sie werden viele Programmiertechniken aus Listing 4.2 wiedererkennen. Was die Methode `Anhaengen()` jedoch komplizierter macht als die Methode in Listing 4.2, ist die Tatsache, dass Sie immer einen neuen Listenkopf erstellen müssen, wenn Sie ein Element am Ende der Liste anhängen. Deshalb benötigen Sie an dieser Stelle die Hilfsvariablen **E** und **EV**. **E** ist ein separater Zeiger auf das Ende der Liste und **EV** ist ein separater Zeiger auf das Vorgängerelement des letzten Elements. Um nun ein Element direkt vor dem Listenkopf einzuhängen, benötigen Sie die folgenden Anweisungen in Zeile **065 – 067**:

```
E=(Element_t*)Ende; // Typecasting nötig
EV=(Element_t*)E->Vorgaenger; // Typecasting nötig
EV->Nachfolger=Neu; Neu->Vorgaenger=EV; Neu->Nachfolger=ListenKopf;
```

Im Endeffekt haben Sie hier die bereits bekannten Anweisungen verwendet, die nötig sind, um ein neues Element in die Mitte einer doppelt verketteten Liste einzuhängen, in diesem Fall direkt vor den Listenkopf, dessen Vorgänger dann auch das neu eingefügte Element wird (Anweisungen in Zeile **069** und **070**).

Nun möchte ich Ihnen erklären, was Sie durch die Konstruktion mit dem Listenkopf gewonnen haben, wenn Sie die Methode `Einfuegen()` (Zeile **073**–**097**) erstellen. Durch den Listenkopf können beim Einfügen neuer Elemente nur noch zwei Szenarien auftreten, die sich gegenseitig ausschließen. Das erste Szenario ist, dass Sie ein Element ganz normal in der Mitte der Liste einfügen müssen. In diesem Fall ist `Aktuell!=Anker` (if-Anweisung in Zeile **082**), wenn `Aktuell` das Element ist, das Sie gerade durch eine separate Methode ausgewählt haben. In diesem Fall müssen Sie in Zeile **084**–**087** nur die bereits bekannte Programmiertechnik zum Umbiegen der Zeiger des Vorgängers und Nachfolgers auf das neue Element anwenden. Da Sie neue Elemente stets nur am Anfang oder in der Mitte einhängen können (das letzte Element ist ja der Listenkopf), kann als zweites Szenario nur noch die Bedingung auftreten, dass `Aktuell` auf den Anker zeigt (`else`-Anweisung in Zeile **089**). In diesem Fall müssen Sie den Anker verrücken, aber auch diese Programmiertechnik kennen Sie bereits. Durch den Listenkopf wird also das Einfügen neuer Elemente einfacher und vor allem schneller.

Einfacher wird dann auch das Einfügen von Elementen an einer bestimmten Position in der Liste (Methode `EinfuegenAn()` in Zeile **098**–**110**). Sie müssen in diesem Fall nur eine for-Schleife erstellen, die am Anfang auf den Listenanker zeigt und die danach so lange `FindeNaechstes()` aufruft, bis die Zählvariable Ihrer for-Schleife der Elementposition entspricht, die Sie im Parameter `Index` übergeben haben. Da sich der maximale Index, den Sie verwenden können, stets in dem Attribut `MaxIndex` befindet, kann `EinfuegenAn()` sogar wie folgt funktionieren: Wenn `Index<=0` ist, dann wird das Element am Ende eingefügt, wenn `Index>MaxIndex` ist, wird das Element am Ende angehängt.

Auch die Funktion `Loeschen()` (Zeile **111**–**131**) muss nur zwei Szenarien überprüfen, nämlich das Entfernen eines Elements am Anfang der Liste und aus der Mitte der Liste. Im ersten Fall wird der Anker versetzt, im zweiten Fall wird das zu löschende Element durch Umbiegen der Zeiger des Vorgängers und Nachfolgers aus der Liste ausgehängt. `LoeschenAn()` (Zeile **132**–**142**) führt dann die gleiche Suchschleife aus wie `EinfuegenAn()`, nur wird hier am Ende (also wenn das Element gefunden wurde) `Loeschen()` und nicht `Einfuegen()` aufgerufen.

Die nächste Übung soll nun sein, den Rest des Listings selbstständig zu verstehen. Erstellen Sie am besten auch Programmablaufpläne für die einzelnen Klassenmethoden. Selbstverständlich lasse ich Sie nicht im Regen stehen und sämtliche Lösungen befinden sich in Anhang A, in dem Sie immer wieder nachschauen können, wenn Sie irgendwo steckenbleiben.

■ 4.3 Listen mit Java erstellen[4]

Das letzte Listing war sehr umfangreich und vielleicht haben Sie einige Tage gebraucht, um sich zurechtzufinden. Vielleicht haben Sie dann auch darüber nachgedacht, wie Sie solche Dinge wie die Erstellung von Listen einfacher gestalten können und ob es nicht auch Alternativen zu C++ gibt. Zugegeben: Die Lernkurve ist in diesem Kapitel stark angestiegen und vielleicht haben Sie sich an manchen Stellen auch geärgert, dass der Umgang mit Listen so kompliziert sein muss. Vielleicht wollen Sie dann auch an dieser Stelle lieber Java statt C++ verwenden, weil diese Programmiersprache viele Dinge in Bezug auf verkettete Listen stark vereinfacht. Und genau darum soll es nun gehen, nämlich um die Erstellung von Listen mit Java.

Wenn Sie Java verwenden wollen, um Listen mit beliebigen Objekten zu erstellen, dann können Sie keine Zeiger benutzen, wie in Listing 4.4. Sie können in Java lediglich Referenzen auf Objekte erstellen. So zeigt beispielsweise das Objekt a auf das Objekt b, wenn Sie a=b setzen und a und b keine primitiven Datentypen sind. Die Verwendung von Referenzen auf Objekte ist jedoch bei der Programmierung von verketteten Listen sehr schwierig, weil Sie stets darüber nachdenken müssen, wie Java (das mit C++ entwickelt wurde) intern die entsprechenden Zeiger verwaltet. Der Umgang mit Listen ist in Java also erst einmal schwierig, deshalb wurden für genau diesen Zweck spezielle Erweiterungen geschaffen. Eine dieser Erweiterung sind die **Collections**, die ich Ihnen nun vorstellen möchte.

Collections (auf Deutsch Objektsammlungen) sind im Paket **java.util** definiert und umfassen vier Klassen: Listen (**java.util.List**), Sets (**java.util.Set**), Maps (**java.util.Map**) und Queues (**java.util.Queue**). Hierbei ist „Set" der englische Begriff für „Menge", „Map" der englische Begriff für „Landkarte" und „Queue" der englische Begriff für „Warteschlange". Zu den Listen gehören unter anderem die Unterklassen `Vector`, `Stack`, `ArrayList` und `LinkedList`. „Linked list" ist die englische Bezeichnung für eine verkettete Liste und Java verwendet intern grundsätzlich doppelt verkettete Listen. Dabei werden intern die doppelt verketteten Listen ähnlich verwaltet wie in Listing 4.4. Bei einem Objekt der Klasse `LinkedList` haben also alle Listenelemente einen Vorgänger und einen Nachfolger. Existiert kein Vorgänger oder Nachfolger, so bekommt der entsprechende Vorgänger oder Nachfolger den Wert `NULL` zugewiesen. `NULL` ist jedoch in Java kein Zeiger, sondern ein Hilfskonstrukt, das unter anderem den Garbage Collector (eine Art Müllabfuhr-Klasse, die den Speicher aufräumt) anwirft. Alle Objekte, denen `NULL` zugewiesen wird, werden irgendwann automatisch aus dem Speicher entfernt. In den nun folgenden Beispielen möchte ich Ihnen die wichtigsten Methoden der Klassen `LinkedList` und `Vector` vorstellen. Natürlich werde ich auch hier wieder zu jedem Unterpunkt Codebeispiele angeben.

---

[4] Christian Ullenboom, Java ist auch eine Insel, 13. aktualisierte Auflage, ISBN 978-3-8362-5869-3, S. 983 ff.

4.3.1 Erstellen von Java-Listen mit LinkedList

In Java sind alle Daten, auf die Sie zugreifen können, stets Objekte, so auch die einzelnen Elemente in einer verketteten Liste. Genau genommen sind die Objekte nur interne Zeiger vom Typ void*, also Referenzen auf die Speicheradresse der entsprechenden Datenstrukturen. Die Anzahl an Elementen in einer Liste muss bei der Erstellung nicht bekannt sein und kann sich dynamisch ändern. Dies ist so, weil Java den Speicher dynamisch verwaltet und – weil der Java-Interpreter in C++ entwickelt wurde – intern für jedes neue Datenobjekt stets new benutzt. Ebenso, wie es im weiteren Verlauf möglich ist, immer neue Elemente am Ende Ihrer Liste anzuhängen, können bereits bestehende Elemente aus der Liste „ausgehängt" werden, auch hier wieder jeweils vom Ende oder vom Anfang aus. Vielleicht kennen Sie an dieser Stelle aus Ihrem Studium bereits die Klasse ArrayList und haben auch schon im Programmierpraktikum mit dieser gearbeitet. Welchen Vorteil hat nun die Verwendung der Klasse LinkedList? Die Antwort ist, dass ArrayList nur ein dynamisches Array implementiert, in das neue Daten mittels des Algorithmus eingefügt werden, den Sie schon im zweiten Kapitel unter „sortiertes Einfügen" kennengelernt haben. Um also ein Objekt vom Typ ArrayList dynamisch zu vergrößern, muss stets neuer Speicherplatz für die einzufügenden Elemente reserviert werden. Wenn nun das größere Array nicht mehr zusammenhängend in den Speicher passt, weil z. B. dem alten Array direkt andere Daten folgen, muss das gesamte alte Array an eine andere Speicheradresse kopiert werden (Arrays werden grundsätzlich zusammenhängend im Speicher abgelegt). In eine LinkedList können also Elemente wesentlich schneller am Ende eingefügt werden als in eine ArrayList. Kommen wir nun zu den wichtigsten Methoden der Klasse LinkedList:

- public boolean isEmpty() stellt fest, ob die Liste leer ist.
- public Integer size() gibt die Anzahl der Listenelemente zurück.
- public E get(int index) liest das Element E an der Stelle index.
- public boolean add(E) hängt das Element E am Ende an.
- public boolean add(index,E) fügt E an der Position index ein.
- public boolean removeLast() entfernt das erste Element.
- public boolean removeFirst() entfernt das letzte Element.

Wenn Sie sich eingehend mit Listing 4.4 beschäftigt haben, werden Sie merken, dass ich mich bei der Entwicklung der universellen C++-Listenklasse an Java orientiert habe. Nun sehen Sie auch den Grund dafür: Der Umstieg von C++ auf Java ist nun sehr einfach, wenn Sie für das alte Element_t* den Variablennamen E einsetzen und sich nun die Methoden der Java-Klasse LinkedList ansehen. E ist bei sämtlichen Methoden der Klasse LinkedList immer vom Typ Object, d.h., wenn E z. B. vom Typ Integer ist, dann wird von der Methode add() am Ende der Liste ein Objekt vom Typ Integer angehängt. Dies heißt natürlich auch wieder (wie auch schon in Listing 4.4), dass Java Sie nicht daran hindert, eine Liste zu erstellen, die Objekte gemischten Typs enthält. In diesem Fall sind wieder Sie als Programmierer dafür verantwortlich, Methoden zu ersinnen, mit denen Sie feststellen können, wo sich welches Objekt welchen Typs befindet. Da dies nicht so einfach ist, verwende ich in den folgenden Beispielen nur einfache, ganze Zahlen. In dem nächsten Beispiel wird nun eine einfache Liste erstellt, in die Sie Zahlen einfügen können. Diese Zahlen werden von der Tastatur eingelesen. Es sind nur positive Zahlen zulässig. Wenn Sie eine negative Zahl oder

0 eingeben, wird die gesamte Liste in der Konsole ausgegeben und das Programm wird anschließend beendet. Sehen Sie sich dazu nun Listing 4.5 an.

Listing 4.5 Liste3.java

```
01  import java.io.*; // Für Consolen-Funktionen
02  import java.util.*; // Für Collections

03  public class Liste3
04  {
05      public static void main (String[] args)
06      {
07          int i,n,s,index; // Hilfsvariablen
08          LinkedList<Integer> Liste=new LinkedList<Integer>(); // Integer-Liste erstellen
09          String ConsoleInput;
10          System.out.println("Einfache Liste in Java");
11          n=1; // Initialisierung für n
12          while (n>0) // Eibgabe von Elementen, bis n<=0 ist
13          {
14              System.out.print("Bitte Wert n eingeben:");
15              ConsoleInput=System.console().readLine();
16              n=Integer.parseInt(ConsoleInput);
17              if (n>=0) { Liste.add(n); }
18          }
19          System.out.println("Ausgabe der Listenelemente:");
20          s=Liste.size(); // Anzahl Elemente in der Liste ermitteln
21          for (index=0; index<s; index++) // Sämtliche Elemente ausgeben
22          {
23              n=Liste.get(index);
24              System.out.println(n);
25          }
26          Liste=null; // Liste aus dem Speicher entfernen
27      }
28  }
```

In den Zeilen **01** und **02** wird neben dem Modul **java.io**, das Sie z. B. für die Tastatureingabe benötigen, auch das Modul **java.util** eingefügt, das die Collections-Klassen enthält. Diese benötigen Sie auf jeden Fall, um Objekte der Klasse `LinkedList` zu erstellen. Das Hauptprogramm (Zeile **03 – 28**) habe ich auch in diesem Beispiel der Einfachheit halber wieder in einer einzigen Datei (**Liste3.java**) untergebracht und diese enthält auch in diesem Listing alle Methoden inklusive der Hauptmethode `main()`. In Zeile **07** werden zunächst folgende Hilfsvariablen vom Typ `int` definiert: Der Zähler **i** für die Ausgabeschleife aller Listenelemente bei Programmende, die Zahl **n** für den zuletzt über die Tastatur eingegebenen Wert, die Variable **s**, die die Anzahl der Elemente in der Liste speichert (engl. size) und die Variable **index**, die den aktuellen Listenindex enthält. In Zeile **08** wird dann die verkettete Liste erstellt, die einfach den Namen „Liste" bekommt. Damit die Liste jedoch Daten des richtigen Typs verwalten kann (hier: Integer-Zahlen), müssen Sie Typecasting verwenden. In Java geschieht dies (anders als in C++) durch eckige Klammern, die Sie in diesem Fall direkt hinter den Klassennamen „LinkedList" setzen müssen. Sie schreiben also (da es in Java keine Zeiger vom Typ `void*` gibt):

```
LinkedList<Integer> Liste=new LinkedList<Integer>();
```

Nach erfolgreicher Erstellung Ihrer Liste im Speicher müssen Sie erst einmal in Zeile **09** den String-Puffer `ConsoleInput` für die Tastatureingabe anlegen (sämtliche Tastatureingaben werden in Java als Strings gespeichert). Anschließend lesen Sie mit einer `while`-Schleife (Zeile **12 – 18**) so lange ganze Zahlen in die Variable **n** ein, bis ein Wert <=0 eingegeben wurde. Die Wandlung des Strings im Eingabepuffer in eine ganze Zahl übernimmt hier die Anweisung

```
n=Integer.parseInt(ConmsoleInput);
```

in Zeile **16**. In Zeile **17** wird dann zunächst geprüft, ob n>=0 ist, und nur in diesem Fall wird der entsprechende Wert durch die Methode `add()` in die Liste eingefügt. Ist dagegen n<=0, wird die `while`-Schleife beendet.

In Zeile **19 – 25** wird nun die gesamte Liste so in der Konsole ausgegeben, wie Sie diese vorher eingegeben haben (also unsortiert). Hierfür muss in Zeile **20** zunächst die Anzahl der Elemente in Ihrer Liste durch die Methode `size()` bestimmt und in der Variablen **s** abgelegt werden. Anschließend wird dann mittels einer einfachen `for`-Schleife, unter Verwendung der Variable **index** als Schleifenzähler, jedes Listenelement einzeln in der Konsole ausgegeben. Dies leistet die Anweisung `n=get(index)` in Zeile **23**. Um die Daten in der Liste so zurückzugeben, dass diese dem Datentyp der Variablen **n** entsprechen, benötigt die Methode `add()` unser Typecasting aus Zeile **08**. Nur so kann Java wirklich feststellen, was für Objekte Sie vorher in die Liste eingefügt haben. Nun müssen Sie nur noch die Liste aus dem Speicher entfernen, bevor Sie das Programm beenden. Um die Liste vor Beendigung des Programms aus dem Speicher zu entfernen, muss das Objekt `Liste` in Zeile **26** auf `NULL` gesetzt werden. Der Garbage-Collector von Java entfernt automatisch jedes Objekt aus dem Speicher, das den Wert `NULL` besitzt (in Java wird `NULL` übrigens, anders als in C++, klein geschrieben).

Vielleicht haben Sie sich beim Durchgehen von Listing 4.5 an das Beispiel mit der Blockchain erinnert gefühlt. In der Tat hat Listing 4.5 sehr viel Ähnlichkeit mit der Blockchain-Struktur aus dem Blockchain-Beispiel, denn es werden immer nur Elemente am Ende der Liste angehängt.

Wenn Sie jetzt an dieser Stelle denken, dass in C++ der Umgang mit Listen schwerer, dafür aber sehr viel flexibler ist als in Java, vor allem, wenn Sie Listing 4.4 vollständig verstanden haben, dann haben Sie nicht ganz Unrecht. So können Sie z. B. mit C++ Zahlen direkt sortiert in eine Liste einfügen oder auch in einer beliebigen anderen Art und Weise. Nur können Sie mit dieser Aussage, dass C++ doch sehr viel flexibler ist als Java, auch ziemlich schnell ein philosophisches Streitgespräch auslösen, das dann auch nach ein paar Wochen noch nicht beendet ist. Wie so vieles in der Programmierung ist auch die Wahl der Programmiersprache Geschmackssache. Genau deswegen wird im Studium oft beides gelehrt, nämlich C++ und Java. Machen wir an dieser Stelle nun mit der Frage weiter, ob es nicht auch in Java möglich ist, eine sortierte Liste zu erstellen.

Ein gezieltes (also sortiertes) Einfügen von Elementen können Sie in der Tat leicht erreichen, indem Sie die Methode `add()` mit zwei Parametern in der Form `boolean add(int index, Element E)` aufrufen. In diesem Fall bestimmt der Parameter `index` die Einfügeposition, an der das Element **E** in die Liste eingehängt werden soll. Position 0 ist hierbei das erste Element und die Funktion `add()` gibt `false` zurück, wenn das Element an der angegebenen Position vorher noch nicht existiert hat, weil Sie z. B. versuchen, ein Element an der Position 10 einzufügen, die Liste aber nur neun Elemente enthält. Die Methode `add()`

gibt übrigens erst seit Java-Version 1.4 einen Parameter zurück, vorher wurde ein Element immer dann am Ende angehängt, wenn der Parameter index den maximal möglichen Wert überschritt. Dies führte dann oft zu Programmcode wie folgende Zeile:

```
Liste.add(999999,E);
```

Genau deshalb wurde die Methode add() später so abgeändert, dass es zwei Versionen von dieser gibt, die beide einen Parameter vom Typ boolean zurückgeben. Die Version mit nur einem Parameter gibt hierbei genau dann false zurück, wenn das neue Element nicht mehr in die Liste passt, weil z. B. der Speicher voll ist (in dem letzten Beispiel habe ich die Prüfung auf einen Fehler beim Einfügen von Elementen also weggelassen). Diese Programmiermethode, für eine Methode unterschiedliche Varianten zuzulassen, nennt man übrigens Polymorphismus. *Polymorphismus* ist ein Überladen einer Klassenmethode desselben Namens mit verschiedenen Varianten ein und derselben Methode. Java verwendet häufig Polymorphismus, besonders bei Arrays, Listen und Bäumen.

Nun kommen Sie vielleicht auf den Gedanken, Ihre Liste erst direkt vor der Ausgabe der Elemente zu sortieren. Dies geht auch, nämlich mit der Methode sort() der Collections-Klasse, der nur das entsprechende Objekt übergeben werden muss, das sortiert werden soll. Die verkettete Liste aus dem letzten Beispiel kann also auf die folgende Weise sortiert ausgegeben werden:

```
System.out.println("Ausgabe der Listenelemente:");
Collections.sort(Liste); // Nur diese Zeile ist zusätzlich einzufügen
s=Liste.size(); // Anzahl Elemente in der Liste ermitteln
for (index=0; index<s; index++) // Sämtliche Elemente ausgeben
{
    n=Liste.get(index);
    System.out.println(n);
}
```

Die Methode sort() ist hier direkt Bestandteil der Collections-Klasse und nicht Bestandteil der Klasse LinkedList. Je nach übergebenem Objekt kann sort() also unterschiedliches Verhalten zeigen und Sie können sogar für die Objekte Ihrer eigenen Klassen eine eigene Sortiermethode implementieren, die dann die sort()-Methode der Collections-Klasse überlagert. Auch hier ist das Zauberwort wieder Polymorphismus. Für Integer-Zahlen ist die Standard-Sortiermethode schon vorgegeben und die Zahlen werden aufsteigend sortiert. Die Methode sort() verwendet intern den Quicksort-Algorithmus, den ich Ihnen später noch zeigen werde. Quicksort ist eines der schnellsten Sortierverfahren, die es gibt.

 Hinweis: In Java ist alles eine Klasse

In Java sind sämtliche Daten in Form von Klassen abgelegt, also auch primitive Datentypen, wie z. B. int (die dazugehörige Klasse heißt dann Integer). Deshalb sind auch Integer-Zahlen Objekte und besitzen auch Methoden wie z. B. parseInt(), mit denen andere Objekte wie Strings in Integer-Zahlen umgewandelt werden können. In Java müssen Sie also durchaus um die Ecke denken können, aber lassen Sie sich davon bitte nicht abschrecken.

4.3.2 Erstellen von Java-Listen mit Vector

Eine Alternative zur Klasse LinkedList ist die Klasse Vector, die fast wie die Klasse LinkedList arbeitet. Sehen Sie sich hierfür zunächst die Methoden der Klasse Vector an:

- public boolean isEmpty() stellt fest, ob die Liste leer ist.
- public E elementAt(int index) liefert das Element E an der Position index.
- public boolean add(E) hängt das Element E an das Ende der Liste an.
- public boolean add(int index, E) fügt ein Element E an der Position index ein.
- public boolean remove(int index) entfernt das Element an der Position index.
- public boolean remove(E) entfernt das Referenzelement E aus der Liste (und liefert false zurück, falls E nicht gefunden wurde).
- public int size() liefert die Anzahl der Elemente in der Liste zurück.
- public void clear() löscht die gesamte Liste.

Auch bei der Listenklasse Vector ist die Variable E vom Typ Object, es können also auch hier beliebige Daten in die Liste eingefügt werden. Allerdings müssen Sie beim Einfügen und Löschen etwas aufpassen. Die Methode remove() arbeitet nämlich zunächst, wie Sie es erwarten würden, und entfernt z. B. durch den Aufruf remove(4) das fünfte Element in der Liste (das Element an Position 0 ist also wieder das erste Element). Natürlich liefert remove() dann auch false zurück, wenn das fünfte Element nicht existiert. Wenn Sie jedoch remove() nicht mit einer Zahl oder Variablen vom Typ int aufrufen, sondern ein beliebiges Objekt übergeben, so wird dasjenige Objekt aus der Liste entfernt, das Sie übergeben haben (das Objekt wird dann quasi durch eine Suchfunktion gesucht und es wird das erste Objekt aus der Liste entfernt, auf das Ihre Suchmaske passt). Wenn dann das Objekt, das Sie als Suchmaske übergeben haben, nicht gefunden werden kann, wird false zurückgegeben. Ebenso gibt es von add() zwei Varianten, nämlich einmal mit zwei Parametern und einmal mit einem Parameter. Wenn Sie die zwei Parameter index und E verwenden, dann wird das Element E vom Typ Object direkt vor dem Element E in die Liste eingefügt, das an der Position index steht. Wenn Sie jedoch nur den Parameter E übergeben, dann funktioniert die Methode add() wie die entsprechende Methode der Klasse LinkedList und das Element E wird am Ende der Liste angehängt. Kommen wir nun zum nächsten Beispiel, in dem auch wieder über die Tastatur eingegebene Zahlen in eine Liste eingefügt werden. Allerdings wird hier die Klasse Vector verwendet und die Liste wird **aufsteigend** sortiert, **bevor** diese ausgegeben wird.

Listing 4.6 Liste4.java

```
01  import java.io.*; // Für Console-Funktionen
02  import java.util.*; // Für Collections

03  public class Liste4
04  {
05      public static void main (String[] args)
06      {
07          int i,n,s,index; // Hilfsvariablen
08          Vector<Integer> Liste=new Vector<Integer>();
09          String ConsoleInput;
10          System.out.println("Einfache Liste in Java");
```

```
11          n=1; // Initialisierung für n
12          while (n>0) // Eibgabe von Elementen, bis n<=0 ist
13          {
14              System.out.print("Bitte Wert n eingeben:");
15              ConsoleInput=System.console().readLine();
16              n=Integer.parseInt(ConsoleInput);
17              if (n>=0) { Liste.add(n); }
18          }
19          Collections.sort(Liste);
20          System.out.println("Ausgabe der Listenelemente:");
21          s=Liste.size(); // Anzahl Elemente in der Liste ermitteln
22          for (index=0; index<s; index++) // Sämtliche Elemente ausgeben
23          {
24              n=Liste.get(index);
25              System.out.println(n);
26          }
27          Liste=null; // Liste aus dem Speicher entfernen
28      }
29 }
```

Listing 4.6 muss hier nicht mehr ausführlich erklärt werden, denn in diesem Listing wird nur Vector statt LinkedList verwendet und die Liste wird vor der Ausgabe der einzelnen Elemente in der Konsole mit der sort()-Methode aufsteigend sortiert. Auch bei Verwendung von Vector muss beim Anlegen des entsprechenden Objekts explizit der Datentyp der einzelnen Elemente mit angegeben werden.

4.3.3 Wann LinkedList und wann Vector?

Wann benutzt man nun in Java LinkedList und wann Vector? Reicht nicht eine einzige Klasse aus, da ja im Endeffekt sowohl LinkedList als auch Vector beide intern doppelt verkettete Listen verwenden? Die Antwort ist, dass sich LinkedList und Vector in der Tat kaum unterscheiden und Sie den Namen verwenden können, der Ihnen am besten gefällt. Da Java aber von Anfang an eine Internet-Programmiersprache war, sind die Import-Module quasi langsam gewachsen und deshalb gibt es auch für verkettete Listen mehrere Alternativen. Da sämtliche Alternativen auch alle noch in plattformunabhängigen Programmen vorkommen können, müssen diese auch weiterhin unterstützt werden. Denn nichts ist nerviger, als nach einem Update plötzlich den Server oder die Apps tagelang anpassen zu müssen, und nichts verursacht mehr Kosten als eine temporäre Unerreichbarkeit. Auch ein Umzug Ihrer Anwendungen auf einen neuen Server sollte nicht allzu lange dauern. Im Studium wird an dieser Stelle oft vom *MFR-Prinzip* gesprochen: *MFR* ist die Abkürzung für „mobility, flexibility, reachability" und bedeutet „Mobilität, Flexibilität und Erreichbarkeit" – drei essenzielle Dinge, die bei Internet-Apps stets gewährleistet sein sollten.

Im nächsten Kapitel werde ich Ihnen nun eine Datenstruktur vorstellen, die quasi eine Erweiterung der doppelt verketteten Liste ist. Es geht dort um Bäume. Bäume gehören in der Informatik zu den wichtigsten Datenstrukturen überhaupt. Keine Angst: Ab jetzt wird vieles einfacher, weil Sie die meisten Dinge, die Sie gelernt haben, wiederverwenden können. Sie sind also auf dem Gipfel des Bergs angekommen. Sie sind natürlich noch kein Profi, aber auf dem guten Weg, einer zu werden.

4.4 Übungen

Übung 1
Erläutern Sie den Unterschied zwischen einer einfach verketteten Liste und einer doppelt verketteten Liste. Erklären Sie auch anhand eines kurzen Codebeispiels in C++, wie bei einer einfach verketteten Liste und einer doppelt verketteten Liste Elemente **in der Mitte der Liste** eingefügt werden können. Tipp: Skizzieren Sie den Ablauf am besten vorher auf ein Blatt Papier und erstellen Sie das Codefragment erst zum Schluss.

Übung 2
Gibt es Unterschiede zwischen Blockchains und vorwärts verketteten Listen, und wenn ja, welche? Erläutern Sie ferner mit etwa 250 Wörtern, in welchen Bereichen Blockchains eingesetzt werden und in welchen Bereichen vorwärts verkettete Listen zum Einsatz kommen.

Übung 3
Überlegen Sie, welche Programmierfehler beim Einfügen von Elementen in eine doppelt verkettete Liste auftreten können. Beschreiben Sie diese mit 250 Wörtern, nicht mit Quellcode-Beispielen.

5 Bäume[1]

Oft sind Bäume eines der Themen, mit denen sich die meisten Studenten schwertun, und das nicht zu Unrecht. Was sind aber nun Bäume? Bäume sind zunächst schlicht Datenstrukturen, d. h., bei der Erstellung von Bäumen werden die Daten in einer bestimmten Weise angeordnet. *Bäume* sind Strukturen, in denen die Daten hierarchisch in Knoten angeordnet sind, die auf verschiedenen Ebenen liegen. Dabei hat jeder Baum eine Wurzel, die sozusagen der Hauptknoten ist und die auf der obersten Ebene liegt. Ein Baum besteht immer aus *Knoten* (engl. nodes) und *Kanten* (engl. branches). Durch die Kanten können Knoten mit anderen Knoten verbunden werden. Die Knoten, die nicht mit anderen Knoten verbunden sind, heißen *Blätter* (engl. leafs). Die Daten selbst befinden sich in den Knoten. Auf welche Weise Sie die Daten in den Knoten anordnen, hängt vom verwendeten Algorithmus ab. So befinden sich z. B. in vielen Suchbäumen die Daten in den Blättern (also auf der untersten Ebene), in manchen Fällen müssen jedoch auch Informationen in Knoten eingetragen werden, die keine Blätter sind. Dies ist beispielsweise der Fall, wenn Sie Begriffe aus einem bestimmten Bereich linguistisch ordnen wollen. So können z. B. die Begriffe *Arzt, Patient, Anamnese, Diagnose, Krankheit* und *Maßnahme* alle an den Knoten *medizinische Begriffe* angehängt werden, der selbst aber kein Blatt ist. Nun muss aber der Knoten *Krankheit* auch kein Blatt sein, denn Sie können z. B. den Begriff *Grippe* an den Knoten *Infektionskrankheiten* anhängen, der seinerseits wieder an den Knoten *Krankheit* angehängt wurde. Ein Blatt ist also immer ein besonderer Knoten, der nicht mit Daten einer unteren Ebene verbunden ist.

Wenn Sie nun an dieser Stelle annehmen, dass der Umgang mit Bäumen nicht so einfach ist, haben Sie sicherlich recht. Warum macht man sich aber dann die Mühe, Daten in einer so komplexen Weise anzuordnen? Kurz: Wozu benötigt man Bäume? Die Antwort ist, dass viele Probleme in der Informatik überhaupt nur mit Bäumen in einer vernünftigen Zeit gelöst werden können. In diesen Bereich fallen nicht nur Probleme der Sprachforschung und KI, sondern auch sehr viele Algorithmen, die z. B. für die Suche in Datenbanken verwendet werden. Auch Ihr Navigationsgerät würde ohne spezielle Suchbäume für die kürzeste Strecke zwischen a und b nicht funktionieren und Google Maps für Ihr Smartphone gäbe es schlicht nicht. Bäume sind gewissermaßen das Universalwerkzeug für die schnelle Verarbeitung großer Datenmengen.

---

[1] Norbert Blum, Algorithmen und Datenstrukturen, Eine anwendungsorientierte Einführung, ISBN 3-486-27394-9, S. 8 ff.

Welche Algorithmen stecken nun hinter Bäumen? Ein Baum ist erst einmal kein Algorithmus, sondern eine Datenstruktur. Deshalb ist auch das Einfügen von neuen Knoten kein spezieller Algorithmus, sondern nur ein bestimmtes Verfahren zur Verwaltung der Zeiger, die die Knoten verbinden. Die Algorithmen verbergen sich also – wie auch schon bei den verketteten Listen – hinter ganz speziellen Verfahren für das Finden und Einfügen von Daten in einen ganz speziellen Baum. Kommen wir nun zur konkreten Datenstruktur der Knoten in einem Baum, wie sie in C++ realisiert wird. Diese Struktur ähnelt stark den Elementen in einer verketteten Liste. Während jedoch in einer verketteten Liste die einzelnen Elemente nur linear (d.h. in nur einer einzigen Ebene) miteinander verbunden werden, können die Knoten in einem Baum über mehrere Ebenen miteinander verbunden werden. Diese Ebenen werden so angeordnet, dass jeder Knoten mit mindestens einem Knoten einer übergeordneten Ebene (*Up*) und mindestens einem Knoten einer untergeordneten Ebene (*Down*) verbunden werden kann.

■ 5.1 Allgemeine Bäume

Sie können nun die Knoten auf unterschiedliche Art und Weise miteinander verknüpfen. Es gibt zwei Haupt-Verknüpfungsmethoden. Die erste Hauptmethode ist der Binärbaum (B-Baum). Ein *Binärbaum* ist ein Baum, in dem ein Knoten maximal zwei Verbindungen mit den Knoten einer tieferen Ebene eingehen kann. Die zweite Hauptmethode ist der allgemeine Baum. Ein *allgemeiner Baum* ist ein Baum, in dem ein Knoten eine beliebige Anzahl Verbindungen mit Knoten einer tieferen Ebene eingehen kann. Zunächst geht es an dieser Stelle um allgemeine Bäume.

5.1.1 Einfach strukturierte allgemeine Bäume

Die Knoten in allgemeinen Bäumen werden durch den folgenden strukturierten Datentyp abgebildet:

```
struct Knoten_t
{
    NData_t *Data; // Daten im Knoten
    Knoten_t *Up; // Höhere Ebene (für Bottom-Up)
    Knoten_t *Down; // Untere Ebene (für Top-Down)
};
```

Die Zeiger **Up** und **Down** zeigen jeweils auf den Anker einer verketteten Liste von Knoten der nächst höheren Ebene **(Up)** oder der nächst tieferen Ebene **(Down)**. Manchmal gibt es einen Zeiger auf einen strukturierten Datentyp, der die eigentlichen Knoteninformationen enthält. Der Zeiger **NData** kann aber durchaus auch vom Typ void* sein. Der große Vorteil der hier benutzten allgemeinen Struktur ist die hohe Flexibilität. Sie können z.B. für jeden Knoten eine separate verkettete Liste definieren, die eine beliebige Anzahl Verknüpfungen zu den Blättern des entsprechenden Knotens enthält. **Up** und **Down** sind dann die Anker von verketteten Listen mit den entsprechenden Knoten, die nach oben oder unten führen. Der Nachteil eines solchen Vorgehens ist jedoch, dass dadurch die Verwaltung des Baums relativ kompliziert wird. Deshalb wird bei einfacheren Problemstellungen oft der Strukturtyp `NData_t` durch einfache Variablen ersetzt, oder aber **Up** und **Down** werden als Zeiger-Arrays definiert, die nur eine begrenzte Anzahl an Verknüpfungen enthalten können. Oft wird **Up** auch ganz weggelassen.

Kommen wir nun zum ersten konkreten Beispiel. Dieses Beispiel ist sehr einfach gestaltet und erläutert die Grundlagen zum Aufbau einer Baumstruktur im Speicher. Die Knoten in dem nächsten Beispiel sollen einzelne Ziffern im Bereich 0 bis 9 enthalten. Wenn Sie eine längere Zahl in Ihrem Baum speichern wollen, müssen Sie also die einzelnen Ziffern separat in den Baum einhängen. Nehmen wir beispielsweise die Zahl 4711. Wenn Ihr Baum leer ist, wird zuerst ein Knoten erzeugt, der die Ziffer 4 enthält und die Wurzel des Baums darstellt. Anschließend wird an diesen neuen Knoten ein Knoten mit der Ziffer 7 angehängt. An den Knoten wiederum, der die Ziffer 7 enthält, wird ein neuer Knoten angehängt, der die Ziffer 1 enthält, an den dann nochmal ein Knoten angehängt wird, der die Ziffer 1 enthält. Dieser letzte Knoten ist dann ein Blatt.

Fügen wir nun die Zahl 4712 in den Baum ein. Zunächst muss Ihr Programm nachsehen, ob schon ein Knoten existiert, der die Ziffer 4 enthält und der mit der Wurzel verbunden ist. Dies ist der Fall, also geschieht einfach nichts, außer dass Ihr Programm eine Ebene tiefer zu dem entsprechenden Knoten geht, der die Ziffer 7 enthält. Nun sieht Ihr Programm nach, ob der aktuelle Knoten, der die Ziffer 7 enthält, mit einem Knoten verbunden ist, der die Ziffer 1 enthält. Dies ist wiederum der Fall und Ihr Programm geht wieder eine Ebene tiefer zu dem Knoten, der die Ziffer 1 enthält. Der letzte Knoten, der die Ziffer 1 enthält, ist jedoch noch nicht mit einem Knoten verbunden, der die Ziffer 2 enthält. Also muss für die letzte Ziffer der Zahl 4712 ein neuer Knoten erstellt werden. Dieser neue Knoten wird dann auch zu einem Blatt, das nicht mit weiteren Knoten verbunden ist.

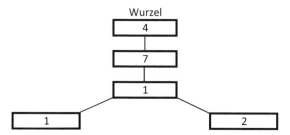

Bild 5.1 Einfacher Baum mit den Ziffernfolgen für die Zahlen 4711 und 4712

 Hinweis: Knoten können ihren Status ändern

Der Status eines Knotens kann sich ändern und genau an dieser Stelle müssen Sie besonders aufpassen. Vergessen Sie nicht, sämtliche Blätter zu kennzeichnen, z. B., indem Sie den Zeiger **Down** gezielt auf NULL setzen. Natürlich muss Ihr Programm feststellen können, ob ein bestimmter Knoten ein Blatt ist und ob dieser Knoten beim Einfügen neuer Daten den Status ändern soll.

Erstellen wir nun erst einmal die Grundstruktur für einen Knoten, der als Daten einzelne ASCII-Ziffern (Typ char) aufnehmen kann und der mit bis zu zehn Knoten einer tieferen Ebene verbunden werden kann:

```
struct Knoten_t
{
    char Ziff; // Ziffern im Knoten sind ASCII-Ziffern
    Knoten_t *Down[10]; // Zeiger-Array untere Ebenen (bis zu 10)
};
```

Sie müssen also in dem ersten einfachen Beispiel noch nicht mit Ankern auf verkettete Listen arbeiten, denn ein Knoten kann hier nur maximal zehn Verbindungen mit Knoten einer tieferen Ebene eingehen. Ferner hat ein Knoten, der eine bestimmte Ziffer enthält, immer nur einen Vorgängerknoten einer höheren Ebene, der hier aber nicht gesondert gespeichert werden muss.

Hinweis: Eltern- und Kindknoten im Knoten-Stammbaum

Knoten, die mit Knoten einer tieferen Ebene verknüpft sind, werden als *Elternknoten* (parent node) bezeichnet. Die Knoten, die auf der tieferen Ebene mit einem Elternknoten verknüpft sind, werden als *Kindknoten* (child node) bezeichnet. Die Begriffe *Elternknoten* und *Kindknoten* oder die englischen Pendants tauchen immer wieder in Praktika und Lehrbüchern auf, deshalb sollten Sie sich diese Begriffe gut einprägen.

Nun haben Sie die Struktur Ihrer Knoten definiert, aber dadurch noch nicht viel gewonnen. Sie müssen ja irgendwie an Ihre Daten kommen. In diesem Beispiel sollen die Zahlen von der Tastatur eingelesen werden. Sie denken an dieser Stelle sicherlich an die scanf()-Funktion, mit der Sie wahrscheinlich schon oft Zahlen eingelesen haben. Vielleicht gibt es auch eine scanf()-Variante für Strings? Sie haben Glück: Eine solche Variante gibt es in der Tat und wenn Sie nicht vorhaben, Strings einzulesen, die Leerzeichen enthalten, dann können Sie auf die folgende Weise vorgehen:

```
char Zahl[100]; // maximal 100 Ziffern
scanf("%s",Zahl); // %s liest Strings ein
```

Und schon wieder haben Sie Glück, denn Zahlen, die als einzelne Ziffern dargestellt werden, können keine Leerzeichen enthalten. Wie sortieren Sie aber nun ASCII-Ziffern? Kann man diese denn so miteinander vergleichen, dass die ASCII-Null kleiner ist als die ASCII-Neun? In der Tat ist dies der Fall. Die ASCII-Null hat den Wert 48 und die ASCII-Neun hat den Wert 57. Deshalb ist z. B. der Ausdruck '0'<'9' erlaubt und liefert auch in korrekter Weise true zurück.

Nehmen Sie nun an, Sie haben die Zahl 4711 bereits mit scanf() als Ziffernfolge von der Tastatur eingelesen. Was Sie als Nächstes benötigen, ist der Baum selbst, den Sie wie folgt deklarieren können:

```
Knoten_t *Baum=new Knoten_t;
Baum->Ziff=0; // Ziff initialisieren (wichtig!)
for (int i=0; i<10; i++) { Baum->Down[i]=NULL; }
```

Sie legen mit den letzten Anweisungen gewissermaßen einen Anker für Ihren Baum im Speicher an, über den Sie später auf die einzelnen Knoten zugreifen können. Dieser Anker, der gleichzeitig auch die Wurzel ist, ist hierbei ein ganz normaler Knoten, bei dem **Ziff** ein Null-Zeichen (keine ASCII-0!) ist und noch kein Verweis auf andere Knoten existiert.

Sie haben nun die Wurzel erstellt und eine Zahl von der Tastatur in die String-Variable **Zahl** eingelesen. Fügen wir nun die erste ASCII-Ziffer in den Baum ein. Für diesen Zweck muss zuerst ein neuer Zeiger auf den aktuellen Knoten angelegt werden, der am Anfang auf die Wurzel zeigt:

```
Knoten_t *Aktuell; // Hier ist kein new nötig
Aktuell=Baum;
```

Am Anfang zeigt also der Zeiger **Aktuell** auf die Wurzel des Baums. Fügen wir nun die erste Ziffer unserer Zahl in den Baum ein. Zunächst muss festgestellt werden, ob die entsprechende Position noch frei ist oder ob der Knoten, der die gewünschte Ziffer enthält, schon existiert. Wenn dies der Fall ist, brauchen Sie die erste Ziffer nicht in den Baum einzuhängen und fahren eine Ebene tiefer mit der zweiten Ziffer fort. Wie ermitteln Sie aber nun die Position des Knotens, der die erste Ziffer enthalten könnte. Die Antwort: mit folgendem Trick.

```
int ArrayPos=0; // Leseposition im Array Zahl
int KPos=Zahl[ArrayPos]-48;
```

Wenn Sie vom ASCII-Wert einer Ziffer 48 abziehen, erhalten Sie den entsprechenden Binär-Wert dieser Ziffer. Diesen Binär-Wert benutzen Sie anschließend als Positionszeiger für das Array **Knoten_t *Down[10]**. Der Verweis auf den Knoten, der die erste Ziffer der Zahl 4711 enthält, wird also an Position 4 im Array **Down** abgelegt. Dies darf aber nur dann der Fall sein, wenn der entsprechende Verweis noch nicht existiert. Dies leisten die folgenden Programmzeilen:

```
int i; // Zähler
int C=Zahl[ArrayPos]; // ASCII-Character
Knoten_t *N; // Neuer Knoten N
if (Aktuell->Down[C-48]==NULL)
{
        N=new Knoten_t; // Speicher reservieren
        N->Ziff=C; // ASCII-Ziffer speichern
        for (i=0; i<10; i++) { N->Down[i]=NULL; }
        Aktuell->Down[C-48]=N; // Knoten einhängen
}
Aktuell=Aktuell->Down[C-48]; // Aktuellen Knoten aktualisieren
```

Ein Blatt wird also dadurch definiert, dass sämtliche Zeiger im Array **Down** auf NULL zeigen. Ein Blatt wird zu einem Knoten, wenn einem der Zeiger im Array Down eine gültige Adresse eines anderen Knotens zugeordnet wird. Da in diesem Beispiel der Baum nur von oben nach unten durchlaufen werden kann, befinden sich sämtliche Knoten, auf die die Zeiger im Array **Down** verweisen, stets auf einer tieferen Ebene, als der Knoten **Aktuell**. Vielleicht verwirren Sie die letzten Sätze etwas, weil in diesem Beispiel kein Zeiger **Up** existiert. Diesen benötigen Sie aber auch gar nicht, weil Sie eine einfache Top-down-Strategie anwenden, die den Baum ausschließlich von oben nach unten durchläuft.

Hinweis: Top-down und Bottom-up

Es gibt zwei Hauptstrategien, um einen Baum zu durchlaufen, nämlich die *Top-down-Methode* und die *Bottom-up-Methode*. Die *Top-down-Methode* führt stets von oben (also von der Wurzel aus) nach unten und wählt bei der Suche bzw. beim Einfügen stets Knoten der tieferen Ebene aus. Die Top-down-Methode endet also bei den Blättern. Die *Bottom-up-Methode* startet stets an einem Blatt und führt von unten (also von einem Blatt aus) nach oben. In diesem Fall wird bei der Suche bzw. beim Einfügen stets ein Knoten der nächst höheren Ebene ausgewählt. Die Bottom-up-Methode endet also an der Wurzel. Bedenken Sie immer, dass in der Informatik die Bäume quasi „auf dem Kopf stehen" und mit der Wurzel nach oben gezeichnet werden.

Fügen wir nun die Einzelteile zu einem vollständigen Programm zusammen. Sehen Sie sich hierzu Listing 5.1 an:

Listing 5.1 Baum1.cpp

```
01  #include<stdio.h>

02  struct Knoten_t
03  {
04      char Ziff; // Daten im Knoten sind ASCII-Ziffern
05      Knoten_t *Down[10]; // Zeiger-Array untere Ebenen (bis zu 10)
06  };

07  void Init(Knoten_t *K)
08  {
09      K->Ziff=0;
10      for (int i=0; i<10; i++) { K->Down[i]=NULL; }
11  }

12  void ZahlEinfuegen(Knoten_t *B, char *Zahl)
13  {
14      int i=0,ArrayPos=0,KPos=0,C=0;
15      Knoten_t *Aktuell;
16      Knoten_t *N;
17      Aktuell=B;
18      while (Zahl[ArrayPos]!=0)
19      {
20          KPos=Zahl[ArrayPos]-48;
21          C=Zahl[ArrayPos]; // ASCII-Wert
22          if (Aktuell->Down[KPos]==NULL)
23          {
24              N=new Knoten_t; // Speicher reservieren
25              N->Ziff=C; // ASCII-Ziffer speichern
26              Init(N);
27              Aktuell->Down[KPos]=N; // Knoten einhängen
28          }
29          Aktuell=Aktuell->Down[C-48]; // Aktuellen Knoten aktualisieren
30          ArrayPos++;
31      }
32  }
```

```
33  Knoten_t *SucheKnoten(Knoten_t *B, char *Zahl)
34  {
35      bool gefunden=true;
36      int C=0,ArrayPos=0,KPos=0;
37      Knoten_t *Aktuell=B;
38      printf("Teste Ziffern:");
39      while ((Zahl[ArrayPos]!=0)&&(gefunden==true))
40      {
41          C=Zahl[ArrayPos]; // Ziffer (ASCII) aus Array Zahl auslesen
42          KPos=Zahl[ArrayPos]-48;
43          if (Aktuell->Down[KPos]!=NULL) // Aktueller Knoten ist belegt?
44          {
45              Aktuell=Aktuell->Down[KPos]; // Wenn ja, eine Ebene tiefer gehen
46              printf("%c",Aktuell->Ziff); // Testausgabe überprüfte Ziffern
47          }
48          else { gefunden=false; }
49          ArrayPos++;
50      }
51      printf("\n");
52      if (gefunden==true) { return Aktuell; }
53      else { return NULL; }
54  }

55  int main(void)
56  {
57      int i,D,ArrayPos,NodePos;
58      char Num[100]; // maximal 100 Ziffern
59      Knoten_t *N, *Baum, *Aktuell;
60      Baum=new Knoten_t; Init(Baum);
61      while ((Num[0]!='0')||(Num[1]!=0))
62      {
63          printf("Zahl eingeben (0 beendet die Eingabe):"); scanf("%s",Num);
64          if (Num[0]!='0')
65          {
66              ZahlEinfuegen(Baum,Num);
67          }
68      }
69      printf("Suche Zahl:"); scanf("%s",Num);
70      Aktuell=SucheKnoten(Baum,Num);
71      if (Aktuell!=NULL)
72      {
73          printf("Die Zahl %s wurde im Baum an Adresse %p gefunden.\
n",Num,Aktuell);
74      }
75      else
76      {
77          printf("Die Zahl %s wurde nicht im Baum gefunden.\n",Num);
78      }
79      return 0;
80  }
```

In Zeile **02 – 06** wird erst einmal die Grundstruktur eines Knotens definiert (struct Knoten_t). Ein Knoten kann in dem letzten Beispiel nur eine einzige ASCII-Ziffer enthalten sowie in dem Array **Down** zehn Zeiger auf die Knoten einer untergeordneten Ebene – es wird hier also eine Top-down-Hierarchie verwendet. Um einen Knoten korrekt verwenden zu können, muss dieser zunächst durch die Funktion Init() (Zeile **07 – 11**) so eingerichtet werden, dass das Strukturelement **Ziff** ein Null-Zeichen enthält und sämtliche Zeiger im Array **Down** auf NULL zeigen (verwechseln Sie hier bitte nicht Null-Zeichen, die ASCII-0 und den NULL-Zeiger).

Die Funktion ZahlEinfuegen() fügt nun eine Zahl in den Suchbaum ein, die durch eine ASCII-Zeichenkette (also eine Ziffernfolge) repräsentiert wird. Dieser ASCII-String wird durch den Parameter char *Zahl übergeben. Damit die Funktion ZahlEinfuegen() auch den richtigen Baum verwendet, muss im ersten Funktionsparameter der Wurzel-Knoten des Baums (Parameter **B**) übergeben werden. Deshalb ist der erste Parameter ein Zeiger vom Typ Knoten_t*. Die Funktion ZahlEinfuegen() verwendet verschiedene Hilfsvariablen, die in Zeile **14 – 17** deklariert werden. Wie auch schon bei der verketteten Liste, kommt der Einfüge-Algorithmus (Zeile **18 – 31**) nicht ohne Hilfsvariablen aus.

Am Beginn des Einfüge-Vorgangs zeigt der Zeiger **Aktuell** auf die Wurzel des Baums **B**, der aktuelle Knoten **Aktuell** ist also am Anfang die Wurzel. Der Zähler **ArrayPos** zeigt dann am Anfang auch auf das erste Zeichen in dem übergebenen Array **Zahl**. Solange nun Zahl[ArrayPos] nicht das Null-Zeichen ist, wird in Zeile **20** der Variablen **KPos** zunächst die Einfügeposition der nächsten Ziffer in den Zeiger-Array Aktuell->Down zugewiesen und der Hilfsvariablen **C** wird die aktuelle ASCII-Ziffer der Ziffernfolge Zahl zugewiesen. Der Trick, mit dem die Einfügeposition der aktuellen Ziffer ermittelt wird, wurde weiter oben bereits beschrieben: Für jede ASCII-Ziffer wird ein separater Zeiger auf einen eine Ebene tiefer gelegenen Knoten reserviert und die Ziffer selbst bestimmt die Position in dem Zeiger-Array **Down**, der selbst ein Bestandteil des strukturierten Datentyps Knoten_t ist. Dies wird dadurch erreicht, dass von dem ASCII-Wert der entsprechenden Ziffer 48 abgezogen wird – die Ziffer 0 wird auf diese Weise auf die Array-Position 0 und die Ziffer 9 auf die Array-Position 9 abgebildet.

Nun darf ein neuer Knoten natürlich nur dann erstellt werden, wenn für die entsprechende ASCII-Ziffer noch kein Verweis auf eine tiefere Ebene existiert. Dies leistet die if-Anweisung in Zeile **22**, die prüft, ob Aktuell->Down[KPos] auf NULL zeigt. Nur, wenn dies der Fall ist, wird ein neuer Knoten **N** im Speicher angelegt, N->Ziff wird die aktuelle ASCII-Ziffer **C** zugewiesen und anschließend wird der Knoten **N** mit Init() initialisiert. Unabhängig davon, ob wirklich ein neuer Knoten im Speicher angelegt wurde, müssen in jedem neuen Schritt des Einfüge-Algorithmus stets der richtige untergeordnete Knoten des aktuellen Knotens, der zu der Ziffer **C** passt, sowie die Position des nächsten Zeichens im Array **Zahl** ausgewählt werden. Dies leisten die Anweisungen in den Zeilen **29** und **30**.

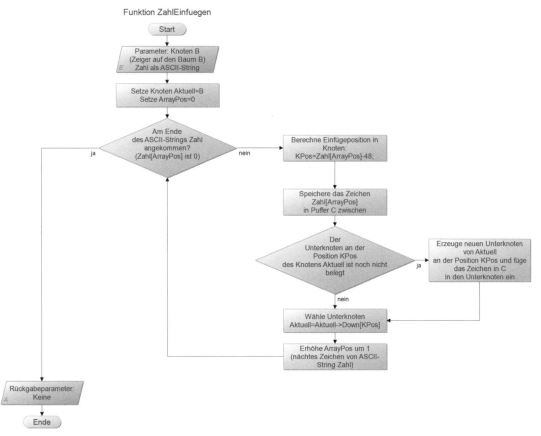

Bild 5.2 Programmablaufplan der Funktion ZahlEinfuegen()

Die Funktion `SucheKnoten()` (Zeile **33 – 54**) funktioniert fast wie die Funktion `ZahlEinfuegen()`, und bekommt deshalb ebenfalls die Parameter **B** (Typ `Knoten_t*`) und **Zahl** (Typ `char*`) übergeben. Das Array **Zahl** wird Zeichen für Zeichen in einer while-Schleife (Zeile **39 – 50**) durchlaufen, nur fügt die Funktion `SucheKnoten()` keine neuen Daten in den ihr übergebenen Baum ein. Stattdessen wird für jede ASCII-Ziffer im Array **Zahl** überprüft, ob es für diese einen eine Ebene tiefer gelegenen Knoten gibt, und wenn dies der Fall ist, wird dieser in Zeile **45** durch die Anweisung

```
Aktuell=Aktuell->Down[KPos];
```

ausgewählt. Auch `SucheKnoten()` verwendet also die Hilfsvariable **C**, um die aktuelle Ziffer des Arrays **Zahl** zwischenzuspeichern. Eine Ziffernfolge wird von dem hier verwendeten einfachen Suchalgorithmus genau dann als gefunden betrachtet, wenn die gesamte Ziffernfolge im Array **Zahl** durchlaufen wurde, ohne jemals einen Knoten zu treffen, bei dem es für eine bestimmte Ziffer keinen Unterknoten gibt. Gültige Ziffernfolgen sind also für jede Ziffer außer der letzten immer mit einem Knoten auf einer tieferen Ebene verbunden. `SucheKnoten()` gibt nun als Parameter immer den Knoten zurück, in dem die letzte Ziffer der gesuchten Zahl steht, oder `NULL`, falls die Zahl nicht im Suchbaum vorhanden ist (die Hilfsvariable **gefunden** ist dann `false`).

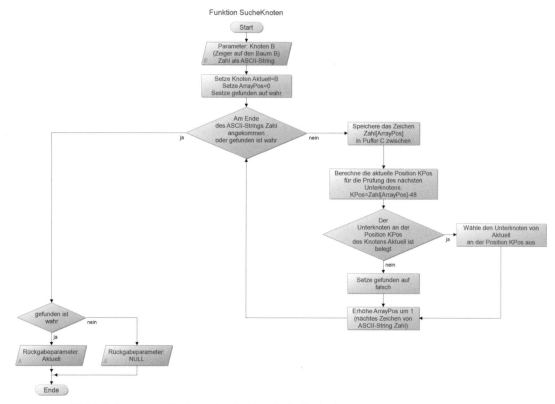

Bild 5.3 Programmablaufplan der Funktion SucheKnoten()

Im Hauptprogramm (Zeile **55 – 79**) werden Sie nun aufgefordert, Zahlen als Ziffernfolgen über die Tastatur einzugeben. Wenn Sie nicht eine Zahl eingeben, die mit einer Null beginnt, wird die entsprechende Ziffernfolge in Ihren Suchbaum eingefügt. Wenn Sie stattdessen eine Zahl eingeben, die mit einer Null beginnt, werden Sie im nächsten Schritt dazu aufgefordert, eine Zahl einzugeben, die Sie in Ihrem Suchbaum suchen wollen. Wenn diese Zahl nicht in Ihrem Suchbaum vorhanden ist, wird eine Meldung ausgegeben, dass die angegebene Zahl nicht gefunden werden konnte, ansonsten wird die Speicheradresse des Knotens ausgegeben, der die letzte Ziffer Ihrer Ziffernfolge enthält, die die Zahl repräsentiert.

In dem letzten Beispielprogramm sehen Sie sehr gut die Beschränkungen, die durch die Verwendung des Zeiger-Arrays Knoten_t *Down[10] entstehen. Sie können z. B. eine Ziffer auf derselben Ebene nicht mehrmals einfügen und so werden, wenn Sie die Zahl 4711 und 4712 einfügen, zusätzlich die Zahlen 4, 47 und 471 eingefügt. Der Suchalgorithmus findet dann die zusätzlichen Ziffernfolgen „4", „47" und „471", weil diese ja auch wirklich existieren. Dies ist übrigens kein Bug, sondern wurde von mir bewusst implementiert, um Ihnen zu zeigen, dass Sie bei der Wahl der Such- und Einfüge-Algorithmen sehr gut aufpassen müssen. Sonst kann es geschehen, dass Ihr Programm ein ungewolltes Verhalten zeigt und z. B. Kollisionen auftreten.

> **Hinweis: Kollision**
>
> Eine *Kollision* in einem Baum bedeutet, dass für einen bestimmten Suchpfad in einem Baum mehrere gültige Datensätze in Betracht kommen. Kollisionen gefährden die Integrität der Daten und sollten vermieden werden – eine Kollision ist also immer ein kritischer Zustand. Sie sollten Ihre Baumstrukturen in jedem Fall ausgiebig auf die Möglichkeiten von Kollisionen testen, sonst handeln Sie sich unter Umständen schwer auffindbare Fehler ein.

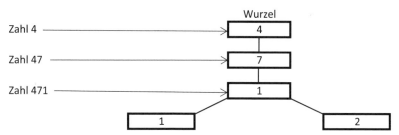

Bild 5.4 Kollisionen im letzten Beispielprogramm

Ich werde Ihnen nun zeigen, wie Sie die Kollisionen vermeiden können, die im letzten Beispiel auftreten können. Es gibt hier mehrere Möglichkeiten, die ich Ihnen alle der Reihe nach vorstellen möchte. Die erste Möglichkeit ist die Verwendung zusätzlicher Informationen. Sie können z. B. als zusätzliche Suchinformation die ASCII-Ziffern verwenden, die Sie in den Knoten selbst ablegen. Wenn z. B. die Ziffernfolge „47" als ungültig betrachtet werden soll, können Sie in dem Knoten, der dem Knoten folgt, der die 4 enthält, für **Ziff** ein Null-Zeichen eintragen. Die Ziffernfolgen „4", „471" und „4711" wären dann nach wie vor gültig, denn Sie hätten die Verknüpfungen der Knoten nicht geändert, sondern nur die Daten in den Knoten. Sie können natürlich auch die Suchkriterien ändern und z. B. für jede Zahl eine eindeutige ID vergeben, die Zahl selbst aber separat im Baum ablegen. Eine weitere Lösung ist die folgende: Das beschränkte Array **Down** wird durch einen Zeiger auf eine verkettete Liste ersetzt, die mehr als einen Knoten enthalten kann, der dieselbe Ziffer enthält. Auf diese Weise können Sie dann die Ketten „4->NULL", „4->7->NULL", „4->7->1->NULL" und „4->7->1->1->NULL" getrennt abspeichern.

Kommen wir nun zum nächsten Beispiel, in dem ein einfacher Baum erstellt wird, in dem keine Mehrdeutigkeiten mehr vorkommen können. Die Lösung des Mehrdeutigkeitsproblems ist recht einfach: Anstatt die Ziffern der Zahlen zu verwenden, verwendet der nächste Baum Buchstaben und fügt die Zahlen selbst als Werte vom Typ double in den Suchbaum ein. Zu jeder Zahl gibt es also einen eindeutigen Namen, der aus Großbuchstaben bestehen muss. Leerzeichen, Sonderzeichen und auch das Null-Zeichen sind nicht erlaubt. An jedem Knoten im Suchbaum befindet sich also immer genau ein gültiger Buchstabe, wenn ein Name dann gültig ist. Viele Skriptsprachen verwenden Suchbäume der Art, wie sie im nächsten Listing dargestellt wird, um Variablen dynamisch zur Laufzeit anzulegen. Bei der zurzeit beliebten Skriptsprache Python besitzen z. B. sämtliche Variablen, die sich noch nicht im Suchbaum befinden, den Wert 0 und erst, wenn Sie darauf zugreifen, wird der entsprechende Eintrag in den Baum eingehängt. Es gibt jedoch auch Skriptsprachen, wie z.B. JavaScript, bei denen Sie Variablen explizit deklarieren müssen. Sehen Sie sich nun Listing 5.2 an.

Listing 5.2 Baum2.cpp

```
01   #include<stdio.h>

02   struct Knoten_t
03   {
04       char Z; // ASCII-Zeichen 'A'-'Z', keine Leerzeichen
05       double Wert;
06       Knoten_t *Down[26];
07   };

08   void Init(Knoten_t *B) // Bitte immer zuerst aufrufen
09   {
10       B->Z=0; // ungültige Knoten enthalten hier das Null-Zeichen
11       for (int i=0; i<26; i++) { B->Down[i]=NULL; }
12   }

13   void ZahlEinfuegen(Knoten_t *B, char *Zahl, double Wert)
14   {
15       Knoten_t *Aktuell;
16       Knoten_t *N;
17       int i=0,ArrayPos=0,KPos=0,C=0;
18       Aktuell=B;
19       while (Zahl[ArrayPos]!=0)
20       {
21           KPos=Zahl[ArrayPos]-'A';
22           C=Zahl[ArrayPos]; // Nur ASCII-Zeichen 'A'-'Z' erlaubt
23           if (Aktuell->Down[C-'A']==NULL) // das Zeichen 'A' auf Position 0 abbilden
24           {
25               N=new Knoten_t;
26               N->Z=0;
27               for (i=0; i<10; i++) { N->Down[i]=NULL; }
28               Aktuell->Down[C-'A']=N; // Knoten einfügen
29           }
30           Aktuell=Aktuell->Down[C-'A']; // In jedem Schritt eine Ebene tiefer gehen
31           ArrayPos++;
32       }
33       Aktuell->Z=Zahl[ArrayPos-1];
34       Aktuell->Wert=Wert;
35   }

36   Knoten_t *Suchen(Knoten_t *B, char *Name)
37   {
38       bool gefunden=true;
39       int C=0,ArrayPos=0;
40       Knoten_t *Aktuell=B;
41       while ((Name[ArrayPos]!=0)&&(gefunden==true))
42       {
43           C=Name[ArrayPos]; // ASCII-Zeichen
44           if (Aktuell->Down[C-'A']!=NULL) // Noch nicht am Ende?
45           {
46               Aktuell=Aktuell->Down[C-'A']; // Wenn nein, eine Ebene tiefer
47           }
```

```
48              else { gefunden=false; }
49              ArrayPos++;
50          }
51          if (gefunden==true)
52          {
53              if (Aktuell->Z!=0) { return Aktuell; } // ungültige Buchstabenfolgen
erkennen
54              else { return NULL; }
55          }
56          else { return NULL; }
57  }

58  int main(void)
59  {
60      double Wert=0;
61      char Name[100];
62      Knoten_t *N, *Baum, *Aktuell;
63      Baum=new Knoten_t; Init(Baum);
64      while (Name[0]!='0')
65      {
66          printf("Variablenname (0=Ende):");
67          scanf("%s",Name);
68          if (Name[0]!='0')
69          {
70              printf("Wert:"); scanf("%lf",&Wert);
71              ZahlEinfuegen(Baum,Name,Wert);
72          }
73      }
74      printf("Suche:"); scanf("%s",Name);
75      Aktuell=Suchen(Baum,Name);
76      if (Aktuell!=NULL)
77      {
78          printf("Der Wert von '%s' is %lf.\n",Name,Aktuell->Wert);
79      }
80      else
81      {
82          printf("Variable '%s' nicht gefunden.\n",Name);
83      }
84      return 0;
85  }
```

Das letzte Beispiel unterscheidet sich, wie Sie sicherlich festgestellt haben, nicht sonderlich vom Listing 5.1. Sie legen hier jedoch den Variablennamen, der zu einer bestimmten Zahl gehört, und den eigentlichen Wert für die entsprechende Zahl separat im Baum ab. Wenn Sie einen Namen versehentlich zweimal verwenden, wird einfach der alte Eintrag überschrieben und der Wert einer Variablen in Ihrem Suchbaum ist immer der Wert, den Sie als Letztes verwendet haben. Dubletten werden also nicht erkannt, aber korrekt überschrieben. Um die ungültigen Buchstabenfolgen zu erkennen, die Sie noch nicht in den Baum eingefügt haben, prüft nun die Funktion Suchen() in Zeile **51–55** zusätzlich den nach erfolgreicher Suche zuletzt benutzten Knoten **Aktuell** darauf, ob in diesen schon ein gültiges ASCII-Zeichen eingetragen wurde. Erst, wenn dies der Fall ist (Aktuell->Z ist nicht 0) und zusätzlich **gefunden** vorher auf true gesetzt wurde, ist der Knoten **Aktuell** auch der gesuchte Knoten. Nur in diesem Fall wird statt NULL der entsprechende Knoten **Aktuell** zurückgegeben.

5.1.2 Allgemeine Bäume mit beliebigen Objekten

Erweitern wir unser letztes Beispiel nun so, dass Sie in Ihren Baum nicht nur Zahlen oder Buchstabenfolgen, sondern beliebige Objekte einfügen können. Diese Objekte sollen natürlich später gesucht und auch gezielt gelöscht werden können und es soll auch eine beliebige Anzahl an Knoten möglich sein. Sie ahnen es sicherlich schon: Nun kommen wieder die verketteten Listen ins Spiel, zusammen mit den typenlosen Zeigern, die auf beliebige Objekte zeigen können. Vielleicht denken Sie an dieser Stelle auch bereits über erfolgreiche Suchalgorithmen nach und eventuell taucht dann in Ihrem Geist der Begriff Rekursion wieder auf. In diesem Fall haben Sie Recht: Um einen bestimmten Knoten in einem größeren AVL-Baum zu finden, benötigen Sie einen rekursiven Backtracking-Algorithmus. Mehr noch: Um das nächste Beispiel erfolgreich umzusetzen, brauchen Sie quasi sämtliche Programmiertechniken, die Sie bis jetzt gelernt haben.

Sie werden aber ab jetzt keine neuen Programmiertechniken mehr lernen müssen, sondern vielmehr die alten Techniken auf neue Bereiche anwenden – in diesem Sinne wird ab jetzt alles einfacher. Sie werden dann auch vieles aus den letzten Kapiteln wiedererkennen und sehen, dass auch die Bäume mit beliebigen Objekttypen nicht so wild sind, dass Sie deswegen in Panik geraten müssen. Im Gegenteil: Sie werden vieles aus den Kapiteln 1–4 wiedererkennen, z. B. das Teile-und-herrsche-Prinzip, das Backtracking und den Umgang mit verketteten Listen und typenlosen Zeigern.

Kommen wir nun zum nächsten Beispiel. In diesem Beispiel soll ein AVL-Baum mit nur einer Wurzel, aber einer beliebigen Anzahl von Unterknoten erzeugt werden. Damit dieses Beispiel aber nicht in der Luft hängt, habe ich ein Beispiel aus dem Schulunterricht genommen: Es geht um den Stammbaum der Arten. Alle Lebewesen stammen bekanntlich von einer Urzelle ab. Diese Urzelle entstand vor fünf Milliarden Jahren und steht quasi an der Wurzel des Artenbaums. In der Biologie wird oft der Artenstammbaum so angeordnet wie in der Informatik, mit der Wurzel nach oben. Dies trifft sich dann auch ganz gut, denn nun haben wir ein geeignetes Lehrbeispiel für allgemeine Bäume mit beliebigen Objekttypen.

Kommen wir nun zum praktischen Teil und erstellen die Knotenstruktur für den Artenstammbaum. Jede Art stammt stets von einer übergeordneten Art ab, außer eben der Urzelle. Dabei kann eine übergeordnete Art sich durchaus in mehrere Unterarten aufspalten. Der Strukturtyp Element_t erweitert sich für Ihren Baum nun wie folgt und heißt Knoten_t:

```
struct Knoten_t
{
    Knoten_t *Aktuell;
    Liste *Unterarten;
};
```

Hierbei zeigt der Zeiger **Aktuell** auf den Datensatz selbst und der Zeiger **Unterarten** zeigt auf eine doppelt verkettete Liste, die in diesem Fall sämtliche Unterarten einer bestimmten Art enthält. Die Klasse Art enthält nun folgende Attribute:

```
char Name[100];
char Gattung[100];
float Alter; // In Millionen Jahren
```

Ich habe die tatsächlichen Verhältnisse stark vereinfacht, damit wir später noch einen relativ einfachen rekursiven Suchalgorithmus implementieren können. Es kann nämlich (anders, als es z. B. Darwin noch annahm) im Artenstammbaum Verbindungen zwischen Arten geben, die auf der gleichen Ebene liegen. Außerdem werden Pflanzen, Tiere und Pilze (und manchmal auch die Bakterien) mittlerweile oft separat betrachtet und es gibt dann mehrere Wurzeln. Auch, dass sich Arten auf verschiedenen Ebenen durchaus rückkreuzen können, beachte ich hier bewusst nicht, denn dies würde unser Beispiel nur unnötig verkomplizieren

Erstellen wir nun die Struktur, die den eigentlichen Stammbaum enthält. Hier mache ich nun folgenden Schritt: Ich lagere die universelle Listenklasse, die Sie bei der Personenverwaltung in Kapitel 4 benutzt haben, in die separate Include-Datei **Liste.h** aus. Diese Datei können Sie in einfacher Weise selbst erstellen: Speichern Sie sämtliche Quellcode-Zeilen, die zur Klasse Liste gehören, in der Datei **Liste.h** ab und beginnen Sie Ihr Programm mit folgender Zeile:

```
#include "Liste.h"
```

Der Vorteil ist nun, dass Sie in Ihrer Knotenstruktur Zeiger auf verkettete Listen verwenden können. Wenn Sie z. B. schon einen neuen Knoten für eine bestimmte Art angelegt haben, können Sie dieser auf folgende Weise Unterarten zuordnen:

```
AktuelleArt->Unterarten=new Liste;
AktuelleArt->Unterarten->Anhaengen((Knoten_t*)NeueUnterart); // Typecasting nötig
```

Dem aktuellen Knoten wird hier eine Unterartenliste zugewiesen, in die dann eine neue Unterart eingehängt wird. Für weitere Unterarten einer bestimmten übergeordneten Art können Sie auf dieselbe einfache Weise verfahren. Wenn eine Art keine Unterarten hat, weil diese z. B. geografisch isoliert ist, dann zeigt der Zeiger **Unterarten** auf NULL. Beachten Sie an dieser Stelle unbedingt, dass sich die wirklichen Daten für eine Art hier in AktuelleArt->Aktuell befinden und dass die Liste mit den Unterarten Knoten (Typ Knoten_t*) und keine Objekte vom Typ Art* enthält.

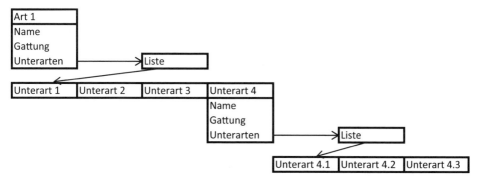

Bild 5.5 Eine Art und deren Unter- und Unterunterarten als verkettete Knotenliste

An dieser Stelle haben Sie schon alles zusammen, um einen einfachen Artenstammbaum zu erstellen. Sie können neue Arten mit im Speicher anlegen und dieser Art Unterarten zuweisen, die Sie natürlich auch vorher im Speicher anlegen müssen. Die Daten sollen an dieser Stelle wieder mit den Anweisungen

```
NeueArt->Eingabe();
AktuellerKnoten->Aktuell=(Art*)NeueArt;
```

von der Tastatur eingelesen werden, wie auch schon bei der Personenverwaltung in Kapitel 4. An dieser fehlt aber noch eine Sache, nämlich das Suchen einer bestimmten Art im Stammbaum und das anschließende Zuweisen von Unterarten zu genau dieser Art, die auch wieder Unterart einer übergeordneten Art sein kann. Sie müssen also erst eine bestimmte Art anlegen und anschließend weisen Sie dieser Art weitere Unterarten zu, deren Daten Sie dadurch definieren, dass Sie diese von der Tastatur einlesen. Sie müssen also eine Suchfunktion programmieren, die den gesamten Baum nach einer bestimmten Art durchsuchen kann, und bei dieser Art müssen Sie stets in der Lage sein, neue Unterarten anzuhängen. Zum Glück ist diese Aufgabe nicht so schwer, wie Sie vielleicht denken, wenn Sie ein paar Tricks kennen. Diese Tricks haben wieder mit der Rekursion und dem Teile-und-herrsche-Prinzip zu tun.

Stellen Sie sich nun vor, Sie wollen eine bestimmte Art in Ihrem Baum suchen, die ihrerseits wieder Unterart einer anderen Art sein kann. Sie wissen natürlich nicht, an welcher Stelle Sie diese in Ihren Baum eingehängt haben. Sie wissen nur, dass Sie stets dafür gesorgt haben, dass alle Knoten miteinander verbunden sind, und auch jede Art stets eine übergeordnete Art hat. Sie wissen auch, dass Ihr Baum auf jeden Fall eine Wurzel hat. Natürlich wissen Sie auch, wie man Listen nach einem bestimmten Eintrag durchsucht, nämlich mit einer einfachen Suchschleife, die immer dann bis zum Listenkopf gelangt, wenn das gesuchte Element nicht in der Liste ist. Eine solche Suchfunktion gibt dann NULL zurück, wenn ein bestimmter Eintrag nicht gefunden wurde, oder aber einen Zeiger auf das entsprechende Element, wenn dieses gefunden wurde. Sie nehmen nun erst einmal den ersten Knoten im Baum (also die Wurzel) und schauen nach, ob dieser Knoten schon Ihre gesuchte Art ist. Wenn dies nicht der Fall ist, dann nehmen Sie einfach an, dass eine der Unterarten in der Unterartenliste die gesuchte Art ist, und rufen Ihre Suchfunktion auf, die die Liste mit den Unterarten nach der entsprechenden Art durchsucht. Wenn die Suche erfolglos ist, dann gibt es die entsprechende Art nicht und Ihre Suchfunktion gibt NULL zurück. Sie nehmen also an dieser Stelle erst einmal an, Sie hätten Ihr Suchproblem schon gelöst und könnten die gesuchte Art in der Baumwurzel oder aber in der Unterartenliste der Baumwurzel finden. Wenn Sie dies nicht können, dann gibt es diese Art auch nicht. Wenn sich Ihre Annahme allerdings als falsch herausstellt und ein bestimmter Knoten in der Unterartenliste eine eigene Unterartenliste enthält, dann müssen Sie Ihr Suchproblem in kleinere Teilprobleme aufteilen, und rufen Ihre Suchfunktion mit der neuen Unterartenliste erneut rekursiv auf. Sie erstellen also einen Teile-und-herrsche-Algorithmus, der ähnlich arbeitet, wie der Algorithmus, mit dem Sie in Kapitel 3 die Türme von Hanoi gelöst haben. Diesen Suchalgorithmus möchte ich Ihnen nun vorstellen.

Es sei nun **KAktuell** ein Knoten vom Typ `Knoten_t*`, also ein Zeiger auf den aktuell zu durchsuchenden Knoten. In diesem Knoten soll nun der Name der Art, der in dem Attribut `char *Name` der Klasse Art abgelegt ist, mit dem Artnamen verglichen werden, den Sie in der Suchmaske `char *Suchname` gespeichert haben. Wenn dieser Vergleich erfolgreich ist, und `strcmp()` den Wert 0 zurückliefert, soll die Suche erfolgreich sein und ihre Suchfunktion soll zurückkehren, ohne sich erneut rekursiv aufzurufen. **KAktuell** soll ferner am Anfang auf die Wurzel zeigen und die Hilfsvariable **gefunden,** die angibt, ob Ihre Suche bereits erfolgreich war, soll am Anfang `false` sein. Die Variable **gefunden** soll dann auch am Ende per return-Anweisung zurückgeliefert werden und **KAktuell** soll stets den aktuell zu bearbeitenden Knoten enthalten. Die Suchfunktion selbst soll nun mit den folgenden Parametern aufgerufen werden:

```
bool FindeKnoten(Knoten_t *KAktuell, char *Suchname);
```

Direkt nach dem ersten Aufruf ist nun gefunden==false und KAktuell==Wurzel. Damit Sie die Daten des aktuellen Knotens korrekt auslesen können und auch Zugriff auf die Art-Daten haben, benötigen Sie folgende Hilfsvariablen:

```
Art *A; // Art-Daten
Knoten_t *K; // Hilfsvariable für die Rekursion
```

Nun müssen Sie erst einmal die Unterartenliste von **KAktuell** finden. Da die Unterartenliste eine verkettete Liste aus Knoten ist, benötigen Sie hierfür folgende Anweisungen:

```
K=(Knoten_t*)KAktuell->Unterarten->FindeErstes();
```

Sie arbeiten also hier für die Unterarten einer Art mit der universellen Klasse Liste, die Sie am Ende von Kapitel 4 kennengelernt haben. Mit der Methode FindeErstes() der Klasse Liste gehen Sie nun an den Anfang der Unterartenliste und nehmen erst einmal an, Ihre gesuchte Art befände sich in der Unterartenliste. Da Sie wissen, dass eine Liste stets einen Listenkopf hat, der auf NULL zeigt, ist die Suchschleife zunächst ganz einfach umzusetzen:

```
K=(Knoten_t*)KAktuell->Unterarten->FindeErstes();
while (K!=NULL)
{
    A=(Art*)K->Aktuell;
    if (strcmp(Suchname,A->GetName())==0)
    {
        KAktuell=K;
        return true;
    }
}
KAktuell=NULL;
return false;
```

Wenn also die Suchfunktion durchläuft, ohne je den gesuchten Artnamen zu finden, dann wird KAktuell=NULL gesetzt und es wird false zurückgegeben. Ansonsten liefert die strcmp()-Anweisung irgendwann einmal einen Wert von 0 zurück und die Suchschleife läuft nicht bis zum Ende der Liste durch. In diesem Fall wird KAktuell=K gesetzt und true zurückgegeben. Nun kann es aber vorkommen, dass eine Art in Ihrer Unterartenliste selbst wieder Unterarten enthält. In diesem Fall ist K->Unterarten nicht NULL, und Ihre Annahme, dass Sie Ihre gesuchte Art in jedem Fall in Ihrer aktuellen Unterartenliste finden, wird falsch. Sie benötigen also einen Teilungsschritt und müssen FindeKnoten() erneut rekursiv aufrufen:

```
if (K->Unterarten!=NULL)
{
    gefunden=FindeKnoten(K,Suchname); // Einstieg in die Rekursion
    if (gefunden==true) // Rückkehr aus der Rekursion
    {
```

```
        KAktuell=K;
        return true;
    }
}
```

Als ich anfing, die Funktion FindeKnoten() zu programmieren, ergab sich auch zunächst kein Problem und mein Algorithmus fand sowohl meine Arten als auch meine Unterarten. Dies änderte sich, als ich anfing, Unterarten von Unterarten anzulegen. Bei den Unterarten von Unterarten wurde plötzlich, obwohl ich auch die Unterarten der Unterarten erfolgreich finden konnte, nur Datenmüll ausgegeben, wenn ich im Hauptprogramm folgende Zeilen verwendete:

```
if (Stammbaum.FindeKnoten(KAktuell,Suchname)==true)
{
    A=(Art*)KAktuell->Aktuell;
    A->Ausgabe();
}
```

Leider taucht an dieser Stelle ein Problem auf, das sich bei der Verwendung von Rekursionen nicht immer vermeiden lässt: Auch der Zeiger **KAktuell** wird hier vor einem rekursiven Aufruf von FindeKnoten() auf dem Stack zwischengespeichert und dadurch ändert sich der Inhalt von KAktuell->Aktuell (also die eigentlichen Daten einer Art) zwischen den einzelnen Rekursionsebenen. Zumindest habe ich dieses Verhalten im Nachhinein mit meinem Debugger herausgefunden, ohne dass dieses Verhalten in irgendeiner Weise vorherzusehen gewesen wäre. D.h., dass Sie außerhalb der Funktion FindeKnoten() nicht mehr auf die Art-Daten zugreifen können, die Sie innerhalb von FindeKnoten() korrekt ermittelt haben. Es gibt für dieses Problem leider keine einfache Lösung, außer einer einzigen: Sie müssen eine globale Variable definieren, beispielsweise den Hilfszeiger **Such**, der vom Typ Knoten_t* ist. Da globale Variablen niemals ihre Position im Speicher ändern, behält der Zeiger **Such** auch innerhalb einer Rekursion seine Adresse bei. FindeKnoten() muss dann also das Suchergebnis in der globalen Variablen **Such** und nicht im Zeiger **KAktuell** ablegen. Wenn Sie nun zusätzlich noch erreichen wollen, dass FindeKnoten() einen Zeiger auf den gefundenen Knoten zurückgibt und keinen Wahrheitswert, können Sie eine Wrapper-Funktion erstellen. Eine *Wrapper-Funktion* ist eine Funktion, die die eigentliche Funktion, die Sie aufrufen wollen, so kapselt, dass die Wrapper-Funktion die Parameter so zurückgibt, wie Sie diese eigentlich haben wollen. Meistens benennt man zu diesem Zweck die ursprüngliche Funktion so um, dass dem ursprünglichen Namen ein Unterstrich vorangeht (FindeKnoten() wird also nun zu _FindeKnoten()). Die neue Funktion FindeKnoten() kapselt die Funktion _FindeKnoten() wie folgt ein:

```
Knoten_t* FindeKnoten(char *Suchname)
{
    Art *A;
    Knoten_t *KAktuell;
    KAktuell=FindeWurzel();
    A=(Art*)KAktuell->Aktuell;
    if (strcmp(Suchname,A->GetName())==0) { return KAktuell; }
    if (_FindeKnoten(KAktuell,Suchname)==true)
    {
        A=(Art*)Such->Aktuell;
        A->Ausgabe();
```

```
            return Such;
        }
        else
        {
            return NULL;
        }
}
```

Sie rufen also innerhalb der Wrapper-Funktion die Funktion, die Sie eigentlich ausführen wollen, so auf, dass diese die globale Variable **Such** korrekt verwendet. **Such** wird dann am Ende auch per return zurückgegeben und enthält natürlich den korrekten Zeiger auf den gefundenen Knoten. Ich gebe an dieser Stelle zu, dass meine Lösung nicht optimal ist, aber ich habe es einfach nicht geschafft, die globale Variable zu beseitigen. Wenn es nun Leser gibt, die eine bessere Lösung haben, dann können sie mir diese per E-Mail an folgende Adresse schicken (ich wäre dafür wirklich sehr dankbar):

renekrooss@t-online.de

Kommen wir nun zum nächsten Listing, in dem ein einfaches Programm vorgestellt wird, mit dem Sie einen einfachen Artenstammbaum verwalten können. Das Programm läuft in der Konsole und verwendet die Include-Datei **conio.h** und getch(), um Zeichen von der Tastatur einzulesen. Diese Zeichen werden dann dazu verwendet, um ein einfaches Menü zu erstellen, das folgende Optionen anbietet:

1=Neuen Stammbaum anlegen

2=Art suchen

3=Unterarten anlegen

4=Programm beenden

Wenn Sie Linux verwenden, dann müssen Sie unter Umständen wieder getch() durch scanf() ersetzen und clrscr() wieder durch System("clear"). Sehen Sie sich nun Listing 5.3 an.

Listing 5.3 Stammbaum.cpp

```
01  #include<stdio.h>
02  #include<string.h>
03  #include<conio.h>
04  #include"Liste.h"
05  class Art
06  {
07      private:
08      char Name[50];
09      char Gattung[50];
10      float Alter;
11      public:
12      // Set-Funktionen zum gezielten Verändern von Attributen
13      void SetName(char *S);
14      void SetGattung(char *S);
15      void SetAlter(float A);
16      // Get-Funktionen zum gezielten Auslesen von Attributen
17      char* GetName();
18      char* GetGattung();
19      float GetAlter();
```

```
20      // Ein/Ausgabefunktionen
21      void Ausgabe();
22      void Eingabe();
23  };
24  // Set-Funktionen
25  void Art::SetName(char *S) { strcpy(Name,S); }
26  void Art::SetGattung(char *S) { strcpy(Gattung,S); }
27  void Art::SetAlter(float A) { Alter=A; }
28  // Get-Funktionen
29  char* Art::GetName() { return Name; }
30  char* Art::GetGattung() { return Gattung; }
31  float Art::GetAlter() { return Alter; }
32  // Ein/Ausgabefunktionen

33  void Art::Ausgabe()
34  {
35      printf("Art:%s\n",Name);
36      printf("Gattung:%s\n",Gattung);
37      printf("Alter:%f Millionen Jahre\n",Alter);
38  }

39  void Art::Eingabe()
40  {
41      fflush(stdin);
42      printf("Artname:"); fgets(Name,50,stdin);
43      Name[strlen(Name)-1]=0;
44      printf("Gattung:"); fgets(Gattung,50,stdin);
45      Gattung[strlen(Gattung)-1]=0;
46      printf("Alter (in Millionen Jahren):"); scanf("%f",&Alter);
47  }

48  struct Knoten_t
49  {
50      Art *Aktuell;
51      Liste *Unterarten;
52  };

53  Knoten_t *Such;

54  class Baum
55  {
56      private:
57      Knoten_t *Wurzel;
58      Knoten_t *Aktuell;
59      bool _FindeKnoten(Knoten_t *KAktuell, char *Suchname);
60      public:
61      Baum::Baum();
62      bool IstLeer();
63      void Init(Art *A);
64      Knoten_t* FindeWurzel();
65      Knoten_t *FindeKnoten(char *Suchname);
66  };

67  Baum::Baum()
68  {
69      Wurzel=new Knoten_t;
70      Wurzel->Aktuell=NULL; Wurzel->Unterarten=new Liste;
71  }
```

```
72  bool Baum::IstLeer()
73  {
74      if (Wurzel->Aktuell==NULL) { return true; }
75      else { return false; }
76  }

77  void Baum::Init(Art *A)
78  {
79      Wurzel->Aktuell=A;
80  }

81  Knoten_t* Baum::FindeWurzel()
82  {
83      Aktuell=Wurzel;
84      return Wurzel;
85  }

86  bool Baum::_FindeKnoten(Knoten_t *KAktuell, char *Suchname)
87  {
88      bool gefunden=false;
89      Art *A;
90      Knoten_t *K;
91      K=(Knoten_t*)KAktuell->Unterarten->FindeErstes();
92      while (K!=NULL)
93      {
94          A=(Art*)K->Aktuell;
95          if (K->Unterarten!=NULL)
96          {
97              gefunden=_FindeKnoten(K,Suchname);
98              if (gefunden==true) { return true; }
99          }
100         if (gefunden==false)
101         {
102             if (strcmp(Suchname,A->GetName())==0)
103             {
104                 Such=K;
105                 return true;
106             }
107             K=(Knoten_t*)KAktuell->Unterarten->FindeNaechstes();
108         }
109     }
110     return false;
111 }

112 Knoten_t *Baum::FindeKnoten(char *Suchname)
113 {
114     Art *A;
115     Knoten_t *KAktuell;
116     KAktuell=FindeWurzel();
117     A=(Art*)KAktuell->Aktuell;
118     if (strcmp(Suchname,A->GetName())==0) { return KAktuell; }
119     if (_FindeKnoten(KAktuell,Suchname)==true)
120     {
121         A=(Art*)Such->Aktuell;
122         return Such;
123     }
124     else
```

```
125         {
126             return NULL;
127         }
128 }

129 int main(void)
130 {
131     char Suchname[100];
132     Art *A;
133     Liste *L;
134     Knoten_t *K;
135     Knoten_t *KAktuell;
136     int O;
137     Baum Stammbaum;
138     do
139     {
140         clrscr();
141         printf("1=Neuen Stammbaum anlegen, 2=Art suchen, 3=Unterarten anlegen, 4=Programm beenden\n");
142         O=getch();
143         switch (O)
144         {
145             case '1':
146                 if (Stammbaum.IstLeer()==true)
147                 {
148                     A=new Art; A->Eingabe();
149                     Stammbaum.Init(A);
150                     printf("Der Stammbaum wurde angelegt.\n");
151                     getch();
152                 }
153                 else
154                 {
155                     printf("Es existiert schon ein Stammbaum\n");
156                     getch();
157                 }
158             break;
159             case '2':
160                 if (Stammbaum.IstLeer()==false)
161                 {
162                     fflush(stdin);
163                     printf("Zu suchender Artname:");
164                     fgets(Suchname,50,stdin); Suchname[strlen(Suchname)-1]=0;
165                     KAktuell=Stammbaum.FindeKnoten(Suchname);
166                     if (KAktuell!=NULL)
167                     {
168                         printf("Die Suche war erfolgreich:\n");
169                         A=(Art*)KAktuell->Aktuell;
170                         A->Ausgabe();
171                         L=KAktuell->Unterarten;
172                         KAktuell=(Knoten_t*)L->FindeErstes();
173                         printf("Unterarten sind:\n");
174                         while (KAktuell!=NULL)
175                         {
176                             A=(Art*)KAktuell->Aktuell; A->Ausgabe();
177                             KAktuell=(Knoten_t*)L->FindeNaechstes();
178                             getch();
179                         }
180                     }
```

```
181                     else
182                     {
183                         printf("Die Art '%s' existiert nicht im Stammbaum\
n",Suchname);
184                         getch();
185                     }
186                 }
187                 else
188                 {
189                     printf("Der Stammbaum existiert noch nicht\n");
190                     getch();
191                 }
192             break;
193             case '3':
194                 if (Stammbaum.IstLeer()==false)
195                 {
196                     fflush(stdin);
197                     printf("Zu suchender Artname:");
198                     fgets(Suchname,50,stdin); Suchname[strlen(Suchname)-1]=0;
199                     KAktuell=Stammbaum.FindeKnoten(Suchname);
200                     if (KAktuell!=NULL)
201                     {
202                         printf("Unterarten eingeben:\n");
203                         KAktuell->Unterarten=new Liste;
204                         do
205                         {
206                             printf("Weiter mit w, Ende mit e\n");
207                             O=getch();
208                             if (O!='e')
209                             {
210                                 A=new Art; K=new Knoten_t;
211                                 A->Eingabe(); K->Aktuell=A; K->Unterarten=NULL;
212                                 KAktuell->Unterarten->Anhaengen((Knoten_t*)K);
213                             }
214                         }
215                         while (O!='e');
216                     }
217                     else
218                     {
219                         printf("Die Art '%s' existiert nicht im Stammbaum\
n",Suchname);
220                         getch();
221                     }
222                 }
223                 else
224                 {
225                     printf("Der Stammbaum existiert noch nicht\n");
226                     getch();
227                 }
228             break;
229             default: break;
230         }
231     }
232     while (O!='4');
233     printf("Das Programm wurde beendet");
234     return 0;
235 }
```

In Zeile **001–004** muss zusätzlich zu **stdio.h** auch **string.h** und **conio.h**, sowie die selbst erstellte Include-Datei **Liste.h** eingefügt werden. Erst durch die letzte Anweisung in Zeile **004** können Sie die Klasse `Liste` benutzen, die für die Verwaltung der Unterarten benötigt wird. In den Zeilen **005–047** definieren Sie die Klasse `Art`. Eine Art besitzt folgende Attribute: Einmal hat die Art einen eindeutigen Namen, wie z.B. *Hunde*, *Katzen* oder *Pferde*, der durch das Attribut **Name** (Zeile **008**) bestimmt ist. Eine Art gehört aber auch zu einer bestimmten Gattung, wie „Säugetiere", die durch das Attribut **Gattung** (Zeile **009**) definiert ist. Es gibt viele Biologen, die an dieser Stelle das Attribut **Gattung** nicht für den Stammbaum benutzen würden und z.B. die Säugetiere als Oberklasse für Hunde, Katzen oder Pferde sehen würden. Es gibt aber auch viele Biologen, die für manche speziellen Oberarten den Begriff *Gattung* mit ggf. leerem Artnamen einsetzen würden. Ich habe es dem Benutzer selbst überlassen, wie er vorgeht, und ob er das Attribut **Gattung** benutzt oder nicht. Dem Attribut **Alter** dagegen müssen Sie einen Wert zuweisen, deshalb liest die Funktion `Eingabe()` (Zeile **039–047**) dieses Attribut in Zeile **046** auch mit `scanf()` ein. Diese Maßnahme bewirkt, dass ein schlichtes Betätigen der Eingabetaste nur den Cursor in die nächste Zeile setzt, nicht aber `scanf()` beendet. Dies geschieht erst, wenn Sie einen korrekten Wert eingeben. Wie bei Klassen allgemein üblich, besitzt die Klasse `Art` auch in diesem Listing Set- und Get-Methoden für die einzelnen Attribute. Sie können sich dadurch beispielsweise von der Methode `GetName()` den Namen einer bestimmten Art zurückliefern lassen oder aber den Namen mit `SetName()` nachträglich ändern. Dadurch können Sie später Ihr Listing ggf. noch um eine Funktion erweitern, mit der Sie Eingabefehler korrigieren können, was in diesem einfachen Beispiel nicht möglich ist. Um die Daten für eine Art anzeigen zu lassen oder einer Art Daten zuzuweisen, sind die Methoden `Ausgabe()` und `Eingabe()` vorgesehen. `Ausgabe()` (Zeile **033–038**) gibt die Attribute **Name**, **Gattung** und **Alter** aus, `Eingabe()` (Zeile **039–047**) liest die entsprechenden Attribute von der Tastatur ein. Im Gegensatz zu der Klasse `Baum` benötigt die Klasse `Art` nicht mehr Methoden und auch keinen Konstruktor, da sämtliche wichtigen Daten durch das Hauptprogramm erzeugt werden.

Kommen wir nun zum Stammbaum selbst. Damit Sie diesen korrekt verwalten können, benötigen Sie erst einmal folgende Struktur, die die Knoten des Baums definiert (Zeile **048–053**):

```
struct Knoten_t
{
    Art *Aktuell;
    Liste *Unterarten;
};
Knoten_t *Such;
```

Der Zeiger **Aktuell** zeigt hier auf die Daten der Art selbst und ist vom Typ `Art*`. Der Zeiger **Unterarten** ist vom Typ `Liste*`, zeigt also auf eine Datenstruktur, die Sie mit der Klasse `Liste` verwalten müssen. Der globale Zeiger **Such** ist dann vom Typ `Knoten_t*` und enthält das Suchergebnis, das die Methode `_FindeKnoten()` (Zeile **086–121**) zurückliefert. `_FindeKnoten()` ist also hier eine Methode der Klasse Baum und keine globale Funktion.

Kommen wir nun zu `_FindeKnoten()` selbst, also unserem zentralen Suchalgorithmus, der einen bestimmten Knoten im Baum findet. `_FindeKnoten()` bekommt zwei Parameter übergeben. Der erste Parameter **KAktuell** definiert den Startknoten der Suche und wird als Zeiger übergeben. Der zweite Parameter definiert die Suchmaske, die den zu suchenden

Namen der Art enthält. _FindeKnoten() definiert zunächst die Hilfsvariable **gefunden**, die am Anfang `false` ist, sowie die Zeiger `Art *A` und `Knoten_t *K`, der zunächst auf die Unterartenliste des Knotens **KAktuell** zeigt. In einer `while`-Schleife (Zeile **092 – 119**) wird nun versucht, die gesuchte Art in der Unterartenliste von **KAktuell** zu finden, wobei zunächst in Zeile **095** geprüft werden muss, ob der aktuelle Eintrag in der Unterartenliste noch Unterarten enthält (`K->Unterarten!=NULL`). Nur, wenn dies der Fall ist, wird _FindeKnoten() in Zeile **097** erneut rekursiv aufgerufen, und zwar so, dass der aktuell referenzierte Listeneintrag in der Unterartenliste zur neuen Unterartenliste wird:

```
gefunden=_FindeKnoten(K,Suchname);
```

Wenn nach einer Rückkehr aus der Rekursion **gefunden** `true` ist, dann können Sie in Zeile **098** direkt aus der Funktion _FindeKnoten() zurückkehren und der gesuchte Knoten befindet sich dann in **KAktuell**. Wenn jedoch `gefunden==false` ist, dann müssen Sie Ihre aktuelle Liste mit den Unterarten in Zeile **102 – 108** weiter durchsuchen, und schauen, ob Sie nun einen Treffer erzielen. Wenn der Treffer stattfindet, dann zeigt `A` auf `K->Aktuell` und `strcmp(Suchname,A->GetName())` liefert 0 zurück. In diesem Fall setzen Sie `Such=K` und kehren aus der Funktion _FindeKnoten() mit `true` zurück. Nur in diesem einen Fall enthält dann der Zeiger **Such** eine korrekte Adresse. In allen anderen Fällen wurde der zu suchende Knoten nicht gefunden und _FindeKnoten() kehrt mit `false` zurück. Dies ist auch der Fall, wenn die Suchfunktion bis zum Ende durchläuft und am Ende `Unterarten->FindeNaechstes()` NULL zurückliefert. **Such** enthält in diesem Fall keine korrekte Adresse, _FindeKnoten() liefert aber in korrekter Weise den Wert `false` zurück. Die Wrapper-Funktion FindeKnoten() (Zeile **112 – 129**) ruft nun _FindeKnoten(), auf, um den gefundenen Knoten per `return` zurückzugeben. Wie dies funktioniert, wurde weiter oben bereits beschrieben.

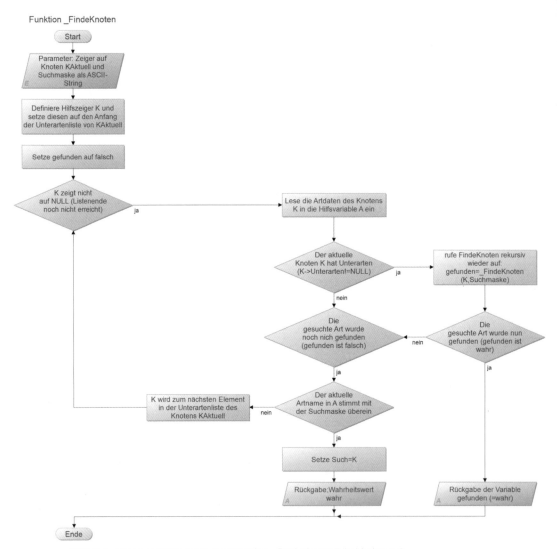

Bild 5.6 Programmablaufplan der Funktion _FindeKnoten() in Listing 5.3

Kommen wir nun zum Hauptprogramm, das eine einfache Menüstruktur implementiert, die in der Konsole angezeigt wird. Es gibt vier Optionen, die über die Tastatur aufgerufen werden können. Die erste Option ist, einen neuen Stammbaum anzulegen. Wenn der Stammbaum leer ist, dann können Sie gewissermaßen die Urart eingeben, von der sämtliche anderen Arten abstammen. Option 1 wird innerhalb eines `switch-case`-Blocks in den Zeilen **145 – 158** ausgeführt, wenn Sie die Taste 1 drücken. Wenn dann die `if`-Bedingung in Zeile **146** erfüllt ist, dass der Stammbaum leer ist, so wird erst einmal Speicherplatz für eine neue Art angelegt und die Daten werden von der Tastatur eingelesen. Danach wird in Zeile **149** `Stammbaum.Init()` mit dem Zeiger **A** aufgerufen. `Init()` erstellt daraufhin die Wurzel des Stammbaums und legt in dieser die Daten für die Urart fest. Es gibt aber an dieser Stelle noch keine Unterarten der Urart. Ist der Stammbaum nicht leer, so führt die Auswahl der ersten Option nur zu einer Meldung, die anzeigt, dass der Stammbaum schon existiert.

Option 2 wird innerhalb eines `switch-case`-Blocks in den Zeilen **159 – 196** ausgeführt, wenn Sie die Taste 2 drücken. Mit Option 2 können Sie eine bestimmte Art suchen. Hierbei dient wieder der Artname als Suchkriterium, den Sie über die die Tastatur eingeben müssen. Die eigentliche Suche des Artnamens übernimmt dabei eine einzige Anweisung in Zeile **165**, nämlich die Methode `FindeKnoten()` der Klasse Baum. Da Ihr Stammbaum ein Objekt der Klasse Baum ist, das vorher in der Variablen **Stammbaum** abgelegt wurde, müssen Sie die Suche natürlich mit der Anweisung

```
KAktuell=Stammbaum.FindeKnoten(Suchname);
```

initialisieren, wobei **KAktuell** dann den gesuchten Knoten oder aber NULL enthält, wenn die gesuchte Art nicht gefunden werden kann. Wenn **KAktuell** dann nicht NULL ist, werden in Zeile **169** und **170** erst einmal die entsprechenden Daten ausgegeben. Beachten Sie, dass sich die eigentlichen Daten für Name, Gattung und Alter der entsprechenden Art in KAktuell->Aktuell befinden und Sie diese Daten durch Typecasting einem Objekt der Klasse Art zuweisen müssen, bevor Sie diese Daten dann ausgeben können. Wenn die gesuchte Art nun Unterarten besitzt, dann ist auch KAktuell->Unterarten nicht NULL, woraufhin die Unterarten dann in Zeile **171 – 182** ausgegeben werden. Wenn die gesuchte Art dagegen nicht existiert, dann wird der `else`-Zweig in Zeile **185 – 189** ausgeführt, der eine Meldung ausgibt, dass die gesuchte Art nicht existiert.

Option 3, die Sie über die Taste 3 erreichen, funktioniert fast wie Option 2. Zuerst müssen Sie einen zu suchenden Artnamen eingeben, anschließend wird nach dieser Art gesucht. Anders als bei Option 2 wird jedoch nach der Suche eine neue Unterartenliste angelegt, die Sie anschließend füllen können. Dabei müssen Sie etwas aufpassen: Nach erfolgreicher Suche des Artnamens müssen Sie nämlich zunächst w (für weiter) drücken, um eine neue Unterart anzulegen. Wenn Sie die Daten erfolgreich eingegeben haben, führt erneut w zur Eingabe neuer Daten, e beendet jedoch die Eingabe. Die Taste 4 führt dagegen zum Beenden des Programms, aber nur dann, wenn Sie sich im Hauptmenü befinden. Um das Hauptprogramm nicht unnötig kompliziert zu machen, habe ich an dieser Stelle keine zusätzliche Überprüfung darauf eingebaut, ob eine Art schon eine Unterartenliste besitzt, es wird also stets eine neue Unterartenliste im Speicher angelegt. Die Daten der alten Unterarten gehen damit verloren.

Wenn Sie an dieser Stelle angekommen sind, dann wissen Sie quasi alles, was man über Bäume wissen muss: wie Sie diese erstellen können, wie Sie an einer beliebigen Stelle neue Knoten hinzufügen können und wie Sie eine effiziente Suchfunktion erstellen. Eine kleine Zwischenübung könnte nun sein, dass Sie sich überlegen, wie Sie einen bestimmten Knoten auch wieder aus Ihrem Baum entfernen können (kleiner Tipp: Benutzen Sie die Methode `GetIndex()` der Klasse Liste).

■ 5.2 Binärbäume[2]

Binärbäume (auch: B-Bäume) sind Bäume, in denen ein Knoten mit maximal zwei weiteren Knoten auf einer tieferen Ebene verbunden werden kann. Binärbäume sind also quasi stark beschnittene Bäume. Durch diese Maßnahme, die den Nachteil von viel mehr Ebenen in Kauf nimmt, vereinfacht sich der rekursive Suchalgorithmus nach bestimmten Knoten. Schauen Sie sich hierzu die folgende allgemeine Definition von Knoten in Binärbäumen an:

```
struct Knoten_t
{
    void *Aktuell; // Daten beliebigen Typs
    Knoten_t *Links;
    Knoten_t *Rechts;
};
```

Nehmen Sie nun an, dass bereits eine Wurzel existiert, die auch schon einen gültigen Zeiger auf ein Datenobjekt enthalten kann. Nehmen Sie ferner erst einmal an, dass der Zeiger **Aktuell** schon auf Ihren gesuchten Datensatz zeigt. In diesem Fall ist die Suchfunktion sehr einfach umzusetzen, denn diese muss nur den gesuchten Datensatz als Zeiger zurückgeben, wenn dieser mit Ihren Suchkriterien übereinstimmt. Ansonsten wird einfach NULL zurückgegeben, was bedeutet, dass kein Datensatz gefunden wurde, der mit Ihren Suchkriterien übereinstimmt. Wenn sich Ihre Annahme allerdings als falsch herausstellt und Ihr Knoten mit weiteren Knoten verbunden ist, rufen Sie Ihre Suchfunktion erneut rekursiv auf, und zwar einmal mit dem Zeiger auf den linken und einmal mit dem Zeiger auf den rechten Unterknoten. Sie erhalten nun die folgende einfache Suchfunktion:

```
Knoten_t* FindeKnoten(Knoten_t *Aktuell, Knoten_t *Suchmaske)
{
    if (Aktuell==NULL) { return NULL; } // Datensatz nicht gefunden
    if (KnotenGleich(Aktuell,Suchmaske)) { return Aktuell; } // Datensatz gefunden
    else
    {
        Aktuell=FindeKnoten(Aktuell->Links,Suchmaske);
        if (Aktuell!=NULL) { return Aktuell; }
        Aktuell=FindeKnoten(Aktuell->Rechts,Suchmaske);
        if (Aktuell!=NULL) { return Aktuell; }
    }
    return NULL; // Datensatz nicht gefunden (weder der aktuelle Knoten, noch der
                 //     linke oder rechte Unterknoten enthalten den gesuchten Datensatz)
}
```

Wie Sie sehen, ist der Umgang mit Binärbäumen viel einfacher als mit allgemeinen Bäumen. Deshalb werden Binärbäume trotz einiger Nachteile oft verwendet. Nun benötigen Sie nur noch ein gutes Beispiel für Binärbäume. Es gibt natürlich unzählige Beispiele für Binärbäume. Das populärste Beispiel aus dem Studium ist aber sicherlich das folgende: Es sollen einzelne Wörter in einen Binärbaum eingefügt werden, und zwar so, dass stets das linke Wort kleiner oder gleich groß ist, wie das rechte Wort. Hierbei dürfen Worte durchaus auch doppelt vorkommen (es gibt also keine Prüfung auf Kollisionen). Die Wertigkeit eines Wor-

---

[2] Jürgen Wolf, René Krooß, C von A bis C, 4. Überarbeitete Auflage, ISBN 978-3-8362-3973-8, S. 916 ff.

tes wird hier durch die Funktion `strcmp()` bestimmt, die immer dann 0 zurückliefert, wenn sich sämtliche Zeichen in zwei Worten gleichen. Wenn Wort1<Wort2 ist, dann liefert `strcmp()` einen negativen Wert zurück und **Wort1** würde bei einer alphabetischen Sortierung vor **Wort2** stehen. Wenn Wort1>Wort2 ist, dann liefert `strcmp()` einen positiven Wert zurück und **Wort1** würde bei einer alphabetischen Sortierung nach **Wort2** stehen. Definieren wir nun erst einmal die Knotenstruktur `Knoten_t` für das nächste Beispiel:

```
struct Knoten_t
{
    char Wort[100]; // maximal 100 Zeichen pro Wort, keine Leerzeichen
    Knoten_t *links; // linker Kind-Knoten
    Knoten_t *rechts; // rechter Kind-Knoten
};
```

Fügen wir nun einen Eintrag in den Baum ein, z.B. das Wort „Baum", das sich in dem String `char *Wort` befinden soll. Wenn ein Knoten vollständig leer ist, dann sollen Sie dies daran erkennen können, dass das Strukturelement **Wort** die Länge 0 hat. Wenn der Baum leer ist, dann soll in diesem Beispiel `Wurzel->Wort` die Länge 0 haben. In diesem Fall reicht es dann aus, einfach das einzufügende Wort mit `strcpy(Wurzel->Wort,Wort)` an die entsprechende Stelle zu kopieren und den Zeigern `Wurzel->links` und `Wurzel->rechts` NULL zuzuweisen.

Wenn jedoch der Baum nicht leer ist, dann müssen Sie einen freien Platz in Ihrem Baum suchen. Zunächst definieren Sie an dieser Stelle den Zeiger `Knoten_t *K` und setzen diesen Zeiger auf die Wurzel Ihres Baums. Die Suche nach einem freien Knoten verläuft danach wie folgt: Zunächst definieren Sie die Suchmaske `char *Wort`. **Wort** wird zunächst mit dem Wort verglichen, das Sie in der Wurzel gespeichert haben (also mit `strcmp(K->Wort,Wort)`). Sind beide Strings gleich, so ist die Suche erfolgreich verlaufen und der gesuchte Knoten wurde gefunden. Wenn es in Ihrem Baum Duplikate gibt, dann wird stets das Duplikat gefunden, das Sie zuerst in den Baum eingefügt haben. Wenn `strcmp(K->Wort,Wort)` allerdings nicht 0 zurückliefert, wird überprüft, ob der linke oder rechte Kind-Knoten des aktuellen Knotens **K** NULL ist. Ist dies der Fall, dann ist im Baum noch ein Platz frei und die Suchfunktion gibt den Knoten **K** per `return`-Anweisung an das Hauptprogramm zurück. Ist jedoch am Knoten **K** keine Einfügeposition mehr frei, wird K->Wort mit **Wort** verglichen. Ist Wort< K->Wort, wird die Suchfunktion rekursiv mit dem linken Kind-Knoten von **K** erneut aufgerufen. Ist Wort>K->Wort, wird die Suchfunktion rekursiv mit dem rechten Kind-Knoten von **K** erneut aufgerufen. Sie erhalten nun folgende Funktion zum Finden der korrekten Einfügeposition:

```
Knoten_t* FindeEinfuegePosition(Knoten_t *Aktuell, char *Suchmaske)
{
    if (strcmp(Suchmakse,Aktuell->Wort)==0) { return Aktuell; } // Duplikat gefunden
    if (Aktuell->links!=NULL) // linken Kind-Knoten auswählen
    {
        FindeEinfuegePosition(Aktuell->links,Suchmaske); // Rekursion
    }
    if (Aktuell->rechts!=NULL) // rechten Kind-Knoten auswählen
    {
        FindeEinfuegePosition(Aktuell->rechts,Suchmaske); // Rekursion
    }
    if (Aktuell->links==NULL) { return Aktuell; } // Freie Position gefunden
    if (Aktuell->rechts==NULL) { return Aktuell; } // Freie Position gefunden
    return NULL; // Keine freie Position gefunden, Fehler in der Baumstruktur
}
```

Nehmen Sie nun an, dass die Suche des Einfügepunkts bereits erledigt ist, Sie also den Knoten K schon gefunden haben, an dem der rechte oder linke Kind-Knoten noch nicht benutzt wurde. Es genügen nun die folgenden C-Zeilen, um Ihre Daten an der richtigen Stelle in den Binärbaum einzuhängen (in der Variabel **NeuesWort** sei das neu einzufügende Wort abgelegt und **KAktuell** sei der aktuelle Knoten, den Sie vorher gesucht haben):

```
if (strcmp(Aktuell->Wort,Wort)==0) { return; } // Duplikate nicht ändern
if (KAktuell->links==NULL)
{
    KAktuell->links=new Knoten_t; // neuen Knoten links anhängen
    strcpy(KAktuell->links->Wort,NeuesWort); // Daten übertragen
    KAktuell->links->links=NULL; // Ein Blatt hat keinen linken Kind-Knoten
    KAktuell->links->rechts=NULL; // Ein Blatt hat keinen rechten Kind-Knoten
}
else if (KAktuell->rechts==NULL)
{
    KAktuell->rechts=new Knoten_t; // neuen Knoten rechts anhängen
    strcpy(KAktuell->rechts->Wort,NeuesWort); // Daten übertragen
    KAktuell->rechts->links=NULL; // Ein Blatt hat keinen linken Kind-Knoten
    KAktuell->rechts->rechts=NULL; // Ein Blatt hat keinen rechten Kind-Knoten
}
```

Für das Löschen von Knoten aus einem Binärbaum gibt es nun verschiedene Möglichkeiten. Die einfachste Möglichkeit ist sicherlich die, mit der oben angeführten Suchfunktion den entsprechenden Knoten zu suchen und anschließend KAktuell->Wort einen String zuzuweisen, der die Länge 0 hat. Leider werden durch diese Maßnahme keine Daten aus dem Speicher entfernt, sondern es wird nur gewährleistet, dass Sie das gelöschte Wort nicht mehr im Baum finden können. Aber wie sieht es mit der Konsistenz der Daten nach diesem einfachen Löschvorgang aus? Anders als in Listing 5.3 können Sie einen Knoten nicht dadurch löschen, dass Sie diesen einfach aus der Unterartenliste der Eltern-Knoten entfernen. So ist dann auch nach dem Löschen eines Knotens die Datenkonsistenz Ihres Baums nicht mehr gewährleistet. Dies ist so, weil ja in unserem Beispiel der linke Kind-Knoten stets ein Wort mit einer kleineren Wertigkeit als der rechte Kind-Knoten enthalten muss. Wenn Sie diese Anordnung ändern (z. B. indem Sie Aktuell->links mit Aktuell->rechts vertauschen oder sogar **Aktuell** löschen), finden Sie einen Teil Ihrer Daten nicht mehr wieder.

Stellen Sie sich nun vor, Sie löschen aus Ihrem Artenstammbaum aus Listing 5.3 eine Art, an der noch mehrere Unterarten dranhängen. In diesem Fall müssen Sie sämtliche Unterarten ebenfalls löschen, inklusive Unterunterarten, Unterunterunterarten und so weiter. Sie ahnen es an dieser Stelle sicherlich schon: Beim Löschen von Knoten und sämtlichen Unterknoten, die dort noch dranhängen können, verwenden Sie am besten eine rekursive Lösung. Diese rekursive Lösung benutzt hier am besten wieder das Teile-und-herrsche-Prinzip. Sie nehmen erst einmal an, der zu löschende Knoten sei die Wurzel Ihres Baums und besitzt keine Kind-Knoten. In diesem Fall können Sie die Wurzel einfach mit delete löschen und erhalten anschließend einen leeren Baum. Wenn der zu löschende Knoten allerdings nicht die Wurzel Ihres Baums ist, dann nehmen Sie einfach den zu löschenden Knoten als Wurzel eines neuen, kleineren Baums an. Sie teilen also Ihr großes Problem in mehrere Teilprobleme auf und schauen nach, ob die Wurzel Ihres Teilbaums Kind-Knoten enthält. Wenn dies der Fall ist, rufen Sie Ihre Löschfunktion erneut rekursiv auf und betrachten nun die Kind-Knoten als Wurzel noch kleinerer Teilbäume. Dies tun Sie so lange, bis Sie auf einen Knoten stoßen, der keine Kind-Knoten mehr enthält. Diesen Knoten können Sie dann einfach mit delete aus dem Speicher entfernen. Da alle Theorie grau ist, komme ich nun zum nächsten Listing. In diesem Listing wird der bereits oben beschriebene Binärbaum inklusive Such- und Löschfunktionen in der Klasse BBaum gekapselt. In diesen Binärbaum (Objekt WortBaum) können Sie neue Wörter einfügen, aber Sie können auch Wörter im Baum suchen und Knoten aus dem Baum entfernen.

Listing 5.4 Binaerbaum.cpp

```
01  #include<stdio.h>
02  #include<string.h>
03  #include<conio.h>

04  struct Knoten_t
05  {
06      char Wort[100]; // maximal 100 Zeichen
07      Knoten_t *links; // linker Kind-Knoten
08      Knoten_t *rechts; // rechter Kind-Knoten
09  };

10  class BBaum
11  {
12      private:
13      Knoten_t *Wurzel; // Anker
14      Knoten_t *Aktuell; // Hilfszeiger
15      public:
16      BBaum::BBaum(); // Konstruktor
17      bool IstLeer(); // Gibt NULL zurück, wenn der Baum noch leer ist
18      void Init(char *Wort); // Wird nur einmal aufgerufen, wenn Baum leer
19      Knoten_t* FindeWurzel();
20      Knoten_t* FindeEinfuegePosition(Knoten_t *Aktuell, char *Wort);
21      Knoten_t* FindeKnoten(Knoten_t *Aktuell, char *Wort);
22      void KnotenEinfuegen(char *Wort);
23      void _KnotenLoeschen(Knoten_t *Aktuell);
24      bool KnotenLoeschen(char *Wort); // Gibt true zurück, wenn der Knoten gelöscht werden konnte
25  };

26  BBaum::BBaum()
27  {
28      Wurzel=NULL; // In einem leeren Baum zeigt die Wurzel auf NULL
29  }

30  bool BBaum::IstLeer()
31  {
32      if (Wurzel==NULL) { return true; }
33      else { return false; }
34  }

35  void BBaum::Init(char *Wort)
36  {
37      Wurzel=new Knoten_t; // Wurzel erstellen
38      strcpy(Wurzel->Wort,Wort); // Wort einfügen
39      Wurzel->links=NULL; Wurzel->rechts=NULL; // Im Blatt ist links und rechts stets NULL
40  }
```

```cpp
41   Knoten_t* BBaum::FindeWurzel()
42   {
43       return Wurzel;
44   }

45   Knoten_t* BBaum::FindeEinfuegePosition(Knoten_t *Aktuell, char *Wort)
46   {
47       printf("Finde Einfügeposition:\n"); // Testausgaben mit printf()
48       if (strcmp(Wort,Aktuell->Wort)==0) // Erst einmal annehmen, die Wurzel ist schon der gesuchte Knoten
49       {
50           printf("Knoten mit Duplikat '%s' an Adresse %p gefunden:\n",Wort,Aktuell);
51           return Aktuell; // Wenn dies wahr ist, einfach Aktuell zurückgeben
52       }
53       if (Aktuell->links==NULL) // links ist ein Kind-Knoten frei
54       {
55           printf("Der linke Kind-Knoten des Knotens an der Adresse %p ist frei\
n",Aktuell);
56           return Aktuell; // nur ein freier Kind-Knoten führt zum Ausstieg aus der Rekursion
57       }
58       if (Aktuell->rechts==NULL) // rechts ist ein Kind-Knoten frei
59       {
60           printf("Der rechte Kind-Knoten des Knotens an der Adresse %p ist frei\
n",Aktuell);
61           return Aktuell; // nur ein freier Kind-Knoten führt zum Ausstieg aus der Rekursion
62       }
63       if (Aktuell->links!=NULL) // Wenn links ein Kind-Knoten dranhängt, erst einmal dort nachsehen
64       {
65           printf("Wähle den linken Kind-Knoten aus\n");
66           Aktuell=FindeEinfuegePosition(Aktuell->links,Wort);
67       }
68       if (Aktuell->rechts!=NULL) // Wenn rechts ein Kind-Knoten dranhängt, nun dort nachsehen
69       {
70           printf("Wähle den rechten Kind-Knoten aus\n");
71           Aktuell=FindeEinfuegePosition(Aktuell->rechts,Wort);
72       }
73       return Aktuell;
74   }

75   Knoten_t* BBaum::FindeKnoten(Knoten_t *Aktuell, char *Wort) // Hier ist Aktuell der Startknoten eines Teilbaums oder die Wurzel
76   {
77       Knoten_t *Temp;
78       printf("Finde Knoten:\n"); // Testausgaben mit printf()
79       if (strcmp(Wort,Aktuell->Wort)==0) // Erst einmal annehmen, die Wurzel ist schon der gesuchte Knoten
80       {
81           printf("Knoten mit Wort'%s' an Adresse %p gefunden:\n",Wort,Aktuell);
82           return Aktuell; // Wenn dies wahr ist, einfach Aktuell zurückgeben
83       }
84       if (Aktuell->links!=NULL) // Wenn links ein Kind-Knoten dranhängt, erst einmal dort nachsehen
85       {
86           printf("Wähle den linken Kind-Knoten aus\n");
```

```
87              Temp=FindeKnoten(Aktuell->links,Wort);
88              if (Temp!=NULL) { return Temp; }
89          }
90          if (Aktuell->rechts!=NULL) // Wenn rechts ein Kind-Knoten dranhängt, nun dort nachsehen
91          {
92              printf("Wähle den rechten Kind-Knoten aus\n");
93              Temp=FindeKnoten(Aktuell->rechts,Wort);
94              if (Temp!=NULL) { return Temp; }
95          }
96          return NULL; // Keinen Knoten gefunden? Dann NULL zurückgeben
97      }

98      void BBaum::KnotenEinfuegen(char *Wort)
99      {
100         Knoten_t *Temp;
101         Aktuell=FindeWurzel();
102         Aktuell=FindeEinfuegePosition(Aktuell,Wort); // Zuerst einen Knoten suchen, der einen freien Kindknoten besitzt
103         if (strcmp(Aktuell->Wort,Wort)==0) // Duplikat wurde gefunden (evtl. schon in der Wurzel)
104         {
105             printf("Das Wort '%s' existiert bereits\n",Wort); // Testausgaben mit printf()
106             return;
107         }
108         if (Aktuell->Wort[0]==0)
109         {
110             printf("Knoteneintrag an Adresse %p wird wiederbenutzt, Wort=%s\n",Aktuell,Wort);
111             strcpy(Aktuell->Wort,Wort);
112             return;
113         }
114         if (Aktuell->links==NULL) // links ist eine Position frei
115         {
116             Aktuell->links=new Knoten_t; strcpy(Aktuell->links->Wort,Wort);
117             printf("Wort '%s' wurde an der Knotenadresse %p hinzugefügt\n",Aktuell->links->Wort,Aktuell->links);
118             Aktuell->links->links=NULL; Aktuell->links->rechts=NULL;
119         }
120         else if (Aktuell->rechts==NULL) // rechts ist eine Position frei
121         {
122             Aktuell->rechts=new Knoten_t; strcpy(Aktuell->rechts->Wort,Wort);
123             printf("Wort '%s' wurde an der Knotenadresse %p hinzugefügt\n",Aktuell->rechts->Wort,Aktuell->rechts);
124             Aktuell->rechts->links=NULL; Aktuell->rechts->rechts=NULL;
125         }
126     }

127     void BBaum::_KnotenLoeschen(Knoten_t *Aktuell)
128     {
129         if (Aktuell->links!=NULL) // Hier kann der Knoten nicht gelöscht werden, weil noch Kind-Knoten dranhängen
130         {
131             printf("Lösche Knoten Akutell->links (%p)\n",Aktuell->links); // Testausgaben mit printf()
132             printf("Aktuell='%s',Aktuell->links='%s'\n",Aktuell->Wort,Aktuell->links->Wort);
```

```
133          _KnotenLoeschen(Aktuell->links); // linken Kind-Knoten rekursiv löschen
134          delete Aktuell->links; Aktuell->links=NULL;
135       }
136       if (Aktuell->rechts!=NULL) // Hier kann der Knoten nicht gelöscht werden,
weil noch Kind-Knoten dranhängen
137       {
138          printf("Lösche Knoten Akutell->rechts (%p)\n",Aktuell->rechts); //
Testausgaben mit printf()
139          printf("Aktuell='%s',Aktuell->rechts='%s'\n",Aktuell->Wort,Aktuell-
>rechts->Wort);
140          _KnotenLoeschen(Aktuell->rechts); // rechten Kind-Knoten rekursiv löschen
141          delete Aktuell->rechts; Aktuell->rechts=NULL;
142       }
143       if ((Aktuell->links==NULL)&&(Aktuell->rechts==NULL)) // Knoten kann gelöscht
werden (keine Kind-Knoten mehr)
144       {
145          return;
146       }
147 }

148 bool BBaum::KnotenLoeschen(char *Wort) // Wrapper-Funktion
149 {
150    if (Wurzel==NULL) { return false; }
151    Aktuell=FindeWurzel(); // Wurzel finden
152    Aktuell=FindeKnoten(Aktuell,Wort); // Knoten mit gesuchtem Wort finden
153    if (Aktuell!=NULL)
154    {
155       printf("Lösche Unterknoten von '%s'\n",Aktuell);
156       _KnotenLoeschen(Aktuell); // Unterknoten löschen
157       printf("Knoten '%s' wurde gelöscht\n",Aktuell);
158       Aktuell->Wort[0]=0; // Wort entfernen
159       Aktuell->links=NULL; Aktuell->rechts=NULL; // Leeren Knoten zum Blatt
machen
160       return true;
161    }
162    else
163    {
164       return false;
165    }
166 }

167 int main(void)
168 {
169    int O;
170    char Wort[100];
171    BBaum WortBaum;
172    Knoten_t *Aktuell;
173    do
174    {
175       clrscr();
176       printf("1=Neues Wort einfügen, 2=Wort suchen, 3=Wort löschen, 4=Programm
beenden\n");
177       O=getch();
178       switch(O)
179       {
180          case '1':   printf("Wort einfügen:"); scanf("%s",Wort);
181                      if (WortBaum.IstLeer()) { WortBaum.Init(Wort); }
182                      else { WortBaum.KnotenEinfuegen(Wort); }
```

```
183                         printf("Das Wort '%s' wurde in den Baum eingefügt\n",Wort);
184                         getch();
185             break;
186         case '2':   printf("Wort suchen:"); scanf("%s",Wort);
187                         Aktuell=WortBaum.FindeWurzel();
188                         Aktuell=WortBaum.FindeKnoten(Aktuell,Wort);
189                         if (Aktuell!=NULL)
190                         {
191                             printf("Der Knoten mit Wort '%s' wurde an Adresse %p gefunden\n",Wort,Aktuell);
192                         }
193                         else
194                         {
195                             printf("Der Knoten mit Wort '%s' wurde nicht gefunden\n",Wort);
196                         }
197                         getch();
198             break;
199         case '3':   printf("Wort suchen und löschen:"); scanf("%s",Wort);
200                         if (WortBaum.KnotenLoeschen(Wort)==true)
201                         {
202                             printf("Der Knoten mit Wort '%s' an Adresse %p wurde gelöscht\n",Wort,Aktuell);
203                         }
204                         else
205                         {
206                             printf("Der Knoten mit dem Wort '%s' wurde nicht gefunden\n",Wort);
207                         }
208                         getch();
209             break;
210         default: break;
211     }
212   }
213   while (O!='4');
214   printf("Das Programm wurde beendet.\n");
215   return 0;
216 }
```

Kommen wir nun zur Beschreibung von Listing 5.4. Der Binärbaum in Listing 5.4 benutzt eine einfachere Knotenstruktur (Zeile **004 – 009**) als in Listing 5.3 und besitzt ein Topdown-Struktur. D. h., dass Sie von einem bestimmten Knoten aus nicht auf den Elternknoten zurückkommen können. Die Klasse BBaum, die in Zeile **010 – 025** definiert wird, besitzt auch nur wenige Methoden. Die erste Methode ist der Konstruktor BBaum::BBaum, der aber nur dazu da ist, einen leeren Binärbaum anzulegen (der Zeiger **Wurzel** zeigt nach dem Aufruf des Konstruktors auf NULL). Die Methode IstLeer() gibt dann auch nur true zurück, wenn der Zeiger **Wurzel** auf NULL zeigt. Neben dem Attribut **Wurzel** besitzt die Klasse BBaum nur noch ein weiteres Attribut, nämlich **Aktuell**. **Aktuell** ist ein Hilfszeiger, der von den Such- und Einfüge-Methoden benutzt wird. **Aktuell** zeigt stets auf den aktuellen Knoten, der z. B. auf ein zu suchendes Wort geprüft wird. Der Konstruktor der Klasse BBaum legt keine Speicherobjekte an, deshalb müssen Sie den Binärbaum immer erst mit Init() initialisieren, bevor Sie weitere Knoten mit weiteren Wörtern hinzufügen können. Erst nach dem Aufruf von Init() existiert eine gültige Baumwurzel und Sie können erst jetzt die Methoden `FindeWurzel()`, `FindeEinfuegePosition()`, `FindeKnoten()`, `KnotenEinfuegen()` und `KnotenLoeschen()` verwenden.

Die Hauptarbeit in diesem Beispiel leistet `FindeEinfuegeposition()` (Zeile **045–074**). Diese Methode durchsucht den Baum nach einer freien Stelle. Eine freie Stelle ist entweder ein Knoten, bei dem einer der Kind-Knoten NULL ist, oder aber ein Knoten, der ein zuvor entferntes Wort enthält – dies wird dadurch gekennzeichnet, dass das erste Zeichen im String `Aktuell->Wort` das Nullzeichen ist. `FindeEinfuegeposition()` arbeitet rekursiv, es wird also in Zeile **047–052** erst einmal angenommen, dass der als der erste Parameter übergebene Knoten **Aktuell** schon das gesuchte Wort enthält. In diesem Fall haben Sie ein Duplikat gefunden und `FindeEinfuegeposition()` kehrt zurück, ohne etwas zu tun (es wird also schlicht **Aktuell** zurückgegeben). Ich habe dieses Beispiel so angelegt, dass sämtliche Funktionen für jeden Schritt Testmeldungen ausgeben, damit Sie in der Konsole sehen können, wie die Algorithmen für die Verwaltung des Binärbaums arbeiten. So wird auch eine entsprechende Meldung ausgegeben, wenn in dem Baum Duplikate auftauchen.

Wenn die Annahme falsch ist, dass der Knoten **Aktuell** das gesuchte Wort enthält, dann wird die Annahme gemacht, dass der linke Kind-Knoten oder aber der rechte Kind-Knoten das gesuchte Wort enthält, falls dieser nicht NULL ist. In diesem Fall muss `FindeEinfuegePosition()` mit dem Parameter `Aktuell->links` bzw. `Aktuell->rechts` erneut rekursiv aufgerufen werden. Wenn jedoch einer der Kind-Knoten NULL ist, kehrt `FindeEinfuegePosition()` am Ende zurück, ohne sich erneut rekursiv wieder aufzurufen. Im Zeiger **Aktuell** steht dann die korrekte Speicheradresse des Knotens, an dem noch eine Position frei ist.

Die Methode `FindeKnoten()` (Zeile **075–097**) nimmt ebenfalls wieder erst einmal an, dass das gesuchte Wort schon in der Wurzel des Baums zu finden ist. In diesem Fall wird dann einfach, falls sich das gesuchte Wort wirklich in der Wurzel befindet, auch nur ein Zeiger auf die Wurzel zurückgegeben. Falls die Annahme jedoch falsch ist, dann wird erst einmal mit der Hilfsvariablen **Temp** `FindeKnoten()` erneut rekursiv aufgerufen, und zwar mit der Annahme, dass am Ende **Temp** auf den Knoten mit dem gesuchten Wort zeigt. Ist dies nicht der Fall, dann muss der Knoten mit dem gesuchten Wort der rechte Kind-Knoten sein und `FindeKnoten(Aktuell->rechts,Wort)` ist nicht NULL.

5.2 Binärbäume

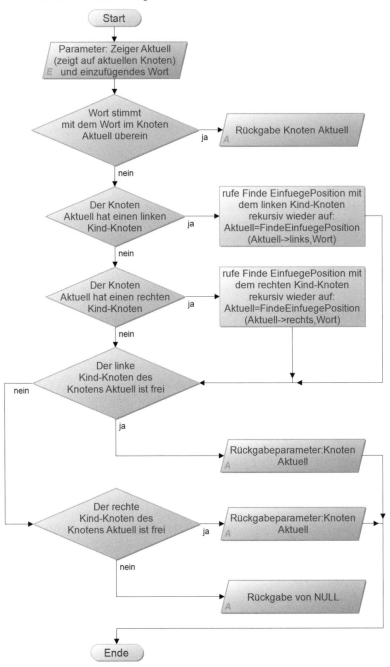

Bild 5.7 Programmablaufplan der Funktion FindeEinfuegePosition()

Die Methode `KnotenEinfuegen()` (Zeile **098 – 126**) arbeitet dagegen anders als die Methode `FindeKnoten()`. `KnotenEinfuegen()` arbeitet nämlich nicht rekursiv, sondern sucht erst einmal einen freien Knoten mit `FindeEinfuegePosition()`, der sich anschließend in dem Zeiger **Aktuell** befindet. Wenn dann das in den Baum einzufügende Wort ein Duplikat ist (`strcmp(Wort,Aktuell->Wort)` liefert dann 0 zurück), also ein Eintrag gefunden wurde, der wiederbenutzt werden kann, so wird `Aktuell->Wort` schlicht überschrieben. Wenn das in den Baum einzufügende Wort jedoch kein Duplikat ist und `Aktuell->Wort[0]` auch nicht 0 ist, dann muss entweder der linke oder rechte Kind-Knoten NULL sein. In diesem Fall wird dann an der entsprechenden Stelle ein neuer Knoten erzeugt, der das neu einzufügende Wort enthält.

`KnotenLoeschen()` (Zeile **127 – 147**) arbeitet dagegen wieder rekursiv, aber etwas anders, als `FindeEinfuegePosition()` und `FindeKnoten()`. Es wird nämlich zuerst angenommen, dass Sie den zu löschenden Knoten gar nicht aus dem Baum entfernen können, weil dort noch Kind-Knoten dranhängen. Deshalb wird erst einmal geprüft, ob `Aktuell->links` bzw. `Aktuell->rechts` nicht NULL sind. Wenn eine dieser Bedingungen wahr ist, wird `KnotenLoeschen()` mit dem linken bzw. rechten Kind-Knoten erneut rekursiv aufgerufen. Erst, wenn der entsprechende rekursive Aufruf erfolgreich zurückkehrt, kann der entsprechende Kind-Knoten gelöscht werden. Leider ergibt sich hier ein Problem: Wenn Sie `KnotenLoeschen()` rekursiv mit einem bestimmten Knoten aufrufen, dann wird auch der Knoten mit gelöscht, den Sie zuerst als Parameter übergeben haben, mit der Wirkung, dass Sie nicht mehr auf diesen zugreifen können. Was ist aber, wenn der Knoten, den Sie samt Unterkoten löschen wollen, wieder Kind-Knoten eines übergeordneten Knotens ist? Ganz einfach: Sie erhalten eine allgemeine Schutzverletzung, weil Sie auf einen ungültigen Zeiger zugreifen. `KnotenLoeschen()` muss also hier eine Wrapper-Funktion erhalten und vorher in `_KnotenLoeschen` umbenannt werden. `KnotenLoeschen()` ruft dann `_KnotenLoeschen()` so auf, dass keine Speicherzugriffsfehler mehr auftreten können. Der Trick: Es wird hier nur das zu suchende Wort übergeben und der Knoten, der dieses Wort enthält, wird separat ermittelt. Gelöscht werden dann nur sämtliche Unterknoten, nicht aber der Knoten selbst – bei diesem wird nur der linke und rechte Kind-Knoten zu NULL gesetzt. `Aktuell->Wort` wird dann am Ende auch nicht aus dem Speicher entfernt, sondern einfach als wiederzuverwendender Eintrag gekennzeichnet. Hierdurch bleibt die Struktur des Baums intakt.

Das Hauptprogramm in Zeile **167 – 216** beinhaltet dann auch nichts Neues mehr. Es wird ein Menü in der Konsole erzeugt, das folgende Optionen bietet: ein Wort in den Baum einzufügen, ein Wort im Baum zu suchen oder einen bestimmten Knoten samt Unterknoten zu löschen.

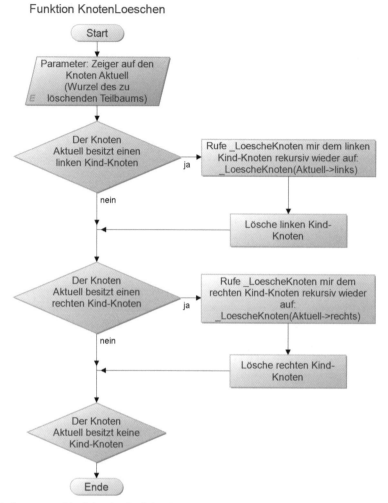

Bild 5.8 Programmablaufplan der Funktion LoescheKnoten()

5.3 Bäume in Java

Ich möchte nun zurück zu dem Beispiel mit dem Artenstammbaum kehren und Ihnen zeigen, wie Sie dieses in Java programmieren können. Vielleicht haben Sie auch schon einmal darüber nachgedacht, wie Sie einen Baum mit einer beliebigen Anzahl an Knoten und Blättern in Java umsetzen können und wie Sie diesen Baum dann nach einem bestimmten Eintrag durchsuchen können. Wie Sie sicherlich wissen, unterstützt Java keine Zeiger und auch keine strukturierten Variablen. Folgendes Konstrukt ist dann in Java auch nicht möglich:

```
public struct Knoten_t
{
    public String Artname;
    Vector (Knoten_t)Unterartenliste;
};
```

Java unterstützt schlicht keine Structs. Zum Glück sind jedoch sämtliche Daten, die Sie in einen Vector einfügen, vom Typ Object. D. h., dass Sie dort nicht nur Zahlen, sondern auch Strings einfügen können sowie beliebige Objekte einer beliebigen Klasse. Was haben Sie aber dadurch gewonnen? Ganz einfach: Sie können in einen Vector auch wieder Objekte vom Typ Vector einfügen und erhalten dadurch Listen, die neben Daten auch wieder Listen enthalten können. Nichts anderes ist aber unser Artenstammbaum aus Listing 5.3, nämlich eine Liste, die wiederum auf Listen zeigen kann, die wiederum auf Listen zeigen können usw. Sie erhalten also in Java eine allgemeine Baumstruktur, wenn Sie Objekte vom Typ Vector miteinander verketten. Natürlich müssen Sie vorher die Wurzel Ihres Baums wie folgt definieren:

```
Vector Wurzel=new Vector();
```

An die Wurzel werden nun Knoten angehängt, indem Objekte in den Vector Wurzel eingefügt werden. In Listing 5.3 ist dies einfach dadurch geschehen, dass die entsprechenden Unterarten der Reihe nach in die Unterartenliste eines Knotens eingefügt wurden. In Java kann dies in derselben Weise geschehen. Angenommen, Sie wollen die Arten Hunde, Katzen, Vögel und Menschen an den Vector Wurzel anhängen, weil Ihr Baum noch nicht initialisiert ist. Dann können Sie dies einfach wie folgt erledigen:

```
Wurzel.add("Hunde");
Wurzel.add("Katzen");
Wurzel.add("Vögel");
Wurzel.add("Menschen");
```

Die Wurzel enthält nun vier Objekte vom Typ String, die Sie auch in der Konsole ausgeben können. Wenn Sie z. B. „Katzen" ausgeben wollen, dann müssen Sie die folgende Anweisung verwenden:

```
System.out.println(Wurzel.elementAt(1));
```

Nun sollen in diesem Beispiel Hunde, Katzen und Vögel jeweils drei Unterarten erhalten, aber der Mensch soll keine Unterarten erhalten. Wie realisieren Sie dies nun in Java? Eine Möglichkeit ist, dass Sie dem String, der den Artnamen enthält, immer dann ein Objekt vom Typ Vector folgen lassen, wenn die Art eine Unterartenliste erhalten soll. Angenommen, Sie wollen nun an die Art Hund drei Unterarten anhängen. Dann gehen Sie am besten so vor:

```
Vector Aktuell; // Hilfszeiger
Aktuell=Wurzel; // Aktuell zeigt nun auf die Unterartenliste der Baumwurzel
Knoten=new Vector(); // Neuen Unterknoten mit verschiedenen Hundearten erzeugen
Knoten.add("Schäferhund");
Knoten.add("Bernhardiner");
Knoten.add("Pinscher");
Aktuell.insertElementAt(Knoten,1);
```

Java fügt nun die Unterartenliste für Ihre Hunde an der Position 1 (also direkt nach dem Artnamen „Hunde") in Ihre Unterartenliste der Wurzel ein. Der String „Katzen" steht also nun an Position 2. Wenn Sie nun auch der Art „Katzen" drei Unterarten hinzufügen wollen, dann müssen Sie auf die folgende Weise einen neuen Knoten an den Eintrag „Katzen" anhängen:

```
Knoten=new Vector(); // Neuen Unterknoten mit verschiedenen Katzenarten erzeugen
Knoten.add("Hauskatze");
Knoten.add("Tiger");
Knoten.add("Löwe");
Aktuell.insertElementAt(Knoten,3);
```

Wie Sie sehen, erhalten Sie hier eine Wiederholung von Codezeilen, indem Sie wieder den Vector Aktuell benutzen, um die Unterartenliste zu erweitern, die an Ihrer Baumwurzel hängt (Aktuell zeigt ja nach wie vor auf die Baumwurzel). Wahrscheinlich haben Sie nun schon genug Erfahrung, um an dieser Stelle die Rekursion zu erkennen, die hinter meinem Vorgehen steckt: Sie könnten jetzt genauso gut eine Unterart von „Tiger" erzeugen, Aktuell auf diesen Eintrag setzen und nun anfangen, Ihren Teilbaum um weitere Einträge zu erweitern. Bevor Sie aber diesen Schritt unternehmen, müssen wir erst klären, wie Sie Ihre Unterartenliste, die an Ihrem Knoten Aktuell hängt, so durchsuchen können, dass Sie feststellen können, ob diese Unterartenliste weitere Unterartenlisten enthält. Sehen Sie sich hierzu das nächste Beispiel (Listing 5.5) an:

Listing 5.5 Stammbaum.java

```
01  import java.io.*;
02  import java.util.*;

03  public class Stammbaum1
04  {
05       public static void main (String[] args)
06       {
07            Vector Wurzel=new Vector();
08            Vector Knoten;
09            Vector Aktuell;
10            // Neue Knoten an die Wurzel anhängen
11            Wurzel.add("Hunde"); // Art 1
12            Wurzel.add("Katzen"); // Art 2
13            Wurzel.add("Vögel"); // Art 3
14            Wurzel.add("Menschen"); // Art 4
15            Aktuell=Wurzel;
16            Knoten=new Vector(); // Neuen Unterknoten mit Hunden erzeugen (an
Wurzel[0])
17            Knoten.add("Schäferhund");
18            Knoten.add("Bernhardiner");
19            Knoten.add("Pinscher");
20            Aktuell.insertElementAt(Knoten,1);
21            Knoten=new Vector(); // Neuen Unterknoten für "Katzen" erzeugen (an
Wurzel[2])
22            Knoten.add("Hauskatze");
23            Knoten.add("Tiger");
24            Knoten.add("Löwe");
25            Aktuell.insertElementAt(Knoten,3);
26            Knoten=new Vector(); // Neuen Unterknoten für "Vögel" erzeugen (an
```

```
Wurzel[4])
27              Knoten.add("Papagei");
28              Knoten.add("Kanarienvogel");
29              Knoten.add("Wellensittich");
30              Aktuell.insertElementAt(Knoten,5);
31              int i=0; Aktuell=Wurzel;
32              while (i<Aktuell.size())
33              {
34                      System.out.print("Art:");
35                      System.out.println(Aktuell.elementAt(i));
36                      if ((i+1<Aktuell.size())&&(Aktuell.elementAt(i+1) instanceof Vector))
37                      {
38                              System.out.println("Die Art "+Aktuell.elementAt(i)+" hat folgende Unterarten:");
39                              System.out.println(Aktuell.elementAt(i+1));
40                              i+=2;
41                      }
42                      else
43                      {
44                              System.out.println("Die Art "+Aktuell.elementAt(i)+" hat keine Unterarten.");
45                              i++;
46                      }
47              }
48          }
49      }
```

In Zeile **01** und **02** müssen Sie neben **java.io** auch **java.util** importieren, damit Sie die Klasse Vector benutzen können. In Listing 5.5 wird der Baum nicht in eine separate Klasse gekapselt, sondern Schritt für Schritt manuell aufgebaut. Dies tue ich, damit Sie das Prinzip gut erkennen können, das ich hier anwende, um Unterarten zu erzeugen. Genau wie in Listing 5.3 müssen Sie Ihren Baum initialisieren, bevor Sie diesen verwenden können. Sie müssen also auch in Java eine gültige Speicheradresse für Ihre Wurzel anlegen, nur tun Sie dies (anders als in C++), ohne Zeiger zu verwenden. Die Befehle, um neue Objekte anzulegen, sind allerdings mit C++ identisch: Sie benutzen in Zeile **07** den Befehl new, um Speicher für die Wurzel Ihres Baums zu reservieren. Die Wurzel zeigt anschließend auf eine leere Objektliste vom Typ Vector. Sie können in Java jedoch der Wurzel Ihres Baums nicht einfach NULL zuweisen, um dadurch zu kennzeichnen, dass der Baum leer ist. Wenn Sie einem Objekt nämlich null zuweisen (NULL wird in Java klein geschrieben), wird das entsprechende Objekt vom Garbage Collector automatisch aus dem Speicher entfernt. Wenn Sie dann anschließend darauf zugreifen, wird eine Exception (eine Art Ausnahmezustand) ausgelöst, die besagt, dass Sie auf ein nicht vorhandenes Objekt zugreifen. Deshalb müssen Sie auch in Zeile **11–14** anders vorgehen, um Ihren Baum zu initialisieren: Sie müssen erst einmal mit der add()-Methode der Klasse Vector an den Wurzelknoten ein paar Artnamen anhängen. In Zeile **15** wird danach die Hilfsvariable **Aktuell** auf die Wurzel Ihres Baums gesetzt, um den Wurzelknoten als aktuellen Knoten auszuwählen. Man sagt an dieser Stelle auch, **Aktuell** ist eine Referenz auf die Wurzel des Baums.

In Zeile **16–22** definieren Sie nun drei Unterarten für die Art Hund, nämlich den Schäferhund, den Bernhardiner und den Pinscher. Hierzu wird in Zeile **16** erst einmal ein neuer Knoten angelegt. Dies geht mit einer einfachen new-Anweisung. Anschließend können Sie in Zeile **17–19** die Unterartenliste für die Hunde aufbauen und in Zeile **20** an der Position 1 in die Unterartenliste einhängen, auf die **Aktuell** verweist (in Java sagt man also nicht *Zeiger*, sondern *Verweis* oder *Referenz*). Dies führt dazu, dass Sie direkt nach dem ersten Eintrag in der Unterartenliste Ihrer Baumwurzel ein Objekt vom Typ `Vector` einhängen. Ihre Art *Hunde* hat also nun zwei Einträge, nämlich einmal den Artnamen und zweitens eine Unterartenliste vom Typ `Vector`. Da in Java alles Objekte sind, dürfen Sie auch so verfahren, Sie müssen sich nur merken, wo Sie was in Ihre Liste eingehängt haben. In Zeile **21 – 30** definieren Sie nun die Unterarten für die Katzen und Vögel. Dies geschieht genauso wie im Fall der Hunde. Allerdings müssen Sie beachten, dass sich beim Einfügen von Elementen in einen Vector die Zugriffsindices nach hinten verschieben. Wenn Sie also eine Unterartenliste für die Hunde an Position 1 eingefügt haben, steht anschließend der Artname *Katzen* an Position 2. Deshalb wird die Unterartenliste für die Katzen an Position 3 und die Unterartenliste für die Vögel an Position 5 eingefügt.

In Zeile **31 – 47** werden am Ende die Namen sämtlicher Arten ausgegeben, die sich in der Unterartenliste des Wurzel-Knotens befinden. Hierzu wird der Zähler **i** benötigt, der erst einmal auf das erste Element in der Unterartenliste zeigt, und die Hilfsvariable **Aktuell**, die auf die Wurzel des Baums zeigt (eigentlich gibt es ja in Java keine Zeiger, aber ich denke, dies ist die einfachste Art, den Sachverhalt auszudrücken). Solange nun `i<Aktuell.size()` ist und damit das Listenende noch nicht erreicht ist, wird in Zeile **34** und **35** erst einmal der Artname ausgegeben, der in der Unterartenliste an Position **i** steht. Das dort wirklich ein String steht, der auch mit `System.out.println()` ausgegeben werden kann, dafür wurde vorher beim Einfügen der Unterartenlisten direkt hinter den Artnamen gesorgt. Wenn dann die `if`-Anweisung in Zeile **36** wahr ist, dann folgt an der Position `i+1` eine Unterartenliste. Der Trick ist hier der `instanceof`-Operator. Dieser kann nämlich feststellen, ob ein bestimmtes Objekt vom Typ `Vector` ist und wenn dies der Fall ist, liefert `instanceof` den Wert `true` zurück. Wenn dann das Listenende noch nicht erreicht ist, weil `i>Aktuell.size()` ist, dann steht an der Position `i+1` wirklich eine Unterartenliste. Diese Liste kann übrigens in Zeile **39** direkt in der Konsole ausgegeben werden, denn Java verwandelt einen Vektor bei der Ausgabe automatisch in einen String um. Wenn nach einem Artnamen eine Unterartenliste folgt, dann wird **i** um 2 erhöht, andernfalls gilt der `else`-Block in Zeile **42 – 46**. Hier wird **i** nur um 1 erhöht und es wird in der Konsole die Meldung ausgegeben, dass die Art keine Unterarten besitzt. Dies ist hier nur beim Menschen der Fall.

Ich möchte nun das Thema Bäume abschließen, das nun hoffentlich seinen Schrecken verloren hat. Ganz ohne Tricks kommen Sie allerdings bei Bäumen nicht aus und Sie müssen auch oft um die Ecke denken. Das nächste Kapitel kommt dagegen ohne Tricks aus: Es geht dort um schnelle Sortierverfahren.

5.4 Übungen

Übung 1
Erläutern Sie, was der Unterschied zwischen allgemeinen Bäumen und Binärbäumen ist, und in welchen Bereichen man beide Varianten verwendet. Erläutern Sie auch kurz, welche Vor- und Nachteile beide Varianten haben.

Übung 2
Was ist der Unterschied zwischen Knoten, Kanten und Blättern in einem Baum? Welche Begriffsüberschneidungen gibt es zwischen Bäumen und Graphen?

Übung 3
Was ist eine Wrapper-Methode und wozu verwendet man diese? Warum lassen sich Wrapper-Methoden nicht immer vermeiden?

6 Such- und Sortierverfahren

Sie haben im Kapitel „Basisalgorithmen" bereits einfache Such- und Sortierverfahren kennengelernt, mit denen Sie schon einen einfachen Texteditor programmieren konnten. Mit Bubblesort konnten Sie auch schon Zahlen auf- oder absteigend sortieren. Vielleicht haben Sie bereits etwas mit Bubblesort herumexperimentiert und festgestellt, dass dieses Sortierverfahren sehr schnell langsam wird, besonders bei größeren Arrays. Bleibt natürlich noch die Variante, Zahlen von der Tastatur einzulesen und gleich sortiert in ein (zur Not dynamisches) Array einzufügen – die Laufzeit für die Einfügefunktion wächst hier nur linear mit der Größe des Arrays. Eine andere Option ist natürlich die Verwendung einer verketteten Liste, in die Sie neue Elemente gleich sortiert einfügen können. Manchmal liegen jedoch die Daten, die Sie verarbeiten müssen, bereits vor und diese müssen vielleicht auch in ihrer Struktur als Array erhalten bleiben. Vielleicht gibt es sogar unter Umständen Zeitvorgaben, die Ihr Programm einhalten muss. In diesem Fall benötigen Sie effizientere Algorithmen als die Suche von Mustern mit einem Brute-Force-Verfahren oder das Sortieren von Zahlen mit Bubblesort. Diese effizienteren Algorithmen werde ich Ihnen nun erklären. Sie werden in diesem Kapitel einige Programmiertechniken aus früheren Kapiteln benötigen, z.B. die Rekursion. Wenn Sie diese Techniken noch nicht eingehend beherrschen, weil Sie z.B. einige Kapitel in Ihrem Studium noch nicht benötigt haben, dann sollten Sie an dieser Stelle noch einmal Kapitel 3 und 4 durcharbeiten, bevor Sie weiterlesen (Bäume werden Sie in diesem Kapitel nicht brauchen).

Ich kann an dieser Stelle natürlich nur die populärsten Such- und Sortierverfahren beschreiben, die auch im Studium vorkommen. Dies hat den einfachen Grund, dass heutzutage für große Datenmengen vor allem Datenbanken verwendet werden und hier implementiert jeder Hersteller seine eigenen und oft auch geheim gehaltenen Algorithmen. Aber auch die quelloffenen Datenbanken, wie z.B. MySQL, haben es in sich und die ganz speziellen Baumstrukturen, die MySQL im Speicher aufbaut, um z.B. die Suche zu beschleunigen, würden ganze Bücher füllen. Kommen wir nun zu der in diesem Kapitel verwendeten Programmiersprache. Diese ist – wie Sie sich wahrscheinlich schon gedacht haben – in den meisten Fällen wieder C. Der einfache Grund: Sie benötigen Zeiger und müssen auch Speicher explizit reservieren oder wieder freigeben, kommen aber in diesem Kapitel ohne Klassen und Objekte aus.

6.1 Wichtige effiziente Sortierverfahren

Ich werde nun die wichtigsten Sortierverfahren behandeln, die auch im Studium neben Bubblesort vorkommen. Ich kann natürlich auch hier bei weitem nicht alle Verfahren behandeln, denn es gibt deren über 100 – zumindest dann, wenn man die für Datenbanken verwendeten Algorithmen mit einbeziehen. Die gute Nachricht, die ich für Sie habe, ist aber folgende: Mit Quicksort besitzen Sie am Ende dieses Kapitels ein Verfahren, dass 95 Prozent Ihrer Probleme im Studium lösen kann. Ich will aber erst einmal einfach beginnen und das Bubblesort-Verfahren verbessern. Dies ist auch der erste Schritt, den schon andere Informatik-Profis in der Vergangenheit getan haben.

6.1.1 Min-Max-Sort

Wenn Sie sich noch an Bubblesort erinnern oder dieses Verfahren schon einmal benutzt haben, werden Sie sich vielleicht Gedanken darüber gemacht haben, ob Sie den Algorithmus nicht etwas tunen können. Vielleicht können Sie dann aus Ihrem Fiat 500, wenn schon keinen Porsche, dann doch wenigstens einen Seat machen. Ein solcher Tuning-Versuch ist die folgende Überlegung: Sie gehen Ihr Zahlen-Array mit n Elementen nach wie vor von vorne nach hinten durch, aber Sie tauschen die entsprechenden Werte erst nach dem vollständigen Durchsuchen des Arrays. Zuerst wird also das Minimum gesucht und dann wird das erste Element mit dem Minimum getauscht. Anschließend wird das Maximum gesucht und das letzte Element mit dem Maximum vertauscht. Anschließend werden die Suchgrenzen verkleinert, indem das Array nun vom zweiten Element bis zum Element Nr. (n-1) durchsucht wird. Anschließend landet dann also der zweitkleinste Wert an Position 2 und der zweitgrößte Wert an Position (n-2). Der Algorithmus endet, wenn der zu durchsuchende Bereich in Ihrem Array keine Elemente mehr enthält. Was haben Sie aber nun von Ihrem Tuning? Ganz einfach: Sie verhindern, dass die kleinsten bzw. größten Werte in umständlicher Weise hinabsinken oder aufsteigen müssen, sondern setzen diese nach nur einem Durchlauf gleich an die richtige Position. So sparen Sie sich viele Tauschvorgänge. Dadurch, dass sich Ihr Suchbereich in jedem Schritt um zwei Elemente verringert, sparen Sie überdies auch die Schleifendurchläufe für den Hauptalgorithmus.

Setzen wir nun das getunte Bubblesort, das jetzt *Min-Max-Sort* heißt, in die Praxis um. Zunächst benötigen Sie einige Hilfsvariablen. Das Zahlen-Array nenne ich an dieser Stelle **Z**, die Anzahl der Array-Elemente sei **n**. Nun benötigen Sie noch die zwei Zähler **p** und **q**. Die Variable **p** enthält die Array-Position, an der die Suche nach dem Minimum und Maximum beginnen soll, die Variable **q** enthält die Endposition, an der die Suche enden soll. **Min** enthält das aktuelle Minimum, **Max** das aktuelle Maximum und **MinPos** bzw. **MaxPos** enthält die entsprechende Array-Position, an der sich das Minimum bzw. Maximum befindet. Der Algorithmus startet mit **p** = 0 und **q** = (n-1), da die Array-Indizes mit 0 beginnen. Anschließend werden die zwei folgenden Schleifen ausgeführt:

```
Min=Z[p]; MinPos=p; // Erst einmal annehmen, Z[p] sei schon das Minimum
for (i=p; i<=q; i++) // Suche Minimum im Bereich p<i<=q
{
```

```
        if (Z[i]<=Min) { Min=Z[i]; MinPos=i; } // Neues Minimum gefunden? Dann
                                                  Position merken
    }
    Tausche(Z,p,MinPos); // Tatsächliches Minimum mit Position p tauschen
    Max=Z[p]; MaxPos=p; // Erst einmal annehmen, Z[p] sei schon das Maximum
    for (i=p; i<=q; i++) // Suche Maximum im Bereich p<i<=q
    {
        if (Z[i]>=Max) { Max=Z[i]; MaxPos=i; } // Neues Maximum gefunden? Dann
                                                  Position merken
    }
    Tausche(Z,q,MaxPos); // Tatsächliches Minimum mit Position p tauschen
```

Nach dem Durchlauf durch beide Schleifen enthält Z[p] das Minimum und Z[q] das Maximum des Bereichs Z[p] bis Z[q]. Anschließend wird p=p+1 und q=q-1 gesetzt und wenn p<=q ist, wird die Suchschleife erneut ausgeführt. Natürlich muss an dieser Stelle vorher Min=Z[p] bzw. Max=Z[p] gesetzt werden. Übrigens ist es nicht verboten, dass Min==Max oder sogar MinPos==MaxPos ist. In diesem Fall bewirken die zwei Tauschoperationen Tausche(Z,p,MinPos) und Tausche (Z,q,MaxPos) einfach gar nichts, weil sich diese gegenseitig neutralisieren. Dies ist dann auch der größte Nachteil des relativ einfachen Sortierverfahrens Min-Max-Sort: Wenn das Array nur dieselben Zahlen enthält oder schon vorsortiert ist, wird der Algorithmus trotzdem vollständig durchlaufen, inklusive Tauschvorgängen. Sehen Sie sich hierzu nun Listing 6.1 an.

Listing 6.1 MinMaxSort.cpp

```
01  #include<stdio.h>
02  #include<stdlib.h> // für malloc() und rand()
03  #include<time.h> // für clock()

04  void Tausche(long int *Z, long int p, long int q)
05  {
06      long int Temp=Z[p];
07      Z[p]=Z[q]; Z[q]=Temp;
08  }

09  void MinMaxSort(long int *Z, long int n, bool Ausgabe1, bool Ausgabe2)
10  {
11      long int T,p,q,s,i,Min,Max,MinPos,MaxPos;
12      p=0; q=n-1; // Init:p zeigt an den Anfang, und q an das Ende von Z
13      s=0; T=clock(); // Für Testausgabe
14      while (p<=q) // p noch <=q? Dann Algorithmus erneut ausführen
15      {
16          Min=Z[p]; MinPos=p; // Erst einmal annehmen, Z[p] sei schon das Minimum
17          for (i=p; i<=q; i++) // Suche Minimum im Bereich p<i<=q
18          {
19              if (Z[i]<=Min) { Min=Z[i]; MinPos=i; } // Neues Minimum gefunden? Dann Position merken
20          }
21          s++; // Für Testausgabe
22          Tausche(Z,p,MinPos); // Tatsächliches Minimum mit Position p tauschen
23          Max=Z[p]; MaxPos=p; // Erst einmal annehmen, Z[p] sei schon das Maximum
24          for (i=p; i<=q; i++) // Suche Maximum im Bereich p<i<=q
25          {
26              if (Z[i]>=Max) { Max=Z[i]; MaxPos=i; } // Neues Maximum gefunden? Dann Position merken
27          }
```

```
28          s++; // Für Testausgabe
29          Tausche(Z,q,MaxPos); // Tatsächliches Minimum mit Position p tauschen
30          if (Ausgabe1==true) // Testausgabe Sortierschritte
31          {
32              for (i=0; i<n; i++)
33              {
34                  printf("%ld ",Z[i]);
35              }
36              printf("\n");
37          }
38          p++; q--;
39      }
40      if (Ausgabe2==true) // Testausgabe Sortierzeit
41      {
42          printf("Anzahl Schleifendurchläufe:%ld\n",s);
43          printf("Sortierzeit (ms):%ld\n",clock()-T);
44      }
45  }

46  int main(void)
47  {
48      long int *Z;
49      long int i,ArrayGroesse;
50      printf("Demoprogramm Min-Max-Sort\n");
51      printf("Es wird ein Zufallszahlen-Array sortiert\n");
52      printf("Größe des Arrays:"); scanf("%ld",&ArrayGroesse);
53      Z=(long int*)malloc(ArrayGroesse*sizeof(long int));
54      srand(clock());
55      for (i=0; i<ArrayGroesse; i++)
56      {
57          Z[i]=rand()%10000;
58      }
59      MinMaxSort(Z,ArrayGroesse,true,false);
60      delete(Z); // Z wieder aus dem Speicher löschen
61      return 0;
62  }
```

Die Funktion `Tausche()` in Zeile **04 – 08** muss nicht mehr weiter erklärt werden, da diese nur einen Ringtausch der zwei Elemente im Array **Z** an den Positionen **p** und **q** durchführt. Wie in Kapitel 2 auch, wird das zu bearbeitende Array **Z** als Zeiger vom Typ `long int*` übergeben. Die Funktion `MinMaxSort()` (Zeile **09 – 45**) führt nun den entsprechenden Sortieralgorithmus aus. Das zu sortierende Array **Z** wird als Zeiger übergeben, die Größe des Arrays muss in dem separaten Parameter **n** stehen. Am Anfang (also vor dem ersten Durchlauf des Sortieralgorithmus) ist **p** = 0 (also die Position des ersten Elements des Arrays **Z**) und **q** = **n**-1 (also die Position des letzten Elements von **Z**). Die Hauptschleife wird dann so lange durchgeführt, wie p<=q ist, also so lange, bis **p** und **q** übereinanderlaufen.

Der Hauptalgorithmus besteht aus zwei Teilen. Im ersten Teil wird das Minimum von **Z** im Bereich `Z[p]` bis `Z[q]` gesucht. Zu diesem Zweck wird in Zeile **16** erst einmal `Min=Z[p]` und `MinPos=p` gesetzt. Sie nehmen in diesem Fall also erst einmal an, das erste Element in Ihrem zu durchsuchenden Bereich sei bereits das Minimum, damit Sie erst einmal einen Wert haben, den Sie mit einem anderen vergleichen können. Die for-Schleife in Zeile **17 – 20** geht nun sämtliche Elemente im Bereich `Z[p]` bis `Z[q]` durch und immer, wenn ein neues Minimum gefunden wird (`Z[i]<Min`), dann wird das alte Minimum zum neuen Minimum

(Min=Z[i]; MinPos=i). Wurde die Position des Minimums gefunden, dann wird in Zeile **22** das entsprechende Element mit dem Element an der Position **p** vertauscht. Vorher wird noch in Zeile **21** der Zähler **s** um 1 erhöht, der die Anzahl der Schleifendurchläufe durch das Array im Bereich Z[p] bis Z[q] zählt und für die zweite Testausgabe verwendet wird.

Im zweiten Teil des Hauptalgorithmus wird das Maximum von **Z** im Bereich Z[p] bis Z[q] gesucht. Zu diesem Zweck wird in Zeile **23** erst einmal Max=Z[p] und MaxPos=p gesetzt. Sie nehmen in diesem Fall also wieder erst einmal an, das erste Element in Ihrem zu durchsuchenden Bereich sei bereits das Maximum, damit Sie erst einmal einen Wert haben, den Sie mit einem anderen vergleichen können. Die for-Schleife in Zeile **24 – 27** geht nun sämtliche Elemente im Bereich Z[p] bis Z[q] durch und immer, wenn ein neues Maximum gefunden wird (Z[i]>Max), dann wird das alte Maximum zum neuen Maximum (Max=Z[i]; MaxPos=i). Wurde die Position des Maximums gefunden, dann wird in Zeile **29** das entsprechende Element mit dem Element an der Position **q** vertauscht. Vorher wird noch in Zeile **28** der Zähler **s** um 1 erhöht, der die Anzahl der Schleifendurchläufe durch das Array im Bereich Z[p] bis Z[q] zählt und für die zweite Testausgabe verwendet wird.

Die erste Testausgabe gibt in einer Schleife (Zeile **30 – 37**) sämtliche Sortierschritte in der Konsole aus und wird immer dann ausgeführt, wenn der Parameter Testausgabe1 true ist. Die zweite Testausgabe (Zeile **40 – 44**) gibt, nachdem das Array sortiert wurde, die Anzahl der Schleifendurchläufe durch das Teilarray Z[p] bis Z[q] sowie die zum Sortieren benötigte Zeit in der Konsole aus. Das Hauptproramm (Zeile **46 – 60**) initialisiert die Testausgabe so, dass nur die einzelnen Sortierschritte ausgegeben werden, nicht aber die Sortierzeit. Wenn Sie MinMaxSort() mit den Parametern (Z,N,false,true) aufrufen, dann sehen Sie dagegen nur die Sortierzeit, nicht aber die einzelnen Schritte in der Konsole. Das Hauptprogramm erzeugt stets ein dynamisches Array, dessen Größe Sie vorher festlegen müssen, und beschreibt dieses anschließend mit Zufallszahlen. Danach wird das Array sortiert und die entsprechenden Schritte bzw. die Sortierzeit werden in der Konsole ausgegeben. In Zeile **60** muss übrigens, da das Programm mit malloc() arbeitet, das Array **Z** vor der Rückkehr des Programms wieder aus dem Speicher entfernt werden. Wenn Sie die delete()-Anweisung vergessen, kann dies dazu führen, dass Ihr Speicher – besonders bei großen Arrays – aufgebraucht wird und sich irgendwann Ihr Betriebssystem aufhängt. Ich möchte nun an dieser Stelle einige Bemerkungen zur Laufzeit von Min-Max-Sort einfügen. Entsprechende Überlegungen werde ich übrigens für jeden Sortieralgorithmus anstellen. Die Sortierzeit von Min-Max-Sort steigt, auch wenn Sie es sich vielleicht erhofft haben, nicht linear mit der Anzahl der Array-Elemente. Obwohl sich die Anzahl an Schleifenschritten im Haupt-Algorithmus stetig verringert, wächst die Anzahl an einzelnen Schritten, die der Prozessor ausführen muss, quadratisch mit der Anzahl an Array-Elementen. Ich will Ihnen an dieser Stelle einen ausführlichen mathematischen Beweis durch vollständige Induktion ersparen. Es geht mir hier nur um die Essenz: Durch das Tuning von Bubblesort haben Sie nichts an der Komplexität dieses Algorithmus geändert, auch wenn Sie sich in einigen Praktika vielleicht einen Geschwindigkeitsvorteil verschafft haben. Um also Zahlenfolgen wirklich effizienter zu sortieren, brauchen Sie einen anderen Ansatz.

6 Such- und Sortierverfahren

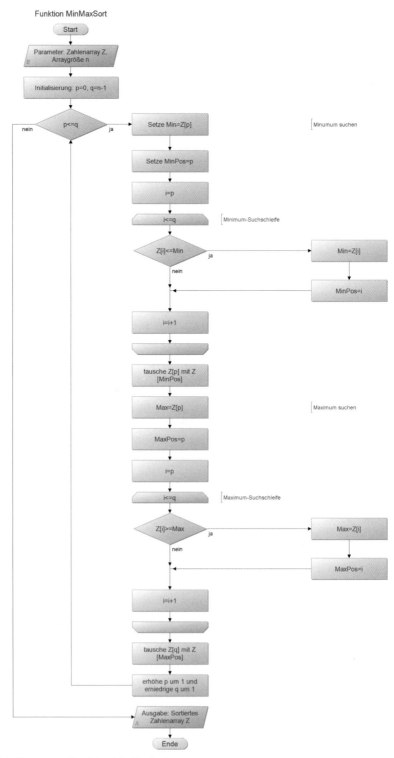

Bild 6.1 Programmablaufplan MinMaxSort

6.1.2 Mergesort[1]

Der Name *Mergesort* ist eine Verschmelzung aus dem englischen Wort für *verbinden* (to merge) und *sortieren* (to sort). Anstatt jedoch einfach Bubblesort zu optimieren, geht Mergesort einen anderen Weg und versucht, das unter Umständen nur schwer lösbare Sortierproblem (z. B. bei sehr großen Arrays) in viele kleine Schritte zu zerlegen. Mergesort wendet also einen Teile-und-herrsche-Algorithmus an, statt einfach zu versuchen, unnötige Sortierschritte zu vermeiden.

Wie arbeitet nun Mergesort? Das Prinzip ist ganz einfach: Das zu sortierende Array wird erst einmal in zwei gleich große Teilarrays geteilt (bei Mergesort spricht man auch oft von linker und rechter Teilliste) und es wird versucht, beide Teilarrays für sich zu sortieren. Wenn ein Teilarray noch mehr als zwei Elemente enthält, dann wird es weiter aufgeteilt, bis nur noch maximal zwei Elemente in einem Teilarray vorhanden sind. Diese zwei Elemente können dann in einer einfachen Weise durch einen Ringtausch sortiert werden, falls das erste Element größer ist als das zweite (es wird hier also angenommen, dass die Elemente aufsteigend sortiert werden). Bei einem Teilarray, das nur noch ein einziges Element enthält, geschieht einfach nichts. Durch das Sortieren von kleineren Teilarrays ist natürlich noch nicht gewährleistet, dass nach dem Sortiervorgang sämtliche Elemente an der richtigen Position stehen. Sehen Sie sich hierzu das folgende Beispiel an.

Sei das zu sortierende Zahlenarray ein Array mit folgenden Elementen:

    46 10 89 3 17 12 45 51 19 66 21 82

Mergesort teilt nun das Array erst einmal wie folgt auf:

1. Schritt:

    [046 010 089 003 017 012] [045 051 019 066 021 082]

Das Array Z wird erst einmal in ein linkes Teilarray mit sechs Zahlen und ein rechtes Teilarray mit sechs Zahlen aufgeteilt. Die jeweils in diesem Beispiel betrachteten Teilarrays sind hier in eckigen Klammern angegeben. Betrachten Sie nun zuerst das linke Teilarray. Dies wird im nächsten Schritt wiederum in zwei Arrays mit drei Elementen geteilt.

2. Schritt:

    [046 010 089][003 017 012][045 051 019 066 021 082]

Mergesort schreibt von sich aus keine bestimmte Priorität vor, mit der die einzelnen Teilarrays abgearbeitet werden. In diesem Beispiel habe ich mich dazu entschieden, immer den linken Teilarray zuerst darzustellen. Das Teilarray ganz links ({46,10,89}) wird noch einmal in ein Array mit zwei Werten und ein Array mit einem Wert aufgeteilt. Hieraus ergibt sich dann der folgende nächste Schritt:

3. Schritt:

    [010 046] 089 003 017 012 045 051 019 066 021 082

Hier wurden die Werte in den eckigen Klammern vertauscht. Da das in den eckigen Klammern angegebene Teilarray {Z[0],Z[1]} nun in korrekter Weise durch eine primitive Ringtausch-Operation sortiert werden kann, endet hier der letzte rekursive Aufruf der Teilungsfunktion für das linke Teilarray mit anfangs sechs Elementen.

---

[1] *https://de.wikipedia.org/wiki/Mergesort*

4. Schritt:

    [010 046 089] 003 017 012 045 051 019 066 021 082

Gehen wir jetzt eine Rekursionsebene höher. Nun wird ein zusätzliches Element mit dem Teilarray {Z[0],Z[1]} verbunden, nämlich das Element Z[2]. Die Verbindungsfunktion Verbinde(Z,links,rechts) muss stets dafür sorgen, dass das Ergebnisarray (in diesem Fall Z[0] bis Z[2]) am Ende korrekt in sich sortiert ist.

5. Schritt:

    010 046 089 [003 017] 012 045 051 019 066 021 082

Gehen wir nun noch eine Rekursionsebene höher. Hier wird das Array {Z[3],Z[4]} mittels Ringtausches sortiert, weil es nur zwei Werte enthält.

6. Schritt:

    010 046 089 [003 012 017] 045 051 019 066 021 082

In diesem Schritt wird das Array {Z[3],Z[4]} mit dem Element Z[5] verbunden. Auch in diesem Fall muss die Funktion Verbinde() dafür sorgen, dass das Ergebnisarray (Z[3] bis Z[5]) am Ende in sich sortiert vorliegt und die Zahlenfolge {3,12,17} enthält.

7. Schritt:

    [003 010 012 017 046 089] 045 051 019 066 021 082

Nach dem siebten Schritt liegt das ursprüngliche, linke Teilarray (Z[0] bis Z[5]) in sortierter Form vor. Auch in diesem Fall wurde vorher eine Verschmelzung (inkl. Sortierung) der Teilarrays (Z[0] bis Z[2]) und (Z[3] bis Z[5]) vorgenommen.

8. Schritt:

    003 010 012 017 046 089 [045 051] 019 066 021 082

Auch das ursprüngliche rechte Teilarray (Z[5] bis Z[11]) wird rekursiv so lange geteilt, bis es nur noch zwei Elemente enthält, die durch Ringtausch sortiert werden können.

9. Schritt:

    003 010 012 017 046 089 [019 045 051] 066 021 082

Eine Rekursionsstufe höher wird auch hier wieder ein kleineres Teilarray mit einem Nachbarn zu einem größeren Array verbunden und in sich sortiert.

10. Schritt:

    003 010 012 017 046 089 019 045 051 [021 066] 082

Noch eine Rekursionsstufe höher wird das Teilarray {Z[9],Z[10]} in sich sortiert, indem Z[9] und Z[10] vertauscht werden.

11. Schritt:

    003 010 012 017 046 089 019 045 051 [021 066 082]

In diesem Schritt wird das Teilarray {Z[9],Z[10]} mit Z[12] verbunden und in sich sortiert.

12. Schritt:

    003 010 012 017 046 089 [019 021 045 051 066 082]

Das rechte ursprüngliche Teilarray ist nun sortiert.

13. Schritt:

    [003 010 012 017 019 021 045 046 051 066 082 089]

Zum Schluss kehrt Mergesort zum Hauptprogramm zurück, nachdem (Z[0] bis Z[5]) und (Z[6] bis Z[11]) verbunden wurden. Das Array ist nun sortiert.

Wie Sie in dem letzten Beispiel sehen, benötigt Mergesort eine weitere Strategie, damit Sie auch ein wirklich sortiertes Array zu erhalten, denn auch die Teilarrays müssen am Ende immer korrekt sortiert zusammengeführt werden. Genau hier kommt das Wort *merge* ins Spiel, das dem Verfahren den Namen gegeben hat: Sie benötigen zusätzlich zum Ringtausch und dem Teile-und-herrsche-Algorithmus einen Merge-Algorithmus. Hier gibt es zahlreiche Ansätze, die auch alle im Internet zu finden sind. Der einfachste Ansatz ist, das am Ende zusammengesetzte und teilweise vorsortierte Array noch einmal komplett mit Bubblesort zu sortieren und zu hoffen, dass man sich auf diese Weise einige Schritte spart. Leider ist Bubblesort (und auch Min-Max-Sort) so ineffizient, dass hier die Laufzeit nur im besten Fall deutlich sinkt. Ein zweiter und besserer Ansatz ist, die Teilarrays direkt nach dem Sortieren sofort wieder zusammenzuführen. Der Merge-Algorithmus muss in diesem Fall die verbundenen Teilarrays sortiert hinterlassen, was natürlich ein effizientes Sortierverfahren für die Teilarrays voraussetzt. Ein dritter Ansatz, der sehr oft benutzt wird, ist das Verwenden von verketteten Listen (weshalb dann auch oft der Ausdruck *Teilliste* statt *Teilarray* verwendet wird). Die fertig sortierten Elemente werden dabei in eine separate verkettete Liste eingefügt und am Ende wird diese Liste zurück in das ursprüngliche Array geschrieben. Leider ist der sehr hohe Speicherverbrauch ein großer Nachteil der dritten Methode und das sortierte Einfügen von Elementen in eine verkettete Liste ist auch nur im Normalfall schneller, als z. B. den Algorithmus für das sortierte Einfügen aus Kapitel 2 zu benutzen (dies wird dann auch im nächsten Listing verwendet).

An dieser Stelle haben Sie sämtliche Informationen, um das nun folgende Listing zu verstehen, in dem eine rekursive Variante von Mergesort implementiert wird. Ich habe mich dazu entschieden, das zu sortierende Array **Z** (genau wie im letzten Listing) als Zeiger zu übergeben und die Anzahl der Elemente im Array **Z** in der Variablen **n** abzulegen. Der Algorithmus arbeitet also direkt mit dem zu sortierenden Array und legt keine zusätzlichen Listen im Speicher an. Sehen Sie sich nun Listing 6.2 an.

Listing 6.2 Mergesort.cpp

```
01  #include<stdio.h>
02  #include<stdlib.h>
03  #include<time.h>

04  void Tausche(long int *Z, long int p, long int q)
05  {
06      long int Temp=Z[p];
07      Z[p]=Z[q]; Z[q]=Temp;
08  }

09  void Verbinde(long int *Z, long int links, long int rechts)
10  {
11      long int i,j,k;
12      for (i=links; i<=rechts; i++) // Immer ein Element mehr sortiert einfügen
13      {
14          k=i+1; // Nächstes Element holen
15          while ((k>links)&&(Z[k]<Z[k-1])) // sortiert einfügen (Anfang=1)
16          {
17              Tausche(Z,k,k-1); // Tauschfunktion für sortiertes Einfügen
```

```
18              k--;
19          }
20      }
21  }

22  void MergesortMain(long int *Z, long int links, long int rechts, long int n, bool Testausgabe)
23  {
24      long int i,m;
25      if (rechts>links) // Hier bleibt noch ein Rest von Z, den man teilen kann
26      {
27          m=links+(rechts-links)/2; // Mitte von Z finden
28          MergesortMain(Z,links,m,n,Testausgabe); // Mergesort mit linkem Teil rekursiv aufrufen
29          MergesortMain(Z,m+1,rechts,n,Testausgabe); // Mergesort mit rechtem Teil rekursiv aufrufen
30          Verbinde(Z,links,rechts); // Zum Schluss rechtes und linkes Teilarray verbinden
31          if (Testausgabe==true)
32          {
33              for (i=0; i<n; i++)
34              {
35                  printf("%ld ",Z[i]);
36              }
37              printf("\n");
38          }
39      }
40  }

41  void Mergesort(long int *Z, long int n, bool Testausgabe1, bool Testausgabe2)
42  {
43      long int T=clock();
44      MergesortMain(Z,0,n-1,n,Testausgabe1);
45      if (Testausgabe2==true)
46      {
47          T=clock()-T;
48          printf("Sortierzeit (ms):%ld\n",T);
49      }
50  }

51  int main(void)
52  {
53      long int i,n;
54      long int *Z;
55      printf("Demoprogramm Mergesortsort\n");
56      printf("Es wird ein Zufallszahlenarray mit Zahlen zwischen 1 und 10000 sortiert\n");
57      printf("Größe des Arrays:"); scanf("%ld",&n);
58      Z=(long int *)malloc(sizeof(long int)*n);
59      srand(clock());
60      for (i=0; i<n; i++) { Z[i]=rand()%10000+1; }
61      Mergesort(Z,n,true,true);
62      return 0;
63  }
```

Die Funktion Tausche() entspricht auch in diesem Beispiel wieder der Ringtausch-Funktion für Array-Elemente aus Kapitel 2. Damit die Funktion Mergesort() jedoch korrekt funktioniert, muss zuerst die Funktion Verbinde() programmiert werden. Die Funktion

Verbinde() verbindet zwei Teilarrays zu einem größeren Array und sortiert gleichzeitig die Elemente so, dass diese auch in dem größeren Teilarray sortiert sind. Zu diesem Zweck werden das gesamte Zahlenarray Z, das durch Mergesort sortiert werden soll, sowie die Parameter **links** und **rechts** übergeben. Die Parameter **links** und **rechts** geben in diesem Fall die Position des am weitesten links stehenden und am weitesten rechts stehenden Elements in einem Teilarray von Z an. Dieses Teilarray muss sämtliche Elemente sowohl des ursprünglichen Teilarrays als auch die zusätzlich einzubindenden Elemente rechts von diesem Teilarray umfassen.

Die Funktion Verbinde() führt also schlicht ein einfaches Sortierverfahren auf einen Teilarray von Z aus, das so funktioniert: In einer for-Schleife (Zeile **12 – 20**) werden sämtliche Elemente des durch die Positionszeiger **links** und **rechts** übergebenen Teilarrays von Z durchlaufen und neu sortiert in das Teilarray eingefügt. Zu diesem Zweck muss in Zeile **14** erst einmal das Element links vom aktuellen Element als Bezugselement gewählt werden (das aktuelle Element steht hierbei in der Variablen **i**). Anschließend wird das Bezugselement mittels einer while-Schleife (Zeile **15 – 19**) so lange mit dem linken Nachbarelement getauscht, wie dies kleiner ist als der linke Nachbar, oder bis **k=links** ist (in diesem Fall ist das Bezugselement das kleinste Element in dem neu zusammenzustellenden Teilarray). Im Endeffekt entspricht die Funktion Verbinde() dem sortierten Einfügen aus Kapitel 2, das sämtliche Elemente eines aus zwei kleineren Teilarrays von Z bestehenden Bereichs neu in diesen Bereich einfügt. Mergesort wendet also ein einfaches, zusätzliches Sortierverfahren an, um das größere Sortierproblem für das gesamte Array Z in viele kleinere Teilaufgaben zu zerlegen.

Kommen wir nun zum Mergesort-Algorithmus selbst, den ich in die Funktion MergesortMain() ausgelagert habe. MergesortMain() wird auch in diesem Beispiel wieder von einer separaten Funktion, nämlich der Funktion Mergesort() (Zeile **41 – 50**) aufgerufen, die selbst nur das zu sortierende Array Z sowie die Anzahl der Elemente in Z übergeben bekommt. Auch in diesem Beispiel sind wieder zwei Testausgaben möglich. Ist der dritte Parameter **Testausgabe1=true**, so wird MergesortMain() so aufgerufen, dass sämtliche Sortierschritte in der Konsole ausgegeben werden. Ist hingegen der vierte Parameter **Testausgabe2=true**, so wird von der Funktion Mergesort() die benötigte Sortierzeit in der Konsole ausgegeben. Mergesort() ruft nun die Funktion MergesortMain() (Zeile **22 – 40**) so auf, dass zunächst das übergebene Teilarray das gesamte Array Z ist (also ist **rechts**=0 und **links**=n-1). Für die Testausgabe müssen jedoch die Parameter **n** und **Testausgabe1** separat übergeben werden, damit die Funktion MergesortMain() auch wissen kann, wie viele Elemente in der Konsole ausgegeben werden müssen, falls dann der vierte Parameter **true** ist.

MergesortMain() enthält nun den Hauptalgorithmus für Mergesort, der so funktioniert: Solange das zu sortierende Teilarray noch mehr als ein Element enthält und deshalb die Bedingung rechts<links in Zeile **25** erfüllt ist, wird in Zeile **27** erst einmal mit folgender Anweisung die Mitte des Teilarrays ermittelt und anschließend in der Hilfsvariablen **m** gespeichert:

```
m=links+(rechts-links)/2;
```

Anschließend wird die Funktion MergesortMain() erneut rekursiv mit dem linken und rechten Teilarray aufgerufen, wozu das vorher in Zeile **27** ermittelte mittlere Element benötigt wird. Wenn ein Teilarray nach mehreren Rekursionsschritten nur noch ein Element enthält, wird dieses Element von der Funktion `Verbinde()` mit einem benachbarten rechten Teilarray verknüpft, das auf der untersten Rekursionsstufe ebenfalls nur noch ein oder zwei Elemente beinhaltet. In diesem Fall ist dann auch kein weiter rekursiver Aufruf von `MergesortMain()` mehr nötig. Auf der nächsthöheren Stufe wird dann von der Funktion `Verbinde()` ein Teilarray mit bis zu sechs Elementen verbunden. Sie können an dieser Stelle sehr gut sehen, dass die Geschwindigkeit des Mergesort-Algorithmus zu einem großen Teil von der Sortierfunktion für die Teilarrays abhängt. Wenn diese Funktion zu simpel gestrickt ist, ist ein direkter Aufruf von `Verbinde()` mit dem gesamten Array Z sogar schneller als der Teile-und-herrsche-Algorithmus, den die Funktion `MergesortMain()` verwendet.

Das Hauptprogramm (Zeile **51 – 63**) legt nun (wie auch schon im letzten Beispiel) ein dynamisches Array mit Zufallszahlen an und sortiert dieses mit Mergesort. Die Anzahl der Elemente müssen Sie auch hier wieder über die Tastatur eingeben. Mergesort ist relativ schnell für Array-Größen bis etwa 100 000 Elemente (Sortierzeit etwa zehn Sekunden), danach wird Mergesort spürbar langsamer. Dies liegt vor allem an der Funktion `Verbinde()`, die immer langsamer wird, je mehr Elemente die zu verbindenden Teilarrays enthalten. Im Endeffekt hat Mergesort also den Teufel mit dem Beelzebub ausgetrieben und sich durch den Merge-Algorithmus nur neue Probleme geschaffen, anstatt die alten effektiv zu lösen. Also ist alles hoffnungslos und Arrays (zumindest die mit Zufallswerten) können eben einfach nicht schnell sortiert werden? Nein, so schlimm ist es dann doch wieder nicht. Ich werde Ihnen nämlich jetzt mit Quicksort ein Sortierverfahren vorstellen, das auch die Probleme lösen kann, die bei Mergesort auftreten.

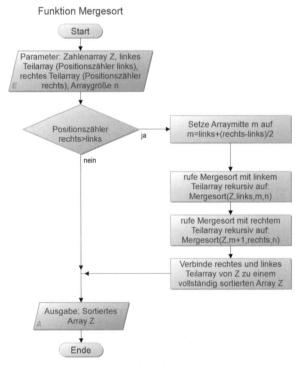

Bild 6.2 Programmablaufplan des Mergesort-Algorithmus

6.1.3 Quicksort[2]

Quicksort ist eines der schnellsten Sortierverfahren, die es gibt. Wahrscheinlich haben Sie diese Aussage schon in den Vorlesungen gehört, aber was genau ist der Trick bei Quicksort? Warum ist dieses Verfahren so viel schneller als Mergesort? Die Antwort ist, dass auch Quicksort die Laufzeit reduziert, indem es (wie ebenfalls Mergesort) einen Teile-und-herrsche-Algorithmus anwendet. Quicksort wird also auch (zumindest meistens) rekursiv implementiert. Anders als bei Mergesort ist jedoch bei Quicksort kein Zusammenführen von Teilarrays nötig, was die Laufzeit auch bei großen Arrays spürbar sinken lässt.

Wie arbeitet aber nun Quicksort? Nehmen wir hierzu wieder das Zahlenarray **Z** und teilen es erst einmal an der Position **P** in zwei Teile (manchmal wird an dieser Stelle auch von linker und rechter Teilliste gesprochen). Die Stelle, an der das Zahlenarray geteilt wird, wird hier aber im Gegensatz zu Mergesort so gewählt, dass sämtliche Elemente, die kleiner sind als das Element an der Position **P**, von vornherein links von dem Element an der Position **P** stehen. Das Element an der Position **P** im Array **Z**, das das Array **Z** in zwei Teilarrays teilt, wird auch als *Pivotelement* bezeichnet. Nun müssen wir natürlich noch das Problem lösen, die Teilarrays korrekt (z. B. aufsteigend) in sich zu sortieren. Da wir aber nur zwei Zahlen direkt miteinander vertauschen können, scheint an dieser Stelle ein ähnliches Problem vorzuliegen, wie bei den Türmen von Hanoi oder vergleichbaren Problemen: Wir müssen das Sortieren der Teilarrays auf die Anwendung einfacher Ringtausch-Operationen reduzieren und wenn dies nicht geht, muss sich der Quicksort-Algorithmus wiederum selbst mit zwei kleineren Teilarrays aufrufen. Dies geschieht dann so lange, bis ein Teilarray nur noch maximal zwei Elemente enthält. In diesem Fall ist die Sortierfunktion einfach eine `if`-Abfrage mit eventuellem Ringtausch der beiden Elemente, wenn das erste größer ist als das zweite.

Quicksort arbeitet also wie viele rekursive Algorithmen mit dem Teile-und-herrsche-Prinzip. Da man sich die Arbeitsweise von Quicksort aber nur sehr schwer bildlich vorstellen kann, nützt es Ihnen an dieser Stelle recht wenig, wenn ich mich nun in philosophische bzw. mathematische Abhandlungen über Rekursionen im Allgemeinen bzw. effektive Verfahren zum Finden der Position des Pivot-Elements vertiefe. Vielleicht hat eine Ihrer Professorinnen oder einer Ihrer Professoren genau dies getan und vielleicht ging es Ihnen, wie es auch mir damals in meinem Studium ging: Ich habe nicht verstanden, für was dies eigentlich gut war. Deshalb gehe ich an dieser Stelle einen alternativen Weg und steige quasi gleich in den C-Quellcode ein. Wenn Sie sich dann das Listing angesehen haben, werden Sie erleichtert aufatmen, sich an die Türme von Hanoi erinnert fühlen und merken, dass Quicksort gar nicht so wild ist. Die folgende Implementierung teilt das Array **Z** übrigens direkt so, dass sich das Pivotelement nach Aufruf der Funktion `Teile()` stets an seiner endgültigen Position befindet und alle kleineren Elemente davorstehen. Wie gesagt gibt es für die Wahl des Pivot-Elements viele verschiedene Algorithmen und ich verwende hier den am einfachsten verständlichen. Dieser Algorithmus funktioniert wie folgt: Das Pivot-Element ist zunächst das letzte Element im Array **Z** (es wird also erst einmal angenommen, rechts stünde schon das größte Element). Für die Wahl des neuen, richtigen Pivotelements wird dann ein Element vom Anfang des Arrays **Z** beginnend gesucht, welches größer als das Pivotelement ist. Entsprechend wird vom Ende des Arrays **Z** beginnend ein Element gesucht,

---

[2] *https://de.wikipedia.org/wiki/Quicksort*

das kleiner als das Pivotelement ist. Wenn die ursprüngliche Annahme falsch ist, dass das Array schon sortiert vorliegt, muss das ursprüngliche Sortierproblem in zwei kleinere Teilprobleme geteilt werden.

Hier kommt nun die Rekursion zum Einsatz. Diese beiden Elemente werden dann vertauscht und landen damit jeweils im richtigen Teilarray (genau dies ist dann übrigens auch der Schritt, der Quicksort Mergesort gegenüber überlegen macht). Sehen Sie sich nun Listing 6.3 an.

Listing 6.3 Quicksort.cpp

```
01   #include<stdio.h>
02   #include<stdlib.h>
03   #include<time.h>

04   void Tausche(long int *Z, long int p, long int q)
05   {
06       long int Temp=Z[p];
07   Z[p]=Z[q]; Z[q]=Temp;
08   }

09   long int Teile(long int *Z, long int links, long int rechts, long int n,
                    bool Testausgabe)
10   {
11       long int i,j,k,P;
12       i=links; j=rechts-1; // Init:i=erstes Element, j=vorletztes Element
                              (von links aus gesehen)
13       P=Z[rechts]; // Erst einmal annehmen, rechts sei schon das größte
                      Element
14       while (i<j) // Haupt-Teiungsalgorithmus
15       {
16           // Suche das Element, das größer oder gleich dem Pivotelement ist
17           while ((i<rechts)&&(Z[i]<P)) { i++; }
18           // Suche von rechts aus ein Element, das kleiner als das
                Pivotelement ist
19           while ((j>links)&&(Z[j]>=P)) { j--; }
20           // Tausche Z[i] und Z[j], falls i und j übereinandergelaufen sind
21           if (i<j){ Tausche(Z,i,j); }
22       }
23       // Tausche Pivotelement (Z[rechts]) mit neuer endgültiger
                Position (Z[i])
24       // und gib die neue Position des Pivotelements zurück
25       if (Z[i]>P) { Tausche(Z,i,rechts); }
26       if (Testausgabe==true)
27       {
28           if (P>(n-1)) { P=n-1; }
29           for (k=0; k<n; k++)
30           {
31               if (k!=P) { printf(" %ld ",Z[k]); }
32               else { printf("[%ld]",Z[k]); }
33           }
34           printf("\n");
35       }
36       return i;
37   }
```

```
38    void QuicksortMain(long int *Z, long int links, long int rechts,
                         long int n, bool Testausgabe)
39    {
40        long int P; // Pivotelement
41        if (links<rechts)
42        {
43            P=Teile(Z,links,rechts,n,Testausgabe);
44            QuicksortMain(Z,links,P-1,n,Testausgabe);
45            QuicksortMain(Z,P+1,rechts,n,Testausgabe);
46        }
47    }

48    void Quicksort(long int *Z, long int n, bool Testausgabe1,
                     bool Testausgabe2)
49    {
50        long int T=clock();
51        QuicksortMain(Z,0,n-1,n,Testausgabe1);
52        if (Testausgabe2==true)
53        {
54            printf("Sortierzeit (ms):%ld\n",clock()-T);
55        }
56    }

57    int main(void)
58    {
59        long int i,n;
60        long int *Z;
61        printf("Demoprogramm Quicksort\n");
62        printf("Es wird ein Zufallszahlenarray mit Zahlen zwischen 1 und
               10000 sortiert\n");
63        printf("Größe des Arrays:"); scanf("%ld",&n);
64        Z=(long int *)malloc(sizeof(long int)*n);
65        srand(clock());
66        for (i=0; i<n; i++) { Z[i]=rand()%10000+1; }
67        Quicksort(Z,n,true,true);
68        delete(Z); // Array aus dem Speicher entfernen
69        return 0;
70    }
```

Die Funktion Tausche() muss nicht mehr gesondert erklärt werden, denn diese führt nur einen Ringtausch der Elemente mit den Indizes **p** und **q** des als Zeiger übergebenen Arrays **Z** durch. Bevor Sie jedoch die Funktion Quicksort() korrekt programmieren können, müssen Sie sich die Funktion Teile() (Zeile **09 – 37**) ansehen, die fünf Parameter übergeben bekommt. Der letzte Parameter ist von Typ bool und bewirkt, wenn dieser true ist, eine Testausgabe des Arrays **Z** nach jedem Sortierschritt. Die ersten vier Parameter sind dagegen relevant für den Teilungsalgorithmus, den der Hauptalgorithmus für das Finden des Pivotelements verwenden soll. **Z** ist hierbei das Array, in dem die zu sortierenden Zahlen stehen. Der Parameter **links** beschreibt das Teilarray von der Index-Position 0 bis zur Index-Position **links**, der Parameter **rechts** beschreibt das Teilarray von der Index-Position **rechts** bis zur Index-Position n-1. Der Parameter **n** enthält hier also wieder die Anzahl der Elemente im Array **Z**. Das Pivotelement selbst wird hier allerdings nicht direkt übergeben, sondern von der Funktion Teile() per return-Anweisung zurückgeliefert.

Die Funktion `Teile()` führt nun folgenden Algorithmus aus: Zunächst werden zwei Hilfsvariablen **i** und **j** definiert, die einen Array-Index enthalten. Am Anfang zeigt **i** auf das erste Element und **j** auf das letzte Element im Array **Z**. Nun wird das Pivotelement erst einmal das letzte (also das am weitesten rechts stehende) Element im Array **Z**. Solange nun i<j ist und der linke und rechte Positionszeiger noch nicht übereinandergelaufen sind, wird der Positionszeiger **i** in Zeile **17** dem rechten Positionszeiger angenähert, aber nur so lange, wie Z[i] kleiner ist als das Pivotelement. Gleichzeitig wird **j** in Zeile **19** dem linken Positionszeiger angenähert, aber nur so lange, wie Z[j] größer oder gleich dem Pivotelement ist. Wenn am Ende i<j ist und die Positionszeiger **i** und **j** übereinandergelaufen sind, müssen in Zeile **21** Z[i] und Z[j] getauscht werden, damit sich Z[i] und Z[j] im richtigen Teilarray befinden. Wenn i<j ist, dann endet auch die `while`-Schleife in Zeile **14–22** für die Suche nach dem Pivotelement. Am Ende muss dann noch das neue Pivotelement ermittelt werden. Dies geschieht durch Tauschen des Elements Z[rechts] mit dem Element an der Position Z[i], aber natürlich nur dann, wenn Z[i]>P ist und sich Z[rechts] und Z[i] noch nicht im richtigen Teilarray befinden. Die entsprechende Überprüfung leistet die `if`-Anweisung in Zeile **21**. Am Ende steht die Position des nächsten gültigen Pivotelements in der Variablen **i** und diese wird von der Funktion `Teile()` zurückgegeben. Wenn der Parameter **Testausgabe** `true` ist, wird in Zeile **26 – 35** eine Schleife zur Ausgabe sämtlicher Werte im Array **Z** ausgeführt.

Kommen wir nun zur Funktion `QuicksortMain()`. Die Funktion `QuicksortMain()` leistet die Hauptarbeit und bekommt fünf Parameter übergeben. Der erste Parameter ist ein Zeiger auf das zu sortierende Zahlenarray **Z**, der vierte Parameter **n** gibt die Anzahl der Elemente im Array **Z** an. Mit dem fünften Parameter können Sie festlegen, ob Sie eine Testausgabe der einzelnen Sortierschritte sehen wollen. Ist der fünfte Parameter `true`, so wird jeder Sortierschritt in der Konsole ausgegeben. Ich werde, nachdem ich das vollständige Listing erklärt habe, eine solche Testausgabe erklären, die ich für ein Zufallszahlen-Array mit zwölf Zahlen erstellt habe. Damit jedoch die Rekursion richtig funktioniert, müssen zwei zusätzliche Parameter übergeben werden, nämlich die Parameter **links** und **rechts**. Dies sind die Werte, die `QuicksortMain()` für das eventuelle Teilen des Arrays **Z** an die Funktion `Teile()` übergeben muss. Die Parameter **links** und **rechts** werden am Anfang durch die separate Funktion `Quicksort()` bestimmt und entsprechen folgenden Werten: Der Parameter **links** hat am Anfang den Wert 0 und der Parameter **rechts** den Wert n-1. Der Hauptalgorithmus muss also quasi initialisiert werden, damit er stabil läuft, und die beste Variante ist, das Array **Z** erst einmal in ein linkes Teilarray aus sämtlichen Elementen von **Z** und in ein rechtes Teilarray aus 0 Elementen aufzuteilen.

Funktion "Teile" des Quicksort-Algorithmus

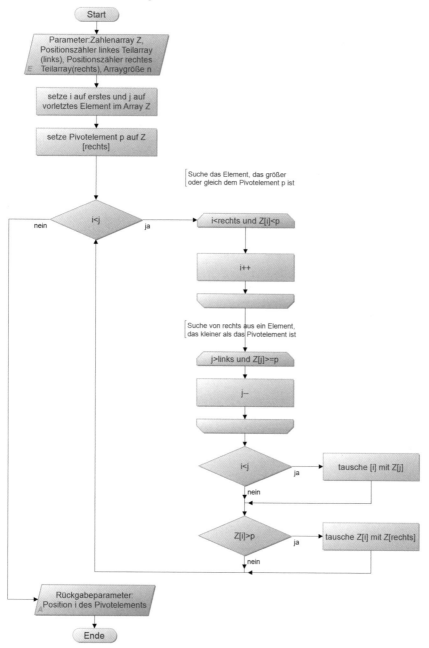

Bild 6.3 Programmablaufplan des Teilungsalgorithmus zur Bestimmung des Pivotelements

Der rekursive Quicksort-Algorithmus selbst (Zeile **41 – 46**) ist nun sehr einfach zu verstehen, denn im Endeffekt kehrt die Funktion `QuicksortMain()` im Erfolgsfall sofort zum Hauptprogramm zurück, ohne irgendetwas zu tun. Es wird also am Anfang (wie auch schon bei den Türmen von Hanoi) erst einmal angenommen, dass das Sortierproblem schon gelöst wurde, und so müssen eben auch keine weiteren Schritte mehr unternommen werden. Dies gilt aber nur dann (also quasi fast nie), wenn der Positionszeiger **links** schon größer ist als der Positionszeiger **rechts**, ansonsten wurde das Sortierproblem eben noch nicht gelöst. Genau an dieser Stelle kommt die Rekursion ins Spiel: Wenn in Zeile **41** `links<rechts` ist, muss in Zeile **43** die Funktion `Teile()` aufgerufen werden, die mithilfe der Parameter **Z**, **links** und **rechts** die Position **P** des nächsten gültigen Pivotelements ermittelt. Wenn dies geschehen ist, dann ruft sich die Funktion `QuicksortMain()` zweimal rekursiv selbst wieder auf, und zwar einmal mit dem linken Teilarray von **Z** bis zur Position P-1 (Zeile **44**) und einmal mit dem rechten Teilarray von **Z** bis zur Position P+1 (Zeile **45**). Das Pivotelement bildet also stets genau die Mitte zwischen linkem und rechtem Teilarray. Damit die Funktion `Teile()` nach jedem Sortierschritt auch das gesamte Array **Z** in der Konsole ausgeben kann (falls dann der Parameter **Testausgabe** `true` ist), muss dieser zusätzlich der Parameter **n** übergeben werden, der die Anzahl der Elemente im Array **Z** enthält. Genau aus diesem Grund benötigen Sie auch in diesem Beispiel wieder die Hilfsfunktion `Quicksort()`, die ihrerseits die Parameter **n** und **Testausgabe** durch das Hauptprogramm übergeben bekommt.

Die Hilfsfunktion `Quicksort()` beinhaltet aber auch in diesem Beispiel noch mehr Funktionen, als nur den Haupt-Sortier-Algorithmus aufzurufen. Sie können beispielsweise auch hier wieder zwei Testausgaben erzeugen, die durch die Parameter **Testausgabe1** und **Testausgabe2** bestimmt werden. Wenn der Parameter **Testausgabe1** `true` ist, so erzeugt die Funktion `Teile()` eine Testausgabe und jeder Sortierschritt wird in der Konsole ausgegeben. Wenn der Parameter **Testausgabe2** `true` ist, so gibt die Funktion `Quicksort()` zusätzlich die Zeit in Millisekunden aus, die zum Sortieren des gesamten Arrays benötigt wird. Das Hauptprogramm funktioniert nun wie das Hauptprogramm in Listing 6.2. Zuerst müssen Sie per Tastatur die Größe Ihres zu sortierenden Arrays eingeben. Anschließend wird das Array mit `malloc()` im Speicher angelegt und mit Zufallswerten zwischen 1 und 10 000 gefüllt, wobei Zahlen auch mehrfach vorkommen können. Anschließend wird das Array mit dem Quicksort-Algorithmus sortiert. Standardmäßig werden sowohl die einzelnen Sortierschritte als auch die zum Sortieren benötigte Zeit in der Konsole ausgegeben. Sehen Sie sich nun eine mögliche Testausgabe für ein Array mit zwölf Elementen an.

Zeile 1:

002 002 003 [015] 017 004 011 019 020 008 003 020

Das Pivot-Element (hier in eckigen Klammern angegeben) ist nach dem ersten Durchlauf das vierte Element mit dem Wert 15. Links vom vierten Element befinden sich keine Zahlen mehr, die >=15 sind. Auf der rechten Seite dagegen befinden sich noch Werte, die >=15 sind, z. B. die 17, aber auch noch Werte, die <15 sind, z. B. die 3 und die 4.

Zeile 2:

002 002 [003] 015 017 004 011 019 020 008 003 020

Das Pivot-Element ist nach dem zweiten Durchlauf um eine Position nach links gerückt und ist nun das dritte Element. Sie sehen hier sehr gut, dass vor dem zweiten Durchlauf ein

Teilungsschritt nötig war, denn die Elemente mit den Werten 3 und 4 befinden sich noch nicht an der richtigen Position.

Zeile 3:

> 002 002 003 015 017 004 011 019 003 008 020 [020]

Nach dem dritten Durchlauf befindet sich nun das Element mit dem Wert 20 an der richtigen Stelle und das Pivot-Element ist das letzte Element. Das Element an der neunten Position wurde mit dem Element an der elften Position vertauscht.

Zeile 4:

> 002 002 003 003 004 008 011 019 [015] 017 020 020

Vor dem vierten Durchlauf war wieder ein Teilungsschritt nötig, weil das Array immer noch nicht korrekt sortiert ist. Das Pivot-Element ist auch hier wieder nach links gerückt und befindet sich an der neunten Position. Allerdings stehen nach dem vierten Durchlauf nun die Werte 3 und 4 an der richtigen Stelle.

Zeile 5:

> 002 002 003 003 [004] 008 011 019 015 017 020 020

Vor dem fünften Durchlauf war wieder ein Teilungsschritt nötig und das Pivot-Element ist wieder nach links auf die fünfte Position gerückt. Im fünften Schritt werden allerdings (und dies kann durchaus vorkommen) keine Vertauschungen vorgenommen.

Zeile 6:

> 002 002 003 003 004 008 011 015 017 019 020 [020]

Nach dem sechsten Schritt ist das Pivot-Element wieder das letzte Element, weil keine weiteren Teilungsschritte nötig sind. Sämtliche Zahlen sind nun an der richtigen Stelle, da das achte Element mit dem neunten und anschließend das neunte Element mit dem zehnten Element vertauscht wurde.

Zeile 7:

> 002 002 003 003 004 008 011 015 017 019 020 [020]

Nach dem siebten Durchlauf ist die Sortierung des Arrays beendet, weil keine Vertauschungen oder Teilungsschritte mehr nötig sind. Sämtliche Rekursionen werden beendet und Quicksort kehrt zum Hauptprogramm zurück.

Quicksort ist sehr schnell auch für größere Arrays. So beträgt selbst bei mehreren Millionen Elementen (Windows 10, Core i7 CPU mit 4 GHz) die Sortierzeit nur ein paar Sekunden. Obwohl Quicksort bei Arraygrößen von unter 10 000 Elementen sogar langsamer sein kann als Mergesort, ist der Unterschied trotzdem nicht so groß, dass Sie Quicksort nicht auch für kleine Arrays verwenden können.

6.1.4 Treesort[3]

Treesort ist ein rekursiver Sortieralgorithmus, der 1962 von dem Informatiker Robert Floyd entwickelt wurde. Treesort erhält die zu sortierenden Daten als ein Eingabe-Array von Elementen (meistens sind dies natürliche Zahlen) und gibt sie in einem Ausgabe-Array in aufsteigender Reihenfolge wieder aus. Anders als Quicksort benötigt Treesort viel zusätzlichen Speicher, deshalb ist Treesort z. B. kein guter Kandidat für die Verwendung auf Mikrocontrollern. Auf größeren Systemen kann Treesort eine optimale Laufzeit von $O(n*\log_n)$ erreichen und so in Bezug auf die Geschwindigkeit durchaus mit Quicksort mithalten. Wie arbeitet nun Treesort? Wie der Name schon sagt, verwendet Treesort Bäume, in diesem Fall sind es Binärbäume. Treesort nutzt hier die Tatsache aus, dass jedes beliebige Array auch als Binärbaum betrachtet werden kann. Wenn man dann die Ausgangsdaten in der richtigen Weise in einen Binärbaum einfügt, liegen die Daten am Ende sortiert vor. Natürlich muss man zum Schluss die Werte in den Blättern des Binärbaums in der korrekten Weise in das Zielarray zurückschreiben. Der konkrete Algorithmus, der dahintersteckt, ist aber nicht so schwer zu verstehen. Die Tatsache, dass in Binärbäumen jeder Knoten maximal zwei Unterknoten haben kann, erzeugt nämlich Bäume, die sich selbst sortieren. Hierfür müssen Sie beim Einfügen von neuen Knoten nur eine Regel beachten: Kind-Knoten, die einen kleineren Wert enthalten als der Elternknoten, werden links angehängt. Kind-Knoten, die einen größeren oder gleich großen Wert enthalten wie der Elternknoten, werden rechts angehängt. Falls auf der entsprechenden Seite, an die etwas angehängt werden soll, schon ein Knoten existiert, wird die Funktion zum Anhängen von Knoten erneut rekursiv aufgerufen, und zwar mit dem entsprechenden Kind-Knoten, der eigentlich frei sein sollte. Selbstverständlich muss Ihr Baum zunächst initialisiert werden, und zwar so, dass die Wurzel mindestens einen konkreten Zahlenwert enthält.

Bei Treesort gilt also folgende grundlegende Knotenstruktur, die in C++ so aussieht:

```
struct Knoten_t
{
    long int Wert;
    struct Knoten_t *links;
    struct Knoten_t *rechts;
};
```

Hierbei sind **links** und **rechts** wieder Zeiger auf Kind-Knoten, die entweder links oder rechts angehängt werden können. Die Binärbaume, die von Treesort verwendet werden, werden jedoch meistens nicht in separaten Klassen untergebracht, deshalb ist die Wurzel bei Treesort schlicht ein Zeiger auf die Adresse eines Stammknotens. Die Funktion zum Einfügen neuer Knoten besitzt normalerweise folgende Parameter:

```
void KnotenEinfuegen(Knoten_t**K, long int Wert);
```

Wie Sie sehen, benutzt die Funktion KnotenEinfuegen() eine doppelt indirekte Adressierung, bei der der Anker des Baums, der ein Zeiger ist, auf die Adresse einer Wurzel zeigt, die dann mit allen weiteren Knoten verknüpft ist. Vielleicht finden Sie an dieser Stelle die Lösung mit der separaten Klasse BBaum und einigen Hilfszeigern einfacher, weil Sie sich in

---

[3] https://de.wikipedia.org/wiki/Treesort

diesem Fall nicht mit doppelten Zeigern herumärgern müssen. Leider tauchen vor allem in Internetforen immer wieder Beispiele auf, die nicht die objektorientierte Programmierung benutzen, deshalb tue ich dies an dieser Stelle auch nicht. Kommen wir nun zu der Arbeitsweise der Funktion `KnotenEinfuegen()`. Zunächst muss überprüft werden, ob der Baum schon initialisiert wurde. Ich nehme an dieser Stelle wieder an, dass ein leerer Baum einfach ein Zeiger ist, der auf eine Wurzel zeigt, die auf NULL zeigt. Wenn der Baum leer ist, muss zunächst mit den folgenden C++-Anweisungen ein neuer Knoten angelegt werden:

```
if (*K==NULL)
{
    *K=new Knoten_t; // Neuen Knoten anlegen und K gleich darauf zeigen lassen
    (*K)->Wert=Wert; // Wert zuweisen
    (*K)->links=NULL; (*K)->rechts=NULL; // Ein Blatt hat keine Kind-Knoten
}
```

Ein leerer Knoten eines Teilbaums unterscheidet sich also nicht grundlegend von der Wurzel des Baums und Sie können einen Teilbaum genauso initialisieren wie den gesamten Baum. Dies ist dann auch der eigentliche Vorteil des doppelten Zeigers `Knoten_t **K`: Die Rekursion, die Treesort verwendet, ist dadurch viel einfacher umzusetzen.

Kommen wir nun zu dem Fall, dass *K nicht auf NULL zeigt und der einzufügende Knoten nicht einfach dadurch eingefügt werden kann, dass einfach `(*K)->Wert=Wert` gesetzt wird. In diesem Fall muss für das Einfügen ein Kind-Koten verwendet werden. Wenn der Parameter **Wert** kleiner ist als der Zahlenwert im Knoten *K, dann wird der linke Kind-Knoten verwendet. Dies leisten die folgenden Anweisungen:

```
if (Wert<(*K)->Wert) // Zahlen, deren Wert kleiner ist, als der Wert im linken Kind-
Knoten links einfügen
{
    KnotenEinfuegen(&((*K)->links),Wert); // Adresse des Knotens K übergeben (*K)
}
```

An dieser Stelle kommt nun eine Rekursion zum Einsatz. Wenn nämlich der linke Kind-Knoten von *K nicht NULL ist, dann kehrt auch in diesem Fall `KnotenEinfuegen()` nicht sofort zurück, sondern erzeugt wiederum Aufrufe von `KnotenEinfuegen()` mit dem linken Kind-Knoten als Teilbaum. Dies geschieht so lange, bis Sie irgendwann wirklich an einem Knoten angelangen, der noch einen freien Unterknoten hat. Wenn der Parameter **Wert** jedoch größer ist als der Zahlenwert im Knoten *K, dann wird der rechte Kind-Knoten verwendet. Dies leisten dann die folgenden Anweisungen:

```
else // Zahlen, deren Wert größer ist als der Wert im rechten Kind-Knoten, rechts
einfügen
{
    KnotenEinfuegen(&((*K)->rechts),Wert); // Adresse des Knotens K übergeben (*K)
}
```

Wenn der rechte Kind-Knoten von *K nicht NULL ist, dann kehrt `KnotenEinfuegen()` nicht sofort zurück, sondern erzeugt wiederum Aufrufe von `KnotenEinfuegen()` mit dem rechten Kind-Knoten als Teilbaum. Dies geschieht so lange, bis Sie irgendwann an einem Knoten angelangen, der noch einen freien Unterknoten hat. Schauen Sie sich nun Listing 6.4 an, das ein Zufallszahlen-Array mit dem Treesort-Algorithmus sortiert.

Listing 6.4 Treesort.cpp

```cpp
01  #include<stdio.h>
02  #include<stdlib.h>
03  #include<time.h>
04  #include<conio.h>

05  struct Knoten_t
06  {
07      long int Wert;
08      struct Knoten_t *links;
09      struct Knoten_t *rechts;
10  };

11  void KnotenEinfuegen(Knoten_t**K, long int Wert)
12  {
13      if (*K==NULL) // wenn *K auf NULL zeigt, dann ist der Knoten leer
14      {
15          *K=new Knoten_t; // Neuen Knoten anlegen
16          (*K)->Wert=Wert; // Wert zuweisen
17          (*K)->links=NULL; (*K)->rechts=NULL; // Ein Blatt hat keine Kind-Knoten
18      }
19      else // Kleinere Werte immer links einfügen
20      {
21          if (Wert<(*K)->Wert)
22          {
23              KnotenEinfuegen(&((*K)->links),Wert); // Einfügen rekursiv aufrufen
24          }
25          else // Größere Werte immer rechts einfügen
26          {
27              KnotenEinfuegen(&((*K)->rechts),Wert); // Einfügen rekursiv aufrufen
28          }
29      }
30  }

31  void BaumToArray(Knoten_t *Baum, long int *Array, long int &StartPos)
32  {
33      if (Baum!=NULL)
34      {
35          BaumToArray(Baum->links,Array,StartPos); // linker Kind-Knoten
36          Array[StartPos]=Baum->Wert; StartPos++;
37          BaumToArray(Baum->rechts,Array,StartPos); // rechter Kind-Knoten
38      }
39  }

40  void TreeSort(long int *Eingabe, long int *Ausgabe, long int n)
41  {
42      long int i,StartPos;
43      Knoten_t *Baum; Baum=NULL; // Hier benötigt man keinen Anker-Knoten
44      for (i=0; i<n; i++)
45      {
46          KnotenEinfuegen(&Baum,Eingabe[i]);
47      }
48      StartPos=0; // Diese Hilfsvariable benötigt man für die Rekursion
49      BaumToArray(Baum,Ausgabe,StartPos); // Hier kein Address-Of-Operator
50  }

51  int main(void)
```

```
52  {
53      long int *Eingabe;
54      long int *Ausgabe;
55      long int i,n,t;
56      int C;
57      printf("Anzahl der Werte:"); scanf("%ld",&n);
58      Eingabe=(long int *)malloc(n*sizeof(long int));
59      Ausgabe=(long int *)malloc(n*sizeof(long int));
60      srand(clock()); // Zufallszahengenerator initialisieren
61      for (i=0; i<n; i++) { Eingabe[i]=rand()%10000; } // n Zufallswerte erzeugen
62      t=clock(); // Zeitmessung starten
63      TreeSort(Eingabe,Ausgabe,n); // Treesort starten
64      t=clock()-t; // Zeitmessung stoppen
65      printf("Sortierzeit:%ld Millisekunden\n",t);
66      printf("Ausgabe des Ergebnisses (j/n)?"); C=getch();
67      if (C=='j')
68      {
69          printf("\nAusgabe des sortierten Arrays:\n");
70          for (int i=0; i<n; i++) { printf("%05ld ",Ausgabe[i]); }
71          printf("\n");
72      }
73      return 0;
74  }
```

Kommen wir nun zu einer nicht ganz unwichtigen Überlegung, die Sie bereits kennen und die ich ja schon bei anderen Algorithmen angestellt habe: Hält Treesort immer an, und wenn ja, liefert Treesort immer das richtige Ergebnis? Kurz: Sind alle Sortierprobleme, die Sie Treesort übergeben, berechenbar? Leider ist Treesort nicht bewiesenermaßen stabil, d. h., dass es unter Umständen in sehr seltenen Fällen eben nicht anhält. Als Konsequenz daraus ist Treesort auch nicht für alle Sortierprobleme berechenbar. Wie sieht es nun mit der Komplexität aus? Lassen sich mit Treesort wenigstens große Datenmengen in einer vernünftigen Zeit sortieren? Die Antwort ist, dass die Komplexität von Treesort $O(n \log(n))$ ist und sich somit auch größere Datenmengen z. B. mit mehr als einer Million Zahlen in einer sinnvollen Zeit sortieren lassen.

6.1.5 Heapsort[4]

Der Begriff Heapsort setzt sich zusammen aus den Worten *heap* und *sort*. Den Begriff *sort* können Sie bereits sofort zuordnen, denn dieser bedeutet schlicht *sortieren*. Aber was ist nun ein Heap? Ein Heap (auf Deutsch Halde oder Haufen) ist ein normaler Binärbaum, in den die einzelnen Elemente so eingehängt werden, dass entweder der linke Kind-Knoten stets kleiner/gleich oder aber stets größer/gleich dem Elternknoten ist. In dem ersten Fall spricht man von einem Min-Heap, in dem zweiten Fall von einem Max-Heap. Heapsort benutzt nun einen Max-Heap für eine Art Vorsortierung, die dann dafür sorgen soll, dass der eigentliche Sortiervorgang schneller ausgeführt werden kann. Im Gegensatz zu Treesort legt Heapsort jedoch keine neuen Datenstrukturen an, sondern stellt sich den zu sortierenden Array quasi als Baum vor, der dann erst einmal in einen Max-Heap verwandelt wird.

---

[4] *https://de.wikipedia.org/wiki/Heapsort*

Am besten kann man sich dieses Vorgehen wieder an einem konkreten Beispiel vorstellen. Nehmen wir dazu die folgende zufällige Zahlenfolge, die in dem Array Z abgelegt wird:

2, 3, 8, 7, 6, 1, 5, 10, 1, 12

Nun stellen Sie sich vor, dass die Zahlen auf die folgende Weise in einem Binärbaum angeordnet werden:

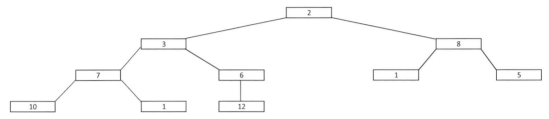

Bild 6.4 Binärbaum der Zahlenfolge {2,3,8,7,6,1,5,10,1,12} vor dem Start von Heapsort

Beachten Sie hier unbedingt, dass Sie sich den Zahlenbaum nur vorstellen und die zu sortierenden Werte nach wie vor im Array liegen. Die Wurzel des vorgestellten Binärbaums liegt dabei an Array-Position 0, die Kind-Knoten der Wurzel an Array-Position 1 und 2. Die Kind-Knoten für den Knoten mit dem Wert 3 liegen an der Array-Position 3 und 4, die Kind-Knoten für den Knoten mit dem Wert 8 liegen an der Array-Position 5 und 6. Genau auf diese Weise entsteht dann der Binärbaum aus dem vorigen Bild.

Nun ist Ihr unsortierter Binärbaum natürlich noch kein Max-Heap, denn dafür müsste vor allem der Wert 12 an der Wurzel stehen. Um einen Max-Heap zu erzeugen, gibt es nun einen Algorithmus, der durch die Funktion Heapify() realisiert wird. Heapify() überführt einen ungeordneten Binärbaum schrittweise in einen Max-Heap. Im Falle unserer zufälligen Zahlenfolge mit zehn Elementen sind hierfür die folgenden sechs Schritte nötig, die Heapify() immer wieder erneut aufrufen.

Schritt 1:

Für die Ausgangszahlenfolge

2, 3, 8, 7, 6, 1, 5, 10, 1, 12

werden erst einmal die ersten fünf Eltern-Knoten des Baums betrachtet. Diese entsprechen den Array-Elementen an den Positionen 0–4. Das Array wird also in zwei Hälften geteilt und die Elemente in der linken Hälfte entsprechen den Eltern-Knoten. Die Heapify()-Funktion betrachtet nun die Kind-Knoten dieser vier Eltern-Knoten von hinten nach vorn (Heapify() wird zuerst mit dem Array-Element an Position 4 aufgerufen). Nun schaut Heapify(), ob für den Eltern-Knoten mit dem Wert 6 die Heap-Bedingung verletzt ist, was hier der Fall ist: Einer der Kind-Knoten, die den Array-Elementen an den letzten beiden Positionen entsprechen, ist größer als 6. Heapify() muss nun den Baum reparieren, indem das Element an der Array-Position 4 mit dem Array-Element an der Position 9 getauscht wird. In dem Binärbaum, den Sie sich an dieser Stelle vorstellen, entspricht dies dem Austausch von Knoten-Werten, die Struktur des Baums selbst wird nicht verändert. Das Array mit den Zahlenwerten sieht nun wie folgt aus (die Werte, die in den eckigen Klammern stehen, wurden vertauscht):

02, 03, 08, 07, [12], 01, 05, 10, 01, [06]

Schritt 2:

Nun wird der Eltern-Knoten betrachtet, der dem Array-Element an Position 3 entspricht. Auch dieser Knoten hat einen Kind-Knoten, der größer ist, nämlich den Kind-Knoten mit dem Wert 10, der dem Array-Element an Position 7 entspricht. `Heapify()` muss also auch hier wieder Elemente vertauschen. Das Array mit den Zahlenwerten sieht danach so aus:

02,03,08,[10],12,01,05,[07],01,06

Schritt 3:

Der Knoten, der dem Element an Array-Position 2 entspricht, besitzt nur Kind-Knoten, die kleiner sind, also ändert dieser Schritt nichts an der Struktur des Arrays. Dieses sieht nach wie vor so aus:

02,03,08,10,12,01,05,07,01,06

Schritt 4:

Der Eltern-Knoten, der dem Array-Element an Position 1 entspricht, hat nun wieder einen Kind-Knoten, der größer ist, nämlich den Kind-Knoten mit dem Wert 12. `Heapify()` tauscht also Z[1] mit Z[4]. Das Array mit den Zahlenwerten sieht danach so aus:

02,[12],08,10,[03],01,05,07,01,06

Schritt 5:

Der Kind-Knoten, der dem Array-Element an Position 4 entspricht, hat nun wiederum einen Kind-Knoten mit dem Wert 6, der größer ist. Dies führt dazu, dass `Heapify()` die Array-Elemente Z[4] und Z[9] vertauschen muss, um auch hier die Heap-Bedingung wiederherzustellen. Das Array mit den Zahlenwerten sieht danach so aus:

02,12,08,10,[06],01,05,07,01,[03]

Schritt 6:

Nun werden zum Schluss noch der Wurzelknoten und die Kind-Knoten mit den Werten 2 und 8 überprüft. Auch an der Wurzel ist die Heap-Bedingung verletzt, deshalb muss der Wurzel-Knoten mit dem größten Kind-Knoten vertauscht werden. Das Array mit den Zahlenwerten sieht nun so aus:

[12],[02],08,10,06,01,05,07,01,03

Schritt 7:

Der Kind-Knoten, der dem Array-Element an Position 1 entspricht, hat nun auch wieder einen Kind-Knoten, der größer ist (Array-Element an Position 3 mit dem Wert 10). Auch in diesem Fall muss `Heapify()` wieder Vertauschungen vornehmen. Das Array mit den Zahlenwerten sieht danach so aus:

12,[10],08,[02],06,01,05,07,01,03

Schritt 8:

Aber auch der zuletzt getauschte Knoten, der dem Array-Element an Position 3 entspricht, hat einen Kind-Knoten, der größer ist. Auch hier nimmt `Heapify()` noch Vertauschungen vor. Das Array mit den Zahlenwerten sieht nun so aus:

12,10,08,[07],06,01,05,[02],01,03

Schritt 9:

Nun ist aber wieder die Heap-Bedingung am ersten Kind-Knoten der Wurzel verletzt und der Kind-Knoten, der an diesem Kind-Knoten dranhängt, ist größer als 3. Deshalb muss Heapify() zum Schluss noch Z[1] mit Z[9] tauschen. Das Array mit den Zahlenwerten sieht dann am Ende so aus:

12,[03],08,07,06,01,05,02,01,[10]

Die erste Phase von Heapsort ist nun abgeschlossen und **Z** ist in einen Max-Heap überführt worden.

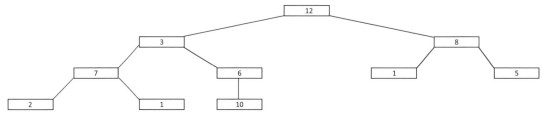

Bild 6.5 Max-Heap nach der ersten Phase des Heapsort-Algorithmus

Nun tritt Heapsort in die eigentliche Sortierphase ein. Diese Sortierphase besteht wiederum aus mehreren Schritten, die Nummerierung soll hier wiederum bei 1 beginnen. Zuerst wird das letzte Element im Array mit dem ersten Element vertauscht. Das größte Element steht also nun am Ende des Arrays, das nun wie folgt aussieht:

10,03,08,07,06,01,05,02,01,12

Anschließend wird geschaut, ob die Heap-Bedingung an der Wurzel oder an einem der Kind-Knoten der Wurzel verletzt ist, was der Fall ist: Der linke Kind-Knoten der Wurzel mit dem Wert 3 hat einen Kind-Knoten mit dem Wert 7. Auch in diesem Fall wird Heapify() dazu benutzt, um Z[1] mit Z[3] zu tauschen. Das Zahlenarray **Z** sieht nun so aus:

10,[07],08,[03],06,01,05,02,01,12

Schritt 2:

Nun wird das letzte Element (also Z[9]) aus dem Baum ausgehängt. Dies geschieht einfach dadurch, dass der Heapsort-Algorithmus dieses Element nicht mehr anrührt. Anschließend werden Z[0] und Z[8] vertauscht. **Z** sieht nun so aus:

01,07,08,03,06,01,05,02,10,12

Anschließend wird wieder Heapify() auf der Wurzel aufgerufen. Der zweite Schritt, der eigentlich eine Wiederholung des ersten Schritts mit kleineren Array-Grenzen ist, schaut nun wieder nach, ob die Heap-Bedingung an der Wurzel verletzt ist. Dies ist der Fall, was dazu führt, dass beim nächsten Aufruf von Heapify() Z[0] und Z[2] vertauscht werden. Das Zahlenarray **Z** sieht nun so aus:

[08],07,[01],03,06,01,05,02,10,12

Dieser Tauschvorgang verletzt aber wieder die Heap-Bedingung am rechten Kind-Knoten der Wurzel, denn einer der Kind-Knoten ist mit dem Wert 5 größer als dieser (Wert 1). Heapify() muss also zusätzlich Z[2] mit Z[6] tauschen. **Z** sieht nun so aus:

08,07,[05],03,06,01,[01],02,10,12

Schritt 3:

Auch Schritt 3 ist eine Wiederholung von Schritt 1 und 2. Zunächst wird Z[9] aus dem Baum entfernt und anschließend wird Z[0] mit Z[7] getauscht. Z sieht nun so aus:

02,07,05,03,06,01,01,08,10,12

Anschließend wird auch hier die Heap-Bedingung an der Wurzel wiederhergestellt, indem Z[0] mit Z[1] getauscht wird. Z sieht nun so aus:

[07],[02],05,03,06,01,01,08,10,12

Für die Kind-Knoten der Wurzel ist nun wiederum die Heap-Bedingung verletzt, in diesem Fall muss Heapify() dann Z[1] mit Z[4] vertauschen. Danach sieht Z so aus:

07,[06],05,03,[02],01,01,08,10,12

Die nächsten Schritte (Schritt vier bis neun) können Sie nun problemlos nachvollziehen, weil diese nur eine Wiederholung der Schritte eins bis drei sind.

Schritt 4:

[01],06,05,03,02,01,[07] 08 10 12 (tausche Z[0] mit Z[6])

[06],[01],05,03,02,01,07,08,10,12 (stelle Heap-Bedingung an der Wurzel her)

06,[03],05,[01],02,01,07,08,10,12 (stelle Heap-Bedingung am linken Kind-Knoten her)

Schritt 5:

[01],03,05,01,02,[06],07,08,10,12 (tausche Z[0] mit Z[5])

[05],03,[01],01,02,06,07,08,10,12 (stelle Heap-Bedingung an der Wurzel her)

Schritt 6:

[02],03,01,01,[05],06,07,08,10,12 (tausche Z[0] mit Z[4])

[03],[02],01,01,05,06,07,08,10,12 (stelle Heap-Bedingung an der Wurzel her)

Schritt 7:

03,02,01,01,05,06,07,08,10,12

Es müssen keine Veränderungen vorgenommen werden, weil die Heap-Bedingung an der Wurzel erfüllt und Z[4] schon am richtigen Platz ist.

Schritt 8:

[01],02,01,[03],05,06,07,08,10,12 (tauche Z[0] mit Z[3])

[02],[01],01,03,05,06,07,08,10,12 (stelle Heap-Bedingung an der Wurzel her)

Schritt 9:

[01],01,[02],03,05,06,07,08,10,12 (tausche [0] mit Z[2])

Das sortierte Array Z ist:

01,01,02,03,05,06,07,08,10,12

Zugegeben, Heapsort ist schon recht trickreich und es ist nicht einfach, sich im Geist vorstellen zu können, wie ein bestimmtes Array auf einem Binärbaum abgebildet wird. Ich gebe deshalb auch an dieser Stelle wieder ein vollständiges Listing an, das den Heapsort-Algorithmus implementiert. Schauen Sie sich nun Listing 6.5 an.

Listing 6.5 Heapsort.c

```
01  #include<stdio.h>
02  #include<stdlib.h>
03  #include<time.h>

04  void tausche(long int *Z, long int i, long int j) // Ringtausch von Array-Elementen
05  {
06      long int Temp;
07      Temp=Z[i];
08      Z[i]=Z[j];
09      Z[j]=Temp;
10  }

11  void Heapify(long int *Z, long int l, long int r) // Teilarray reicht von Z[l] bis Z[r]
12  {
13      long int Index; // aktueller Array-Index
14      while(l<=(r/2)-1) // Heapify betrachtet linkes Teil-Array als Menge von Eltern-Knoten
15      {
16          Index=((l+1)*2)-1; // mit linkem Kind-Knoten als Array-Index beginnen
17          if ((Index+1)<=(r-1)) // Index muss zwischen l und r-1 liegen
18          {
19              if(Z[Index]<Z[Index+1]) // Falls der linke Kind-Knoten kleiner ist als der rechte, muss der rechte der größere sein
20              {
21                  Index++;
22              }
23          }
24          if(Z[l]<Z[Index]) // Heap-Bedingung am ausgewählten Kind-Knoten ist verletzt
25          {
26              tausche(Z,l,Index); // Array-Element Z[Index] mit Z[l] tauschen
27              l=Index; // Gültigen Bereich auf [l,r] verkleinern
28          }
29          else
30          {
31              return; // Heap-Bedingung nicht verletzt, also kehrt Heapify zurück, ohne etwas zu ändern
32          }
33      }
34  }

35  void ErstelleMaxHeap(long int *Z, long int n) // Schritt 1: Max-Heap erstellen
36  {
37      // Die Eltern-Knoten befinden sich in der linken Hälfte von Z
38      int i;
39      for(i=(n/2)-1; i>=0; i--) // Sämtliche Eltern-Knoten im linken Teil-Array prüfen
40      {
41          Heapify(Z,i,n); // Heapify ändert nicht immer etwas, muss aber sämtliche Knoten prüfen
42      }
43  }

44  void Heapsort(long int *Z, long int n) // Schritt 2
```

```
45   {
46       long int i;
47       ErstelleMaxHeap(Z,n); // Schritt 1 ausführen
48       for(i=n-1; i>0; i--) // Z von hinten nach vorne durchgehen
49       {
50           tausche(Z,i,0); // Erst einmal Element an Position i an die Wurzel schreiben
51           Heapify(Z,0,i); // Nun Heapify aufrufen und eventuell den Baum reparieren
52       }
53   }

54   int main(void)
55   {
56       char C;
57       long int i,n,T,Now;
58       long int *Z;
59       printf("Anzahl der Werte:"); scanf("%ld",&n);
60       fflush(stdin); // Eingabepuffer leeren
61       printf("Werte am Ende ausgeben (j/n)?"); scanf("%c",&C);
62       Z=(long int*)malloc(n*sizeof(long int));
63       srand(clock()); Now=clock();
64       for (i=0; i<n; i++) { Z[i]=rand()%10000; }
65       Heapsort(Z,n); T=clock()-Now;
66       if (C=='j')
67       {
68   
69           for (i=0; i<n; i++) { printf("%05ld ",Z[i]); }
70           printf("\n");
71       }
72       printf("Sortierzeit:%ld Millisekunden\n",T);
73       free(Z); // Z aus dem Speicher entfernen
74       return 0;
75   }
```

Auch Heapsort benutzt wie viele Sortieralgorithmen wieder den Ringtausch für Array-Elemente (Funktion `tausche()` in Zeile **04 – 10**), der hier nicht mehr weiter erläutert werden muss. Die Hauptarbeit leistet dann die Funktion `Heapify()` (Zeile **11 – 34**), die sowohl von der Funktion `ErstelleMaxHeap()` als auch vom Sortieralgorithmus selbst verwendet wird. `Heapify()` bekommt drei Parameter übergeben, nämlich einmal einen Zeiger **Z** auf ein Zahlen-Array vom Typ `long int*` und einmal die zwei Parameter **l** und **r**. Dies bedeutet, dass `Heapify()` jeweils auf einem Teilarray von **Z** ausgerufen wird, und zwar mit einem linken Positionszeiger (**l**) und einem rechten Positionszeiger (**r**). Der zu überprüfende Eltern-Knoten befindet sich hierbei in `Z[l]`. Der aktuelle Index, den `Heapify()` verwendet, um Kind-Knoten zu adressieren, verbirgt sich dagegen in der lokalen Variablen **Index**, die in Zeile **13** deklariert wird. `Heapify()` geht nun das Teil-Array von **Z** beginnend bei der Position **l** bis zur Position **(r/2)-1** durch. Die `while`-Schleife in Zeile **14 – 33**, die dies leistet, nenne ich nun einfach **Prüfschleife**. **(r/2)-1** entspricht hierbei genau der Mitte des Teil-Arrays, das durch die Parameter **l** und **r** übergeben wurde. Auf diese Weise entsprechen immer die Array-Elemente in der linken Hälfte den Eltern-Knoten und die Array-Elemente in der rechten Hälfte den Kind-Knoten. Um nun für den Eltern-Knoten in `Z[l]` den linken Kind-Knoten auszuwählen, muss **l** zuerst mit 2 multipliziert werden und anschließend muss 1 subtrahiert werden. Die zu Paaren zusammengefassten Kind-Knoten entsprechen also den ungeraden Array-Indices. Allerdings übersehen Sie auf diese Weise die Tatsache, dass der

Eltern-Knoten, für den Sie die Kind-Knoten auswählen, selbst einen Array-Platz belegt. Sie müssen also für l l+1 einsetzen, um diese Tatsache mit in Ihre Überlegungen einzubeziehen. Auf diese Weise kommen Sie zu dem Ausdruck Index=((l+1)*2)-1 in Zeile **15**. Wenn Sie dann den richtigen Array-Index für den **linken** Kind-Knoten gefunden haben, dann müssen Sie noch nachsehen, ob Index nicht auf das letzte Element in Z zeigt, denn in diesem Fall können Sie den if-Block in Zeile **19 – 23** überspringen. Wenn Index nicht das letzte Element in Z ist, wird überprüft, ob für den Eltern-Knoten, der dem Array-Element Z[l] entspricht, die Heap-Bedingung verletzt wurde. Diese Überprüfung ist recht simpel: In Zeile **19** wird zunächst geprüft, ob Z[Index]<Z[Index+1] ist, also ob der linke Kind-Knoten kleiner als der rechte Kind-Knoten ist. Wenn dies der Fall ist, dann muss der rechte Kind-Knoten der größere sein und **Index** wird um 1 erhöht (Zeile **21**). Wenn dann in Zeile **24** z[i]<Z[Index] ist, dann ist die Heap-Bedingung verletzt und der Kind-Knoten, der Z[Index] entspricht, ist größer als der Eltern-Knoten, der Z[l] entspricht. In diesem Fall muss in Zeile **26** und **27** zuerst Z[l] mit Z[Index] vertauscht und der Positionszähler l auf den Kind-Knoten Z[Index] gesetzt werden. Der zu prüfende Teil-Array wird dadurch also verkleinert und die while-Schleife, die sämtliche Elternknoten in Z prüft, wird mit einem neuen Wert für l aufgerufen. Wenn l dann größer ist als (r/2)-1, dann wird Heapify() beendet. Wenn dies allerdings nicht der Fall ist, wird die Prüfschleife (**14 – 33**) erneut ausgeführt. Dies bedeutet dann, dass Sie einen Knoten verändert haben, der selbst wieder Kinder hat und deshalb erneut geprüft werden muss, ob dort die Heap-Bedingung verletzt wurde. Wenn dies nicht der Fall ist, dann kehrt Heapify() zurück, sonst wird wiederum der Baum repariert und l wiederum erneut angepasst.

ErstelleMaxHeap() (Zeile **35 – 43**) geht nun sämtliche Array-Elemente in der linken Hälfte des zu sortierenden Arrays Z durch und wendet auf diese jeweils die Heapify()-Funktion an. Wenn Heapify() sämtliche Array-Elemente in der linken Hälfte von Z bearbeitet (und unter Umständen verändert) hat, ist Z anschließend ein Max-Heap.

Die Heapsort()-Funktion (Zeile **44 – 53**) macht nun zuerst einen Max-Heap aus Z (Zeile **47**) und geht anschließend in einer for-Schleife (**48 – 52**) den gesamten Array Z von hinten nach vorne durch (der Schleifenzähler ist hier i). Für jeden Index i wird pro Schleifendurchlauf immer genau ein Schritt des Heapsort-Algorithmus ausgeführt, der aus den folgenden zwei Teilschritten besteht: Zunächst wird das Element, das an der Position i steht, an die Wurzel geschrieben. Anschließend wird Heapify() auf der Wurzel aufgerufen, und zwar mit dem verbliebenen Teilarray von Z im Bereich [0,i]. Nach jedem Schleifendurchlauf wird i stets um 1 verringert, was dazu führt, dass das Element, das an Position i steht, aus dem Baum ausgehängt wird, nachdem es an seine endgültige Position geschrieben wurde.

Das Hauptprogramm (Zeile **54 – 75**) liest nun von der Konsole zwei Parameter ein, nämlich die Größe eines Arrays Z, das anschließend mit Zufallszahlen gefüllt wird, und eine Information darüber, ob Sie das sortierte Array am Ende in der Konsole ausgeben wollen. Wenn Sie an dieser Stelle „j" eingeben, werden am Ende sämtliche Elemente des sortierten Arrays in der Konsole ausgegeben. Das Programm misst stets die zum Sortieren benötigte Zeit und gibt diese am Ende in der Konsole aus.

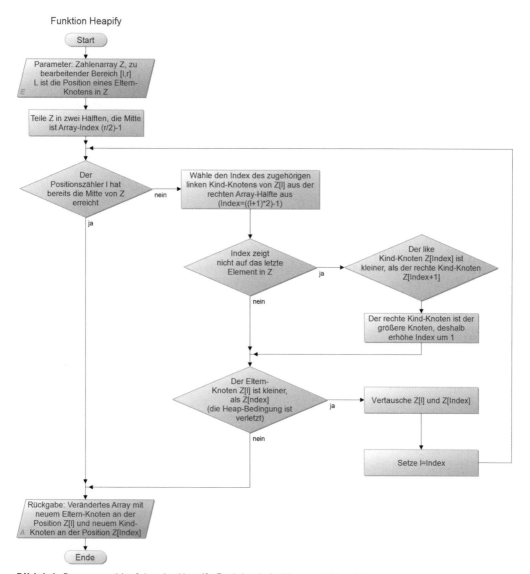

Bild 6.6 Programmablaufplan der Heapify-Funktion beim Heapsort-Algorithmus

Laufzeit von Heapsort

Die Komplexität von Heapsort ist O(nlog(n)) und damit etwa langsamer als Quicksort (rekursive Variante), der eine Komplexität von O(log(n)) hat. Heapsort ist aber trotzdem schnell genug, um z. B. auf Mikrocontrollern Echtzeitanwendungen zuzulassen. Da aber auch Mikrocontroller in Zukunft immer mehr Stack-Speicher haben, wird Heapsort wahrscheinlich in Zukunft obsolet werden.

6.2 Effiziente Suchalgorithmen

Sie kennen nun sehr effiziente Sortierverfahren, von denen das verbreitetste Verfahren sicherlich Quicksort ist, das von Java sogar von Haus aus angeboten wird. Auch im Fall von modernen C- und C++-Compilern ist dies mittlerweile so. Was das Sortieren von sogar großen Datenmengen angeht, sind Sie also nun gut gerüstet. Was Sie aber noch nicht können, ist das effiziente Suchen von Mustern in Texten. Die Betonung liegt hier auf *effizient*. Sie können zwar schon mit der naiven Methode, die Sie aus Kapitel 2 kennen, einen Text Zeichen für Zeichen nach einem Muster durchsuchen, aber dieser Algorithmus ist alles andere als schnell. An dieser Stelle stellt sich nun die Frage, ob Sie nicht auch die Mustersuche in Texten beschleunigen können.

Es gibt nun zwei Methoden, um die rein naive Mustersuche zu beschleunigen. Die einfachste Methode ist sicherlich die, mehr als einen Prozessorkern auf die Mustersuche anzusetzen. Dies geht auch sehr gut über die sogenannte Thread-Programmierung. *Thread-Programmierung* bedeutet, von einer bestimmten Funktion (z. B. einer Mustersuche) mehrere Instanzen, sogenannte Threads, zu erzeugen, die vom Prozessor parallel ausgeführt werden. Moderne Betriebssysteme verteilen dann die Last automatisch auf die einzelnen Prozessorkerne. Wenn Sie jedoch nur einen Prozessorkern haben, müssen Sie die rein naive Textsuche optimieren.

6.2.1 Der KMP-Algorithmus[5]

Die zweite Methode ist also, die Mustersuche selbst zu verbessern, indem Sie gewissermaßen die naive Mustersuche tunen. Ein Ansatz, der fast immer in irgendeiner Form im Studium vorkommt, ist der Algorithmus von Donald Ervin Knuth, James Hiram Morris und Vaughan Ronald Pratt, kurz „KMP-Algorithmus". KMP ist, wie die rein naive Textsuche auch, ein String-Matching-Algorithmus, also ein Algorithmus, der Zeichenketten bzw. Teile davon miteinander vergleicht. Die Laufzeit von KMP wächst damit linear mit der Länge des Suchmusters (das oft mit p abgekürzt wird) und der Länge des durchsuchten Textes (der oft mit S abgekürzt wird). Dies bedeutet nun Folgendes: Die Komplexitätsklasse der getunten Variante KMP ändert sich im Vergleich zur rein naiven Suche nicht und die Laufzeit ist in beiden Fällen O(n). Wenn Sie also auf eine Laufzeit von O(n*log n) kommen wollen, müssen Sie Ihre Mustersuche auf mehrere Threads aufteilen. Anders, als bei der Sortierung von Daten, kann also die Mustersuche nicht wirklich beschleunigt, sondern nur parallelisiert werden.

Kommen wir nun zur Arbeitsweise des KMP-Algorithmus, der die rein naive Mustersuche optimiert. Der naive Ansatz für die Mustersuche besteht, wie Sie aus Kapitel 2 schon wissen, darin, das angegebene Muster Zeichen für Zeichen mit einer Suchmaske abzugleichen. Als Beispiel nehme ich nun wieder folgenden Text aus Kapitel 2:

Ich bin ein einfacher Text. Suche bitte in mir nach einem Wort.

---

[5] Jürgen Wolf, Rene Krooß, C von A bis Z, 4. erweiterte Auflage, ISBN 978-3-8362-3973-8, S. 944 ff.

Es soll auch hier wieder das Wort „bitte" gesucht werden. Die naive Textsuche geht nun Ihren Text Zeichen für Zeichen durch, bis das erste Zeichen der Suchmaske gefunden wird. Dies ist das Zeichen **b** an der fünften Position im Text. Nun wird überprüft, ob den Zeichen **b** die gesamte Suchmaske folgt, was noch nicht der Fall ist. Also wird Zeichen für Zeichen weitergesucht und an der 35. Position werden Sie endlich fündig. Die Idee, die hinter dem KMP-Algorithmus steckt, sieht vor, die Mustersuche dadurch zu beschleunigen, dass die Suchmaske vorverarbeitet wird. Zunächst wird hierzu, wie bei der naiven Mustersuche auch, Zeichen für Zeichen in der Zeichenfolge **S** (**S** steht hier einfach für *string*) nach dem ersten Zeichen von **p** (**p** steht hier für *pattern*) gesucht. Danach wird dann geschaut, ob ab dieser Position das Muster **p** folgt, und wenn dies der Fall ist, beendet sich der KMP-Algorithmus, weil das gesuchte Wort gefunden wurde. In den meisten Informatik-Skripten, die eigentlich nur die Originalformulierung von Donald E. Knuth übernehmen, heißt es nun: „Folgt jedoch nicht die gesamte Suchmaske **p**, so wird die Suchmaske um die Differenz zwischen der Anzahl der übereinstimmenden Zeichen und der Länge des Rands des Präfixes nach rechts verschoben." Der letzte Satz ist dann leider auch der Satz, der bei den meisten Informatik-Studenten erst einmal für viel Verwirrung sorgt. Dabei ist das Vorgehen eigentlich ganz simpel: Es wird zusätzlich zu der Anzahl an übereinstimmenden Zeichen von **S** und **p** (in dem ersten Durchlauf in unserem Beispiel sind dies zwei Zeichen an Position 5 und 6 in **S**) auch getestet, an welcher Position in der gesamten Suchmaske **p** zusätzlich noch Zeichen mit **S** übereinstimmen. Dies ist in unserem Beispiel nicht der Fall und in dem Teil „bitte" und „bin e" (`S[4]-S[9]`) stimmen keine weiteren Teile von **p** mit **S** überein. D. h. dann, dass die Differenz zwischen der Länge der übereinstimmenden Zeichen in **p** (also zwei) und dem *Rande des Präfixes* (ebenfalls 2) 0 ist und deshalb die Suchmaske um ein Zeichen nach rechts verschoben wird (eine Verschiebung von 0 ist hier schlicht nicht erlaubt).

Sicherlich fragen Sie sich an dieser Stelle, was Sie nun gewonnen haben, wenn Sie doch nur die rein naive Textsuche etwas komplizierter programmieren und dadurch vielleicht sogar die Laufzeit erhöhen, anstatt sie zu reduzieren. Die Antwort ist, dass ohne zusätzliche Maßnahmen an dieser Stelle die Laufzeit in der Tat ansteigt und Sie dann nichts gewonnen haben. Folglich gliedert sich der KMP-Algorithmus auch in zwei Phasen, nämlich die sogenannte Präfix-Analyse und die eigentliche Mustersuche. Ihr Text **S** wird also zweimal durchlaufen. Beim ersten Durchlauf wird hierbei eine Tabelle (die sogenannte Präfix-Tabelle) angelegt. Im zweiten Durchlauf wird dann der eigentliche Algorithmus ausgeführt, der versucht, die Laufzeit zu reduzieren, indem wiederholte Vergleiche zwischen **S** und **p** vermieden werden. Erwarten Sie aber nicht zu viel von KMP. Die Laufzeit von KMP beträgt etwa ein Viertel der Laufzeit der rein naiven Textsuche, unter sehr günstigen Umständen etwa ein Zehntel. Dies haben dann die modernen Prozessoren im Laufe der Zeit mehr als wettgemacht.

Fügen wir nun die einzelnen Teile zu einem lauffähigen Programm zusammen. Zunächst müssen Sie ein Array erstellen, das ich an dieser Stelle **PTab** (Präfixtabelle) nenne. Die Größe der Tabelle in Zeilen entspricht der Länge der Suchmaske **p** in Zeichen. Sei nun **i** der Zeilenindex-Zähler im Array **PTab**. „Dann wird in `PTab[i]` die Länge des längsten Suffixes gespeichert, das auch ein Präfix von **i** ist." Auch dieser Original-Satz von Donald E. Knuth, der immer wieder in identischer Weise in den Informatik-Skripten auftaucht, erzeugt viel Verwirrung bei den Studenten und ich finde es auch hier schade, dass diese Verwirrung oft nicht aufgelöst wird. Dabei bedeutet der letzte schwammige Satz eigentlich nur, dass für jede teilweise Übereinstimmung von einzelnen Zeichen der Suchmaske **p** mit **S** ein separater Tabelleneintrag in **PTab** angelegt wird, bevor dann der eigentliche Suchalgorithmus ausgeführt wird. Richten wir nun die Tabelle **PTab** ein. Zunächst wird der erste Eintrag in **PTab** zu 0 gesetzt. Anschließend definieren Sie die zwei Variablen **i** und **j** und setzen i=0 und j=1. Anschließend definieren Sie eine Variable **n**, die die Länge des Suchmusters enthält. Sie müssen nun in einer while-Schleife für alle j<n überprüfen, ob p[i]==p[j] ist. Wenn dies der Fall ist, wiederholen sich einige Zeichen in der Suchmaske **p**. In diesem Fall wird dann PTab[j]=i+1 gesetzt und **i** und **j** um 1 erhöht. Wenn allerdings nicht p[i]==p[j] ist, dann müssen Sie PTab[j]=0 setzen und nur **j** um 1 erhöhen, weil sich dann zumindest bis zu Position p[j] keine Zeichen in Muster **p** wiederholen. Allerdings gilt die letzte Bedingung nicht für den ersten Eintrag in **PTab**, also nicht für **i**=0. **PTab** kann durch folgende C-Zeilen initialisiert werden:

```
while (j<n) // Positionszähler innerhalb von p ist j
{
    if (p[i]==p[j]) // gleiche Zeichen an verschiedenen Positionen innerhalb p
    {
        PTab[j]=i+1; // Anzahl der Übereinstimmungen innerhalb p bis zur Position j
        i++; j++; // i UND j erhöhen
    }
    else // ungleiche Zeichen innerhalb von p bis zur Position j
    {
        if (i!=0)
        {
            i=PTab[i-1]; // i aktualisieren
            // NUR j erhöhen
        }
        else
        {
            PTab[j]=0;
            j++;
        }
    }
}
```

Im zweiten Schritt beginnen Sie nun mit dem Abgleichen des Textes **S** mit der Suchmaske **p** ab dem ersten Zeichen von **S** und erweitern den überprüften Bereich von **S**, in dem **S** mit **p** übereinstimmt, bis Sie einen Bereich in **S** gefunden haben, in dem **p** vollständig enthalten ist. Immer, wenn Sie eine Nichtübereinstimmung zwischen **S** und **p** feststellen, lassen Sie den Algorithmus zum Tabellenindex PTab[i-1] zurückkehren oder aber zum Index PTab[0], wenn die Nichtübereinstimmung schon bei p[0] auftritt. Der Algorithmus endet, wenn die gesamte Zeichenfolge durchlaufen oder das gesamte Muster in p gefunden wurde. Sehen Sie sich nun Listing 6.6 an, das den KMP-Algorithmus als Programm umsetzt:

Listing 6.6 KMP.cpp

```
01  #include<stdio.h>
02  #include<stdlib.h>
03  #include<string.h>

04  void ErzeugePTab(char *p, long int *PTab, long int n) // n=Länge von Muster p
05  {
06      PTab[0]=0; // erster Eintrag ist immer 0
```

```
07      int i=0,j=1; // Init:i=0 und j=i+1=1 setzen
08      while (j<n) // gesamtes Muster p scannen
09      {
10          if (p[i]==p[j]) // Zeichen an der Position j stimmt mit Zeichen an der
Position i überein
11          {
12              PTab[j]=i+1; // PTab aktualisieren
13              i++; j++; // hier Zähler i UND j erhöhen
14          }
15          else // Zeichen an der Position j stimmt nicht mit Zeichen an der
Position i überein
16          {
17              if (i!=0) // PTab[0] ist immer 0
18              {
19                  i=PTab[i-1]; // Hier wird NUR i aktualisiert
20              }
21              else // Hier wiederholen sich bis zur Position j keine Zeichen in p
22              {
23                  PTab[j]=0;
24                  j++; // Hier wird NUR j aktualisiert
25              }
26          }
27      }
28  }

29  bool KMP(char *S, char *p, long int &i)
30  {
31      long int *PTab;
32      long int n=strlen(S); // Länge des Textes ist in n
33      long int m=strlen(p); // Länge des Musters ist in m
34      PTab=new long int(n);
35      ErzeugePTab(p,PTab,m); // Schritt 1: Präfixtabelle aufbauen
36      // Schritt 2: Mustersuche von p in S
37      //int i=0; // Suchindex in S
38      long int j=0; // Suchindex in p
39      bool gefunden=false; // Rückgabeparameter ist true, wenn p in S enthalten ist
40      while ((i<n)&&(gefunden==false)) // Bei i=n wurde der gesamte Text S
durchlaufen
41      {
42          if (S[i]==p[j]) // Teile von S stimmen mit p überein,
43          {
44              i++; j++; // in diesem Fall einfach i und j um 1 erhöhen
45          }
46          else // Hier stimmen S und p nicht mehr überein, nun schauen, ob ganz p
gefunden wurde
47          {
48              if (j!=0) // j!=0, d.h., p könnte gefunden worden sein
49              {
50                  j=PTab[j-1]; // Nun p in der Präfixtabelle nachschlagen
51              }
52              else // Hier stimmt schon S[i] und p[0] nicht überein,
53              {
54                  i++; // in diesem Falle nur i erhöhen, weil p in S nicht gefunden
wurde
55              }
56          }
57          if (j==m) // j ist auch die letzte Position in der Präfixtabelle->p wurde
gefunden
```

```
58              {
59                  gefunden=true; i-=m;
60              }
61          }
62          delete(PTab);
63          return gefunden;
64      }

65      int main(void)
66      {
67          char S[100];
68          char p[100];
69          long int i;
70          printf("Text:"); fflush(stdin); fgets(S,100,stdin);
71          S[strlen(S)-1]=0;
72          printf("Suche:"); fflush(stdin); fgets(p,100,stdin);
73          p[strlen(p)-1]=0;
74          if (KMP(S,p,i)==true)
75          {
76              printf("Das Wort '%s' wurde an Position %ld gefunden\n",p,i);
77          }
78          else
79          {
80              printf("Das Wort '%s' konnte nicht gefunden werden\n",p);
81          }
82          return 0;
83      }
```

Am besten, Sie sehen sich nun die Programmablaufpläne von ErzeugePTab() und des eigentlichen KMP-Algorithmus gut an, denn so werden Sie am meisten erkennen. Es ist in der Tat etwas schwierig, den KMP-Algorithmus in genaue Worte zu fassen.

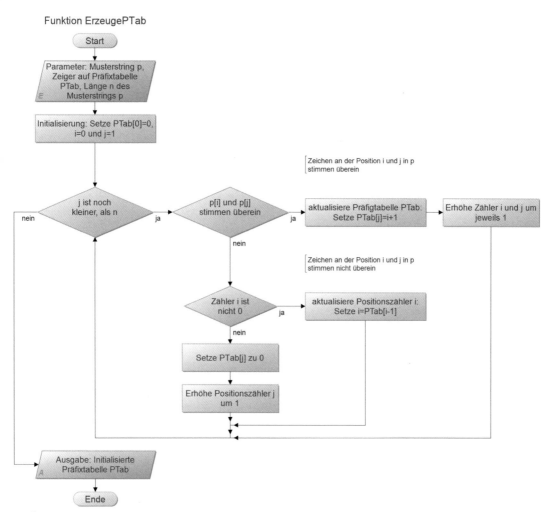

Bild 6.7 Programmablaufplan der Funktion ErzeugePTab()

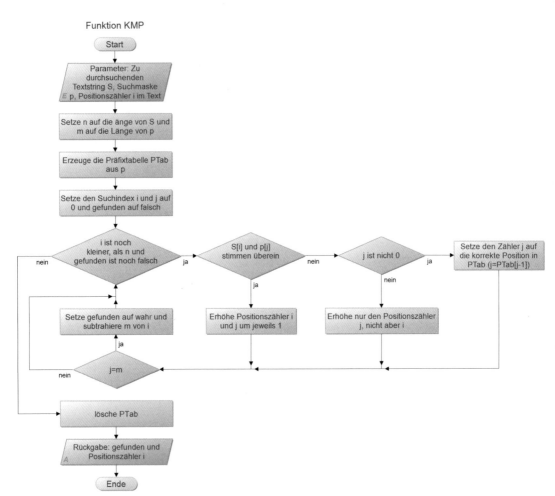

Bild 6.8 Programmablaufplan des KMP-Algorithmus

An den Programmablaufplänen können Sie schon sehen, dass der KMP-Algorithmus die naive Textsuche ziemlich verkompliziert. Das Herzstück ist dann auch nicht die Suche selbst, sondern die Präfixtabelle, die vor allem die Suche in großen Texten beschleunigen kann. Wenn Sie jedoch während der Mustersuche wirklich den gesamten Prozessor ausreizen wollen, dann benutzen Sie den Algorithmus, den ich Ihnen als Nächstes vorstellen möchte.

6.2.2 Threadsearch[6]

Der Begriff Threadsearch kommt aus dem Englischen und setzt sich aus den Begriffen *thread* und *search* zusammen. Was ein Thread ist, wurde ja schon angedeutet: Ein *Thread* ist ein Prozess (z. B. ein Programmteil, der eine Funktion ausführt), der parallel zu anderen Threads läuft und vom Betriebssystem auf die einzelnen Prozessorkerne verteilt wird. In welcher Weise dies genau geschieht, darauf haben Sie leider keinen Einfluss. Wenn Sie aber ein Betriebssystem besitzen, das mehrere Prozessorkerne unterstützt, dann können Sie davon ausgehen, dass sich Ihre Mustersuche durch den Threadsearch-Algorithmus merklich beschleunigt.

Hinweis: Verwendung älterer Windows-Versionen

Windows XP oder ältere Versionen unterstützen mehrere Prozessorkerne nur rudimentär oder auf moderneren Prozessoren, die Hyper-Threading verwenden, sogar gar nicht. Auch die Sicherheit Ihrer Multithreading-Programme ist auf Windows-Versionen vor Vista nicht mehr gegeben bzw. diese laufen nicht schneller als Single-Threading-Programme. Am besten ist es, wenn Sie für das nächste Beispiel Windows 7 oder höher verwenden.

Kommen wir nun zur Arbeitsweise von Threadsearch. Threadsearch ist relativ einfach gestrickt und optimiert die naive Textsuche erst einmal gar nicht. Im Gegenteil: Er verwendet genau diese. Mehr noch: Es wird versucht, die naive Textsuche mit möglichst wenigen Codezeilen umzusetzen und somit die Programmausführung und nicht die Suche selbst zu beschleunigen. Die Philosophie von Threadsearch ist also, dass die Mustersuche selbst auch durch komplexe Algorithmen nicht mehr wesentlich beschleunigt werden kann und man deshalb versuchen muss, diese möglichst schnell auf möglichst vielen Prozessorkernen auszuführen. Wir nehmen nun im weiteren Verlauf an, dass Sie acht Prozessorkerne besitzen und dass Sie deshalb Ihre Mustersuche in acht Threads aufteilen müssen, um die maximale Geschwindigkeit zu erzielen. Im einfachsten Fall teilt nun Threadsearch Ihren Text in acht möglichst gleich große Unterteile auf. Nehmen wir hierzu wieder den folgenden Text:

Ich bin ein einfacher Text. Suche bitte in mir nach einem Wort.

Der Text besitzt nun 62 Buchstaben, die Länge ist also nicht genau durch acht teilbar. Dies wird nun dadurch kompensiert, dass der letzte Thread nur sechs Zeichen durchsuchen muss, die anderen Threads acht. Nehmen wir nun Thread 1, der folgenden Text nach dem Muster p (in diesem Fall ist dies wieder das Wort „bitte") durchsuchen muss:

Ich bin (das Leerzeichen nach „bin" zählt hier mit)

Thread 1 startet nun die naive Textsuche und gelangt an die fünfte Position des Textes **T**, bei dem das erste Zeichen von **p** mit T[4] übereinstimmt. Auch bei T[5] ist dies noch so, aber schon beim siebten Zeichen von **T** (also T[6]) folgt kein Zeichen mehr, das in **p** enthalten ist. Deshalb muss Thread 1 an das Hauptprogramm melden, dass in seinem Suchbereich das Muster **p** nicht enthalten ist. Vielleicht haben aber die anderen Threads, die parallel

---

[6] *https://docs.microsoft.com/en-us/windows/win32/procthread/creating-threads*

zum ersten Thread laufen, mehr Glück? Sehen wir uns dazu an, welchen Teil des Textes die einzelnen Threads durchsuchen müssen:

Thread 1: Ich bin

Thread 2: ein einf

Thread 3: acher Te

Thread 4: xt. Such

Thread 5: e bitte

Thread 6: in mir n

Thread 7: ach eine

Thread 7: m Wort.

Thread 5 findet hier offensichtlich das vollständige Muster **p** in **T** und kann dies auch an das Hauptprogramm zurückmelden. Was ist aber, wenn zwei Threads zufällig jeweils nur einen Teil von **p** finden, weil **p** z. B. mehr als acht Zeichen besitzt oder **p** zwei Segmente überlagert? In diesem Fall wird in der Tat **p** nicht gefunden, obwohl es im Text vorhanden ist. Wir benötigen also eine zusätzliche Regel, die Folgendes besagt: Wenn ein Thread außerhalb seines Zuständigkeitsbereichs noch weitere Zeichen von **p** vermutet, wird die Suche erst abgebrochen, wenn eindeutig klar ist, dass **p** entweder vollständig gefunden wurde, oder aber nicht. Ein Thread kann also im Zweifelsfall seinen Zuständigkeitsbereich verlassen und es können durchaus auch zwei Threads zum gleichen Ergebnis kommen und **p** an einer bestimmten Position im Text finden.

Wie werden aber nun die notwendigen Threads erzeugt? Die Antwort ist, dass dies hier nicht wirklich durch ein allgemeines Verfahren dargestellt werden kann, weil das Verfahren zur Erzeugung von Threads vom Betriebssystem abhängt. So benutzten z. B. UNIX-Systeme POSIX-Threads, also ein standardisiertes Verfahren, um mehrere Instanzen einer Funktion parallel auszuführen. Leider können Sie mittlerweile ganze Bücher nur über POSIX-Threads schreiben und wie diese miteinander kommunizieren können. Deswegen verwende ich in diesem Beispiel die Standardvariante, die Windows 10 mit der Windows-API anbietet und die jeder einigermaßen moderne C++-Compiler unterstützt. Stellen Sie sich nun vor, dass Sie die naive Textsuche schon implementiert haben und dass die entsprechende Funktion einfach `Suchen()` heißt. Dann müssen Sie mit den folgenden Code-Zeilen einen Thread-Handle mit einem Zeiger auf die Startadresse dieser Funktion anlegen:

```
#include<Windows.h>
HANDLE hthread;
hthread=CreateThread(NULL,2048,(LPTHREAD_START_ROUTINE)Suche,&lpParam,NULL,NULL);
```

Der erste Parameter, den Sie `CreateThread()` in diesem Fall übergeben, ist NULL, denn der zu erzeugende Thread hat keine Sicherheitsattribute. Der zweite Parameter gibt die Stackgröße an, die der Thread benutzen darf. Der Standardwert ist 2048 (2 kB) und kann auch hier verwendet werden. Der dritte Parameter ist eigentlich ein Zeiger vom Typ `void*`, der auf Ihre Funktion zeigt, die parallel zum Hauptprogramm ausgeführt werden soll. Sie müssen hier der API allerdings mitteilen, dass Windows eine neue Startroutine für einen neuen Thread anlegen soll, deswegen das Typecasting von `void*` zu `LPTHREAD_START_ROUTINE`. Der vierte Parameter ist ein Zeiger vom Typ `void*` auf die Adresse eines Parameterblocks, den Sie der Suchfunktion übergeben können. Wenn der Zeiger `lpParam` NULL ist, übergeben

Sie der Funktion Suche() keine Parameter. Die restlichen Parameter von CreateThread() sind in diesem Beispiel NULL, weil Sie hier keine zusätzlichen Optionen benutzen müssen, wie z. B. die Option, die Ausführung bestimmter Codebereiche Ihrer Funktion nur für einen einzigen Thread zuzulassen.

Threadsearch muss jedoch die einzelnen Prozesse trotzdem irgendwie synchronisieren, denn sonst merkt das Hauptprogramm nicht, wenn die Suche schon abgeschlossen ist. Außerdem muss ja jeder Thread wissen, welchen Teil des Textes er durchsuchen soll. Zu diesem Zweck wird erst einmal der folgende Statusblock definiert, der jedem Thread zur Verfügung steht:

```
struct SuchStatus_t
{
    char *T; // Text (identisch für alle Threads)
    char *p; // zu suchendes Muster (identisch für alle Threads)
    long int TPos; // aktuelle Startposition des aktuellen Threads
    long int TLen; // Länge des Textes
    long int PLen; // Länge des Musters
    long int SLen; // Länge des zu durchsuchenden Bereichs
};
```

SuchStatus_t ist ein strukturierter Datentyp, der jeweils einen Zeiger auf den Text **T** und das Suchmuster **p** enthält. Außerdem enthält SuchStatus_t verschiedene Positionszähler, die sowohl die aktuelle Startposition als auch die Länge des Textes und des Musters enthalten. Die Länge **SLen** des zu durchsuchenden Bereichs kann sich hierbei auch bei Bedarf vergrößern, wenn z. B. außerhalb des zu durchsuchenden Bereichs noch weitere Zeichen von **p** vermutet werden. Um die Threads mit dem Hauptprogramm zu synchronisieren, werden die folgenden Hilfsvariablen angelegt:

```
long int SIG_Callback;
long int SIG_Ready;
bool SEM_Run;
```

Das Präfix SIG_ im Variablennamen bedeutet hierbei Signal, das Präfix SEM_ bedeutet Semaphore. Ein *Signal* signalisiert etwas, z. B. eine Rückmeldung eines Threads an das Hauptprogramm. Am Anfang hat SIG_Callback den Wert -1 und SIG_Ready den Wert 0. Wenn nun ein Thread das Muster **p** in **T** findet, dann verändert er den Wert der globalen Variable SIG_Callback so, dass dort die Position steht, an der **p** gefunden wurde. SIG_Ready wird dagegen nur dann um 1 erhöht, wenn ein Thread beendet wird. Wenn also SIG_Ready==8 ist (wir haben acht Threads) und SIG_Callback>=0 ist, dann wurde **p** in **T** gefunden. Nun müssen natürlich sämtliche Threads vorher initialisiert werden, bevor sie dann gleichzeitig starten können. Leider beginnt ein Thread sofort nach dem Aufruf von CreateThread() zu laufen, was dann dazu führt, dass Thread 1 schon beendet ist, noch bevor Thread 8 kreiert wurde. Es entsteht also eine Verzögerung bei der Erstellung eines Threads, weil das Betriebssystem im Hintergrund sehr viel Arbeit leisten muss. Damit sämtliche Threads auch zum gleichen Zeitpunkt starten, benötigen wir eine Semaphore. Eine *Semaphore* ist eine globale Variable, die einzelnen Threads den Zugriff auf einen bestimmten Programm- oder Speicherbereich entweder erlaubt oder verbietet. Meistens bedeutet hier der Wert true, dass der Zugriff erlaubt ist, und false, dass der Zugriff verboten ist. Im Fall von Threadsearch ist dies auch so. Sämtliche Threads überprüfen beim Start erst einmal

SEM_Run. Ist SEM_Run==false, tut ein Thread erst einmal nichts, sondern wartet nur darauf, dass SEM_Run=true wird. Wenn nun das Hauptprogramm SEM_Run auf true setzt, beginnen die Threads mit der eigentlichen Suche.

Listing 6.7 Threadsearch.cpp

```
01  #include<stdio.h> // für printf(), scanf()
02  #include<string.h> // für strlen()
03  #include<Windows.h> // für CreateThread()

04  long int SIG_Callback; // Callback signal (>=0, wenn p gefunden wurde)
05  long int SIG_Ready; // Anzahl der beendeten Threads
06  bool SEM_Run; // Semaphore:Sämtliche Threads warten, bis SEM_Run true ist

07  struct SuchStatus_t
08  {
09      char *T; // Text (identisch für alle Threads)
10      char *p; // zu suchendes Muster (identisch für alle Threads)
11      long int TPos; // aktuelle Textposition des aktuellen Threads
12      long int TLen; // Länge des Textes
13      long int PLen; // Länge des Musters
14      long int SLen; // Länge des zu durchsuchenden Bereichs
15  };

16  void Suche(void *lpParam) // Threads starten hier
17  {
18      while (SEM_Run==false) { } // immer erst auf Semaphore SEM_Run warten
19      long int i,j,k;
20      SuchStatus_t *Status=(SuchStatus_t*)(lpParam); // Parameter kopieren
21      i=Status->TPos; j=Status->TPos+Status->SLen; // i=Suchbereich start, j=Suchbereich Ende
22      k=0; // k=Anzahl identische Zeichen in T und p
23      while (i<j)
24      {
25          if (Status->T[i]==Status->p[k]) { k++; i++; } // Zeichen von T und p stimmen überein
26          else { k=0; i++; } // Zeichen von T und p stimmen nicht mehr überein
27          if ((k==Status->PLen)||(Status->T[i]==0)) { break; } // Schleife abbrechen, wenn Muster gefunden oder T zuende
28          if (j>Status->SLen) { j++; } // Suchbereich vergrößern, wenn noch Zeichen von p in T vermutet werden
29      }
30      if (k==Status->PLen) // hier wurde ganz p in T gefunden
31      {
32          if (SIG_Callback==-1) // Noch kein Callback? Dann Position aktualisieren
33          {
34              SIG_Callback=i-Status->PLen;
35          }
36          // SIG_Callback nur aktualisieren, wenn neue Position vor der alten Position in T liegt
37          if ((SIG_Callback!=-1)&&(SIG_Callback>=i-Status->PLen))
38          {
39              SIG_Callback=i-Status->PLen;
40          }
41      }
42      SIG_Ready++; // Thread fertig? Dann SIG_Ready erhöhen
43  }
```

```
44  int main (void)
45  {
46  char T[100]="Ich bin ein einfacher Text. Suche bitte in mir nach einem Wort";
47      char p[100];
48      int i;
49      HANDLE hthread;
50      SuchStatus_t Status[8];
51      SEM_Run=false; SIG_Callback=-1; SIG_Ready=0; // Am Anfang ist SEG_Run false
52      printf("Wort:"); scanf("%s",&p);
53      for (i=0; i<8; i++) // 8 Threads erzeugen
54      {
55          Status[i].TPos=8*i; Status[i].TLen=strlen(T);
56          Status[i].PLen=strlen(p); Status[i].SLen=8;
57          Status[i].T=T; Status[i].p=p;
58          hthread=CreateThread(NULL,2048,(LPTHREAD_START_ROUTINE)Suche,&Status[i],NULL,NULL);
59          if(hthread==0)
60          {
61              printf("Thread %d konnte nicht erstellt werden.\n,i");
62              getch(); exit(0);
63          }
64      }
65      SEM_Run=true; // erst nach Threaderzeugung SEM_Run auf true setzen
66      while (SIG_Ready!=8) { } // Auf Ende aller 8 Threads warten
67      if (SIG_Callback!=-1) { printf("Das Wort '%s' wurde an Position %ld im Text gefunden\n",p,SIG_Callback); }
68      else { printf("Das Wort '%s' wurde nicht gefunden\n",p); }
69      exit(0);
70  }
```

In Zeile **01 – 03** muss neben **stdio.h** und **string.h** auch **Windows.h** eingebunden werden. Wenn Sie Linux verwenden, dann müssen Sie die Funktion CreateThread() entsprechend durch die POSIX-Varianten ersetzen und statt **Windows.h process.h**, **pthread.h** und eventuell einige weitere Include-Dateien einbinden, die vom Compiler abhängen. Am besten lesen Sie in diesem Fall die Howtos Ihres Compilers. In Zeile **07 – 15** wird nun der strukturierte Datentyp SuchStaus_t definiert, den die einzelnen Threads zur Verwaltung Ihrer Textsuche benötigen. Kommen wir nun zur Funktion Suche() (Zeile **16–43**), die die eigentliche Arbeit leistet. Der Funktion Suche() wird nur ein einziger Parameter übergeben, nämlich **lpParam** vom Typ void*. Um den der Funktion Suche() übergebenen Parameterblock auszulesen, müssen Sie diesen in Zeile **20** in den Zeiger **Status** vom Typ SuchStatus_t* kopieren. Weil **lpParam** vom Typ void* ist, benötigen Sie an dieser Stelle explizites Typecasting. Bevor Suche() irgendetwas tut, wird in Zeile **18** aber vorerst eine Schleife ausgeführt, die so lange nichts tut, bis **SEM_Run** auf **true** gesetzt wird. Dies kann nur das Hauptprogramm leisten, das die Threads quasi freischalten muss.

Wenn SEM_Run==true ist, startet in Zeile **22** die eigentliche Suche. Zunächst benötigen Sie jedoch noch einige Variablen, die Positionszähler enthalten. Hierbei ist **i** der rechte Rand des zu durchsuchenden Bereichs, und **j** der linke Rand des zu durchsuchenden Bereichs in T. Der Zähler **k** zählt die Anzahl der bereits gefundenen Zeichen von **p**. Nach der Initialisierung der Zähler wird die naive Textsuche (Zeile **23 – 29**) gestartet. Die Suchschleife läuft so lange, bis i<j ist (der linke Positionszähler hat die Position des rechten Positionszähler erreicht), oder bis bestimmte Abbruchbedingungen auftreten. Bevor diese erfüllt sind, muss in Zeile **25** erst einmal überprüft werden, ob das aktuelle Zeichen in T[i] mit dem Zeichen

in `p[k]` übereinstimmt. Wenn dies der Fall ist, dann wird nicht nur der Positionszähler **i**, sondern auch der Positionszähler **k** erhöht, sodass dieser auf das nächste Zeichen in **p** zeigt. Wenn jedoch `T[i]` und `p[k]` nicht übereinstimmen, dann wird in Zeile **26** der Zähler **k** zurückgesetzt, und nur **i** um 1 erhöht. Die Suche wird beendet, wenn entweder der Zähler **k** am Ende von **p** angekommen ist (in diesem Fall wurde **p** gefunden), oder `T[i]` 0 ist, was bedeutet, dass das Ende von **T** erreicht wurde. Da die Funktion `Suche()` als Thread läuft, werden die Variablen `T[i]` und `p[k]` natürlich in den Datentyp `SuchStatus_t` eingebettet, was Sie bei dem Zugriff auf **p** und **T** dann auch beachten müssen.

Nach Abbruch der Suchschleife in Zeile **30** ist entweder `k==Status->PLen` (das Suchmuster **p** wurde gefunden), oder aber der Thread wird in Zeile **42** beendet, ohne dass **p** gefunden wurde. Wenn dann **p** gefunden wurde, Gibt es zwei Möglichkeiten. Die erste Möglichkeit ist, dass **SIG_Callback** noch -1 ist. In diesem Fall wird **SIG_Callback** in Zeile **34** einfach auf `i-Status->PLen` gesetzt, was bedeutet, dass **SIG_Callback** anschließend die Position enthält, ab der **p** in **T** auftritt (Position 0 ist hier das erste Zeichen in **T**). Die zweite Möglichkeit ist, dass **SIG_Callback** schon einen Wert enthält und ein anderer Thread schon **p** in **T** gefunden hat. In diesem Fall wird **SIG_Callback** nur dann aktualisiert, wenn die Position von **p** vor der Position liegt, die der vorige Thread dort abgelegt hat. Threadsearch sucht also stets nach dem ersten Auftreten von **p** in **T**.

Das Hauptprogramm liest nun mittels `scanf()` von der Tastatur ein zu suchendes Wort ein und erstellt anschließend in Zeile **53 – 64** acht Threads, die den Text **T** parallel nach dem Muster **p** durchsuchen. Hierbei tut das Hauptprogramm eigentlich nicht viel: Nachdem die Threads angelegt wurden und jeder Thread ein Achtel des Textes zum Durchsuchen übergeben bekommen hat, wird in Zeile **65 SIG_Run** auf `true` gesetzt. Anschließend wartet das Hauptprogramm darauf, dass sich alle Threads beenden und `SIG_Ready==8` ist. In Zeile **67** und **68** wird nun geprüft, ob **p** in **T** enthalten ist, und eine entsprechende Meldung ausgegeben. Das Suchmuster **p** ist nur dann in **T** enthalten, wenn `SIG_Callback>=0` ist. Das Programm gibt z. B. Folgendes in der Konsole aus:

Wort:Bitte

Das Wort 'Bitte' wurde nicht gefunden

Wort:Suche

Das Wort 'Suche' wurde an Position 28 im Text gefunden

Wort:suche

Das Wort 'suche' wurde nicht gefunden

Wort:bitte

Das Wort 'bitte' wurde an Position 34 im Text gefunden

Wort:Wort

Das Wort 'Wort' wurde an Position 58 im Text gefunden

In den letzten Kapiteln geht es nun um spezielle Themen, die nur manchmal im Studium vorkommen, und die Sie nicht unbedingt benötigen, wenn Sie die Prüfungen bestehen wollen. Trotzdem können die letzten Kapitel für Wahlpflichtfächer interessant sein. Am besten lesen Sie die letzten Kapitel genau dann, wenn Sie diese benötigen.

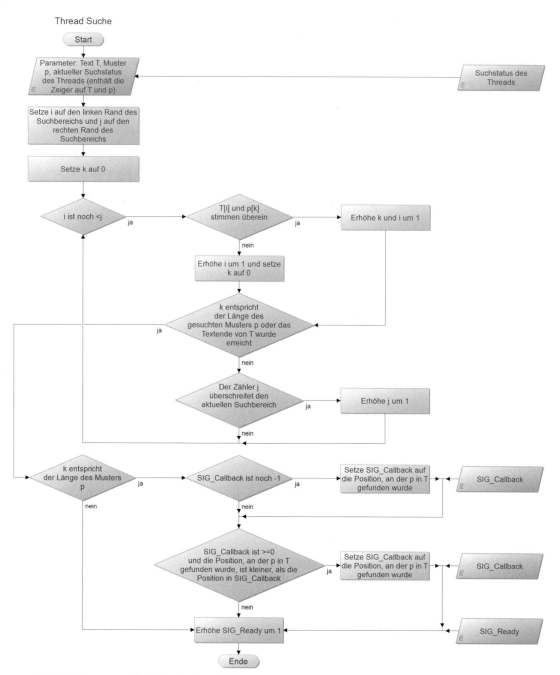

Bild 6.9 Programmablaufplan der Thread-Funktion Suche()

6.3 Übungen

Übung 1
Sowohl Mergesort als auch Quicksort sind rekursive Algorithmen, die nach dem Teile-und-herrsche-Prinzip funktionieren und Ihr Sortierproblem in mehrere Teilprobleme aufteilen. Warum ist Quicksort jedoch so viel schneller als Mergesort? Erklären Sie diesen Sachverhalt mit etwa 500 Worten.

Übung 2
Worin liegt der Unterschied zwischen einer rein naiven Textsuche und dem KMP-Algorithmus und welches Vorgehen macht diesen schneller als die rein naive Textsuche? Skizzieren Sie auch, worin die Grenzen liegen, die dem KMP-Algorithmus gesetzt sind.

Übung 3
Es wird manchmal gesagt, dass die Suche eines Musters **p** in einem Text **T** nicht wirklich beschleunigt werden kann. Erklären Sie mit 500 Worten, was diese Aussage genau bedeutet. Erläutern Sie auch, inwieweit die Textsuche durch mehrere Threads beschleunigt werden kann.

Teil III: Weiterführende Themen

- Kapitel 7: Signalverarbeitung
- Kapitel 8: Grafische Bildverarbeitung
- Kapitel 9: Simulation neuronaler Netze

7 Signalverarbeitung

Dieses Kapitel ist für das Informatikstudium nicht unbedingt notwendig, z. B. wenn Sie nur einen Bachelor-Abschluss anstreben. Wenn Sie jedoch Ihren Master machen wollen, dann kommen Sie nicht an der Belegung von Wahlpflichtfächern vorbei. Es gibt zahlreiche Wahlpflichtfächer und welche das sind, hängt zu einem großen Teil von Ihrer Uni oder Fachhochschule ab. Ich kann also bei weitem nicht alle Wahlpflichtfächer behandeln, davon gibt es schlicht zu viele. Ich habe mich deshalb entschieden, zwei Wahlpflichtfächer aus meinem eigenen Studium herauszunehmen, von denen ich selbst denke, dass diese zahlreiche wichtige Programmiermethoden und Denkansätze abdecken. Ich werde im weiteren Verlauf einige Algorithmen vorstellen, die in der Signalverarbeitung wichtig sind. Hierbei gibt es zwei wichtige Hauptbereiche, nämlich die Generierung von Signalen (Teil 1 dieses Kapitels) und die Filterung von Signalen (Teil 2 dieses Kapitels). Signalverarbeitung wird meiner Meinung nach immer wichtiger. Was wäre das Internet ohne die Möglichkeit, Signale schnell und sicher zu übertragen? Was wäre YouTube ohne die digitale Bild- und Videobearbeitung, ohne Programme wie Magix Video Deluxe, Adobe Premiere und Co? Ich habe mir an dieser Stelle alles gespart, was mit Netzwerkprogrammierung zu tun hat. Ebenfalls gespart habe ich mir alles, was mit 3D-Rendering und Videobearbeitung zu tun hat. Dies hat den einfachen Grund, dass es zu diesem Thema bereits sehr viel gute Literatur gibt, und das Angebot in diesem Bereich wächst stetig.

■ 7.1 Was ist ein Signal?

Bevor wir uns der Signalverarbeitung widmen, muss erst einmal geklärt werden, was ein Signal eigentlich ist. Dies ist deshalb notwendig, weil es hierfür eine exakte mathematisch-physikalische Definition gibt, die auch fast in jeder Prüfung abgefragt wird: ein *Signal* ist die Änderung einer bestimmten physikalischen Größe über die Zeit. Die Art dieser physikalischen Größe ist erst einmal unbestimmt und im Endeffekt ist erst einmal alles ein Signal, was sich messen lässt. Die Temperaturänderungen während des Februars sind also ebenso ein Signal, wie die Corona-Fallzahlen während einer Woche, die eine Änderung der Anzahl der neu infizierten Menschen über die Zeit darstellen. In den folgenden Beispielen will ich nun Signale rein technischer Natur betrachten, nämlich die Änderung einer Spannung über die Zeit. Diese Spannung kann dann gemessen werden. Man sagt auch, die Spannung wird irgendwo abgegriffen – d.h. dann, dass sich an der entsprechenden Stelle ein Messgerät befindet. Der Änderung der Spannung über die Zeit kann man dann eine entsprechende Funktion f(t) zuordnen, die in der folgenden Weise ausgedrückt wird:

$$f(t) = \frac{dU}{dt}$$

Das d in der oberen Funktion steht für die Ableitung, in diesem Fall der Ableitung der Spannung gegen die Zeit. Genau diese Ableitung der Spannung gegen die Zeit entspricht der Änderung der Spannung gegenüber einem früheren Zeitpunkt. Vielleicht erinnern Sie sich noch an Ihre Schulzeit, als in der 11. Klasse die Ableitungen eingeführt wurden. Bevor Sie die allgemeinen Ableitungsregeln kannten, mussten Sie den Differenzenquotienten per Hand berechnen. Dies taten Sie, indem Sie an eine bestimmte Stelle der Kurve eine Tangente anlegten und von dieser Tangente die Steigung berechneten. Genau dieser Differenzenquotient, also die Ableitung, ist die Änderung eines Funktionswerts gegenüber einem früheren Punkt auf der x-Achse. Wenn Sie nun die x-Achse durch die Zeitachse t ersetzen und die y-Achse U (Spannungsachse) nennen, verwandeln sich die Funktionen, die Sie noch aus Ihrer Schulzeit als f(x) kennen, in Signale. Diese heißen nun f(t) statt f(x). Aus der rein mathematischen Definition von Signalen ergibt sich leider das Problem, dass Funktionen unendlich viele Werte enthalten. Digitalisierte Signale sind aber *diskret*, d.h., dass sie nur aus endlich vielen, konkreten Werten bestehen. Dies liegt einfach daran, dass ein Messgerät nur endlich oft messen kann, selbst, wenn in einer Sekunde Millionen Messungen durchgeführt werden können. Jede Messung ist also nur eine Annäherung an die wahren Verhältnisse und Sie können eigentlich die Original-Funktion f(t), die die Natur uns liefert, niemals wirklich kennen. Ferner verändert jede Messung direkt das System, das Sie messen, deshalb gibt es immer eine Genauigkeitsgrenze, unterhalb der Sie nur noch Rauschen wahrnehmen. Bevor Sie also ein Signal erfassen, müssen Sie die folgenden grundlegenden Überlegungen durchführen:

- Von welcher Art ist das zu messende Signal? Ist es analog (kontinuierlich) oder digital (diskret)?
- Was ist die Art des verwendeten Messgeräts?
- Wo wird das Signal abgegriffen?
- Wie hoch ist der Verstärkungsfaktor des Signals?
- Wie hoch ist die Abtastrate?
- Wo liegt die Genauigkeitsgrenze?

7.1.1 Korrektes Messen von Signalen

Kommen wir nun zur Erklärung der oberen sechs Begriffe, die Sie stets bedenken müssen, bevor Sie ein Signal (in welcher Form auch immer) aufnehmen wollen. Der erste Punkt ist die Unterscheidung zwischen kontinuierlichen Signalen und diskreten Signalen. Eine Spannung ist im Endeffekt erst einmal kontinuierlich und nicht in einzelne Schritte „gequantelt". Sie können also eine konstante Spannung von 1 V in einem Abstand von zwei Sekunden oder in einem Abstand von 2 Millisekunden messen und Sie bekommen stets Messwerte von 1 V heraus. Ein *kontinuierliches* Signal lässt sich also nicht in kleinste Zeiteinheiten unterteilen. Bei einem diskreten Signal verhält sich die Sache anders. Ein *diskretes* Signal lässt sich stets in kleinste Zeitabschnitte unterteilen. Diskrete Signale werden meist von Computern erzeugt oder digital gemessen und besitzen auch meistens eine mehr oder weniger konstante Abtastrate. Der Begriff Abtastrate wird in den nächsten Unterpunkten separat beschrieben.

Verschiedene Arten von Messgeräten

Bevor Sie sich mit Signalen beschäftigen, müssen Sie sich zumindest grundlegend mit den verschiedenen Messgeräten auskennen, die es gibt. Dies gilt sowohl für den Fall, dass Sie Signale filtern wollen, als auch für den Fall, dass Sie Signale generieren wollen. Fast immer müssen Sie diese irgendwann einmal überprüfen. Die einfachste Art Messgerät ist sicherlich von analoger Form. Meistens lesen Sie hier z. B. eine Spannung direkt von einer Skala ab, die Sie dann per Hand in eine Tabelle übertragen müssen. Wenn Sie sich entscheiden, Messungen auf diese Art durchzuführen, hat dies den Vorteil, dass die Messung selbst nicht viel Aufwand erfordert und auch nicht viel Zeit in Anspruch nimmt. Sie sollten solche einfachen Messungen immer dann in Erwägung ziehen, wenn z. B. der Versuchsaufbau in einem Praktikum relativ überschaubar ist und Sie nicht viele Messwerte benötigen.

Digitale Messgeräte bieten meist schon mehr Komfort an. Sie können beispielsweise mit digitalen Multimetern inzwischen Messwerte auf eine SD-Karte übertragen. Der Anwendungsbereich gleicht aber noch sehr oft den analogen Geräten und die eigentliche Aufnahme der Messwerte muss per Hand ausgelöst werden. Wenn Sie sich entscheiden, Messungen auf diese einfachere Art durchzuführen, hat dies den Vorteil, dass die Messung selbst nicht viel Aufwand erfordert, wenn Sie sich gut mit dem entsprechenden Gerät auskennen. Sie sollten solche digitalen Multimeter immer dann in Erwägung ziehen, wenn z. B. der Versuchsaufbau in einem Praktikum relativ überschaubar ist und Sie sich mit den entsprechenden Geräten gut auskennen.

Gewissermaßen die Königsklasse unter den modernen Messgeräten sind die digitalen Oszilloskope. Mit diesen Geräten können Sie nicht nur mit verschiedenen Messköpfen verschiedene Signaltypen aufnehmen (z. B. Spannung, Stromstärke, Widerstand etc.), sondern Sie können diese Signale zusätzlich noch filtern, bearbeiten und mathematisch analysieren lassen. Modernen Oszilloskopen sind kaum Grenzen gesetzt, deshalb verwende ich in den Beispielen für verschiedene digitale Digitaltypen ein solches Gerät. Der große Nachteil von relativ guten Oszilloskopen ist jedoch die lange Einarbeitungszeit in die Bedienung und der hohe Preis von tausend Euro aufwärts. Wenn Sie sich entscheiden, Messungen mit einem Oszilloskop durchzuführen, sollten Sie oder Ihre Hochschule bereits ein solches besitzen und Sie sollten sich gut mit dem entsprechenden Gerät auskennen. Sie können ein Oszilloskop immer dann in Erwägung ziehen, wenn Sie sehr viele Messwerte in einer kurzen Zeit oder sehr genaue Messwerte benötigen.

Korrektes Abgreifen von Signalen

Signale haben eine Quelle (engl. source) und eine Senke (engl. drain bzw. destination). Die *Quelle* ist der Ort, an dem das Signal direkt entsteht. Die *Senke* ist der Ort, an den das Signal am Ende geführt wird, also gewissermaßen der Bestimmungsort für ein Signal. Sie können ein Signal an der Quelle, an der Senke oder irgendwo dazwischen abgreifen. Am besten ist es, wenn Sie ein Signal direkt an der Quelle abgreifen, denn dort ist es am wenigsten mit Einstreuungen belastet. Als *Einstreuung* in ein Signal wird jeder unerwünschte Einfluss von außen betrachtet, sei es durch ein unisoliertes Kabel oder durch das neben dem Messgerät liegende Handy. Manchmal ist es auch wünschenswert, ein Signal zusätzlich noch an der Senke abzugreifen. Auf diese Weise lässt sich ermitteln, in welcher Weise sich die Qualität des ausgesendeten Signals durch den Messaufbau oder bestimmte Geräte verschlechtert und um wie viel Prozent z. B. der Pegel des Ausgangssignals abnimmt. Ein wichtiges Maß hierfür ist der in dB (Dezibel) angegebene Dämpfungsfaktor oder der in Prozent angegebene Rauschanteil. Meistens können Sie jedoch ein Signal nicht direkt an der Quelle oder der Senke abgreifen und müssen Ihr Messgerät zwischen Quelle und Senke platzieren. Fast immer müssen Sie hierbei Kompromisse eingehen, Sie können aber trotzdem relativ gute Ergebnisse erzielen, wenn Sie folgende Punkte beachten:

- Platzieren Sie Ihr Messgerät nicht direkt hinter einem Verstärkerbaustein.
- Platzieren Sie Ihr Messgerät nicht direkt hinter der Spannungsquelle, es sei denn, Sie wollen genau diese analysieren.
- Isolieren Sie Kabel (wenn Sie dies tun müssen) immer nur so weit ab, wie dies nötig ist.
- Legen Sie keine Massekabel frei, wenn dies nicht nötig ist.
- Schalten Sie während der Messungen Ihr Handy, und wenn möglich, WLAN oder Bluetooth aus.

Der Verstärkungsfaktor

Manche Signale müssen verstärkt werden, bevor sie die Senke erreichen. Hierfür gibt es verschiedene Lösungen, wie z. B. Operationsverstärker oder andere elektronische Bauteile. Der *Verstärkungsfaktor* wird in dB (Dezibel) angegeben und drückt aus, um welchen Faktor ein Signalpegel angehoben wird. Ursprünglich wurde die Maßeinheit dB für den Schall konzipiert. Da das menschliche Ohr nicht linear hört, ist die dB-Skala entsprechend logarithmisch. Die untere Hörschwelle erhält hierbei einen Wert von 0,1 dB (= 1 Bel, ein Dezibel sind also 10 Bel) und entspricht in etwa einem leisen Flüstern. 1 dB entspricht nun einer Verstärkung um den Faktor 10, was etwa einem leisen Sprecher nahekommt. Ein lautes Streitgespräch, z. B. in einer Talkshow, entspricht in etwa 20 dB, ein lautes Konzert in etwa 100 dB. Die menschliche Schmerzgrenze liegt etwa bei 130 dB. Da sich die Maßeinheit dB inzwischen eingebürgert hat, wird auch der Verstärkungsgrad von Signalen in dB angegeben. Hier entspricht 1 dB keiner Verstärkung und einer 1:1-Übertragung des Signals. 0,1 dB entspricht einer Abschwächung um den Faktor 10, es kommt also bei 0,1 dB nur noch 10 % des Signalpegels beim Empfänger an. Die dB-Skala ist auch bei Signalen logarithmisch und 20 dB entspricht schon einem Verstärkungsfaktor von 100 und 30 dB einem Verstärkungsfaktor von 1000. Dies bedeutet: Wenn Sie einen Signalpegel von 1 mV in einen Operationsverstärker mit einem Verstärkungsfaktor von 30 dB hineingeben, erhalten Sie am Ende einen Signalpegel von 1 V. Am besten merken Sie sich hierzu folgende Tabelle:

Tabelle 7.1 dB-Skala für den Verstärkungsfaktor von Signalen

dB-Wert	Verstärkungs-/Dämpfungsgrad
0,1	Dämpfung 1:10 (10 mV wird zu 1 mV)
1	Keine Verstärkung, keine Dämpfung
10	Verstärkung 1:10 (1 mV wird zu 10 mV)
20	Verstärkung 1:100 (1 mV wird zu 100 mV)
30	Verstärkung 1:1000 (1 mV wird zu 1 V)

Die Abtastrate (sample rate)

Spannungen sind normalerweise kontinuierliche Signale und besitzen zu jedem denkbaren Zeitpunkt einen eindeutigen Wert. Es gibt also bei Spannungen keine Lücken, in denen einfach kein Wert existiert. Manchmal müssen Sie eine Kurve mit dem Verlauf einer Spannung aufnehmen und benötigen so bestimmte Messwerte zu bestimmten Zeitpunkten, am besten immer mit demselben zeitlichen Abstand. Auf diese Weise erzeugen Sie ein diskretes Signal, das sich mehr oder weniger dem Original-Sachverhalt annähert. Natürlich ist diese Annäherung umso genauer, je mehr Messwerte Sie in einer gewissen Zeit aufnehmen. Die *Abtastrate* (engl. sample rate), die in Abtastungen pro Sekunde (samples per second, kurz SPS) angegeben wird, ist das Standardmaß für die Geschwindigkeit der einzelnen Messungen. Bei einzelnen Übertragungspaketen, wie z. B. Videobildern, wird diese Rate in Paketen pro Sekunde (packets oder frames per second, kurz FPS) angegeben. Die Abtastrate sollte möglichst so gewählt werden, dass sie mindestens dem Doppelten der maximalen Schwingungsfrequenz des Ausgangssignals entspricht. Wenn Sie z. B. ein Audiosignal mit 11 025 Hz abtasten, können Sie Frequenzen bis etwa 5 kHz problemlos verarbeiten. Dies hört sich bei der anschließenden Wiedergabe noch relativ brauchbar an. Wenn Sie das Signal jedoch nur mit 5500 Hz abtasten, dann verschwinden alle Frequenzen über 2 kHz und die Wiedergabe hört sich dumpf an.

Die Genauigkeitsgrenze bei Messungen

Jede Messung beeinflusst durch die Messung selbst das Messergebnis. Dies ist ein physikalisches Gesetz, das nicht umgangen werden kann. Angenommen, Sie messen eine konstante Spannung von 0 V. Wenn Sie nun diese Null-Linie (engl. zeroline oder flatline) immer weiter verstärken, werden Sie auf dem entsprechenden Kanal irgendwann Rauschen feststellen, obwohl sich die Spannung nicht verändert. Der Zeitpunkt, an dem ein Rauschen der 0 V-Linie oder einzelne starke Sprünge (engl. peaks) zum ersten Mal auftreten, wird als *Rauschgrenze* (engl. hiss threshold) bezeichnet. Die Genauigkeitsgrenze Ihrer Messungen liegt etwa bei dem Punkt, an dem das Rauschen mehr als 10 Prozent des Signalanteils einnimmt. In diesem Fall kann kein Filter mehr das Originalsignal wiederherstellen. Ebenso werden Sie ungenaue Messergebnisse ohne viel Aussagekraft erhalten, wenn der relative Signalanteil zu klein ist. Den *relativen Signalanteil* erhalten Sie, wenn Sie den eigentlichen Messwert durch den maximalen Messwert dividieren, den Sie in Ihrem Messbereich erhalten können. Wenn Sie z. B. Spannungen im Millivolt-Bereich messen, aber auf Ihrem Oszilloskop einen Messbereich zwischen −10 und 10 V eingestellt haben, werden Sie am Ende der Messung (falls Sie die Möglichkeit haben, die Messkurve nachträglich zu skalieren) Rauschen oder zufällig verteilte Peaks sehen, die nichts mit dem Original-Signal zu tun haben. Dies liegt hier einfach daran, dass der relative Signalanteil nur etwa 0,1 % beträgt.

7.2 Generierung digitaler Signale

Ich werde nun einige Beispiele für einfache Signale anführen, sowie Algorithmen für deren Erstellung, die ich selbst im Laufe der Zeit entwickelt habe. Im Laufe der Zeit heißt hier im Endeffekt: über 30 Jahre, angefangen beim C64. Für die entsprechenden Programme, die diese Algorithmen realisieren, verwende ich C. Der Grund hierfür ist, dass ich für die nun folgenden Beispiele einen ESP32-Mikrocontroller verwende. Vorher muss ich jedoch noch einige Worte darüber verlieren, auf welche Weise Sie mit elektronischen Bauteilen Signale generieren können. Die Grundlage für das Generieren von Signalen mit elektronischen Bauteilen ist der Digital/Analog-Wandler. Meistens wird der Begriff „Digital/Analog-Wandler" mit DAC (digital analog converter) abgekürzt, deshalb will ich dies hier auch tun. Ein *DAC* wandelt einen digitalen Eingang (also einzelne Bits) in eine Spannung um. Der digitale Eingang kann seriell sein (die einzelnen Bits werden hier nacheinander über einen einzigen Pin übertragen) oder parallel (für jedes Bit wird jeweils ein separater Pin benutzt). Ein *Pin* ist ein elektrischer Anschluss, den Mikrocontroller dazu verwenden, mit der Außenwelt in Kontakt zu treten. Ein *Mikrocontroller* ist ein kleines, vollständiges Computersystem, bei dem Speicher, Prozessor und Kommunikationsmechanismen (z. B. über Ein-/Ausgabe-Pins) auf einem einzigen Chip integriert sind. Analoge Signale können also dadurch generiert werden, dass ein Mikrocontroller einen DAC-Baustein ansteuert und dieser dann die entsprechenden Spannungen ausgibt. In manchen Mikrocontrollern, wie z. B. dem ESP32, ist ein DAC bereits integriert. Ich verwende in diesem Kapitel ebenfalls den ESP32, weil er mittlerweile in vielen Studiengängen zum Einsatz kommt. Dies verdankt er vor allem seinem günstigen Preis von 10 Euro. Trotzdem können sich die technischen Daten sehen lassen: Der ESP32 besitzt einen Prozessor mit zwei Kernen und 166 MHz und sogar DAC-Ausgänge. Außerdem lässt sich der ESP32 in einfacher Weise in die inzwischen sehr beliebte Arduino-IDE integrieren – die alten Arduinos können also noch verwendet werden.

In den nun folgenden Beispielen verwende ich den DAC des ESP32, der 8-Bit-Werte in eine Spannung zwischen 0 und 3,3 V umwandelt. Dies können Sie mit der Funktion dacWrite() erreichen, die einen Wert im Bereich zwischen 0 und 255 entgegennimmt und diesen an einen der zwei DACs weiterreicht. Um Signale so zu generieren, dass diese bestimmte Zeitvorgaben einhalten, verwende ich ferner die Funktion micros(), die es sowohl für den Arduino als auch für den ESP32 gibt. Die Funktion micros() liefert die die Anzahl Mikrosekunden zurück, die Ihr Programm bereits läuft. Entsprechend gibt es auch eine entsprechende Funktion millis(), die die Anzahl an Millisekunden liefert, die Ihr Programm bereits läuft. Wenn Sie bereits einen Mikrocontroller, wie z. B. den Arduino Due besitzen, dann wird Ihr DAC etwas anders angesprochen als beim ESP32, nämlich mit der Funktion analogWrite(DAC0/DAC1,Wert). Beim ESP32 ist es dagegen die Funktion dacWrite(25/26,Wert), wobei der Wert 25 den ersten und der Wert 26 den zweiten DAC anspricht. In den nächsten Beispielen möchte ich es Ihnen so einfach machen, wie möglich, und deshalb auch den Arduino Due unterstützen. Darum stelle ich dem ESP32 folgende zusätzliche Funktion zur Verfügung:

```
#define DAC0 0
#define DAC1 1
void analogWrite(int DAC, int Wert)
{
```

```
    switch (DAC)
    {
        case 0: dacWrite(25,Wert); break;
        case 1: dacWrite(26,Wert); break;
        default; break;
    }
}
```

Nun funktioniert der ESP32 genau wie der Arduino Due und Sie können sogar Programme, die den DAC des Arduino Due benutzen, auf den ESP32 übertragen. Eine Einschränkung gibt es jedoch, nämlich die Auflösung der DACs, die auf dem ESP32 nur 8 Bits beträgt. Deshalb müssen Sie beim Arduino Due in den nächsten Beispielen die Auflösung des Wandlers mit `analogWriteResolution(8)` auf 8 Bit festlegen. Die Ausgabepins des DAC sind beim Arduino Due direkt mit DAC0 oder DAC1 beschriftet, beim ESP32 ist der Ausgabe-Pin von DAC0 Pin 25, von DAC1 Pin 26. In den nächsten Beispielen werden Wellenformen generiert, die Audiosignale enthalten. Wenn Sie die Ausgabe der Wellenformen hören möchten (was zu empfehlen ist), dann müssen Sie eine entsprechende Mono-Klinke oder ein Cinch-Kabel an die entsprechenden Pins anschließen. Das Massekabel schließen Sie in diesem Fall an GND an und das Signalkabel (rot oder weiß) an den entsprechenden Pin am Mikrocontroller. Die maximale Ausgabespannung von 3,3 V ist vollständig kompatibel mit dem Audio-Line-Pegel, die Null-Linie liegt hier bei 1,65 V. Obwohl – besonders beim Arduino – ein Offset von 0,5 V nach oben besteht und die Auflösung in den folgenden Beispielen nur 8 Bit beträgt, ist die Audio-Ausgabe relativ brauchbar. Ich werde Ihnen nun einige grundlegende Signaltypen vorstellen, zusammen mit Programmen, die diese Signaltypen generieren.

7.2.1 Das Rechtecksignal

Die einfachste Art Signal ist die Rechteckwelle. Diese wird durch folgenden Algorithmus erzeugt:

Sei U_{min} die minimale Spannung und U_{max} die maximale Spannung. Sei nun t das Zeitintervall $[t_0,t_2]$ und t_1 ein beliebiger Punkt innerhalb des Intervalls t. Dann gilt:

Für $t<=t_1$ ist die Ausgabespannung U_{max}

Für $t>t_1<=t_2$ ist die Ausgabespannung U_{min}

Das Zeitintervall $[t_0,t_2]$ wird nun beliebig oft wiederholt, also quasi hintereinandergeschaltet. Das Rechtecksignal springt so ständig zwischen U_{max} und U_{min} hin und her, Werte, die zwischen U_{min} und U_{max} liegen, sind nicht möglich. Durch Änderungen der Intervalllänge kann nun die Ausgabefrequenz der Wellenform geändert werden, eine Änderung des Zeitpunkts t_1 ändert die Breite des Signals. Eine *Wellenform* nennt man den Bereich, der innerhalb des sich ständig wiederholenden Intervalls $[t_0,t_2]$ liegt. Die Rate der Wiederholungen bezeichnet man als die Frequenz der Wellenform. Die *Frequenz* einer Wellenform ist also die Wiederholungsrate der Zyklen einer Wellenform und wird in Hertz (Hz) gemessen, also der Anzahl der Wiederholungen pro Sekunde. Beim Rechtecksignal wird zusätzlich zu der Frequenz noch die *Signalbreite* angegeben. Dies ist bei Rechteckwellen der Bereich zwischen t_0 und t_1, in dem die Spannung den maximalen Wert hat. Oft wird die Signalbreite bei Rechteckwellen auch in Prozent angegeben.

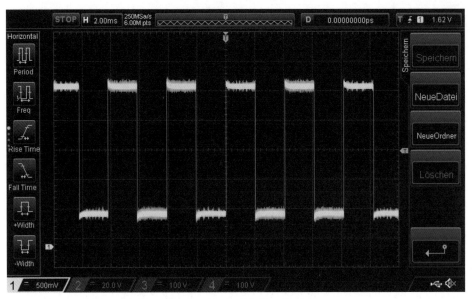

Bild 7.1 Oszillogramm eines Rechtecksignals mit 50% Signalbreite

Sehen Sie sich nun das nächste Beispiel an. Listing 7.1 gibt ein Rechtecksignal mit U_0=0 V, U_1=3,3 V, einer Frequenz von 110 Hz und einer Signalbreite von 50% aus. Die Signalbreite wird in der Variablen **SignalBreite** abgelegt. Ich habe übrigens die Funktion analogWriteResolution() für den ESP32 nicht jedes Mal erneut aufgelistet, wenn Sie also einen ESP32 verwenden, dann müssen Sie die entsprechenden Codezeilen an den Anfang Ihres Sketches kopieren. Wenn Sie sich dafür entscheiden, die Rechteckwelle als Audiosignal auszugeben, können Sie mit verschiedenen Frequenzen und Signalbreiten experimentieren. Hören Sie sich den Ton an und achten Sie darauf, was geschieht. Ich werde Ihnen nun Listing 7.1 beschreiben und anschließend einige Bemerkungen zu den Parametern Frequenz und **SignalBreite** hinzufügen.

Listing 7.1 Rechteck.ino

```
01  int Out; // DAC-Output ist vom Typ int
02  double T; // Uhr vom Typ double
03  unsigned long int n; // Skalierte Uhr
04  double F; // Frequenz
05  int SignalBreite;

06  void setup()
07  {
08      double F=110.0; // Frequenz=110 Hz
09      SignalBreite=2048; // Signalbreite 50%
10  }
11  void loop()
12  {
13      T=(double)(micros()); // Typ double
14      T*=F/244.140625; // 1.000.000/4096=244,140625 Hz
15      n=(unsigned long int)(T); n%=4096; // Zähler erzeugen
16      if (n<SignalBreite) { Out=255; } // Umax=255=3,3 V
```

```
17      else { Out=0; } // Umin=0=0 V
18      analogWrite(DAC0,Out); // Rechteck-Welle auf DAC0 ausgeben
19  }
```

Am Anfang werden einige globale Variablen deklariert, die für die Erzeugung der Rechteckwelle nötig sind. Die Funktion `setup()` (Zeile **06**-**10**) setzt nun **F** auf 110.0 und **Signalbreite** auf 2048. Die Funktion `setup()` wird stets nur einmal aufgerufen, die Funktion `loop()` immer wieder in einer Endlosschleife. Der Ausgabewert **Out** für den DAC ist vom Typ `int`. Als weitere Hilfsvariablen benötigen Sie einmal die Uhr **T** (die Zeit wird hier in Mikrosekunden gemessen) vom Typ `double` und einmal eine Uhr vom Typ `unsigned long int`. Die Frequenz des Ausgabesignals wird durch die Variable **F** festgelegt, die vom Typ `double` ist, die Signalbreite wird in der Variablen **SignalBreite** festgelegt, die vom Typ `int` ist.

Nun folgt in Zeile **11**–**19** die Endlosschleife, die das Rechtecksignal erzeugt. In Zeile **13** muss hierfür zunächst der Rückgabewert, den die Funktion `micros()` zurückgibt, in den Typ `double` konvertiert und in der Variablen **T** abgelegt werden. Wenn Sie nämlich 1 000 000 Zyklen zugrunde legen, die die Computeruhr in der Sekunde generiert, geben Sie bei einer Intervallbreite von 4096 Mikrosekunden ein Signal mit einer Frequenz von 1 000 000/4096=244 140 625 Hz aus. Ihre tatsächlich gewünschte Frequenz **F** müssen Sie nun durch diesen krummen Wert teilen, um den Faktor zu erhalten, mit dem Sie **T** anschließend multiplizieren müssen. Auf diese Weise erhalten Sie die entsprechenden Anweisungen in Zeile **14**. Im Endeffekt haben Sie in Zeile **14** eine neue Uhr generiert, die langsamer läuft als die ursprüngliche Uhr im Mikrocontroller, und zwar so langsam, dass die Ausgabefrequenz Ihrer gewünschten Frequenz von 110 Hz entspricht. Leider sind mit Variablen vom Typ `double` keine Modulo-Operationen möglich, deshalb muss die Variable **T** in Zeile **15** mittels Typecasting in den Zähler **n** vom Typ `unsigned long int` kopiert werden. Die Modulo-Operation n%=4096 erzeugt nun erst einmal einen aufsteigenden Zähler, der ab dem Wert 4096 wieder auf 0 umschlägt. Mit diesem Zähler wird nun in den Zeilen **16**-**18** das Rechtecksignal ausgegeben. Der Wert der Variablen **SignalBreite** bestimmt hierbei den Zeitpunkt, ab dem die Ausgabespannung von 3,3 V (DAC-Wert 255) auf 0 V (DAC-Wert 0) abfällt. Die Intervallbreite von 4096 Mikrosekunden ist übrigens rein willkürlich gewählt, ich hätte auch 1000 oder 10000 wählen können. Ich habe aber durch Messungen herausgefunden, dass sich die ausgegebenen Töne bei einem Wert von 4096 am besten anhören.

Wenn Sie nun das Rechtecksignal im letzten Beispiel als Audiosignal ausgegeben und genau hingehört haben, werden Sie festgestellt haben, dass sich mit steigender Frequenz auch die Tonhöhe verändert. Eine höhere Ausgabefrequenz hat einen höheren Ton zur Folge. Dagegen ändert eine andere Signalbreite die Tonhöhe nicht, allerdings hört sich bei einer geringen Signalbreite von unter 25 % der Ton eher dünn an, bei einer Signalbreite von über 75 Prozent dagegen eher voluminös. Selbstverständlich nehmen Sie bei einer Breite von 0 oder 100 Prozent keinen Ton mehr wahr.

Hinweis: Keine Signaländerung, kein Ton

Hörbare Töne besitzen stets eine Änderung des Signalpegels über die Zeit, andernfalls hört das menschliche Ohr nichts. Als *Amplitude* A wird allgemein der Unterschied zwischen dem maximalen und minimalen Pegel bezeichnet,

> den ein Signal haben kann (also A = $U_{max} - U_{min}$). Wenn die Amplitude 0 V beträgt und sich der Signalpegel über die Zeit nicht ändert, hören Sie also nichts. Ebenso kann der Mensch Frequenzen unter 15 Hz und Frequenzen über 15 000 Hz nicht mehr wahrnehmen. Mit zunehmendem Alter verändern sich diese Werte und die obere Grenze verschiebt sich nach unten, während sich die untere Grenze nach oben verschiebt.

Das Verhältnis zwischen Frequenz und Tonhöhe ist allerdings nicht linear, sondern exponentiell: Mit der doppelten Frequenz gelangen Sie stets eine Oktave höher. Allerdings hören Sie, wenn Sie z.B. die Noten einer Oktave auf dem Klavier spielen, immer den gleichen Abstand zwischen den einzelnen Noten. Die letzte Aussage stimmt aber nicht so ganz, weshalb zwischen den Noten E und F sowie zwischen den Noten H und C nur Halbtonschritte liegen. Die daraus folgende Einteilung einer Oktave in zwölf Halbtonschritte (statt 14) erscheint den meisten Hörern als relativ ausgeglichen. Kommen wir nun zu der Abbildung von Noten auf Frequenzen. Nehmen wir hierzu den Kammerton A4, der 440 Hz entspricht. Auf dem Klavier teilen Sie nun die 440 Hz durch 16 und erhalten 27,5 Hz. Dieser Ton (A0) ist der tiefste Ton, den Sie auf dem Klavier spielen können. Die Abbildung von Noten auf Frequenzen folgt dann der folgenden Formel:

$$F(x) = 27{,}5 * 2^{\frac{x}{12}}$$

F ist hier die Frequenz, die Sie für einen bestimmten Ton benutzen müssen, und x ist die Anzahl der Halbtonschritte, die Sie ab dem Ton A0 hinzuzählen müssen, um Ihren gewünschten Ton zu erhalten. Nehmen Sie nun den Ton C3. Um den Ton C3 zu erhalten, müssen Sie 39 Halbtonschritte zum Ton A0 hinzuzählen. Die Frequenz, die Sie für den Ton C3 verwenden müssen, beträgt hiermit:

$$F(x) = 27{,}5 * 2^{\frac{39}{12}} = 261{,}62 \text{ Hz}$$

7.2.2 Das Sägezahnsignal

Das Sägezahnsignal wird durch einen sehr einfachen Algorithmus generiert. Die Grundlage ist hier ein Zähler, der Zahlen in einer aufsteigenden Reihenfolge erzeugt. Sei nun n der aktuelle Zählerstand. Der Zähler beginnt bei $n=n_0$ und endet bei $n=n_{max}$. Ist $n>n_{max}$, so schlägt der Zähler wieder auf n_0 um. Es soll nun $n_0=0$ und $n_{max}=255$ sein und der aktuelle Zählerwert soll direkt an einen 8-Bit-DAC weitergereicht werden. In diesem Fall genügen die folgenden einfachen C-Anweisungen, um eine Sägezahnwelle an DAC0 auszugeben:

```
int n; // globaler Zähler
void loop()
{
    n++;
    analogWrite(DAC0,n%256); // Die Modulo-Funktion erzeugt die Sägezahn-Welle
}
```

Die Sägezahnwelle wird hier also einfach durch eine Modulo-Operation erzeugt, die gewährleistet, dass der Zähler stets nur Werte zwischen 0 und 255 enthält und bei 256 wieder auf 0 umschlägt. Wie in Listing 7.1 auch, ist natürlich die Frequenz, mit der die Sägezahn-Wellenform ausgegeben wird, von der Geschwindigkeit des Mikrocontrollers abhängig. Deshalb ist es auch hier wieder besser, die Uhr zu benutzen und statt n++ die Anzahl der bereits vergangenen Mikrosekunden zu verwenden:

```
unsigned long int n;
void loop()
{
    n=micros();
    analogWrite(DAC0,n%256);
}
```

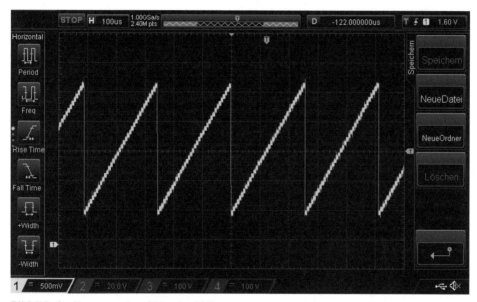

Bild 7.2 Oszillogramm einer Sägezahn-Welle

Leider haben Sie nun den Nachteil, dass die ausgegebene Frequenz 1 000 000/256 = 3906,25 Hz beträgt. Sie benötigen also einen Korrekturfaktor, der Sie einen erträglichen Ton hören lässt. Dieser Korrekturfaktor ist 16 und diesen habe ich im nächsten Beispiel einfach dadurch erzeugt, dass ich n%4096 verwendet, bei der Ausgabe diesen Wert jedoch um 4 Bits nach unten verschoben habe:

```
unsigned long int n;
void loop()
{
    n=micros()%4096;
    analogWrite(DAC0,n>>4);
}
```

Die Breite der Wellenform ist also auch hier wieder 4096 Mikrosekunden. Auf diese Weise erhalten Sie ein Signal mit einer Frequenz von etwa 244 Hz, und dies entspricht, wenn Sie dieses als Audiosignal ausgeben, ungefähr dem Ton H2. Es folgt nun Listing 7.2, das eine Sägezahnwelle mit einer Frequenz von 110 Hz (Ton A2) ausgibt.

Listing 7.2 Saegezahn.ino

```
01  unsigned long int n; // Zähler
02  double F; // Frequenz
03  double T; // Skalierte Uhr

04  void setup()
05  {
06      F=110.0;
07  }

08  void loop()
09  {
10      T=(double)(micros()); // Uhr in den Typ double umwandeln
11      T*=F/244.140625; // 1.000.000/4096=244,140625 Hz
12      n=(unsigned long int)(T); n%=4096; // Zähler erzeugen
13      analogWrite(DAC0,n>>4); // Sägezahn-Welle auf dem DAC ausgeben
14  }
```

Listing 7.2 gleicht stark Listing 7.1. Auch in Listing 7.2 muss (in diesem Fall in den Zeilen **10** und **11**) der Rückgabewert der Funktion `micros()` zunächst in den Typ `double` umgewandelt und anschließend mit dem Faktor `F/244.140625` skaliert werden. In Zeile **12** wird anschließend die langsamere Uhr, die in der Variablen **T** steht, in einen Wert vom Typ `unsigned long int` umgewandelt und anschließend Modulo 4096 genommen. Für die Ausgabe des Sägezahn-Signals benötigen Sie allerdings nur den um 4 Bits nach rechts verschobenen Zählerwert **n** und keine zusätzliche `if`-Abfrage.

Big Endian vs. Little Endian

Die Beispiele in diesem Buch sind für Little-Endian-Prozessoren geschrieben, bei denen das niederwertigste Bit (least significant bit=LSB) auch an der niedrigsten Speicheradresse steht. Deshalb entspricht hier eine Verschiebung um ein Bit nach rechts einer Division durch 2. Wenn Sie einen Big-Endian-Mikrocontroller (z. B. der Firma Motorola) verwenden, bei dem sich die Sache umgekehrt verhält, müssen Sie die Bit-Schiebe-Operationen entsprechend anpassen.

7.2.3 Das Dreiecksignal

Das Oszillogramm eines Dreiecksignals hat – wie der Name schon sagt – die Form eines Dreiecks. D. h., am Anfang steigt die Spannung ab dem Punkt U_{min} linear auf U_{max} an, um dann anschließend wieder linear auf U_{min} abzufallen. Das Dreiecksignal wird im einfachsten Fall, wie auch das Sägezahnsignal, durch einen Zähler generiert, der Zahlen in einer aufsteigenden Reihenfolge erzeugt. Nur werden hier die Bits des Zählers ab einem gewissen Punkt invertiert und das oberste Bit ist stets 0. Durch diesen Trick entsteht zuerst eine aufsteigende und anschließend eine absteigende Zahlenfolge. Sei nun wiederum n der aktuelle Zählerstand. Der Zähler beginnt bei $n=n_0$ und endet bei $n = n_{max}$. In dem nächsten Beispiel wähle ich wieder $n_0 = 0$ und $n_{max} = 4095$, damit die Ausgabefrequenz, falls Sie das Dreiecksignal wieder als Audio-Ausgang benutzen, in einem erträglichen Bereich bleibt. Als Umschlagspunkt wähle ich im nächsten Beispiel den Zählerwert 2048. Die Ausgabe der Sägezahn-Welle wird also wie folgt abgewandelt:

```
unsigned long int n;
void loop()
{
    n=micros()%4096; // Ausgangszähler zählt bis 4095
    if (n>=2048) { n=~n; n&=0x7ff; } // Ab 2048 n=~n&0x7ff setzen;
    analogWrite(DAC0,n>>3); // Dreieckwelle korrekt an den DAC weitergeben
}
```

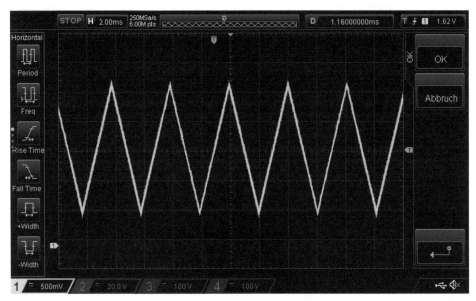

Bild 7.3 Oszillogramm einer Dreieck-Wellenform

Die Dreieckwelle wird also einfach durch eine Modulo-Operation erzeugt, die gewährleistet, dass der Zähler **n** stets nur Werte zwischen 0 und 4095 enthält und bei 4096 wieder auf 0 umschlägt. Aus dem zweiten Kapitel wissen Sie vielleicht noch, wie negative Zahlen dargestellt werden, nämlich durch das Invertieren von Bits. Wenn Sie also die Bits des 12-Bit-Werts 2048 (0 x 800) invertieren, erhalten Sie den Wert 2047 (= 0 x 7ff). Dies entspricht übertragen auf 12-Bit-Werte eigentlich der Zahl −1 und 2049 entspricht dann der Zahl −2. Genau deswegen erhalten Sie ab dem Zählerstand 2048 wieder eine absteigende Zahlenfolge, wenn Sie **n** invertieren und das zwölfte Bit ausmaskieren. Die Tatsache, dass der Wert 2047 hierdurch zweimal hintereinander vorkommt, kann das menschliche Ohr nicht wahrnehmen. Auch in diesem Beispiel erhalten Sie nun ein Signal mit einer Frequenz von etwa 244 Hz und dies entspricht, wenn Sie dieses als Audiosignal ausgeben, ungefähr dem Ton H2. Es folgt nun Listing 7.3, das eine Dreieckwelle mit einer Frequenz von 110 Hz (Ton A2) ausgibt.

Listing 7.3 Dreieck.ino

```
01  unsigned long int n; // Zähler
02  double F; // Frequenz
03  double T; // Skalierte Uhr

04  void setup()
05  {
06      F=110.0;
07  }

08  void loop()
09  {
10      T=(double)(micros()); // Uhr in den Typ double umwandeln
11      T*=F/244.140625; // 1.000.000/4096=244,140625 Hz
12      n=(unsigned long int)(T); n%=4096; // Zähler erzeugen
13      if (n>=2048) { n=~n; n&=0x7ff; } // Ab 2048 n=~n&0x7ff setzen;
14      analogWrite(DAC0,n>>3); // Dreieckwelle auf dem DAC ausgeben
15  }
```

Listing 7.3 ähnelt stark Listing 7.2. In den Zeilen **10** und **11** wird wieder der Rückgabewert der Funktion `micros()` in einen Wert von Typ `double` umgewandelt, der anschließend so skaliert wird, dass die Ausgabegeschwindigkeit des Dreiecksignals einer Frequenz von 110 Hz entspricht. Das Dreiecksignal wird dann in den Zeilen **12** und **13** auf die vorher besprochene Weise erzeugt: Ab einem Zählerwert **n**, der 2047 übersteigt, werden sämtliche Bits invertiert und Bit 11 wird zu 0 gesetzt. Da n_{max} nicht 4095, sondern nur 2047 ist, wird der Zählerwert **n** nicht um 4 Bits, sondern nur um 3 Bits verschoben an den DAC weitergereicht. Wenn Sie das Dreiecksignal auch hier als Audiosignal ausgeben, werden Sie vielleicht bemerken, dass Sie den Lautstärkeregler im Vergleich zu dem Sägezahnsignal auf die doppelte Lautstärke anheben müssen. Dies ist normal und ein Dreiecksignal klingt auch viel weicher und harmonischer als ein Sägezahnsignal, das eben wirklich etwas von einer Säge hat.

7.2.4 Das weiße Rauschen

Manchmal müssen Sie Rauschsignale bewusst erzeugen, um z. B. die Qualität eines Filteralgorithmus zu testen. In diesem Fall wird einem Testsignal ein Rauschanteil beigemischt und anschließend wird der entsprechende Filteralgorithmus mit diesem verunreinigten Signal getestet. Rauschen wird durch einen sehr einfachen Algorithmus erzeugt. Rauschen können Sie nämlich einfach dadurch erzeugen, dass Sie Zufallszahlen an einen DAC weiterreichen. Welchen Zufallszahlengenerator Sie hierbei verwenden, ist nicht so wichtig, wenn dieser nur Zahlen erzeugt, die nicht nach einem bestimmten statistischen Verfahren (z. B. der Normalverteilung) verteilt sind. Die Erzeugung von Rauschen können Sie z. B. durch folgende C-Zeilen realisieren:

```
unsigned long int i;
void loop()
{
    n=micros(); srand(n); // Zufallsgenerator mit Wert der Uhr initialisieren
    WriteDAC(rand()%256);
}
```

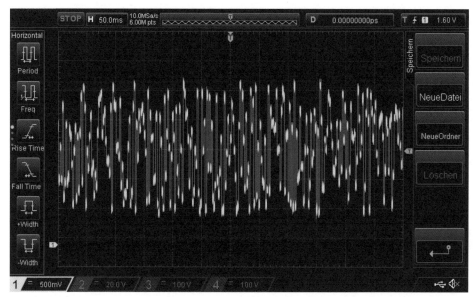

Bild 7.4 Oszillogramm eines Rauschsignals (Signalquelle: MOS SID 6580, Ad. 54272 = 160, Ad. 54273 = 7)

Leider ist in dem letzten Beispiel die Frequenz des Rauschens (falls Sie auch hier die Wellenform wieder als Audiosignal ausgeben wollen) für das menschliche Ohr zu hoch, da hier eine Million Zufallswerte in der Sekunde erzeugt werden. Natürlich können Sie jetzt wieder einen Korrekturfaktor verwenden, z. B. indem Sie den Zähler **n** durch 4096 dividieren. Leider funktioniert dies nicht wie erwartet. Probieren Sie es ruhig aus und ersetzen Sie die vierte Zeile durch n=micros()/4096;   srand(n). Anstatt eine Frequenz von 1 000 000/4096 = 244,14 Hz zu hören, hören Sie einen relativ tiefen, dumpfen Ton. Anscheinend gibt es genau bei der im Endeffekt einfachsten Signalform ein Problem.

Wo genau steckt hier der Fehler? Das Problem in dem letzten Beispiel ist, dass nicht beachtet wird, dass das menschliche Ohr relativ träge ist und schnelle, zufällige Änderungen in der Lautstärke einfach nicht verarbeiten kann. Deshalb werden beim Rauschen quasi mehrere Schwingungen zu einer einzigen Schwingung zusammengefasst und die Frequenz dieses Tons wird dann sehr stark verschoben wahrgenommen. Deshalb ist es nötig, das Rauschen in ein Rechtecksignal einzubetten, damit die gehörte Frequenz auch der entspricht, die Sie von anderen Tönen erwarten würden. Natürlich besitzt ein Rauschsignal nicht wirklich eine einheitliche Frequenz (es werden hier ja unregelmäßige Zufallswerte verwendet), man kann aber die gehörte Frequenz so angleichen, dass diese in etwa der wirklichen Frequenz einer Rechteckwelle entspricht. Vielleicht sind die letzten Sätze für Sie etwas schwer zu verdauen, aber diese wegzulassen, würde an dieser Stelle eine Lücke hinterlassen.

Hinweis: Tatsächliche Frequenz vs. wahrgenommene Frequenz

Um Töne einzuordnen, benötigt das menschliche Gehirn immer Vergleiche mit anderen Tönen oder aber regelmäßige Wellenmuster. Gibt es diese Vergleiche nicht, z. B. bei Wellenformen wie dem Rauschen, entspricht die wahrgenommene Frequenz nicht den tatsächlichen Verhältnissen. Ebenso verhält es sich mit bekannten Musikstücken. Wenn z. B. *Für Elise* einen halben Ton nach oben versetzt gespielt wird, werden besonders die Hörer, die das Musikstück gut kennen, keinen Unterschied zum Original feststellen. Das Gehirn gleicht die Verschiebung quasi aus. Es ist in der Tat viel Training notwendig, um eine solche Täuschung dennoch zu bemerken.

Kommen wir nun zu Listing 7.4, das ein Rauchsignal mit einer wahrgenommenen Frequenz von 110 Hz (Ton A2) ausgibt.

Listing 7.4 Rauschen.ino

```
01 int V1=0,V2=0,Out=0; // Output
02 unsigned long int n; // Zähler
03 double F=110.0; // Frequenz
04 double T; // Skalierte Uhr
05 void setup()
06 {
07     F=110.0;
08 }

09 void loop()
10 {
11     T=(double)(micros()); // Uhr in den Typ double umwandeln
12     T*=F/244.140625; T*=8.0; // Faktor 8.0 ist 1.000.000/4096 Hz
13     n=(unsigned long int)(T); n%=4096; // Zähler erzeugen
14     if (n<2048) { Out=V1; V2=rand()%256; }
15     else { Out=V2; V1=rand()%256; }
16     analogWrite(DAC0,Out); // Rauschen auf dem DAC ausgeben
17 }
```

In Listing 7.4 wird ein Rauschsignal so in ein Rechtecksignal eingebettet, dass die wahrgenommene Frequenz des Rauschsignals 110 Hz entspricht. Deshalb entspricht die Skalierung des Rückgabewerts der Funktion `micros()` bis auf einen Korrekturfaktor dem Verfahren aus Listing 7.1. Auch in Listing 7.4 wird ein Zähler **n** erzeugt, der eine aufsteigende Zahlenfolge ausgibt und ab dem Wert 4096 auf 0 umschlägt. Anstatt jedoch ein Rechtecksignal mit einer konstanten maximalen Ausgabespannung zu erzeugen, werden zwei Zufallswerte verwendet, die in den globalen Variablen **V1** und **V2** stehen. Ist n<2048, so wird der Zufallswert **V1** an den DAC weitergereicht, während der Zufallswert **V2** neu berechnet wird. Ist hingegen n>=2048, wird **V2** an den DAC weitergereicht, während **V1** neu erzeugt wird. Außerdem wird die Variable **T** in Zeile **12** zusätzlich mit dem Korrekturfaktor **8** multipliziert. Diesen Korrekturfaktor habe ich übrigens durch schlichtes Messen ermittelt: Ich habe einen alten SID-Baustein (MOS 6580) mit einem Oszilloskop abgegriffen und mit einem C64-Programm die Wellenform *Rauschen* mit einer Frequenz von 110 Hz ausgegeben (POKE 54272,160: POKE 54273,7). Anschließend habe ich das aufgenommene Signal analysiert und festgestellt, dass der Korrekturfaktor für mein ESP-Programm genau 8 sein muss.

7.2.5 Das Sinussignal

Wahrscheinlich kennen Sie den Sinus noch aus Ihrer Schulzeit. Der Sinus ist eine periodische Funktion, deshalb besitzt dieser eine konstante Frequenz, die sich über die Zeit nicht ändert. Ebenfalls ist ein Sinussignal harmonisch. *Harmonisch* heißt, dass die wahrgenommene Frequenz exakt der tatsächlichen Frequenz entspricht. Deshalb wird der Sinus oft als Grundlage für komplexere Signale verwendet, die man sich dann als Summe mehrerer Sinussignale unterschiedlicher Frequenz und Amplitude vorstellt. Eine unter Mathematikern sehr beliebte Methode, ein Signal als die Summe mehrerer Sinusschwingungen darzustellen, ist die Fourier-Transformation.

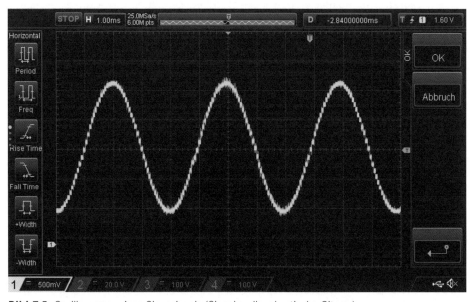

Bild 7.5 Oszillogramm eines Sinussignals (Signalquelle: akustische Gitarre)

Die Frequenz eines Standard-Sinussignals ist 6,28 Hz (2*π) und die Amplitude ist mit U_{min} = –1 V und U_{max} 2 V. Wenn Sie ein Sinussignal mit einem DAC generieren wollen, benötigen Sie entweder einen DAC, der negative Spannungen ausgeben kann (diese DACs werden aber eher selten verwendet), oder eine Null-Linie, die nicht bei 0 V liegt. Ferner müssen Sie die Werte vom Typ `double`, die die `sin()`-Funktion liefert, durch Typecasting konvertieren, damit diese in der korrekten Weise an Ihren DAC weitergegeben werden. Ein weiteres Problem ist die richtige Einstellung der Frequenz, denn diese kann nicht als direkter Vorfaktor angegeben werden. So ändert sich z. B. bei der Funktion f(x) = 4*sin(x) nicht die Frequenz, sondern nur die Amplitude. Um ein Sinussignal mit einer Frequenz von 1 Hz auf einem Standard-DAC auszugeben, der keine negativen Spannungen erzeugen kann, müssen Sie die folgenden C-Zeilen verwenden:

```
double T; // Für die Uhr muss auch hier Typecasting durchgeführt werden
double DOut; // Ausgangssignal als double
void loop()
{
    T=(double)(micros())*0.00001;
    DOut=127.0*sin(T/(PI/2));
    analogWrite(DAC0,128+(int)(DOut)); // Typecasting nötig
}
```

In dem letzten Beispiel muss also der Rückgabewert von `micros()` in den Typ `double` konvertiert werden, erst dann kann der Sinus für eine 1 Hz-Schwingung berechnet werden. Wenn Sie allerdings Mikrosekunden für Ihre Zeitachse verwenden, schwingt Ihre Funktion ohne Korrekturfaktor mit 100 000 Hz und nicht mit 1 Hz. Deshalb wird **T** noch einmal mit 0.00001 multipliziert, bevor die eigentliche Berechnung des Sinus durchgeführt wird. Eine Schwingung von 1 Hz erhalten Sie nun, indem Sie einfach **T** mit 1/(2*PI) multiplizieren, was dasselbe ist, als ob Sie **T** durch PI/2 teilen. Das Ergebnis dieser Berechnung wird dann in der Variablen **DOut** (double output) abgelegt. Wenn Sie in Ihrer Entwicklungsumgebung keine Konstante für π zur Verfügung haben, dann müssen Sie π vorher ausrechnen. Dies ist aber relativ einfach, denn π acos(-1). Kommen wir nun zur korrekten Übergabe Ihrer berechneten Sinuswerte an den DAC. Damit der DAC auch Werte bekommt, die eine korrekte Spannung ausgeben, muss das Ergebnis der Sinusfunktion so skaliert werden, dass der gesamte DAC ausgelastet wird. Dazu wird **DOut** erst mit 127.0 multipliziert und anschließend um 128.0 erhöht. Nun können keine negativen Spannungen mehr auftreten und das Signal hat eine Amplitude, die Sie auch hören können. Um **DOut** an den DAC weiterzureichen, muss vorher ein Typecasting von `double` nach `int` durchgeführt werden. Es folgt nun ein Programm, in dem ein Sinussignal mit einer Frequenz von 110 Hz (Ton A2) erzeugt wird.

Listing 7.5 Sinus.ino

```
01  unsigned long int n; // Zähler
02  double F; // Ausgabefrequenz
03  double T; // skalierte Uhr

04  void setup()
05  {
06      F=110.0;
07  }

08  void loop()
09  {
10      double T=(double)(micros()); T*=0.00001; T*=F;
11      n=(unsigned long int)(127.0*sin(T/(PI/2))); // Zähler erzeugen
12      analogWrite(DAC0,128+n); // Sinus-Welle auf dem DAC ausgeben
13  }
```

Ein Sinussignal mit einer Schwingung von 110 Hz wird in Listing 7.5 dadurch erzeugt, dass zuerst der Rückgabewert der Funktion `micros()` mit dem Faktor 0.00001 skaliert und anschließend mit der Frequenz **F** multipliziert wird. Auf diese Weise erhalten Sie jedoch ein Sinussignal, das um den Faktor 2π zu schnell schwingt und außerdem nur Werte zwischen -1 und 1 enthält (Typ double). Deshalb muss zuerst sin(T/(PI/2)) berechnet und dieser

Wert anschließend mit 127 multipliziert werden, bevor das Ergebnis in einen Wert vom Typ `unsigned long int` umgewandelt wird. Leider liegen auch bei der Variablen **n** die Werte teilweise noch im negativen Bereich, deswegen wird n+128 und nicht **n** an den DAC weitergereicht. Auf diese Weise erhalten Sie ein nach oben verschobenes Sinussignal mit einem Offset von 1,65 V. Dies ist aber unerheblich, wenn Sie wieder vorhaben, das letzte Beispiel als Audiosignal auszugeben. Auch in diesem Fall hört das Ohr nur die Veränderungen über die Zeit, nicht aber die absoluten Werte.

7.2.6 Zeitveränderliche diskrete Signale

Auch die Amplitude eines Signals kann sich über die Zeit ändern. Ein solches Verhalten drückt man normalerweise mit Hilfe von Differenzialgleichungssystemen aus, die anschließend in Operatormatrizen umgeformt werden. Mit Verfahren der linearen Algebra kann man dann solche umgeformten Differentialgleichungssysteme lösen und sogar das Verhalten sehr komplexer elektrischer Schaltungen und Filter modellieren. Die für solche komplexen Systeme angewendeten mathematischen Verfahren sind jedoch zu speziell, als dass diese in einem normalen Informatikstudium vorkommen können. Deshalb möchte ich Ihnen Abhandlungen über solche hoch mathematischen Rechenverfahren ersparen und lieber eine alternative, weitaus einfachere Methode vorstellen. Dieses vor allem bei Audiosignalen erprobte Verfahren ist die Hüllkurven-Methode.

Eine *Hüllkurve* beschreibt den zeitlichen Verlauf einer Signalamplitude durch vier Parameter, nämlich der Anschwellzeit (engl. attack), der Abschwellzeit (engl. decay), den eventuell vorhandenen Haltepegel (engl. sustain) und die meistens bei Tönen vorhandene Ausklingzeit (engl. release). Die vier Parameter werden meist mit A (attack), D (decay), S (sustain) und R (release) abgekürzt. Das Hüllkurven-Verfahren wurde durch den legendären Soundchip des C64, den SID, weltweit bekannt. In die Register des SID können nämlich die Parameter A, D, S und R direkt geschrieben werden. Ich möchte mich hier natürlich nicht detailliert mit dem veralteten SID auseinandersetzen, Ihnen aber dennoch zeigen, wie Sie einen einfachen Hüllkurven-Algorithmus für ein Sägezahnsignal erstellen können. Sie werden sich vielleicht noch wundern, wie oft Sie die relativ alte Hüllkurven-Methode noch brauchen, aber ich selbst benötigte diese schon mehrere Male zur Erstellung von Testsignalen, als ich ein Praktikum in Signalverarbeitung leiten musste. Wie es so oft der Fall ist, hatte ich damals einfach keine Zeit, komplexe Differentialgleichungen mit MATLAB aufzustellen, und so besann ich mich (zu meinem großen Glück) auf die Hüllkurven-Methode. Auch Sie sollten diese Methode in Ihrem Werkzeugkoffer haben.

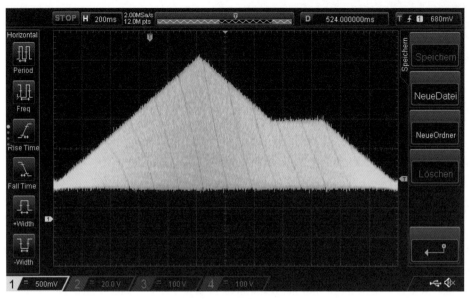

Bild 7.6 ADSR-Hüllkurve mit einer Sägezahn-Wellenform

Kommen wir nun zum eigentlichen Hüllkurven-Algorithmus. Im Endeffekt benötigen Sie hierfür nur drei zusätzliche Zähler, die aber keine Mikrosekunden, sondern nur Millisekunden zählen (dies ist hinreichend genau für das nächste Beispiel). Ferner benötigen Sie eine zusätzliche globale Variable von Typ double, die den aktuellen Signalpegel (bei Tönen also die Lautstärke V) enthält und vier weitere Variablen vom Typ double, die die Parameter **A**, **D**, **S** und **R** enthalten. Der Hüllkurven-Algorithmus funktioniert nun wie folgt:

Der Hüllkurvengenerator-Algorithmus benutzt eine Zustandsmaschine, also eine Art Turing-Maschine. Diese Zustandsmaschine besitzt fünf Zustände, die ich im Folgenden in der Variablen **Z** (Z = Zustand) ablege. Im Zustand **Z = 0** tut der Hüllkurvengenerator nichts und es wird kein Signal ausgegeben.

Im Zustand **Z = 1** befindet sich der Hüllkurvengenerator in der *Attack-Phase*, in der in jedem Schritt der Wert, der in der Variablen **A** steht, zu dem aktuellen Signalpegel **V** addiert wird. Ein Schritt entspricht hier einer Millisekunde und **V = 1.0** entspricht dem vollen Signalpegel des Ursprungssignals. Die Attack-Phase endet automatisch, sobald **V > 1.0** ist. In diesem Fall wird V=1.0 und Z=2 gesetzt.

Im Zustand **Z = 2** befindet sich der Hüllkurvengenerator in der *Decay-Phase*, in der in jedem Schritt der Wert, der in der Variablen **D** steht, vom aktuellen Signalpegel **V** subtrahiert wird. Dies geschieht so lange, bis V<S ist. Ist dies der Fall, wird V=S und Z=3 gesetzt.

Im Zustand **Z = 3**, der *Sustain-Phase*, tut der Hüllkurvengenerator nichts, außer das ursprüngliche Signal mittels der Formel V=V*S zu skalieren und anschließend auszugeben. Der Zustand **Z = 3** wird so lange aufrechterhalten, bis der Zähler **ST** (sustain time), der die Zeit seit Eintritt in den Zustand **Z = 3** in Millisekunden misst, den Wert **SL** (sustain length) überschreitet. Ist dies der Fall, wird V=S und Z=4 gesetzt. Alternativ zu einem Zähler für die Sustain Time können Sie ein Gate-Bit verwenden, das die Sustain-Phase beendet, wenn dieses auf 0 gesetzt wird. Das Gate-Bit müssen Sie dann separat (z. B. durch ein externes Signal) verwalten.

Im Zustand **Z = 4** befindet sich der Hüllkurvengenerator in der *Release-Phase*, in der in jedem Schritt der Wert, der in der Variablen R steht, vom aktuellen Signalpegel **V** subtrahiert wird. Dies geschieht so lange, bis V<=0 ist. Ist dies der Fall, wird V=0 und Z=0 gesetzt. Ist die Release-Phase abgeschlossen, wird kein Signal mehr ausgegeben und der Hüllkurvengenerator muss ggf. neu gestartet werden. Kommen wir nun zum letzten Beispielprogramm in diesem Abschnitt, das folgenden Hüllkurvengenerator realisiert: Sägezahnwellenform mit 244 Hz, A = 0,5 s, D = 0,5 s, S = 0,5, SL = 2 s, R = 2 s.

Listing 7.6 Huellkurve.ino

```
01  unsigned long int Diff=0,Now=0,n=0,ST=0,SL=2000;
02  int Z=1; // Zustand für die Zustandsmaschine
03  double T=0,V,Out,DiffD; // Output
04  double A,D,S,R; // Hüllkurvenparameter
05  double F; // Frequenz des Signals

06  void setup()
07  {
08      Diff=0; Now=0; n=0; ST=0; SL=2000; // Initialisierung der Uhren
09      Z=1; // Zustandsmaschine starten
10      T=0; V=0.0; Out=0.0; DiffD=0.0; // Hüllkurvenzähler auf 0 setzen
11      A=0.002; D=0.002; S=0.5; R=0.00025; // Hüllkurvenparameter
12      F=110.0; // Ton A2 ausgeben
13  }

14  void loop() // Zustandsmaschine ist in loop
15  {
16      T=(double)(micros()); // Uhr in den Typ double umwandeln
17      T*=F/244.140625; // 1.000.000/4096=244,140625 Hz
18      n=(unsigned long int)(T); n%=4096; // Zähler erzeugen
19      Out=(double)(n>>4); // Typ double
20      Diff=millis()-Now;
21      if (Diff>0)
22      {
23          DiffD=(double)(Diff);
24          switch (Z) // Zustandmaschine abfragen
25          {
26              case 0: V=0.0; // Kein Signal bei Z=0
27              break;
28              case 1: V+=A*DiffD; // Attack-Phase
29                      if (V>1.0) { V=1.0; Z=2; }
30              break;
31              case 2: V-=D*DiffD; // Decay-Phase
32                      if (V<S) { V=S; ST=millis(); Z=3; }
33              break;
34              case 3: V=S*DiffD; // Sustain-Phase
35                      if (millis()>(ST+SL)) { Z=4; }
36              break;
37              case 4: V-=R*DiffD; // Release-Phase
38                      if (V<0) { V=0; Z=1; }
39              break;
40              default: V=0.0; // Andere Zustände außer 0-4 sind ungültig
41          }
42          Now=millis();
43      }
44      Out*=V; // Ausgang mit V skalieren
45      analogWrite(DAC0,(int)(Out));
46  }
```

In Zeile **01 – 05** müssen erst einige Variablen deklariert werden, die für den Hüllkurvengenerator nötig sind. Dies ist neben den Zeitzählern **Diff**, **Now**, **n**, **ST** und **SL** einmal die Variable **Z** vom Typ `int`, die den aktuellen Zustand des Hüllkurvengenerators enthält, sowie einige Variablen vom Typ **double**. **T** enthält hier wieder den skalierten und in den Typ `double` umgewandelten Rückgabewert der Funktion `micros()`, **V** enthält den aktuellen maximalen Ausgabepegel von 0.0 (kein Signal) bis 1.0 (voller Pegel) und der an den DAC weitergereichte Wert **Out** ist hier ebenfalls vom Typ `double`. Neu hinzugekommen sind die Variablen **A**, **D**, **S** und **R**, die nun die Werte für Attack, Decay, Sustain und Release enthalten. Die Variable **F** enthält wieder die gewünschte Ausgabefrequenz von 110 Hz und **n** ist wieder ein Zähler, der eine aufsteigende Zahlenfolge zwischen 0 und 4095 enthält. Die restlichen Hilfsvariablen **Diff**, **DiffD**, **Now**, **ST** und **SL** werden im weiteren Verlauf noch erklärt.

Der Hüllkurvengenerator selbst läuft in den Zeilen **14 – 46** in einer Endlosschleife, die außerdem bewirkt, dass das gleiche Signal (bzw. die gleiche Hüllkurve) immer wieder neu ausgegeben wird. Beim Eintritt in die Schleife wird nun zunächst wieder – wie auch in den vorigen Beispielen – der Rückgabewert der Funktion `micros()` so skaliert, dass (falls Sie das Signal wieder als Audiosignal ausgeben) ein Ton mit der gewünschten Frequenz von 110 Hz erzeugt wird. Der Zähler **n** enthält wieder eine aufsteigende Zahlenfolge, die das Sägezahnmuster erzeugt. Anstatt aber den Wert n>>4 direkt an den DAC weiterzureichen, wird der Wert n>>4 in der Variablen **Out** zwischengespeichert. In Zeile **20** wird nun die erste Hilfsvariable **Diff** benutzt, um durch die Anweisung `Diff=millis()-Now` die Zeit in Millisekunden zu ermitteln, die seit dem letzten Aufruf des Hüllkurvengenerator-Algorithmus vergangen sind. Wenn diese Differenz größer ist als 0, so ist dies ein Indikator dafür, dass der Hüllkurven-Algorithmus in Zeile **22 – 43** ausgeführt werden muss, um die Ausgabelautstärke anzupassen.

Die Zustandsmaschine des Hüllkurvengenerators wird in einem `switch-case`-Block gekapselt. Bevor dieser Block ausgeführt wird, muss aber in Zeile **23** noch die Variable **Diff** in eine Variable vom Typ `double` (Variable **DiffD**) umgewandelt werden (dies ist für den weiteren Verlauf wichtig). Innerhalb des `switch-case`-Blocks werden nun die Zustände abgefragt, die der Hüllkurvengenerator haben kann.

Ist **Z = 0**, so ist die Lautstärke der Ausgabepegel bzw. die Ausgabelautstärke 0. Ist **Z = 1**, so wird zu **V** der Wert addiert, der in der Variablen **A** steht. Allerdings muss **A** vorher noch mit **DiffD** multipliziert werden. Dies ist deshalb nötig, damit ein Schritt der Attack-Phase auch wirklich einer Millisekunde entspricht und nicht einem Wert, der von der Geschwindigkeit des Mikrocontrollers abhängt. Da A=0.002 ist, werden 500 Millisekunden-Schritte benötigt, um einen Signalpegel von 1.0 (= 100 %) zu erreichen. Dies entspricht einer Attack-Zeit von 0,5 s, nach der Z=2 gesetzt wird.

Ist **Z = 2**, so wird von **V** der Wert subtrahiert, der in der Variablen **D** steht, allerdings muss auch hier **D** vorher noch mit **DiffD** multipliziert werden. Da D=0.002 ist, werden 500 Millisekunden-Schritte benötigt, um einen Signalpegel von 0.0 (=100 %) zu erreichen, und 0,25 Sekunden vergehen hier bis zum Erreichen des Sustain-Pegels. An dieser Stelle müssen Sie also aufpassen, denn die Decay-Zeit wird stets so berechnet, dass diese nur gilt, wenn S=0.0 ist. Wenn der Sustain-Pegel erreicht ist, wird Z=3 gesetzt. Vorher müssen Sie jedoch noch den Zeitpunkt ermitteln, an dem Ihr Programm in den Sustain-Modus eintritt. Dies leistet die Anweisung `ST=millis()` in Zeile **32**.

Ist **Z = 3**, so wartet Ihr Programm mit einer Zustandsänderung des Hüllkurvengenerators, bis die Zeit **SL** (in Millisekunden gemessen) verstrichen ist. In dieser Zeit entspricht die Ausgabelautstärke der Variablen **S** (Sustain Level). Nach Ablauf der Zeit **SL** wird Z=4 und V=S gesetzt.

Ist **Z = 4**, so wird von **V** der Wert subtrahiert, der in der Variablen **R** steht, allerdings muss **R** vorher noch mit **DiffD** multipliziert werden. Die Release-Zeit wird allerdings so gemessen, dass sie die Ausklingzeit angibt, die von dem Zeitpunkt an, wo V=S ist, bis zum Zeitpunkt, wo V=0.0 ist, vergeht. Deshalb muss hier R=0.5*0.005=0.00025 gesetzt werden. R=0.005 entspricht 2000 Millisekunden-Schritten in der Release-Phase bei S=1.0 und 4000 Millisekunden-Schritten bei S=0.5=1/4000=0.00025. Ist Z=4 und V<=0.0, so wird die Hüllkurve durch die Anweisung V=0; Z=1 zurückgesetzt und der Hüllkurvengenerator neu gestartet. Somit wird dasselbe Signal immer wieder neu ausgegeben.

Nach Verlassen des `switch-case`-Blocks muss in Zeile **42** dann `Now=millis()` gesetzt werden, um quasi den Zeitzähler des Hüllkurvengenerators zurückzusetzen. Selbstverständlich wird die Wellenform selbst nicht vom Hüllkurvengenerator verändert, weshalb die Anweisung `Out*=V` (Skalierung des Sägezahnmusters mit dem Ausgabepegel bzw. der Ausgabelautstärke) in Zeile **44** ebenfalls außerhalb des `switch-case`-Blocks steht. In Zeile **45** wird dann der skalierte Wert `Out` in einen Wert vom Typ `int` konvertiert und anschließend an den DAC weitergereicht.

■ 7.3 Filteralgorithmen

Bis jetzt haben Sie Signale nur generiert, nun werde ich Ihnen einige konkrete Beispiele für Filteralgorithmen für Signale vorstellen. Vorher muss ich aber ein paar grundlegende Dinge erklären. Wie auch in anderen Bereichen der Informatik, beispielsweise der Bildverarbeitung, werden zu filternde Signale als diskrete Zahlenwerte aufgefasst, mit denen sich bestimmte mathematische Operationen ausführen lassen. Bei den nun behandelten Signalen liegen immer Folgen von Zahlen vor, also eindimensionale Arrays. Diese Folgen von Zahlen enthalten immer endlich viele Werte (sind also diskrete Signale) und die Filteralgorithmen werden auch so konstruiert, dass sie stets anhalten. Dies wird dadurch erreicht, dass der Filter stets von links nach rechts über die Zahlenfolge geschoben wird, und bei jeder Verschiebung stets auch ein Filterschritt ausgeführt wird. Der Filter selbst enthält nun entweder eine Filtermatrize oder einen Vektor. Zwischen dieser Matrize bzw. diesem Vektor und einem Teil der diskreten Signaldaten, die als Zahlenreihe vorliegen, werden nun bestimmte mathematische Verknüpfungen durchgeführt. Das Ergebnis (oder ein Teil davon) wird dann auf einen Teil der Zahlenfolge übertragen, die das diskrete Signal repräsentiert. Alternativ zur Verwendung von Filtermatrizen oder Vektoren können Sie auch ein Fenster mit einer bestimmten Anzahl von Zahlenwerten über die Zahlenreihe schieben und mit den Zahlenwerten, die in diesem Fenster stehen, einen Algorithmus ausführen. In diesem Fall benötigen Sie keine Filtermatrize, sondern der Algorithmus steckt z.B. in einem C-Programm. Dieses C-Programm arbeitet dann direkt mit dem Zahlen-Array, in dem die Rohdaten stehen. Als *Rohdaten* bezeichnet man die unveränderten Ausgangsdaten eines Signals, so, wie man dies ursprünglich aufgenommen hat.

Kommen wir nun zu den Zahlenreihen selbst, die ein bestimmtes Signal beschreiben. Es gibt verschiedene Verfahren, Signale durch Zahlenreihen darzustellen. So können Sie z. B. ein Byte, zwei Bytes oder vier Bytes für eine bestimmte Ausgabespannung des DAC einsetzen. Ferner können Sie die einzelnen Sample-Werte, die Sie vorher bei der Aufnahme des Signals erzeugt haben, als `byte`, `int`, `long int` oder `float` darstellen. Dementsprechend unterscheiden sich auch die Filter für die entsprechenden Zahlentypen. Ein Rauschfilter für `float`-Zahlen für ein Signal eines Oszilloskops arbeitet anders als derselbe Filter für die Stereo-Spur einer Audio-CD. Deswegen benutze ich in den Beispielen für die Filteralgorithmen in den folgenden Beispielen standardisierte Audiodaten einer Mono-Spur mit 8 Bits pro Sample (`unsigned char`) und 11025 Samples pro Sekunde. Dieses Format hört sich noch relativ brauchbar an und ist mit den meisten Mikrocontrollern und DACs problemlos abspielbar. Ein weiterer Vorteil der Verwendung von Audiodaten für die folgenden Beispiele ist, dass Sie das Ergebnis stets hören können. Wenn Sie keinen Mikrocontroller besitzen, müssen Sie die Ergebnis-Arrays als Datei mit der Endung .snd oder .raw speichern und sich ein Programm besorgen, das dieses Format unterstützt. Ich empfehle Ihnen an dieser Stelle, die freie Software Audacity herunterzuladen.

Ich werde nun im Folgenden wieder den ESP32 nehmen und die Rohdateien in dem Array AUBUFF (Abkürzung von „audiobuffer") ablegen. Die gefilterten Daten landen dann auch wieder in demselben Array, die Ausgangsdaten werden also durch den Filter direkt verändert. Die Audiodaten werden in den folgenden Programmen wie folgt definiert:

```
byte AUBUFF[0x10000]=
{
[Datenbytes, durch Kommata getrennt]
};
```

Der ESP und auch der Arduino Due können 64 kB Speicher für Audiodaten benutzen, ohne dass der Betrieb dadurch instabil wird. Dies ist genug für die folgenden Beispiele. Ich habe allerdings das verunreinigte Audiosignal, das z. B. Klicks enthält, nur einmal als Beispiel-Listing angegeben, weil eben rohe Audiodaten sehr viel Platz benötigen und ich dadurch nur Buchseiten verschwenden würde. Auch im Fall der gefilterten Daten werde ich nur im ersten Beispiel die Ergebnisdaten als Listing angeben, um Ihnen einige wichtige Dinge in Bezug auf die Wirkungsweise von Filteralgorithmen zu erklären. In den Beispielen, die dem ersten Beispiel folgen, werde ich dann die Oszillogramme der Ergebnissignale angeben (also diese als Messkurven darstellen).

7.3.1 Der Pop-Klick-Filter

Kommen wir nun zum ersten Filteralgorithmus, dem **Pop-Klick-Filter.** Die Rohdaten im Audiopuffer **AUBUFF** enthalten sogenannte Klicks. Ein *Klick* (oft auch als *Pop* bezeichnet) ist ein plötzlicher, kurzzeitiger Sprung in der Signalkurve, den ein Zuhörer als Knackser wahrnimmt. Das beste Beispiel für Klicks sind alte Schallplatten mit Kratzern. Klicks sind sehr störend für den Zuhörer, weil sie im Endeffekt das Gehör dadurch durcheinanderbringen, dass sie dem Gehirn ein unerwartetes Signal aufwingen, das das eigentlich erwartete Geräusch überlagert. Hierdurch kommt dann natürlich auch die Wahrnehmung von Frequenzen durcheinander. Diese Unzulänglichkeiten des Gehirns können aber auch genutzt werden, um die Klicks effektiv zu entfernen. Hierzu müssen Sie nur an den Stellen, an denen sich das Signal zu stark ändert, die zu starke Änderung entfernen.

Was bedeutet aber nun *zu starke Änderung*? Dies lässt sich leider nur durch Versuch und Irrtum herausfinden. In umfangreichen Tests und bei vielen Konzerten, die ich im Laufe der Zeit abgemischt habe, habe ich herausgefunden, dass eine Änderung eines Sample-Werts von mehr als 50 Stufen (bei 8 Bits) als störend empfunden wird. Dies bedeutet folgendes: Sei **i** der Positionszähler für die aktuelle Sample-Position in **AUBUFF**. Wenn der Betrag der Differenz zwischen AUBUFF[i] und AUBUFF[i+1] mehr als 50 beträgt, muss der Filter eingreifen. Der Filter entfernt den Klick nun dadurch, dass dieser AUBUFF[i+1] durch AUBUFF[i] ersetzt. Der Filteralgorithmus geht also davon aus, dass das Signal vor dem Klick, den Sie in AUBUFF[i+1] gefunden haben, noch in Ordnung war, und dass AUBUFF[i+1] eigentlich AUBUFF[i] entsprechen sollte. Unabhängig davon, ob der Filter nun eingegriffen hat oder nicht, wird der Positionszähler **i** stets um 1 erhöht. Das Herzstück des Filteralgorithmus kann nun auf die folgende Weise als C-Code ausgedrückt werden:

```
float Diff; // Kommazahlen erlauben
Diff=(float)(AUBUFF[i])-(float)(AUBUFF[i+1]); // Differenz bilden
Diff=abs(Diff); // Betrag bilden
if (Diff>Grenzwert) // Filter-Algorithmus
{
    AUBUFF[i+1]=AUBUFF[i];
}
i++; // Zähler stets um 1 erhöhen
```

Der Filteralgorithmus vergleicht hier also die Punkte AUBUFF[i] und AUBUFF[i+1]. Wenn sich die Sample-Daten in diesen Punkten dann zu stark unterscheiden, wird die entsprechende Stelle geglättet. Eine andere Philosophie kann an dieser Stelle auch sein, die Klicks aus dem Originalsignal herauszuschneiden und zu hoffen, dass die fehlenden Stellen am Ende so kurz sind, dass man den Unterschied zum Original nicht hört. Die ersten Pop-Klick-Filter, die es gab, gingen genauso vor. Leider werden mit Audioprogrammen immer öfter Tonspuren von alten Videokassetten aufgebessert und dort muss die Länge der Tonspur exakt erhalten bleiben. Aus diesem Grund behalten sämtliche Filter in sämtlichen Beispielen die Länge des Originalsignals stets bei. Kommen wir nun zu den Ausgangdaten, die ich in den nächsten Beispielen verwende. Dies ist der digitalisierte Satz „Hallo Welt", den ich zuerst mit einem hochwertigen SM58-Mikrofon aufgenommen und anschließend verunreinigt habe. Dieses Ausgangssignal, das ich anschließend in C-Code umgewandelt habe, gebe ich Ihnen nun an dieser Stelle aber nicht als Listing an, denn der Quellcode umfasst 20 Seiten. Deshalb müssen Sie sich diese Datei beim Hanser-Verlag unter *https://plus.hanser-fachbuch.de/* herunterladen (nähere Informationen hierzu finden Sie im Vorwort) und in Ihren Projektordner kopieren.

Kommen wir nun zu Listing 7.7, das den Pop-Klick-Algorithmus auf der Datei **RawData.h** anwendet und das Ergebnis hinterher auf dem ersten DAC ausgibt. Wenn Sie an dieser Stelle eine eigene Audiodatei verwenden wollen, achten Sie entweder darauf, dass die Samplerate auf 11 025 gesetzt wird, oder passen Sie Zeile **26** in der Funktion loop() entsprechend an. In diesem Fall müssen Sie Zeile **26** durch DClock*=1000000.0/[eigene Samplerate] ersetzen. Natürlich müssen Sie auch in Listing 7.7 wieder die entsprechende Variante von analogWrite() an den Anfang des Sketches kopieren, wenn Sie statt des Arduino Due den ESP32 verwenden.

Listing 7.7 Klickfilter.ino

```
01   #include "RawData.h"

02   long int SampleLen=28412;

03   void KlickFilter(long int Len, float FltFact)
04   {
05       float Diff;
06       long int i;
07       for (i=0; i<Len; i++) // nicht bei 0 beginnen!
08       {
09           Diff=(float)(AUBUFF[i])-(float)(AUBUFF[i+1]); // Differenz bilden
10           Diff=abs(Diff); // Betrag bilden
11           if (Diff>FltFact) // Filter-Algorithmus
12           {
13               AUBUFF[i+1]=AUBUFF[i];
14           }
15       }
16   }

17   void setup() // setup() startet den Audiofilter
18   {
19       KlickFilter(SampleLen,50);
20   }

21   void loop() // loop() spielt das Ergebnis in einer Schleife immer wieder ab
22   {
23       long int LClock; // Für Modulo-Operation
24       double DClock=(double)(micros()); // Hier skalierte Uhr erzeugen
25       DClock*=0.011025; // Uhr auf eine Samplerate von 11025 runterskalieren
26       LClock=(long int)(DClock); // DClock in Wert vom Typ long int wandeln
27       LClock%=SampleLen;
28       analogWrite(DAC0,AUBUFF[LClock]); // Sample ausgeben
29   }
```

In Zeile **01** müssen Sie zuerst die Include-Datei **RawData.h** einfügen, damit Sie auf **AUBUFF** und die zu filternden Rohdaten zugreifen können. In Zeile **02** definieren Sie anschließend die globale Variable **SampleLen**, die die Länge des Originalsignals in Samples enthält. Ein *Sample* ist ein einzelner Abtastwert, der bei der Aufnahme eines Audiosignals entsteht, und gewissermaßen die kleinste Einheit, auf die Sie zugreifen können. Der Filteralgorithmus selbst wird in die Funktion KlickFilter() (Zeile **03 – 16**) ausgelagert und durch die Funktion setup() (Zeile **17 – 20**) einmalig gestartet. KlickFilter() d die Sample-Länge des zu filternden Signals allerdings in der Variablen **Len** übergeben, Sie können also durchaus auch andere Längen und andere Rohdaten verwenden. Der zweite Parameter **FltFact** bestimmt dann die Stärke des Filters. KlickFilter() implementiert nun den schon weiter oben besprochenen Filteralgorithmus. In einer for-Schleife (Zeile **07 – 15**) wird ein Zähler von der Position 0 bis zur Länge des zu filternden Signals hochgezählt. Immer, wenn dann der Filter greift, wird in Zeile **13** AUBUFF[i] durch AUBUFF[i+1] ersetzt. Durch die als zweiten Parameter übergebene Variable **FltFact** können Sie bestimmen, wie stark Ihr Signal gefiltert wird. Niedrigere Werte filtern hierbei Ihr Signal stärker als höhere Werte. KlickFilter() kehrt am Ende immer erfolgreich zurück, wenn das gesamte Signal gefiltert wurde, deshalb ist auch kein Rückgabeparameter nötig. Da die Funktion setup() die Funktion KlickFilter() aufruft, wird der Filter auch stets nur einmal angewendet.

Der Abspielvorgang des gefilterten Signals wird allerdings in die Funktion `loop()` (Zeile 21–29) ausgelagert. Da `loop()` immer wieder aufgerufen wird, kann an dieser Stelle das gefilterte Signal in einer Endlosschleife abgespielt werden. Sie müssen allerdings hier wieder die Uhr Ihres Mikrocontrollers verwenden, um die Daten des Audiopuffers in der richtigen Geschwindigkeit auszugeben. Hierzu benötigen Sie die Variablen **LClock** und **DClock**, die Sie in Zeile 23 und 24 definieren. **DClock** wird zunächst mit dem Wert beschrieben, die die Funktion `micros()` zurückliefert. Wenn Sie allerdings den Rückgabewert von `micros()` als Zähler für Ihre auszugebenden Audiodaten verwenden (also `AUBUFF[micros()]`), dann werden Ihre Audiodaten mit einer Rate von 1 000 000 Samples pro Sekunde ausgegeben. Deshalb müssen Sie **DClock** in Zeile 25 mit einem Faktor von 11 025/1 000 000=0,011025 skalieren. Um nun die Audiodaten in einer Schleife abzuspielen, verwende ich einen mathematischen Trick: Ich nehme den Wert, der sich in der Variablen **DClock** befindet, Modulo der Länge des gesamten Audiosignals. Auf diese Weise kann der Wert der Uhr, der die Sample-Position in **AUBUFF** angibt, nicht über **SampleLen** hinaus anwachsen. Wenn er dies nämlich doch tut, dann schlägt der Zeiger für die Sample-Position wieder auf 0 um und die Audiodaten werden von vorn abgespielt. Allerdings können mit Werten vom Typ `double` keine Modulo-Operationen durchgeführt werden, deshalb muss vorher in Zeile 26 die Variable **DClock** als Wert vom Typ `long int` in die Variable **LClock** kopiert werden.

Wenn Sie etwas mit der Funktion `KlickFilter()` experimentieren und statt des Faktors 50 für **FltFact** andere Werte einsetzen, werden Sie merken, dass der Filter ab Werten über 150 nicht mehr funktioniert und die Klicks erhalten bleiben. Bei Werten unter 25 hört sich die Ausgabe dagegen dumpf und verzerrt an. Dies liegt daran, dass der Pop-Klick-Filter dann zu viele Teile des Originalsignals entfernt und deshalb bei einem zu niedrigen Schwellwert für **FltFact** nur noch ein paar Daten erhalten bleiben. Wenn **FltFact** 0 ist, hören Sie keine Ausgabe mehr.

7.3.2 Der Distortion-Filter

Der nächste Filter ist eigentlich kein Filter, sondern ein Effekt, jedoch wird dieser Effekt in Audioprogrammen oft im Menü Filter platziert. Distortion kommt aus dem Englischen und bedeutet *Verzerrung*. Der Distortion-Filter filtert also gar keine Signale, sondern fügt Daten zum Originalsignal hinzu. Dies geschieht auf eine Weise, die bewirkt, dass das Originalsignal anschließend verzerrt ist. Aber wieso sollte man ein Signal verzerren? Die Antwort kennen Sie wahrscheinlich schon: Sämtliche E-Gitarren benutzen Verzerrung, um interessante Effekte zu erzielen. Wie funktioniert aber nun die Verzerrung? Steckt dahinter vielleicht sogar ein Algorithmus?

Sie werden staunen, aber genau so ist es. Mehr noch: Der *Distortion-Algorithmus*, den so viele Rockbands seit mehr als 50 Jahren nutzen, arbeitet recht simpel: Das Ausgangssignal wird so skaliert, dass die Ergebnisdaten nicht mehr in den zulässigen Arbeitsbereich Ihres DAC passen. Wenn Sie also einen ESP32 besitzen, der einen 8-Bit-DAC hat, dann müssen Sie einfach Ihr Ausgangssignal so skalieren, dass dieses am Ende 9 Bit breit ist. Da auf diese Weise Informationen des Originalsignals verloren gehen, wirkt Ihr Ergebnis am Ende verzerrt. Eine zweite Komponente Ihres Algorithmus kann auch beinhalten, Ihrem Signal vor der Verzerrung Rauschanteile oder eine Sägezahn-Wellenform beizumischen. Allerdings muss in diesem Fall vorher die Frequenz Ihrer Original-Wellenform mittels Fourier-Analyse ermittelt werden. Moderne Effektgeräte tun genau dies, alte Verzerrer hingegen benutzen ausschließlich die Skalierungsmethode. Genau diese möchte ich Ihnen nun vorstellen.

Nehmen wir nun als Ausgangssignal wieder den Audiopuffer **AUBUFF** aus dem letzten Beispiel, nur ohne störende Klickgeräusche. Die entsprechende Include-Datei, die Sie sich auch wieder bei Hanser herunterladen müssen, ist **RawData2.h**. Der Sample-Positionszähler sei auch hier wieder die Variable **i**. Um nun Ihre Sample-Daten zu skalieren, benötigen Sie erst einmal einen vorzeichenbehafteten Wert vom Typ float. Da Ihre Sample-Daten jedoch im Format 8 Bit Mono unsigned vorliegen, müssen Sie AUBUFF[i] erst einmal wie folgt umwandeln:

```
float SampleD=((float)(AUBUFF[i]))-128.0;
```

Sie wandeln also den aktuellen Sample an der Position **i** in den Typ float um und verschieben die Null-Linie von dem Wert 128 auf den Wert 0. Sie wandeln also quasi das Format 8 Bit Mono unsigned in das Format 8 Bit float signed um. Der Grund, warum Sie dies tun, ist, dass eine einfache Skalierung nur mit vorzeichenbehafteten Werten funktioniert, bei denen die Null-Linie bei 0 liegt. Wenn Sie jedoch dafür gesorgt haben, dass Ihre Daten vorher in das richtige Format umgewandelt werden, besteht der Distortion-Algorithmus nur aus den folgenden fünf Zeilen:

```
SampleD*=1.0+DistortionFactor; // 0=keine Verzerrung, >0=Verzerrung
If (SampleD<-127.0) { SampleD=-127.0; } // negative Spitzen einfach bei -127 abschneiden
If (SampleD>128.0) { SampleD=128.0; } // positive Spitzen einfach bei +255 abschneiden
SampleD+=128.0; // Reskalierung auf 8 Bit Mono unsigned
AUBUFF[i]=(long int)(SampleD);
```

Sehen Sie sich nun Listing 7.8 an, dass das Signal in der Datei **RawData2.h** verzerrt und anschließend in einer Endlosschleife auf dem ersten DAC ausgibt.

Listing 7.8 Distortion.ino

```
01  #include<RawData.h> // Audiopuffer und Definition der Rohdaten

02  long int SampleLen=28412;

03  void DistortionFilter(long int Len, float DstFact)
04  {
05      float SampleD;
06      for (long int i=0; i<Len; i++) // hier bei 0 beginnen
07      {
08          SampleD=(float)(AUBUFF[i])-128.0; SampleD*=(1.0+DstFact);
09          if (SampleD<-127.0) { SampleD=-127.0; } // negative Spitzen einfach bei -127 abschneiden
10          if (SampleD>128.0) { SampleD=128.0; } // positive Spitzen einfach bei +255 abschneiden
11          SampleD+=128.0; // Reskalierung auf 8 Bit Mono unsigned
12          AUBUFF[i]=(long int)(SampleD);
13      }
14  }
```

```
15  void setup() // setup() startet den Audiofilter
16  {
17      DistortionFilter(SampleLen,2); // Rohdatengröße in Bytes ist in SampleLen
18  }

19  void loop() // loop() spielt das Ergebnis in einer Schleife immer wieder ab
20  {
21      long int LClock; // Für Modulo-Operation
22      double DClock=(double)(micros()); // Hier skalierte Uhr erzeugen
23      DClock*=0.011025; // Uhr auf eine Samplerate von 11025 runterskalieren
24      LClock=(long int)(DClock); // DClock in Wert vom Typ long int wandeln
25      LClock%=SampleLen;
26      analogWrite(DAC0,AUBUFF[LClock]); // Sample ausgeben
27  }
```

In Zeile **01** müssen Sie zuerst wieder die Include-Datei **RawData2.h** einfügen, damit Sie auf **AUBUFF** und die zu filternden Rohdaten zugreifen können. In Zeile **02** definieren Sie anschließend wieder die globale Variable **SampleLen**, die die Länge des Originalsignals in Samples enthält. Der Filteralgorithmus selbst wird in die Funktion DistortionFilter() (Zeile **03 – 14**) ausgelagert und durch die Funktion setup() (Zeile **15 – 18**) einmalig gestartet. DistortionFilter() bekommt die Sample-Länge des zu filternden Signals wieder in der Variablen **Len** übergeben, Sie können also auch hier andere Längen und Rohdaten verwenden. DistortionFilter() implementiert nun den schon weiter oben besprochenen Verzerrungs-Algorithmus. In einer for-Schleife (Zeile **06 – 13**) wird ein Zähler von der Position 0 bis zur Länge des zu bearbeitenden Signals hochgezählt. Jeder Sample in **AUBUFF** wird hierbei in Zeile **08** zuerst in 8 Bit Mono signed umgewandelt und anschließend mit dem Verzerrungsfaktor skaliert, den Sie als zweiten Parameter an die Funktion DistortionFilter() übergeben. Niedrigere Werte verzerren hierbei Ihr Signal schwächer als höhere Werte. DistortionFilter() kehrt am Ende immer erfolgreich zurück, wenn das gesamte Signal gefiltert wurde, deshalb ist auch hier kein Rückgabeparameter nötig. Da die Funktion setup() die Funktion DistortionFilter() aufruft, wird der Filter auch hier stets nur einmal angewendet. Der Abspielvorgang des gefilterten Signals wird auch in diesem Beispiel wieder in die Funktion loop() (Zeile **19 – 27**) ausgelagert. Der Abspielvorgang des verzerrten Ausgangssignals ist derselbe wie in Listing 7.7.

Wenn Sie etwas mit der Funktion DistortionFilter() experimentieren, werden Sie merken, dass der Filter ab Werten über 10 für **DstFact** nicht mehr richtig funktioniert und Sie bei der Ausgabe Oszillationen erhalten, die Ihre Ohren schmerzen lassen. Passen Sie also unbedingt auf, dass Sie nicht zu hohe Werte für **DstFact** einsetzen! Auch Ihr DAC kann unter Umständen durchschlagen, wenn Sie Werte auf diesem ausgeben, die zu schnell schwanken. Die Konsequenz ist dann, dass Sie irgendwann nichts mehr hören, obwohl Sie sämtliche Listings richtig abgetippt haben.

7.3.3 Der EMA-Filter

Vielleicht haben Sie in Ihrem Studium schon einmal etwas von Schwingkreisen gehört und eventuell haben Sie auch schon einmal einen solchen zusammengelötet. Ein einfacher Schwingkreis besteht aus einem Widerstand und einem Kondensator, die parallel zueinander geschaltet werden. Wenn Sie nun an einem Ende des Schwingkreises ein Audiosignal hineingeben, bekommen Sie am anderen Ende ein Audiosignal heraus, das bestimmte Frequenzen nicht mehr enthält. Welche Frequenzen das sind, hängt von der Stärke des Widerstands und von der Kapazität des Kondensators ab. Um nun das Verhalten eines Schwingkreises zu beschreiben, benötigen Sie normalerweise komplizierte Formeln aus der Elektrotechnik. Was ist aber, wenn Sie z. B. einen Tiefpassfilter auf Ihrem Mikrocontroller emulieren wollen? Müssen Sie diesem dann wirklich die Berechnung komplizierter Gleichungen zumuten und das auch noch in Echtzeit? Oder gibt es vielleicht doch einen Algorithmus bzw. ein Modell, das z. B. die Entwicklung eines Frequenzfilters einfacher macht?

Wenn Sie einige Zeit investieren, um Ihren Filter nach Gehör zu kalibrieren, dann gibt es diesen Algorithmus in der Tat in Form des EMA-Verfahrens. EMA ist die Abkürzung für *exponential moving averages*, auch *gleitender Mittelwert* genannt. Um den gleitenden Mittelwert zu berechnen, wird ein bestimmter Ausschnitt, das sogenannte Fenster, überlappend über das Signal geschoben. Der letzte Wert wird aus dem betrachteten Ausschnitt gestrichen und der erste Wert wird direkt nach dem Ausschnitt neu hinzugenommen. Anschließend wird dann wieder ein neuer Mittelwert mit den Daten des neuen, verschobenen Fensters berechnet. Was haben Sie jedoch durch einen solchen Algorithmus gewonnen? Die Antwort ist, dass dieser einfache Algorithmus schnelle Schwankungen in Ihrem Ausgangssignal glättet und dadurch quasi die hohen Frequenzen entfernt. In diesem Sinne haben Sie also einen einfachen Tiefpassfilter erstellt, der die Höhen absenken kann. Wenn Sie die Sache dann umkehren und dafür sorgen, dass Ihr EMA-Filter die hohen Frequenzen **nicht** glättet, dann haben Sie einen einfachen Hochpassfilter erzeugt. Das einfache physikalische Modell, das hinter dem EMA-Filter steckt, ist das folgende: Wenn sich in Ihrem Schwingkreis der Kondensator auflädt, dann lässt dieser erst einmal sämtliche Signale durch. Dies tut er aber nur, solange er nicht voll aufgeladen ist, denn dann sperrt er den Stromfluss. Wenn das Ausgangssignal jedoch ein Wechselstromsignal ist, dann kann sich der Kondensator auch wieder entladen und diese Geschwindigkeit hängt vom Kondensator selbst und auch vom Widerstand im Schwingkreis ab. Ein Schwingkreis ist also gewissermaßen träge und mittelt in gewissen Frequenzbereichen das Signal. Diese Trägheit kann dann teilweise durch den EMA-Algorithmus emuliert werden. Erwarten Sie an dieser Stelle jedoch nicht zu viel. Komplexe Filter mit mehr als einem Kondensator und mehr als einem Widerstand können durch den EMA-Algorithmus nicht mehr emuliert werden.

Ich werde Ihnen nun zeigen, wie Sie den EMA-Algorithmus auf Ihrem Mikrocontroller umsetzen können. Zu diesem Zweck definiere ich zunächst die Funktion `HiPass()`, die drei Parameter übergeben bekommt. Der erste Parameter **(EMA_a)** ist vom Typ float und bestimmt, ab welcher Frequenz der Filter aktiv ist. Der zweite Parameter **(Input)** ist der Signalwert selbst, nachdem dieser in eine Zahl vom Typ float umgewandelt wurde. Der dritte Parameter **(Active)** vom Typ bool bestimmt, ob der Filter überhaupt aktiv ist. Somit wird `HiPass()` wie folgt deklariert:

```
float HiPass(float EMA_a, float Input, bool Active);
```

Innerhalb der Funktion `HiPass()` wird nun schlicht die Formel für den gleitenden Mittelwert angewendet, die in C der folgenden Zeile entspricht:

```
EMA_S_H=(EMA_a*Input)+((1-EMA_a)*EMA_S_H);
```

Das Originalsignal wird also mit dem übergebenen Parameter **EMA_a** skaliert und anschließend wird (1-**EMA_a**) zu diesem Wert addiert, nachdem dieser noch einmal mit **EMA_S_H** skaliert wurde. Hierbei ist **EMA_S_H** eine globale Variable, die immer den aktuellen Zustand des EMA-Filters speichert und sich auch im Laufe der Zeit ändert. Um nun das Ausgabesignal des EMA-Filters zu erhalten, muss nur noch **EMA_S_H** von **Input** subtrahiert werden. Wenn Sie nun im Internet nach dem Begriff „EMA" suchen, werden Sie unter Umständen verschiedene Formeln für den gleitenden Mittelwert finden und sich vielleicht wundern, wie ich in meinem C-Programm gerade auf die Formel gekommen bin, die ich Ihnen hier angebe. Die Antwort ist schlicht trial and error, also Versuch und Irrtum. Ich habe die ursprüngliche Formel, die ich in einem meiner zahlreichen Mathematik-Lehrbücher gefunden habe, so lange angepasst, bis ich ein Ergebnis erhalten habe, das sich brauchbar anhört. Am Ende erhielt ich dann folgende Funktion für einen einfachen Hochpassfilter:

```
float HiPass(float EMA_a, float Input, bool Active)
{
    float HiPassOut=0;
    EMA_S_H=(EMA_a*Input)+((1-EMA_a)*EMA_S_H);
    HiPassOut=Input-EMA_S_H;
    if (HiPassOut>255) { HiPassOut=255; }
    if (HiPassOut<0) { HiPassOut=0; }
    if (Active==true) { return HiPassOut; }
    else { return Input; }
}
```

Der Filter entfernt hier sämtliche Peaks, die durch Ausgabewerte von unter 0 oder über 255 erzeugt werden, und gibt stets den unveränderten Input zurück, wenn er nicht aktiv ist.

Kommen wir nun zu der entsprechenden EMA-Variante, die einen einfachen Tiefpassfilter emuliert. Zu diesem Zweck definiere ich wieder eine Funktion, die diesmal `LoPass()` heißt. `LoPass()` bekommt dieselben Parameter übergeben wie `HiPass()` und arbeitet auch fast wie diese Funktion. Der einzige Unterschied ist, dass hier der Rückgabewert schlicht **EMA_S_H** ist und **EMA_S_H** durch die globale Variable **EMA_S_L** (L ist hier die Abkürzung von lopass) ersetzt wird. **EMA_S_H** speichert also den aktuellen Zustand des Hochpassfilters und **EMA_S_L** den aktuellen Zustand des Tiefpassfilters. Die Funktion `LoPass()` sieht nun in C wie folgt aus:

```
float LoPass(float EMA_a, float Input, bool Active)
{
    float LoPassOut=0;
    EMA_S_L=(EMA_a*Input)+((1-EMA_a)*EMA_S_L);
    LoPassOut=EMA_S_L;
    if (LoPassOut>255) { LoPassOut=255; }
    if (LoPassOut<0) { LoPassOut=0; }
    if (Active==true) { return LoPassOut; }
    else { return Input; }
}
```

Der Filter entfernt auch hier wieder sämtliche Peaks, die durch Ausgabewerte von unter 0 oder über 255 erzeugt werden, und gibt stets das Input-Signal zurück, wenn er nicht aktiv ist.

Nun muss zum Schluss natürlich noch eine Sache geklärt werden, nämlich, wie Sie Ihre Funktionen `LoPass()` und `HiPass()` konkret auf Ihre Samples anwenden, die im Array **AUBUFF** stehen. Der erste Schritt ist, die Funktionen `LoPass()` und `HiPass()` an den

Anfang Ihres Sketches zu kopieren. Zusätzlich müssen Sie auch die folgenden globalen Variablen definieren:

```
float EMA_S_H=0.0; // Anfangszustand ist 0.0
float EMA_S_L=0.0; // Anfangszustand ist 0.0
```

Sehen Sie sich nun Listing 7.9 an, das einen Echtzeit-EMA-Filter für Ihren Mikrocontroller umsetzt:

Listing 7.9 EMAFilter.ino

```
01  #include "RawData2.h"

02  float EMA_S_H=0.0; // Anfangszustand ist 0.0
03  float EMA_S_L=0.0; // Anfangszustand ist 0.0
04  long int SampleLen=28412;

05  float HiPass(float EMA_a, float Input, bool Active)
06  {
07      float HiPassOut=0;
08      EMA_S_H=(EMA_a*Input)+((1-EMA_a)*EMA_S_H);
09      HiPassOut=Input-EMA_S_H;
10      if (HiPassOut>255) { HiPassOut=255; }
11      if (HiPassOut<0) { HiPassOut=0; }
12      if (Active==true) { return HiPassOut; }
13      else { return Input; }
14  }

15  float LoPass(float EMA_a, float Input, bool Active)
16  {
17      float LoPassOut=0;
18      EMA_S_L=(EMA_a*Input)+((1-EMA_a)*EMA_S_L);
19      LoPassOut=EMA_S_L;
20      if (LoPassOut>255) { LoPassOut=255; }
21      if (LoPassOut<0) { LoPassOut=0; }
22      if (Active==true) { return LoPassOut; }
23      else { return Input; }
24  }

25  void setup()
26  {
27      analogWriteResolution(8); // Beim ESP32 wird dies nicht benötigt
28  }

29  void loop() // loop() spielt das Ergebnis in einer Schleife immer wieder ab
30  {
31      float DOut; // Für EMA-Filter
32      long int LClock; // Für Modulo-Operation
33      double DClock=(double)(micros()); // Hier skalierte Uhr erzeugen
34      DClock*=0.011025; // Uhr auf eine Samplerate von 11025 runterskalieren
35      LClock=(long int)(DClock); // DClock in Wert vom Typ long int wandeln
36      LClock%=SampleLen;
37      DOut=(float)(AUBUFF[LClock]); // Typecasting nötig
38      DOut=HiPass(0.2,DOut,true);
39      DOut=LoPass(0.2,DOut,true);
40      analogWrite(DAC0,(int)(DOut)); // Sample ausgeben (Typecasting nötig)
41  }
```

Anhand des obigen Beispiels können Sie sehr gut die Grenzen des EMA-Filters erkennen. Der Filter arbeitet hier tatsächlich als Bandpassfilter und entfernt sämtliche Frequenzen unterhalb von 100 Hz und oberhalb von 1000 Hz. Auch die Lautstärke wird spürbar herabgesetzt und die Sprache hört sich an wie ein altes Grammofon. Allerdings haben die Parameter, die Sie den Funktionen `HiPass()` und `LoPass()` übergeben, nichts mit Frequenzen zu tun. Dies ist dann auch der Grund dafür, dass Sie Ihre Filter entweder umständlich per Hand kalibrieren oder ein anderes Verfahren verwenden müssen.

7.3.4 Diskrete Fourier-Transformation (DFT)[1]

Im letzten Abschnitt haben Sie gesehen, wie Sie einen einfachen Frequenzfilter mit dem EMA-Verfahren umsetzen können – aber auch die Beschränkungen dieses Verfahrens wurden sichtbar. In diesem Abschnitt betreten wir nun die Königsklasse und sehen uns einen Filteralgorithmus an, der quasi sämtliche Frequenzen eines Signals direkt verstärken oder absenken kann. Dieses Verfahren ist gar nicht so neu, wie Sie denken, und wurde von dem Mathematiker Joseph Fourier (1768 – 1830) schon Anfang des 18. Jahrhunderts entwickelt. Ausgangspunkt der Fourier-Transformation ist die folgende Überlegung: Gibt es eine Methode, mit der eine beliebige Kurve (also eine mathematische Funktion f(x)) durch eine Summe aus Sinus- und Cosinus-Termen angenähert werden kann? Zu diesem Zweck entwickelte Fourier die später nach ihm benannte Fourier-Reihe. Eine *Reihe* (oft auch Folge genannt) ist eine Summe endlich oder unendlich vieler Glieder. Die allgemeine Form der Fourier-Reihe lautet:

$$f(t) = \sum_{k \in Z} C_k e_k(t) \; mit \; C_k \in C$$

Die Fourier-Reihe ist also in der ursprünglichen Form eine Summe aus komplexen Zahlen. Sie fragen sich an dieser Stelle vielleicht, was denn die komplexen Zahlen, die ja eigentlich Vektoren sind, mit Sinus und Cosinus zu tun haben. Die Antwort ist, dass die komplexen Zahlen in der Fourier-Reihe nur eine kompaktere Schreibweise für Sinus- und Cosinus-Terme sind, die in der folgenden Weise mithilfe der Eulerschen Formel ineinander umgewandelt werden können:

$$e^{iy} = \cos(y) + i\sin(y)$$

Das bedeutet, dass es für die Fourier-Reihe auch folgende Sinus-Cosinus-Form gibt:

$$f(t) = \frac{a_0}{2} + \sum_{k=1}^{n} \left(a_k \cos(k \ast t) + b_k \sin(k \ast t) \right)$$

Was haben Sie an dieser Stelle aber gewonnen? Im Endeffekt präsentiere ich Ihnen doch nur eine Wiederholung Ihres Abiturstoffs der elften Klasse, in dem es unter anderem um die Funktion f(x)=e^x geht, die man eben auch in Sinus- oder Cosinus-Terme umwandeln kann. Letztlich hatte Fourier selbst nichts mehr von seiner Entdeckung, denn Fourier war Mathematiker und hatte deswegen auch nur Abhandlungen über verschiedene theoretische Fra-

---

[1] *https://de.wikipedia.org/wiki/Diskrete_Fourier-Transformation*

gestellungen veröffentlicht. Die wirkliche Revolution kam viel später, als im 20. Jahrhundert die Elektrotechnik und Signalverarbeitung folgende Entdeckung machte: Wechselstromsignale, wie sie unter anderem auch durch Mikrofone erzeugt werden, können mithilfe der Eulerschen Formel als komplexe Zahlen (also als Vektoren) dargestellt werden. Mithilfe dieses Modells kann dann die Sinus-Cosinus-Form einer Fourier-Reihe in die folgende Amplituden-Phasen-Form umgewandelt werden:

$$f(t) = \frac{a_0}{2} + \sum_{k=1}^{n} A_k \cos(k^* t - \varphi_k)$$

Elektrotechniker verwenden an dieser Stelle gern folgendes Bild, um sich ein Wechselstromsignal zu veranschaulichen: Ein komplexer Zeiger (also ein Vektor im komplexen Koordinatensystem) rotiert mit einer bestimmten Frequenz um seine eigene Achse. Die Spitze dieses Zeigers gibt dann die Spannung U(t) des Signals zu einem bestimmten Zeitpunkt an. Die Konstante φ_k gibt hierbei an, bei welchem Winkel eine bestimmte Cosinus-Funktion startet. Stellen Sie sich hierbei einfach vor, dass nicht sämtliche Schwingungen in Ihrem Signal genau zum Zeitpunkt Null anfangen, sondern auf der Zeitachse verschoben sein können. Diese Verschiebung drückt sich dann durch einen bestimmten Winkel φ_k aus. Stellen Sie sich nun vor, Sie haben ein diskretes Signal mit einer bestimmten Sample-Rate aufgenommen und deshalb natürlich nicht unendlich viele Summenglieder. In diesem Fall wird aus dem kontinuierlichen Wechselstromsignal eine Fourier-Reihe in Amplituden-Phasen-Form, die auch endlich viele Summenglieder besitzt.

Der nächste Schritt in den 80er-Jahren war dann die Entwicklung eines Computeralgorithmus, der ein diskretes Signal in zwei Richtungen wandeln kann, nämlich sowohl in die Amplituden-Phasen-Darstellung als auch zurück von der Amplituden-Phasen-Darstellung in die Ausgangsdaten. Hierbei können dann einzelne Summenglieder der Fourier-Reihe durchaus auch verändert werden, was zur Folge hat, dass sich dann auch das Originalsignal verändert. Da die einzelnen Summenglieder in der Amplituden-Phasen-Darstellung verschiedene Frequenzen des Ausgangssignals repräsentieren, können Sie auch bestimmte Frequenzen aus Ihrem Signal entfernen – Sie müssen nur die richtigen Summenglieder weglassen. Natürlich können Sie bestimmte Frequenzen auch verstärken, indem Sie den Faktor A_k ändern, der vor dem entsprechenden Cosinus-Term steht. Sie sehen also, dass man mit Computeralgorithmen nicht nur Filter, sondern auch Verstärker simulieren kann.

Kommen wir nun zu dem konkreten Algorithmus, der das oben Gesagte leistet, nämlich der diskreten Fourier-Transformation (DFT). Der DFT-Algorithmus erzeugt aus einem Eingangssignal, von dem die Rohdaten in dem Array S abgelegt werden, zwei Arrays, die das transformierte Signal enthalten. Der DFT-Algorithmus verwendet also die Darstellungsform mit den komplexen Zahlen und legt dabei den Realteil und den Imaginärteil in getrennten Arrays ab. Die Wandlung der diskreten Zahlenwerte im Array **S** in komplexe Zahlen geschieht hier wieder mit der Formel

$$e^{iy} = \cos(y) + i\sin(y)$$

getrennt für die realen und komplexen Anteile des Ergebnis-Arrays. Wie wandelt man aber nun ein diskretes Signal in eine Summe aus Frequenzen um? Nehmen wir dazu erst einmal an, Ihr Signal enthält nur ein Standard-Sinus-Signal, das mit einer Frequenz von $1/2\pi$ = 0,159 Hertz schwingt. In diesem Fall hätte Ihre Fourier-Reihe nur ein einziges Glied, nämlich sin(x). Wenn Ihr Signal nun die Länge **Len** besitzt, dann lassen sich sämtliche Werte in **S** durch die Funktion f(x) = sin(x) berechnen. Dies können Sie dann durch folgende einfache Schleife realisieren:

```
int n;
for (n=0; n<Len; n++)
{
    S[n]=sin(n);
}
```

Nun benötigt aber Ihre Standard-Sinus-Kurve eben 6,28 Sekunden für einen Durchgang und wenn Sie den Sinus wieder als rotierenden Zeiger in einem komplexen Koordinatensystem darstellen, benötigt Ihr Zeiger 6,28 Sekunden für einen Umlauf. Sie erahnen wahrscheinlich an dieser Stelle schon, dass die Funktion sin(x) wieder so skaliert werden muss, dass diese mit 1 Hz schwingt (denn wir messen Frequenzen allgemein in 1-Hz-Einheiten und nicht in 0,159-Hz-Einheiten). Sie müssen also Ihre Schleife wie folgt abwandeln, damit **S** mit einer Sinuswelle beschrieben wird, die mit 1 Hz schwingt:

```
int n;
float PI=3.141592;
for (n=0; n<Len; n++)
{
    S[n]=sin(2*PI*n);
}
```

Sehen Sie sich nun noch einmal die Sinus-Cosinus-Form der Fourier-Reihe an:

$$f(t) = \frac{a_0}{2} + \sum_{k=1}^{n} \left(a_k \cos(k^*t) + b_k \sin(k^*t) \right)$$

Die Anzahl der Samples in Ihrem Signal ist bei der diskreten Fourier-Transformation **n** und **k** ist gleich **n**. Um also den Real- und Imaginärteil in getrennten Arrays abzulegen, können Sie nun die folgenden C-Zeilen verwenden:

```
XRe[k]=S[n]*cos(2*PI*k*n/Len)); // Len ist die Anzahl der Samples in Ihrem Signal
XIm[k]=S[n]*sin(2*PI*k*n(Len)); // Len ist die Anzahl Samples in Ihrem Signal
```

Der letzte Schritt zu einer lauffähigen C-Funktion ist nun, für jeden einzelnen Sample S[n] zu ermitteln, welche Schwingungsfunktion mit welcher Frequenz diesen Wert verursacht haben könnte. Sie müssen also quasi für jeden Sample-Wert die Fourier-Reihe ermitteln, die diesen Wert erzeugt haben könnte. Wenn Sie an dieser Stelle an eine doppelt verschachtelte Schleife denken, dann haben Sie den Sachverhalt richtig erkannt. Sehen Sie sich nun die komplette Funktion DFT() als C-Code an:

```
void DFT(float *S, float *XRe, float *XIm, int Len)
{
    int i, k, n;
    for (k=0; k<Len; k++)
    {
        XRe[k]=0; XIm[k]=0; // Eine Fourier-Reihe ohne Summenglieder ist erst
einmal=0
        for (n=0; n<Len; n++) // Sämtliche Samples durchgehen
        {
            XRe[k]=(XRe[k]+S[n]*cos(2*PI*k*n/Len)); // Realteil der Fourier-Reihe
```

```
erzeugen
            XIm[k]=(XIm[k]+S[n]*sin(2*PI*k*n/Len)); // Imaginärteil der Fourier-Reihe
erzeugen
        }
    }
}
```

Wie sieht es nun mit der Komplexität des DFT-Algorithmus aus? Wie stark steigt die Laufzeit mit steigenden Werten für **n** an? Die Laufzeit der diskreten Fourier-Transformation entspricht hier wegen der Doppelschleife O(n^2), steigt also polynomial an. Die diskrete Fourier-Transformation ist hierbei in jedem Fall berechenbar, weil der Algorithmus für alle Eingaben anhält. Die Wandlung in float-Werte, die Sie unter Umständen durchführen müssen, ist im Vergleich zu der Laufzeit des eigentlichen DFT-Algorithmus vernachlässigbar.

Kommen wir nun zur inversen diskreten Fourier-Transformation, die allgemein mit IDFT (inverse DFT) abgekürzt wird. Die Funktion IDFT() bekommt in diesem Fall dieselben Parameter übergeben wie die Funktion DFT, überschreibt aber den Inhalt des Arrays **S**.

```
void IDFT(float *S, float *Xr, float *Xi, int Len)
{
    int i,k,n;
    float theta; // Drehwinkel des komplexen Zeigers
    for (n=0; n<Len; n++)
    {
        S[n]=0;
        for (k=0; k<Len; k++)
        {
            theta=(2*PI*k*n)/Len;
            S[n]=S[n]+Xr[k]*cos(theta)+Xi[k]*sin(theta);
        }
        S[n]=S[n]/Len;
    }
}
```

Wie Sie sehen, arbeitet die inverse Fourier-Transformation fast wie die Fourier-Transformation selbst. Anstatt jedoch die Fourier-Reihen für jeden Wert im Array **S** zu berechnen, setzt die inverse Fourier-Transformation das Array **S** wieder aus den einzelnen komplexen Zahlen zusammen, indem der Drehwinkel des komplexen Zeigers wieder auf den reellen Zahlenraum abgebildet wird. Aufgrund der Tatsache, dass sich komplexe Zahlen immer als Sinus- und Cosinus-Terme darstellen lassen, sieht dann auch die inverse Fourier-Transformation der Fourier-Transformation recht ähnlich.

Nun bleibt nur noch die Frage zu klären, wie Sie bestimmte Frequenzen aus einem transformierten Signal entfernen können. Dies ist aber gar nicht so schwierig, denn im komplexen Zahlenraum entsprechen die Frequenzen dem Absolutwert der Werte in dem Array **XRe** (also quasi dem reellen Anteil des komplexen Vektors). Da ein Umlauf des komplexen Zeigers bei einem Standard-Sinus-Signal 6,25 Sekunden dauert, müssen Sie diesen Wert noch mit 6,25 multiplizieren, um die tatsächliche Frequenz zu erhalten. Nehmen wir nun an, dass Sie alle Frequenzen oberhalb von 2000 Hz aus Ihrem Signal entfernen wollen. Dann teilen Sie 2000 durch 6,25 und erhalten 320. Anschließend setzen Sie sämtliche Einträge in XRe[n] und XIm[n] auf 0, bei denen der Absolutbetrag von XRe[n]<320 ist.

An dieser Stelle will ich dann auch das Thema Signalverarbeitung abschließen. Im nächsten Kapitel geht es um einen Bereich, der immer häufiger im Studium vorkommt, nämlich die grafische Bildverarbeitung und die Entwicklung von Filteralgorithmen für Fotos. Gerade in sozialen Netzwerken, wie Facebook und Co wird das digitale Aufhübschen von Bildern immer wichtiger.

■ 7.4 Übungen

Übung 1
Erklären Sie, was ein Signal ist, und wie dieses gemessen werden kann. Was müssen Sie beim Messen von Signalen beachten? Mit welchen elektronischen Bauteilen können Signale eingelesen werden und mit welchen elektronischen Bauteilen lassen sich Signale generieren?

Übung 2
Erläutern Sie, welche primitiven Signalformen es bei Audiosignalen gibt und wie diese im Oszillogramm aussehen (Sie brauchen hier keine Bilder zu malen, Text genügt). Auf welche Weise können diese Signaltypen generiert werden (kein Programmcode, eine grobe Angabe des Verfahrens genügt hier)?

Übung 3
Was ist eine Hüllkurve für Audiosignale und wie wird diese erzeugt? Welche vier Parameter kennzeichnen eine Hüllkurve?

Übung 4
Was ist ein Signalfilter und was haben Signalfilter mit dem Thema Algorithmen zu tun?

8 Grafische Bildverarbeitung

Die grafische Bildverarbeitung ist ein Thema, das nur manchmal im Studium vorkommt und das Sie nicht unbedingt benötigen. Wenn Sie jedoch z. B. grafische Bildverarbeitung als Wahlpflichtfach gewählt haben, dann können Sie in einige Probleme hineingeraten. Warum ist dies so? Ein Grund für Probleme in grafischer Bildverarbeitung ist, dass im Studium das Thema Grafikausgabe oft zu kurz kommt und viele Studenten einfach nicht wissen, wie sie z. B. Pixel in der Konsole ausgeben können. Ein anderer Grund ist, dass die immer beliebter werdende Programmiersprache Java die Programmierung von Grafikfiltern, so, wie sie im Studium behandelt werden, nicht wirklich unterstützt. So gibt es z. B. in Java keine einfache Möglichkeit, Pixel direkt zu setzen oder die Farbe einzelner Pixel auszulesen. Sie müssen hierfür immer spezielle Interfaces verwenden, die oft sogar kostenpflichtig in App-Stores erworben werden müssen. Das Setzen von Pixeln oder das Auslesen von Farbinformationen ist aber essenziell für grafische Filteralgorithmen, weswegen Sie sich (zumindest dann, wenn Sie nicht über das nötige Kleingeld verfügen) an dieser Stelle im Kreis drehen. Der alternative (und kostenlose) Weg über die Windows-API oder den Linux-Framebuffer wird im Studium meist überhaupt nicht besprochen und viele Studenten bleiben eben schon an der Aufgabe hängen, ein Pixel mit einer bestimmten Farbe auszugeben. Dabei ist die Programmierung von Filteralgorithmen auch ohne komplizierte GUI-Entwicklungsumgebungen möglich, wenn Sie dann ein paar Tricks beherrschen. Diese Tricks werde ich Ihnen nun erklären, zusammen mit einigen wichtigen Filteralgorithmen, die ich selbst entwickelt habe. Im Endeffekt hat es mehrere Jahre gedauert, bis ich sämtliche Tricks beherrschte, deshalb bin ich sehr froh, dass ich Ihnen diese nun näherbringen kann.

8.1 Der Medianfilter

Fangen wir nun mit einem ganz einfachen Filteralgorithmus an, nämlich dem Medianfilter. Den Median kennen Sie wahrscheinlich noch aus Ihrer Schulzeit. Der Median ist der mittlere Wert, d. h. der Wert, der sich in der Mitte einer Zahlenreihe befindet. Wenn Sie z. B. die Zahlenreihe {1,2,3,4,5,6,7,8,9} mit neun Werten haben, dann ist der Median 5. Wenn Sie die Zahlenreihe {1,2,3,4,5,6,7,8,9,10} mit zehn Werten haben, dann haben Sie eine gerade Anzahl von Werten. In diesem Fall gibt es keinen Wert direkt in der Mitte und der Median ist der Mittelwert der beiden Werte in der Mitte der Zahlenreihe. Bei den zehn Werten {1,2,3,4,5,6,7,8,9,10} ist der Median also (5+6)/2 = 5,5. Der Median hat nun besondere Eigenschaften. Im Gegensatz zum Mittelwert können Sie mit dem Median nämlich Ausreißer eliminieren. Nehmen Sie z. B. die folgende Zahlenreihe:

{1,2,3,4,5,6,700,8,9}

Der Median dieser Zahlenreihe wäre in diesem Beispiel nach wie vor 5, auch wenn ein einzelner Wert in der Reihe sehr groß ist. Die Wahrscheinlichkeit, dass Sie in diesem Beispiel den Ausreißer nicht erkennen, läge bei 1/9. Dieser eine Fall von neun Fällen träte also genau dann auf, wenn sich der Ausreißer zufällig in der Mitte der Reihe befände. Um die Wahrscheinlichkeit, den Ausreißer nicht zu erkennen, noch weiter zu reduzieren, unternimmt man beim Median noch einen weiteren Schritt: Man sortiert die Zahlenreihe aufsteigend, bevor man den Median ermittelt. In diesem Fall erkennt man den Ausreißer auch dann, wenn sich dieser genau in der Mitte befindet. Die Zahlenreihe

{1,2,3,4,500,6,7,8,9}

wird also vor Berechnung des Medians sortiert und zu

{1,2,3,4,6,7,8,9,500}

Und der Median ist 5.

Damit kommen wir zu der folgenden Definition, die fast immer in irgendeiner Form im Studium auftaucht: Der *Median* ist der mittlere Wert, der sich in der Mitte einer aufsteigend sortierten Zahlenreihe befindet. Wenn die sortierte Zahlenreihe eine gerade Anzahl Werte besitzt, ist der Median der Mittelwert der beiden Werte in der Mitte der Zahlenreihe.

Die Eigenschaft, dass Sie mit dem Median Ausreißer erkennen können, nutzt man nun in der grafischen Bildverarbeitung, um Kratzer oder Störpixel zu entfernen. Dabei nimmt man folgendes Modell zur Hilfe: Man nimmt an, dass Kratzer und Störpixel Ausreißer sind und dass man diese eliminieren kann, indem man anstatt der Störpixel oder Kratzer an der entsprechenden Stelle den Median einsetzt. Der Algorithmus, der einen sogenannten Medianfilter implementiert, funktioniert nun so:

1. Beginne bei den Bildschirmkoordinaten x = 0 und y = 0.
2. Lies 9 Pixeldaten an der Position (x,y)-(x+2,y+2) ein und füge diese sortiert in das Array A ein.
3. Ermittle den Median des Arrays A und ersetze die Pixeldaten des Pixels an der Position (x+1,y+1) durch den Median.
4. Erhöhe x um 1.
5. Wenn y die Bildzeile verlässt, erhöhe y um 1 und setze x auf 0.
6. Wiederhole die Schritte 2-6, bis das gesamte Bild abgetastet ist. Wende dabei aber den Filter nur an, wenn die Helligkeit in dem Bereich (x,y)-(x+2,y+2) zu stark schwankt und dadurch z. B. ein Kratzer auf einem Foto identifiziert wurde.

An dieser Stelle können Sie sehr gut sehen, dass Sie die Basisalgorithmen immer wieder benötigen, auch für professionelle Anwendungen. In diesem Fall benötigen Sie das sortierte Einfügen von Daten in ein Array. Nun bleibt aber noch die Frage zu klären, was denn eigentlich Pixeldaten genau sind, wo diese stehen. Wie wird also z. B. die Farbe eines Pixels ermittelt? Die meisten modernen Grafikkarten besitzen hierfür einen internen Bildspeicher, der auch oft als Framebuffer bezeichnet wird. In den meisten Fällen sind die Pixeldaten im

Framebuffer als Tupel von mindestens drei Werten abgelegt, nämlich in Form von {0,R,G,B}. R bedeutet dabei Rot, G bedeutet dabei Grün und B bedeutet dabei Blau. Jede Farbe im Framebuffer ist also eine Mischung aus einem Rotanteil, einem Grünanteil und einem Blauanteil. Hierbei mischen sich alle drei Farben zu Weiß. Die Werte für die einzelnen Farbanteile liegen nun im Bereich von 0 bis 255 und können deshalb sehr gut in einem Array des Typs `int[]` abgelegt werden. Das Auslesen der Pixeldaten können Sie z. B. über die Windows-API mittels der Funktion `GetPixel()` realisieren, unter Linux können Sie durch die Datei **/dev/fb0** direkt auf den Framebuffer zugreifen. Meistens werden die Pixelfarben als Werte vom Typ `unsigned long int` angelegt, die Reihenfolge der Bytes ist unter Windows {0,R,G,B} und unter Linux {0,B,G,R}. Hier müssen Sie also aufpassen: Unter Windows sind die Farbwerte für Rot und Blau vertauscht.

Nehmen wir nun an, Sie hätten die Farbe eines Pixels in ein Tupel aus drei Werten zerlegt, nämlich R für Rot, G für Grün und B für Blau. Es gibt nun verschiedene Strategien, farbige Pixel mit einem Medianfilter zu verarbeiten. Die einfachste Vorgehensweise ist, für die Werte für R, G und B den Mittelwert zu berechnen und dadurch einen Grauwert zu erhalten. Dieser Grauwert gibt dann gewissermaßen die Helligkeit an und die Pixel werden anschließend nach Helligkeit und nicht nach Farbe sortiert. Natürlich muss dann am Ende nicht der Median selbst an die Position (x+1,y+1) geschrieben werden, sondern die Farbdaten des entsprechenden Pixels, die zu dem entsprechenden Eintrag gehören.

Eine zweite Vorgehensweise ist, das Bild in drei Farbebenen (man spricht hier auch von *planes*) aufzuteilen und dadurch den Rotanteil, Grünanteil und Blauanteil separat zu betrachten. Der Medianfilter wird hier also dreimal angewendet. Der Vorteil dieses Vorgehens ist, dass der Filter sehr viel feiner ist und z. B. auch farbige Kratzer und Störpixel erkennen kann. Es gibt jedoch auch einen Nachteil: Wenn die Verteilung einer bestimmten Farbe im Bild stark schwankt, weil sich z. B. helle und dunkle Bereiche abwechseln, dann können Artefakte auftreten. Welche Strategie ist aber nun für unser weiteres Vorgehen die beste? Dies kommt darauf an, was Sie genau tun wollen. Im nächsten Beispiel soll einfach ein Foto, das Störpixel enthält, wieder einigermaßen sichtbar gemacht werden. Dies ist dann auch das Entscheidungskriterium für Ihren Filter: Fotos enthalten oft keine starken Farbschwankungen. Deshalb müssen Sie auch nicht darauf achten, dass das Farbspektrum möglichst nicht beeinflusst wird. Wir wählen also für das nächste Beispiel die zweite Lösung.

Nun haben Sie schon alles zusammen, um den Medianfilter in ein Programm umzusetzen. Allerdings benötigen Sie noch eine Strategie, um in Ihrer Konsole Pixel auszugeben und Bilder anzuzeigen. Dies ist aber nicht so schwer, wie Sie vielleicht denken. Der Schlüssel liegt hier in der Include-Datei **Windows.h**, bzw. unter Linux in der Datei **/dev/fb0**. Ich werde Ihnen nun zunächst die Windows-Variante und danach die Linux-Variante zeigen, damit Sie später auf beiden Systemen zurechtkommen.

Kommen wir also zunächst zu der Ausgabe von Pixeln in der Windows-Konsole. Unter Windows haben Sie im Gegensatz zu Linux keinen direkten Zugriff auf den Framebuffer, weil dort allein der Fenstermanager dafür zuständig ist, den entsprechenden Speicherbereich, der zu einem bestimmten Fenster gehört, korrekt in den Framebuffer zu kopieren. Da alles unter Windows ein Fenster ist, ist auch die Konsole (also die Eingabeaufforderung) ein solches. Wie jedes Fenster besitzt auch die Konsole ein Handle. Ein *Handle* ist eine eindeutige Zahl, über die Sie Zugriff auf verschiedene Eigenschaften eines Objekts (z. B. eines Fensters) haben. Wenn Sie also die Eingabeaufforderung öffnen, erzeugt Windows ein Handle vom Datentyp HWND (handle of window). Sie können nun ein eigenes Handle definieren und dieses Handle mit der folgenden Anweisung auf das Fenster der Eingabeaufforderung setzen:

```
HWND hwnd=FindWindow("ConsoleWindowClass",NULL);
```

FindWindow() sucht hierbei das Fenster *ConsoleWindowClass* und davon gibt es in diesem Beispiel nur ein einziges: die Eingabeaufforderung. Nun haben Sie aber noch nicht viel gewonnen, denn Sie benötigen noch den Speicherbereich, in den Sie direkt Pixel setzen können bzw. aus dem Sie auch den Farbwert von Pixeln auslesen können. Zu diesem Zweck gibt es für jedes Fenster einen Grafikkontext, der ebenfalls ein Handle besitzt und der vom Typ HDC ist. Mit den folgenden Anweisungen können Sie sich nun den Grafikkontext der Konsole ausborgen:

```
HDC CONSOLE_DC=GetDC(hwnd);
```

Da der Datentyp HDC ein Zeiger ist, zeigt CONSOLE_DC nun auf den Grafikkontext der Eingabeaufforderung und Sie können nun damit die Funktionen der Windows-API benutzen. Die Windows-API bietet sowohl Funktionen an, um einzelne Pixel zu setzen, als auch Funktionen, um einzelne Pixel zu löschen. Um Pixel zu setzen, verwenden Sie die folgende Funktion:

```
SetPixel(HDC hdc, unsigned long int x, unsigned long int y, unsigned long int Color);
```

HDC hdc ist hierbei wieder ein Handle auf den Grafikkontext (oft auch als *Gerätekontext* bezeichnet), und **x** und **y** sind Bildschirmkoordinaten. **Color** ist vom Typ unsigned long int und enthält die Farbwerte in Form der Bytes {0,R,G,B}. **R** steht hier für Rot, **G** für Grün und **B** für Blau. Um die Farbe eines Pixels auszulesen, verwenden Sie die folgende Funktion:

```
unsigned long int Color=GetPixel(HDC,x,y);
```

Der Rückgabetyp von GetPixel() ist vom Typ unsigned long int und enthält die Werte von **R**, **G** und **B** wieder in der gepackten Form {0,B,G,R} als einzelne Bytes. Ich werde nun die Anweisungen zum Initialisieren der Grafikausgabe in folgende Funktion auslagern:

```
HDC CONSOLE_DC; // globale Variable
void InitGraph()
{
    hwnd=FindWindow("ConsoleWindowClass",NULL)
    CONSOLE_DC=GetDC(hwnd);
    HDCOffscreen=CreateCompatibleDC(CONSOLE_DC);
    HBITMAP BitmapOffscreen=CreateCompatibleBitmap(CONSOLE_DC,1024,768);
    SelectObject(HDCOffscreen,BitmapOffscreen);
}
```

Sie müssen hier InitGraph() stets am Anfang Ihres Hauptprogramms aufrufen, damit Sie Zugriff auf den Zeichenbereich Ihres Eingabeaufforderungsfensters haben. Ich verwende aber hier den Zeichenbereich nicht direkt, sondern einen Offscreen-Buffer. Ein *Offscreen-Buffer* ist ein Speicherbereich, der die Bilddaten zwischenspeichert und der nur bei Bedarf in einem sichtbaren Bildschirmbereich ausgegeben wird. Mein Offscreen-Buffer ist in diesem Beispiel 1024 x 768 Pixel groß, besitzt also SVGA-Auflösung. Wenn Sie eine größere Auflösung verwenden wollen, müssen Sie die Werte in den Aufrufen der Funktion BitBlt() entsprechend anpassen. Damit die Filter-Algorithmen auch den Offscreen-Buffer verwenden können, müssen nun zwei Wrapper-Funktionen erstellt werden: einmal die Funktion PSet(), die Pixel auch ohne die Angabe eines Gerätekontext-Handle setzen kann, und eine Funktion Point(), die Pixel auch ohne die Angabe eines Gerätekontext-Handle auslesen kann. Dies erreichen Sie wie folgt:

```
void PSet(unsigned long int x, unsigned long int y, unsigned long int Color)
{
    SetPixel(HDCOffscreen,x,y,Color); // Hier den Offscreen-Buffer verwenden
}

unsigned long int Point(unsigned long int x, unsigned long int y)
{
    return GetPixel(HDCOffscreen,x,y,Color); // Hier den Offscreen-Buffer verwenden
}
```

Kommen wir nun zur Ausgabe von Pixeln in der Linux-Konsole. Unter Linux ist die Sache einfacher, als unter Windows, da Sie, um ein Pixel auf dem Bildschirm auszugeben, nur die Datei **/dev/fb0** als Array betrachten müssen. In diesem Array stehen die Werte, die Ihre Grafikkarte als Framebuffer-Daten verwendet. Allerdings müssen Sie die Zugriffsrechte auf **/dev/fb0** besitzen, sonst können Sie keine Daten in den Framebuffer schreiben. Nehmen Sie nun an, dass Ihr Framebuffer 1024x768 Pixel groß ist, und dass Sie 4 Bytes pro Farbpixel verwenden. In diesem Fall können Sie die folgende PSet()-Variante benutzen:

```
void PSet(unsigned long int x, unsigned long int y, unsigned long int Color)
{
    unsigned long int Adr;
    Adr=(1024*y)+x; Adr*=4; // Adr ist die Speicheradresse bei 4 Bytes pro Pixel
    fseek(FB,Adr,SEEK_SET); // Dateizeiger auf die Position Adr setzen
    fwrite(&Color,4,1,FB); // 4 Bytes in Datei FB schreiben
}
```

Die globale Variable **FB** ist vom Typ **FILE*** und muss vorher wie folgt initialisiert werden:

```
FB=fopen("/dev/fb0","r+b");
```

Die Funktion Point() greift nun auf die Datei **/dev/fb0** zu und liest die entsprechenden Pixeldaten aus dieser aus:

```
unsigned long int Point(unsigned long int x, unsigned long int y)
{
    unsigned long int Adr;
    unsigned long int Color;
    Adr=(1024*y)+x; Adr*=4; // Adr ist die Speicheradresse bei 4 Bytes pro Pixel
    fseek(FB,Adr,SEEK_SET); // Dateizeiger auf die Position Adr setzen
    fread(&Color,4,1,FB); // 4 Bytes lesen
    return Color;
}
```

Unter Linux werden leider die Pixeldaten direkt in den Framebuffer geschrieben und dies kann ein Nachteil sein. Die Hardware verwendet nämlich, anders als mit Windows, die Reihenfolge {0,R,G,B}. D. h., dass unter Windows die Positionen für den Rot- und Blauwert vertauscht sind und dass Sie dies beachten müssen, wenn Sie Programme von Linux auf Windows portieren. Die Lösung, die ich im Folgenden verwende, ist, Ihnen zwei Versionen der Funktion `RGB()` anzugeben, die Farbwerte in der Reihenfolge **R**, **G**, **B** entgegennimmt und diese in einen Farbwert vom Typ `unsigned long int` verwandelt. Sie müssen dann nur noch die richtige Version für Ihr System verwenden.

Windows-Version:

Die `RGB()`-Funktion ist in Windows schon enthalten, deshalb muss diese nicht mehr gesondert implementiert werden. Fügen Sie einfach **Windows.h** am Anfang Ihres Programms ein.

Linux-Version:

```
unsigned long int RGB(unsigned long int R, unsigned long int G, unsigned long int B)
{
    unsigned long int Color;
    Color=(R<<16)|(G<<8)|B; Bytes mit Bit-Shifts zu einem long-int-Wert vereinigen
    return Color;
}
```

Nun haben Sie aber sämtliche Farben noch im Format `unsigned long int` vorliegen. Für die Verwendung der Filter müssen Sie jedoch die Werte für **R**, **G** und **B** separat verarbeiten. Dies können Sie auf die folgende Weise erreichen:

Windows-Version:

```
unsigned long int GetR(unsigned long int Color) // Gibt den Rotanteil zurück
{
    return Color&0xff; // Rot ist Byte 0
}

unsigned long int GetG(unsigned long int Color) // Gibt den Grünanteil zurück
{
    return (Color>>8)&0xff; // Grün ist Byte 1
}

unsigned long int GetB(unsigned long int Color) // Gibt den Blauanteil zurück
{
    return (Color>>16)&0xff; // Blau ist Byte 2
}
```

Linux-Version:

```
unsigned long int GetR(unsigned long int Color) // Gibt den Rotanteil zurück
{
    return (Color>>16)&0xff; // Rot ist Byte 2
}

unsigned long int GetG(unsigned long int Color) // Gibt den Grünanteil zurück
{
    return (Color>>8)&0xff; // Grün ist Byte 1
}
```

```
unsigned long int GetB(unsigned long int Color) // Gibt den Blauanteil zurück
{
    return Color&0xff; // Blau ist Byte 0
}
```

Nun müssen Sie Ihre Bitmaps, die Sie mit Ihrem Filter bearbeiten wollen, vorher noch in die Konsole laden. Hier ist das Vorgehen unter Windows und Linux sehr unterschiedlich. Unter Windows besitzen nämlich auch Bitmaps ein Handle (Typ `HBITMAP`). HBITMAP ist ein Zeiger auf einen Speicherbereich, der Bilddaten enthält. Dieser Zeiger kann, wenn Sie das Bitmap mit der API-Funktion `LoadImage()` aus einer Datei geladen haben, an einen Gerätekontext gebunden werden. Unter Linux müssen Sie dagegen entweder einen Fenstermanager installieren und z. B. das GTK-Toolkit verwenden oder aber einen Bitmap-Loader per Hand erstellen. Ich werde Ihnen nun beide Versionen vorstellen.

Windows-Version des Bitmap-Loaders

```
void LoadBitmap(long int &w, long int &h, char *FileName)
{
    w=0; h=0; // Wenn der Loader zurückkehrt, ohne das Bild zu laden, bleiben diese Werte 0
    HDC NewDC=CreateCompatibleDC(GetDC(0)); // Neuen DC anlegen
    HBITMAP NewBitmap=(HBITMAP)LoadImage(NULL,FileName,IMAGE_BITMAP,0,0, LR_LOADFROMFILE); // LoadImage() mit Standardparametern aufrufen
    if (NewBitmap == NULL) { return; } // Fehler beim Laden? Dann kehre zurück
    BITMAP bmp; // Alles klar? Dann erzeuge ein neues Bitmap-Objekt bmp
    GetObject(NewBitmap, sizeof(bmp),&bmp); // Daten vom Bitmap-Handle in das Objekt einlesen
    HGDIOBJ OldBitmap=SelectObject(NewDC,NewBitmap); // Bitmap an NewDC binden
    BitBlt(HDCOffscreen,0,0, bmp.bmWidth, bmp.bmHeight, NewDC,0,0,SRCCOPY);
    w=bmp.bmWidth; h=bmp.bmHeight; // Rückgebeparameter anpassen
    // Am Ende alle temporären Puffer wieder löschen
    SelectObject(NewDC,OldBitmap);
    DeleteObject(NewBitmap);
    DeleteDC(NewDC);
}
```

`LoadBitmap()` bekommt drei Parameter übergeben, nämlich **w** (with=Bildbreite in Pixeln), **h** (height=Bildhöhe in Pixeln) und den Dateinamen (`char *FileName`). Die Parameter **w** und **h** werden mit dem Address-Of-Operator übergeben, d. h., sie werden durch die Funktion verändert. Die Funktion wurde so angelegt, dass **w** und **h** die Höhe des geladenen Bilds in Pixeln enthalten, wenn die entsprechende Datei in **FileName** gefunden wurde. Dagegen sind **w** und **h** 0, wenn die Datei nicht gefunden wurde. Um ein Bitmap-Bild zu laden, müssen Sie zuerst mit `CreateCompatibleDC()` einen Gerätekontext für Ihr Bitmap erstellen, der kompatibel zu einem anderen Gerätekontext ist und genau dieselben Grafikparameter benutzt. Wenn Sie `CreateCompatibleDC()` den Wert 0 übergeben, dann wird der Gerätekontext des aktuell aktiven Fensters benutzt, was in diesem Fall die Eingabeaufforderung ist. Der neue Gerätekontext wird dann in der Variablen **NewDC** abgelegt. Anschließend müssen Sie ein Bitmap-Handle anlegen und die Funktion `LoadImage()` mit diesem Handle aufrufen. Ich habe an dieser Stelle die Standardparameter verwendet, nämlich die Option `IMAGE_BITMAP`, bei der der Dateiname im zweiten Parameter steht und bei der der letzte Parameter `LR_LOADFROMFILE` ist. Nun ist **NewBitmap** NULL, wenn das Bild nicht geladen werden konnte. In diesem Fall kehrt LoadBitmap() mit einem return zurück. Wenn jedoch NewBitmap nicht NULL ist, dann können Sie mit BITMAP bmp ein neues Bitmap-Objekt definieren und an Ihren Gerätekontext NewDC binden. Die Daten des gerade eingelesenen Bilds können Sie dann mit GetObject() auslesen. Diese Methode ist etwas umständlich, wird aber oft von Windows verwendet: Erst erstellen Sie ein Objekt, dann lesen Sie in dieses eventuell noch zusätzliche Daten ein. Anschließend binden Sie dieses Objekt an einen Gerätekontext. Auch im Falle der Bitmaps ist dies so: Erst laden Sie ein Bitmap aus einer Datei und benutzen dafür ein Bitmap-Handle. Anschließend erzeugen Sie für dieses Bitmap einen Gerätekontext und ein Bitmap-Objekt und selektieren dieses anschließend mit GetObject() in einen Gerätekontext. Um das Bitmap-Bild danach in der Eingabeaufforderung anzuzeigen, kopieren Sie dieses Bitmap mit der Funktion BitBlt() in den entsprechenden Gerätekontext des entsprechenden Fensters. Natürlich habe ich auch in diesem Fall wieder den Umweg über den Offscreen-Buffer verwendet. Wie aber verwenden Sie nun den Offscreen-Buffer? Wenn Sie sämtliche Pixel stets in den Offscreen-Buffer schreiben, müssen Sie diesen doch irgendwann in die Konsole kopieren, oder? Unter Windows kann dies wieder mit der BitBlt()-Funktion erreicht werden. Zu diesem Zweck definiere ich folgende Funktion:

```
void UpdateScreen()
{
    BitBlt(CONSOLE_DC,0,0,1024,768,HDCOffscreen,0,0,SRCCOPY);
}
```

BitBlt() überträgt stets Pixelblöcke von einen Quell-Gerätekontext in einen Ziel-Gerätekontext, das Auffrischen des Bildschirms übernimmt danach der Grafiktreiber. UpdateScreen() benutzt nun BitBlt(), um den Quell-Gerätekontext **HDCOffscreen** in den Ziel-Gerätekontext **CONSOLE_DC** zu kopieren, und zwar an die Zielkoordinaten (0,0) mit einer Breite von 1024 und einer Höhe von 768 Pixeln. Die Quellkoordinaten sind (0,0). Sehen Sie sich hierzu die allgemeinen Parameter an, die BitBlt() verwendet:

```
BitBlt(Ziel-Gerätekontext,X-Zielkoordinate,Y-Zielkoordinate,Kopier-Breite,Kopier-Höhe,Quell-Gerätekontext,X-Quellkoordinate,Y-Quellkoordinate,Kopier-Optionen);
```

Sie können also mit BitBlt() einen beliebigen Bereich eines beliebigen Quell-Gerätekontextes in einen beliebigen Bereich eines beliebigen Ziel-Gerätekontextes kopieren.

Linux-Version des Bitmap-Loader

Unter Linux gibt es die Funktion BitBlt() nicht bzw. nicht in der Form, wie sie unter Windows verwendet wird. Deshalb müssen Sie unter Linux einen anderen Weg gehen, um einen Offscreen-Buffer anzulegen (hierdurch wird die Grafikausgabe spürbar schneller). Angenommen, Ihr Bildschirm hat wieder eine Auflösung von 1024 x 768 Pixel mit 4 Bytes pro Pixel. Dann können Sie z. B. das folgende Array anlegen:

```
long int BackBuff[1024*768]; // Annehmen, dass long int 32 Bit breit ist
```

Alternativ können Sie auch die folgende malloc()-Anweisung verwenden:

```
long int *BackBuff=(long int *)malloc(1024*768*4); // Annehmen, dass long int 32 Bit breit ist
```

Ihre Funktion `PSet()` können Sie nun wie folgt implementieren:

```
void PSet(long int x, long int y, long int Color)
{
    long int Adr=(1024*y)+x;
    BackBuff[Adr]=Color;
}
```

Ihre Funktion `Point()` braucht in diesem Fall nur noch den entsprechenden Eintrag aus dem globalen Array **BackBuff** auszulesen und per `return` zurückzugeben:

```
long int Point(long int x, long int y)
{
    long int Adr=(1024*y)+x;
    return BackBuff[Adr];
}
```

Wenn Sie nun noch die Funktion `UpdateScreen()` erstellen, die das gesamte Array **BackBuff** in einem Rutsch in den Framebuffer schiebt, dann haben Sie auch eine sehr schnelle Grafikausgabe. Dies können Sie auf folgende Weise realisieren:

```
void UpdateScreen()
{
    fseek(FB,0,SEEK_SET); // annehmen, dass die Datei FB schon offen ist
    fwrite(&BackBuff,1024*768*4,1,FB); // Das Array BackBuff vollständig schreiben
}
```

Sehen Sie sich nun die Linux-Version der Funktion `LoadBitmap()` an.

```
typedef unsigned long int UINT32; // Windows-Datentyp auf Linux verfügbar machen

struct BitmapHeader_t // Bitmap-Datei-Header
{
    char BM[2];
    UINT32 FileSize; // Größe der Datei in Bytes bis max. 2 GB
    UINT32 Res; // Reserviert für Kennung einer Anwendung oder aber 0
    UINT32 DataOffset; // Offset ab Dateistart zu dem RGB-Array (=54)
    UINT32 SizeOfBitmapHeader; // 40 Bytes bei Paintbrush
    UINT32 Width; // Breite des Bildes in Pixeln
    UINT32 Height; // Höhe des Bildes in Pixeln
    char Ignore[28]; // Wird (noch) ignoriert
};

void LoadBitmap(long int &w, long int &h, char *FileName)
{
    FILE *IMGFILE=fopen(FileName, "rb");
    BitmapHeader_t BitmapH;
    long int x,y;
    char R,G,B;
    w=0; h=0;
    fread(&BitmapH.BM, 2, 1, IMGFILE); // Ist immer "BM"
    fread(&BitmapH.FileSize, 4, 1, IMGFILE); // Größe der Datei
    fread(&BitmapH.Res, 4, 1, IMGFILE); // Auflösung in BPP (Bit per Pixel)
    fread(&BitmapH.DataOffset, 4, 1, IMGFILE); // Ist hier 54, kein Meta-Daten-Header
    fread(&BitmapH.SizeOfBitmapHeader, 4, 1, IMGFILE); // Ist hier 40
    fread(&BitmapH.Width, 4, 1, IMGFILE); // Breite des Bildes in Pixeln
```

```
        fread(&BitmapH.Height, 4, 1, IMGFILE); // Höhe des Bildes in Pixeln
        fread(&BitmapH.Ignore, 28, 1, IMGFILE); // Ignorierte Bytes
        w=BitmapH.Width; h=BitmapH.Height;
        for (y = BitmapH.Height-1; y > 0; y--)
        {
            for (x = 0; x < BitmapH.Width; x++)
            {
                // Das Lesen der Daten ist sehr einfach, nämlich als R,G,B
                // Die Reihenfolge ist aber B,G,R, also umgekehrt zum Grafik-Framebuffer
                fread(&B,1,1,IMGFILE);
                fread(&G,1,1,IMGFILE);
                fread(&R,1,1,IMGFILE);
                PSet(x,y,RGB(R,G,B)); // Korrekte Reihenfolge, also R,G,B
            }
            while (x%4!=0) { fread(&B,1,1,IMGFILE); x++; } // x ist immer durch 4 teilbar
        }
        fclose(IMGFILE);
}
```

Wie Sie sehen, ist es nicht sehr schwierig, Bitmap-Bilder per Hand in die Konsole zu laden, wenn Sie schon die PSet()-Funktion programmiert haben. Jede Bitmap-Datei beginnt mit einem Bitmap-Header, der bei Standardbildern im Format *24 Bit RGB* 54 Bytes groß ist. Dieser Header steht im strukturierten Datentyp BitmapHeader_t. Die Funktion LoadBitmap() bekommt nun drei Parameter übergeben, nämlich einmal die Breite **w** des Bitmaps, einmal die Höhe **h** des Bitmaps und einmal den Dateinamen char *FileName. Zunächst wird der dritte Parameter benutzt, um die Bitmap-Datei zu öffnen. Hierfür wird die Variable FILE* IMGFILE benutzt. Anschließend muss der Header der Bitmap-Datei eingelesen werden, allerdings Stück für Stück. Dies liegt daran, dass Dateien, die Sie z. B. unter Windows erstellt haben, unter Linux nicht richtig verarbeitet werden. So werden z. B. Bytes, die den Wert 0xff enthalten, als EOF-Marker (EOF=end of file) betrachtet, was dann dazu führt, dass manche Header unter Umständen nicht vollständig gelesen werden. Wenn der Header jedoch stückweise gelesen wird, dann tritt dieses Problem nicht auf und die Breite des Bilds befindet sich am Ende in **BitmapH.width** und die Höhe des Bilds in **BitmapH.height**. Diese Daten werden anschließend in die per Address-Of-Operator übergebenen Parameter **w** und **h** zurückgeschrieben. Beim Verwenden des Address-Of-Operators auf dem Gnu C-Compiler müssen Sie an dieser Stelle beachten, dass Sie zum Kompilieren den C-Standard C-18 verwenden, sonst bekommen Sie unter Umständen die Meldung, dass das Token & falsch verwendet wurde. Wenn Ihr Compiler also „meckert", verwenden Sie folgende Compiler-Optionen:

cc [Programmname.c] -std=c18 -o [Programmname]

bzw. wenn auch dies nichts nützt, verwenden Sie einfach C++ auf die folgende Weise:

C++ [Programmname.cpp] -o [Programmname]

Nun folgt die Schleife zum Laden der Bilddaten. Bitmap-Bilder werden hierbei von unten nach oben aufgebaut, aber die Pixeldaten in den einzelnen Zeilen werden ganz normal von links nach rechts gezeichnet. Der Grund hierfür liegt in der Historie von Windows: In den 80er-Jahren waren die Grafikkarten noch so langsam, dass der Kathodenstrahl, der die Bilder auf analogen Bildschirmen ausgab, der Ausgabe des Bildschirmspeichers in die Quere kommen konnte. Deshalb wartete man bei der Ausgabe von Bitmaps, bis sich der Kathodenstrahl im unteren, nicht sichtbaren Bereich befand, und baute anschließend die Bilder von unten nach oben auf. Dies reduzierte die Interferenzen und führte zu einer flimmerfreien Ausgabe von Grafiken. Auch die Tatsache, dass die Byte-Länge der Zeilen immer durch vier teilbar sein muss, ist eine Maßnahme aus den 80ern, die bis heute erhalten geblieben ist. Genauso verhält es sich dann mit der Reihenfolge der RGB-Daten, die unter Windows auch bei den Bitmap-Dateien der umgekehrten Reihenfolge der Daten im Framebuffer entspricht (also {B,G,R}). Als Windows entwickelt wurde, war eben noch nicht klar, welches Format sich für die Framebuffer-Daten durchsetzen würde. Das Format {R,G,B} war genauso verbreitet wie das Format {B,G,R} und eines davon musste Windows als Standard setzen.

Programmierung des Medianfilters

Sehen Sie sich nun Listing 8.1 an. Ich gebe hier die Windows-Version an, für Linux müssen Sie entsprechend die Linux-Versionen für die Funktionen LoadBitmap(), PSet(), Point(), etc. einsetzen.

Listing 8.1 Medianfilter.cpp

```
01  #include<windows.h>
02  #include<stdio.h>
03  #include<conio.h>

04  HDC CONSOLE_DC; // HDC für Consolenfenster
05  HWND hwnd; // Fenster-handle für Console
06  HDC HDCOffscreen; // Offscreen-Buffer für Double-Buffering

07  void tausche(long int *A, int Pos1, int Pos2) // Ringtausch
08  {
09      long int temp=A[Pos1];
10      A[Pos1]=A[Pos2];
11      A[Pos2]=temp;
12  }

13  void ZahlEinfuegen(long int *A, long int Wert) // sortiertes Einfügen
14  {
15      long int i=0;
16      bool getauscht=true; // Erst einmal annehmen, dass getauscht werden muss
17      i=A[0]+1; // Erstes freies Element im Array finden
18      A[0]++; // Anzahl Elemente aktualisieren
19      A[i]=Wert;
20      while ((i>1)&&(getauscht==true))
21      {
22          if (A[i]<A[i-1]) { tausche(A,i,i-1); } // tauschen
23          else { getauscht=false; } // Es muss nicht mehr getauscht werden
24          i--; // Abbruch der Schleife spätestens, wenn i=1 wird
25      }
26  }

27  void HideCursor() // Diese Funktion blendet den störenden Cursor aus
28  {
29      CONSOLE_CURSOR_INFO info;
30      HANDLE out;
31      info.bVisible=0;
32      info.dwSize=1;
33      out=GetStdHandle(STD_OUTPUT_HANDLE);
34      SetConsoleCursorInfo(out,&info);
```

```
35    }

36    void InitGraph()
37    {
38        hwnd=FindWindow("ConsoleWindowClass",NULL);
39        CONSOLE_DC=GetDC(hwnd);
40        HDCOffscreen=CreateCompatibleDC(CONSOLE_DC);
41        HBITMAP BitmapOffscreen=CreateCompatibleBitmap(CONSOLE_DC,1024,768);
42        SelectObject(HDCOffscreen,BitmapOffscreen);
43        HideCursor();
44    }

45    void UpdateScreen()
46    {
47        BitBlt(CONSOLE_DC,0,0,1024,768,HDCOffscreen,0,0,SRCCOPY);
48    }

49    void PSet(long int x, long int y, long int Color)
50    {
51        SetPixel(HDCOffscreen,x,y,Color);
52    }

53    long int Point(long int x, long int y)
54    {
55        return GetPixel(HDCOffscreen,x,y);
56    }

57    void LoadBitmap(long int &w, long int &h, char *FileName)
58    {
59        w=0; h=0; // Wenn der Loader zurückkehrt, ohne das Bild zu laden, bleiben diese Werte 0
60        HDC NewDC=CreateCompatibleDC(GetDC(0)); // Neuen DC anlegen
61        HBITMAP   NewBitmap=(HBITMAP)LoadImage(NULL,FileName,IMAGE_BITMAP,0,0,LR_LOADFROMFILE);
62        if (NewBitmap==NULL) { return; } // Fehler beim Laden? Dann kehre zurück
63        BITMAP bmp; // Alles klar? Dann erzeuge ein neues Bitmap-Objekt bmp
64        GetObject(NewBitmap,sizeof(bmp),&bmp); // Daten vom Bitmap-Handle in das Objekt einlesen
65        HGDIOBJ OldBitmap=SelectObject(NewDC,NewBitmap); // Bitmap an NewDC binden
66        BitBlt(HDCOffscreen,0,0,bmp.bmWidth,bmp.bmHeight,NewDC,0,0,SRCCOPY);
67        w=bmp.bmWidth; h=bmp.bmHeight; // Rückgebeparameter anpassen
68        // Am Ende alle temporären Puffer wieder löschen
69        SelectObject(NewDC,OldBitmap);
70        DeleteObject(NewBitmap);
71        DeleteDC(NewDC);
72    }

73    unsigned long int GetR(unsigned long int Color) // Gibt den Rotanteil einer Farbe zurück
74    {
75        return Color&0xff; // Byte 0
76    }

77    unsigned long int GetG(unsigned long int Color) // Gibt den Rotanteil einer Farbe zurück
78    {
79        return (Color>>8)&0xff; // Byte 1
80    }
```

8.1 Der Medianfilter

```
81  unsigned long int GetB(unsigned long int Color) // Gibt den Rotanteil einer Farbe
zurück
82  {
83      return (Color>>16)&0xff; // Byte 2
84  }

85  void MedFlt(long int w, long int h, int L, int H, int S)
86  {
87      bool Flt;
88      long int Color,GR,R,G,B,x,y,x2,y2;
89      long int AR[10]; // sortierte Rotwerte
90      long int AG[10]; // sortierte Grünwerte
91      long int AB[10]; // sortierte Blauwerte
92      if (S<1) { S=1; } // minimale Grenze ist 1 (Minumum-Operator)
93      if (S>9) { S=9; } // maximale Grenze ist 9 (Maximum-Operator)
94      for (y=0; y<h; y++) // sämtliche Zeilen Pixel für Pixel scannen
95      {
96          for (x=0; x<w; x++)
97          {
98              AR[0]=0; AG[0]=0; AB[0]=0; // Arrays leeren
99              Flt=false; // Erst einmal annehmen, der Filter greift nicht
100             for (y2=y; y2<=y+2; y2++) // Medianmatrix aus 3x3 Pixeln erstellen
101             {
102                 for (x2=x; x2<x+2; x2++)
103                 {
104                     Color=Point(x2,y2);
105                     R=GetR(Color); G=GetG(Color); B=GetB(Color); // R, G und
ermitteln
106                     GR=(R+G+B)/3; // Grauwert prüfen
107                     if (GR<L) { Flt=true; } // unterer Grenzwert für
Filteraktivierung
108                     if (GR>H) { Flt=true; } // oberer Grenzwert für
Filteraktivierung
109                     ZahlEinfuegen(AR,R);
110                     ZahlEinfuegen(AG,G);
111                     ZahlEinfuegen(AB,B);
112                 }
113             }
114             if (Flt==true) // Hier greift der Filter
115             {
116                 PSet(x+1,y+1,RGB(AR[S],AG[S],AB[S])); // mittleres Pixel in der
Maske ersetzen
117             }
118         }
119     }
120 }

121 void main()
122 {
123     long int w,h;
124     InitGraph(); LoadBitmap(w,h,"Höhle.bmp");
125     MedFlt(w,h,4,255,5);
126     UpdateScreen();
127     getch();
128 }
```

In den Zeilen **001-003** muss neben **stdio.h** und **conio.h** auch **windows.h** eingebunden werden. Unter Linux müssen Sie am Ende nicht auf eine Taste warten, weil das Programm in diesem Fall direkt in die Konsole zeichnet. Unter Windows müssen Sie jedoch am Ende des Programm,es `getch()` aufrufen, sonst schließt sich die Eingabeaufforderung, noch ehe Sie ein Ergebnis sehen. Unter Windows müssen Sie in den Zeilen **004-006** auch zusätzlich noch die globalen Variablen **HDC CONSOLE_DC**, **HWND hwnd** und **HDC HDCOffscreen** definieren, die von den Funktionen `InitGraph()` und `UpdateScreen()` benötigt werden. Unter Linux sind diese Variablen nicht nötig.

Bevor Sie den Median berechnen können, benötigen Sie noch die Funktionen `tausche()` (Zeile **007-012**) und die Funktion `ZahlEinfuegen()` (Zeile **013-026**). Die Funktion `tausche()` führt einfach einen Ringtausch mit zwei Elementen eines Arrays vom Typ `long int*` aus. Die Funktion `ZahlEinfuegen()` entspricht der Funktion `ZahlEinfuegen()` im zweiten Kapitel und führt den Algorithmus für das sortierte Einfügen einer Zahl in ein Array aus. Dazu wird dann die Funktion `tausche()` benötigt. Die Funktionen in den Zeilen **024-087** wurden bereits beschrieben: `InitGraph()` initialisiert die Grafikausgabe in der Konsole, und blendet in diesem Beispiel zusätzlich noch den störenden, weil blinkenden Cursor aus. `PSet()` setzt ein Pixel an die Position (x,y) und `Point()` liest die Farbdaten eines Pixels an der Position (x,y) aus. Die Funktion `RGB()` bildet aus den einzelnen Farbanteilen **R**, **G** und **B** einen Farbwert vom Typ `long int` und die Funktionen `GetR()`, `GetG()` und `GetB()` liefern die einzelnen Farbanteile für Rot, Grün und Blau eines Farbwerts vom Typ `long int` zurück. Wenn Sie Linux benutzen, müssen Sie an dieser Stelle wieder die Linux-Versionen einsetzen.

In Zeile **085-120** wird nun der Medianfilter implementiert. Die Funktion `MedFlt()` bekommt fünf Parameter übergeben, nämlich die Breite **w** des zu filternden Bilds, die Höhe **h** des zu filternden Bilds und die Parameter **L**, **H** und **S**. **L** bedeutet hierbei *low threshold* und ist die untere Helligkeitsgrenze eines Pixels, bei der Ihr Filter greift, also aktiv wird. **H** bedeutet dann *high threshold* und ist die obere Helligkeitsgrenze eines Pixels, bei der Ihr Filter aktiv wird. Wenn Sie den Filter starten, dann wird dieser in Zeile **087** erst einmal inaktiv geschaltet, indem die Variable **Flt** auf `false` gesetzt wird. In den Arrays **AR**, **AG** und **AB** werden nun die Rot-, Grün- und Blaudaten von jeweils neun Pixeln sortiert abgelegt. Zu diesem Zweck wird mittels einer doppelten `for`-Schleife (Zeile **094-120**) eine Maske von 3x3 Pixeln über das zu filternde Bild geschoben. Die Koordinaten des oberen linken Pixels der Maske werden in den Variablen **x** und **y** abgelegt. Die Rot-, Grün- und Blauwerte der neun Pixel an den Positionen (x,y)-(x+2,y+2) werden dabei in die Arrays **AR** (Rotwerte), **AG** (Grünwerte) und **AB** (Blauwerte) sortiert eingefügt (Zeile **109-111**). Wenn der Grauwert (Variable **GR**) einer der Pixel in dem Bereich (x,y)-(x+2,y+2) entweder <**L**, oder aber >**H** ist, dann ersetzt der Filter das Pixel in der Mitte der Maske durch die Farbe, die an der Position **AR[S]**, **AG[S]** und **AB[S]** abgelegt ist. Mit dem Parameter **S** können Sie also das Verhalten des Medianfilters zusätzlich beeinflussen. Wenn Sie z. B. S=1 setzen, dann wird Ihr Medianfilter zu einem Minimumfilter, wenn Sie dagegen S=9 setzen, wird Ihr Medianfilter zum Maximumfilter. S=5 wählt dagegen den Median aus. Ich empfehle Ihnen an dieser Stelle, mit verschiedenen Werten für **S**, **L** und **H** zu experimentieren, um ein Gefühl für die Wirkungsweise des Filters zu bekommen.

Nehmen wir nun das Bitmap-Bild **Höhle.bmp**, das Sie sich beim Hanser-Verlag herunterladen können. **Höhle.bmp** zeigt das Bild eines Höhleneingangs. Dieses Bild ist jedoch sehr alt und enthält neben vielen alten Erinnerungen auch zahlreiche schwarze und weiße Kratzer. Wie können Sie dieses alte Foto wieder einigermaßen sichtbar machen? Die Antwort ist der Medianfilter. In dem letzten Beispiel wird der Medianfilter mit folgenden Parametern gestartet:

```
MedFlt(w,h,4,255,4);
```

Durch **L** = 4 und **H** = 255 wird der Filter nur dann aktiv, wenn er einen schwarzen Kratzer findet, der einen RGB-Farbwert nahe (0,0,0) hat, oder aber ein Störpixel findet, das nahezu schwarz ist. In der Konsole wird am Ende das folgende Bild angezeigt:

Bild 8.1 Nach Entfernung der schwarzen Kratzer mit dem Medianfilter

Vielleicht haben Sie an dieser Stelle schon etwas mit dem Medianfilter experimentiert und festgestellt, dass Sie sehr unschöne Ergebnisse erhalten, wenn Sie die Parameter nicht richtig wählen. So entfernen folgende Parameter z. B. nicht beide Kratzertypen (also sowohl schwarze Kratzer als auch weiße Kratzer), sondern lassen das Bild sehr verwaschen und artefaktreich wirken:

```
MedFlt(w,h,20,240,5);
```

Wie bekommen Sie aber nun sowohl die schwarzen als auch die weißen Kratzer weg? Die Antwort ist, dass Sie den Medianfilter zweimal hintereinander anwenden müssen. Wenn Sie also die weißen Kratzer entfernen wollen, müssen Sie folgende Parameter verwenden:

```
MedFlt(w,h,0,240,3);
```

In der Konsole erscheint danach das folgende Bild:

Bild 8.2 Nach Entfernung der weißen Kratzer mit dem Medianfilter

Wenn Sie dagegen schwarze und weiße Kratzer entfernen wollen, müssen Sie den Medianfilter wie folgt anwenden:

```
MedFlt(w,h,4,255,4);
MedFlt(w,h,0,240,3);
```

In der Konsole erscheint danach folgendes Bild:

Bild 8.3 Nach Entfernung von schwarzen und weißen Kratzern mit dem Medianfilter

8.2 Binärfilter

Binärfilter benutzen das Verfahren der Binärisierung. *Binärisierung* bedeutet, das Bild in Pixel umzuwandeln, die nur die Information Schwarz (0) oder Weiß (1) enthalten können. Für die Binärisierung gibt es verschiedene Verfahren. Das am häufigsten verwendete Verfahren ist, erst einmal einen einfach zu ermittelnden Grauwert auszurechnen, z.B. durch die Formel GR=(R+G+B)/3. Anschließend wird das Pixel an der Position (x,y) durch Schwarz ersetzt, wenn GR einen bestimmten Schwellwert unterschreitet. Ansonsten wird das Pixel an der Position (x,y) durch Weiß ersetzt. Die Binärisierung ist oft ein vorbereitender Schritt, um auf das Bild zusätzliche Filter anzuwenden. Sie können beispielsweise durch eine Kombination aus Binärisierung und einer Filtermaske die Kanten in einem Bild bestimmen. Sehen Sie sich nun Listing 8.2 an, das einen Binärfilter implementiert.

Listing 8.2 Binaerfilter.cpp

```
01  #include<windows.h>
02  #include<stdio.h>
03  #include<conio.h>

04  HDC CONSOLE_DC; // HDC für Consolenfenster
05  HWND hwnd; // Fenster-handle für Console
06  HDC HDCOffscreen; // Offscreen-Buffer für Double-Buffering

07  void HideCursor() // Diese Funktion blendet den störenden Cursor aus
08  {
09      CONSOLE_CURSOR_INFO info;
10      HANDLE out;
11      info.bVisible=0;
12      info.dwSize=1;
13      out=GetStdHandle(STD_OUTPUT_HANDLE);
14      SetConsoleCursorInfo(out,&info);
15  }

16  void InitGraph()
17  {
18      hwnd=FindWindow("ConsoleWindowClass",NULL);
19          CONSOLE_DC=GetDC(hwnd);
20      HDCOffscreen=CreateCompatibleDC(CONSOLE_DC);
21      HBITMAP BitmapOffscreen=CreateCompatibleBitmap(CONSOLE_DC,1024,768);
22      SelectObject(HDCOffscreen,BitmapOffscreen);
23      HideCursor();
24  }

25  void UpdateScreen()
26  {
27      BitBlt(CONSOLE_DC,0,0,1024,768,HDCOffscreen,0,0,SRCCOPY);
28  }

29  void PSet(long int x, long int y, long int Color)
30  {
31          SetPixel(HDCOffscreen,x,y,Color);
32  }

33  long int Point(long int x, long int y)
```

```
34  {
35      return GetPixel(HDCOffscreen,x,y);
36  }

37  void LoadBitmap(long int &w, long int &h, char *FileName)
38  {
39      w=0; h=0; // Wenn der Loader zurückkehrt, ohne das Bild zu laden, bleiben diese Werte 0
40      HDC NewDC=CreateCompatibleDC(GetDC(0)); // Neuen DC anlegen
41      HBITMAP NewBitmap=(HBITMAP)LoadImage(NULL,FileName,IMAGE_BITMAP,0,0,LR_LOADFROMFILE);
42      if (NewBitmap==NULL) { return; } // Fehler beim Laden? Dann kehre zurück
43      BITMAP bmp; // Alles klar? Dann erzeuge ein neues Bitmap-Objekt bmp
44      GetObject(NewBitmap,sizeof(bmp),&bmp); // Daten vom Bitmap-Handle in das Objekt einlesen
45      HGDIOBJ OldBitmap=SelectObject(NewDC,NewBitmap); // Bitmap an NewDC binden
46      BitBlt(HDCOffscreen,0,0,bmp.bmWidth,bmp.bmHeight,NewDC,0,0,SRCCOPY);
47      w=bmp.bmWidth; h=bmp.bmHeight; // Rückgebeparameter anpassen
48      // Am Ende alle temporären Puffer wieder löschen
49      SelectObject(NewDC,OldBitmap);
50      DeleteObject(NewBitmap);
51      DeleteDC(NewDC);
52  }

53  unsigned long int GetR(unsigned long int Color) // Gibt den Rotanteil einer Farbe zurück
54  {
55      return Color&0xff; // Byte 0
56  }

57  unsigned long int GetG(unsigned long int Color) // Gibt den Rotanteil einer Farbe zurück
58  {
59      return (Color>>8)&0xff; // Byte 1
60  }

61  unsigned long int GetB(unsigned long int Color) // Gibt den Rotanteil einer Farbe zurück
62  {
63      return (Color>>16)&0xff; // Byte 2
64  }

65  void BinFlt(long int w, long int h, int S)
66  {
67      long int Color,GR,R,G,B,x,y;
68      // Sämtliche Pixel zeilenweise Pixel für Pixel durchgehen
69      for (y=0; y<h; y++)
70      {
71          for (x=0; x<w; x++)
72          {
73              Color=Point(x,y); // Farbe holen
74              R=GetR(Color); G=GetG(Color); B=GetB(Color);
75              GR=(R+G+B)/3; // Einfache Grauwert-Skalierung reicht hier aus
76              if (GR>S) { PSet(x,y,0xffffff); } // GR über schwellwert? Dann weißes Pixel ausgeben
77              else { PSet(x,y,0); } // Sonst schwarzes Pixel ausgeben
78          }
79      }
```

```
80    }
81    void main()
82    {
83        long int w,h;
84        InitGraph();
85        LoadBitmap(w,h,"Grafitti.bmp");
86        BinFlt(w,h,128);
87        UpdateScreen();
88        getch();
89    }
```

Der Binärfilter steckt in der Funktion `BinFlt()` (Zeile **65 – 80**), die in Listing 8.2 anstelle der Funktion `MedFlt()` aus Listing 8.1 eingesetzt wurde. Da der Rest mit Listing 8.1 identisch ist, werde ich in den folgenden Listings nur noch die Filter-Funktionen auflisten, nicht aber den Teil des Codes, der sich nicht mehr verändert.

`BinFlt()` bekommt drei Parameter übergeben, nämlich die Breite **w** des Bilds in Pixeln, die Höhe **h** des Bilds in Pixeln und den Schwellwert **S**. Auch im Falle der Binärisierung wird eine Maske Zeile für Zeile und Pixel für Pixel über das Bild geschoben. Allerdings ist die Maske nur ein Pixel groß, deshalb wird stets das Pixel an der Position (x,y) ersetzt. Der Binärfilter bestimmt in Zeile **73** zunächst den Farbwert des Pixels an der Position (x,y) und anschließend in Zeile **74** den Rot-, Grün- und Blauanteil der Pixelfarbe. In Zeile **75** wird diese Farbe anschließend in einen Grauwert umgewandelt. Liegt der Grauwert über dem Wert **S**, bekommt das Pixel an der Position (x,y) eine weiße Farbe, ansonsten bekommt es eine schwarze Farbe. Das Hauptprogramm lädt nun das Bild **Grafitti.bmp,** das Sie sich wieder beim Hanser-Verlag herunterladen können, in die Konsole und wendet auf dieses Bild den Binärfilter mit dem Schwellwert S=128 an. In der Konsole erscheint zum Schluss das folgende Bild:

Bild 8.4 Binärisiertes Grafitti-Bild mit einem Schwellwert von 128

8.3 Lineares Filtern mit Filtermasken

Bis jetzt haben Sie jeweils einen bestimmten C-Code auf einen Teil der Bilddaten angewendet, und dieser C-Code hat am Ende einen bestimmten Bereich innerhalb einer Maske der Größe (ixj) durch andere Pixel ersetzt. Welche Pixel dies waren, wurde durch den Algorithmus bestimmt, der sich hinter Ihrem C-Programm verbirgt. Nun stellt sich die Frage, ob Sie Filteralgorithmen nicht durch ein allgemeines mathematisches Verfahren ersetzen können, das Sie immer wieder anwenden können – zur Not auch für ganz verschiedene Probleme. Die Antwort ist, dass dies möglich ist.

Zu diesem Zweck betrachten wir nun den Ausschnitt, den Ihre Filtermaske abdeckt, als 3 x 3-Matrize. Auch die Bilddaten, die die Maske abdeckt, betrachten wir als 3 x 3-Matrize. Sie erhalten nun zwei Matrizen. In der Bildmatrize B befinden sich nun folgende Einträge:

$$\begin{matrix} B_{11} & B_{12} & B_{13} \\ B_{21} & B_{22} & B_{23} \\ B_{31} & B_{32} & B_{33} \end{matrix}$$

In der Matrize, die die Maske M beschreibt, befinden sich folgende Einträge:

$$\begin{matrix} M_{11} & M_{12} & M_{13} \\ M_{21} & M_{22} & M_{23} \\ M_{31} & M_{32} & M_{33} \end{matrix}$$

Nun gilt:

$$B(2,2) = \sum_{\substack{i=1 \\ j=1}}^{3} B_{ij} * M_{ij}$$

Die hier zuletzt angegebene Summenformel summiert sämtliche Produkte von B_{ij} und M_{ij} auf und ersetzt das mittlere Pixel innerhalb der Filtermaske M durch diese Summe. Da die Summenformel für B(2,2) keine Terme vom Typ exp(x) oder log(x) enthält, spricht man hier auch von einem linearen Filter. D.h. natürlich auch, dass lineare Filter z.B. den Median nicht abbilden können, da Sie für diesen Terme umsortieren müssen. Lineare Filter eignen sich jedoch z.B. sehr gut, um binärisierte Bilder weiterverarbeiten zu können.

Nun benötigen Sie natürlich noch einen Algorithmus, mit dem Sie einen linearen Filter umsetzen können. Schauen Sie sich hierzu die entsprechende Summenformel an. Es gibt hier zwei Zähler, nämlich **i** und **j**. Der Zähler **i** zählt zunächst von eins bis drei und multipliziert dabei B_{ij} mit M_{ij}. Danach wird **j** um eins erhöht und **i** zählt wiederum von eins bis drei. Bei j=2 ist der Vorgang beendet. Sie können also einen linearen Filter mit folgender Doppelschleife realisieren:

```
Summe=0;
for (j=0; j<3; j++)
{
    for (i=0; i<3; i++)
    {
        Summe=Summe+(B[i][j]*M[i][j]);
    }
}
B[1][1]=Summe; // Array-Indices fangen bei 0 an
```

Sie verwenden also Arrays, um die Daten der Filtermaske abzulegen. In den nächsten Beispielen sind diese Arrays 3 x 3 Pixel groß. Da Sie auf diese Weise die Maske **M** als Parameter an eine Funktion übergeben können, nennt man die Filtermasken auch Operatoren. In den nächsten Beispielen möchte ich nun folgendes Listing als Grundgerüst verwenden:

Listing 8.3 Filtermaske.cpp

```
01  void BinFlt(long int w, long int h, int S)
02  {
03      long int Color,GR,R,G,B,x,y;
04      // Sämtliche Pixel zeilenweise Pixel für Pixel durchgehen
05      for (y=0; y<h; y++)
06      {
07          for (x=0; x<w; x++)
08          {
09              Color=Point(x,y); // Farbe holen
10              R=GetR(Color); G=GetG(Color); B=GetB(Color);
11              GR=(R+G+B)/3; // Einfache Grauwert-Skalierung reicht hier aus
12              if (GR>S) { PSet(x,y,0xffffff); } // GR über Schwellwert? Dann weißes Pixel ausgeben
13              else { PSet(x,y,0); } // Sonst schwarzes Pixel ausgeben
14          }
15      }
16  }

17  void MaskFlt(long int w, long int h, long int M[3][3])
18  {
19      long int Color,GR,SG,R,G,B,x,y,x2,y2;
20      for (y=0; y<h; y++) // sämtliche Zeilen Pixel für Pixel scannen
21      {
22          for (x=0; x<w; x++)
23          {
24              SG=0; // Summe zurücksetzen
25              for (y2=y; y2<=y+2; y2++) // Maske ist 3x3 Pixel groß
26              {
27                  for (x2=x; x2<x+2; x2++)
28                  {
29                      Color=Point(x2,y2);
30                      R=GetR(Color); G=GetG(Color); B=GetB(Color); // R, G und B ermitteln
31                      GR=(R+G+B)/3; // Grauwert erstellen
32                      SG=SG+GR*M[y2-y][x2-x]; // Bei Arrays wird zuerst die Zeile angegeben
33                  }
34              }
35              if (SG<0) { SG=0; } // Minimalwert Grauwert ist 0
36              if (SG>255) { SG=255; } // maximaler Grauwert ist 255
37              PSet(x+1,y+1,RGB(SG,SG,SG)); // Ersetzen des mittleren Pixels in der Maskenmitte
38          }
39      }
40  }

41  void main()
42  {
43      long int w,h;
44      long int M[3][3]=
```

```
45      {
46          0,0,0,
47          0,-1,1,
48          0,0,0
49      };
50      InitGraph(); LoadBitmap(w,h,"Grafitti.bmp");
51      BinFlt(w,h,50);
52      MaskFlt(w,h,M);
53      UpdateScreen();
54      getch();
55  }
```

In den Zeilen **01–16** definiere ich zunächst wieder die Funktion BinFlt(), die ein Bild binärisieren kann. Erst danach definiere ich die Funktion MaskFlt() (Zeile **17–38**), die neben der Breite **w** und der Höhe **h** des zu bearbeitenden Bilds die Filtermaske **M** übergeben bekommt. Der lineare Filter funktioniert fast wie der Medianfilter: Es wird eine Maske Pixel für Pixel über das Bild geschoben und auf die Pixel innerhalb des Bereichs (x,y)–(x+2,y+2) wird ein Algorithmus angewendet. Nur dieser Algorithmus innerhalb der Maske unterscheidet sich vom Medianfilter. Nachdem nämlich in Zeile **29–31** der Grauwert eines Pixels ermittelt wurde, wird dieser in Zeile **32** mit dem Grauwert multipliziert, der an der entsprechenden Stelle in der Maske **M** steht. Anschließend wird dieser Grauwert zu der Summe **SG** hinzuaddiert, die natürlich vor jedem weiteren Filterschritt wieder auf 0 zurückgesetzt wird. Anstatt also den Median zu berechnen, wendet die Funktion MaskFlt() einen linearen Filter an.

Das Hauptprogramm in Zeile **41–55** wendet nun einen Kantenoperator an, der in der Filtermaske **M** abgelegt wird. Vorher muss das Originalbild jedoch mit dem Schwellwert 50 binärisiert werden, damit der Kantenoperator funktioniert. Der Kantenoperator besitzt nur zwei Einträge in **M**, die nicht 0 sind, nämlich M[1][1]=1 und M[1][2]. Beachten Sie unbedingt, dass der Zugriff auf Array-Elemente in der Reihenfolge (Zeile, Spalte) stattfindet und dass die Funktion MaskFlt() dies in Zeile 32 auch beachtet. Es heißt also wirklich

```
SG=SG+GR*M[y2-y][x2-x];
```

und nicht

```
SG=SG+GR*M[x2-x][y2-y];
```

Was macht aber nun der Kantenoperator? Der Kantenoperator zeichnet sämtliche Kanten weiß ein, in den Zwischenbereichen erzeugt er Schwarz. Dabei ist der Kantenoperator im letzten Beispiel auf horizontale Kanten optimiert. In der Konsole erscheint am Ende das folgende Bild:

Bild 8.5 Kantenerkennung mit einem Richtungsoperator

Ändern Sie nun Ihr Hauptprogramm wie folgt ab:

```
void main()
{
    long int w,h
    long int M[3][3]=
    {
        0,0,0,
        0,-1,1,
        0,0,0
    };
    long int N[3][3]=
    {
        0,0,0,
        0,-1,0,
        0,1,0
    };
    InitGraph(); LoadBitmap(w,h,"Grafitti.bmp");
    BinFlt(w,h,50);
    MaskFlt(w,h,M);
    MaskFlt(w,h,N);
    UpdateScreen();
    getch();
}
```

Sie wenden nun den Kantenoperator einmal in x-Richtung und einmal in y-Richtung an. Dies führt zu einer etwas verbesserten Kantenerkennung und einige überflüssige weiße Pixel verschwinden. In der Konsole erscheint am Ende folgendes Bild:

Bild 8.6 Kantenerkennung mit zwei Richtungsoperatoren

Leider unterscheiden sich die letzten beiden gefilterten Bilder nicht sehr stark. Dies liegt daran, dass das Farbspektrum von Fotos oft den gesamten möglichen Farbraum abdeckt und deshalb gerade dort die Kantenerkennung eine echte Herausforderung ist. Eine Möglichkeit, beide Richtungen bei der Kantenerkennung durch einen einzigen Operator abzudecken, ist der Kreuzoperator. Für den Kreuzoperator wählt man erst einmal einen bestimmten Schwellwert **S** für den Binärfilter aus, der entweder der Hälfte des maximalen Grauwerts+1 (also 128) oder aber der Hälfte dieses Werts (also 64) entspricht. Für das nächste Beispiel wurde ebenfalls der Wert S=64 gewählt. Anschließend müssen Sie **S** mit dem Faktor -1 multiplizieren und in der Mitte von **M** eintragen. Alle anderen Einträge von **M** werden auf 0 gesetzt. Zum Schluss wird in die Kanten von **M** der Schwellwert **S** direkt eingetragen. Ändern Sie nun Ihr Hauptprogramm auf die folgende Weise ab:

```
void main()
{
    long int w,h
    long int M[3][3]=
    {
        64,0,64,
        0,-64,0,
        64,0,64
    };
    InitGraph(); LoadBitmap(w,h,"Grafitti.bmp");
    BinFlt(w,h,64);
    MaskFlt(w,h,M);
    UpdateScreen();
    getch();
}
```

Das Hauptprogramm gibt in der Konsole das folgende Bild aus:

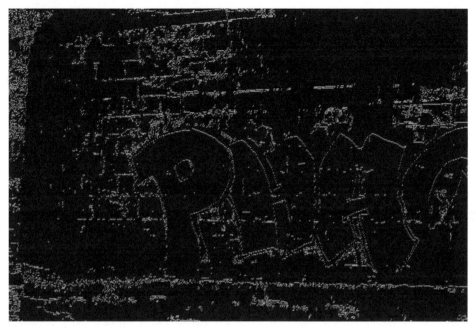

Bild 8.7 Kantenerkennung mit dem Kreuzoperator

■ 8.4 Chroma Keying

Es gibt sehr viele lineare Filter, nicht nur die, die Sie im letzten Abschnitt kennengelernt haben. Neue lineare Filter zu entwickeln, ist nicht gerade trivial und erfordert viel Ausdauer und mathematischen Sachverstand. Viele Erkenntnisse beruhen dabei auch auf Versuch und Irrtum. So können Sie beispielsweise versuchsweise den Algorithmus innerhalb der Filtermaske auf verschiedene Weise abändern und sich die Ergebnisse ansehen, die dabei herauskommen. Eine weit verbreitete Vorgehensweise ist z. B., die Faktoren innerhalb der Bildmaske **B** einfach elementweise mit den Faktoren von **M** zu multiplizieren, anstatt diese aufzusummieren. Auf diese Weise erhalten Sie quasi einen Verstärkungsalgorithmus für bestimmte Bereiche im Bild. Natürlich beruht auch in diesem Fall noch vieles auf Versuch und Irrtum. Deshalb ist der Einsatz von linearen Filtern oft nicht möglich bzw. erwünscht. Ich werde Ihnen nun ein Verfahren vorstellen, das ebenfalls nicht durch lineare Filter umsetzbar ist.

Stellen Sie sich hierfür folgendes Szenario vor: Sie haben ein altes Foto gefunden, auf dem Sie vor einer einfarbigen Wand stehen. Diese Wand ist sehr hässlich, weil sie glatt und eintönig ist. Leider haben Sie auf dem hässlichen Foto ein Lieblingskleid aus alten Tagen an und das alte Foto ist das einzig erhaltene Foto, das Sie in diesem schönen Kleid zeigt. Nun denken Sie sich Folgendes: Wie wäre es, wenn Sie den Hintergrund austauschen und z. B.

durch eine schöne Blumenwiese ersetzen könnten? Sie haben Glück, denn auch hierfür gibt es einen Algorithmus: Das Chroma-Keying-Verfahren. *Chroma Keying* ist ein Ersetzungsalgorithmus, der Pixel eines bestimmten Farbtons durch andere Pixel ersetzt, die Sie in diesem Fall frei bestimmen können. In den meisten Fällen befinden sich die Pixel, durch die z. B. die Pixel Ihrer grauen Wand ersetzt werden sollen, auf einem zweiten Foto. Chroma Keying wird sehr oft im Videobereich eingesetzt, z. B. in Form eines Greenscreens oder Bluescreens. Die Schauspieler spielen in diesem Fall ihre Szenen vor einer grünen oder blauen Wand und anschließend wird dieser Hintergrund ausgetauscht. Die meisten Nachrichtensprecher sprechen ihre Szenen z. B. vor einem Greenscreen ein und am Ende sieht es trotzdem so aus, als ob sie am Ort des Geschehens sind. Aber auch viele professionelle Filmteams benutzen exzessiv Chroma Keying. So besitzen z. B. die Bavaria Filmstudios große Hallen, die vollständig in Grün oder Blau gestrichen sind und in denen z. B. Szenen gedreht werden, die im weiten Weltraum spielen. Da der Chroma-Keying-Algorithmus so wichtig ist, möchte ich Ihnen nun erklären, wie dieser funktioniert.

Nehmen wir nun an, Sie wüssten, welche Farbwerte Ihre Mauer in Ihrem Bild besitzt: Es wäre ein Grau mit den RGB-Werten {150,155,170}. Nun wissen Sie natürlich auch, dass nur die wenigsten Pixel in Ihrem Foto genau den Grauwert besitzen, den Sie ersetzen wollen. Wie gehen Sie nun vor, um auch die Farbtöne zu ersetzen, die sich fast in der Nähe Ihres Graus befinden? Ganz einfach: Sie definieren für die einzelnen Komponenten der Farbe einen Schwellwert und subtrahieren anschließend die einzelnen Komponenten der aktuellen Farbe an der Position (x,y) und Ihrem zu entfernenden Grauwert. Wenn die Differenz der RGB-Komponenten dann unterhalb des entsprechenden Schwellwerts liegen, wird das Pixel an der Position (x,y) z. B. durch Weiß ersetzt. Der Chroma-Keying-Algorithmus geht also Ihr Bild Zeile für Zeile, Pixel für Pixel von links nach rechts durch und bildet die Differenz zwischen den Farbwerten des Pixels an der Position (x,y) und den Farbwerten der zu ersetzenden Farbe. Wenn dann die Differenz zu groß ist, wird das Pixel an der Position (x,y) nicht ersetzt, sonst durch eine Farbe, die Sie z. B. vorher als Funktionsparameter übergeben haben. Kommen wir nun zum Listing ChromaKeying.cpp, das den Chroma-Keying-Algorithmus für Bitmap-Fotos implementiert.

```
01  void ChromaKey(long int w, long int h, long int Maske, int SR, int SG, int SB)
02  {
03      long int Color,GR,R1,G1,B1,R2,G2,B2,x,y;
04      // Sämtliche Pixel zeilenweise Pixel für Pixel durchgehen
05      R1=GetR(Maske); G1=GetG(Maske); B1=GetB(Maske);
06      for (y=0; y<h; y++)
07      {
08          for (x=0; x<w; x++)
09          {
10              Color=Point(x,y); // Farbe holen
11              R2=GetR(Color); G2=GetG(Color); B2=GetB(Color); // Farbe wandeln
12              R2-=R1; G2-=G1; B2-=B1; // Differenz mit Maske bilden
13              R2=abs(R2); G2=abs(G2); B2=abs(B2); // Absolutwerte bilden
14              if ((R2<SR)&&(G2<SG)&&(B2<SB)) { PSet(x,y,0xffffff); }
15          }
16      }
17  }

18  void main()
19  {
20      long int w,h;
```

```
21      InitGraph();
22      LoadBitmap(w,h,"Blumentopf.bmp");
23      ChromaKey(w,h,RGB(150,155,170),15,15,30);
24      UpdateScreen();
25      getch();
26  }
```

Das Bild **Blumentopf.bmp** können Sie sich wieder beim Hanser-Verlag herunterladen. Dieses Bild zeigt einen Blumentopf, der vor einer glatten, grauen Wand steht, die ungefähr die RGB-Farbwerte {150,155,170} besitzt. Dieses Bild wird durch das Hauptprogramm zunächst mit LoadBitmap() (Zeile 22) in die Konsole geladen. Anschließend wird die Funktion ChromaKey() (Zeile 01 – 17) aufgerufen. ChromaKey() bekommt als Parameter die Breite **w** des Bitmaps, die Höhe **h** des Bitmaps, und die Schwellwerte **SR, SG** und **SB** übergeben. Der Chroma-Key-Filter arbeitet nun Zeile für Zeile des Bilds ab und ermittelt in jeder Zeile Pixel für Pixel den Farbwert an der Position (x,y) (Zeile 10). Anschließend wird dieser Farbwert in Zeile 11 in die RGB-Komponenten zerlegt und in den Variablen **R2, G2** und **B2** abgelegt. Der Farbwert der Maske (die Maske ist die Farbe, die entfernt werden soll) wurde am Anfang in den Variablen **R1, G1,** und **B1** abgelegt. Die Differenzen zwischen **R2** und **R1, G2** und **G1** und **B2** und **B1** werden nun wieder in die Variablen **R2, G2** und **B2** geschrieben. Anschließend wird noch der Absolutbetrag von **R2, G2** und **B2** ermittelt. Dieser Schritt ist notwendig, weil der Filter sowohl bei negativen als auch bei positiven Differenzen zwischen den Farbwerten funktionieren muss. Diese Differenz darf aber für keine der drei RGB-Komponenten über dem entsprechenden Schwellwert **SR, SG** oder **SB** liegen, sonst tut der Filter einfach gar nichts und lässt das Pixel an Position (x,y) so, wie es ist. Am Ende wird für die Datei **Blumentopf.bmp** folgendes Bild in der Konsole angezeigt:

Bild 8.8 Der Blumentopf nach Anwenden des Chroma-Keying-Algorithmus

Wenn Sie nun etwas mit den Schwellwerten experimentiert haben, werden Sie merken, dass die Bedienungsweise des Chroma-Keying-Filters nicht gerade intuitiv ist und dass Sie sehr viel Erfahrungswissen erwerben müssen, um einigermaßen gute Ergebnisse zu erzielen. Ebenfalls gibt es keine Standardwerte, die Sie in den meisten Fällen anwenden können und die Sie nur dann ändern müssen, wenn Sie in einem von zehn Fällen keinen schnellen Erfolg haben. Aus diesem Grund bieten dann z. B. professionelle Videoprogramme auch

Vorschaufenster an, die in Echtzeit arbeiten und in denen Sie entsprechende Regler so lange mit der Maus verschieben können, bis das Ergebnis stimmt. Auch hier ist sehr viel Erfahrungswissen nötig und es gibt auch keinen Algorithmus, der Ihnen sagt, wann Sie welche Werte verwenden müssen. Dennoch gibt es folgende Maßnahmen, die das Chroma Keying vereinfachen können:

- Verwenden von Bluescreens oder Greenscreens als monotonen Hintergrund, der nur eine einzige Farbkomponente enthält, also nur Grün oder Blau
- Verwenden von standardisierten Farben für Bluescreens oder Greenscreens
- Vermeiden von zu starken Grün- oder Blauanteilen in der Kleidung der Schauspieler, die vor dem Green- oder Bluescreen stehen
- Vermeiden von rein weißen oder rein schwarzen Hintergründen, weil dies zu Artefakten oder Schlieren führt
- Verwenden professioneller Video-Bearbeitungssoftware, da Freeware-Programme oft nicht genug Leistung bieten, um in Echtzeit zu arbeiten. Bei professionellen Videoprogrammen werden die Filteralgorithmen immer häufiger vom GPU und nicht vom CPU ausgeführt, deshalb ist hier eine gute Gaming-Grafikkarte Pflicht.

Es folgt nun das letzte Kapitel dieses Buchs, das Sie aber auch in diesem Fall nicht unbedingt benötigen, wenn Sie nicht das entsprechende Wahlpflichtfach gewählt haben. Es geht dort darum, wie Sie mit künstlichen neuronalen Netzen Muster erkennen können.

■ 8.5 Übungen

Übung 1

Was ist der Unterschied zwischen dem Mittelwert und dem Median? Weswegen ist der Mittelwert nicht so gut geeignet, um Störungen aus einem Bild zu entfernen, wie der Median?

Übung 2

Erklären Sie, was der Begriff *Binärisierung* bedeutet und wie dieses Verfahren in Form eines Algorithmus umgesetzt wird.

Übung 3

Kann ein Algorithmus die Kanten in einem Bild erkennen und ggf. sogar isoliert darstellen? Wenn es diesen Algorithmus gibt, wie funktioniert dieser?

Übung 4

Mit Chroma Keying können Sie einen einfarbigen Hintergrund entfernen und anschließend z. B. durch ein Foto ersetzen. Dies funktioniert bekanntlich sehr gut, sogar im Fall von Videomaterial. Denken Sie, dass dies auch mit beliebigen, zur Not statischen Hintergründen möglich ist, z. B. mit einer weiten Wiese? Wenn dies möglich sein sollte, wie könnte dies funktionieren? Hier müssen Sie keinen Programmcode angeben, können dies aber tun, wenn Sie z. B. im Internet eine Lösung gefunden haben.

9 Simulation neuronaler Netze

Neuronale Netze und auch die KI (künstliche Intelligenz) sind regelrechte Modethemen, um nicht zu sagen Hypes. Es gibt praktisch kein technisch orientiertes Studium mehr, das dieses Thema nicht zumindest anschneidet. Neuronalen Netzen wird inzwischen sogar nachgesagt, dass man damit das menschliche Bewusstsein im Computer abbilden kann – zumindest in ein paar Jahrzehnten. Auch große Internet-Konzerne wie Google nutzen inzwischen exzessiv KI-Algorithmen, um z. B. ihre Suchmaschinen durch Spracherkennung zu erweitern – und dies funktioniert inzwischen erstaunlich gut. Sind wir also inzwischen an dem Punkt angekommen, an dem Ihr Computer Sie wirklich versteht und an dem man Sie unsterblich machen kann, indem man Ihren Gehirninhalt auf eine Festplatte auslagert?

An dieser Stelle muss ich Sie leider enttäuschen, denn die oben genannten Visionen hatte schon Stanislaw Lem in seinen Robotermärchen. Natürlich war sich Lem damals bewusst, dass er nichts als Science-Fiction beschrieb, also Dinge, die wahrscheinlich niemals wahr werden. Wir sind also weit davon entfernt, künstliches Bewusstsein zu erzeugen oder ein Programm zu erstellen, das Sie wirklich versteht. Was neuronale Netze aber dennoch gut können, ist, verborgene Muster in zunächst chaotisch erscheinenden Daten zu finden. Natürlich stecken dahinter dann wieder ganz spezielle Lernalgorithmen, von denen ich Ihnen im letzten Kapitel dieses Buchs die wichtigsten erklären möchte. An dieser Stelle muss ich Sie dann aber doch etwas enttäuschen, denn wirklich gute Literatur, die wirklich viel erklärt, habe ich dann doch nicht erwerben können. Auch sind viele KI-Algorithmen nach wie vor geheim und werden wahrscheinlich auch niemals veröffentlicht. Wie auch schon bei der grafischen Bildverarbeitung, ist in diesem Kapitel also vieles einfach über die Jahre gewachsen und hat auch sehr viel Ausdauer von meiner Seite erfordert.

Kommen wir nun aber zurück zu den neuronalen Netzen. Was ist nun ein Neuron und wie funktioniert es? Ein *Neuron* ist eine spezielle Zellform, die sich z. B. im Gehirn befindet. Neuronen können durch Axone miteinander verbunden werden, dabei gibt es Axone, die Signale an das Neuron übermitteln, und Axone, die Signale vom Neuron wegleiten und an andere Neuronen weitergeben. *Axone* sind hierbei gewissermaßen die Drähte, die die Signale zwischen den Neuronen transportieren. Wie Neuronen und Axone funktionieren, können Sie in jedem guten Biologie-Lehrbuch nachschauen. Interessanter für die Informatik sind nämlich die künstlichen Neuronen. Künstliche Neuronen sind auf Software oder Hardware basierende Simulationen von biologischen Neuronen und deren Verhalten im Netzwerk (also in einem Verbund mehrerer Neuronen). Da die Hardware, die neuronale Netze simuliert, immer noch sehr beschränkt ist, werden künstliche Neuronen und deren Verbindungen oft durch Programme simuliert. Genau dies wollen wir in diesem Kapitel auch tun.

9.1 Zeichenerkennung mit neuronalen Netzen

Was Sie zunächst benötigen, ist ein bestimmtes Modell, mit dem Sie auch Algorithmen ausführen können. Dieses Modell ist im Endeffekt ganz simpel: Ein einzelnes Neuron besitzt einen Eingabewert, der vom Typ float ist, und einen Ausgabewert, der ebenfalls vom Typ float ist. Ferner gibt es noch einen Schwellwert, der bestimmt, ab welchem Eingabewert ein Neuron feuert. *Feuern* bedeutet, dass das Neuron einen Wert ausgibt, ansonsten gibt es schlicht kein Signal aus (Ausgabewert = 0). In manchen Lernmodellen kann der Ausgabewert, der eigentlich nur 1 (feuern) oder 0 (nicht feuern) sein kann, noch mit einem Faktor multipliziert werden. Manchmal ist es auch nötig, das Eingangssignal beim Feuern 1:1 an die darunterliegende Schicht weiterzuleiten. Ein einzelnes Neuron kann nun wie folgt durch eine Typendefinition beschrieben werden:

```
struct Neuron_t
{
    float Eingang;
    float Ausgang;
    float Schwellwert;
    float Skalierungsfaktor;
    bool Feuer;
};
```

Nun kann ein einzelnes Neuron jedoch noch nichts lernen, dies kann erst ein Netzwerk von sehr vielen untereinander verknüpften Neuronen leisten. Der Trick in diesem Netzwerk ist, dass ein Neuron die Werte sämtlicher Eingänge aufsummiert und anschließend diese Summe mit dem Schwellwert vergleicht. Das Neuron feuert immer dann, wenn die Summe aller Eingänge den aktuellen Schwellwert überschreitet. Manchmal wird auf die Summe vorher noch eine mathematische Formel oder ein separater Algorithmus angewendet. Sie benötigen im nächsten Schritt also sowohl für mehrere Eingänge als auch für mehrere Ausgänge einen Mechanismus, der diese abbildet. Hierfür gibt es verschiedene Verfahren. Sie können z. B. das neuronale Netzwerk als eine Art Baum betrachten und die Definition eines Neurons wie folgt abändern:

```
struct Neuron_t
{
    Neuron_t *Eingaenge; // verkettete Liste von Eingängen
    Neuron_t *Ausgaenge; // verkettete Liste von Ausgängen
    float Wert;
    float Schwellwert;
    float Skalierungsfaktor;
    boolean Feuer;
};
```

Sie legen also hier sämtliche Ein- und Ausgänge in einer Liste ab und können nun mit einer einfachen Schleife sämtliche Werte sämtlicher Eingänge aufsummieren. Leider hat die letzte Deklaration viele Nachteile. Der größte Nachteil ist sicherlich, dass es in den meisten Lernmodellen mehrere Neuronenschichten gibt. So sind z. B. oft sämtliche Neuronen einer Eingabeschicht mit sämtlichen Neuronen einer oder mehrerer Zwischenschichten verbunden, die am Ende mit den Neuronen einer Ausgabeschicht verbunden sind. Diese Menge an Verbindungen können Sie nur sehr schlecht mit der obigen Deklaration abbilden. Deshalb benutzt man oft für jede Schicht im neuronalen Netzwerk eine separate Tabelle. In diesen Tabellen stehen in den Zeilen sämtliche n Neuronen einer bestimmten Schicht. In den Spalten stehen dann sämtliche m Neuronen, mit denen die n Neuronen eine Verknüpfung eingehen können. Immer, wenn dann in einem bestimmten Tabelleneintrag an der Position (n,m) eine 1 steht, dann ist Neuron n mit Neuron m verknüpft, wenn dort eine 0 steht, besteht keine Verbindung. Oft sind solche Tabellen aber gar nicht nötig, nämlich dann, wenn sowieso alle Neuronen mit allen Neuronen verbunden sind. In diesem Fall reicht ein Array der Größe nxm aus, wobei m die Anzahl der Ebenen und n die Anzahl an Neuronen pro Ebene ist. Um in einem solchen Modell beispielsweise die Eingangssignale der Neuronen der zweiten Schicht zu ermitteln, reicht dann die folgende verschachtelte Schleife aus:

```
// S=aktuelle Schicht, S+1=nächste Ausgabeschicht, n=64
for (i=0; i<n; i++)
{
    NeuronArray[S+1][i].Wert=0; // Erst einmal die Summe in Schicht S+1 auf 0 setzen
    for (j=0; j<n; j++)
    {
        if (i!=j) { NeuronArray[S+1][i].Wert+=NeuronArray[S][j].Wert; } // Den eigenen Wert nicht addieren
    }
}
```

Vielleicht haben Sie an dieser Stelle schon darüber nachgedacht, wann Sie welches Verknüpfungsschema verwenden müssen. Wann verbinden Sie also sämtliche Neuronen mit sämtlichen Neuronen sämtlicher Schichten und wann lassen Sie unter Umständen Verknüpfungen weg? Leider kann ich Ihnen darauf keine befriedigende Antwort geben, denn viele Verknüpfungsschemen wurden meist von Forscherteams über Jahre entwickelt und sind auch oft von kommerziellen Firmen lizenziert worden. D.h. also, dass die meisten KI-Algorithmen nicht offen sind, und nur genutzt werden können (wenn sie dann überhaupt genutzt werden dürfen), wenn man entsprechend hohe Beträge für eine Programmierbibliothek zahlt. Zum Glück sind diese teuren Bibliotheken für die Mustererkennung nicht nötig und im Endeffekt reicht dafür die oben angegebene for-Schleife aus.

Wie lernt nun Ihr neuronales Netz, wenn Sie dies einmal definiert haben? Hierfür gibt es verschiedene Lernmodelle, die alle ihre Vorzüge und Nachteile haben. Das einfachste, aber bei der Mustererkennung sehr oft verwendete Lernmodell ist das *hebbsche Lernen*, das nach seinem Erfinder Hebb benannt wurde. In diesem Lernmodell wird die Ausgabe des Netzes mit der Ausgabe verglichen, die es erzeugen soll. Wenn dann die Ausgabe an einigen Stellen nicht stimmt (z.B. wenn ein Neuron feuert, obwohl es eigentlich nicht feuern soll), dann wird der Schwellwert dieses Neurons ein kleines bisschen korrigiert. Wenn also ein Neuron feuert, obwohl es dies eigentlich nicht tun soll, dann wird der Schwellwert erhöht. Wenn ein Neuron nicht feuert, obwohl es dies eigentlich soll, wird der Schwellwert erniedrigt. Selbstverständlich benötigen Sie für das hebbsche Lernen Vergleichsmuster, denn sonst können Sie die Gewichte Ihrer Neuronen nicht richtig einstellen.

Nehmen wir nun an, Sie hätten den Buchstaben A auf ein weißes Blatt Papier gedruckt, und diesen Buchstaben soll Ihr Netz nun lernen. Hierfür haben Sie eine Eingabeschicht definiert, die die Pixel Ihres Buchstabens als Schwarzweißbild der Größe 8 x 8 enthält und diese Pixel werden in Form von Bits an eine Lernschicht weitergereicht. In der Lernschicht ist nun jedes Neuron der Eingabeschicht mit jedem Neuron der Lernschicht verbunden. In der Ausgabeschicht ist dann Neuron n der Lernschicht mit Neuron n der Ausgabeschicht verbunden und Neuron n+1 mit Neuron n+1 der Ausgabeschicht usw. Nun wird die Ausgabe der Ausgabeschicht mit einem bestimmten A-Muster verglichen. Wenn nun einige Pixel in der Ausgabeschicht von dem A abweichen, das Sie natürlich vorher in die Eingabeschicht übertragen haben, wird der Schwellwert der entsprechenden Neuronen ein kleines Stückchen korrigiert. Anschließend wird erneut geprüft, ob nun das gewünschte Bild erzeugt wird. Wenn dies immer noch nicht der Fall ist, wird die Ausgabe erneut geprüft, und zwar so lange, bis die gewünschte Ausgabe erzeugt wird. Wenn dann das A-Muster erzeugt wird, machen Sie mit dem Buchstaben B weiter. Wenn dann Ihr Netz genug Schichten mit hinreichend vielen Neuronen besitzt, dann kann es auf die oben beschriebene Weise sämtliche Zeichen des deutschen Alphabets lernen. Sehen Sie sich nun Listing 9.1 an, das die drei Zeichen A, B und C lernt und anschließend eine Testausgabe mit dem zuletzt gelernten Zeichen C erzeugt.

Listing 9.1 Mustererkennung.cpp

```
01  #include<stdio.h>
02  #include<math.h>  // Für floats

03  struct Neuron_t
04  {
05      float Wert;
06      float Schwellwert;
07      float Skalierungsfaktor;
08      bool Feuer;
09  };
10  float Run(Neuron_t NeuronArray[3][64], int *Eingabe, int n)
11  {
12      int i=0,j=0;
13      float Sum=0.0;
14      for (i=0; i<n; i++) { NeuronArray[0][i].Wert=Eingabe[i]; } // Eingabe an erste Schicht übertragen
15      for (i=0; i<n; i++) // Alle n Neuronen durchgehen
16      {
17          NeuronArray[1][i].Wert=0.0; // Neuron n der 2. Schicht neu initialisieren
18          for (j=0; j<n; j++) // Neuron n der Schicht 1 mit allen Neuronen der Schicht 2 verknüpfen
19          {
20              if (i!=j) // Neuron n selbst nicht summieren
21              {
22                  NeuronArray[1][i].Wert+=NeuronArray[0][j].Wert;
23              }
24          }
25          NeuronArray[1][i].Wert*=NeuronArray[1][i].Skalierungsfaktor; // Ausgabe skalieren
26          if (NeuronArray[1][i].Wert>=NeuronArray[1][i].Schwellwert) // Neuron n der 3. Schickt feuert
27          {
28              NeuronArray[1][i].Feuer=true;
29              NeuronArray[2][i].Wert=NeuronArray[2][i].Skalierungsfaktor;
30          }
```

```c
            else // Neuron n der 3. Schicht feuert nicht
            {
                NeuronArray[1][i].Feuer=false;
                NeuronArray[2][i].Feuer=false;
                NeuronArray[2][i].Wert=0.0;
            }
            Sum+=NeuronArray[2][i].Wert; // Ausgänge der Ausgabeschicht aufsummieren
        }
        return Sum; // Summe der Ausgabeschicht zurückgeben
    }

    void AusgabeSchwellwerte(Neuron_t NeuronArray[3][64], int n, int S)
    {
        int i,j;
        j=0;
        for (i=0; i<n; i++)
        {
            //printf("%.2f\t",NeuronArray[S][i].Schwellwert);
            printf("%02d ",(int)(NeuronArray[2][i].Wert));
            j++; if (j==8) { j=0; printf("\n"); } // 8 Werte pro Zeile
        }
    }

    float Lerne(Neuron_t NeuronArray[3][64], int *Eingabe, int n)
    {
        int i=0,j=0;
        float Sum=0;
        bool geaendert=true;
        Sum=Run(NeuronArray,Eingabe,n); // Erzeugen der Eingabewerte
        while (geaendert==true) // Abbruch des Lernens:Schwellwerte wurden nicht mehr geändert
        {
            geaendert=false;
            for (i=0; i<n; i++) // Alle n Neuronen der Eingabeschicht scannen
            {
                if ((int)NeuronArray[2][i].Wert>Eingabe[i]) // Ausgabe über dem Soll
                {
                    NeuronArray[1][i].Schwellwert+=0.01;
                    geaendert=true;
                }
                else if ((int)NeuronArray[2][i].Wert<Eingabe[i]) // Ausgabe über dem Soll
                {
                    NeuronArray[1][i].Schwellwert-=0.01;
                    geaendert=true;
                }
            }
            Sum=Run(NeuronArray,Eingabe,n); // Aktualisierung der Werte
        }
        return Sum;
    }

    int main(void)
    {
        Neuron_t NeuronArray[3][64];
        int A[64]= // Bitmuster A
        {
            0,0,0,1,1,0,0,0,
```

```
          0,0,1,0,0,1,0,0,
          0,1,1,0,0,0,1,1,
          1,1,1,1,1,1,1,1,
          1,1,0,0,0,0,1,1,
          1,1,0,0,0,0,1,1,
          1,1,0,0,0,0,1,1,
          1,1,0,0,0,0,1,1
     };
     int B[64]= // Bitmuster B
     {
          1,1,1,1,1,1,0,0,
          1,1,0,0,0,0,1,1,
          1,1,0,0,0,0,1,1,
          1,1,1,1,1,1,0,0,
          1,1,1,1,1,1,0,0,
          1,1,0,0,0,0,1,1,
          1,1,0,0,0,0,1,1,
          1,1,1,1,1,1,1,0
     };
     int C[64]= // Bitmuster C
     {
          0,0,1,1,1,1,1,0,
          0,1,1,1,1,1,1,1,
          1,1,0,0,0,0,0,0,
          1,1,0,0,0,0,0,0,
          1,1,0,0,0,0,0,0,
          1,1,0,0,0,0,0,0,
          0,1,1,1,1,1,1,1,
          0,0,1,1,1,1,1,0
     };
     int i=0,j=0,k=0,S=0,n=64,m=3;
     float Sum;
     for (i=0; i<64; i++)
     {
          NeuronArray[1][i].Schwellwert=0; // Bei S=0 anfangen
          NeuronArray[1][i].Skalierungsfaktor=1; // Eingaben nicht skalieren
          NeuronArray[2][i].Skalierungsfaktor=1; // Ausgaben nicht skalieren
     }
     printf("A:\n");
     Sum=Lerne(NeuronArray,A,64); AusgabeSchwellwerte(NeuronArray,64,1);
     printf("Summe Output:%d\n",(int)Sum);
     printf("B:\n");
     Sum=Lerne(NeuronArray,B,64); AusgabeSchwellwerte(NeuronArray,64,1);
     printf("Summe Output:%d\n",(int)Sum);
     printf("C:\n");
     Sum=Lerne(NeuronArray,C,64); AusgabeSchwellwerte(NeuronArray,64,1);
     printf("Summe Output:%d\n",(int)Sum);
     printf("Eingabe:C\n"); Sum=Run(NeuronArray,C,64);
     j=0; k=0;
     for (i=0; i<n; i++)
     {
          printf("%d ",(int)NeuronArray[2][i].Wert);
          if (NeuronArray[2][i].Wert>0) { k++; }
          j++; if (j==8) { j=0; printf("\n"); }
     }
     printf("Summe Output:%d\n",(int)Sum);
     return 0;
}
```

In Zeile **002** – **009** wird zunächst die Struktur `Neuron_t` definiert, die die wichtigsten Daten eines Neurons enthält, wie das aktuelle Eingabesignal, den Schwellwert und die Information, ob das Neuron feuert. Das nächste Beispiel verwendet nun ein Neuronen-Array einer konstanten Größe von 64 Neuronen und drei Schichten. Die erste Schicht ist die Eingabeschicht, in die direkt die Pixeldaten eines Zeichens eingetragen werden, die zweite Schicht ist die Lernschicht. In der Lernschicht ist jedes Neuron mit jedem Neuron der Eingangsschicht verbunden, in der Ausgabeschicht ist nur jedes Neuron einmal mit dem entsprechenden Neuron der Lernschicht verbunden. Die Schwellwerte der Ausgabeschicht werden nun während des Lernvorgangs so angepasst, dass sie ein als Parameter übergebenes Muster genau reproduzieren können.

Um dies zu leisten, muss das Netz aber erst einmal in der Lage sein, aus einer bestimmten Eingabe die Parameter der einzelnen Neuronen zu erzeugen. Dies leistet die Funktion `Run()` (Zeile **010** – **040**), die den Hauptalgorithmus zum Erzeugen der Neuronenparameter genau einmal durchläuft. `Run()` bekommt drei Parameter übergeben. Der erste Parameter ist das neuronale Netz selbst, das in diesem Fall immer ein float-Array der Größe 3 x 64 ist. Der zweite Parameter enthält die Eingabematrix als int-Array und der dritte Parameter ist die Anzahl der Neuronen pro Schicht. `Run()` muss nun in Zeile **014** erst einmal die Werte aus dem Array **Eingabe** als Werte vom Typ float in die Neuronen der ersten Schicht kopieren. Dies ist nötig, da sich die Eingabewerte zur Laufzeit durch das Hauptprogramm ändern lassen. Nach der Übertragung der Eingabewerte in die erste Schicht wird die Hauptschleife (Zeile **015** – **038**) ausgeführt, die für jedes Neuron **n** der zweiten Schicht sämtliche Eingabewerte der ersten Schicht aufsummiert und anschließend den Wert dieser Summe in das Neuron **n** der zweiten Schicht überträgt. Vorher wird jedoch in Zeile **025** dieser Wert noch mit dem Skalierungsfaktor multipliziert, den das entsprechende Neuron besitzt. Nach Berechnung der Summe sämtlicher Eingänge für Neuron **n** der zweiten Schicht muss nun in Zeile **026** und **027** noch festgestellt werden, welcher Ausgabewert an die dritte Schicht weitergegeben wird. Neuron **n** der zweiten Schicht feuert immer dann, wenn die Summe aller Eingänge den Schwellwert von **n** überschreitet, und gibt den Wert 1 (aktiv) an die Ausgabeschicht weiter. Wenn Sie erreichen wollen, dass ein anderer Wert als 1 ausgegeben wird, müssen Sie den entsprechenden Skalierungsfaktor anpassen. Ein nicht feuerndes Neuron gibt dagegen immer den Wert 0 aus. `Run()` gibt am Ende einen Parameter **Sum** zurück, der die Summe der Werte aller Neuronen der Ausgabeschicht enthält. Die Funktion `AusgabeSchwellwerte()` (Zeile **041** – **051**) muss wahrscheinlich nicht mehr gesondert erklärt werden. `AusgabeSchwellwerte()` gibt sämtliche Schwellwerte der Neuronen der Lernschicht in der Konsole aus.

Das eigentliche Lernen leistet die Funktion `Lerne()` (Zeile **052** – **077**). `Lerne()` bekommt dieselben Parameter übergeben wie `Run()`, weil `Lerne()` diese Funktion periodisch aufruft. Zunächst nimmt die Funktion `Lerne()` jedoch erst einmal an, dass das Netz noch nicht perfekt konfiguriert ist, und setzt die Variable **geaendert** in Zeile 56 auf `true`. Anschließend wird in Zeile **057** `Run()` aufgerufen und die Summe aller Ausgänge der dritten Schicht ermittelt. Nun wird in einer while-Schleife (Zeile **058** – **075**) die Funktion `Run()` so lange wiederholt aufgerufen, bis sich die Schwellwerte der Neuronen in der ersten Schicht nicht mehr ändern. Um dies festzustellen, wird in Zeile **060** erst einmal **geaendert** auf `false` gesetzt und somit angenommen, dass das Netz schon richtig konfiguriert ist. Zur Kontrolle werden dann noch einmal sämtliche Zustände der Ausgangsneuronen mit den Soll-Werten im Array **Eingabe** verglichen. Wenn sich dann herausstellt, dass die Annahme falsch ist, dass das Netz schon perfekt konfiguriert ist, muss **geaendert** auf `true` gesetzt werden. Bei einem fehlerhaften Ausgabewert eines Neurons wird der Schwellwert aber immer nur in kleinen Schritten von 0,01 angeglichen. Wenn also ein Neuron feuert, obwohl es dies nicht tun soll, wird zum Schwellwert 0,01 addiert, anstatt ihn sofort auf 1 zu setzen. Wenn dann ein Neuron nicht feuert, obwohl es dies tun sollte, wird vom Schwellwert 0,01 subtrahiert, anstatt ihn sofort auf 0 zu setzen. Nach der Prüfung der Ausgabeschicht auf Abweichungen von dem Soll-Zustand wird in Zeile **074** `Run()` stets noch einmal aufgerufen. Wenn dann **geaendert** `false` ist, kehrt die Funktion `Lerne()` zurück. Wenn **geaendert** dann `true` ist, werden die Schwellwerte in der Ausgabeschicht erneut angeglichen. Auch `Lerne()` liefert die Summe der Werte sämtlicher Neuronen in der Ausgabeschicht zurück.

Das Hauptprogramm (Zeile **078 – 141**) definiert nun zunächst die Bitmasken für den Buchstaben A, B und C, die später an die Funktion `Lerne()` übergeben werden. Hierbei werden die Integer-Werte 1:1 in die Eingabeschicht geschrieben, also 1:1 in Werte vom Typ float gewandelt. 0.0 entspricht hier also einem gelöschten und 1.0 einem gesetzten Pixel. Ich gebe zu jedem Lernvorgang Testdaten in der Konsole aus, nämlich einmal die aktuellen Schwellwerte der Neuronen in der Ausgabeschicht sowie die Summe aller Ausgabewerte. Auf diese Weise können Sie sehr gut sehen, wie sich die Schwellwerte nach jedem neuen Lernvorgang etwas ändern. Das Programm gibt am Ende den folgenden Text in der Konsole aus:

A:

32.00	32.00	32.00	0.00	0.00	32.00	32.00	32.00
32.00	32.00	0.00	32.00	32.00	0.00	32.00	32.00
32.00	0.00	0.00	32.00	32.00	32.00	0.00	0.00
0.00	0.00	0.00	0.00	0.00	0.00	0.00	0.00
0.00	0.00	32.00	32.00	32.00	32.00	0.00	0.00
0.00	0.00	32.00	32.00	32.00	32.00	0.00	0.00
0.00	0.00	32.00	32.00	32.00	32.00	0.00	0.00
0.00	0.00	32.00	32.00	32.00	32.00	0.00	0.00

Summe Output:32

B:

32.00	32.00	32.00	0.00	0.00	32.00	41.01	41.01
32.00	32.00	41.01	41.01	41.01	41.01	32.00	32.00
32.00	0.00	41.01	41.01	41.01	41.01	0.00	0.00
0.00	0.00	0.00	0.00	0.00	0.00	41.01	41.01
0.00	0.00	32.00	32.00	32.00	32.00	41.01	41.01
0.00	0.00	41.01	41.01	41.01	41.01	0.00	0.00
0.00	0.00	41.01	41.01	41.01	41.01	0.00	0.00
0.00	0.00	32.00	32.00	32.00	32.00	0.00	41.01

Summe Output:41

C:

32.00	32.00	30.99	0.00	0.00	30.99	30.99	41.01
32.00	30.99	30.99	30.99	30.99	30.99	30.99	30.99
30.99	0.00	41.01	41.01	41.01	41.01	32.00	32.00
0.00	0.00	32.00	32.00	32.00	32.00	41.01	41.01
0.00	0.00	32.00	32.00	32.00	32.00	41.01	41.01
0.00	0.00	41.01	41.01	41.01	41.01	32.00	32.00
32.00	0.00	30.99	30.99	30.99	30.99	0.00	0.00
32.00	32.00	30.99	30.99	30.99	30.99	0.00	41.01

Summe Output:32

Eingabe:C

0 0 1 1 1 1 1 0
0 1 1 1 1 1 1 1
1 1 0 0 0 0 0 0
1 1 0 0 0 0 0 0
1 1 0 0 0 0 0 0
1 1 0 0 0 0 0 0
0 1 1 1 1 1 1 1
0 0 1 1 1 1 1 0

Summe Output:32

Ihr neuronales Netz hat anscheinend den Buchstaben C erfolgreich gelernt, denn sowohl das Bitmuster für den Buchstaben C als auch die Summe 32 stimmt mit dem überein, was Sie erwarten würden. Ändern Sie nun die folgende Zeile wie folgt ab:

```
printf("Eingabe:C\n"); Sum=Run(NeuronArray,C,64);
```

in

```
printf("Eingabe:B\n"); Sum=Run(NeuronArray,B,64);
```

Das Bitmuster für das Zeichen B wird noch fast perfekt ausgegeben und die Output-Summe von 50 liegt noch im Bereich des Tolerierbaren. Wenn Sie in Ihr Programm dann eine zusätzliche Fehlerkorrektur einbauen, wird in diesem Fall auch das B korrekt erkannt. Ihr neuronales Netz hat also anscheinend auch den Buchstaben B erfolgreich gelernt, denn sowohl das Bitmuster für den Buchstaben B als auch die Summe 50 stimmen fast mit dem überein, was Sie erwarten würden. Ändern Sie nun die folgende Zeile wie folgt ab:

```
printf("Eingabe:B\n"); Sum=Run(NeuronArray,B,64);
```

in

```
printf("Eingabe:A\n"); Sum=Run(NeuronArray,A,64);
```

Das Bitmuster für das Zeichen A wird jedoch nicht mehr erkannt und die Output-Summe von 32 liegt nicht mehr im Bereich des Tolerierbaren. Ferner hat Ihr Netz den Buchstaben A offenbar verlernt, denn für den Eingabe-Buchstaben A wird nun der Buchstabe C erkannt. Wenn Sie in Ihr Programm eine zusätzliche Fehlerkorrektur einbauen, wird der Buchstabe A trotzdem nicht mehr erkannt und nähert sich dem Buchstaben B an.

Sie sehen, dass das Verlernen von Dingen nicht nur eine menschliche Eigenschaft ist, sondern sogar künstliche neuronale Netze betrifft. Das Verlernen von früheren Mustern entsteht hier durch Interferenz. *Interferenz* bedeutet, dass sich zuletzt gelernte Muster mit alten Mustern überlagern und dass das Netz dann die alten Muster mit der Zeit vergisst. Und genau wie der Mensch vergisst auch das künstliche neuronale Netz gerade die Dinge, die es am längsten nicht mehr trainiert hat. Probieren Sie es ruhig aus und lernen Sie das Zeichen A zum Schluss noch einmal (also zweimal). Nun wird der Buchstabe A und gerade noch der Buchstabe C, nicht aber der Buchstabe B erkannt. Die Frage ist nun, wie Sie Ihr künstliches neuronales Netz so weit verbessern können, dass es das Gelernte zumindest so lange behält, bis Sie alle 26 Buchstaben des Alphabets eingescannt haben. Die Antwort ist, dass dies im Prinzip nicht geht, denn genauso wie biologische Systeme vergessen auch künstliche neuronale Netze stets die Dinge, die sie am längsten nicht mehr gesehen haben. Jedoch können Sie die Wahrscheinlichkeit für Interferenzen minimieren, indem Sie schlicht mehr Neuronen verwenden. Wenn Sie also in der Update-Version Ihrer Mustererkennung 64 x 64 Pixel statt 8x8 Pixel für die einzelnen Zeichen verwenden, dann werden sich auch die Ausgabemuster und -summen weniger vom erwarteten Wert unterscheiden. Sie müssen also die Eingabedaten auf Bitmap-Bildern und nicht auf Bits aufbauen, die Sie in mühsamer Arbeit per Hand in eine 8x8 Pixel große Matrix eingetragen haben. An dieser Stelle schlagen Sie nun eine Brücke zum letzten Kapitel über grafische Bildverarbeitung: Damit Ihr neuronales Netz ein einzelnes Zeichen gut lernt, müssen Sie dies mit 64 x 64 Pixeln einscannen, anschließend binärisieren (also als Schwarzweißbild abspeichern) und zum Schluss in eine Bitmaske umwandeln. Dabei kann Ihr Programm sowohl das Laden der Bitmaps als auch die Wandlung in eine Bitmaske übernehmen. Bevor ich Ihnen nun das zweite Beispiel zeige, das für die einzelnen Zeichen Bitmaps verwendet, möchte ich zuvor noch eine Frage klären: Was ist, wenn die Eingabedaten keine Bilder, sondern Töne sind, z. B. ein Sample eines gesprochenen A. Kann ein neuronales Netz auch ein gesprochenes A erkennen? Die Antwort ist, dass dies prinzipiell möglich ist, da neuronale Netze Muster nicht nur in Bildern erkennen können. Die Voraussetzung ist aber immer, dass die Eingabedaten in einem Format vorliegen, das gut erkennbare Muster enthält. Da dies bei den rohen Audiodaten nicht der Fall ist, müssen Sie ein gesprochenes A erst mittels Fouriertransformation (siehe dazu auch Kapitel 7) in ein Frequenzspektrum umwandeln. Dieses unterscheidet sich sehr stark bei den einzelnen Buchstaben und kann von einem neuronalen Netz sehr gut gelernt werden. Auch hier kommt es natürlich wieder auf die Menge der Neuronen an. Wenn Sie Ihrem Netz nur zehn Frequenzen zur Verfügung stellen, die Sie in nur zehn Neuronen einspeisen, wird Ihr Netz das gesprochene A wahrscheinlich nicht lernen können. Wenn Sie Ihrem Netz jedoch ein komplettes Fourierspektrum anbieten (dies sind normalerweise 2048 oder 4096 Frequenzbänder), dann haben Sie schon sehr gute Erfolgsaussichten. Sehen Sie sich nun Listing 9.2 an, das Ihre Zeichen in einer etwas höheren Auflösung bearbeitet.

Listing 9.2 Mustererkennung2.cpp

```cpp
01  #include<windows.h>
02  #include<stdio.h>
03  #include<math.h> // Für floats
04  #include<conio.h> // Für getch()

05  struct Neuron_t
06  {
07     float Wert;
08     float Schwellwert;
09     float Skalierungsfaktor;
10     bool Feuer;
11  };

12  HDC CONSOLE_DC; // HDC für Consolenfenster
13  HWND hwnd; // Fenster-handle für Console
14  HDC HDCOffscreen; // Offscreen-Buffer für Double-Buffering

15  void HideCursor() // Diese Funktion blendet den störenden Cursor aus
16  {
17     CONSOLE_CURSOR_INFO info;
18     HANDLE out;
19     info.bVisible=0;
20     info.dwSize=1;
21     out=GetStdHandle(STD_OUTPUT_HANDLE);
22     SetConsoleCursorInfo(out,&info);
23  }

24  void InitGraph()
25  {
26     hwnd=FindWindow("ConsoleWindowClass",NULL);
27        CONSOLE_DC=GetDC(hwnd);
28     HDCOffscreen=CreateCompatibleDC(CONSOLE_DC);
29     HBITMAP BitmapOffscreen=CreateCompatibleBitmap(CONSOLE_DC,1024,768);
30     SelectObject(HDCOffscreen,BitmapOffscreen);
31     HideCursor();
32  }

33  void UpdateScreen()
34  {
35     BitBlt(CONSOLE_DC,0,0,1024,768,HDCOffscreen,0,0,SRCCOPY);
36  }

37  void PSet(long int x, long int y, long int Color)
38  {
39        SetPixel(HDCOffscreen,x,y,Color);
40  }

41  long int Point(long int x, long int y)
42  {
43        return GetPixel(HDCOffscreen,x,y);
44  }

45  void LoadBitmap(long int &w, long int &h, char *FileName)
46  {
47        w=0; h=0; // Wenn der Loader zurückkehrt, ohne das Bild zu laden, bleiben diese Werte 0
```

```
48              HDC NewDC=CreateCompatibleDC(GetDC(0)); // Neuen DC anlegen
49              HBITMAP NewBitmap=(HBITMAP)LoadImage(NULL,FileName,IMAGE_BITMAP,0,0,LR_
LOADFROMFILE);
50              if (NewBitmap==NULL) { return; } // Fehler beim Laden? Dann kehre zurück
51              BITMAP bmp; // Alles klar? Dann erzeuge ein neues Bitmap-Objekt bmp
52              GetObject(NewBitmap,sizeof(bmp),&bmp); // Daten vom Bitmap-Handle in das
Objekt einlesen
53              HGDIOBJ OldBitmap=SelectObject(NewDC,NewBitmap); // Bitmap an NewDC binden
54              BitBlt(HDCOffscreen,0,0,bmp.bmWidth,bmp.bmHeight,NewDC,0,0,SRCCOPY);
55          w=bmp.bmWidth; h=bmp.bmHeight; // Rückgabeparameter anpassen
56          // Am Ende alle temporären Puffer wieder löschen
57              SelectObject(NewDC,OldBitmap);
58              DeleteObject(NewBitmap);
59              DeleteDC(NewDC);
60      }

61      float Run(Neuron_t NeuronArray[3][625], int *Eingabe, int n)
62      {
63          int i=0,j=0;
64          float Sum=0.0;
65          for (i=0; i<n; i++) { NeuronArray[0][i].Wert=Eingabe[i]; } // Eingabe an
erste Schicht übertragen
66          for (i=0; i<n; i++) // Alle n Neuronen durchgehen
67          {
68              NeuronArray[1][i].Wert=0.0; // Neuron n der 2. Schicht neu initialisieren
69              for (j=0; j<n; j++) // Neuron n der Schicht 1 mit allen Neuronen der
Schicht 2 verknüpfen
70              {
71                  if (i!=j) // Neuron n selbst nicht summieren
72                  {
73                      NeuronArray[1][i].Wert+=NeuronArray[0][j].Wert;
74                  }
75              }
76              NeuronArray[1][i].Wert*=NeuronArray[1][i].Skalierungsfaktor; // Ausgabe
skalieren
77              if (NeuronArray[1][i].Wert>=NeuronArray[1][i].Schwellwert) // Neuron n
der 3. Schicht feuert
78              {
79                  NeuronArray[1][i].Feuer=true;
80                  NeuronArray[2][i].Wert=NeuronArray[2][i].Skalierungsfaktor;
81              }
82              else // Neuron n der 3. Schicht feuert nicht
83              {
84                  NeuronArray[1][i].Feuer=false;
85                  NeuronArray[2][i].Feuer=false;
86                  NeuronArray[2][i].Wert=0.0;
87              }
88              Sum+=NeuronArray[2][i].Wert; // Ausgänge der Ausgabeschicht aufsummieren
89          }
90          return Sum; // Summe der Ausgabeschicht zurückgeben
91      }

92      void AusgabeSchwellwerte(Neuron_t NeuronArray[3][625], int n, int S)
93      {
94          int i,j;
95          j=0;
96          for (i=0; i<n; i++)
97          {
```

```
 98              printf("%.2f\t",NeuronArray[S][i].Schwellwert);
 99              j++; if (j==25) { j=0; printf("\n"); } // 25 Werte pro Zeile
100      }
101  }
102
103  void AusgabeOutput(Neuron_t NeuronArray[3][625], int n)
104  {
105      int i,j;
106      j=0;
107      for (i=0; i<n; i++)
108      {
109          printf("%d",(int)NeuronArray[2][i].Wert);
110          j++; if (j==25) { j=0; printf("\n"); } // 25 Werte pro Zeile
111      }
112  }
113
114  float Lerne(Neuron_t NeuronArray[3][625], int *Eingabe, int n, int m)
115  {
116      int i=0,j=0;
117      float Sum=0;
118      bool geaendert=true;
119      Sum=Run(NeuronArray,Eingabe,n); // Erzeugen der Eingabewerte
120      for (j=0; j<m; j++) // Hier Anzahl der Lernschritte einsetzen
121      {
122          for (i=0; i<n; i++) // Alle n Neuronen der Eingabeschicht scannen
123          {
124              if ((int)NeuronArray[2][i].Wert>Eingabe[i]) // Ausgabe über dem Soll
125              {
126                  NeuronArray[1][i].Schwellwert+=0.01;
127                  geaendert=true;
128              }
129              else if ((int)NeuronArray[2][i].Wert<Eingabe[i]) // Ausgabe über dem
Soll
130              {
131                  NeuronArray[1][i].Schwellwert-=0.01;
132                  geaendert=true;
133              }
134          }
135          Sum=Run(NeuronArray,Eingabe,n); // Aktualisierung der Werte
136      }
137      return Sum;
138  }

139  void UebertrageBild(long int w, long int h, int *BildDaten)
140  {
141      long int x=0,y=0,z=0;
142      for (y=0; y<h; y++)
143      {
144          for (x=0; x<w; x++)
145          {
146              if (Point(x,y)==0) { BildDaten[z]=1; }
147              else { BildDaten[z]=0; }
148              z++;
149          }
150      }
151  }

152  void main()
```

```
153 {
154     float Sum;
155     long int w,h,x,y,z;
156     Neuron_t NeuronArray[3][625];
157     int A[625]; // Bitmuster A (25x25)
158     int B[625]; // Bitmuster B (25x25)
159     int C[625]; // Bitmuster C (25x25)
160     for (int i=0; i<625; i++)
161     {
162         NeuronArray[1][i].Schwellwert=0; // Bei S=0 anfangen
163         NeuronArray[1][i].Skalierungsfaktor=1; // Eingaben nicht skalieren
164         NeuronArray[2][i].Skalierungsfaktor=1; // Ausgaben nicht skalieren
165     }
166     InitGraph();
167     LoadBitmap(w,h,"A.bmp"); printf("Lerne Buchstaben A …\n");
168     UebertrageBild(w,h,A); Lerne(NeuronArray,A,625,20000);
169     LoadBitmap(w,h,"B.bmp"); printf("Lerne Buchstaben B …\n");
170     UebertrageBild(w,h,B); Lerne(NeuronArray,B,625,20000);
171     LoadBitmap(w,h,"C.bmp"); printf("Lerne Buchstaben C …\n");
172     UebertrageBild(w,h,C); Lerne(NeuronArray,C,625,20000);
173     Sum=Run(NeuronArray,A,625); printf("Summe für A:%d\n",(int)Sum);
174     Sum=Run(NeuronArray,B,625); printf("Summe für B:%d\n",(int)Sum);
175     Sum=Run(NeuronArray,C,625); printf("Summe für C:%d\n",(int)Sum);
176     getch(); // Hier auf eine Taste warten, damit sie die Ergebnisse lesen können
177 }
```

Das Programm gibt folgenden Text in der Konsole aus:

Lerne Buchstaben A …

Lerne Buchstaben B …

Lerne Buchstaben C …

Summe für A:29

Summe für B:475

Summe für C:249

Dadurch, dass Sie in dem letzten Listing die Anzahl der Lernschritte bestimmen können, sind Sie in der Lage, Ihren Lernalgorithmus viel feiner zu skalieren als durch das vollständig automatisierte Lernen. Diesen Vorteil erkaufen Sie sich aber durch die Tatsache, dass nun viel mehr Handarbeit und Feintuning nötigt ist, um die optimalen Werte zu finden. Im Endeffekt müssen Sie erst einmal so lange verschiedene Werte ausprobieren, bis Ihre Ausgabeschicht das richtige Muster erzeugt, und das für jedes Zeichen separat. Wenn Sie dann erreicht haben, dass Ihr Netz jedes Zeichen für sich korrekt erkennt, können Sie den nächsten Schritt unternehmen und das Netz sämtliche Zeichen nacheinander lernen lassen. Wenn dann die Summe der Werte der Neuronen in der Ausgabeschicht für die einzelnen Zeichen weit genug auseinanderliegt, dann nehmen Sie einfach an, dass Ihr Netz alle Zeichen gelernt hat. Die Frage, ob Ihr Netz das vorher gelernte Muster korrekt reproduziert, ist in diesem Fall nicht entscheidend. Vielmehr lassen Sie bewusst Ungenauigkeiten zu, solange Sie mit Ihrem Netz eindeutige Ergebnisse erzielen können. In den 80ern wurde für dieses Vorgehen der Begriff *Fuzzy Logic* geprägt, der dann auch sehr oft auf Küchenmaschinen, Waschmaschinen und Wäschetrocknern stand. Inzwischen ist der Begriff *Fuzzy Logic*, also das bewusste Zulassen von Toleranzen und Ungenauigkeiten, fester Bestandteil des Begriffs *künstliche Intelligenz* und wird heute kaum noch verwendet.

9.2 Spracherkennung

Grundlage der Spracherkennung und auch der Sprachsynthese ist ein Verfahren, das Sie schon in Kapitel 7 kennengelernt haben: Die Fouriertransformation und die inverse Fouriertransformation. Natürlich ist die Fouriertransformation selbst kein Bestandteil der KI, sie liefert aber die Daten, um z. B. ein gesprochenes A zu erkennen. In der Tat sind die Spracherkennung und die Sprachsynthese inverse Prozesse, wobei die Sprachsynthese zuerst entwickelt wurde. Die ersten Sprachprogramme, wie z. B. der Sprachsynthesizer SAM (speech audio module), lieferten nicht so gute Ergebnisse. Dies lag aber vor allem an dem verwendeten Sprachmodell: Die einzelnen Laute der Stimme wurden hier durch Standard-Klangmuster zusammengesetzt, weil der Speicher des C64, für den SAM entwickelt wurde, sehr begrenzt war. Die erste wirklich gut klingende Stimme gab es für den Amiga in Form des Programms Deluxe Video, einem Nachfolger des Programms Deluxe Paint V. Allerdings musste man die Stimme von einer separaten Diskette nachladen und ohne zusätzliches Speichermodul konnte man nicht einmal ein einziges Wort eingeben. Sie sehen an dieser Stelle wahrscheinlich schon, dass es bei der Sprachsynthese vor allem darauf ankommt, genug Speicher zu besitzen. Zum Glück ist dieses auf modernen PCs kein Problem mehr.

Wie funktioniert nun die Sprachsynthese bzw. Spracherkennung in Algorithmenform? Für die Sprachsynthese müssen Sie zunächst einen Sprecher finden, der zumindest einen vorgegebenen Text flüssig ablesen kann. Noch besser ist sicherlich ein Schauspieler, der eine bestimmte Szene mit viel Leidenschaft zum Ausdruck bringt – dadurch wirkt die Betonung der Wörter natürlicher. Anschließend müssen Sie den Text in einzelne Wörter und diese Wörter anschließend in Phoneme zerlegen. Ein *Phonem* ist quasi der kleinstmögliche Teil eines gesprochenen Worts, wie z. B. die Laute *sch*, *k* oder *ts*. Manche Phoneme kommen nicht in allen Sprachen vor, z. B. das englische *th* oder manche asiatischen oder russischen Silben. Wenn Sie nun die einzelnen Phoneme beispielsweise als Rohdaten vorliegen haben, beginnt die eigentliche, oft zeitraubende Arbeit: Sie müssen mit sämtlichen Phonemen Fouriertransformationen durchführen und die Frequenzdaten (also den Output der Fouriertransformation) für jedes einzelne Phonem in einer Datenbank ablegen. Wenn Sie dann alle Phoneme zusammenhaben, können Sie die eine Software entwickeln, die die Frequenzdaten Ihrer Phoneme richtig skaliert und am Ende in der richtigen Weise zu einem gesprochenen Text zusammenmischt. Dies ist natürlich alles andere als trivial.

Für die Spracherkennung müssen Sie dagegen in der umgekehrten Weise vorgehen und Ihr neuronales Netz mit den Frequenzspektren der einzelnen Phoneme trainieren. Je mehr Varianten Sie dabei zur Verfügung haben, desto besser. Ein neuronales Netz, das Sprache erkennen soll, lernt also, Muster in den Frequenzspektren der einzelnen Phoneme zu unterscheiden. Ich werde nun ein Beispiel für die Erkennung der Vokale anführen, also der Phoneme A, E, I, O und U. An dieser Stelle kann ich Ihnen also nur einen Bruchteil von dem präsentieren, was Sie wirklich mit neuronalen Netzen anstellen können – Sie haben ja bereits im letzten Beispiel gesehen, wie schnell Ihre einfache Mustererkennung spürbar langsamer wird. Sie können aber dennoch ein Gefühl dafür bekommen, welch große Herausforderung die Entwicklung neuer KI-Algorithmen ist.

Beginnen wir erst einmal mit dem Buchstaben A, der als Wave-Datei vorliegt und den Sie z. B. mit Audacity oder einem anderen Programm Ihrer Wahl aufgenommen haben. Ihr Headset liefert wahrscheinlich Audiodaten mit einer Samplerate von 44 200 Hz im Format 16 Bit Stereo. Die Dateigröße für ein kurz gesprochenes A dürfte im Bereich von 10 kB liegen. Dies hört sich nicht viel an, wenn Sie jedoch einfach die Rohdaten an Ihr neuronales Netz übergeben, dürften Sie keinen großen Erfolg haben. Sie haben ja bereits gesehen, dass schon die Mustererkennung bei einer Zeichengröße von 25 x 25 Pixeln selbst Ihren Gaming-PC an seine Grenzen bringt und Sie etwa zwei Minuten benötigen, um ein einzelnes Zeichen zu lernen. Sie müssen Ihre Daten also komprimieren und ferner nur die wichtigsten Frequenzen betrachten, die in Ihrem gesprochenen A vorkommen. Zunächst speichern Sie hierfür das A so ab, dass es im Format 8 Bit Mono signed mit einer Samplerate von 11 025 Hz vorliegt. Ferner sorgen Sie dafür, dass die Audiodatei genau 2048 Bytes groß ist. Anschließend speichern Sie Ihr A unter dem Dateinamen **A.snd** ab. Natürlich können Sie sich an dieser Stelle auch die entsprechenden Dateien bei Hanser unter *https://plus.hanser-fachbuch.de/* herunterladen (weitere Informationen hierzu finden Sie im Vorwort). Diese Dateien habe ich übrigens mit der freien Sprachsynthese-Software *MBrola* generiert und nicht von einer fremden Quelle übernommen.

Nehmen wir nun wieder folgende Funktion aus Kapitel 7, die eine diskrete Fouriertransformation durchführt:

```
void DFT(float *S, float *XRe, float *XIm, int Len); // DFT=diskrete
                                                      Fouriertransformation
```

Im ersten Parameter stehen schlicht die Sample-Daten, die vorher in das Array **S** mit Werten vom Typ float konvertiert wurden. Dies sind bei der Datei **A.snd** Werte im Bereich -128 bis 127. Das Array **XRe** enthält nach Rückkehr der Funktion die reellen Anteile der Fourierkoeffizienten und **XIm** enthält die imaginären Anteile. **Len** ist die Länge des zu bearbeitenden Datenblocks in Samples, also 4096. Nehmen wir nun an, Sie wollen das Array **S** der Länge 4096 mit den Daten aus der Datei **A.snd** füllen. Dann können Sie z. B. folgende Laderoutine verwenden:

```
signed char C; // Datenformat 8 Bit mono signed
float S[4096];
FILE *F;
F=fopen("A.snd","rb"); // Datei binär lesen
for (i=0; i<4096; i++)
{
    fread(&C,1,1,F); // signed char lesen
    S[i]=(float)C; // als float in das Array X schreiben
}
fclose(F);
```

Anschließend rufen Sie die diskrete Fouriertransformation mit folgenden Parametern auf:

```
float XRe[4096];
float XIm[4096];
DFT(S,XRe,XIm,4096);
```

Nun müssen Sie Ihr neuronales Netz mit dem Frequenzspektrum des gesprochenen A trainieren, das sich nun in Form von Fourierkoeffizienten in den Arrays **XRe** und **XIm** befindet.

Wenn Sie sich jedoch die einzelnen Koeffizienten einmal in der Konsole ausgeben lassen, werden Sie sehen, dass dort alles andere als ein Muster zu erkennen ist. Die Lösung ist hier, die Frequenzen, die sich in den Realteilen der Fourierkoeffizienten verbergen, in einem Histogramm anzuordnen. Ein *Histogramm* ist ein Array (meist durch die Variable **H** abgekürzt), das für sämtliche Werte eines bestimmten Signals die Häufigkeiten dieser Werte speichert. Meistens sind die Werte selbst in einer aufsteigenden Reihenfolge angeordnet und entsprechen z. B. der Position in dem Histogramm-Array. In den meisten Histogrammen für Frequenzdaten werden Frequenzbänder verwendet, die die einzelnen Werte zu Bereichen zusammenfassen. Im Fall des gesprochenen A müssen wir dies auch tun, da wir das neuronale Netz mit maximal 512 Werten füttern können, ohne das Lernen zu sehr zu verlangsamen. Normale Sprache (also kein Gesang) enthält Frequenzen zwischen 110 Hz und 440 Hz und einige Höhenanteile im Bereich zwischen 1 und 3 kHz. Um zu erreichen, dass das Netz auch Störungen in Form von Rauschen noch toleriert, bilden wir nun Frequenzen bis 512*20 = 10 240 Hz auf ein Array mit 512 Werten vom Typ int ab. Dies können Sie durch die folgenden C-Zeilen erreichen:

```
for (i=0; i<4096; i++)
{
    j=(int)(20*ABS(XRe[i])); // Skalierung der Absolutwerte in XRe um den Faktor 20
    if (j>=10240) { j=10240; }
    H[j/20]++; // Frequenzbänder mit einer Breite von 20 Hz benutzen
}
```

Ein Frequenzband ist also 20 Hz breit und das Histogramm-Array **H** enthält am Ende für jedes Frequenzband einen Häufigkeitszähler, der angibt, wie oft ein bestimmter Wert aus dem Array **XRe** in einem bestimmten Frequenzbereich gelegen hat. Die Frequenzen sind hierbei die Absolutwerte der Realanteile der Fourierkoeffizienten, skaliert mit dem Faktor 20 (Erfahrungswert!). Ein letzter Schritt ist nun, die wirklich markanten Stellen in Ihrem gesprochenen A zu finden. Dies geht aber ganz einfach: Häufigkeiten, die unter zehn liegen, beruhen auf zufälligen Schwankungen und werden einfach gestrichen. Hierzu verwenden Sie einfach die folgende Schleife:

```
for (i=0; i<512; i++)
{
    if (H[i]<10) { H[i]=0; }
}
```

Für die Datei **A.snd** erhalten Sie nun das folgende Histogramm:
**036 045 044 036 034 047 049 044 046 047 036 031 048 038 038 039
048 046 055 043 044 038 026 041 033 025 028 028 036 028 032 034
025 028 035 032 017 023 025 015 025 025 017 019 039 027 018 023
025 017 000 024 014 016 023 018 012 000 015 014 018 012 020 017
000 015 013 011 010 000 000 010 016 014 014 000 000 013 000 018
013 012 000 000 011 017 017 000 000 016 010 000 000 013 000 000
000 012 000 000 013 000 000 000 000 000 010 012 000 000 000
000 010 000 000 000 000 000 000 000 000 018 000 000 000 000
000 000 000 000 000 000 000 000 000 000 000 000 000 000 000**

000 000 000 000 000 013 000 000 000 000 000 010 000 000 000 000
000 000 011 000 000 000 000 000 000 000 000 000 000 000 000 000
000 000 000 000 000 000 000 000 000 000 000 000 000 000 000 000
000 000 000 000 000 000 000 000 000 000 000 000 000 000 000 000
000 000 000 000 000 000 000 000 000 000 000 000 000 013 000 000

(ab hier sind sämtliche Werte 0)

Die Summe sämtlicher Häufigkeiten in H ist nun 2246 und genau diese Zahl wird später benutzt, um ein gesprochenes A von den anderen Vokalen zu unterscheiden. Sehen Sie sich nun Listing 9.3 an, das es Ihnen anhand der Dateien A.snd, E.snd, E2.snd, I.snd, O.snd und U.snd erlaubt, gesprochene Vokale voneinander zu unterscheiden. E2.snd ist ein leicht anders gesprochenes E, das Sie verwenden können, um die Güte Ihres neuronalen Netzes zu testen.

Listing 9.3 Spracherkennung.c

```
01  #include<stdio.h>
02  #include<stdlib.h>
03  #include<math.h>
04  #include<string.h>

05  struct Neuron_t
06  {
07      float Wert;
08      float Schwellwert;
09      float Skalierungsfaktor;
10      bool Feuer;
11  };

12  float ABS(float V)
13  {
14      if (V<0) { return -V; }
15      else { return V; }
16  }

17  void DFT(float *S, float *XRe, float *XIm, int Len)
18  {
19      int i, k, n;
20      for (k = 0; k < Len; k++)
21      {
22          XRe[k] = 0;
23          XIm[k] = 0;
24          for (n = 0; n < Len; n++)
25          {
26              XRe[k]=(XRe[k]+S[n]*cos(2*3.141592*k*n/Len));
27              XIm[k]=(XIm[k]-S[n]*sin(2*3.141592*k*n/ Len));
28          }
29      }
30  }

31  float Run(Neuron_t NeuronArray[3][512], int *Eingabe, int n)
32  {
33      int i=0,j=0;
34      float Sum=0.0;
```

```
35      for (i=0; i<n; i++) { NeuronArray[0][i].Wert=Eingabe[i]; } // Eingabe an
erste Schicht übertragen
36      for (i=0; i<n; i++) // Alle n Neuronen durchgehen
37      {
38          NeuronArray[1][i].Wert=0.0; // Neuron n der 2. Schicht neu initialisieren
39          for (j=0; j<n; j++) // Neuron n der Schicht 1 mit allen Neuronen der
Schicht 2 verknüpfen
40          {
41              if (i!=j) // Neuron n selbst nicht summieren
42              {
43                  NeuronArray[1][i].Wert+=NeuronArray[0][j].Wert;
44              }
45          }
46          NeuronArray[1][i].Wert*=NeuronArray[1][i].Skalierungsfaktor; // Ausgabe
skalieren
47          if (NeuronArray[1][i].Wert>=NeuronArray[1][i].Schwellwert) // Neuron n
der 3. Schicht feuert
48          {
49              NeuronArray[1][i].Feuer=true;
50              NeuronArray[2][i].Wert=NeuronArray[1][i].Wert; // Bei Feuer Signal
direkt weiterleiten
51          }
52          else // Neuron n der 3. Schicht feuert nicht
53          {
54              NeuronArray[1][i].Feuer=false;
55              NeuronArray[2][i].Feuer=false;
56              NeuronArray[2][i].Wert=0.0;
57          }
58          Sum+=NeuronArray[2][i].Wert; // Ausgänge der Ausgabeschicht aufsummieren
59      }
60      return Sum; // Summe der Ausgabeschicht zurückgeben
61  }

62  void AusgabeSchwellwerte(Neuron_t NeuronArray[3][512], int n, int S)
63  {
64      int i,j;
65      j=0;
66      for (i=0; i<n; i++)
67      {
68          printf("%.2f\t",NeuronArray[S][i].Schwellwert);
69          j++; if (j==32) { j=0; printf("\n"); } // 32 Werte pro Zeile
70      }
71  }

72  void AusgabeOutput(Neuron_t NeuronArray[3][512], int n)
73  {
74      int i,j;
75      j=0;
76      for (i=0; i<n; i++)
77      {
78          printf("%03d ",(int)NeuronArray[2][i].Wert);
79          j++; if (j==32) { j=0; printf("\n"); } // 32 Werte pro Zeile
80      }
81  }

82  float Lerne(Neuron_t NeuronArray[3][512], int *Eingabe, int n, int m)
83  {
84      int i=0,j=0;
```

```
85        float Sum=0;
86        bool geaendert=true;
87        Sum=Run(NeuronArray,Eingabe,n); // Erzeugen der Eingabewerte
88        for (j=0; j<m; j++)
89        {
90            for (i=0; i<n; i++) // Alle n Neuronen der Eingabeschicht scannen
91            {
92                if ((int)NeuronArray[2][i].Wert>Eingabe[i]) // Ausgabe über dem Soll
93                {
94                    NeuronArray[1][i].Schwellwert+=0.01;
95                    geaendert=true;
96                }
97                else if ((int)NeuronArray[2][i].Wert<Eingabe[i]) // Ausgabe über dem Soll
98                {
99                    NeuronArray[1][i].Schwellwert-=0.01;
100                   geaendert=true;
101               }
102           }
103           Sum=Run(NeuronArray,Eingabe,n); // Aktualisierung der Werte
104       }
105       return Sum;
106   }

107   float InvOut(Neuron_t NeuronArray[3][512], int n)
108   {
109       int i=0;
110       float Max=0.0;
111       float Sum=0;
112       for (i=0; i<512; i++)
113       {
114           if(NeuronArray[2][i].Wert>Max) { Max=NeuronArray[2][i].Wert; }
115       }
116       for (i=0; i<512; i++)
117       {
118           NeuronArray[2][i].Wert=Max-NeuronArray[2][i].Wert;
119           Sum+=NeuronArray[2][i].Wert;
120       }
121       return Sum;
122   }

123   void FileDFT(char *FileName, float *S, float *XRe, float *XIm, int L)
124   {
125       int i;
126       signed char C;
127       FILE *F;
128       F=fopen(FileName,"rb");
129       for (i=0; i<L; i++)
130       {
131           fread(&C,1,1,F);
132           S[i]=(float)C;
133       }
134       fclose(F);
135       DFT(S,XRe,XIm,L);
136   }

137   int Histo(int *H, float *XRe, int SW)
138   {
```

```c
139     int i,j,SU;
140     for (i=0; i<512; i++) { H[i]=0; } // Histogramm leeren
141     for (i=0; i<4096; i++)
142     {
143         j=(int)(20*ABS(XRe[i])); // Skalierung um den Faktor 20
144         if (j>=10240) { j=10240; }
145         H[j/20]++; // Frequenzbänder mit einer Breite von 20 Hz benutzen
146     }
147     j=0; SU=0;
148     for (i=0; i<512; i++)
149     {
150         if (H[i]<SW) { H[i]=0; }
151         SU+=H[i];
152     }
153     return SU;
154 }

155 int main(void)
156 {
157     int i,j,SU;
158     signed char C;
159     char Dateiname[20];
160     float Sum=0;
161     float S[4096];
162     float XRe[4096];
163     float XIm[496];
164     int H[512]={0};
165     Neuron_t NeuronArray[3][512];
166     for (int i=0; i<512; i++)
167     {
168         NeuronArray[1][i].Schwellwert=0; // Bei S=0 anfangen
169         NeuronArray[1][i].Skalierungsfaktor=1; // Eingaben nicht skalieren
170         NeuronArray[2][i].Skalierungsfaktor=1; // Ausgaben nicht skalieren
171     }
172     // Lerne Buchstaben A
173     printf("Lerne A …\n");
174     FileDFT("A.snd",S,XRe,XIm,4096);
175     SU=Histo(H,XRe,10); printf("Summe Histogrammwerte:%d\n",SU);
176     Lerne(NeuronArray,H,512,10000);
177     // Lerne Buchstaben E
178     printf("Lerne E …\n");
179     FileDFT("E.snd",S,XRe,XIm,4096);
180     SU=Histo(H,XRe,10); printf("Summe Histogrammwerte:%d\n",SU);
181     Lerne(NeuronArray,H,512,10000);
182     // Lerne Buchstaben I
183     printf("Lerne I …\n");
184     FileDFT("I.snd",S,XRe,XIm,4096);
185     SU=Histo(H,XRe,10); printf("Summe Histogrammwerte:%d\n",SU);
186     Lerne(NeuronArray,H,512,10000);
187     // Lerne Buchstaben O
188     printf("Lerne O …\n");
189     FileDFT("O.snd",S,XRe,XIm,4096);
190     SU=Histo(H,XRe,10); printf("Summe Histogrammwerte:%d\n",SU);
191     Lerne(NeuronArray,H,512,10000);
192     // Lerne Buchstaben U
193     printf("Lerne U …\n");
194     FileDFT("U.snd",S,XRe,XIm,4096);
195     SU=Histo(H,XRe,10); printf("Summe Histogrammwerte:%d\n",SU);
```

```
196     Lerne(NeuronArray,H,512,10000);
197     Dateiname[0]=0;
198     do
199     {
200         printf("Audiodatei checken (e=Ende):");
201         scanf("%s",Dateiname);
202         if (strcmp(Dateiname,"e")!=0)
203         {
204             FileDFT(Dateiname,S,XRe,XIm,4096);
205             SU=Histo(H,XRe,10);
206             Run(NeuronArray,H,512); Sum=InvOut(NeuronArray,512);
207             printf("Summe Output:%ld\n",(long int)Sum);
208         }
209     }
210     while (strcmp(Dateiname,"e")!=0);
211     return 0;
212 }
```

Die Spracherkennung nutzt wieder die Struktur Neuron_t, die Sie schon aus den vorigen Beispielen kennen. Auch die Funktion DFT() kennen Sie schon aus dem siebten Kapitel. Für die Erstellung der Frequenzspektren benötigen Sie jedoch zusätzlich die Funktion ABS(), die den Absolutwert einer Zahl zurückgibt. Da die Funktion abs() (kleingeschrieben) nicht bei allen Compilern in den Mathematik-Libs enthalten ist, habe ich eine eigene Funktion für den Absolutwert erstellt. Die Funktion Run() (Zeile **031 – 061** musste jedoch etwas abgeändert werden, um auch andere Werte als 0 und 1 in der Ausgabeschicht zu unterstützen. Run() geht, wie in den vorigen Beispielen auch, die zweite Schicht Schritt für Schritt durch und nimmt dabei an, dass alle Neuronen mit allen anderen Neuronen verbunden sind. Auch hier feuert ein Neuron, wenn die Summe aller Eingangssignale den Schwellwert überschreitet. In Zeile **047 – 051** wird jedoch festgelegt, dass ein feuerndes Neuron das Eingangssignal direkt weiterleitet und hierbei weder verstärkt noch abschwächt. Deshalb sind auch andere Werte als 0 und 1 in der Ausgabeschicht erlaubt. Dies ist deshalb nötig, weil für die korrekte Spracherkennung auch die Stärke einer Frequenz und nicht nur das grobe Verteilungsmuster der Frequenzen in einem Audiosignal benötigt werden.

Die Funktion AusgabeSchwellwerte() (Zeile **062 – 071**) hat sich nicht wesentlich geändert, außer dass hier 32 Werte in einer Zeile angezeigt werden, statt 25. Im Falle der Funktion AusgabeOutput() ist dies auch so. Die Funktion Lerne() (Zeile **082 – 106**) hat sich auch nicht geändert, ihr wurde jedoch die Funktion InvOut (Zeile **107 – 122**) zur Seite gestellt, mit der Sie die Werte in den Neuronen der Ausgabeschicht invertieren können. Was bedeutet dies nun konkret? Wenn Sie mit einem neuronalen Netz, in dem sämtliche Neuronen mit allen anderen Neuronen verbunden sind, ein Frequenzspektrum lernen und sich nachher die unveränderten Werte in der Ausgabeschicht anschauen, werden Sie feststellen, dass die Ausgabe das wirkliche Histogramm der Frequenzen, die Sie dem Netz zum Lernen angeboten haben, nicht abbildet. Im Gegenteil sind dort, wo eine bestimmte Frequenz im Histogramm nicht vorkommt, die Werte am höchsten. Um dieses Problem zu beheben, benötigen Sie die Funktion InvOut() (Zeile **107 – 122**). InvOut() ermittelt zunächst einmal in einer for-Schleife (Zeile **112 – 115**) das Maximum **Max** aller Neuronenwerte in der Ausgabeschicht. Anschließend wird in einer weiteren for-Schleife (Zeile **116 – 120**) der Wert jedes Neurons in der Ausgabeschicht durch Max-Wert ersetzt. Jetzt werden die Histogramme in der Eingabeschicht 1:1 abgebildet. Nun benötigen Sie noch eine Funktion, die eine Fouriertransformation einer bestimmten Audiodatei vornimmt. Dies leistet die Funktion `FileDFT()` (Zeile **123–136**). `FileDFT()` bekommt fünf Parameter übergeben. Der erste Parameter ist der Dateiname, den `FileDFT()` für das Öffnen der Audiodatei mit `fopen()` benötigt (Zeile **128**). In einer `for`-Schleife werden anschließend die Sample-Daten Byte für Byte ausgelesen, die Länge der Datei wurde vorher durch den Parameter **L** übergeben. Die einzelnen Sample-Bytes werden im Array **S** (Signalarray) abgelegt, jedoch nicht als Bytes, sondern als Zahlen vom Typ float. Dies ist wichtig, weil die Funktion `DFT()`, die am Ende die Fouriertransformation der Sample-Bytes durchführt, nur mit Zahlen vom Typ float funktioniert. `DFT()` benötigt aber zusätzlich noch zwei weitere Informationen, nämlich zwei Zeiger auf die Arrays, in denen das Ergebnis der Fouriertransformation abgelegt werden soll. Dies ist einmal das Array **XRe** für den Realteil und einmal **XIm** für den Imaginärteil der komplexen Zahlen, die die Fouriertransformation erzeugt.

Die Frequenz-Histogramme werden durch die Funktion `Histo()` (Zeile **137–154**) erzeugt. `Histo()` bekommt drei Parameter übergeben. Der erste Parameter ist ein Zeiger auf ein int-Array (Variable `int *H`), das in diesem Fall 512 Häufigkeitsangaben speichern kann. Der zweite Parameter ist ein Zeiger auf das Array mit den Realteilen des Arrays, das die Funktion `DFT()` vorher erzeugt hat. In den Realteilen der komplexen Zahlen, die die Fouriertransformation erzeugt, verbergen sich die einzelnen Frequenzen, die in Ihrem Signal enthalten sind – die Frequenz ist hier proportional zum Absolutbetrag des Realteils. Der Phasenwinkel, um den eine bestimmte Frequenz verschoben ist und die im Imaginärteil der komplexen Zahlen steckt, die die Fouriertransformation erzeugt, interessiert uns für das Histogramm nicht. `Histo()` setzt nun in Zeile **140** zunächst sämtliche Häufigkeitsangaben in **H** auf 0, danach folgt die `for`-Schleife, die das Histogramm erzeugt (Zeile **141–146**). Hierbei werden 4096 Realanteile von 4096 komplexen Zahlen auf ein Array abgebildet, das nur 512 Werte enthält. Die Formel in Zeile **143**, die die Realanteile mit dem Faktor 20 multipliziert, ist übrigens reines Erfahrungswissen und hat nichts mit einem bestimmten Algorithmus zu tun. Ich habe eben im Laufe meines Lebens schon so viele Fouriertransformationen gemacht, dass ich die Skalierung von Histogrammdaten einfach im Gefühl habe. Leider ist dies so: Vieles bei den neuronalen Netzen ist Trial and Error und beruht nicht auf einem Algorithmus, der sämtliche Problemfelder abdeckt.

Das Hauptprogramm tut nun Folgendes: Es liest nacheinander die Dateien **A.snd, E.snd, I.snd, O.snd** und **U.snd** ein, erzeugt daraus Frequenzhistogramme und lässt ein neuronales Netz mit drei Schichten und 512 Neuronen pro Schicht diese Histogramme lernen. Für jeden Lernvorgang werden dabei 10 000 Lernschritte veranschlagt. Wenn dann Ihr neuronales Netz auf fünf Phoneme trainiert wurde, können Sie den Dateinamen einer Audiodatei (Format 8 Bit mono signed) in der Konsole eingeben und Ihr trainiertes neuronales Netz auf das Frequenzhistogramm dieser Datei anwenden. In diesem Beispiel wird stets nur die Summe der Neuronen der Ausgabeschicht angegeben. Wenn Sie z. B. **A.snd** als Dateinamen angeben, gibt Ihr neuronales Netz in korrekter Weise die Summe 2246 aus. Dies ist der Beweis dafür, dass Ihr Netz das Phonem A erfolgreich gelernt hat. Das Hauptprogramm gibt in der Konsole z. B. den folgenden Text aus:

    Lerne A …

    Summe Histogrammwerte:2246

    Lerne E …

    Summe Histogrammwerte:1985

Lerne I ...

Summe Histogrammwerte:2226

Lerne O ...

Summe Histogrammwerte:2899

Lerne U ...

Summe Histogrammwerte:2920

Audiodatei checken (e=Ende):A.snd

Summe Output:2246

Audiodatei checken (e=Ende):E.snd

Summe Output:1985

Audiodatei checken (e=Ende):I.snd

Summe Output:2226

Audiodatei checken (e=Ende):O.snd

Summe Output:2899

Audiodatei checken (e=Ende):U.snd

Summe Output:2920

Audiodatei checken (e=Ende):E2.snd

Summe Output:2168

Audiodatei checken (e=Ende):e

Das leicht veränderte E liegt noch sehr gut im Bereich des idealen E und unterscheidet sich auch noch etwas vom A. Wenn Sie dann jedoch noch mehr Phoneme lernen wollen, könnte es eng werden und die Frequenzbereiche der einzelnen Phoneme könnten sich überlagern. In diesem Fall müssen Sie dann die Anzahl der Neuronen pro Schicht erhöhen oder sogar mehr Schichten zur Verfügung stellen. All dies kostet jedoch Rechenzeit, bei 1024 Neuronen statt 512 steigt die Lerndauer eines einzelnen Phonems schon auf etwa eine Stunde. Bei 4096 Neuronen in der Lernschicht können Sie nur noch ein einzelnes Phonem pro Tag lernen. Wenn Sie natürlich eine professionelle Spracherkennung entwickeln wollen und dafür auch ein paar Monate Zeit haben, dann lohnt sich unter Umständen dieser Aufwand.

Wir sind nun am Ende des Buchs über Algorithmen und Datenstrukturen angekommen. Ich hoffe, ich konnte Ihnen einige Dinge zeigen, die Ihnen in Ihrem Studium weitergeholfen haben. Selbstverständlich sind einige Themen nicht immer leicht verdaulich, wie z. B. die verketteten Listen und Sortierverfahren oder die Tatsache, dass vor allem die KI-Algorithmen oft auf Versuch und Irrtum beruhen. Auch das Teile-und-herrsche-Prinzip ist nicht immer sofort intuitiv erfassbar, weil hier plötzlich Probleme lösbar werden (z.B. die Türme von Hanoi), an denen sich Mathematiker seit 2000 Jahren die Zähne ausgebissen haben. Auch der berühmte Rubik-Würfel aus den 80ern gehört in diese Kategorie: Erst durch die Verwendung von rekursiven Computeralgorithmen und des Teile-und-herrsche-Prinzips gab es die ersten Lösungsanleitungen in der 64-er-Zeitung. Da ich selbst diese Zeit und vor allem diesen Computer (eben den C64) klasse fand, beende ich meine Bücher (die es übrigens ohne den C64 nicht gäbe) auch oft mit dem folgenden Wort:

READY.

10 Kryptographische Algorithmen

Kryptographie wird immer wichtiger und das moderne Internet würde nicht ohne sie auskommen. Schon ein Login bei Facebook oder in Ihr E-Mail-Postfach verwendet komplexe Algorithmen, um die sichere Übertragung der Passwörter oder Nutzerdaten zu gewährleisten. Es ist deshalb nicht weiter verwunderlich, wenn auch Sie in Ihrem Studium irgendwann auf kryptographische Algorithmen stoßen bzw. von diesen in Ihren Vorlesungen hören. Immer öfter werden auch konkrete Verfahren direkt besprochen, wie z. B. Methoden zum sicheren Schlüsselaustausch oder die AES-Blockchiffre. Aber auch später im Beruf werden Sie mit hoher Wahrscheinlichkeit irgendwann einmal kryptographische Verfahren programmieren oder zumindest in Form spezieller Bibliotheken verwenden müssen.

Ein separates Kapitel über kryptographische Algorithmen halte ich deswegen nicht nur für wünschenswert, sondern für unabdingbar. Wenn Sie nämlich nicht ungefähr verstanden haben, wie diese Algorithmen arbeiten, werden Sie es später bei der Verwendung der Bibliotheken, die diese Algorithmen beinhalten, sehr schwer haben. Mehr noch: Beim Thema Kryptographie müssen Sie stets auf dem neuesten Stand sein, mehr als in den anderen Bereichen der IT. Denn es gibt leider kein Verfahren, das sich nicht auch angreifen lässt. Deswegen sind besonders die Verfahren für die sichere Passwortübertragung oder aber auch die Verfahren, um Texte sicher zu verschlüsseln, Dauerbaustellen. Daran wird sich auch in Zukunft nur wenig ändern, ein Grund mehr, um immer up to date zu sein.

■ 10.1 Historische Chiffren

Ich werde nun mit sehr einfachen Verschlüsselungsalgorithmen beginnen und mich danach gewissermaßen hocharbeiten. Wenn Sie dann mit mir die Spitze des Bergs erreicht haben, dann können Sie sich sicherlich noch nicht als Experte bezeichnen, aber Sie können mit Ihrem Wissen zumindest im Berufsalltag bestehen. Die letzten Worte hören sich sicherlich hart an und ich habe auch lange überlegt, ob ich Ihnen das schwierige Thema Verschlüsselungsverfahren überhaupt zumuten soll. Ich habe mich dann aber doch dafür entschieden. Fangen wir nun mit einem ganz einfachen Verfahren an, das schon die Römer verwendet haben.

10.1.1 Die Caesar-Chiffre

Schon Julius Caesar machte seine Botschaften für seine Heerführer unleserlich, so dass nur der Empfänger die Botschaften verstehen konnte. Wenn dann Spione oder Soldaten feindlicher Truppen die Boten abfingen, konnten die Feinde zwar die Zettel mit den Botschaften konfiszieren (Papier gab es damals bereits), aber die Texte nicht lesen. Manche Boten sollen sogar in die Irrenanstalt gekommen sein, weil sie wirres Zeug sprachen oder schrieben. Nein, die Boten waren nicht verrückt, sondern verwendeten einfach die später nach Caesar benannte Verschlüsselungsmethode: die Caesar-Chiffre. Mit dieser Verschlüsselungsmethode, eine der einfachsten Chiffren, will ich nun beginnen. Vorher muss ich aber noch einige Begriffe erklären, z. B. den Begriff Chiffre. Verschlüsselungsmethoden werden oft auch als *Chiffre* bezeichnet. Ursprünglich ist eine Chiffre ein Verfahren, um Buchstaben oder Wörter durch andere Buchstaben oder Wörter zu ersetzen bzw. einzelne Wörter mit speziellen Bedeutungen zu versehen. Ein einfaches Beispiel hierfür ist die Gaunersprache, die z. B. die Worte „töten" oder „stehlen" nicht direkt benutzt, sondern hierfür eigene Worte erfindet. Caesars Chiffre dagegen ersetzt einen Buchstaben einfach durch einen anderen Buchstaben, der im Alphabet eine oder mehrere Positionen weiter steht. So kann bei einer Caesar-Chiffre z. B. der Buchstabe A durch den Buchstaben B ersetzt werden und der Buchstabe B durch C. Wie viele Positionen das ursprüngliche Zeichen vor dem Buchstaben in der Chiffre steht, musste Caesar natürlich vorher mündlich mit seinen Heerführern ausmachen. Hierzu wurden dann spezielle geheime Treffen in Räumen des Palastes abgehalten, die nur Caesar und natürlich seine Heerführer kannten. In diesen Räumen wurde dann das Geheimnis ausgetauscht, mit dem die nächsten Botschaften unleserlich gemacht wurden: die Zahl, die angab, um wie viele Positionen ein Zeichen verschoben werden sollte. Auch bei modernen Verschlüsselungsmethoden wird noch immer der Begriff „Geheimnis" oder das englische Pendant „secret" verwendet. Bei modernen Verfahren ist das Geheimnis im Allgemeinen ein Schlüssel. Ein *Schlüssel* ist immer eine bestimmte Bit- oder Zahlenfolge, die benötigt wird, um eine Nachricht zu lesen, die mit einem bestimmten Verschlüsselungsalgorithmus kodiert wurde. Ein Verschlüsselungsverfahren wird auch oft als *kryptographischer Algorithmus* bezeichnet und die Wissenschaft, die sich mit der Verschlüsselung von Nachrichten befasst, heißt Kryptographie.

Im Endeffekt haben Sie nun schon alles zusammen, um die Caesar-Chiffre in ein C-Programm umzusetzen. Sie müssen nur vorher festlegen, um wie viele Positionen Sie einen Buchstaben verschieben wollen. Nehmen wir hierzu willkürlich die Zahl 5 und legen außerdem fest, dass in Ihrem ursprünglichen Text nur Großbuchstaben vorkommen können, die zwischen A und Z liegen (also keine Umlaute). Der ursprüngliche Text, der sogenannte *Klartext*, der die unverschlüsselte Botschaft enthält, soll in folgendem String abgelegt werden:

```c
char *P="MORGEN FRUEH NEHMEN WIR MIRACULIX GEFANGEN";
```

P ist hier die Abkürzung für das englische Wort „plaintext", der verschlüsselte Text wird oft mit **C** (chiffretext) abgekürzt. Der Schlüssel selbst wird in der Variablen **K** („key") abgelegt und ist im Fall der Caesar-Chiffre einfach durch die folgende Variable definiert:

```c
int K=5;
```

Nun muss Caesar die Botschaft nur noch an seine Truppen überbringen und dazu benutzt er die schöne Alice. Eine schöne Römerin werden die Gallier bestimmt nicht abfangen und anschließend verhören. Alice muss nun die verschlüsselte Botschaft nur noch an den Truppenführer Bob überbringen. Es ist in diesem Fall egal, ob Alice das Geheimnis (also die Zahl 5) kennt und den verschlüsselten Text lesen kann. Es ist nur wichtig, dass Bob den korrekten Zettel erhält und die Zahl 5 kennt.

Aber wie hat Caesar nun seine Botschaft verschlüsselt? Dies geschieht Buchstabe für Buchstabe. So wird das M am Anfang durch R (M+5) ersetzt und das O durch T (O+5). Was ist aber beispielsweise mit dem X im Wort „MIRACULIX"? In diesem Fall gilt die Regel, dass ab dem Buchstaben Z die Zählung wieder bei A beginnt. So wird also das X durch ein C ersetzt. Wenn Sie nun für A die Zahl 1 und für Z die Zahl 26 einsetzen, erhalten Sie in C folgende Modulo-Funktion für die Caesar-Chiffre:

```
C[i]=(P[i]+5) %26;
```

Hierbei ist **i** der Positionszähler, der auf die Array-Elemente von **C** und **P** an der Position **i** zugreift. Am Ende sieht Caesars verschlüsselte Botschaft so aus:

RTWLJS KWZJM SJMRJS BNW RNWFHZQNC LJKFSLJS

Wenn Sie nun fortfahren, das Caesar-Verfahren in ein C-Programm umzusetzen, haben Sie das Glück, dass der Ausgabe-Zeichensatz den ASCII-Code verwendet, bei dem sämtliche Großbuchstaben des Alphabets aufsteigende Zahlenwerte erhalten. Das A bekommt hierbei den Wert 65 zugewiesen, das Z den Wert 90. Mit dem ASCII-Code können Sie also nun in einer sehr einfachen Weise eine Caesar-Chiffre umsetzen, beispielsweise, indem Sie folgende Schleife verwenden:

```
for (i=0; i<L; i++) // L ist die Länge des Textes P
{
    C[i]=((P[i]-'A')+K)%26;
    C[i]=C[i]+'A';
}
```

Sie gehen also sämtliche Buchstaben des Textes **P** in einer Schleife durch. Im ersten Schleifenschritt subtrahieren Sie erst einmal den ASCII-Wert für den Buchstaben A von dem aktuellen Buchstaben P[i] und addieren hinterher den Wert für **K** (dieser ist 5). Zusätzlich wenden Sie noch eine Modulo-Operation an, um z. B. die Zahlenreihe „YZABC" beim Buchstaben X zu erhalten. Damit **C** am Ende wieder lesbaren ASCII-Text enthält, muss im zweiten Schleifenschritt der ASCII-Wert für das A addiert werden. Wie erhalten Sie aber nun die Länge L? Ganz einfach durch folgende C-Zeile:

```
L=strlen(P);  // Mit #include<string.h> vorher die String-Bibliothek einbinden
```

Sehen Sie sich nun Listing 10.1 an, das die Caesar-Verschlüsselung als Algorithmus umsetzt.

Listing 10.1 Caesar.c

```
01  #include<stdio.h>
02  #include<string.h>
03  int main(void)
04  {
```

```
05      char P[256];
06      char C[256];
07      int i,K,L;
08      printf("Klartext:"); fgets(P,256,stdin); // Leerzeichen und newline mit einlesen
09      printf("Schlüssel:"); scanf("%d",&K); // Hier nur die Zahl K einlesen
10      L=strlen(P); // Länge von P ermitteln mit strlen()
11      for (i=0; i<L; i++) // L ist die Länge des Textes P
12      {
13          if ((P[i]>='A')&&(P[i]<='Z')) // Nur Großbuchstaben verschlüsseln
14          {
15              C[i]=((P[i]-'A')+K)%26; // Caesar-Chiffre-Algorithmus
16              C[i]=C[i]+'A'; // Für C wieder lesbaren Text erzeugen
17          }
18          else
19          {
20              C[i]=P[i]; // Nicht verschlüsselte Zeichen direkt nach C übernehmen
21          }
22      }
23      C[i]=0; // Strings immer mit 0 abschließen!
24      printf("%s\n",C); // Ausgabe Chiffre-Text
25      return 0;
26  }
```

In Zeile **05** und **06** wird erst einmal der maximale Umfang des zu verschlüsselnden Textes auf 256 Zeichen festgelegt – es werden also für **P** und **C** Arrays fester Größe benutzt. Sie können natürlich diese Zeilen auch durch `malloc()`-Befehle ersetzen, wenn Sie den Speicher lieber dynamisch anlegen wollen. In Zeile **08** und **09** werden danach Klartext und Schlüssel eingelesen. Der Schlüssel ist bei der Caesar-Chiffre einfach eine positive Zahl, die angibt, um wie viele Positionen ein Zeichen verschoben wird. Die for-Schleife in Zeile **11 – 22**, die die Verschlüsselung ausführt, leistet aber in diesem Beispiel etwas mehr, als in Zeile **15** und **16** den Hauptalgorithmus auszuführen. So wird z. B. in einer if-Abfrage (Zeile **13 – 17**) festgestellt, ob das zuletzt eingelesene Zeichen aus **P** wirklich ein Großbuchstabe ist. Nur diese Zeichen werden verschlüsselt, der Rest (z. B. Leerzeichen, Kommata und Punkte) werden 1:1 nach **C** übertragen. In diesem Beispiel sind auch in **P** nur Großbuchstaben zugelassen, kleine Buchstaben werden nicht verschlüsselt. Für K=5 gibt das Programm folgenden Text in der Konsole aus:

Klartext:MORGEN FRUEH NEHMEN WIR MIRACULIX GEFANGEN

Schlüssel:5

RTWLJS KWZJM SJMRJS BNW RNWFHZQNC LJKFSLJS

Caesar hat also seine Botschaft erfolgreich verschlüsselt und auch die schöne Alice macht sich auf den Weg in das Römerlager, in dem Bob seine Nachricht erhalten soll. Nur führt der Weg von Alice leider an dem gallischen Dorf vorbei, in dem auch Asterix und Obelix leben. Und wie es der Zufall will, trifft Alice auch direkt auf Asterix. Asterix ist am Anfang auch ganz begeistert von der schönen Römerin, aber am Ende traut er den Römern dann doch nicht so recht. Ist Alice am Ende doch nur eine Spionin, die den Galliern den Kopf verdrehen soll, damit kein Verdacht auf sie selbst fällt? Es hilft alles nichts, Asterix führt Alice zu Miraculix, damit er diese gründlich untersucht – angeblich auf verdächtige Zauber. Und natürlich findet Miraculix dann auch den Zettel mit der chiffrierten Botschaft. Oder vielmehr wirft Miraculix einen flüchtigen Blick auf den Zettel und da er ein schlauer Druide ist, hat er auch keine Probleme damit, sich die Zeichen sofort einzuprägen. Alice selbst sagt er natürlich nichts davon, dass er sich ihren geheimen Zettel eingeprägt hat, und schickt sie weiter auf den Weg zum Römerlager. Das, was Miraculix in diesem Fall ausgeführt hat, nennt man einen *Man-In-The-Middle-Angriff*. Bei dieser Art Angriff hängt sich ein Lauscher, der oft mit E (eavesdropper) abgekürzt wird, in die Nachrichtenübermittlung zwischen dem Sender A und dem Empfänger B ein, um die übermittelte Nachricht mitzulesen. Anschließend versucht E, die Nachricht zu entschlüsseln.

Miraculix hat sich nun die seltsamen Zeichen aufgeschrieben und geht nun mit dieser Kopie zu dem schlauen Asterix. Nachdem Asterix einige Minuten lang auf den Zettel gestarrt hat, sagt er ernst:

„Miraculix, du musst morgen selbst Zaubertrank trinken, die Römer wollen diesmal dich gefangen nehmen."

Natürlich bekommen die Römer auch diesmal Haue, als sie am nächsten Morgen vor dem gallischen Dorf auftauchen. Die Frage ist nun, wie es der schlaue Asterix so schnell geschafft hat, die geheime Caesar-Botschaft zu entschlüsseln. Die Antwort ist, dass die Caesar-Chiffre einfach durch Ausprobieren aller denkbaren Möglichkeiten gebrochen werden kann. Hiervon gibt es genau 26, denn Sie haben 26 Zahlen zur Verfügung, die Sie zu den einzelnen Buchstabenwerten von **P** addieren können, um auf den Text **C** zu kommen. Sie müssen nun nur noch ein C-Programm erstellen, das so lange von den ASCII-Werten in **C** die Zahl 1 subtrahiert, bis ein sinnvoller Text in der Konsole ausgegeben wird. Sehen Sie sich nun Listing 10.2 an, das genau dies leistet.

Listing 10.2 CaesarDechiffre.c

```
01  #include<stdio.h>
02  #include<string.h> // für strlen()
03  #include<conio.h>  // für getch()

04  int main(void)
05  {
06      char C[256];
07      int i,j,K,L,T;
08      printf("Chiffretext:"); fgets(C,256,stdin); // Leerzeichen und newline mit einlesen
09      L=strlen(C); // Länge von C ermitteln mit strlen()
10      do
11      {
12          for (i=0; i<L; i++) // L ist die Länge des Textes P
13          {
14              if ((C[i]>='A')&&(C[i]<='Z')) // Nur Großbuchstaben verändern
15              {
16                  C[i]=C[i]-1; // Immer 1 abziehen
17                  if (C[i]<'A') { C[i]='Z'; }
18              }
19          }
20          printf("%s",C); // Zwischenausgabe C
21          printf("Weiter mit w\n");
22          T=getch();
23      }
24      while (T=='w');
25      return 0;
26  }
```

Um Caesars Botschaft zu entschlüsseln, müssen Sie einfach das Programm „CaesarDechiffre" ausführen und den verschlüsselten Text „RTWLJS KWZJM SJMRJS BNW RNWFHZQNC LJKFSLJS" in der Konsole eingeben. Dabei leistet Listing 10.2 fast genau dasselbe wie Listing 10.1. In Zeile **12 – 19** wird wieder die Hauptschleife für die Caesar-Chiffre ausgeführt. Anders, als bei der Verschlüsselung muss jedoch bei der Entschlüsselung in jedem Durchlauf jeweils der Wert 1 von `C[i]` subtrahiert werden (Zeile **16**) und jedes Ergebnis eines Durchlaufs muss in der Konsole ausgegeben werden. Solange Sie nun die Taste w betätigen, wird jeweils der Wert 1 von jedem ASCII-Zeichen in dem String **C** subtrahiert und wenn ein einzelnes Zeichen vorher den Buchstaben A enthält, wird daraus anschließend wieder ein Z. Die einzelnen Zwischenschritte werden jeweils in der Konsole angezeigt. Im Falle des Beispieltextes gibt das Programm Folgendes aus:

Chiffretext:RTWLJS KWZJM SJMRJS BNW RNWFHZQNC LJKFSLJS

QSVKIR JVYIL RILQIR AMV QMVEGYPMB KIJERKIR

Weiter mit w

PRUJHQ IUXHK QHKPHQ ZLU PLUDFXOLA JHIDQJHQ

Weiter mit w

OQTIGP HTWGJ PGJOGP YKT OKTCEWNKZ IGHCPIGP

Weiter mit w

NPSHFO GSVFI OFINFO XJS NJSBDVMJY HFGBOHFO

Weiter mit w

MORGEN FRUEH NEHMEN WIR MIRACULIX GEFANGEN

Weiter mit w

(Hier wird das Programm beendet, wenn Sie nicht die Taste w betätigen)

Selbstverständlich kann nur ein Mensch erkennen, ob ein Text einen Sinn ergibt, und deshalb konnte Caesar seine Verschlüsselungsmethode auch sehr lange erfolgreich verwenden. Allerdings galt dies nur so lange, bis der Gegner erkannte, dass man nur sehr wenige Möglichkeiten durchprobieren muss, um die ursprüngliche Botschaft zu rekonstruieren. In unserem Beispiel war dies Asterix, aber wahrscheinlich waren es in Wirklichkeit Mathematiker aus Griechenland oder Ägypten, die den einfachen Mechanismus hinter Caesars Chiffre durchschauten.

Vielleicht stellen Sie sich nun die Frage, ob Caesar seine Verschlüsselungsmethode hätte verbessern können. Leider kam Caesar selbst nicht darauf und ging am Ende dazu über, seine Botschaften in mehrere Teile zu zerschneiden. Dafür benötigte er natürlich mehrere Boten und jeder Bote bekam nur bestimmte Zeichen der verschlüsselten Nachricht. Wenn Sie z. B. zwei Boten haben, bekommt der erste Bote nur die Zeichen an der ungeraden Position, der zweite Bote nur die Zeichen an der geraden Position. Leider ist hierbei das Risiko sehr groß, denn der Gegner muss nur einen der zwei Boten gefangen nehmen und die Nachricht kann nicht mehr korrekt überbracht werden.

10.1.2 Die Vigenère-Verschlüsselung

Kann man also im Endeffekt die Caesar-Verschlüsselung nicht optimieren? Caesar selbst fand wirklich keine Lösung und erst die im 16. Jahrhundert entstandene Vigenère-Verschlüsselung (nach dem Mathematiker Blaise de Vigenère) löste das Problem des viel zu kleinen Schlüsselraums. Der Begriff *Schlüsselraum* bezeichnet hierbei die Anzahl verschiedener Schlüssel, die von einem kryptographischen Algorithmus überhaupt verwendet werden können. Vigenère entwickelte für die Erweiterung des Schlüsselraums folgenden Trick: Anstatt für jeden Buchstaben immer den gleichen Wert hinzuzuaddieren, verwendete er verschiedene Zahlen. Oft werden für die Vigenère-Verschlüsselung separate Worte verwendet (in Großbuchstaben geschrieben), die angeben, wie groß der zu addierende Wert an einer bestimmten Stelle sein muss. Nehmen wir z. B. als Schlüssel das Wort „CAESAR" und als Klartext wieder den Text „MORGEN FRUEH NEHMEN WIR MIRACULIX GEFANGEN". Hätte Caesar damals schon die Vigenère-Verschlüsselung gekannt, hätte er das C, das die Zahl 3 darstellt, für das erste Zeichen und das A, das die Zahl 1 darstellt, für das zweite Zeichen verwendet. Ist die Länge des Schlüssels kleiner als die Länge des Klartextes, wird der Schlüssel einfach mehrfach wiederholt. Die folgende Tabelle veranschaulicht dieses Prinzip:

MORGEN	FRUEH	NEHMEN	WIR	MIRACULIX	GEFANGEN
CAESAR	CAESA	RCAESA	RCA	ESARCAEAS	ARCAESAR

Bei der Vigenère-Verschlüsselung beträgt nun die Anzahl der Möglichkeiten, einen beliebigen Schlüssel der Länge 6 über einen Text zu legen, schon 26*26*26*26*26*26=308.915.776. Auch der schlaue Asterix kann diese große Anzahl an Möglichkeiten kaum in ein paar Minuten im Kopf durchprobieren. Da es im 16. Jahrhundert noch keine Computer gab, galt die Vigenère-Verschlüsselung damals als sicher und wahrscheinlich war sie das unter den damaligen Umständen auch.

Wir wollen nun Listing 10.1 so abwandeln, dass es eine Vigenère-Verschlüsselung ausführt. Dies ist nicht weiter schwierig, denn Sie müssen nur die Schleife, die die Caesar-Verschlüsselung ausführt, wie folgt abwandeln:

```
int i,j,k,L;
j=0; // Start bei Position 0 im Schlüssel K
char *K="CAESAR"; // Der Vigenere-Schlüssel selbst, der Klartext ist wieder in P
char *P="MORGEN FRUEH NEHMEN WIR MIRACULIX GEFANGEN";
L=strlen(P); // Länge von P ermitteln
k=strlen(K); // Länge des Vigenere-Schlüssels ist in k (klein geschrieben)
for (i=0; i<L; i++) // L ist die Länge des Textes P
{
    if ((P[i]>='A')&&(P[i]<='Z')) // Nur Großbuchstaben verschlüsseln
    {
        C[i]=((P[i]-'A')+K[j])%26; // Vigenere-Chiffre-Algorithmus
        C[i]=C[i]+'A'; // Für C wieder lesbaren Text erzeugen
        j++; // Nächste Position im Schlüssel K bestimmen
        if (j==k) { j=0; } // K wiederholt sich ab dem 7. Zeichen
    }
}
```

Vielleicht wundern Sie sich an dieser Stelle, warum ich so verwirrende Variablennamen verwende und z. B. die klein geschriebene Variable **k** die Länge des Schlüssels enthält, der im Array **K** (großgeschrieben) enthalten ist. Die Antwort ist, dass sich diese entsprechenden Namen inzwischen in der Kryptographie eingebürgert haben und Sie im Laufe des Studiums immer wieder auf diese verwirrenden Namensgebungen in fremden Programmen treffen. Wahrscheinlich ist das Beste, sich frühzeitig daran zu gewöhnen. Kommen wir nun zu Listing 10.3, das die Caesar-Chiffre zur Vigenère-Verschlüsselung erweitert.

Listing 10.3 Vigenere.c

```
01  #include<stdio.h>
02  #include<string.h>

03  int main(void)
04  {
05      char P[256];
06      char C[256];
07      char K[256];
08      int i,j,k,L;
09      printf("Klartext:"); fgets(P,256,stdin); // Leerzeichen bei P mit einlesen
10      printf("Schlüssel:"); scanf("%s",K); // Leerzeichen bei K nicht mit einlesen
11      L=strlen(P); // Länge von P ermitteln
12      k=strlen(K); // Länge von k ermitteln
13      j=0; // j auf 0 setzen
14      for (i=0; i<L; i++) // L ist die Länge des Textes P
15      {
16          if ((P[i]>='A')&&(P[i]<='Z')) // Nur Großbuchstaben verschlüsseln
17          {
18              C[i]=((P[i]-'A')+K[j])%26; // Caesar-Chiffre-Algorithmus
19              C[i]=C[i]+'A'; // Für C wieder lesbaren Text erzeugen
20              j++;
21              if (j==k) { j=0; } // Schlüssel K dauernd wiederholen
22          }
23          else
24          {
25              C[i]=P[i]; // Nicht verschlüsselte Zeichen direkt nach C übernehmen
26          }
27      }
28      C[i]=0; // Strings immer mit 0 abschließen!
29      printf("%s\n",C); // Ausgabe Chiffre-Text
30      return 0;
31  }
```

Listing 10.3 fügt Listing 10.1 zusätzlich zu dem nun aus mehreren Zeichen bestehenden Schlüssel **K** nur noch drei zusätzliche Zeilen hinzu, nämlich die Zeilen **19 – 21**. Anstatt hier einfach einen konstanten Wert zu den einzelnen Buchstabenwerten zu addieren, werden hier die einzelnen Buchstaben des Schlüssels **K** zur Hilfe genommen. Die Modulo-Operation muss allerdings auch hier benutzt werden, damit z. B. aus dem Z keine Buchstaben werden, die außerhalb des gültigen Bereichs liegen. Der Positionszähler für die Buchstaben in **K** ist hier **j** und die Länge des Schlüssels ist wieder **k**. Zeile **21** bewirkt also nur, dass ab **j=k** der Schlüssel wieder von vorne benutzt wird. Das Programm gibt nun in der Konsole folgenden Text aus:

Klartext:MORGEN FRUEH NEHMEN WIR MIRACULIX GEFANGEN

Schlüssel:CAESAR

BBILRR UELJU RTUDJA AXE DNEERHCNK KTSRSTIC

Im 16. Jahrhundert galt der im letzten Listing vorgestellte Algorithmus als sicher und einfach, zumindest für Mathematiker. Dies änderte sich, als man feststellte, dass besonders bei Schlüsseln, die viel kürzer sind als der Text, an den Schnittpunkten, an denen der Schlüssel von vorn beginnt, Zeichen doppelt oder dreifach vorkommen. Mit diesen Informationen kann man z. B. leicht die Schlüssellänge ermitteln und hat am Ende nur noch verschiedene Caesar-Alphabete zu knacken, deren Anzahl der Schlüssellänge entspricht. Am Anfang musste man auch für die einfache Caesar-Verschlüsselung noch sehr viele Varianten durchprobieren. Dies änderte sich jedoch schlagartig, als die Statistik große Fortschritte machte und feststellte, dass in einer beliebigen Sprache die Buchstaben in einem Text nicht gleich oft vorkommen. Im Deutschen ist z. B. der Buchstabe e am häufigsten vertreten, dann kommt der Buchstabe a und dann der Buchstabe i. Durch eine Häufigkeitsanalyse der einzelnen Buchstaben kann man also die durchzuspielenden Möglichkeiten auch bei der Caesar-Chiffre sehr stark reduzieren und (wenn man dann die Schlüssellänge kennt) auch bei der Vigenère-Verschlüsselung schneller an sein Ziel gelangen.

Was geschieht aber, wenn Sie einen rein zufälligen Schlüssel wählen, der genauso lang ist wie der Text und der sich auch niemals wiederholt? Und was geschieht ferner, wenn Sie diesen rein zufälligen Schlüssel auch nur einmal verwenden? In diesem Fall haben Sie in der Tat ein absolut sicheres Verschlüsselungsverfahren gewählt, das man auch als One Time Pad bezeichnet. Ein *One Time Pad* verwendet für jeden Klartext einen eigenen, rein zufälligen Schlüssel von der Länge des gesamten Textes. Leider ist ein One Time Pad sehr unpraktikabel, denn Sie müssen für jede neue Nachricht auch immer einen neuen Schlüssel generieren, den der Empfänger der Nachricht auch immer sofort vernichten muss, wenn er den Originaltext wiederhergestellt hat. Sobald Sie einen Schlüssel mehrmals verwenden oder der Empfänger vergisst, einen Schlüssel zu vernichten, ist die Sicherheit nicht mehr gewährleistet. Ein weiteres Problem ist das Erzeugen zufälliger Muster durch spezielle Algorithmen, die auch als Zufallsgeneratoren bezeichnet werden. Zufallsgeneratoren können nur Zahlenfolgen erzeugen, die zufällig aussehen, es aber nicht sind. Sobald Sie die Anfangsbedingungen kennen oder sogar festlegen können, lassen sich die Werte vorhersagen. Ein populäres Beispiel ist an dieser Stelle die C-Funktion rand(), die eine Zufallszahl vom Typ long int zurückliefert. Mit srand() können Sie zusätzlich den Startwert (den sogenannten Seed) des Zufallszahlengenerators ändern. Dies führt dann zu folgendem absurden Verhalten: Mit den folgenden C-Anweisungen können Sie rand() dazu veranlassen, immer dieselben zehn Zahlen auszugeben:

```
srand(0); // Zufallszahlengenerator auf 0 setzen
for (int i=0; i<10; i++) { printf("%ld\n",rand()%100); } // Zufallszahlen zwischen 0
und 99 ausgeben
```

Echter Zufall sieht anders aus, denn dieser liefert eben keine vorhersagbaren Werte. Nun können Sie sich natürlich fragen, ob denn Algorithmen überhaupt zufällige Werte liefern können, aber wenn Sie die Definition von Algorithmen kennen (oder noch einmal im ersten Kapitel nachlesen), werden Sie feststellen, dass dies in der Tat nicht möglich ist: Ein Algorithmus muss stets reproduzierbare, eindeutige Ergebnisse liefern, also kann er auch keinen Zufall erzeugen.

10.1.3 Die Enigma

Ein OTP ist trotzdem nicht sehr praktikabel, selbst, wenn Sie echte Zufallszahlen erzeugen könnten. Vielleicht haben wir aber eine Möglichkeit, sehr nah an das OTP heranzukommen, zumindest so nah, dass unser Algorithmus sicher genug für den alltäglichen Gebrauch ist? Vielleicht können wir ja die Vigenère-Verschlüsselung optimieren, genauso, wie wir es im Fall der Caesar-Chiffre getan haben, und dadurch erreichen, dass wir mit kürzeren Schlüsseln auskommen? Im Endeffekt ist die moderne Kryptographie der Versuch, mit technischen Mitteln genau dies zu erreichen. Der erste Schritt in diese Richtung war der Versuch, die Vigenère-Verschlüsselung durch zusätzliche technische Mittel zu verkomplizieren. Dies führte zu den Rotor-Chiffriermaschinen. Bei einer Rotor-Chiffriermaschine wird ein Buchstabe nicht einmal, sondern gleich mehrmals ersetzt. Die Ersetzung geschieht dadurch, dass ein Buchstabe (der z. B. auf einer mechanischen Schreibmaschine getippt wird) durch eine elektrische Leitung codiert wird, die anschließend durch mehrere Walzen geleitet wird. Die Walzen sind intern so verdrahtet, dass z. B. die erste Leitung auf die vierte Leitung führt und so ein A durch ein D ersetzt wird. In der nächsten Walze wird dann das D z. B. durch ein Z ersetzt. Auf diese Weise erhalten Sie für zwei Walzen schon zwei Ersetzungen pro Buchstabe und bei drei Walzen schon drei Ersetzungen. Wenn Sie dann noch bedenken, dass die Walzen nach jedem Ersetzungsschritt rotieren, werden Sie schnell erkennen, dass es bei den Rotor-Chiffriermaschinen tausendmal mehr Möglichkeiten gibt als bei einer schlichten Vigenère-Verschlüsselung.

Da der letzte Abschnitt sehr theoretisch ist, möchte ich Ihnen nun die Arbeitsweise einer der berühmtesten Rotor-Chiffriermaschinen der Geschichte vorstellen: der legendären Enigma. Erfinder der Enigma war Arthur Scherbius (1878 – 1929), ein promovierter Elektroingenieur und erfolgreicher Unternehmer. Man schätzt (so der entsprechende Vermerk auf Wikipedia), dass etwa 40 000 Maschinen hergestellt wurden, die Enigma war also damals ein voller Erfolg. Was machte jedoch die Enigma so erfolgreich? Wahrscheinlich war es die Kombination aus etwas relativ Einfachem (Rotor-Chiffriermaschinen gab es schon lange vor Scherbius) mit einigen neuen, bahnbrechenden Ideen. Die Enigma besteht nämlich im Wesentlichen nur aus wenigen Teilen: der Tastatur zur Buchstabeneingabe, einem Walzensatz von austauschbaren Walzen und einem Glühlampenfeld zur Anzeige des Ergebnisses. Der Walzensatz leistet hierbei die Hauptarbeit bei der Verschlüsselung. In die Enigma können drei Walzen eingesetzt werden. Die drei Walzen sind nebeneinander unabhängig drehbar angeordnet. Jede Walze weist auf beiden Seiten 26 elektrische Kontakte auf. Jeder Kontakt ist einem der 26 Großbuchstaben des Alphabets zugeordnet. Jeweils ein Kontakt auf der einen Seite einer Walze ist durch einen isolierten Draht im Inneren der Walze mit einem Kontakt auf der anderen Seite der Walze verbunden. Insgesamt sind so, für jede Walze unterschiedlich, alle 26 Kontakte auf der einen Seite einer Walze paarweise und unregelmäßig mit den 26 Kontakten auf der anderen Seite elektrisch verbunden. Drückt man eine Buchstabentaste, so fließt elektrischer Strom über die gedrückte Taste durch den Walzensatz. Am Ende fließt der Strom dann noch durch eine Umkehrwalze (den sogenannten Reflektor), der den Strom noch einmal in der umgekehrten Richtung zurückleitet. Auch die Umkehrwalze kann ausgetauscht werden, sie rotiert nicht, sondern leitet den Strom nur zurück. Erst, wenn der Strom durch die gesamte Maschine geflossen ist, leuchtet auf dem Glühlampenfeld das Ergebnis der Verschlüsselung eines Buchstabens auf. Die Möglichkeiten, die es für die Ersetzung eines einzigen Buchstabens gibt, gehen in die Milliarden und so galt die Enigma dann im zweiten Weltkrieg auch als eine sichere Möglichkeit, Nachrichten zu übertragen.

Für viel Verwirrung sorgte in meinem eigenen Studium übrigens der Reflektor, denn ich ging am Anfang fälschlicherweise davon aus, dass der Reflektor einfach nur den Stromkreis schließt. Dies ist nicht der Fall, denn der Reflektor ist eine normale statische Walze, die den Strom noch einmal in der umgekehrten Richtung durch die Maschine leitet. Der Schlüsselraum wird dadurch noch einmal stark erweitert. Für viel Verwirrung hat natürlich auch gesorgt, dass es von der Enigma verschiedene Modelle gab. So gab es für sensible Bereiche des Militärs z. B. Maschinen mit ganz anderen Walzen als die Modelle mit einer normalen Stromversorgung und Modelle, die auch draußen an der Front funktionierten und eine Batterie enthielten. Ferner gab es Modelle, bei denen auch die gedrückten Tasten direkt aufleuchteten (vor allem bei den portablen Modellen) und Modelle, bei denen nur der verschlüsselte Buchstabe auf einem separaten Glühlampenfeld angezeigt wurde. Ferner wurde die ursprüngliche Enigma I sehr schnell von den Engländern geknackt und deshalb musste diese laufend erweitert werden. Die bekannteste Erweiterung ist sicherlich die folgende: Auf dem Hin- und Rückweg fließt der Strom zusätzlich durch ein Steckbrett, auf dem man die einzelnen Buchstaben noch einmal separat mit anderen Buchstaben verbinden kann. Eine Verbindung von zwei Buchstabenbuchsen durch ein Kabel bewirkt dann eine Vertauschung dieser Buchstaben. Die Anordnung der Stecker wurde alle acht Stunden geändert und die Anordnung der Stecker wurde dann natürlich auch verschlüsselt übertragen. Schließlich wurde aber auch die erweiterte Enigma durch Alan Turing geknackt und man ging dazu über, fünf Walzen zu verwenden, von denen jeweils drei Walzen in die Maschine eingesetzt werden konnten.

Wir wollen nun die Enigma mit einem C-Programm simulieren. Anders, als Sie vielleicht denken, ist dies nicht so schwierig, wenn man ein wenig nachdenkt. Was mir im Studium am meisten Kopfzerbrechen gemacht hat, war die Simulation der Walzendrehung. Schließlich fand ich eine einfache Lösung, die ich Ihnen nun präsentiere. Dazu müssen Sie natürlich erst einmal die Verdrahtung der Walzen kennen. Ich nehme nun an, dass Ihre Enigma eines der neueren Modelle mit fünf Walzen und drei Umkehrwalzen (U1-U3) ist, die wie folgt verdrahtet sind:

```
    A B C D E F G H I J K L M N O P Q R S T U V W X Y Z
1   E K M F L G D Q V Z N T O W Y H X U S P A I B R C J
2   A J D K S I R U X B L H W T M C Q G Z N P Y F V O E
3   B D F H J L C P R T X V Z N Y E I W G A K M U S Q O
4   E S O V P Z J A Y Q U I R H X L N F T G K D C M W B
5   V Z B R G I T Y U P S D N H L X A W M J Q O F E C K
U1  E J M Z A L Y X V B W F C R Q U O N T S P I K H G D
U2  Y R U H Q S L D P X N G O K M I E B F Z C W V J A T
U3  F V P J I A O Y E D R Z X W G C T K U Q S B N M H L
```

In der ersten Zeile stehen in diesem Fall die 26 Buchstabentasten, in den Zeilen 2 - 7 stehen die Buchstaben, durch die der entsprechende Buchstabe von der entsprechenden Walze ersetzt wird. So wird z. B. das A durch die erste Walze durch das E ersetzt, weil dort der erste Eingang mit dem fünften Eingang verbunden ist. Durch die zweite Walze dagegen würde das A durch sich selbst ersetzt und nicht geändert (dass sich einige Zeichen nicht ändern, ist in diesem Fall gewollt). Sie können nun drei der fünf Walzen und eine der drei Umkehrwalzen in beliebiger Reihenfolge in die Enigma einsetzen. Ich wähle im Folgenden die Walzen 1 - 3 und die erste Umkehrwalze.

Der Verschlüsselungsalgorithmus der Enigma ist also relativ einfach: Sie müssen nur die gedrückte Taste zuerst in der zweiten Zeile suchen und für diese Taste in der zweiten Zeile nachschauen, durch was der Buchstabe auf der Taste ersetzt wird. Im Falle der A-Taste gelangen Sie so zu dem E in der zweiten Zeile der Tabelle. Nun müssen Sie in der dritten Zeile die fünfte Spalte suchen, die dem E entspricht, und stellen fest, dass Ihr E durch die zweite Walze durch ein S ersetzt wird. Nehmen wir nun an, dass in die Maschine die ersten drei Walzen nacheinander eingesetzt werden. Wenn Sie auf diese Weise die ersten drei Spalten der Tabelle durchgehen, erhalten Sie für den ersten Durchlauf (Hinweg) das Ersetzungsschema „ESG". Am Ende führt dann der Strom durch die Umkehrwalze, die das G durch ein Y ersetzt und anschließend den Strom auf dem umgekehrten Weg zurückleitet. Um den Rückweg zu simulieren, können Sie jedoch nicht einfach das gleiche Schema nehmen, wie beim Hinweg. Dies liegt daran, dass Sie in der Ersetzungstabelle nur eine Richtung codiert haben, nämlich die Richtung hin zur Umkehrwalze. Für die Rückrichtung müssen Sie also für die einzelnen Zeilen erst das entsprechende Zeichen suchen (dies ist nun für die dritte Walze das Y) und dann schauen, an welcher Position das Y in der zweiten Zeile steht. Dies ist Position 15, was einem O entspricht. Mit diesem O müssen Sie nun für die zweite Walze weitermachen: Sie suchen das O und gelangen zur Position 25, was dem Y entspricht. Dieses Y wird dann von der ersten Walze wieder durch ein O ersetzt. Für den gesamten Durchlauf durch die Maschine erhalten Sie also die Ersetzungsfolge „ESGYOYO", das A wird also zum O.

Der Ersetzungsalgorithmus ist in C also relativ einfach umzusetzen, denn Ihr Programm muss nur die Buchstaben der oben angegebenen Tabelle in einem Array ablegen und für einen bestimmten Eingabebuchstaben dieses Array Zeile für Zeile durchgehen, einmal mit einer aufsteigenden und einmal mit einer absteigenden Zeilennummer. Sie müssen dabei nur beachten, dass der Ersetzungs-Algorithmus in Ihrem C-Programm für den Hinweg ein anderer ist als für den Rückweg. Leider rotieren die einzelnen Walzen in jedem Schritt und sind auch selten so eingestellt, dass sich der Eingang für das A direkt an der ersten Position befindet. Sie können nämlich mit drei Ringen die Startposition der Rotoren einstellen. Ferner dreht sich die erste Walze stetig, das heißt, es wird schon nach dem ersten Tastendruck das A nicht mehr durch ein O ersetzt. Sie können nun dieses Verhalten simulieren, indem Sie die Stellung der einzelnen Rotoren als Spalten-Offset ablegen. Wenn z. B. der erste Rotor auf die erste Position gedreht wird, dann entspricht die Taste A nicht mehr der ersten, sondern der zweiten Spalte in Ihrer Ersetzungstabelle. Das Z würde dann allerdings auf die Position 1 abgebildet und so durch ein E ersetzt. Vielleicht ahnen Sie an dieser Stelle schon, dass Sie bei den Rotoren um eine zusätzliche Modulo-Operation nicht herumkommen. Nun fehlt nur noch das Steckbrett, aber dies funktioniert im Endeffekt wie eine statische Walze, bei der erst einmal sämtliche Buchstaben auf sich selbst abgebildet werden. Steckt man nun einen Stecker in das Steckbrett und verbindet z. B. A mit Z, so wird in der entsprechenden Ersetzungstabelle die erste mit der 26. Spalte vertauscht. Auf dem Hinweg würde also durch das Steckbrett ein A durch ein Z und auf dem Rückweg ein Z durch ein A ersetzt. In Listing 10.4 wird nun eine vollständige Simulation einer Enigma mit fünf Walzen und drei Umkehrwalzen implementiert, die Sie auch in einer beliebigen Reihenfolge in die Maschine einsetzen können. Leider konnte ich nicht herausfinden (weder in dem Buch über die Enigma, noch im Internet), ob auch das Drücken der Leertaste eine Rotation der ersten Walze bewirkt. In dem Listing habe ich deshalb eine entsprechende Abfrage eingebaut, mit der Sie bestimmen können, ob das Drücken der Leertaste eine Rotation bewirken soll oder nicht.

Listing 10.4 Enigma.c

```
01  #include<stdio.h>
02  #include<ctype.h>
03  #include<string.h>
04  #include<conio.h>

05  char Walze[9][27]=
06  {
07        /* Stecker: */ "ABCDEFGHIJKLMNOPQRSTUVWXYZ", // Das Steckbrett
funktioniert wie eine statische Walze
08        /* Walze 1: */ "EKMFLGDQVZNTOWYHXUSPAIBRCJ",
09        /* Walze 2: */ "AJDKSIRUXBLHWTMCQGZNPYFVOE",
10        /* Walze 3: */ "BDFHJLCPRTXVZNYEIWGAKMUSQO",
11        /* Walze 4: */ "ESOVPZJAYQUIRHXLNFTGKDCMWB",
12        /* Walze 5: */ "VZBRGITYUPSDNHLXAWMJQOFECK",
13      /* Umkehr1: */ "EJMZALYXVBWFCRQUONTSPIKHGD",
14      /* Umkehr2: */ "YRUHQSLDPXNGOKMIEBFZCWVJAT",
15      /* Umkehr3: */ "FVPJIAOYEDRZXWGCTKUQSBNMHL"
16  };

17  char Enigma[5][27];
18  int Rotor[5]={0,0,0,0,0}; // Rotor 0 (Steckbrett) und 4 (UKW) rotieren nicht

19  void Tausche(char *A, int P1, int P2) // Array-Ringtausch tauscht Element an
Position P1 mit Element an Position P2
20  {
21      char Tmp;
22      Tmp=A[P1]; A[P1]=A[P2]; A[P2]=Tmp;
23  }

24  void Rotiere()
25  {
26      int i;
27      Rotor[1]++; // "Kilometerzähler" rotiert immer eine Position weiter
28      for (i=1; i<=2; i++)
29      {
30          if (Rotor[i]==26) { Rotor[i]=0; Rotor[i+1]++; } // Überläufe prüfen und
unter Umständen Werte korrigieren
31      }
32      if (Rotor[3]==26) { Rotor[1]=0; Rotor[2]=0; Rotor[3]=0; } // Rotor
3-Überlauf? dann alle Zähler auf 0 zurücksetzen
33  }
34  char Chiffriere(char C)
35  {
36      int i,j;
37      for (i=0; i<=4; i++) // Hinweg:Steckbrett->W1->W2->W3->UKW
38      {
39          C-='A';
40          C=Enigma[i][(C+Rotor[i])%26];
41      }
42      for (i=3; i>=0; i--) // Rückweg:W3->W2->W1->Steckbrett
43      {
44          j=0;
45          while (Enigma[i][(j+Rotor[i])%26]!=C) { j++; }
46          C=j+'A';
47      }
48      return C;
49  }
```

```c
50  int main(void)
51  {
52      int i,j,k,C,L,W1,W2,W3,UKW,R1,R2,R3,LStatus; // Hilfsvariablen
53      char Steckbrett[27];
54      printf("*** Enigma-Setup ***\n");
55      printf("Status Leertaste (0=keine Rotorbewegung bei Leertaste):"); scanf("%d",&LStatus);
56      strcpy(Enigma[0],Walze[0]); // Steckbrett initialisieren
57      printf("1.) Initialisierung des Steckbretts\n");
58      printf("Bitte eine Sequenz von Zeichenpaaren eingeben, z.B. AEFZ.\n");
59      printf("Dies würde bedeuten, dass A mit E und F mit Z verbunden wird.\n");
60      printf("Die Folge AA bewirkt hier, dass das Steckbrett keine Stecker enthält\n");
61      printf("Initialisierungssequenz Steckbrett:");
62      scanf("%s",&Steckbrett); // Dies ist eine Buchstabenfolge aus Buchstabenpaaren
63      L=strlen(Steckbrett);
64      if ((L%2)==1) { L--; }// L muss durch 2 teilbar sein;
65      for (i=0; i<L; i+=2) // Alle Paare durchgehen
66      {
67          Tausche(Enigma[0],toupper(Steckbrett[i])-'A',toupper(Steckbrett[i+1])-'A'); // Ringtausch
68      }
69      printf("2.) Einsetzen der Walzen\n");
70      do
71      {
72          printf("Zuerst einzusetzende Walze (1-5):"); scanf("%d",&W1);
73          printf("Als zweite einzusetzende Walze (1-5):"); scanf("%d",&W2);
74          printf("Als dritte einzusetzende Walze (1-5):"); scanf("%d",&W3);
75          printf("Umkehrwalze (1-3):"); scanf("%d",&UKW);
76          if ((W1==W2)||(W2==W3)||(W1==W3)||(W1>5)||(W2>5)||(W3>5)||(W1<0)||(W2<0)||(W3<0)||(UKW<0)||(UKW>3))
77          {
78              printf("Fehler bei der Walzenkonfiguration, bitte Eingaben wiederholen\n");
79          }
80      }
81      while ((W1==W2)||(W2==W3)||(W1==W3)||(W1>5)||(W2>5)||(W3>5)||(W1<0)||(W2<0)||(W3<0));
82      strcpy(Enigma[1],Walze[W1]); // Walze 1 einsetzen (in das Array Enigma kopieren)
83      strcpy(Enigma[2],Walze[W2]); // Walze 2 einsetzen (in das Array Enigma kopieren)
84      strcpy(Enigma[3],Walze[W3]); // Walze 3 einsetzen (in das Array Enigma kopieren)
85      strcpy(Enigma[4],Walze[5+UKW]); // Reflektor einsetzen (in das Array Enigma kopieren)
86      printf("3.) Einstellung der Rotoren-Ringe (Buchstaben A-Z)\n");
87      do
88      {
89          printf("Ring 1:"); R1=toupper(getch()); printf("%c\n",R1); R1-='A';
90          printf("Ring 2:"); R2=toupper(getch()); printf("%c\n",R2); R2-='A';
91          printf("Ring 3:"); R3=toupper(getch()); printf("%c\n",R3); R3-='A';
92          if ((R1<0)||(R2<0)||(R3<0)||(R1>25)||(R2>25)||(R3>25))
93          {
94              printf("Fehler bei der Konfiguration der Ringe, bitte Eingaben wiederholen\n");
95          }
```

```
96          }
97          while ((R1<0)||(R2<0)||(R3<0)||(R1>25)||(R2>25)||(R3>25));
98          Rotor[1]=R1; Rotor[2]=R2; Rotor[3]=R3; // Stellring bestimmt den Rotoren-Offset
99          do
100         {
101             C=toupper(getch()); // Alle Tastendrücke in Großbuchstaben wandeln
102             if (C!=13)
103             {
104                 if (C!=' ') // Keine Leertaste? Dann Buchstaben verschlüsseln
105                 {
106                     printf("%c",Chiffriere(C)); Rotiere(); // Hier stets rotieren
107                 }
108                 else
109                 {
110                     printf(" "); // Leertaste unverschlüsselt ausgeben
111                     if (LStatus!=0) { Rotiere(); } // Hier nur rotieren, wenn der Benutzer dies zulässt
112                 }
113             }
114         }
115         while (C!=13);
116         return 0;
117     }
```

Die verfügbaren Walzen werden in Zeile **005–016** in dem globalen Array **Walze** als Großbuchstaben in 26 Spalten und neun Zeilen abgelegt. Jeder Zeile entspricht hierbei eine Walze, die Spalteneinträge geben für jeden Buchstaben die jeweilige Ersetzung an. Jedem Buchstabenwert entspricht hier eine Spalte, das heißt, das A wird auf Spalte 0 und das Z auf Spalte 25 abgebildet. Die Enigma in dieser Simulation besitzt genau ein Steckbrett, das im Array **Walze** Zeile 0 entspricht. Das Steckbrett funktioniert also wie eine nicht rotierende Walze, die im ungesteckten Zustand jedes Zeichen auf sich selbst abbildet. In Zeile 1–5 des Arrays befinden sich dann die fünf Walzen, von denen Sie für die Verschlüsselung genau drei benutzen können, und drei Umkehrwalzen, von denen Sie für die Verschlüsselung genau eine benutzen können. In Programmzeile **017** und **018** werden nun die Arrays definiert, die am Ende für die Verschlüsselung selbst verwendet werden. Dies ist einmal das Array **Enigma** und einmal das Array **Rotor**. In das Array Enigma werden die Walzen aus dem Array **Walze** hineinkopiert, die Sie am Ende wirklich verwenden wollen. Dafür bietet das Hauptprogramm eine Konfigurationsroutine an (Zeile **052–098**). Diese Routine fragt nicht nur ab, welche der fünf Walzen und welchen Reflektor Sie einsetzen wollen, sondern kopiert auch die Anfangseinstellung der Ringe in das Array **Rotor**. Die Ringe dienen an der ursprünglichen Enigma dazu, die Rotoren an den Walzen auf eine bestimmte Ausgangsstellung zu drehen, die ebenfalls durch Buchstaben gekennzeichnet ist. Wenn Sie z. B. den ersten Ring auf B, den zweiten Ring auf C und den dritten Ring auf D drehen, dann ist der erste Rotor beim Start bereits auf Position 2. Der zweite Rotor ist entsprechend auf Position 3 und der dritte Rotor auf Position 4 eingestellt.

Kommen wir nun zur Simulation des Steckbretts. Wenn Sie beispielsweise auf diesem A mit Z verbinden, dann wird A zu Z. Auf dem Rückweg wird dann wieder Z zu A. Dieses Verhalten können Sie simulieren, indem Sie eine normale Walze definieren, bei der sämtliche Buchstaben auf sich selbst abgebildet werden. Wenn Sie nun A und Z durch Stecker verbinden, wird einfach in der entsprechenden Ersetzungszeile (`Walze[0]`-`Walze[25]`) Spalte 0 mit Spalte 25 vertauscht. Deshalb benötigen Sie zusätzlich die Ringtausch-Funktion in Zeile **019 – 023**.

Das Hauptprogramm führt nun nach der Konfiguration der Enigma für jedes Zeichen, das Sie auf der Tastatur eingeben, eine Wandlung in einen Großbuchstaben und anschließend die Funktion `Chiffriere()` (Zeile **034 – 049**) aus. `Chiffriere()` bekommt als Parameter das Zeichen `C` übergeben. Der Rückgabewert ist auch vom Typ char und enthält das verschlüsselte Zeichen. Die Funktion `Chiffriere()` führt zwei Schleifen aus. Die erste Schleife (Zeile **037 – 041**) durchläuft das Array **Enigma** (also das fertig konfigurierte Walzen-Array) von `Enigma[0]` – `Enigma[4]`. Innerhalb der Schleife wird das Zeichen `C` nun zunächst in Zeile **039** in einen Wert zwischen 0 und 26 umgewandelt. Das Zeichen `C` selbst dient anschließend als Spaltenindex, um das Zeichen auszuwählen, durch das `C` ersetzt wird. Da in den Spalten selbst ASCII-Zeichen stehen, müssen Sie `C` nur einmal umwandeln. Fehlt nur noch das Verhalten des Rotors. Dieser verschiebt aber eigentlich nur die Bedeutung der Array-Spalten. Wenn z. B. der Rotor auf der zweiten Position steht, dann wird das A auf die zweite Spalte abgebildet, das Z aber wieder auf die erste Spalte. Dies entspricht dann der Modulo-Operation (C+Rotor[i])%26). Da die vierte Walze statisch ist (also nicht rotiert), entspricht diese der Umkehrwalze und Sie müssen diese nicht separat behandeln. Die zweite Schleife (Zeile **042 – 047**) simuliert nun den Rückweg durch die Walzen i=3 bis i=1. Innerhalb der Schleife wird dazu zunächst der Spaltenzähler **j** verwendet, der zunächst auf 0 gesetzt wird. Anschließend wird diejenige Spalte `Enigma[i][j]` gesucht, in der das zuletzt verwendete Zeichen `C` steht. Das Zeichen `C` wird anschließend durch die Spaltennummer ersetzt, in der es steht. Auch hier kann natürlich die Spalte, die für das A steht, durch den Rotor verschoben sein. Dieses Verhalten wird in Zeile **045** durch die Modulo-Operation **(j+Rotor[i])%26)** erreicht. Nachdem für `C` sämtliche Ersetzungen vorgenommen wurden, wird auch genau dieses Zeichen von der Funktion zurückgegeben.

Das Hauptprogramm liest also einzelne Zeichen von der Tastatur ein, verschlüsselt diese und gibt diese anschließend als Großbuchstaben aus. Allerdings ruft auch das Hauptprogramm die Funktion `Rotiere()` (Zeile **024 – 033**) auf. Dies ist deshalb nötig, weil es eine Option gibt, mit der Sie dem ersten Rotor verbieten können, auch bei Eingabe eines Leerzeichens zu rotieren. Der erste Rotor ist im Endeffekt der Rotor, der die Initialzündung für die Weiterdrehung der anderen Rotoren auslöst. Schlägt Rotor 1 von Position 26 auf Position 0 um, so wird in dem entsprechenden Array wieder der Wert 0 benutzt und Rotor 1 rotiert um genau eine Position weiter. Gleiches gilt für die anderen beiden Rotoren. Wenn irgendwann Rotor 3 umschlägt, wird auch Rotor 1 und 2 wieder auf 0 gesetzt und Sie erhalten den Ausgangszustand {0,0,0} (entspricht der Ring-Einstellung {A,A,A}).

Nehmen wir nun an, Caesar hätte durch ein Wurmloch im Raum-Zeit-Gefüge eine Enigma erhalten, und außerdem eine Anleitung, wie man sie bedient. Angenommen, Caesar steckt auf dem Steckbrett seinen eigenen Namen (verbindet also C mit A, E mit S und A zusätzlich noch mit R). Anschließend setzt er die drei ersten Walzen und den zweiten Reflektor in die Enigma ein. Mit den drei Ringen, die sich an den Rotoren befinden, stellt Caesar dann die Anfangseinstellung „GIC" ein, dies sind die Anfangsbuchstaben seines Namens „Gaius Iulius Caesar". Nun überreicht Caesar Alice die Botschaft „NKAHBR JDEXT JHLODB VKX XZQWOPESF RLESWLZC" und teilt seinen Heerführern vorher noch die Enigma-Grundeinstellung mündlich mit, bevor er einem von ihnen die Wundermaschine überreicht. Natürlich ist diese Maschine eine von den Versionen, die eine interne Batterie enthält und die einige Zeit lang ohne Strom auskommt (den hatte Caesar ja noch nicht). Entschlüsseln wir nun die Botschaft, die Caesar an seine Heerführer schickt, mit dem letzten Listing. Dieses würde dann folgenden Text in der Konsole ausgeben:

*** Enigma-Setup ***

Status Leertaste (0=keine Rotorbewegung bei Leertaste):0

1.) Initialisierung des Steckbretts

Bitte eine Sequenz von Zeichenpaaren eingeben, z. B. AEFZ.

Dies würde bedeuten, dass A mit E und F mit Z verbunden wird.

Die Folge AA bewirkt hier, dass das Steckbrett keine Stecker enthält.

Initialisierungssequenz Steckbrett:CAESAR

2.) Einsetzen der Walzen

Zuerst einzusetzende Walze (1-5):1

Als zweite einzusetzende Walze (1-5):2

Als dritte einzusetzende Walze (1-5):3

Umkehrwalze (1-3):2

3.) Einstellung der Rotoren-Ringe (Buchstaben A-Z)

Ring 1:G

Ring 2:I

Ring 3:C

MORGEN FRUEH NEHMEN WIR MIRACULIX GEFANGEN

Nur gut, dass die alten Asterix-Comics noch keine Science-Fiction-Geschichten enthalten und deshalb keine Wurmlöcher vorkommen können. Sonst hätte Caesar mit der Enigma sicherlich die Gallier besiegen können. Zum Glück ist dem nicht so und die Römer bekommen auch weiterhin einen auf den Hut. Nur Obelix bekommt immer noch keinen Zaubertrank, auch wenn er sich dies noch so wünscht.

374 10 Kryptographische Algorithmen

Bild 10.1
Programmablaufplan der Enigma-Simulation

10.2 Sichere Schlüsselübertragung

Sie kennen nun die Grundlagen der allerersten Verschlüsselungsmethoden und Sie kennen auch ihre Schwächen. Bei der Enigma muss man jede Nachricht Zeichen für Zeichen abtippen und wenn man bei der Grundeinstellung nur eine einzige Position falsch einstellt, kann die Nachricht nicht mehr entschlüsselt werden. Auch beim sicheren One Time Pad verhält es sich nicht anders, wenn sogar noch schlimmer: Der Schlüssel ist genauso lang wie die Nachricht und wenn von diesem nur ein einziges Zeichen fehlt, kann die Nachricht nicht mehr vollständig rekonstruiert werden. Ferner ist die Verschlüsselung sowohl mit der Enigma als auch mit dem One Time Pad nicht für lange Nachrichten geeignet. Man benötigte also zumindest für die einzelnen Zeichen eine schnellere Methode, die zur Not auch von einem Computer ausgeführt werden kann (und die natürlich jederzeit wieder rückgängig gemacht werden kann). Diese Funktion gibt es tatsächlich in Form der logischen Operation XOR. Verknüpft man nämlich einen ASCII-Wert A mit einer Zufallszahl $Z<=0<=255$, so kippen in A sämtliche Bits an den Stellen um, an denen bei Z eine 1 steht (man sagt auch, die Bits werden invertiert). Nach Anwenden der XOR-Verknüpfung kann man den ursprünglichen Wert für A nur noch durch Raten finden. Wendet man dagegen dieselbe Verknüpfung noch einmal an, so werden die invertierten Bits wiederum invertiert und man erhält wieder den ursprünglichen Wert für A. XOR ist eine logische Funktion, die praktisch von jedem Prozessor direkt ausgeführt werden kann, deshalb ist sie auch Bestandteil vieler moderner Kryptographie-Algorithmen. Eine weitere Funktion, die ein Prozessor sehr schnell ausführen kann, ist die Modulo-Funktion, also die Ermittlung des Rests einer Division. Im letzten Beispiel haben Sie den Modulo-Operator ja schon benutzt, um die Rotoren zu simulieren. Der Modulo funktioniert im Endeffekt wie ein Glücksrad, das sich endlos im Kreis dreht. Wenn Sie z. B. einen aufsteigenden Zähler Modulo 10 nehmen, dann wiederholt sich laufend die Zahlenfolge „0,1,2,3,4,5,6,7,8,9". Mit zusätzlichen mathematischen Funktionen und Bitverschiebungen können Sie nun die Zahlenfolge „0,1,2,3,4,5,6,7,8,9" noch komplizierter und chaotischer machen und diese (zumindest, wenn Sie nicht wissen, bei welchem Zählerstand Sie angefangen haben) wie Zufall aussehen lassen. Die Betonung liegt hier natürlich wieder auf dem Wort „aussehen", denn ein Algorithmus kann eigentlich nicht wirklich Zufall erzeugen.

10.2.1 Verwenden der Modulo-Operation

Da der letzte Abschnitt sehr theoretisch war, will ich nun ein einfaches Beispiel anführen, das die Funktion XOR (in C durch den Operator ^ dargestellt) und den Modulo (in C durch den Operator % dargestellt) verwendet. Das nächste Beispiel ist wieder historischer Natur, denn die hierin verwendeten Verfahren sind nicht unbrechbar. Nachdem also die XOR-Funktion entdeckt worden war, versuchte man, möglichst lange XOR-Schlüssel über den Text zu legen. Wenn der Schlüssel dann so lang ist wie der Text und wirklich zufällige Zeichenfolgen enthält, erhält man ein OTP und die Verschlüsselung ist absolut sicher. Am Anfang ist man auch genauso vorgegangen und hat z. B. den Geheimagenten im Kreml Köfferchen mitgegeben, in denen OTP-Schlüssel versteckt waren. Die Agenten haben dann den Ministern, die die verschlüsselten Botschaften erhalten sollten, diese Köfferchen überreicht und die Nachrichten selbst anschließend per Modem über die Telefonleitung geschickt (Modems gibt es seit den 60ern). Die Amerikaner haben es übrigens genauso gemacht, aber irgendwann festgestellt, dass es besser wäre, Geheimdokumente nicht in einem Köfferchen mit sich herumzutragen.

Eine andere Möglichkeit wäre, den Schlüssel selbst per Modem zu schicken, aber dann kann die Schlüsselübertragung abgehört werden. Wie soll man also einen Schlüssel austauschen, ohne den Schlüssel selbst zu schicken? Im nächsten Beispiel wird hierzu der Schlüssel selbst verschlüsselt und der Schlüssel selbst ist eine lange Zufallszahl. Diese Zufallszahl wird als 16 einzelne ASCII-Zeichen dargestellt, die einen Wert zwischen 0 und 255 haben. Wir wollen nun so tun, als wäre unsere lange Zufallszahl die Öffnungsfolge für einen kleinen Tresor und in diesem Tresor liegt ein Zettel mit der Nachricht (es ist hier übrigens unerheblich, ob die Nachricht selbst verschlüsselt wurde). Der Tresor geht natürlich nur dann auf, wenn jedes der Rädchen mit jeweils 256 Zahlen (0 – 255) an genau der richtigen Position steht. Wie lasse ich einem Empfänger nun die Nachricht zukommen, ohne dass jemand von außen den Tresor öffnet? Als Erstes stelle ich am Tresor die Öffnungszahlenfolge ein. Anschließend drehe ich an jedem der 16 Rädchen genau 16 Mal und zwar rein zufällig. Natürlich schreibe ich mir jede Drehung, die ich gemacht habe, akribisch auf. Anschließend schicke ich den Tresor an den Empfänger (der Tresor sollte also möglichst klein sein). Der Empfänger des Tresors macht danach dasselbe wie ich und dreht seinerseits die Rädchen zufällig weiter. Selbstverständlich verhalten sich die Rädchen am Tresor wie Glücksräder und schlagen auch mehrmals von 255 auf 0 um, dies ist aber unerheblich, solange die einzelnen Veränderungen genauestens notiert werden. Wenn nämlich der Empfänger des Tresors fertig ist, schickt er den Tresor wieder an den Sender zurück, der nun seine eigenen Drehungen rückgängig macht, indem er die zuvor notierten Drehungen rückwärts ausführt. Anschließend wird der Tresor zum letzten Mal verschickt, nämlich an den endgültigen Empfänger. Wenn dieser nun auch seine Drehungen rückgängig macht, erhält er wieder die Zahlenfolge, um den Tresor zu öffnen. Selbstverständlich hat der Empfänger auf diese Weise nicht nur die Nachricht erhalten, sondern auch den Schlüssel zum Öffnen des Tresors.

Nehmen wir nun an, dass die Positionen der einzelnen Drehrädchen durch 256 Zahlen dargestellt werden können und dass die Öffnungskombination folgenden ASCII-Zeichen entspricht:

```
unsigned char K[16]="SESAM ÖFFNE DICH";
```

Ich nehme hier also die ASCII-Codierung und nehme auch an, dass Ihr Zeichensatz 256 Symbole enthält. Dies ist wichtig, denn das nächste Beispiel funktioniert nicht, wenn Sie z. B. den Datentyp `signed char` verwenden. Die Modulo-Operation muss hier wirklich mit vorzeichenlosen Zahlen durchgeführt werden. Verschlüsseln wir nun das erste Zeichen. Hierzu müssen 16 Zufallszahlen zwischen 0 und 255 generiert und in einem Array abgelegt werden. Da Sie 16 Buchstaben verschlüsseln müssen, benötigen Sie folgendes Array:

```
unsigned char A[16][16]; // Zugriff=[z][s]=Zeile, Spalte
```

Nehmen wir nun an, **i** enthält den Buchstabenzähler für **K**, (**K** ist der Schlüssel, der die Öffnungsfolge für den Tresor enthält), und **j** ist der Zähler für die nächste for-Schleife. Dann generieren Sie den an den Empfänger B zu sendenden, veränderten Schlüssel **K** auf die folgende Weise:

```
printf("Bitte Eine beliebige Taste drücken\n");
getch();
srand(clock());
// 16*16 Zufallszahlen erzeugen
for (i=0; i<16; i++)
{
    for (j=0; j<16; j++)
    {
        A[i][j]=rand()%256;
    }
}
// K verschlüsseln
for (i=0; i<16; i++)
{
    for (j=0; j<16; j++)
    {
        K[i]=K[i]+A[i][j];
    }
}
```

Der Trick ist hier, dass eine Addition bei vorzeichenlosen Werten wie eine Modulo-Operation wirkt und dass deshalb K[i] wie ein Glücksrad dauernd von 255 auf 0 umschlägt. Wann dies passiert, hängt von den Zufallszahlen im Array A ab und Sie können deshalb auch den Endzustand von K nicht vorhersagen. Dem Zufall wird hier übrigens etwas nachgeholfen, indem das Programm am Anfang auf eine Taste wartet. Erst, wenn der Benutzer eine undefinierte Zeit benötigt hat, um die Anweisung zu lesen und anschließend eine Taste zu drücken, führt er diese Anweisung auch aus. Wie lange der Benutzer bis zum Tastendruck benötigt, hängt teilweise vom Zufall ab. Deshalb wird nach dem Tastendruck auch der Wert der Uhr zur Initialisierung des Zufallsgenerators benutzt, und nicht z.B. einfach 0 oder 4711.

Nehmen wir nun an, Sie hätten für das Array A folgende Zufallszahlen erzeugt (Hex):

```
52 2c 4e 1b 36 9b c5 a4 2c 07 a4 5e 20 a4 01 2c
da f5 a5 8d fc f9 2a 67 3c 91 53 16 e3 35 ac b5
86 d8 62 ab 04 18 65 7a c1 ab bc c4 21 06 28 9f
48 4f fc 1a 10 85 3c 0f 4a ed f5 2c 39 c1 dc 3d
4c 14 2a bc 1c 09 b7 9b a6 35 55 50 ca 51 70 22
03 24 e3 b3 68 b0 1d ce e4 9c 74 73 b2 e1 c9 21
1c b9 5e 63 74 c4 f4 9e 53 7d 28 19 11 dd 0f 4d
85 4d 11 6f fe d2 03 3c 81 74 89 04 45 ef aa fa
6d 9d b4 bb 05 a3 53 1c 3f 5b ec 38 ef 02 40 ba
44 a3 3e 68 c8 43 28 f0 9b 4e ea f7 ec 42 b8 60
b8 9a e6 d9 c7 fd 0c ac e4 a7 5a c5 5c 18 38 ff
b9 fd 23 b3 c0 5b c4 83 a8 02 52 63 9d 31 29 ea
75 86 ab d8 b2 2a 57 e7 b8 3a 29 d7 4f 78 31 b4
5c 32 77 6a dc 73 0e 8c 21 69 76 61 51 16 37 31
1c 3b bc ce bd 82 6d 65 34 ea 11 86 c2 78 62 72
a5 1c f2 a5 15 e1 3e a4 7e 59 10 09 00 48 1a cc
```

Dadurch ergibt sich nun das folgende Array für K (Hex):

```
9a 7b 93 39 37 c4 91 01 7f 0e 27 4e 7a d1 f8 96
```

K sieht nun schon recht zufällig aus und ein Angreifer kann nur noch sehr schwer den Satz „SESAM ÖFFNE DICH" dahinter erkennen. Der Empfänger bekommt nun den Schlüssel **K** geschickt und macht mit diesem Schlüssel dasselbe: Er generiert 16*16 Zufallszahlen in seinem Array **B** und verschlüsselt damit noch einmal den empfangenen Schlüssel **K**. Bildlich gesehen haben wir also nun eine Kiste mit zwei Schlössern, nämlich einen vom Sender und einen vom Empfänger. Sehen wir uns nun an, welche Daten der Empfänger für B generiert hat (Hex):

```
08 15 47 c3 2d 55 2f db da 96 70 7d c4 36 4d e2
b4 43 3a 2c d3 39 c9 3f 39 fb d6 de b1 13 f4 0a
cf 2e 16 98 35 d3 82 11 22 63 f3 cf 3b 57 0d 55
9e b5 07 ee 25 d3 93 89 f7 4f 12 d4 55 4f f6 98
a3 f6 76 55 b6 27 79 1e 5d 7d bd b7 32 8b 47 ec
a2 50 10 34 3b fe ee 87 35 ed c0 7d 44 da de a8
9d 64 c0 33 47 c8 ec bb a4 dc 26 6d 3f 4a d4 62
d8 0f af 37 ad 34 b0 f1 0b cb 3a 0f 16 2c 84 f1
d5 71 4a 69 81 30 b4 9f 0e 78 86 2a fb 0e 8a 6c
57 e9 3b 2e 14 eb b3 7d 90 e2 d6 c4 61 bf c0 2b
61 15 6d 2f fb d5 a7 82 b4 48 35 25 fd 4e 42 c4
38 d5 0b 52 08 9c cd e5 dd 2a ee d4 c0 09 6a 0e
5c 48 81 be 4e 30 9f 1d ae 46 8c 97 de 81 d4 21
92 cc 79 da 20 bf d8 e0 0a 9a d9 75 c9 83 5b 53
dc 02 de 4c 11 b9 73 27 13 68 e1 b6 35 20 19 3c
7e c6 dc fe f5 cc ab 27 2e 2c ef e1 15 a5 69 b1
```

Der Schlüssel K enthält nun die folgenden Bytes (Hex):

```
d3 96 14 f3 4d ab 0d 26 b1 fd d9 18 02 05 20 45
```

Der ursprüngliche Sender bekommt nun den Schlüssel **K** geschickt und macht mit seinem Array **A** seine eigenen Schritte rückgängig. Dazu muss er nur die Schleife zum Verschlüsseln wie folgt abändern:

```
for (i=0; i<16; i++)
{
    for (j=15; j>=0; j--) // rückwärts zählen
    {
        K[i]=K[i]-A[i][j];
    }
}
```

Auch die Subtraktion bewirkt bei vorzeichenlosen Zahlen ein Umschlagen der Zahlenwerte, diesmal aber von 0 auf 255 – das Glücksrad dreht sich also in die entgegengesetzte Richtung. Natürlich kommt nun für **K** immer noch nicht wieder „SESAM ÖFFNE DICH" heraus, sondern folgender Schlüssel (Hex):

```
K={0x8c,0x60,0xd4,0xfb,0x63,0x07,0x52,0x6b,0x78,0x3d ,0xf7,0xea,0xcc,0x7d,0x6b,0xf7};
```

Dies geschieht erst, wenn **K** noch einmal an den endgültigen Empfänger zurückgeschickt wird. Erst dieser kann sämtliche Verschlüsselungsschritte rückgängig machen und bekommt am Ende folgende Zahlenfolge heraus (Hex):

```
K={0x53,0x45,0x53,0x41,0x4d,0x20,0xd6,0x46,0x46,0x4e,0x45,0x20,0x44,0x49,0x43,0x48};
```

Dies entspricht dann der ASCII-Zeichenfolge „SESAM ÖFFNE DICH". Kommen wir nun zu Listing 10.5, das unseren ersten Versuch implementiert, einen Schlüssel sicher zwischen A und B auszutauschen.

Listing 10.5 Schluesselaustausch1.c

```
01  #include<stdio.h>
02  #include<stdlib.h> // für rand() und srand()
03  #include<string.h> // fpr strcpy
04  #include<time.h>   // für clock()
05  #include<conio.h>  // für getch()

06  unsigned char A[16][16];
07  unsigned char B[16][16];
08  unsigned char K[17]; // Für strcpy() ein zusätzliches Zeichen reservieren

09  void Init(unsigned char A[16][16])
10  {
11      int i,j;
12      for (i=0; i<16; i++)
13      {
14          for (j=0; j<16; j++)
15          {
16              A[i][j]=rand()%256; // Array mit Zufallszahlen füllen
17          }
18      }
19  }

20  void SchluesselAusgabeHex(unsigned char *K)
21  {
22      int i;
23      for (i=0; i<16; i++) { printf("%02x ",K[i]); }
24      printf("\n");
25  }

26  void SchluesselAusgabeText(unsigned char *K)
27  {
28      int i;
29      for (i=0; i<16; i++) { printf("%c",K[i]); }
30      printf("\n");
31  }

32  void Chiffre(unsigned char A[16][16], unsigned char *K)
33  {
34      int i,j;
35      for (i=0; i<16; i++)
36      {
37          for (j=0; j<16; j++)
38          {
39              K[i]=K[i]+A[i][j]; // Dreht das "Glücksrad" vor
40          }
41      }
42  }

43  void DeChiffre(unsigned char A[16][16], unsigned char *K)
44  {
45      int i,j;
46      for (i=0; i<16; i++)
```

```
47  {
48      for (j=15; j>=0; j--)
49      {
50          K[i]=K[i]-A[i][j]; // Dreht das "Glücksrad" zurück
51      }
52  }
53 }

54 int main(void)
55 {
56     int i,j;
57     printf("Bitte eine Taste drücken\n"); getch();
58     srand(clock()); Init(A); Init(B);
59     strcpy(K,"SESAM ÖFFNE DICH");
60     printf("A->B:");
61     Chiffre(A,K); SchluesselAusgabeHex(K);
62     printf("B->A:");
63     Chiffre(B,K); SchluesselAusgabeHex(K);
64     printf("A->B:");
65     DeChiffre(A,K); SchluesselAusgabeHex(K);
66     DeChiffre(B,K);
67     printf("Von B empfangener Schlüssel:");
68     SchluesselAusgabeText(K);
69     return 0;
70 }
```

In Zeile 06 – 08 werden erst einmal die Hilfsarrays **A** und **B** sowie das Array für den Schlüssel **K** definiert. Hierbei muss **K** 17 Zeichen umfassen, da im Hauptprogramm die Funktion strcpy() benutzt wird, um den Text „SESAM ÖFFNE DICH" nach **K** zu kopieren. Hierbei schließt strcpy() sämtliche Strings mit einem Null-Zeichen ab, deshalb müssen Sie an dieser Stelle etwas aufpassen und auch für das Null-Zeichen Speicher anlegen. Die Funktion Init () (Zeile 09 – 19) ist nun dazu da, ein Array der Größe 16x16 mit Zufallszahlen zu füllen. Hierzu benutzen Sie die Funktion rand() (Zeile **16**) und initialisieren den Zufallsgenerator im Hauptprogramm beim Programmstart. Dies geschieht wieder dadurch, dass Sie aufgefordert werden, eine Taste zu drücken. Direkt danach wird srand() mit dem Wert für die Computeruhr initialisiert. Auf diese Weise erhalten Sie ein etwas zufälligeres Verhalten als allein durch die Funktion rand(). Die Funktionen SchluesselAusgabeHex() und SchluesselAusgabeText() (Zeile 20 – 31) müssen wahrscheinlich an diese Stelle nicht ausführlich erklärt werden, denn diese Funktionen geben nur den Schlüssel **K** entweder als Hexadezimalwerte oder als ASCII-Text aus.

Die Hauptarbeit leisten die Funktionen Chiffre() (Zeile **32 – 42**) und DeChiffre() (Zeile **43 – 53**). Beide Funktionen bekommen ein Array der festen Größe 16x16 vom Typ unsigned char[][] übergeben. Dies ist in diesem Fall entweder das Verschlüsselungs-Array **A** oder das Verschlüsselungs-Array **B**. Chiffre() geht nun das übergebene Verschlüsselungs-Array Zeile für Zeile durch (Zähler **i**) und addiert den Wert in sämtlichen Spalten (Zähler **j**) der Zeile **i** zu K[i]. Durch den Typ unsigned char wird hier quasi eine Modulo-Operation gleich mit ausgeführt. Das Array **A** wird hier übrigens in der Form [Zeile][Spalte] adressiert. Es ist an dieser Stelle unerheblich, ob Sie sämtliche Spalten einer bestimmten Zeile oder sämtliche Zeilen einer bestimmten Spalte addieren. Der Algorithmus funktioniert mit beiden Varianten. Wichtig ist nur, dass Sender und Empfänger die Zeichen in der richtigen Reihenfolge übermitteln und beide die gleiche Verschlüsselungsvariante benutzen. Die

Funktion `DeChiffre()` entspricht fast der Funktion `Chiffre()`, außer dass diese die Zahlen in den Spalten rückwärts durchläuft und diese Werte von `K[i]` subtrahiert, anstatt sie zu addieren.

Kommen wir nun zum Hauptprogramm (Zeile **54 – 70**). Dieses funktioniert nur, wenn die Operationen `Init()`, `Chiffre()` und `DeChiffre()` in der richtigen Reihenfolge ausgeführt werden. Zunächst werden Sie in Zeile **57** dazu aufgefordert, eine beliebige Taste zu drücken. Wie lange Sie dazu benötigen, um die Meldung zu lesen und der Aufforderung nachzukommen, eine Taste zu drücken, unterliegt dem Zufall. Wenn Sie dann eine Taste betätigt haben, wird der Zufallsgenerator mit dem Wert für `clock()` initialisiert. Nach Initialisierung des Zufallsgenerators wird `Init()` mit **A** und **B** aufgerufen, um **A** und **B** mit Zufallswerten zwischen 0 und 255 zu füllen (Zeile **58**). In Zeile **59** wird **K** nun zunächst mit dem Text „SESAM ÖFFNE DICH" gefüllt, der zunächst nur dem Sender A bekannt ist. Der von A an B zu übermittelnde Schlüssel wird nun in Zeile **60** und **61** durch die Funktion `Chiffre()` ermittelt, der als Parameter das Array **A** sowie der Schlüssel **K** übergeben wird. **K** wird in diesem Fall direkt verändert, ein Angreifer kann also nicht feststellen, welchen Ausgangszustand **K** besitzt, sondern nur die Übertragung mitschneiden. Nun erhält der Empfänger B den veränderten Schlüssel **K**. Auch B kann noch nicht feststellen, was der ursprüngliche Inhalt von **K** ist, sondern nur das empfangene Array **K** mit dem Array **B** verschlüsseln. Dies geschieht in den Zeilen **62** und **63**. Das Resultat wird nun wieder zurück an A gesendet. Auch diese Übertragung kann mitgeschnitten werden, allerdings kann ein Angreifer nicht durch einfache arithmetische Operationen (z. B. indem er die Differenz zwischen den Bytes der einzelnen Versionen von **K** berechnet) darauf schließen, welche Schritte A oder B unternommen haben. Im letzten Schritt macht nun A seine Verschlüsselung rückgängig, indem er `DeChiffre()` aufruft und das Resultat an B sendet. Dies geschieht in den Zeilen **64** und **65**. Wenn B nun auch seine Schritte rückgängig macht, dann zeigt das „Glücksrad" wieder die Ausgangszahlenfolge an, die dem Text „SESAM ÖFFNE DICH" entspricht.

Wie verhält es sich nun mit der Sicherheit des hier vorgestellten Schlüsselaustauschs? Anscheinend ist diese gegeben, denn es gibt keine Möglichkeit, auf eine einfache Weise von den gesendeten Bytes (die ein Angreifer jederzeit abfangen kann) auf den ursprünglichen Schlüssel zu schließen. Versuchen Sie es ruhig und subtrahieren Sie z. B. die Bytes der einzelnen gesendeten Varianten von K voneinander. Es scheint wirklich so zu sein, dass man zumindest durch primitive mathematische Operationen wie +, - oder den Modulo nichts bewirken kann. Leider trügt hier der Schein, weshalb es ja auch so schwierig ist, sichere Schlüsselaustauschverfahren zu entwickeln. Das, was nämlich in dem letzten Beispiel für die Verschlüsselung verwendet wurde, ist nur eine einfache Zahlenreihe, die dadurch entsteht, dass auf eine Ausgangszahlenfolge immer wieder die gleiche mathematische Operation angewendet wird. Nehmen wir beispielsweise den ersten Buchstaben des Schlüssels, das „S". Dieser wird durch den Wert 83 codiert. Nehmen wir nun beispielsweise die Zufallsfolge

{86, 212, 156, 57, 117, 92, 57, 151, 65, 65, 227, 178, 121, 66, 89, 73}

und addieren sämtliche Zahlen in dieser Folge schrittweise zu dem Wert 83, beachten aber, dass wir stets 256 abziehen müssen, wenn die Summe 255 überschreitet. Hierdurch bekommen wir eine neue Zahlenfolge, die beschreibt, an welcher Position sich das Glücksrad in den einzelnen Schritten befindet. Genau dies ist die Zahlenfolge, die für den hier vorgestellten Verschlüsselungsalgorithmus entsteht, und sie lässt sich beliebig fortsetzen. Aber ist dies wirklich der Fall? Kann es nicht sein, dass irgendwann einmal Wiederholungen auftreten und somit erkennbare Muster? Bei Folgen, die aus primitiven Operationen, wie dem Modulo oder den Grundrechenarten bestehen, ist dies sogar sehr oft der Fall, besonders, wenn man mit kleinen Zahlenwerten arbeitet. Besonders kritisch ist auch, dass sich oft gar nicht feststellen lässt, ob eine bestimmte Zahlenfolge Muster erzeugt, und wenn dies dann nach einiger Zeit auffällt, dann ist ein erfolgreicher Angriff meist schon geschehen. Auch der im letzten Beispiel verwendete Zufallsgenerator `rand()` ist ein Schwachpunkt, denn dieser erzeugt in der Tat sehr gut erkennbare Muster, die schon nach 30 Werten vorhersagbar werden. Sie benötigen also für den sicheren Schlüsselaustausch bessere Verfahren als das aus dem letzten Beispiel. Ich werde Ihnen nun mehrere solcher Verfahren vorstellen.

10.2.2 Verwenden des RSA-Algorithmus

Leider sind wir inzwischen an einer Stelle angekommen, die vielen Studenten Schwierigkeiten bereitet: Wir kommen mit den bisherigen Grundlagen nicht mehr weiter und müssen uns ganz speziellen mathematischen Fragestellungen widmen. Z.B. taucht hier plötzlich wieder der Begriff „Berechenbarkeit" auf. Nur geht es in diesem Fall darum, Funktionen zu finden, die eben nicht oder nur sehr schwer berechenbar sind – und das am besten auch nur für den Angreifer. Es gibt einige solcher Funktionen, die in eine Richtung einfach zu berechnen sind, in die andere aber nicht. Ein Beispiel für eine solche Funktion ist der Logarithmus von a zur Basis b ($c=\log(a)_b$). Dieser kann mit jedem relativ modernen Taschenrechner berechnet werden, aber wenn Sie z.B. die Basis b nicht kennen, können Sie nicht so einfach feststellen, wie Sie auf das Ergebnis c gekommen sind. Wenn Sie dann noch zusätzlich zu dem Logarithmus weitere Funktionen mit hinzunehmen, wie z.B. den Modulo, wird die Sache noch viel schwieriger. Dies gilt aber leider nur, wenn Sie für a und b Zahlen bestimmter Zahlengruppen einsetzen oder aber das Ergebnis bestimmter mathematischer Funktionen. Eine beliebte Zahlengruppe sind hier z.B. Primzahlen, eine beliebte mathematische Funktionsgruppe sind hier die elliptischen Kurven. Eine weitere Maßnahme, um relativ sichere Verschlüsselungen zu erreichen, ist das Verwenden sehr langer Zahlen. Sehr lang heißt hier, dass a und b mindestens 256 Bits (also 32 ASCII-Zeichen) lang sein sollten.

Wie können Sie aber nun mit dem Wissen aus dem letzten Abschnitt einen Schlüssel abhörsicher übermitteln? Hierzu benötigen Sie erst einmal eine Falltürfunktion. Eine *Falltürfunktion* ist eine mathematische Funktion, die nur in eine Richtung einfach zu berechnen ist, deren Umkehrung aber kaum noch gelingt. So ist z.B. die Faktorisierung eines Produkts zweier Primzahlen a und b nur noch sehr schwer berechenbar, wenn man nur das Produkt kennt. Sind a und b dann zusätzlich noch sehr lang (enthalten also z.B. 256 Bits), kann man die Faktorisierung im Endeffekt nicht mehr berechnen. Nun müssen Sie nur noch die Falltürfunktion (also das Produkt von zwei Primzahlen) so einsetzen wie im letzten Beispiel. Allerdings gibt es nun zwei Schlüssel, nämlich einen öffentlichen und einen privaten Schlüssel. Wenn man den öffentlichen Schlüssel besitzt, kann man Nachrichten nur verschlüsseln, wenn man allerdings beide Schlüssel besitzt (und das tut normalerweise nur ein einziger Empfänger), dann kann man die Nachrichten auch lesen. Nun wird die sichere Schlüsselübertragung einfach: B (Bob) generiert eine Nachricht, verschlüsselt diese mit dem öffentlichen Schlüssel von A (Alice) und sendet Alice das Ergebnis. Alice entschlüsselt die Nachricht mit ihrem privaten Schlüssel und kann nun Bobs Nachricht lesen. Wenn nun

E (die Eavesdropperin Eve) die Nachrichtenübermittlung zwischen Bob und Alice abfängt, kann sie ohne den privaten Schlüssel, den nur Alice besitzt, nichts mit der Nachricht anfangen. Auch die Rekonstruktion der Nachrichten von Bob an Alice aus dem öffentlichen Schlüssel ist nicht möglich.

Ein Verfahren, wie es im letzten Abschnitt angedeutet wurde, benutzt einen öffentlichen Schlüssel, um Nachrichten zu chiffrieren, deshalb wird es auch als *Public-Key-Verfahren* bezeichnet. Wir wollen uns nun als Beispiel für ein Public-Key-Verfahren den RSA-Algorithmus ansehen und anschließend mit diesem Algorithmus auf sicherem Wege eine Nachricht übermitteln. Da RSA mit langen Ganzzahlen arbeitet, sollten Sie sich an dieser Stelle noch einmal das zweite Kapitel ansehen, vor allem die Listings, mit denen Sie beliebig lange Zahlen addieren, subtrahieren, multiplizieren und dividieren können. Diese Algorithmen werden nun sehr ausgiebig verwendet.

Wie funktioniert nun RSA? Zunächst muss Bob einen öffentlichen Schlüssel erzeugen, den er auch allen Teilnehmern im Netzwerk zugänglich macht. Der öffentliche Schlüssel ist ein Zahlenpaar, nennen wir dieses nun {a,M} (das M steht für das Wort „RSA-Modul"). Der private Schlüssel ist ebenfalls ein Zahlenpaar, nennen wir es {b,M}. Die Zahlen a, b und M müssen nun so gewählt werden, dass sie bestimmten Kriterien entsprechen. Zunächst muss einmal der Modul für den privaten und öffentlichen Schlüssel gleich sein. Ferner müssen a, b und M so gewählt werden, dass der GGT von allen drei Zahlen 1 ist und so das Produkt von a, b und M als Teiler nur a, b und M enthält. Es muss also folgende Aussage gelten:

$a*b \pmod{M} \equiv 1$

Vielleicht ahnen Sie an dieser Stelle schon, dass a und b Primzahlen sein müssen. Um a, b und M zu bestimmen, wird nun folgender Algorithmus ausgeführt, den Sie auch im Internet sehr einfach finden können:

Zunächst werden zwei zufällige Primzahlen p und q erzeugt. Diese sollen die gleiche Größenordnung haben, aber nicht zu dicht beieinanderliegen (so wäre z.B. 11 und 13 nicht optimal). Anschließend wird der Modul M auf die folgende Weise berechnet:

$M = p*q$

Nun wird zusätzlich noch eine Zahl N berechnet, für die gilt:

$N = (p-1)*(q-1)$

Die Zahl a (also der erste Teil des öffentlichen Schlüssels) muss nun so gewählt werden, dass diese größer als 1 und kleiner als N ist, außerdem darf a kein Teiler von N sein. Normalerweise wählt man dazu a so lange zufällig aus dem Bereich zwischen 2 und N-1 aus, bis der euklidische Algorithmus für a und N einen GGT von 1 liefert. Anschließend wird b so bestimmt, dass $a*b \equiv 1$ gilt. Auch dies kann mit einer erweiterten Form des Euklidischen Algorithmus erfolgen, dem erweiterten Euklidischen Algorithmus.

Um nun eine Nachricht zu verschlüsseln, wendet der Sender die folgende Formel an:

$C = P^a \pmod{M}$

Hierbei ist C wieder der Chiffretext und P der Klartext. M ist hier der RSA-Modul, der sich nicht verändert.

Um eine Nachricht zu entschlüsseln, wendet der Empfänger die folgende Formel an:

$P = C^b \pmod{M}$

Auch hier ist C wieder der Chiffretext und P der Klartext, M ist der RSA-Modul.

Die Sicherheit von RSA entsteht also aus der Tatsache, dass der Modul M ein Produkt zweier Primzahlen p und q ist, dass sich nicht so einfach faktorisieren lässt, wenn man den privaten Schlüssel b nicht kennt. Je länger p und q werden, desto sicherer wird RSA. Leider ist der letzte Abschnitt wieder sehr theoretischer Natur, deshalb benötigen Sie nun praktische Beispiele. Eines dieser praktischen Beispiele, das auch in identischer Form immer wieder im Internet auftaucht und das auch auf Wikipedia besprochen wird, ist das nun folgende Beispiel.

Zunächst müssen Sie hierfür den Exponenten a für Ihren öffentlichen Schlüssel wählen. Der Exponent a muss eine Primzahl sein, in diesem Beispiel wählen Sie 23. Nun müssen Sie die Zahlen p und q bestimmen und setzen in diesem Fall p=11 und q=13. Es ist also p-1=10 und q-1=12 und diese Zahlen sind teilerfremd zu a=23. Sie können also nun problemlos den RSA-Modul ausrechnen und dieser ist M=p*q =143. Damit bildet das Zahlenpaar {23,143} den öffentlichen Schlüssel. Nun müssen Sie die Zahl N wie folgt ausrechnen:

$$N=(p-1)*(q-1)=120$$

Nun muss noch Alice ihren privaten Schlüssel b ausrechnen. Dies tut sie, indem sie den öffentlichen Schlüssel von Bob empfängt und die Werte von a, M und N ausrechnet. Nun gilt:

$$a*b+k*N=1=GGT(a,N)$$

Konkret heißt dies, dass 23*b+k*120 =1= GGT(23 ,120) ist. Mit dem erweiterten Euklidischen Algorithmus berechnet man nun die Faktoren d=47 und k=− 9, und somit ist das Zahlenpaar {47,143} der private Schlüssel von Alice.

Bob will nun eine geheime Nachricht in Form der Zahl 7 an Alice senden. Er benutzt nun den öffentlichen Schlüssel von Alice (das ist das Zahlenpaar {23,143} und berechnet

$$7^{23} \pmod{143}=2$$

Das Chiffrat ist also C=2 und dies sendet Bob an Alice. Alice wendet nun ihren privaten Schlüssel auf die Zahl 2 an und erhält:

$$2^{47} \pmod{143}=7$$

Simsalabim! Die erste Hürde haben Sie nun genommen, denn Sie wissen jetzt, was der Trick beim RSA-Algorithmus ist: Mit dem erweiterten Euklidischen Algorithmus und zwei zufällig gewählten Primzahlen, die bestimmte Kriterien erfüllen müssen, können Sie eine Falltürfunktion erstellen, die es sämtlichen Teilnehmern in einem Netzwerk erlaubt, Nachrichten zu verschlüsseln (einfacher Hinweg), aber nur einem Teilnehmer erlaubt, die verschlüsselten Nachrichten zu lesen (schwieriger Rückweg). Wenn Sie sich nun vorstellen, dass die Primzahlen p und q sehr lang sind, werden Sie auch verstehen, dass Alice damit den Text „SESAM ÖFFNE DICH" aus Listing 10.5 nun sicher an Bob schicken kann.

Trotzdem bleibt noch eine Hürde übrig, nämlich die Frage, wie Sie es schaffen, sehr lange Primzahlen zu finden, die z. B. 256 binäre Stellen (16 Bytes für den Text „SESAM ÖFFNE DICH") besitzen? Vielleicht fragen Sie sich nun, ob Sie nicht z. B. das Primteiler-Programm so optimieren können, dass dieses bei einer sehr großen Zahl beginnt und nicht bei 3? Vielleicht können Sie ja gleich bei einer Dezimalzahl mit 40 Stellen anfangen (dies ist etwas mehr als 2^{128})? Leider ist ein solches Vorgehen nicht möglich, denn Sie können auf diese Weise nicht wissen, welche Teiler die Zahlen von 3 bis 1^{40} besitzen und ob diese nicht auch Teiler der Zahlen sind, die Sie ab dem Wert 10^{40} als Primzahlen identifizieren. Vielleicht fragen Sie sich nun, ob es denn überhaupt in einer praktikablen Zeit möglich ist, für eine sehr lange Zahl zu sagen, ob diese prim ist. Die Antwort lautet hier schlicht „nein". Das

Primzahlproblem ist eines der mathematischen Probleme, die ab einer bestimmten Stellenanzahl von etwa 128 Binärstellen nicht mehr berechenbar ist, zumindest nicht mit Ihrem privaten PC. Ferner steigt die Komplexität exponentiell mit der Anzahl Stellen. Deshalb müssen Sie auch für den RSA-Algorithmus einen sogenannten Primzahltest benutzen. Ein *Primzahltest* ist ein statistischer Test, der eine sehr lange Zahl auf bestimmte Eigenschaften testet, die auf eine Primzahl hindeuten bzw. die Eigenschaft, prim zu sein, ausschließen. Ein moderner Primzahltest muss also nicht sämtliche Teiler prüfen, sondern nur bestimmte Zahlenbereiche, und ist so um den Faktor 10 000 schneller als das Primteiler-Programm im zweiten Kapitel. Da ein Primzahltest nur statistische Methoden benutzt, besteht natürlich immer die Möglichkeit, dass gelegentlich Zahlen durch das Raster fallen und so als Primzahlen identifiziert werden, obwohl sie keine sind. In Kapitel 2 hatte ich schon angedeutet, dass es sich bei diesen Zahlen um sogenannte Pseudoprimzahlen handelt. *Pseudoprimzahlen* bestehen einen Primzahltest, ohne Primzahlen zu sein. Für eine relativ sichere Verwendung von RSA sollte die Wahrscheinlichkeit, für p und q Pseudoprimzahlen zu wählen, kleiner als 0,01 Promille sein. Dieses Kriterium erfüllt z. B. der Miller-Rabin-Algorithmus, den ich Ihnen nun erläutern möchte.

Der *Miller-Rabin-Algorithmus* (auch: Miller-Rabin-Test) funktioniert so:

Sei n eine ungerade Zahl (wenn n gerade ist, dann bricht der Test sofort mit der Meldung ab, dass n nicht prim ist). Anschließend prüft man, ob folgende Gleichung erfüllt ist:

$$n-1 = d*2^j$$

Diesen Test bestehen normalerweise nur Primzahlen, aber auch Pseudo-Primzahlen. Um die Wahrscheinlichkeit eines Irrtums noch einmal stark einzuschränken, wird (wenn n den ersten Test besteht) zusätzlich geprüft, ob n eine der folgenden Voraussetzungen erfüllt:

1. *Voraussetzung:*

$$a^d \equiv 1 \,(mod\ n)$$

2. *Voraussetzung:*

$$a^{d*2^r} \equiv -1 \,(mod\ n)$$

Nun fehlt nur noch eine Sache, nämlich das Berechnen der Exponenten. Hierbei können schon bei Variablen normaler Länge (also long int und long long int) sehr große Zahlen auftreten, die Sie dann auch mit den Algorithmen behandeln müssen, die ich Ihnen am Ende von Kapitel 2 vorgestellt habe. Leider können diese Algorithmen nur Grundrechenarten und den Modulo ausführen, aber keine beliebig langen Exponenten verarbeiten. Zum Glück ist die Lösung hier ganz einfach: Sie benutzen den Square-And-Multiply-Algorithmus (zu Deutsch quadriere und multipliziere), den schon die Sumerer verwendet haben. *Square-And-Multiply* reduziert das Berechnen von a^b auf die Operationen Quadrieren und Multiplizieren, wobei hier das Quadrieren auch auf eine Multiplikation von a mit sich selbst zurückgeführt werden kann. Der Algorithmus selbst ist sehr einfach. Wenn Sie eine beliebig lange Binärzahl x hoch einer beliebig langen Binärzahl b nehmen wollen, nehmen Sie erst einmal an, das Ergebnis e sei 1. Anschließend müssen Sie b Bit für Bit von hinten (MSB) nach vorne (LSB) in einer Schleife durchgehen. Innerhalb dieser Schleife multiplizieren Sie nun zuerst e mit sich selbst (quadrieren also e). Wenn dann das entsprechende Bit i von b gesetzt (=1) ist, dann multiplizieren Sie zusätzlich e mit x.

Alle Theorie ist natürlich grau, deshalb möchte ich Ihnen auch für RSA ein ausführbares Listing zur Verfügung stellen. Im Endeffekt habe ich für RSA nur den Abschnitt aus Kapitel 2 umgearbeitet, in dem es um das Rechnen mit beliebig langen Zahlen geht. Sie werden also einige Dinge wiedererkennen, z. B. die Ägyptische Multiplikation und die Ägyptische Division. Im nächsten Listing hat Sandy, das klügste Eichhörnchen in Bikini Bottom, eine Nachricht von einem heimlichen Verehrer bekommen, natürlich würde die Nachricht per RSA verschlüsselt. Nun möchte Sandy die Nachricht entschlüsseln, natürlich mit ihrem privaten RSA-Schlüssel. Sehen Sie sich nun Listing 10.6 an und sehen Sie nach, wer Sandy wirklich die Nachricht geschickt hat.

Listing 10.6 RSA.c

```
01  #include<stdio.h>
02  #include<stdlib.h>
03  #include<string.h>
04  void PrintBigHex(unsigned char *Dst, long int Len, bool LF);
05  void PrintBigASC(unsigned char *Dst, long int Len, bool LF);
06  void InitBigHex(unsigned char *Dst, char *NumStr, long int Len);
07  void InitBigDec(unsigned char *Dst, char *NumStr, long int Len);
08  void ClearBig(unsigned char *Dst, long int Len);
09  void NotBig(unsigned char *Dst, unsigned char *Src, long int Len);
10  void ShiftBigLeft(unsigned char *Dst, long int Len);
11  void ShiftBigRight(unsigned char *Dst, long int Len);
12  void CopyBig(unsigned char *Dst, unsigned char *Src, long int Len);
13  bool IsMore(unsigned char *Src1, unsigned char *Src2, long int Len);
14  bool IsZero(unsigned char *Src, long int Len);
15  bool IsOne(unsigned char *Src, long int Len);
16  void AddBig(unsigned char *Dst, unsigned char *Src1, unsigned char *Src2, long int Len);
17  void IncBig(unsigned char *Dst, long int Len);
18  void SubBig(unsigned char *Dst, unsigned char *Src1, unsigned char *Src2, long int Len);
19  void MulBig(unsigned char *Dst, unsigned char *Src1, unsigned char *Src2, long int Len);
20  void SquareBig(unsigned char *Dst, unsigned char *Src, long int Len);
21  void SquareBigDirect(unsigned char *Dst, long int Len);
22  void DivBig(unsigned char *Dst, unsigned char *Mod, unsigned char *Src, unsigned char *Div, long int Len);
23  void ModExpBig(unsigned char *result, unsigned char *base, unsigned char *exponent, unsigned char *modulus, long int Len);
24  void RSAEnc(unsigned char *c, unsigned char *m, unsigned char *e, unsigned char *N, long int Len);
25  void RSADec(unsigned char *m, unsigned char *c, unsigned char *d, unsigned char *N, long int Len);

26  void InitBigHex(unsigned char *Dst, char *NumStr, long int Len) // Zahleneingabe zur Basis 16
27  {
28      long int i=0, j=0;
29      unsigned char Byte=0;
30      char HexByteStr[3]; // Hex-Zahl und 0-Zeichen
31      ClearBig(Dst,Len); // Ausgabezahl am Anfang mit Nullen füllen (wichtig!)
32      long int Pos=strlen(NumStr)-1; // Letzte Position der Eingabezeichenkette finden (->LSB first)
33      while (Pos>0) // An der letzten Position steht der niedrigste Exponent (also 1)
34      {
```

```
35          HexByteStr[0]=NumStr[Pos-1]; HexByteStr[1]=NumStr[Pos]; // Hex-Ziffer
sind immer 2 Zeichen
36          HexByteStr[2]=0; // HexByteStr mit 0 abschließen
37          Byte=strtol(HexByteStr,NULL,16); // strtol wandelt in diesem Fall eine
Hex-Zeichenkette (z.B. "2e") in ein Byte
38          Dst[i]=Byte; // Big- Zahlen werden Byte für Byte gespeichert
39          i++; Pos-=2; // Bitte aufpassen: Die Anzahl der Ziffern in NumStr muss
bei Hex durch 2 teilbar sein!
40      }
41  }

42  void InitBigDec(unsigned char *Dst, char *NumStr, long int Len) // Zahleneingabe
zur Basis 10
43  {
44      unsigned char NumDigit[512]; // Puffer für aktuelle Ziffer
45      unsigned char Exponent[512]; // Puffer für aktuellen Exponenten
46      unsigned char Temp[512]; // Zwischenspeicher
47      unsigned char Temp2[512]; // Zwischenspeicher 2
48      ClearBig(Dst,Len); // Ausgabezahl am Anfang mit Nullen füllen
49      ClearBig(Exponent,Len); Exponent[0]=1; // Exponent mit 10^0=1 initialisieren
50      ClearBig(NumDigit,Len); // Pufferspeicher für aktuelle Ziffer leeren
(wichtig!)
51      long int Pos=strlen(NumStr)-1; // Letzte Position finden
52      while (Pos>=0)
53      {
54          if (NumStr[Pos]>'0') // Nullen ignorieren
55          {
56              NumDigit[0]=NumStr[Pos]-'0'; // Wenn man den ASCII- Wert für die
Ziffer 0 abzieht, erhält man den Dezimalwert
57              ClearBig(Temp,Len);
58              ClearBig(Temp2,Len);
59              // Zwischenrechnung:
60              MulBig(Temp,Exponent,NumDigit,Len); // Wert der aktuellen Ziffer:
NumDigit*Exponent
61              AddBig(Temp2,Dst,Temp,Len); // Alter Wert+(NumDigit*Exponent)
62              CopyBig(Dst,Temp2,Len); // Puffer aktualisieren
63          }
64          NumDigit[0]=10; ClearBig(Temp,Len);
65          MulBig(Temp,Exponent,NumDigit,Len); // Exponent*10=nächste Stelle
66          CopyBig(Exponent,Temp,Len); // Auch hier muss der Puffer zurückkopiert
werden
67          Pos--; // Ziffern rückwärts zählen
68      }
69  }

70  void PrintBigHex(unsigned char *Dst, long int Len, bool LF)
71  {
72      long int i=0;
73      for (i=Len-1; i>=0; i--) { printf("%02x",Dst[i]); }
74      if (LF==true) { printf("\n"); }
75  }

76  void PrintBigASC(unsigned char *Dst, long int Len, bool LF)
77  {
78      long int i=0;
79      for (i=Len-1; i>=0; i--)
80      {
81          if (Dst[i]!=0) { printf("%c",Dst[i]); }
82      }
```

```
83      if (LF==true) { printf("\n"); }
84  }

85  void ClearBig(unsigned char *Dst, long int Len)
86  {
87      long int i=0;
88      for (i=0; i<Len; i++) { Dst[i]=0; } // Clear füllt die gesamten Bytes mit
Nullen auf
89  }

90  void NotBig(unsigned char *Dst, unsigned char *Src, long int Len)
91  {
92      long int i=0;
93      for (i=0; i<Len; i++)
94      {
95          Dst[i]=~Src[i]; // Not füllt die gesamten Bytes mit derem Komplement auf
96      }
97  }

98  void ShiftBigLeft(unsigned char *Dst, long int Len)
99  {
100     long int i=0;
101     for (i=Len-1; i>=0; i--)
102     {
103         Dst[i]<<=1;
104         if (i>0) { Dst[i]|=(Dst[i-1]>>7); }
105     }
106 }

107 void ShiftBigRight(unsigned char *Dst, long int Len)
108 {
109     long int i=0;
110     for (i=0; i<Len; i++)
111     {
112         Dst[i]>>=1;
113         if (i<Len-1) { Dst[i]|=(Dst[i+1]<<7); }
114     }
115 }

116 void CopyBig(unsigned char *Dst, unsigned char *Src, long int Len)
117 {
118     long int i=0;
119     for (i=0; i<Len; i++)
120     {
121         Dst[i]=Src[i]; // Copy kopiert Big- Zahlen byteweise
122     }
123 }

124 bool IsMore(unsigned char *Src1, unsigned char *Src2, long int Len) // Stellt
fest, ob Src1>Src2 ist
125 {
126     unsigned char Buff[512];
127     ClearBig(Buff,512); // Pufferspeicher bereitstellen
128     SubBig(Buff,Src1,Src2,Len); // Src1-Src2 berechnen
129     if ((Buff[Len-1]&0x80)==0x80) { return true; } // Src1-Src2 ist hier negativ
130     else { return false; } // nur true zurückgeben, wenn das Ergebnis Src1-Src2
negativ ist.
131 }
```

```
132 bool IsZero(unsigned char *Src, long int Len)
133 {
134     bool Zero=true;
135     long int i=0;
136     while ((i<Len)&&(Zero==true))
137     {
138         if (Src[i]!=0) { Zero=false; } // Der Vergleich auf 0 ist einfach: Alle Bytes sind 0
139         i++;
140     }
141     return Zero;
142 }

143 bool IsOne(unsigned char *Src, long int Len)
144 {
145     bool One=true;
146     long int i=1;
147     if (Src[0]!=1) { One=false; } // Ist die Zahl 1? Dann ist nur das erste Byte=1
148     while ((i<Len)&&(One==true))
149     {
150         if (Src[i]!=0) { One=false; }
151         i++;
152     }
153     return One;
154 }

155 void AddBig(unsigned char *Dst, unsigned char *Src1, unsigned char *Src2, long int Len)
156 {
157     unsigned int CLo=0,CHi=0;
158     long int i=0;
159     ClearBig(Dst,Len); // Am Anfang Ausgabezahl löschen
160     for (i=0; i<Len; i++) // Um Big Zahlen zu addieren, byteweise vorgehen
161     {
162         CLo=Src1[i]+Src2[i]+CHi; // Lo-Byte=Byte 1+Byte 2+Letzes Hi-Byte (Anfangswert 0)
163         // ->Wenn die Addition überläuft, befinden sich die Überlaufbits an Position 8 und 9
164         Dst[i]=CLo; // Jetzt Lo-Byte in das entsprechende Ziel-Byte schreiben
165         CHi=(CLo>>8); // Carry-Bit
166     }
167 }

168 void IncBig(unsigned char *Dst, long int Len)
169 {
170     // Inc addiert 1 zu Dst
171     int CLo=0,CHi=0,Src1=0,Src2=0;
172     long int i=0;
173     for (i=0; i<Len; i++)
174     {
175         Src1=Dst[i]; // Bei dieser Addition ist Quelle=Ziel
176         if (i==0) { Src2=1; } // Bei dem ersten Byte der zu addierenden Zahl steht eine 1
177         else { Src2=0; } // ansonsten steht immer eine 0
178         CLo=Src1+Src2+CHi;
179         Dst[i]=CLo;
180         CHi=(CLo>>8);
```

```
181     }
182 }

183 void SubBig(unsigned char *Dst, unsigned char *Src1, unsigned char *Src2, long
int Len)
184 {
185     unsigned char BigBuff[512];
186     ClearBig(BigBuff,Len); // Puffer löschen
187     // Die Subtraktion kann durch Addition dargestellt werden: Src1-Src2=-
Src2+Src1
188     // Negative Zahlen (also -Src2) erhält man ganz einfach:
189     NotBig(BigBuff,Src2,Len); // 1. Das Komplement bilden
190     IncBig(BigBuff,Len); // 2. Das Ergebnis um 1 erhöhen
191     AddBig(Dst,BigBuff,Src1,Len);
192 }

193 void MulBig(unsigned char *Dst, unsigned char *Src1, unsigned char *Src2, long
int Len)
194 {
195     // Diese Funktion verwendet die ägyptische Multiplikation
196     // Hierfür benötigt man 3 Zwischenspeicher
197     unsigned char BigBuff[512];
198     unsigned char BigBuff2[512];
199     unsigned char BigBuff3[512];
200     ClearBig(BigBuff,Len);
201     CopyBig(BigBuff2,Src1,Len);
202     CopyBig(BigBuff3,Src2,Len);
203     long int i=0, BitLen=8*Len; // Die Anzahl Schritte ist die Anzahl der Bits
204     for (i=0; i<BitLen; i++)
205     {
206         if ((Src1[0]&0x01)==1) // LSB prüfen
207         {
208             AddBig(Dst,BigBuff,Src2,Len); // Zähle zu der aktuell auszugebenen
Zahl den Faktor hinzu
209             CopyBig(BigBuff,Dst,Len); // Dst puffern
210         }
211         ShiftBigLeft(Src2,Len); // Faktor 1 mit 2 multiplizieren
212         ShiftBigRight(Src1,Len); // Faktor 1 durch 2 dividieren
213     }
214     // Originalwerte wiederherstellen
215     CopyBig(Src1,BigBuff2,Len);
216     CopyBig(Src2,BigBuff3,Len);
217 }

218 void SquareBig(unsigned char *Dst, unsigned char *Src, long int Len) // a=b^2
219 {
220     unsigned char Temp[512];
221     CopyBig(Temp,Src,Len);
222     MulBig(Dst,Src,Temp,Len); // A^2=A*A
223 }

224 void SquareBigDirect(unsigned char *Dst, long int Len) // a=a^2
225 {
226     unsigned char Temp1[512];
227     unsigned char Temp2[512];
228     CopyBig(Temp1,Dst,Len); CopyBig(Temp2,Dst,Len); // Temp1=Temp2=A
229     MulBig(Dst,Temp1,Temp2,Len); // A^2=A*A
230 }
```

```
231 void DivBig(unsigned char *Dst, unsigned char *Mod, unsigned char *Src, unsigned char *Div, long int Len)
232 {
233     // Diese Funktion verwendet die ägyptische Division
234     unsigned char Temp1[512];
235     unsigned char Temp2[512];
236     unsigned char Temp3[512];
237     unsigned char Temp4[512];
238     unsigned char Bit[512];
239     long int Steps=0, i=0;
240     ClearBig(Bit,Len);
241     IncBig(Bit,Len); // Aktuelle Bitposition des Dividenden ist Bit 0
242     CopyBig(Temp3,Src,Len);
243     CopyBig(Temp4,Div,Len);
244     while (IsMore(Src,Div,Len)==false)
245     {
246         ShiftBigLeft(Div,Len); // *2=Bitshift um 1 nach links
247         ShiftBigLeft(Bit,Len); // Auch die aktuelle Bitposition muss mit verschoben werden!
248         Steps++; // Dies ist die Anzahl der Schritte für die Ägyptische Division +1
249     }
250     ShiftBigRight(Div,Len);
251     ShiftBigRight(Bit,Len);
252     for (i=0; i<Steps; i++) // Anzahl Schritte=Anzahl Bits
253     {
254         if(IsMore(Src,Div,Len)==false) // In jedem Schritt schauen, ob Dividend>Rest
255         {
256             // Wenn ja, mache folgendes:
257             SubBig(Temp1,Src,Div,Len); CopyBig(Src,Temp1,Len); // 1. Ziehe den aktuellen Dividenden vom verbleibenden Rest ab
258             AddBig(Temp2,Dst,Bit,Len); CopyBig(Dst,Temp2,Len); // 2. Addiere zur auszugebenden Zahl den Wert des aktuellen Bits
259         }
260         // Nun aktualisiere den Dividenden
261         ShiftBigRight(Bit,Len); ShiftBigRight(Div,Len);
262     }
263     CopyBig(Mod,Src,Len);
264     CopyBig(Src,Temp3,Len);
265     CopyBig(Div,Temp4,Len);
266 }

267 void ModExpBig(unsigned char *result, unsigned char *base, unsigned char *exponent, unsigned char *modulus, long int Len)
268 {
269     // Implementiert Square and multiply für RSA
270     unsigned char Temp[512];
271     unsigned char Mod[512];
272     unsigned char Nul[512];
273     unsigned char Eins[512];
274     unsigned char Zwei[512];
275     ClearBig(Temp,Len); ClearBig(Mod,Len); ClearBig(Nul,Len);
276     InitBigHex(Eins,"01",Len);
277     InitBigHex(Zwei,"02",Len);
278     //result=1
279     InitBigHex(result,"01",Len);
280     //base:=base mod modulus
```

```
281     ClearBig(Temp,Len); ClearBig(Mod,Len); DivBig(Temp,Mod,base,modulus,Len);
282     CopyBig(base,Mod,Len);
283     while (IsZero(exponent,Len)==false)
284     {
285        ClearBig(Temp,Len); ClearBig(Mod,Len); DivBig(Temp,Mod,exponent,Zwei,Len);
286        if (IsOne(Mod,Len)==true)
287        {
288           ClearBig(Temp,Len); ClearBig(Mod,Len); MulBig(Temp,result,base,Len);
289           CopyBig(result,Temp,Len);
290           ClearBig(Temp,Len); ClearBig(Mod,Len); DivBig(Temp,Mod,result,modulus,Len);
291           CopyBig(result,Mod,Len);
292        }
293        ShiftBigRight(exponent,Len);
294        SquareBigDirect(base,Len);
295        ClearBig(Temp,Len); ClearBig(Mod,Len); DivBig(Temp,Mod,base,modulus,Len);
296        CopyBig(base,Mod,Len);
297     }
298 }

299 void RSADec(unsigned char *m, unsigned char *c, unsigned char *d, unsigned char *N, long int Len)
300 {
301     // RSA- Entschlüsselung: m=c^d mod N
302     ClearBig(m,Len);
303     ModExpBig(m,c,d,N,Len);
304 }

305 int main(void)
306 {
307     unsigned char d[32];
308     unsigned char c[32];
309     unsigned char N[32];
310     unsigned char m[32];
311     printf("RSA-Entschlüsselung für Sandy:\n");
312     InitBigDec(d,"2757237931115087297239973",32);
313     InitBigDec(c,"25717256724103168051456",32);
314     InitBigDec(N,"2931533853541211986398798",32);
315     ClearBig(m,32);
316     printf("Verschlüsselte Nachricht:"); PrintBigHex(c,16,true);
317     printf("Privater Schlüssel:"); PrintBigHex(d,16,true);
318     printf("RSA-Modul:"); PrintBigHex(N,16,true);
319     RSADec(m,c,d,N,32);
320     printf("Nachricht (Hex):"); PrintBigHex(m,16,true);
321     printf("Die Nachricht hat geschickt:");
322     PrintBigASC(m,16,true);
323     return 0;
324 }
```

RSA betrachtet die zu verschlüsselnden Nachrichten als Byte-Ketten, die sehr lange Zahlen enthalten. Abgebildet werden diese langen Zahlen durch Strings vom Typ unsigned char*. Um mit diesen sehr langen Zahlen arbeiten zu können, habe ich die entsprechenden Programme aus Kapitel 2 für RSA angepasst. Leider kommt es hier zu Überschneidungen in der Art, dass z. B. einige Funktionen andere Funktionen verwenden müssen, die erst viel später im Quellcode definiert werden. Deshalb musste ich in den Zeilen **001 – 025** zusätzlich zu den benötigten Include-Dateien Prototyp-Definitionen sämtlicher Funktionen einfügen, die sehr lange Zahlen verarbeiten. Manchmal ist dies der einzige Weg, um ein Programm lauffähig zu bekommen. Ein Vorteil von Prototyp-Definitionen ist natürlich der, dass Sie Ihr RSA-Beispiel laufend erweitern können, z. B. um einen schnellen Primzahltest.

Um die langen Zahlen zu initialisieren, die für RSA benötigt werden, benötigen Sie einige Funktionen, die so ähnlich bereits im zweiten Kapitel vorkamen. Die Funktion `InitBigHex()` (Zeile **026 – 041**) kennen Sie z. B. so ähnlich schon aus dem zweiten Kapitel: `InitBigHex()` schreibt in den String **Dst** eine sehr lange Hex-Zahl, die Sie als String übergeben, **Len** ist die maximale Länge von **Dst** in Bytes. Die Länge wird hier in die ersten vier Bytes von **Dst** geschrieben, ab dem fünften Byte beginnt dann die Zahl selbst. `InitBigDec()` (Zeile **042 – 069**) ist nun neu hinzugekommen, damit Sie auch lange Dezimalzahlen als String übergeben können. Die Parameter sind dieselben wie bei `InitBigHex()`, jedoch übergeben Sie in dem SParameter **NumStr** eine Zahl im Dezimalformat. `InitBigDec()` benötigt für die korrekte Arbeit mehrere Puffer, um eine lange Dezimalzahl zusammenzusetzen. Hierbei enthält der Puffer **NumDigit** nur Nullen, bis auf das fünfte Byte, in dem die zuletzt aus dem String **NumStr** gelesene Ziffer abgelegt wird. Der Puffer **Exponent** enthält zunächst die Zahl 1, danach wird dieser pro gelesene Ziffer mit 10 multipliziert. **Temp** und **Temp2** sind Zwischenspeicher, die dazu dienen, die nötigen Berechnungen auszuführen (der Puffer **Exponent** darf z. B. nicht beliebig verändert werden). Sämtliche Puffer können 512 Bytes aufnehmen, das heißt, dass die maximale Länge, die Sie für Ihre langen Zahlen benutzen können, 512 Bytes beträgt. Für dieses Listing ist dies mehr als genug. Die weitere Vorgehensweise von `InitBigDec()` ist eigentlich ganz einfach: Der Positionszähler **Pos** wird erst einmal auf das Ende des Strings **NumStr** gesetzt (Zeile **051**). Danach werden die einzelnen Ziffern in **NumStr** von vorne nach hinten eingelesen. Immer, wenn die gelesene Ziffer nicht 0 ist, wird **Exponent** mit dieser Ziffer multipliziert und anschließend zum Ergebnis (das am Anfang 0 ist) addiert. Wenn die gelesene Ziffer 0 ist, passiert schlicht nichts. Die Zahl im Puffer **Exponent** dagegen wird in jedem Schritt mit 10 multipliziert.

Die Funktionen `PrintBigHex()` (Zeile **070 – 075**) und `PrintBigASC()` (Zeile **076 – 084**) sind nur Ausgabefunktionen für lange Zahlen, die nicht mehr ausgiebig erklärt werden müssen. `PrintBigHex()` gibt eine lange Zahl in Form von Bytes aus (Hexadezimalwerte), `PrintBigASC()` gibt eine lange Zahl als ASCII-String aus. `PrintBigASC()` wird am Ende dazu benötigt, die Textnachricht auszugeben, die Sandy erhalten hat. `ClearBig()` (Zeile **086 – 097**) löscht eine lange Zahl **Dst**, indem diese mit Null-Bytes beschrieben wird. `NotBig()` (Zeile **090 – 097**) dagegen invertiert eine lange Zahl **Dst**, indem sämtliche Bytes mittels NOT verknüpft werden. `ShiftBigLeft()` (Zeile **098 – 106**) verschiebt eine lange Zahl um ein Bit nach links, `ShiftBigRight()` (**107 – 115**) verschiebt eine lange Zahl um ein Bit nach rechts. `ShiftBigLeft()` und `ShiftBigRight()` arbeiten ähnlich wie die Funktionen `ShiftStringLeft()` und `ShiftStringRight()` in Listing 10.7. Die letzte wichtige Hilfsfunktion ist `CopyBig()` (Zeile **116 – 123**). `CopyBig()` kopiert eine lange Zahl **Dst** in den Puffer **Src** und übernimmt dabei sämtliche Bytes, inklusive Längeninformationen. Die Funktionen `IsMore()`, `IsZero()`, `IsOne()`, `AddBig()`, `IncBig()`, `SubBig()` und `MulBig()` (Zeile **124 – 217**) kennen Sie bereits in ähnlicher Form, nämlich aus Kapitel 2. `IsMore()` subtrahiert zwei lange Zahlen voneinander und gibt `true` zurück, wenn das Ergebnis nicht negativ ist (dann ist nämlich die erste als Parameter übergebene Zahl **Src1** größer als die als zweiter Parameter übergebene Zahl **Src2**). `IsZero()` stellt dagegen fest, ob die Zahl **Src** 0 ist, `IsOne()` stellt fest, ob die Zahl **Src** 1 ist. `AddBig()` und `SubBig()` addieren bzw. subtrahieren die einzelnen Bytes zweier Zahlen **Src1** und **Src2** mit Übertrag und speichern das Ergebnis im Ziel-String **Dst**.

MulBig() dagegen führt eine Ägyptische Multiplikation mit **Src1** und **Src2** aus und speichert das Ergebnis im Ziel-String **Dst**. SquareBig() (Zeile **218 – 223**) und SquareBigDirect() (Zeile **224 – 230**) verwenden nun MulBig(), um eine Zahl mit sich selbst zu multiplizieren. SquareBig() verwendet hierzu das Ziel **Dst** und die Quelle **Src**, SquareBigDirect() führt die Quadrierung direkt mit **Dst** aus.

Die Funktion DivBig() (Zeile **231 – 266**) kennen Sie auch schon so ähnlich aus Kapitel 2 als Ägyptische Division. DivBig() verwendet die Äqyptische Division, um die lange Zahl **Src** durch den Dividenden **Div** zu teilen. Die Ägyptische Division hat aber noch einen ganz entscheidenden Vorteil: Wenn eine Division nicht ganz aufgeht, bleibt ein Rest stehen, der in diesem Fall in einem Puffer abgelegt wird, der in dem Parameter **Mod** (Modulo) übergeben wird. DivBig() kann also den Modulo nebenbei ermitteln und dies ist sehr wichtig für das RSA-Verfahren. Seien Sie an dieser Stelle bitte nicht irritiert, dass DivBig() mit so vielen Puffern herumhantiert, aber nur auf diese Weise lässt sich zusätzlich zum Ergebnis einer Division auch der Modulo berechnen.

Die Funktion, die am Ende den eigentlichen RSA-Algorithmus ausführt, ist ModExpBig() (Zeile **267 – 298**). ModExp bedeutet, dass hier eine Exponentiation einer langen Zahl mit einem Exponenten ausgeführt wird und quasi gleichzeitig das Ergebnis Modulo der Zahl **modulus** genommen wird. Weil Sie im Falle von sehr langen Zahlen die Werte 0, 1 und 2 nicht direkt zum Rechnen verwenden können und auch den Rest einer Division in einem Puffer ablegen müssen, werden in Zeile **270 – 274** erst einmal die Puffer **Temp**, **Mod** (enthält das Ergebnis der Modulo-Operation), **Nul** (enthält die Zahl 0), **Eins** (enthält die Zahl 1) und **Zwei** (enthält die Zahl 2) angelegt. Auch hier ist die maximale Länge der Zahlen, die Sie verarbeiten können, 512 Bytes. In Zeile **275** werden die Puffer zunächst gelöscht und anschließend in den Zeilen **276 – 281** mit den entsprechenden Werten gefüllt. Die lange Zahl **result** (das Ergebnis der Berechnungen), die Sie mit dem ersten Parameter übergeben haben, wird in der Initialisierungsphase erst einmal auf 1 gesetzt, **Temp** und **Mod** werden auf 0 gesetzt.

Für den Initialisierungsschritt muss nun erst einmal base=base mod modulus berechnet werden. Dies geschieht in den Zeilen **281** und **282**. Hier sind deshalb zwei Schritte nötig, weil das Zwischenergebnis base mod modulus erst einmal im Puffer **Temp** abgelegt werden muss, damit Sie es später nach **base** zurückkopieren können. In den Zeilen **284 – 297** wird nun eine modifizierte Variante des Square-And-Multiply-Algorithmus ausgeführt. Solange **exponent** noch nicht 0 ist (dies kann durch die Funktion IsZero() festgestellt werden), wird dieser durch 2 geteilt, der Rest der Division befindet sich danach im Puffer **Mod**. Wenn dieser Rest dann 1 ist, muss **result** mit **base** multipliziert werden. Direkt am Anfang steht in **base** base^1, später jedoch wird **base** in jedem Schritt durch SquareBigDirect() (Zeile **294**) mit sich selbst multipliziert. Dies führt dann dazu, dass im nächsten Schleifendurchlauf das nächste Bit von **exponent** die Wertigkeit base^2 hat. Nun haben Sie an dieser Stelle bereits einen Square-And-Multiply-Algorithmus für sehr lange Zahlen implementiert. Leider besteht immer noch das Problem, dass Sie mit sehr großen Exponenten arbeiten, die auch für Ihre BigNumbers zu viel zu langen Zahlen führen. Deshalb können Sie für den Ausdruck a^b mod c die Modulo-Operation auch nicht zum Schluss ausführen, sondern müssen die Modulo-Operation nach jeder Multiply-Operation erneut ausführen. Hierzu diesen die Zeilen **290** und **291**, die den Modulo durch die Funktion DivBig() ermitteln, und anschließend nach **result** zurückkopieren. Erst jetzt kann **exponent** erneut um 1 Bit nach rechts verschoben werden und **base** kann danach quadriert werden. Der durch die Modulo-Funktion ergänzte Square-And-Multiply-Algorithmus bricht ab, wenn **exponent** den Wert 0 hat. Das Hauptprogram (Zeile 305 – 324) initialisiert nun **d** (Sandys privater Schlüssel), **c** (verschlüsselte Nachricht), **N** (aus dem RSA-Modul und dem öffentlichen Schlüssel des Senders gebildete Zahl N) und **m** (Klartextnachricht) mit den Werten, die Sandys unbekannter Verehrer gesendet hat. Diese Werte werden anschließend in der Konsole ausgegeben. Nun wird die RSA-Entschlüsselung ausgeführt, die sich in der Funktion RSADec() (Zeile 299 – 304) verbirgt. Wie Sie sehen, macht RSADec() wirklich nicht viel, außer den Ausdruck m=c^d mod N auszurechnen. Das Ergebnis der Entschlüsselung, nämlich der Name des Absenders der verschlüsselten Nachricht, wird anschließend in der Konsole ausgegeben. Das Programm gibt hier die folgenden Zeilen aus:

RSA-Entschlüsselung für Sandy:

Verschlüsselte Nachricht:00000000000036755a51730f7927d998

Privater Schlüssel:0000000000003a63044b5ba6f667fc45

RSA-Modul:0000000000003e13e07a225eeaab1b07

Nachricht (Hex):00000000000000053706f6e6765626f62

Die Nachricht hat geschickt: Spongebob

Wie Sie sehen, war es nur Spongebob, der aus Spaß eine verschlüsselte Nachricht an Sandy verschickt hat. War ja auch irgendwie klar, dass das alles nur ein Jux war. Typisch Spongebob!

■ 10.3 Blockchiffren

RSA, aber auch z. B. das sichere Schlüsselaustauschverfahren nach Diffie-Hellmann werden als *asymmetrische Verschlüsselungsverfahren* bezeichnet. Das bedeutet, dass der Schlüssel zur Verschlüsselung ein anderer ist als der Schlüssel zur Entschlüsselung. Die Enigma oder die Vigenère-Chiffre dagegen benutzen *symmetrische Verschlüsselungsverfahren*. Das bedeutet, dass der Schlüssel zur Verschlüsselung identisch mit dem Schlüssel ist, der zur Entschlüsselung benutzt wird. Im Internet mit mehreren Millionen Netzwerkteilnehmern werden stets beide Verfahren parallel eingesetzt. Zunächst wird also ein geheimer Schlüssel durch ein asymmetrisches Verfahren von einem bestimmten Sender an einen bestimmten Empfänger verschickt. Anschließend wird dann dieser geheime Schlüssel dazu benutzt, sämtliche Nachrichten zwischen dem Sender und dem Empfänger zu verschlüsseln. Zu diesem Zweck werden dann meistens Blockchiffren verwendet. Blockchiffren sind kryptographische Algorithmen, die einen Klartext in Blöcke gleicher Länge einteilen und diese Blöcke dann verschlüsselt an einen Empfänger übertragen. Der zunächst verwendete Schlüssel wird hierbei auch oft mit der Zeit verändert, und zwar so, dass die Änderung vom Inhalt des vorher chiffrierten Blocks abhängt. Die einzelnen Blöcke sind also quasi miteinander verkettet, deshalb spricht man hier auch von *Cipher Block Chaining*, kurz CBC.

In gewisser Weise sind wir jetzt wieder an der Ausgangsposition angelangt, nämlich bei der Fragestellung, wie man einen Klartext sicher verschlüsseln kann. Denn das sicherste Schlüsselaustauschverfahren nützt sicherlich recht wenig, wenn man anschließend ein unsicheres Verfahren wie z. B. eine einfache XOR-Chiffre benutzt. Wir kommen also an einem sicheren symmetrischen Verschlüsselungsverfahren nicht vorbei. Inzwischen gibt es in diesem Bereich auch ein paar brauchbare Kandidaten. Ich kann natürlich hier nicht alle Verfahren behandeln, deshalb möchte ich mich auf den oft verwendeten AES-Algorithmus beschränken. AES ist eine Blockchiffre, die normalerweise Blöcke verwendet, die 128 Bit groß sind. Die Schlüssellänge ist meist auch 128 Bit, kann aber auch 192 oder 256 Bit betragen. AES und seine Arbeitsweise ist von den Amerikanern, die es entwickelt haben, durch die NSA veröffentlicht worden. Deshalb kann auf verschiedenen Internetseiten nachgeschlagen werden, wie AES arbeitet. Ein guter Link, den ich auch selbst verwendet habe, ist z. B. *https://www.samiam.org/rijndael.html* (AES ist eine Version des Rijndael-Algorithmus, also bitte nicht wundern, wenn dieser Begriff im Link auftaucht).

Bevor Sie jedoch Textblöcke sicher mit AES verschlüsseln können, müssen noch ein paar Voraussetzungen erfüllt werden, die es einem Angreifer nicht mehr erlauben, Häufigkeitsanalysen mit den einzelnen Buchstaben durchzuführen. Sie erinnern sich sicherlich noch daran, dass man sämtliche bis jetzt behandelten symmetrischen Verfahren mit solchen statistischen Methoden brechen konnte. Die Frage ist nun, wie Sie die Häufigkeitsverteilung der normalen Buchstaben quasi glattbügeln können. Eine mögliche Methode ist wieder eine Substitution der Originalbuchstaben durch andere Zeichen, die den Text chaotisch erscheinen lassen. Eine solche Substitutionstabelle wird auch als *SBox* bezeichnet. Normalerweise enthält eine SBox für sämtliche ASCII-Zeichen genau eine Substitution und die dazu inverse SBox (InvSBox) enthält dann auch für sämtliche ASCII-Zeichen quasi den Rückweg für die Entschlüsselung. Sie können sich an dieser Stelle in der Tat eine riesige Umkehrwalze für die Enigma vorstellen, die statt 26 nun 256 Eingänge enthält. Die Blockchiffre geht nun erst einmal durch das riesige Steckbrett in Form einer SBox und ersetzt erst einmal sämtliche Zeichen des Klartext-Blocks durch andere Zeichen.

Die Frage ist nun, wie Sie eine möglichst zufällig aussehende SBox erstellen können. Die einfachste Variante ist sicherlich, ein Array mit 256 Einträgen zu erstellen, das anschließend mit Zufallswerten gefüllt wird. Das einzige Kriterium ist hier, dass keine Zahl zweimal vorkommen darf, was Sie durch eine einfache Prüfschleife realisieren können: Solange ein Zufallswert schon in Ihrem Array SBox vorkommt, wird eine neue Zufallszahl ermittelt. Wenn Sie dann Ihre SBox gefüllt haben, können Sie in einfacher Weise die inverse SBox berechnen: Sie suchen sich dazu einfach zunächst den ersten Wert an der Position i=0 aus dem Array **SBox** heraus und lesen diesen aus Ihrem Array aus. Angenommen, der Wert ist 42. Nun müssen Sie einfach an der Position 42 in Ihrem Array **InvSBox** den Wert 0 eintragen, `InvSBox[42]` bekommt also den Wert 0. Wenn Sie auf diese Weise sämtliche Indices des Arrays **SBox** in einer Schleife von i=0 bis i=255 durchgehen, erhalten Sie Ihre inverse SBox.

Vielleicht setzen Sie nun den letzten Abschnitt in ein C-Programm um und sehen, dass Sie wirklich eine relativ chaotisch aussehende Zeichenkette erhalten, wenn Sie eine SBox mit Zufallswerten z. B. auf den Text „SESAM ÖFFNE DICH" anwenden. Leider hat Ihre Methode den Nachteil, dass sie nicht zu einem Standard werden kann, der auch veröffentlicht werden kann, denn dazu muss die SBox für sämtliche Teilnehmer im Netzwerk identisch sein. Okay, dann veröffentlichen Sie halt Ihre SBox (oder eine beliebige andere Zufallsfolge) als Standard. Aber ist dies allein ausreichend? Was ist, wenn Sie überhaupt nicht wissen, ob Ihre SBox die Kriterien erfüllt, die Sie sich ausmalen, nämlich die klassische Häufigkeitsanalyse der einzelnen Buchstaben zumindest zu erschweren (unmöglich wird diese auch durch eine SBox nicht). Ferner darf ein Angreifer wirklich keinen Nutzen aus der Veröffentlichung ziehen. Diese Regel bezeichnet man als die Kerckhoff-Regel. Die *Kerckhoff-Regel* besagt, dass ein Verschlüsselungsverfahren auch dann sicher sein muss, wenn sämtliche Details zu diesem Verfahren offenliegen, inklusive Quellcode und Testergebnissen. Können Sie nun wirklich sicher sein, dass Ihre Zufalls-SBox die Kerckhoff-Regel erfüllt? Die Antwort dürfte an dieser Stelle „nein" sein.

Was tun Sie aber nun, um eine relativ gute SBox zu erstellen? Die Antwort ist, dass Sie um einen mathematischen Algorithmus nicht herumkommen, der Ihnen Ergebnisse liefert, die Sie anschließend unter Beachtung der Kerckhoff-Regel veröffentlichen können. Diese SBox sieht dann bei AES wie folgt aus:

```
unsigned char SBox[256]=
{
0x63,0x7c,0x77,0x7b,0xf2,0x6b,0x6f,0xc5,0x30,0x01,0x67,0x2b,0xfe,0xd7,0xab,0x76,
0xca,0x82,0xc9,0x7d,0xfa,0x59,0x47,0xf0,0xad,0xd4,0xa2,0xaf,0x9c,0xa4,0x72,0xc0,
0xb7,0xfd,0x93,0x26,0x36,0x3f,0xf7,0xcc,0x34,0xa5,0xe5,0xf1,0x71,0xd8,0x31,0x15,
0x04,0xc7,0x23,0xc3,0x18,0x96,0x05,0x9a,0x07,0x12,0x80,0xe2,0xeb,0x27,0xb2,0x75,
0x09,0x83,0x2c,0x1a,0x1b,0x6e,0x5a,0xa0,0x52,0x3b,0xd6,0xb3,0x29,0xe3,0x2f,0x84,
0x53,0xd1,0x00,0xed,0x20,0xfc,0xb1,0x5b,0x6a,0xcb,0xbe,0x39,0x4a,0x4c,0x58,0xcf,
0xd0,0xef,0xaa,0xfb,0x43,0x4d,0x33,0x85,0x45,0xf9,0x02,0x7f,0x50,0x3c,0x9f,0xa8,
0x51,0xa3,0x40,0x8f,0x92,0x9d,0x38,0xf5,0xbc,0xb6,0xda,0x21,0x10,0xff,0xf3,0xd2,
0xcd,0x0c,0x13,0xec,0x5f,0x97,0x44,0x17,0xc4,0xa7,0x7e,0x3d,0x64,0x5d,0x19,0x73,
0x60,0x81,0x4f,0xdc,0x22,0x2a,0x90,0x88,0x46,0xee,0xb8,0x14,0xde,0x5e,0x0b,0xdb,
0xe0,0x32,0x3a,0x0a,0x49,0x06,0x24,0x5c,0xc2,0xd3,0xac,0x62,0x91,0x95,0xe4,0x79,
0xe7,0xc8,0x37,0x6d,0x8d,0xd5,0x4e,0xa9,0x6c,0x56,0xf4,0xea,0x65,0x7a,0xae,0x08,
0xba,0x78,0x25,0x2e,0x1c,0xa6,0xb4,0xc6,0xe8,0xdd,0x74,0x1f,0x4b,0xbd,0x8b,0x8a,
0x70,0x3e,0xb5,0x66,0x48,0x03,0xf6,0x0e,0x61,0x35,0x57,0xb9,0x86,0xc1,0x1d,0x9e,
0xe1,0xf8,0x98,0x11,0x69,0xd9,0x8e,0x94,0x9b,0x1e,0x87,0xe9,0xce,0x55,0x28,0xdf,
0x8c,0xa1,0x89,0x0d,0xbf,0xe6,0x42,0x68,0x41,0x99,0x2d,0x0f,0xb0,0x54,0xbb,0x16
};
```

Die Inverse S-Box sieht wie folgt aus:

```
unsigned char InvSBox[256]=
{
0x52,0x09,0x6a,0xd5,0x30,0x36,0xa5,0x38,0xbf,0x40,0xa3,0x9e,0x81,0xf3,0xd7,0xfb,
0x7c,0xe3,0x39,0x82,0x9b,0x2f,0xff,0x87,0x34,0x8e,0x43,0x44,0xc4,0xde,0xe9,0xcb,
0x54,0x7b,0x94,0x32,0xa6,0xc2,0x23,0x3d,0xee,0x4c,0x95,0x0b,0x42,0xfa,0xc3,0x4e,
0x08,0x2e,0xa1,0x66,0x28,0xd9,0x24,0xb2,0x76,0x5b,0xa2,0x49,0x6d,0x8b,0xd1,0x25,
0x72,0xf8,0xf6,0x64,0x86,0x68,0x98,0x16,0xd4,0xa4,0x5c,0xcc,0x0x,0x5d,0x65,0xb6,0x92,
0x6c,0x70,0x48,0x50,0xfd,0xed,0xb9,0xda,0x5e,0x15,0x46,0x57,0xa7,0x8d,0x9d,0x84,
0x90,0xd8,0xab,0x00,0x8c,0xbc,0xd3,0x0a,0xf7,0xe4,0x58,0x05,0xb8,0xb3,0x45,0x06,
0xd0,0x2c,0x1e,0x8f,0xca,0x3f,0x0f,0x02,0xc1,0xaf,0xbd,0x03,0x01,0x13,0x8a,0x6b,
0x3a,0x91,0x11,0x41,0x4f,0x67,0xdc,0xea,0x97,0xf2,0xcf,0xce,0xf0,0xb4,0xe6,0x73,
0x96,0xac,0x74,0x22,0xe7,0xad,0x35,0x85,0xe2,0xf9,0x37,0xe8,0x1c,0x75,0xdf,0x6e,
0x47,0xf1,0x1a,0x71,0x1d,0x29,0xc5,0x89,0x6f,0xb7,0x62,0x0e,0xaa,0x18,0xbe,0x1b,
0xfc,0x56,0x3e,0x4b,0xc6,0xd2,0x79,0x20,0x9a,0xdb,0xc0,0xfe,0x78,0xcd,0x5a,0xf4,
0x1f,0xdd,0xa8,0x33,0x88,0x07,0xc7,0x31,0xb1,0x12,0x10,0x59,0x27,0x80,0xec,0x5f,
0x60,0x51,0x7f,0xa9,0x19,0xb5,0x4a,0x0d,0x2d,0xe5,0x7a,0x9f,0x93,0xc9,0x9c,0xef,
0xa0,0xe0,0x3b,0x4d,0xae,0x2a,0xf5,0xb0,0xc8,0xeb,0xbb,0x3c,0x83,0x53,0x99,0x61,
0x17,0x2b,0x04,0x7e,0xba,0x77,0xd6,0x26,0xe1,0x69,0x14,0x63,0x55,0x21,0x0c,0x7d
};
```

Die inverse SBox erhalten Sie, indem Sie den entsprechenden Eintrag **j** aus der SBox an einer bestimmten Position (z. B. `SBox[i]` für i=0) heraussuchen (also `j=SBox[i]` setzen) und danach in das Array **InvSBox** an der Position **j** den Wert **i** eintragen (also `SBox[j]=i` setzen). Beispielsweise steht in der SBox an der Position `SBox[0]` der Wert 0x63. Deshalb steht im Array **InvSBox** an der Stelle `InvSBox[0x63]` der Wert 0. Die folgende einfache for-Schleife kann also die inverse SBox erzeugen:

```
for (i=0; i<256; i++)
{
    j=SBox[i];
    InvSBox[i]=j;
}
```

Wie ist die SBox selbst aber nun zustande gekommen? Natürlich durch einen Algorithmus. Diesen Algorithmus hat der Holländer Rijndael entwickelt, darum nennt man diesen auch Rijndaels Algorithmus. Rijndael benutzte für seinen Algorithmus ein bestimmtes Galois-Feld, nämlich $GF(2^8)$. Im Falle des Rijndael-Algorithmus ist das Galois-Feld ein Array mit 16*16 Einträgen, die Anzahl der Einträge kann also als Zweierpotenz ausgedrückt werden (2^8). Die S-Box wird nun dadurch generiert, dass für jeden Eintrag im Galois-Feld ein bestimmter Algorithmus ausgeführt wird, der dann die SBox erzeugt, die ich hier angegeben habe. Sie stellen sich nun vielleicht die Frage, ob man nicht auch einen anderen Algorithmus verwenden könnte, um eine relativ gute SBox zu erzeugen. Dies ist natürlich möglich, aber die NSA, die in den 60er-Jahren ein paar Mathematiker und Informatiker damit beauftragt hat, eine sichere Blockchiffre zu entwickeln, hat eben den Algorithmus von Rijndael als den besten befunden. Im Endeffekt können Sie sich an dieser Stelle einen Wettbewerb vorstellen, in dem der beste Algorithmus gewinnt und der Gewinner war der Rijndael-Algorithmus.

Sie sehen, an einigen Stellen ist die Kryptographie sehr theoretisch und vor allem mathematisch, was natürlich nicht unbedingt dazu führt, dass sie einfacher zu verstehen ist. Aus diesem Grund möchte ich dann auch bei AES ein lauffähiges Listing angeben, das einen Textblock mit diesem Algorithmus verschlüsselt. Zunächst muss ich Ihnen aber erklären, wie AES genau funktioniert und in welcher Weise er die SBox verwendet.

Der erste Schritt ist erst einmal, die Schlüsselgröße festzulegen. Diese kann 128, 192 oder 256 Bit betragen. Ich wähle nun eine Größe von 16 Bytes (also 128 Bits) und setze als Klartext wieder den Satz „SESAM ÖFFNE DICH" ein, der aus 16 Zeichen bestehen muss (ich verschlüssele also genau einen Block).

Der zweite Schritt ist nun, den Klartext P in ein Array zu übertragen, das vier Zeilen und vier Spalten besitzt. In unserem Fall ist dies nun folgendes Array:

```
unsigned char P[4][4]=
{
"SESA",
"M ÖF",
"FNE ",
"DICH"
};
```

Der Schlüssel K soll nun wie folgt aussehen:

```
unsigned char K[4][4]=
{
"ALIC",
"E UN",
"D BO",
"B 21"
};
```

AES verschlüsselt nun den Textblock **P** mehrmals, in dem Fall, dass die Blockgröße 128 Bit beträgt, macht AES zehn Durchläufe. Man bezeichnet diese Durchläufe auch als Runden. Bevor AES in die einzelnen Runden eintritt, werden folgende Initialisierungsschritte ausgeführt:

- **Schlüsselexpansion:** Erzeugen von Rundenschlüsseln aus dem Originalschlüssel
- **AddRoundKey:** XOR-Verknüpfung des ersten Rundenschlüssels mit dem Datenblock

Nun werden r-1 Runden (in diesem Beispiel sind dies neun) ausgeführt, die jeweils Folgendes tun:

- **SubBytes:** Substitution der einzelnen Bytes in P mittels SBox
- **ShiftRows:** Verschieben (Rotieren) bestimmter Zeilen nach links durch ein festgelegtes Schema
- **MixColumns:** Vermischen der Daten innerhalb der Spalten durch ein festgelegtes Schema
- **AddRoundKey:** XOR-Verknüpfung des Rundenschlüssels r (r ist die Rundennummer) mit dem Datenblock

In der Schlussrunde (in diesem Beispiel die zehnte Runde) führt noch einmal folgende Schritte aus:

- **SubBytes:** Substitution der einzelnen Bytes in P mittels SBox
- **ShiftRows:** Verschieben (Rotieren) bestimmter Zeilen nach links durch ein festgelegtes Schema
- **AddRoundKey:** XOR-Verknüpfung des letzten Rundenschlüssels (in diesem Fall der zehnte Rundenschlüssel) mit dem Datenblock

Für die Entschlüsselung werden die Runden rückwärts durchlaufen und für die SBox wird nun die inverse SBox eingesetzt. Damit Sie nun AES vollständig verstehen, werde ich nun die einzelnen Rundenfunktionen erläutern und diese anschließend in C implementieren.

Bild 10.2
Programmablaufplan der AES-Blockchiffre

Schlüsselexpansion

AES bezeichnet die einzelnen Rundenschlüssel als Wörter und speichert diese in dem zweidimensionalen Array **W** vom Typ `unsigned long int W[]`. Da ich in diesem Beispiel eine Schlüssellänge von 16 Bytes gewählt habe, wird der Schlüssel **K** (das ist der Ausgangsschlüssel) in einem Array der Größe 4*4 gespeichert. Das Array mit dem Schlüssel benutzt also in diesem Beispiel genau wie der Klartext ein Array mit vier Zeilen und in diesem Beispiel auch mit vier Spalten. Um die Rundenschlüssel zu erzeugen, werden nun die einzelnen Bytes von **K** als 32-Bit-Worte aufgefasst, damit man mit diesen in einfacher Weise logische Bit-Operationen ausführen kann. Dies bedeutet konkret, dass durch diese Transformation in unserem Beispiel der Schlüssel **K** in vier 32-Bit-Worte aufgeteilt wird, und diese Worte werden dann zunächst in die Positionen W[0] –W[3] eingetragen. Wenn **N** die Anzahl der Worte im Schlüssel **K** ist, ist also die letzte Position, an der nun ein Wort eingetragen wurde W[N-1].

Sei nun i=4 (dies ist die nächste freie Position, in der noch kein Wort in **W** eingetragen wurde). Die Schlüsselexpansion tut nun Folgendes: In einer Schleife werden die weiteren Wörter W[i] durch ein bitweises XOR von dem Wort W[i-1] und dem Wort W[i-N] berechnet. Vor der XOR-Verknüpfung wird allerdings W[i-1] für jedes **N**-te Wort noch nach links rotiert, byteweise durch die SBox substituiert und mit einer Konstanten verknüpft, die von dem Schleifenzähler **i** abhängt. Dies bedeutet, dass eine Rotation immer dann ausgeführt wird, wenn i mod N=0 ist. Falls zusätzlich N<6 ist, wird noch eine weitere Substitution mittels einer zusätzlichen Lookup-Tabelle (RCON) ausgeführt. Dies führt uns zu folgenden Substitutionsregeln:

W[i]=W[i-N] XOR SBox[W[i-1]<<8] XOR RCON[i] falls i mod N=0 und i<=6

W[i]=W[i-N] XOR SBox[W[i-1]] falls i>6 und i mod N=4

W[i]=W[i-N] XOR W[i-1] sonst

RCON ist eine Substitutionstabelle, die durch die folgende Funktion berechnet wird (r ist die aktuelle Runde und C[i] ist der entsprechende Array-Index in der RCON-Tabelle):

  1 falls i=1

  2*r[C[i-1]] falls i>1 und C[i]<0x80

  2*r[C[i-1]] XOR 0x1b falls C[i]>=0x80

Für unser Beispiel erhalten wir auf diese Weise das folgende RCON-Array:

```
unsigned char RCON[10]={0x01,0x02,0x04,0x08,0x10,0x20,0x40,0x80,0x1b,0x36};
```

Machen Sie sich an dieser Stelle bitte klar, dass die RCON-Tabelle ein weiterer Schritt ist, die Entschlüsselung von AES zu erschweren und statistische Analysen nicht nur des Klartextes, sondern auch des Schlüssels zu vereiteln. Im Endeffekt gleicht eine Blockchiffre dem allseits bekannten Hütchenspiel, bei dem eine Murmel unter einen Becher getan wird. Anschließend werden die Becher mit einer hohen Geschwindigkeit vertauscht. Wenn Sie nun genug Runden und genug Becher zur Verfügung haben, wird niemand mehr in der Lage sein, den Becher mit der Murmel zu finden, es sei denn, er hat sich sämtliche Züge gemerkt bzw. kann diese rekonstruieren. Bei AES leistet diese Rekonstruktion der Schlüssel und die Tatsache, dass AES ein symmetrischer Algorithmus ist, den Sie von vorne nach hinten oder von hinten nach vorne durchlaufen können.

AddRoundKey()

Die Funktion AddRoundKey() wird vor der ersten Runde und danach mit jedem Rundenschlüssel nach jeder Verschlüsselungsrunde ausgeführt. AddRoundKey() verknüpft den Datenblock **P**, der am Anfang den Klartext enthält, mit einem der Rundenschlüssel byteweise durch XOR. Bis hierhin ist AES ein einfacher XOR-Schlüssel, der dadurch verlängert wird, dass aus dem Hauptschlüssel mehrere Rundenschlüssel erzeugt werden. AddRoundKey() für sich allein genommen ist weder sicher noch erzeugt diese Funktion zufällig aussehende Muster.

SubBytes()

Die Funktion SubBytes() führt für jedes Byte im Datenblock **P** eine Substitution mittels SBox durch. Diese Substitution per SBox ist eine sehr einfache Operation, die ebenfalls für sich alleine genommen nicht sicher ist.

ShiftRows()

ShiftRows() verschiebt die einzelnen Bytes in den einzelnen Zeilen von **P** um eine feste Anzahl Bytes nach links. Im Endeffekt wird hier eine Rotation durchgeführt und nach links herausgeschobene Zeichen werden rechts wieder hineingeschoben. Für eine Schlüssellänge von 16 Bytes wird die erste Zeile nicht rotiert, die zweite Zeile rotiert um eine Position, die dritte Zeile rotiert um zwei Positionen und die vierte Zeile um drei Positionen. Bei einer Schlüssellänge von 160 und 192 Bits ist dies genauso. Bei einer Schlüssellänge ab 224 Bit wird die erste Zeile nicht rotiert, die zweite Zeile rotiert um eine Position, die dritte Zeile rotiert um drei Positionen und die dritte Zeile um vier Positionen.

MixColumns()

Die Funktion MixColumns() vermischt nun die Daten in den Spalten miteinander. Hierzu wird die Binärdarstellung eines Bytes als das folgende Polynom aufgefasst:

$a_8x^8 + a_7x^7 + a_6x^6 + a_5x^5 + a_4x^4 + a_3x^3 + a_2x^2 + a_1x^1 + a_0x^0$

Damit die Bits in den einzelnen Spalten auf eine optimale Weise miteinander vermischt werden, benutzt AES nun ein irreduzibles Polynom dieser Polynomschreibweise der Binärdarstellung eines Bytes. Dies bedeutet nichts anderes, als dass ein Polynom gewählt wird, das keine reellen Nullstellen besitzt. Wenn dies nicht der Fall wäre, dann würden sich bei der Vermischung Muster bilden, die man dann für einen Angriff benutzen könnte. AES benutzt nun folgendes Polynom:

$a_4x^8 + a_3x^4 + a_2x^3 + a_1x^1 + 1$

Die folgenden Operationen, die von MixColumns() mit den einzelnen 32-Bit-Worten von **P** ausgeführt werden, werden nach jeder Multiplikation immer Modulo dieses Polynoms genommen und auf den Galois-Körper $GF(2^8)$ abgebildet:

$b_0 = (a_0 * 2)$ XOR $(a_1 * 3)$ XOR $(a_2 * 1)$ XOR $(a_3 * 1)$
$b_1 = (a_0 * 1)$ XOR $(a_1 * 2)$ XOR $(a_2 * 3)$ XOR $(a_3 * 1)$
$b_2 = (a_0 * 1)$ XOR $(a_1 * 1)$ XOR $(a_2 * 2)$ XOR $(a_3 * 3)$
$b_3 = (a_0 * 3)$ XOR $(a_1 * 1)$ XOR $(a_2 * 1)$ XOR $(a_3 * 2)$

Hierbei sind a_0–a_3 die 32-Bit-Werte in den alten Zeilen und b_0–b_3 die neuen 32-Bit-Werte in den neuen Zeilen. Die Anzahl der Zeilen ist stets 4. Die Ergebnisse der Multiplikationen werden auch hier auf den Galois-Körper $GF(2^8)$ abgebildet.

Kommen wir nun zu Listing 10.7, in dem ein Textblock **P** mit 16 Bytes („SESAM ÖFFNE DICH") mit dem Schlüssel K („ALICE UND BOB 21") durch AES-128 verschlüsselt wird.

Listing 10.7 AES128.c

```
01  #include<stdio.h>

02  unsigned char RCON[10]={0x01,0x02,0x04,0x08,0x10,0x20,0x40,0x80,0x1b,0x36};

03  unsigned char SBox[256]=
04  {
05  0x63,0x7c,0x77,0x7b,0xf2,0x6b,0x6f,0xc5,0x30,0x01,0x67,0x2b,0xfe,0xd7,0xab,0x76,
06  0xca,0x82,0xc9,0x7d,0xfa,0x59,0x47,0xf0,0xad,0xd4,0xa2,0xaf,0x9c,0xa4,0x72,0xc0,
07  0xb7,0xfd,0x93,0x26,0x36,0x3f,0xf7,0xcc,0x34,0xa5,0xe5,0xf1,0x71,0xd8,0x31,0x15,
08  0x04,0xc7,0x23,0xc3,0x18,0x96,0x05,0x9a,0x07,0x12,0x80,0xe2,0xeb,0x27,0xb2,0x75,
09  0x09,0x83,0x2c,0x1a,0x1b,0x6e,0x5a,0xa0,0x52,0x3b,0xd6,0xb3,0x29,0xe3,0x2f,0x84,
10  0x53,0xd1,0x00,0xed,0x20,0xfc,0xb1,0x5b,0x6a,0xcb,0xbe,0x39,0x4a,0x4c,0x58,0xcf,
11  0xd0,0xef,0xaa,0xfb,0x43,0x4d,0x33,0x85,0x45,0xf9,0x02,0x7f,0x50,0x3c,0x9f,0xa8,
12  0x51,0xa3,0x40,0x8f,0x92,0x9d,0x38,0xf5,0xbc,0xb6,0xda,0x21,0x10,0xff,0xf3,0xd2,
13  0xcd,0x0c,0x13,0xec,0x5f,0x97,0x44,0x17,0xc4,0xa7,0x7e,0x3d,0x64,0x5d,0x19,0x73,
14  0x60,0x81,0x4f,0xdc,0x22,0x2a,0x90,0x88,0x46,0xee,0xb8,0x14,0xde,0x5e,0x0b,0xdb,
15  0xe0,0x32,0x3a,0x0a,0x49,0x06,0x24,0x5c,0xc2,0xd3,0xac,0x62,0x91,0x95,0xe4,0x79,
16  0xe7,0xc8,0x37,0x6d,0x8d,0xd5,0x4e,0xa9,0x6c,0x56,0xf4,0xea,0x65,0x7a,0xae,0x08,
17  0xba,0x78,0x25,0x2e,0x1c,0xa6,0xb4,0xc6,0xe8,0xdd,0x74,0x1f,0x4b,0xbd,0x8b,0x8a,
18  0x70,0x3e,0xb5,0x66,0x48,0x03,0xf6,0x0e,0x61,0x35,0x57,0xb9,0x86,0xc1,0x1d,0x9e,
19  0xe1,0xf8,0x98,0x11,0x69,0xd9,0x8e,0x94,0x9b,0x1e,0x87,0xe9,0xce,0x55,0x28,0xdf,
20  0x8c,0xa1,0x89,0x0d,0xbf,0xe6,0x42,0x68,0x41,0x99,0x2d,0x0f,0xb0,0x54,0xbb,0x16
21  };

22  unsigned char InvSBox[256]=
23  {
24  0x52,0x09,0x6a,0xd5,0x30,0x36,0xa5,0x38,0xbf,0x40,0xa3,0x9e,0x81,0xf3,0xd7,0xfb,
25  0x7c,0xe3,0x39,0x82,0x9b,0x2f,0xff,0x87,0x34,0x8e,0x43,0x44,0xc4,0xde,0xe9,0xcb,
26  0x54,0x7b,0x94,0x32,0xa6,0xc2,0x23,0x3d,0xee,0x4c,0x95,0x0b,0x42,0xfa,0xc3,0x4e,
27  0x08,0x2e,0xa1,0x66,0x28,0xd9,0x24,0xb2,0x76,0x5b,0xa2,0x49,0x6d,0x8b,0xd1,0x25,
28  0x72,0xf8,0xf6,0x64,0x86,0x68,0x98,0x16,0xd4,0xa4,0x5c,0xcc,0x5d,0x65,0xb6,0x92,
29  0x6c,0x70,0x48,0x50,0xfd,0xed,0xb9,0xda,0x5e,0x15,0x46,0x57,0xa7,0x8d,0x9d,0x84,
30  0x90,0xd8,0xab,0x00,0x8c,0xbc,0xd3,0x0a,0xf7,0xe4,0x58,0x05,0xb8,0xb3,0x45,0x06,
31  0xd0,0x2c,0x1e,0x8f,0xca,0x3f,0x0f,0x02,0xc1,0xaf,0xbd,0x03,0x01,0x13,0x8a,0x6b,
32  0x3a,0x91,0x11,0x41,0x4f,0x67,0xdc,0xea,0x97,0xf2,0xcf,0xce,0xf0,0xb4,0xe6,0x73,
33  0x96,0xac,0x74,0x22,0xe7,0xad,0x35,0x85,0xe2,0xf9,0x37,0xe8,0x1c,0x75,0xdf,0x6e,
34  0x47,0xf1,0x1a,0x71,0x1d,0x29,0xc5,0x89,0x6f,0xb7,0x62,0x0e,0xaa,0x18,0xbe,0x1b,
35  0xfc,0x56,0x3e,0x4b,0xc6,0xd2,0x79,0x20,0x9a,0xdb,0xc0,0xfe,0x78,0xcd,0x5a,0xf4,
36  0x1f,0xdd,0xa8,0x33,0x88,0x07,0xc7,0x31,0xb1,0x12,0x10,0x59,0x27,0x80,0xec,0x5f,
37  0x60,0x51,0x7f,0xa9,0x19,0xb5,0x4a,0x0d,0x2d,0xe5,0x7a,0x9f,0x93,0xc9,0x9c,0xef,
38  0xa0,0xe0,0x3b,0x4d,0xae,0x2a,0xf5,0xb0,0xc8,0xeb,0xbb,0x3c,0x83,0x53,0x99,0x61,
39  0x17,0x2b,0x04,0x7e,0xba,0x77,0xd6,0x26,0xe1,0x69,0x14,0x63,0x55,0x21,0x0c,0x7d
40  };

41  unsigned char Exp[256]=
42  {
43  0x01,0x03,0x05,0x0f,0x11,0x33,0x55,0xff,0x1a,0x2e,0x72,0x96,0xa1,0xf8,0x13,0x35,
44  0x5f,0xe1,0x38,0x48,0xd8,0x73,0x95,0xa4,0xf7,0x02,0x06,0x0a,0x1e,0x22,0x66,0xaa,
45  0xe5,0x34,0x5c,0xe4,0x37,0x59,0xeb,0x26,0x6a,0xbe,0xd9,0x70,0x90,0xab,0xe6,0x31,
```

```
    0x53,0xf5,0x04,0x0c,0x14,0x3c,0x44,0xcc,0x4f,0xd1,0x68,0xb8,0xd3,0x6e,0xb2,0xcd,
    0x4c,0xd4,0x67,0xa9,0xe0,0x3b,0x4d,0xd7,0x62,0xa6,0xf1,0x08,0x18,0x28,0x78,0x88,
    0x83,0x9e,0xb9,0xd0,0x6b,0xbd,0xdc,0x7f,0x81,0x98,0xb3,0xce,0x49,0xdb,0x76,0x9a,
    0xb5,0xc4,0x57,0xf9,0x10,0x30,0x50,0xf0,0x0b,0x1d,0x27,0x69,0xbb,0xd6,0x61,0xa3,
    0xfe,0x19,0x2b,0x7d,0x87,0x92,0xad,0xec,0x2f,0x71,0x93,0xae,0xe9,0x20,0x60,0xa0,
    0xfb,0x16,0x3a,0x4e,0xd2,0x6d,0xb7,0xc2,0x5d,0xe7,0x32,0x56,0xfa,0x15,0x3f,0x41,
    0xc3,0x5e,0xe2,0x3d,0x47,0xc9,0x40,0xc0,0x5b,0xed,0x2c,0x74,0x9c,0xbf,0xda,0x75,
    0x9f,0xba,0xd5,0x64,0xac,0xef,0x2a,0x7e,0x82,0x9d,0xbc,0xdf,0x7a,0x8e,0x89,0x80,
    0x9b,0xb6,0xc1,0x58,0xe8,0x23,0x65,0xaf,0xea,0x25,0x6f,0xb1,0xc8,0x43,0xc5,0x54,
    0xfc,0x1f,0x21,0x63,0xa5,0xf4,0x07,0x09,0x1b,0x2d,0x77,0x99,0xb0,0xcb,0x46,0xca,
    0x45,0xcf,0x4a,0xde,0x79,0x8b,0x86,0x91,0xa8,0xe3,0x3e,0x42,0xc6,0x51,0xf3,0x0e,
    0x12,0x36,0x5a,0xee,0x29,0x7b,0x8d,0x8c,0x8f,0x8a,0x85,0x94,0xa7,0xf2,0x0d,0x17,
    0x39,0x4b,0xdd,0x7c,0x84,0x97,0xa2,0xfd,0x1c,0x24,0x6c,0xb4,0xc7,0x52,0xf6,0x01
};

unsigned char Log[256]=
{
    0x00,0x00,0x19,0x01,0x32,0x02,0x1a,0xc6,0x4b,0xc7,0x1b,0x68,0x33,0xee,0xdf,0x03,
    0x64,0x04,0xe0,0x0e,0x34,0x8d,0x81,0xef,0x4c,0x71,0x08,0xc8,0xf8,0x69,0x1c,0xc1,
    0x7d,0xc2,0x1d,0xb5,0xf9,0xb9,0x27,0x6a,0x4d,0xe4,0xa6,0x72,0x9a,0xc9,0x09,0x78,
    0x65,0x2f,0x8a,0x05,0x21,0x0f,0xe1,0x24,0x12,0xf0,0x82,0x45,0x35,0x93,0xda,0x8e,
    0x96,0x8f,0xdb,0xbd,0x36,0xd0,0xce,0x94,0x13,0x5c,0xd2,0xf1,0x40,0x46,0x83,0x38,
    0x66,0xdd,0xfd,0x30,0xbf,0x06,0x8b,0x62,0xb3,0x25,0xe2,0x98,0x22,0x88,0x91,0x10,
    0x7e,0x6e,0x48,0xc3,0xa3,0xb6,0x1e,0x42,0x3a,0x6b,0x28,0x54,0xfa,0x85,0x3d,0xba,
    0x2b,0x79,0x0a,0x15,0x9b,0x9f,0x5e,0xca,0x4e,0xd4,0xac,0xe5,0xf3,0x73,0xa7,0x57,
    0xaf,0x58,0xa8,0x50,0xf4,0xea,0xd6,0x74,0x4f,0xae,0xe9,0xd5,0xe7,0xe6,0xad,0xe8,
    0x2c,0xd7,0x75,0x7a,0xeb,0x16,0x0b,0xf5,0x59,0xcb,0x5f,0xb0,0x9c,0xa9,0x51,0xa0,
    0x7f,0x0c,0xf6,0x6f,0x17,0xc4,0x49,0xec,0xd8,0x43,0x1f,0x2d,0xa4,0x76,0x7b,0xb7,
    0xcc,0xbb,0x3e,0x5a,0xfb,0x60,0xb1,0x86,0x3b,0x52,0xa1,0x6c,0xaa,0x55,0x29,0x9d,
    0x97,0xb2,0x87,0x90,0x61,0xbe,0xdc,0xfc,0xbc,0x95,0xcf,0xcd,0x37,0x3f,0x5b,0xd1,
    0x53,0x39,0x84,0x3c,0x41,0xa2,0x6d,0x47,0x14,0x2a,0x9e,0x5d,0x56,0xf2,0xd3,0xab,
    0x44,0x11,0x92,0xd9,0x23,0x20,0x2e,0x89,0xb4,0x7c,0xb8,0x26,0x77,0x99,0xe3,0xa5,
    0x67,0x4a,0xed,0xde,0xc5,0x31,0xfe,0x18,0x0d,0x63,0x8c,0x80,0xc0,0xf7,0x70,0x07
};

void SetWord(void *S, unsigned long int Pos, unsigned long int Val)
{
    char *BOS=(char *)S+Pos;
    unsigned long int *NumArray=(unsigned long int *)BOS;
    NumArray[0]=Val;
}

unsigned long int GetWord(void *S, long int Pos)
{
    char *BOS=(char *)S+Pos;
    unsigned long int *NumArray=(unsigned long int *)BOS;
    return NumArray[0];
}

unsigned long int RotWordLeft(unsigned long int V, int Bits)
{
    V=V%32; // 32 Bits max
    V=(V<<Bits)||(V>>32-Bits);
    return V;
}

unsigned long int SubWord(unsigned long int V)
{
    unsigned char CTemp[4]; // Byte-Puffer für V
```

```
100     CTemp[0]=V|0xff; CTemp[0]=SBox[CTemp[0]]; // 1. Byte von V mittels SBox
ersetzen
101     CTemp[1]=(V>>8)|0xff; CTemp[1]=SBox[CTemp[1]]; // 2. Byte von V mittels SBox
ersetzen
102     CTemp[2]=(V>>16)|0xff; CTemp[2]=SBox[CTemp[2]]; // 3. Byte von V mittels SBox
ersetzen
103     CTemp[3]=(V>>24)|0xff; CTemp[3]=SBox[CTemp[3]]; // 4. Byte von V mittels SBox
ersetzen
104     V=CTemp[0]; // 1. substituierte Byte nach V zurückschreiben
105     V|=((unsigned long int)(CTemp[1]))<<8; // 2. substituierte Byte nach V
zurückschreiben
106     V|=((unsigned long int)(CTemp[2]))<<16; // 3. substituierte Byte nach V
zurückschreiben
107     V|=((unsigned long int)(CTemp[3]))<<24; // 4. substituierte Byte nach V
zurückschreiben
108     return V;
109 }

110 void ExpandKey(unsigned long int *W, unsigned char *K, int r, int L) //
Schlüsselexpansion
111 {
112     int i=4,N=L/4;
113     W[0]=GetWord(K,0);
114     W[1]=GetWord(K,4);
115     W[2]=GetWord(K,8);
116     W[3]=GetWord(K,12);
117     for (i=4; i<=r; i++)
118     {
119         if ((i%N)==0) // zusätzliche Operation alle N Runden
120         {
121             if (i>6)
122             {
123                 W[i]=W[i-N]^SubWord(W[i-1]);
124             }
125             else
126             {
127                 W[i]=W[i-N]^SubWord(RotWordLeft(W[i-1],8)); // Rotation
128                 W[i]=W[i]^RCON[i]; // Verknüpfung mit RCON
129             }
130         }
131         else // Operation für alle i!=i%N
132         {
133             W[i]=W[i-N]^W[i-1];
134         }
135     }
136 }

137 void AddRoundKey(unsigned char *P, unsigned long int *W, int r, int L)
138 {
139     unsigned long int A,B;
140     int i=0,N=L/4;
141     B=GetWord(W,r); // Rundenschlüssel #r auswählen
142     for (i=0; i<N; i++)
143     {
144         A=GetWord(P,4*i)^B; SetWord(P,4*i,A);
145     }
146 }
```

```
147 void SubBytes(unsigned char *P)
148 {
149     int i;
150     for (i=0; i<16; i++)
151     {
152         P[i]=SBox[P[i]];
153     }
154 }

155 void InvSubBytes(unsigned char *P)
156 {
157     int i;
158     for (i=0; i<16; i++)
159     {
160         P[i]=InvSBox[P[i]];
161     }
162 }

163 void ShiftRows(unsigned char *P)
164 {
165     unsigned char Temp[4];
166     // Rotation 2. Zeile um 1 Position nach links
167     Temp[0]=P[0+4]; Temp[1]=P[1+4]; Temp[2]=P[2+4]; Temp[3]=P[3+4];
168     P[1+4]=Temp[0]; P[2+4]=Temp[1]; P[3+4]=Temp[2]; P[0+4]=Temp[3];
169     // Rotation 3. Zeile um 2 Position nach links
170     Temp[0]=P[0+8]; Temp[1]=P[1+8]; Temp[2]=P[2+8]; Temp[3]=P[3+8];
171     P[2+8]=Temp[0]; P[3+8]=Temp[1]; P[0+8]=Temp[2]; P[1+8]=Temp[3];
172     // Rotation 3. Zeile um 2 Position nach links
173     Temp[0]=P[0+12]; Temp[1]=P[1+12]; Temp[2]=P[2+12]; Temp[3]=P[3+12];
174     P[3+12]=Temp[0]; P[0+12]=Temp[1]; P[1+12]=Temp[2]; P[2+12]=Temp[3];
175 }

176 void InvShiftRows(unsigned char *P)
177 {
178     unsigned char Temp[4];
179     // Rotation 2. Zeile um 1 Position nach rechts
180     Temp[0]=P[0+4]; Temp[1]=P[1+4]; Temp[2]=P[2+4]; Temp[3]=P[3+4];
181     P[3+4]=Temp[0]; P[0+4]=Temp[1]; P[1+4]=Temp[2]; P[2+4]=Temp[3];
182     // Rotation 3. Zeile um 2 Positionen nach rechts
183     Temp[0]=P[0+8]; Temp[1]=P[1+8]; Temp[2]=P[2+8]; Temp[3]=P[3+8];
184     P[2+8]=Temp[0]; P[3+8]=Temp[1]; P[0+8]=Temp[2]; P[1+8]=Temp[3];
185     // Rotation 3. Zeile um 3 Positionen nach rechts
186     Temp[0]=P[0+12]; Temp[1]=P[1+12]; Temp[2]=P[2+12]; Temp[3]=P[3+12];
187     P[1+12]=Temp[0]; P[2+12]=Temp[1]; P[3+12]=Temp[2]; P[0+12]=Temp[3];
188 }

189 unsigned char GMul(unsigned char a, unsigned char b)
190 {
191     if(a&&b)
192     {
193         return (Exp[(Log[a]+Log[b])%0xff])%0x11b;
194     }
195     else
196     {
197         return 0;
198     }
199 }
```

```c
void MixColumns(unsigned char *P)
{
    /* Matrix A=
    2 3 1 1
    1 2 3 1
    1 1 2 3
    3 1 1 2
    */
    unsigned int i,j;
    unsigned char T1,T2,T3,T4;
    //100011011=0x11b
    for (i=0; i<4; i++)
    {
        //b0=(a0*2) XOR (a1*3) XOR (a2*1) XOR (a3*1)
        T1=(GMul(P[i],2))^(GMul(P[i+4],3))^(GMul(P[i+8],1))^(GMul(P[i+12],1));
        //b1=(a0*1) XOR (a1*2) XOR (a2*3) XOR (a3*1)
        T2=(GMul(P[i],1))^(GMul(P[i+4],2))^(GMul(P[i+8],3))^(GMul(P[i+12],1));
        //b2=(a0*1) XOR (a1*1) XOR (a2*2) XOR (a3*3)
        T3=(GMul(P[i],1))^(GMul(P[i+4],1))^(GMul(P[i+8],2))^(GMul(P[i+12],3));
        //b3=(a0*3) XOR (a1*1) XOR (a2*1) XOR (a3*2)
        T4=(GMul(P[i],3))^(GMul(P[i+4],1))^(GMul(P[i+8],1))^(GMul(P[i+12],2));
        P[i]=T1; P[i+4]=T2; P[i+8]=T3; P[i+12]=T4;
    }
}

void InvMixColumns(unsigned char *P)
{
    /* Matrix INV(A)=
    E B D 9
    9 E B D
    D 9 E B
    B D 9 E
    */
    unsigned int i,j;
    unsigned char T1,T2,T3,T4;
    for (i=0; i<4; i++)
    {
        //b0=(a0*2) XOR (a1*3) XOR (a2*1) XOR (a3*1)
        T1=(GMul(P[i],0xe))^(GMul(P[i+4],0xb))^(GMul(P[i+8],0xd))^(GMul(P[i+12],9));
        //b1=(a0*1) XOR (a1*2) XOR (a2*3) XOR (a3*1)
        T2=(GMul(P[i],9))^(GMul(P[i+4],0xe))^(GMul(P[i+8],0xb))^(GMul(P[i+12],0xd));
        //b2=(a0*1) XOR (a1*1) XOR (a2*2) XOR (a3*3)
        T3=(GMul(P[i],0xd))^(GMul(P[i+4],9))^(GMul(P[i+8],0xe))^(GMul(P[i+12],0xb));
        //b3=(a0*3) XOR (a1*1) XOR (a2*1) XOR (a3*2)
        T4=(GMul(P[i],0xb))^(GMul(P[i+4],0xd))^(GMul(P[i+8],9))^(GMul(P[i+12],0xe));
        P[i]=T1; P[i+4]=T2; P[i+8]=T3; P[i+12]=T4;
    }
}

void Chiffre(unsigned char *P, unsigned char *K, int r)
{
    int i;
    unsigned long int W[11];
    ExpandKey(W,K,r,16);
```

```
252     AddRoundKey(P,W,0,16);
253     for (i=1; i<=r-1; i++)
254     {
255         SubBytes(P);
256         ShiftRows(P);
257         MixColumns(P);
258         AddRoundKey(P,W,i,16);
259     }
260     SubBytes(P);
261     ShiftRows(P);
262     AddRoundKey(P,W,10,16);
263 }

264 void DeChiffre(unsigned char *P, unsigned char *K, int r)
265 {
266     int i;
267     unsigned long int W[11];
268     ExpandKey(W,K,r,16);
269     AddRoundKey(P,W,10,16);
270     InvShiftRows(P);
271     InvSubBytes(P);
272     for (i=r-1; i>0; i--)
273     {
274         AddRoundKey(P,W,i,16);
275         InvMixColumns(P);
276         InvShiftRows(P);
277         InvSubBytes(P);
278     }
279     AddRoundKey(P,W,0,16);
280 }

281 int main(void)
282 {
283     int i,r;
284     unsigned char P[17]={"SESAM ÖFFNE DICH"};
285     unsigned char K[17]={"ALICE UND BOB 21"};
286     Chiffre(P,K,10);
287     for (i=0; i<16; i++) { printf("%02x ",P[i]); } printf("\n");
288     DeChiffre(P,K,10);
289     for (i=0; i<16; i++) { printf("%02x ",P[i]); } printf("\n");
290     return 0;
291 }
```

AES ist die Blockchiffre, die am häufigsten im Internet verwendet wird, um den Datenverkehr zu verschlüsseln. Dies betrifft z. B. E-Mail-Postfächer, aber auch WLAN-Verbindungen. Der WLAN-Key, den Sie in Ihrem Router eintragen (WPA2) entspricht z. B. einem 128-Bit-AES-Schlüssel. Aus diesem Grund müssen Sie AES so implementieren, dass dies schnell genug ausgeführt wird, um den Netzverkehr nicht auszubremsen. Deshalb werden in Listing 10.7 sämtliche Berechnungen in Lookup-Tabellen ausgelagert. Dies betrifft nicht nur die RCON-Tabelle, die SBox oder die inverse SBox, sondern auch z. B. die Multiplikationsoperationen im Galois-Feld $GF(2^8)$. Anstatt also langsame Algorithmen auszuführen, um eine Multiplikation im $GF(2^8)$-Zahlenraum durch eine Matrizenmultiplikation darzustellen, werden die Lookuptabellen Exp (Exponentiation im $GF(2^8)$) und Log(Logarithmus im $GF(2^8)$) verwendet, die diese aufwendige Operation auf ein schlichtes Nachschlagen in einer Tabelle reduzieren. Zeile **001 – 078** enthält deshalb nur die Definition von Tabellen, die ich Ihnen aber dennoch detailliert angeben möchte. Ich bin mir nämlich fast sicher, dass Sie diese Tabellen irgendwann wieder benötigen werden, und dann sind Sie dankbar dafür, dass Sie diese immer wieder abtippen können, wenn Sie dann keine anderen Informationen zur Hand haben.

Kommen wir nun zu einem wichtigen Design-Kriterium des AES-Algorithmus, nämlich die Betrachtung des Klartextes als ein Array mit 4*4 Einträgen. Die Daten stehen hier in vier Zeilen und die Zeilen haben jeweils vier Spalten. Leider liegt ein Text (und auch der Schlüssel) als String vor. Sie können den Text **P** und den Schlüssel **K** natürlich jetzt in ein Array der Größe 4*4 kopieren, aber dann bekommen Sie Schwierigkeiten mit der Funktion AddRoundKey(), die die einzelnen Zeilen von **K** als 32-Bit-Worte auffasst und mit diesen auch XOR-Verknüpfungen ausführt. Ich betrachte nun **P** und **K** weiterhin als String mit 16 Bytes, denn es ist wirklich nicht schwer, für Funktionen wie SubBytes() oder ShiftRows() die Position P[i] bzw. K[i] in Zeilen und Spalten umzurechnen. Für AddRoundKey() verwende ich dagegen zwei Hilfsfunktionen.

Die erste Hilfsfunktion ist SetWord() (Zeile **079 - 084**). SetWord() schreibt den Wert **Val** (value) vom Typ unsigned ong int direkt in den String **S**, und zwar genau an der Position **Pos**, die Sie als zweiten Parameter angeben. Hierzu definieren Sie einen Hilfszeiger char *BOS (begin of string), den Sie genau um **Pos** Bytes nach hinten verschieben. Durch Typecasting und den Typ void* tun Sie anschließend so, als sei BOS ein Array vom Typ unsigned long int*, in das Sie dann einfach an Position 0 den Wert **Val** ablegen. Dies ist wirklich ein genialer Trick, denn der C-Compiler merkt gar nicht, dass ich diesem an der Speicheradresse *S+Pos den Wert **Val** untergeschoben habe. Im Endeffekt ist SetWord() ein Angriff auf eine Sicherheitslücke in C-Compilern, denn ich könnte in den String **S** genauso gut ein ausführbares Programm schreiben und dieses anschließend zur Ausführung bringen. Da SetWord() jedoch AES stark vereinfachen kann, habe ich es für dieses Listing verwendet. Die zweite Hilfsfunktion ist GetWord () (Zeile **085 - 090**). GetWord() macht genau das Gegenteil von SetWord(): Aus dem String **S** wird durch denselben Trick (also durch Typecasting kombiniert mit void*) ein Wert vom Typ unsigned long int ab Position **Pos** aus dem String **S** ausgelesen. Auch durch diese Funktion wird AddRoundKey() sehr einfach zu programmieren sein, ist dann aber quasi eine Sicherheitslücke. Da diese Sicherheitslücke in vielen AES-Implementierungen vorkommt, hielt ich es für wichtig, diese an dieser Stelle auch aufzuführen.

Kommen wir nun zu den Funktionen, die für die einzelnen Verschlüsselungsfunktionen von AES wichtig sind. Die erste wichtige Funktion ist RotWordLeft() (Zeile **091 - 096**). RotWordLeft() rotiert den String **S** um eine bestimmte Anzahl an Bits nach links und verwendet hierfür zwei Bit-Shifts. Die Bits, die nach links herausgeschoben werden, werden rechts wieder reingeschoben. AES verwendet an dieser Stelle einen Links-Shift, um die Strings im Schlüssel **P** und **K** als lange Zahlen zu betrachten, bei denen das erste Zeichen auch dem LSB entspricht. Diese Betrachtungsweise entspricht der Network-Order. Die Network-Order ist die Reihenfolge, mit der Zahlenwerte im Internet übertragen werden. Die zweite wichtige Funktion, die von den einzelnen Verschlüsselungsfunktionen verwendet wird, ist SubWord() (Zeile **097 - 109**). SubWord() bekommt den Parameter **V** vom Typ unsigned long int übergeben (also ein AES-Wort) und betrachtet von diesem Wort die einzelnen Bytes. Die Reihenfolge ist auch hier wieder konform mit der Network-Order, also steht das erste Byte auch an der niedrigsten Speicheradresse. Um nun auf das erste Byte

(Byte 0) von **V** zuzugreifen, wird `V=V&0xff` gesetzt. Dadurch werden die obersten Bytes (Byte 1 – 3) ausmaskiert und das unterste Byte kann danach an Position 0 im Puffer **CTemp** gespeichert werden. **CTemp** umfasst 4 Bytes und das erste Byte (Byte 0) von **V** wird in `CTemp[0]` gespeichert. Mit dem zweiten bis vierten Byte verfährt `SubWord()` ähnlich, nur muss Byte 2 vor der AND-Verknüpfung mit 0xff um 8, Byte 3 um 16 und Byte 4 um 24 Bits nach rechts verschoben werden. Jedes Byte in `CTemp[0]` bis `CTemp[3]` wird auch stets mittels SBox substituiert. Am Ende (Zeile **104 – 107**) muss dann das per `return` zurückgegebene Wort wieder aus den einzelnen Bytes zusammengesetzt werden. Die dritte wichtige Funktion, die für Verschlüsselungsrunden benötigt wird, ist `ExpandKey()` (Zeile **110 – 136**). `ExpandKey()` überträgt erst einmal in Zeile **112 – 116** die ersten vier 32-Bit-Wörter des als Parameter übergebenen Schlüssels **K** in das durch den ersten Parameter übergebene Wort-Array **W**. Anschließend wird für die Wörter 4-r in einer for-Schleife der Schlüssel-Expansions-Algorithmus ausgeführt (Zeile **117 – 135**). Normalerweise wird, wenn **i** der Rundenzähler ist, nur `W[i]` durch `W[i-N]^W[i-1]` ersetzt, es sei denn, **i** ist durch 4 teilbar. Ist dies der Fall, wird, falls **i** zusätzlich >6 ist, `W[i]` durch `W[i-N]^W[i-1]` ersetzt und der Wert `W[i-1]` wird vorher noch durch die SBox substituiert. Wenn i durch 4 teilbar ist, aber <6 ist, wird zusätzlich zu der Substitution von `W[i-1]` noch eine Rotation um 8 Bits nach links ausgeführt. Wenn i durch 4 teilbar ist, aber <6 ist, wird `W[i]` stets zusätzlich mit `RCON[i]` durch XOR verknüpft.

Kommen wir nun zu den Verschlüsselungsfunktionen selbst. Dies sind `AddRoundKey()`, `SubBytes()`, `ShiftRows()`, `MixColumns()` und deren inverse Gegenstücke `InvSubBytes()`, `InvShiftRows()` und `InvMixColumns()`.

`AddRoundKey()` (Zeile **137 – 146**) als XOR-Funktion hat kein inverses Gegenstück, da XOR invers zu sich selbst ist (eine zweimalige XOR-Verknüpfung eines Werts A mit B ergibt wieder A). `AddRoundKey()` bekommt vier Parameter übergeben, nämlich einmal den aktuellen Klartext **P**, das Array **W** mit den Rundenschlüsseln sowie die Rundenanzahl **r** und die Länge **L** des Schlüssels in Bytes. Aus dieser Länge wird nun in Zeile **140** die Länge **N** in 32-Bit-Worten berechnet. Als Nächstes wird in Zeile **141** durch die Funktion `GetWord()` der r. Rundenschlüssel aus dem Array **W** ausgewählt und in der temporären Variablen **B** angelegt. Anschließend wird eine for-Schleife (Zeile **142 – 145**) ausgeführt, die sämtliche **N** Wörter des Klartextes ausliest und durch XOR mit der temporären Variablen **B** verknüpft. Um die einzelnen 32-Bit-Wörter von **P** auszulesen, zu verändern und auch wieder nach **P** zurückzuschreiben, werden hier die Funktionen `GetWord()` und `SetWord()` benötigt. Wie diese Funktionen arbeiten, wurde schon ausführlich erläutert.

`SubBytes()` (Zeile **147 – 154**) führt eine ganz einfache Operation aus und ersetzt sämtliche Bytes von **P** mittels SBox. AES wendet also die Substitution mittels SBox sowohl mit 32-Bit-Wörtern als auch mit den einzelnen Bytes von **P** an. Im Gegensatz zu `AddRoundKey()` hat `SubBytes()` jedoch das inverse Gegenstück `InvSubBytes()` (Zeile **155 – 162**), das dieselbe Substitution mit den entsprechenden Einträgen im Array **InvSBox** ausführt.

`ShiftRows()` (Zeile **176 – 188**) erweitert nun die einfache XOR-Verknüpfung von **P** mit einem der Rundenschlüssel aus **W** durch eine Vertauschung der Bytes in den Spalten der einzelnen Zeilen von **P**. Anders als `AddRoundKey()` betrachtet `ShiftRows()` **P** jedoch als Byte-Array mit vier Zeilen und vier Spalten. Beachten Sie an dieser Stelle wieder unbedingt, dass der Klartextblock **P** durch AES direkt verändert wird und am Ende nicht mehr ohne Schlüssel rekonstruierbar ist. Sie können `ShiftRows()` und das inverse Gegenstück `InvShiftRows()`

mit unterschiedlichen Methoden implementieren. Ich habe folgende Methode gewählt: Die einzelnen Bytes in den einzelnen Spalten werden in temporären Variablen gespeichert und anschließend an die richtige Position zurückgeschrieben. Alternativ hätte ich eine separate String-Funktion programmieren können, die einen String um eine bestimmte Anzahl Zeichen rotiert. Jedoch habe ich festgestellt, dass meine umständliche Variante sehr viel schneller ist. Dies führt nun zu einem grundlegenden Problem, das bei Verschlüsselungsverfahren immer wieder auftaucht: eine einfache Programmierung vs. Geschwindigkeit, die vor allem im Internet sehr wichtig ist. Es ist nicht immer einfach, hier einen guten Mittelweg zu finden.

Die Funktion, mit der die meisten Studenten Schwierigkeiten haben, ist MixColumns() (Zeile **200 – 223**). MixColumns() ist genau die Funktion, die AES erstens sicher macht und zweitens dafür sorgt, dass der Algorithmus invertierbar ist, also jederzeit rückgängig gemacht werden kann, wenn man den Schlüssel besitzt. Im Endeffekt führt MixColumns() nur eine Matrizenmultiplikation von **P** mit einer Matrize **A** durch, die folgende Elemente enthält (Zahlen in Hex):

$$\begin{matrix} 2 & 3 & 1 & 1 \\ 1 & 2 & 3 & 1 \\ 1 & 1 & 2 & 3 \\ 3 & 1 & 1 & 2 \end{matrix}$$

Eine Matrizenmultiplikation kennt wahrscheinlich jeder Student und es nicht sehr schwer, sie zu programmieren. Schwierigkeiten macht an dieser Stelle, dass die einzelnen Multiplikationen in einem Galois-Feld der Ordnung $GF(2^8)$ stattfinden müssen. Diese Operation ist nicht trivial und auch viel zu langsam, wenn man sie direkt als Algorithmus programmiert. Deshalb habe ich separate Lookup-Tabellen für die Multiplikation im $GF(2^8)$ erstellt. Die Funktion GMul (Zeile **189 – 199**) führt nun eine Multiplikation der Byte-Werte **a** und **b** im Zahlenraum $GF(2^8)$ auf eine Exponentiation (Exp) und einen Logarithmus (Log) zurück. GMul() schlägt die einzelnen Werte hierfür in den entsprechenden Lookup-Tabellen nach. Stellen Sie sich an dieser Stelle am besten eine klassische Logarithmentabelle vor, in der man früher, als es noch keine Taschenrechner gab, die entsprechenden Werte nachschlagen musste. InvMixColumns() funktioniert wie MixColumns(), nur wird **P** mit der Inversen von **A** multipliziert, die folgende Elemente enthält (Zahlen in Hex):

$$\begin{matrix} E & B & D & 9 \\ 9 & E & B & D \\ D & 9 & E & B \\ B & D & 9 & E \end{matrix}$$

Auch InvMixColumns() benutzt GMul(), um die Ergebnisse auszurechnen. Allerdings bestehen immer noch einige Schwierigkeiten, um MixColumns() und InvMixColumns() richtig umzusetzen. Die erste Schwierigkeit ist wieder, dass **P** als String vorliegt und auch so betrachtet werden muss. Deshalb müssen Sie sowohl bei MixColumns() als auch bei InvMixColumns() die Matrizenmultiplikation für die einzelnen Spalten sozusagen elementweise per Hand ausführen und die Ergebnisse auch anschließend elementweise wieder zurückschreiben. Dies erklärt dann auch die etwas eigenartige Code-Struktur dieser Funktionen.

Das Programm gibt nun in der Konsole die folgenden Bytes aus:
11 0c b8 cc a6 d2 64 a7 cb 12 e2 bc 38 49 fd ab (verschlüsselter Text als Bytes)
53 45 53 41 4d 20 d6 46 46 4e 45 20 44 49 43 48 (entschlüsselter Text als Bytes)

10.4 Hashing-Verfahren

Eng verwandt mit den Blockchiffren sind die kryptographischen Hashing-Verfahren. Eigentlich bedeutet der Begriff „hash" im Deutschen „zerhacken". Dieser Begriff ist aber nicht ganz korrekt und ich selbst würde ihn mit „vermischen" übersetzen. Beim *Hashing* geht es also auch darum, die einzelnen Bits oder Bytes eines Klartextblocks miteinander zu vertauschen oder bestimmte Bits durch die XOR-Funktion miteinander zu verknüpfen. Auch die SBox kommt manchmal zum Einsatz. Ziel der Hashing-Verfahren ist jedoch nicht, den Klartextblock **P** zu verschlüsseln. Ein *kryptographisches Hashing-Verfahren* macht einen Klartextblock **P** so unkenntlich, dass **P** nicht mehr aus dem Ergebnisblock **H** rekonstruierbar ist. Die Menge an Möglichkeiten, die für **P** infrage kommen, wird dazu auf eine viel kleinere Menge an Möglichkeiten abgebildet, die für **H** infrage kommen. Hashing verwendet also keine symmetrischen Funktionen, sondern Falltürfunktionen, die aber nicht dazu da sind, das Ergebnis zu entschlüsseln. Natürlich verwenden manche Hashing-Verfahren auch feste, eindeutige Schlüssel, die auch am Ende einen eindeutigen Block **H** erzeugen. Das Ergebnis wird aber nicht dazu verwendet, eine bestimmte Nachricht zu speichern. Vielmehr werden z. B. in einer Passwortdatenbank nur die Hash-Werte der wichtigsten Nutzerdaten abgelegt. Ein bestimmter Nutzer generiert dazu auf seinem PC einen Hash-Wert und sendet diesen über das Internet an den Login-Server. Ein Angreifer kann in diesem Fall zwar den Hash-Wert abfangen, weiß aber nicht, welcher Benutzer sich hinter diesem Hash-Wert verbirgt. Der Begriff *Hash-Wert* und der Inhalt eines Hash-Blocks werden hier oft synonym benutzt.

10.4.1 Erweitertes XOR-Hashing

Wie Sie sehen, gehen Hashing und symmetrische Blockchiffren oft Hand in Hand und manche Verfahren sind sogar beides gleichzeitig. Wie berechnet man aber nun einen Hashwert **H** für den Klartext **P**? Nehmen wir dazu folgenden String mit Nutzerdaten:

```
unsigned char P[65]="Rene@Pinguin:Linux"; // Blocklänge ist 64 Bytes+Nullbyte
```

Nehmen wir nun an, die Länge des Hash-Blocks soll 16 Bytes betragen:

```
unsigned char H[16]; // Hashing-Verfahren rechnen oft mit vorzeichenlosen Zahlen
```

Das einfachste Hashing-Verfahren, das es gibt, ist der einfache XOR-Hash. Um diesen zu berechnen, wird erst einmal an den Klartextblock der String „ABCDEF...." angehängt, und zwar so lange, bis der Klartextblock eine Länge von 64 Zeichen aufweist. Die Folge „ABCDEF..." ist dabei so beschaffen, dass diese sich nach dem Buchstaben Z wiederholt.

Anschließend werden die ersten 16 Zeichen des Klartextbocks **P** nach **H** kopiert. Anschließend werden sämtliche Zeichen ab P[16] durch die folgende Schleife per XOR verknüpft:

```
for (i=16; i<BL; i++)
{
    H[i%HL]=H[i%HL]^P[i];
}
// HL=Hashlänge (16), BL=Blocklänge (64)
```

Genau wie die XOR-Chiffre gewährleistet der XOR-Hash nur eine rudimentäre Sicherheit, die gerade mal ausreicht, um eine Adressenliste vor den Blicken Neugieriger zu schützen. Echte Hacker finden den Klartext zu einem XOR-Hash jedoch in ein paar Sekunden. Dies liegt aber nicht an der XOR-Funktion selbst, sondern an der viel zu schwachen Vermischung der Bits mit dem hier vorgestellten Algorithmus. Es reicht eben nicht aus, nur einzelne Zeichen per XOR miteinander zu verknüpfen, sondern die verknüpften Bits müssen zusätzlich gegeneinander verschoben werden. Diese Verschiebung erreichen Sie auf unterschiedliche Weisen. Die einfachste Variante, die über einen einfachen XOR-Hash hinausgeht, ist, **P** in einem Puffer **B** (vom Englischen „buffer") abzulegen und diesen Puffer um eine bestimmte Anzahl Bits nach links oder rechts zu rotieren. Diesen rotierten Puffer verknüpfen Sie anschließend mit dem Klartext. Dabei können Sie auch mehrere Runden verwenden, was viele moderne Hashing-Algorithmen dann auch wirklich tun.

Wie rotieren Sie aber nun einen String? Für eine Zahl gibt es dafür spezielle Prozessorbefehle oder aber bestimmte C-Bibliotheken (z. B. ctype.h), Java hat den Rotationsbefehl sogar direkt in Form einer Klassenmethode integriert (Integer.Rotate()). Was ist aber mit einem String? Zum Glück ist die Rotation eines Strings nicht so schwer, denn Sie müssen nur die Bytes in den einzelnen Zeichen mit einem Bit-Schiebe-Befehl verknüpfen. Dabei müssen Sie aber beachten, dass Sie die Bits der Zeichen, die dem aktuellen Zeichen folgen, korrekt in das aktuelle Zeichen übertragen. Dies ist aber nicht so schwer, wie die folgende C-Funktion zeigt.

```
void StringRotLeft(unsigned char *S) // Rotation um 1 Bit nach links
{
    unsigned char Temp;
    long int L=strlen(S);
    Temp=S[L-1]; // Zeichen an MSB sichern
    for (long int i=L-1; i>0; i--)
    {
        S[i]=(S[i]<<1)|(S[i-1]>>7); // Bit 7 von S[i-1] von unten in S[i]
hineinschieben
    }
    S[0]=(S[0]<<1)|(Temp>>7); // Oberstes Bit von Temp unten in S[0] hineinschieben
}
```

`StringRotLeft()` betrachtet einen String als sehr lange Zahl, bei der das erste Zeichen im String (S[0]) auch das LSB ist. Das letzte Zeichen steht also an der Position S[L-1], wenn **L** die Länge des Strings ist. `StringRotLeft()` geht nun den String von hinten nach vorne durch und verschiebt jedes Byte im String um eine Position nach links. Allerdings reicht dies nicht aus, denn es muss stets das oberste Bit des nächsten Bytes in das aktuelle Byte kopiert werden. Dies gelingt übrigens nur dann korrekt, wenn der String vom Typ `unsigned char*` ist, ansonsten wird Bit 7 als Vorzeichenbit einer 8-Bit-Zahl betrachtet. Bei einer Bitrotation nach links müssen Sie immer das Bit, das an der höchsten Position steht, an der untersten Stelle wieder reinschieben. Hierzu dient die Variable **Temp**, die das MSB sichert, und am Ende das oberste Bit des MSB unten wieder hineinschiebt. Sie erinnern sich wahrscheinlich noch: MSB bedeutet „most signifficant byte" und LSB „least signifficant byte".

Das Gegenstück zu StringRotLeft ist dann StringRotRight.

```
void StringRotRight(unsigned char *S) // Rotation um 1 Bit nach rechts
{
    unsigned char Temp;
    long int L=strlen(S);
    Temp=S[0]; // Zeichen an MSB sichern
    for (long int i=0; i<L-1; i++)
    {
        S[i]=(S[i]>>1)|(S[i+1]<<7); // Bit 1 von S[i+1] von oben in S[i]
hineinschieben
    }
    S[L-1]=S([L-1]>>1)|(Temp<<7); // Unterstes Bit von Temp oben in S[L-1]
hineinschieben
}
```

StringRotRight() betrachtet also ebenfalls einen String als sehr lange Zahl, bei der das erste Zeichen im String (S[0]) auch das LSB ist. Das letzte Zeichen ist also an der Position S[L-1], wenn L die Länge des Strings ist. StringRotRight() geht nun den String von vorne nach hinten durch und verschiebt jedes Byte im String um eine Position nach rechts. Allerdings reicht dies nicht aus, denn es muss stets das unterste Bit des nächsten Bytes in das aktuelle Byte kopiert werden. Dies gelingt auch hier nur dann korrekt, wenn der String vom Typ unsigned char* ist, ansonsten wird Bit 7 als Vorzeichen betrachtet. Bei einer Bitrotation nach rechts müssen Sie immer das Bit, das an der niedrigsten Position steht, an der obersten Stelle wieder reinschieben. Hierzu dient die Variable **Temp**, die das LSB sichert und am Ende das unterste Bit des MSB oben wieder hineinschiebt. Auch an dieser Stelle bedeutet MSB „most signifficant byte" und LSB „least signifficant byte".

Wir wollen nun den XOR-Hash so durch die Funktion StringRotLeft() erweitern, dass dieser sehr viel sicherer wird. Hierzu verknüpfen wir nun die String-Rotation auf die folgende Weise mit der XOR-Funktion: Erst wird der in den Puffer **B** kopierte Klartext um ein Bit nach links rotiert. Anschließend wird ein Rotationszähler r um 1 erhöht. Immer, wenn dieser Zähler einen bestimmten Wert besitzt, wird der Klartext **P** mittels XOR mit dem Puffer **B** verknüpft. Um an dieser Stelle eine optimale Vermischung der einzelnen Bits zu erreichen, können Sie verschiedene Strategien benutzen, um zu bestimmen, bei welchen Werten für **r** (**r** ist hier wieder der Rundenzähler) eine XOR-Verknüpfung stattfindet. Eine mögliche Strategie, die ja auch schon AES verwendet hat, ist, die Binärdarstellung von **B** als Polynom zu betrachten. Wenn dieses Polynom keine Nullstellen besitzt, dann ist eine XOR-Verknüpfung von **P** mit **B** genau dann sinnvoll, wenn **r** als Potenz in dem entsprechenden Polynom auftaucht.

Die einfachste Variante ist in diesem Fall, bei allen Zählerständen von **r**, die einer Primzahl entsprechen, eine XOR-Verknüpfung von **P** mit **B** durchzuführen. Rotiert wird der Puffer **B** allerdings bei jeder Erhöhung von **r**. Der maximale Wert von **r** entspricht hier der Bitlänge des Hash-Blocks. Ich will nun der Einfachheit halber annehmen, dass **H** genau wie **P** 64 Bytes groß ist. In diesem Fall müssen wir folgende Primzahltabelle mit den Primzahlen zwischen 2 und 512 anlegen:

```
PrimTab[22]={2,3,7,13,23,31,47,61,79,97,113,139,167,193,223,251,283,317,359,397,439,
479};
```

Nun können Sie den XOR-Hash durch die folgende Schleife erweitern:

```
int r=0, j=0, L=64;
unsigned char B[64];
for (r=0; r<512; r++)
{
    StringRotLeft(B);
    if (r==PrimTab[j])
    {
        XORString(P,B,L); // Reihenfolge der Parameter: Ziel, Quelle
        j++; // nächsten Eintrag in der Primtabelle auswählen
    }
}
```

XORString() soll hier bedeuten, dass **P** byteweise mit **B** durch XOR verknüpft wird. XORString() muss aber hier die Blocklänge L als Parameter erhalten, weil die Strings auch Nullzeichen enthalten können. Es dürfte für Sie inzwischen ein Leichtes sein, die Funktionen XORString() zu implementieren.

Nun sieht das Ergebnis schon sehr chaotisch aus und Sie können nicht mehr so einfach von **H** auf **P** schließen. Sie haben im Endeffekt ein Hütchenspiel mit 64*8=512 Hütchen gespielt, unter denen auch nicht nur eine Murmel, sondern gleich mehre Murmeln liegen (eine Murmel entspricht hier einem gesetzten Bit). Nach 512 Runden und mehreren Umsortierungen durch die zusätzlichen XOR-Verknüpfungen können Sie nur noch sehr schwer zu der Ausgangsposition zurückfinden. In der Tat können Sie dies mit Ihrem privaten PC nicht mehr leisten, auch wenn Ihr Prozessor 16 Kerne besitzt und Sie eine teure Gaming-Grafikkarte Ihr Eigen nennen. Leider gibt es aber auch Server und diese könnten hier innerhalb von ein paar Stunden durch aufwendige statistische Tests von **H** auf **P** schließen. Dies ist deshalb möglich, weil Sie für Ihren Schlüssel nicht den gesamten Zahlenraum ausgenutzt haben, den Ihnen die ASCII-Zeichen bieten. Sie können diese Sicherheitslücke nun durch zwei Maßnahmen stopfen: Entweder Sie füllen **P** mit Zufallszahlen oder Sie verwenden eine SBox.

Nun sind wir wieder bei der Frage, wie Sie eine sichere SBox erstellen können. Sie können nun an dieser Stelle einfach die SBox von AES verwenden. Leider ist die SBox von AES immer wieder dafür kritisiert worden, dass die Einträge darin durch einen relativ einfachen Algorithmus zustande kommen. Ich möchte deswegen nun eine andere Möglichkeit verwenden, nämlich die Zahl Pi in binärer Darstellung. Pi hat die Eigenschaft, normal zu sein. Bei einer *normalen Zahl* kommen hinter dem Komma sämtliche Dezimalziffern gleich häufig vor und die Ziffern verhalten sich auch wie bei einer echten Zufallsfolge. Da das Binärsystem nur eine Transformation des Dezimalsystems in ein anderes Zahlensystem ist, gilt auch im Binärsystem die Aussage, dass die Bitmuster der Zahl Pi einer echten Zufallsfolge entsprechen. Die Binärdarstellung von Pi erhalten Sie unter anderem durch den BPP-Algorithmus. Ich habe mir nun mit diesem Algorithmus etwa 10 000 Binärstellen als Bytes ausgeben lassen und in dem Array SBox der Größe 256 abgelegt. Ich habe jedoch immer, wenn ein Byte schon in der SBox enthalten war, das entsprechende Byte weggelassen und nicht noch einmal in die SBox übertragen. Auf diese Weise erhalten Sie die folgende SBox:

```
unsigned char SBox[256]=
{
0xba,0x3b,0xf0,0x50,0x7e,0xfb,0x2a,0x98,0xa1,0xf1,0x65,0x1d,0x39,0xae,0x01,0x76,
0x66,0xca,0x59,0x3e,0x82,0x43,0x0e,0x88,0x8c,0xee,0x86,0x19,0x45,0x6f,0x9f,0xb4,
0x7d,0x84,0xa5,0xc3,0x8b,0x5e,0xbe,0xe0,0x75,0xd8,0x85,0xc1,0x20,0x73,0x40,0x1a,
0x44,0x56,0x6a,0xa6,0x4e,0xd3,0xaa,0x62,0x36,0x3f,0x77,0x06,0x1b,0xfe,0xdf,0x72,
0x42,0x9b,0x02,0x3d,0x37,0xd0,0xd7,0x24,0x0a,0x12,0x48,0xdb,0x0f,0xea,0x49,0xc0,
0x07,0x53,0xc9,0x80,0x99,0x7b,0x25,0xd4,0x79,0xf6,0xe8,0xde,0xf7,0xe3,0xb6,0x4c,
0x97,0x6c,0xbd,0x04,0xa9,0x4f,0x60,0xc4,0x5c,0x9e,0xc2,0x63,0x68,0xaf,0xb5,0x13,
0xb2,0xeb,0x52,0xec,0x6d,0xfc,0x51,0x1f,0x30,0x95,0x2c,0xcc,0x81,0x09,0x33,0x4a,
0xfd,0x28,0x2e,0x4b,0xb3,0xcb,0xa8,0x57,0xc8,0x74,0xd2,0x0b,0x5f,0xb9,0x55,0x32,
0xd6,0x00,0xc6,0x67,0xa3,0x8e,0xe9,0xf8,0x22,0x3c,0x16,0x61,0x6b,0x15,0x2f,0x1e,
0xad,0x05,0xab,0xfa,0x23,0x87,0x31,0xbb,0xa0,0x17,0x69,0xd5,0xff,0xac,0x5b,0x27,
0xb0,0x58,0xe1,0x5d,0xb8,0x11,0x10,0x21,0x83,0x2d,0xd1,0x9a,0xe4,0xbc,0x90,0xdd,
0xf2,0xda,0xa4,0x41,0xce,0xef,0x2b,0x4d,0x91,0x71,0x93,0xc7,0x94,0xb7,0x8f,0xe2,
0x64,0x0d,0x1c,0xcf,0x18,0xe5,0xf3,0x89,0x7c,0xd9,0xa2,0x14,0xe6,0x54,0xf5,0x9d,
0x35,0xcd,0x0c,0x78,0x5a,0x7f,0xc5,0x26,0x03,0x47,0x29,0x08,0x96,0xe7,0xf9,0x34,
0x6e,0x7a,0x70,0xa7,0x9c,0xed,0xb1,0x3a,0x38,0xdc,0x46,0xbf,0xf4,0x8d,0x92,0x8a
};
```

Der BPP-Algorithmus ist nicht trivial und es würde an dieser Stelle auch dem Verständnis nicht gerade dienen, wenn ich diesen nun detailliert darstellen würde. Mir ist nur wichtig, dass Sie verstehen, dass eine SBox keine willkürlich gezogenen Zufallszahlen enthalten muss (dies wäre sogar kontraproduktiv), sondern vielmehr eine Zahlenfolge, die bestimmte Eigenschaften besitzt. Eine dieser Eigenschaften ist z.B., eine statistische Analyse zu erschweren. Die von Pi abgeleitete SBox hat unter anderem diese Eigenschaft. Leider ist es sehr schwer, dies zu beweisen. Es versteht sich von selbst, dass ich Ihnen diesen Beweis nicht zumuten kann.

Für ein Hashing-Verfahren benötigen Sie nun keine inverse SBox (diese benötigen Sie nur für eine symmetrische Chiffre). Sie müssen aber die originale SBox an der richtigen Stelle einsetzen. Wenn Sie den XOR-Hash noch einmal verkomplizieren wollen, ist es am besten, die SBox direkt in der Initialisierungsphase einzusetzen und danach in jeder Runde, in der auch die Funktion XORString() ausgeführt wird. Dies bedeutet, dass Sie erst einmal folgende Schleife ausführen müssen (**Z** sei hier der Ziel-String, der substituiert wird):

```
for (i=0; i<L; i++) { Z[i]=SBox[Z[i]]; }
```

Kapseln wir nun diese Schleife wie folgt in eine Funktion:

```
void SBoxSub(unsigned char *Z, int L) // Z=Zielstring
{
    int i;
    for (i=0; i<L; i++) { P[i]=SBox[P[i]]; }
}
```

Wir erhalten nun folgenden Algorithmus für die Berechnung des Hash-Werts (L=64):

```
SBoxSub(P,L); // Substitution von P mittels SBox
CopyString(B,P,L); // Kopiert B nach P
for (r=0; r<512; r++)
{
    StringRotLeft(B,L); // Rotation um 1 Bit
    if (r==PrimTab[j])
```

```
    {
        XORString(P,B,L);   // Reihenfolge der Parameter: Quelle, Ziel
        SBoxSub(B,L);       // Substitution B mittels SBox
        j++;                // nächsten Eintrag in der Primtabelle auswählen
    }
}
```

Listing 10.8 Listing setzt nun den getunten XOR-Hash in ein lauffähiges C-Programm um, mit dem Sie die Login-Daten als Klartext **P** über die Tastatur eingeben können. Anschließend wird der Hash von **P** berechnet und als lange Hex-Zahl angezeigt.

Listing 10.8 TunedXORHash.c

```
01  #include<stdio.h>
02  #include<string.h>

03  long int PrimTab[23]={2,3,7,13,23,31,47,61,79,97,113,139,167,193,223,251,283,317,
359,397,439,479};

04  unsigned char SBox[256]=
05  {
06  0xba,0x3b,0xf0,0x50,0x7e,0xfb,0x2a,0x98,0xa1,0xf1,0x65,0x1d,0x39,0xae,0x01,0x76,
07  0x66,0xca,0x59,0x3e,0x82,0x43,0x0e,0x88,0x8c,0xee,0x86,0x19,0x45,0x6f,0x9f,0xb4,
08  0x7d,0x84,0xa5,0xc3,0x8b,0x5e,0xbe,0xe0,0x75,0xd8,0x85,0xc1,0x20,0x73,0x40,0x1a,
09  0x44,0x56,0x6a,0xa6,0x4e,0xd3,0xaa,0x62,0x36,0x3f,0x77,0x06,0x1b,0xfe,0xdf,0x72,
10  0x42,0x9b,0x02,0x3d,0x37,0xd0,0xd7,0x24,0x0a,0x12,0x48,0xdb,0x0f,0xea,0x49,0xc0,
11  0x07,0x53,0xc9,0x80,0x99,0x7b,0x25,0xd4,0x79,0xf6,0xe8,0xde,0xf7,0xe3,0xb6,0x4c,
12  0x97,0x6c,0xbd,0x04,0xa9,0x4f,0x60,0xc4,0x5c,0x9e,0xc2,0x63,0x68,0xaf,0xb5,0x13,
13  0xb2,0xeb,0x52,0xec,0x6d,0xfc,0x51,0x1f,0x30,0x95,0x2c,0xcc,0x81,0x09,0x33,0x4a,
14  0xfd,0x28,0x2e,0x4b,0xb3,0xcb,0xa8,0x57,0xc8,0x74,0xd2,0x0b,0x5f,0xb9,0x55,0x32,
15  0xd6,0x00,0xc6,0x67,0xa3,0x8e,0xe9,0xf8,0x22,0x3c,0x16,0x61,0x6b,0x15,0x2f,0x1e,
16  0xad,0x05,0xab,0xfa,0x23,0x87,0x31,0xbb,0xa0,0x17,0x69,0xd5,0xff,0xac,0x5b,0x27,
17  0xb0,0x58,0xe1,0x5d,0xb8,0x11,0x10,0x21,0x83,0x2d,0xd1,0x9a,0xe4,0xbc,0x90,0xdd,
18  0xf2,0xda,0xa4,0x41,0xce,0xef,0x2b,0x4d,0x91,0x71,0x93,0xc7,0x94,0xb7,0x8f,0xe2,
19  0x64,0x0d,0x1c,0xcf,0x18,0xe5,0xf3,0x89,0x7c,0xd9,0xa2,0x14,0xe6,0x54,0xf5,0x9d,
20  0x35,0xcd,0x0c,0x78,0x5a,0x7f,0xc5,0x26,0x03,0x47,0x29,0x08,0x96,0xe7,0xf9,0x34,
21  0x6e,0x7a,0x70,0xa7,0x9c,0xed,0xb1,0x3a,0x38,0xdc,0x46,0xbf,0xf4,0x8d,0x92,0x8a
22  };
23  void StringRotLeft(unsigned char *S, int L) // Rotation um 1 Bit nach links
24  {
25      unsigned char Temp;
26      Temp=S[L-1]; // Zeichen an MSB sichern
27      for (long int i=L-1; i>0; i--)
28      {
29          S[i]=(S[i]<<1)|(S[i-1]>>7); // Bit 7 von S[i-1] von unten in S[i] hineinschieben
30      }
31      S[0]=(S[0]<<1)|(Temp>>7); // Oberstes Bit von Tmp unten in S[0] hineinschieben
32  }

33  void XORString(unsigned char *Z, unsigned char *Q, int L) // Verknüpft Z (Ziel) und Q (Quelle) durch XOR
34  {
35      int i;
36      for (i=0; i<L; i++)
37      {
```

```
38              Z[i]=Z[i]^Q[i];
39          }
40      }

41      void CopyString(unsigned char *Z, unsigned char *Q, int L) // Kopiert Z (Ziel)
nach Q (Quelle)
42      {
43          int i;
44          for (i=0; i<L; i++)
45          {
46              Z[i]=Q[i];
47          }
48      }

49      void SaltString(unsigned char *Z, int L) // Z ab Position L mit SBox-Werten
auffüllen
50      {
51          int i,j;
52          j=strlen(Z)-1;
53          if (j>64) { j=64; }
54          for (i=j; i<L; i++)
55          {
56              Z[i]=SBox[i];
57          }
58      }

59      void ZeroEx(unsigned char *Z, int L) // Sämtliche Nullen in Z durch Binärwert
10101010 ersetzen
60      {
61          int i;
62          for (i=0; i<L; i++)
63          {
64              if (Z[i]==0) { Z[i]=0xaa; }
65          }
66      }

67      void SBoxSub(unsigned char *Z, int L) // Sämtliche Zeichen in Z (Ziel) mittels
SBox ersetzen
68      {
69          int i;
70          for (i=0; i<L; i++)
71          {
72              Z[i]=SBox[Z[i]];
73          }
74      }

75      void StringOutHex(unsigned char *Q, int L) // Ausgabe String-Bytes als Hex-Werte
(+newline)
76      {
77          int i;
78          for (i=0; i<L; i++)
79          {
80              printf("%02x",Q[i]);
81          }
82          printf("\n");
83      }

84      void CreateHash(char *P) // Ersetzt P durch den Hash-Block H(P)
```

```
085  {
086      int r=0,j=0,L=64;
087      unsigned char B[64];
088      SaltString(P,L); // P mit Salz versehen
089      SBoxSub(P,L);
090      CopyString(B,P,L);
091      for (r=0; r<512; r++)
092      {
093          StringRotLeft(B,L); // In jedem Schritt String um 1 rotieren
094          if (r==PrimTab[j])
095          {
096              XORString(P,B,L); // Reihenfolge der Parameter: Ziel, Quelle
097              SBoxSub(B,L);
098              j++; // nächsten Eintrag in der Primtabelle auswählen
099          }
100      }
101      ZeroEx(P,L); // Am Ende noch einmal Nullen aus P entfernen
102  }

103  int main(void)
104  {
105      unsigned char P[65];
106      unsigned char User[65];
107      unsigned char Pass[65];
108      unsigned char OS[65];
109      printf("Benutzername:");   scanf("%s",&User);
110      printf("Passwort:");   scanf("%s",&Pass);
111      printf("Betriebssystem:");   scanf("%s",&OS);
112      strcpy(P,User); strcat(P,"@");
113      strcat(P,Pass); strcat(P,":");
114      strcat(P,OS);
115      printf("Login-Daten:%s\n",P);
116      CreateHash(P); printf("Hash-Wert:"); StringOutHex(P,64);
117      return 0;
118  }
```

Die Zeilen **001 – 022** brauche ich nicht mehr zu erklären, denn dort werden nur die nötigen Include-Dateien eingebunden und die SBox definiert. Die SBox sowie sämtliche Strings enthalten auch in Listing 10.8 wieder vorzeichenlose Zeichen. Dies ist deshalb nötig, weil die Zeichen selbst als vorzeichenloser Zeiger dienen, um den entsprechenden Eintrag in der SBox zu finden. Sie benötigen trotzdem noch einige Hilfsfunktionen, um das in Listing 10.8 angegebene Hashing-Verfahren benutzen zu können. Dies ist einmal die Funktion StringRotLeft() (Zeile **023 – 032**), die vorher schon ausführlich besprochen wurde, und ferner die Funktion XORString() (Zeile **033 – 040**). XORString() bekommt drei Parameter übergeben, nämlich den Ziel-String, den Quell-String und die Länge des Quell-Strings. Die Übergabe der Länge ist deshalb nötig, weil diese nicht durch die Funktion strlen() ermittelt werden kann. Dies gilt vor allem für den während des Hashing generierten Zwischenpuffer, der auch Null-Bytes enthalten kann. XORString() verknüpft nun den Ziel-String und den Quell-String byteweise durch XOR. Ich habe in dem gesamten Listing darauf geachtet, dass sämtliche String-Funktionen die Parameter in der Reihenfolge (Ziel,Quelle,Länge) bzw. (Ziel,Länge) verwenden. Dies gilt auch für CopyString() (Zeile **041 – 048**). Diese Funktion kopiert den Quellstring **Q** mit der Länge **L** Byteweise in den Zielstring **Z**.

Wenn Sie nun einen String mit Login-Informationen eingeben, kann es jedoch sein, dass dieser String kürzer ist als 64 Zeichen. Dies ist sogar normal, weil sich niemand komplizierte Passwörter merken kann. Wenn Sie diesen String jedoch hashen, dann haben Sie ab der Position `P[strlen(P)]` zufällige Bytes im Speicher stehen. Sie erinnern sich? C initialisiert den Speicher nicht, wenn es ein Array im Speicher anlegt. Sie können jetzt natürlich hergehen und Ihre Strings vor der Eingabe von Daten stets mit Null-Bytes auffüllen. Dies erzeugt dann aber in **P** viele Null-Bytes. Vielleicht denken Sie, dass dies ja nicht so schlimm ist, aber das Gegenteil ist der Fall. Die XOR-Verknüpfung von A mit 0 erzeugt nämlich wiederum A, das heißt, dass Null-Bytes beim Hashen keine Änderung bewirken. Dadurch wird der Zahlenraum (das ist die Anzahl der Möglichkeiten, mit der Sie Ihre Bits in **P** neu anordnen können) von **H** reduziert, was eine starke Sicherheitslücke bedeutet. Konkret heißt das: Wenn **P** zu kurz ist, enthält der Hash-Wert **H** später viele Bytes des Originaltextes und diese Bytes braucht man natürlich, wenn man dann **P** rekonstruieren will, nicht mehr zu testen. Dummerweise ist dies genau das, was viele Benutzer tun: Sie verwenden einfache, kurze Passwörter, weil sie diese sonst vergessen. Deshalb wird **P** vor dem Hashen mit Salz (salt) versehen. *Salz* (salt) nennt man in der Kryptographie Bytes, die zusätzlich zu der eigentlichen Information in einen Klartextblock geschrieben werden, um diesen bis zu der Länge **L** aufzufüllen. Hierbei dürfen die Bytes des Salzes keine Null-Bytes bzw. Zufallszahlen sein, sollten aber dennoch möglichst chaotisch aussehen. Das Salzen des Klartextblocks nach der Eingabe übernimmt die Funktion `SaltString()` (Zeile **049 – 058**). `SaltString()` ermittelt in Zeile **052** erst einmal die Länge des als Parameter **Z** übergebenen Strings durch `strlen()` und setzt den Zähler **j** auf `strlen(Z)-1`. Sie haben also nun zwei Längenvariablen: einmal die Länge des Klartextblocks und einmal die Länge des Klartext-Strings (hier **Z**) bis zu dem ersten Null-Byte. In einer Schleife wird dann jedes Zeichen an der Position **i** durch den entsprechenden SBox-Eintrag `SBox[i]` ersetzt. `SaltString()` schreibt also keine Zufallszahlen in einen String, sondern nimmt dafür die chaotisch aussehenden Einträge aus der SBox. An dieser Stelle ist es wirklich wichtig, dass Sie für das Salz reproduzierbare Werte verwenden, sonst erhalten Sie keinen eindeutigen Hash-Wert. **P** darf zwar nicht aus **H** ableitbar sein, aber derselbe Klartextblock muss dennoch einen eindeutigen Hash-Wert erzeugen.

Das Hashing selbst wurde in die Funktion `CreateHash()` (Zeile **084 – 102**) ausgelagert. **CreateHash()** bekommt nur den Klartext **P** als Parameter übergeben, weil die Blocklänge stets L=64 ist. Zunächst kopiert `CreateHash()` den Klartext **P** in den Zwischenpuffer **B**, nachdem **P** mit Salz versetzt und mittels SBox substituiert wurde. In Zeile **091 – 100** wird nun die `for`-Schleife ausgeführt, die die einzelnen Runden generiert. Es gibt 22 Runden und in jeder Runde wird der Klartext **P** mit dem um **r** Bits verschobenen Puffer B verknüpft, wobei **r** immer die nächst höhere Primzahl ist. Am Ende jeder Runde wird **B** stets mittels SBox substituiert. **P** wird am Ende noch der Funktion ZeroEx() übergeben, die sämtliche Null-Bytes aus **P** entfernt. **P** wird also direkt durch den entsprechenden Hash-Wert ersetzt und kann danach auch als echter String mittels `printf()` ausgegeben werden.

Das Hauptprogramm (Zeile **103 – 118**) liest nun drei Login-Informationen von der Konsole ein, nämlich den Benutzernamen, das Passwort und das OS (Betriebssystem). Diese Informationen werden per `strcat()` zu einem String der Form [Benutzername]@[Passwort]:[Betriebssystem] verknüpft, der als Klartext **P** verwendet und anschließend gehasht wird. Der Hash-Wert wird am Ende als lange Hex-Zahl in der Konsole angezeigt. Die Ausgabe kann z. B. wie folgt aussehen:

Benutzername:Rene

Passwort:Pinguin

Betriebssystem:Linux

Login-Daten:Rene@Pinguin:Linux

Hash-Wert:

8c19ce8cc9c23ca402672fa457623ca4d626b88a5147f142f49324fc576b6ef-
24c3009395d3befffcd26def3aa4bd46ae43ffe559b687608998ebf0771aa96a3

Erweiterter XOR-Hash mit Bitrotation

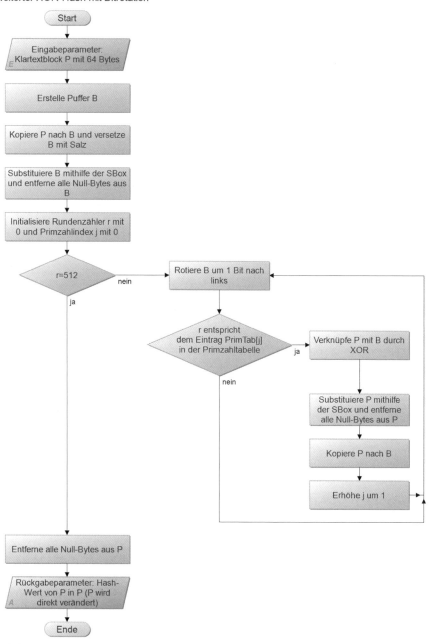

Bild 10.3 Programmablaufplan des erweiterten XOR-Hash

Ich gebe an dieser Stelle zu, dass ich noch keine Gelegenheit dazu hatte, das in dem letzten Listing vorgestellte Hashing-Verfahren auf Sicherheitslücken zu testen. Trotzdem schien es mir eine gute Vorbereitung auf den erprobten und auch oft verwendeten Algorithmus zu sein, den ich Ihnen nun vorstellen möchte, nämlich den SHA-Algorithmus. Der Begriff SHA ist eine Abkürzung für „secure hash algorithm", auf Deutsch „sicherer Hashing-Algorithmus". Die erste Variante von SHA (SHA-1) erfüllte leider nicht das Kriterium, sicher zu sein, deshalb stelle ich Ihnen an dieser Stelle den Nachfolger SHA-2 vor. SHA-3 gibt es inzwischen auch schon, es wird aber noch nicht genügend oft verwendet, um in einem Buch über Algorithmen besprochen zu werden. Es ist aber abzusehen, dass SHA-2 in ein paar Jahren von SHA-3 abgelöst wird, und dann wird in der nächsten Auflage an dieser Stelle SHA-3 behandelt werden.

10.4.2 Der SHA-Algorithmus

In Listing 10.8 wurden keine Texte gehasht, die mehr als 64 Bytes lang sind. Das bedeutet, dass in Texten, die mehr als 64 Bytes enthalten, die einzelnen Textblöcke miteinander verknüpft werden müssen. Hierzu können Sie z. B. den Textblock P_1 jeweils durch XOR mit dem bereits gehashten Textblock P_0 verknüpfen und diese XOR-Verknüpfung anschließend erneut hashen, was auch einen neuen Hashwert H ergibt. Auf diese Weise bilden Sie natürlich eine viel größere Klartextmenge auf eine viel kleinere Menge an Hash-Werten ab, was dazu führt, dass teilweise unterschiedliche Klartexte denselben Hash-Wert besitzen. Dieses Szenario nennt man eine *Kollision* von Hash-Werten, die Abbildung einer Menge an Möglichkeiten auf eine kleinere Menge an Möglichkeiten nennt man *Kompression*. In dem letzten Beispiel müssen Sie die Kompression explizit herbeiführen, indem Sie z. B. die einzelnen Textblöcke entsprechend verknüpfen. Der SHA-2-Algorithmus dagegen enthält die Kompression bereits explizit in Form einer *Merkle-Damgård-Konstruktion*. Dieses Verfahren geht auf die Arbeiten von Ralph Merkle und Ivan Damgård zurück und wendet in mehreren Runden wiederholt eine bestimmte Kompressionsfunktion an. Ich muss diese Kompressionsfunktion an dieser Stelle nicht separat erläutern, denn dies wird dadurch gewährleistet, dass ich Ihnen nun SHA-2 ausführlich erkläre.

Im Gegensatz zu AES ist SHA-2 keine symmetrische Chiffre, sondern ein Kompressionsverfahren. Das bedeutet, dass nach dem Hashen eben kein eindeutiger Block C entsteht, der invertierbar ist und aus dem man anschließend den Klartextblock P wiederherstellen kann. Dieses Verhalten ist bei allen Hashing-Verfahren gewollt, so auch bei SHA-2. Die Kompression besteht bei SHA aus einer Padding-Funktion, die einen Text-String durch Anhängen von Null-Bytes auf eine Länge von mindestens 64 Bytes bringt, und vier Kompressionsfunktionen, die in 64 Runden wiederholt ausgeführt werden. Anders, als bei Blockchiffren, gibt es für die Kompressionsfunktionen keine Inversen. Das Padding wird im Gegensatz zu den anderen Funktionen nur am Anfang ausgeführt und tut Folgendes: Der als Parameter übergebene String **S** wird bei Bedarf auf 64 Bytes Länge mit Null-Bytes aufgefüllt. Im letzten Byte von **S** steht dann das Byte 64. Anschließend werden 32 Bytes des String **S** in den Klartextblock **P** kopiert und gehasht. SHA verarbeitet **S** nun Block für Block, die einzelnen Blöcke werden so miteinander verknüpft, dass der Hash-Wert stets 32 Bytes groß ist. Das heißt, dass der Klartext in Blöcken von 32 Bytes verarbeitet wird, aber mindestens 64 Bytes groß sein muss.

SHA verarbeitet den Klartext **P** in Blöcken zu je acht 32-Bit-Worten (= 32 Bytes) und führt für jeden dieser Blöcke 64 Kompressionsrunden aus. Genau dieser Algorithmus wird als Merkle-Damgård-Konstruktion bezeichnet (bzw. als eine bestimmte Form davon). Nach der Kompression wird immer der komprimierte Block mit den Daten des vorigen Blocks verknüpft. Die vier Kompressionsfunktionen, die innerhalb jeder Runde ausgeführt werden, sind die folgenden:

Ch(P)

Nennen wir A, B, C, D, E, F, G und H das erste bis achte 32-Bit-Wort innerhalb des Klartextblocks **P**. Dann ist

Ch(P)=(P[E]&P[F])^(~P[E]&P[G])

^ ist die XOR-Funktion und ~ ist die bitweise Negation.

P wird aus 32-Bit-Worten bestehend betrachtet und auch alle logischen Verknüpfungen werden mit 32-Bit-Worten ausgeführt. Der Rückgabeparameter ist vom Typ `unsigned long int`.

Ma(P)

Nennen wir A, B, C, D, E, F, G und H das erste bis achte 32-Bit-Wort innerhalb des Klartextblocks **P**. Dann ist

Ma(P)=(P[A]&P[B])^(P[A]&P[C])^(P[B]&P[C]);

P wird aus 32-Bit-Worten bestehend betrachtet, alle logischen Operationen und auch der Rückgabeparameter sind vom Typ `unsigned long int`.

S0(P)

Nennen wir A, B, C, D, E, F, G und H das erste bis achte 32-Bit-Wort innerhalb des Klartextblocks **P**. Dann ist

S0(0)=(P[A]>>>2)^(P[A]>>>13)^(P[A]>>>22)

>>> ist die bitweise Rotation um die angegebene Bitanzahl nach rechts.

S1(P)

Nennen wir A, B, C, D, E, F, G und H das erste bis achte 32-Bit-Wort innerhalb des Klartextblocks **P**. Dann ist

S1(P)=(P[E]>>>6)^(P[E]>>>11)^(P[E]>>>25)

>>> ist die bitweise Rotation um die angegebene Bitanzahl nach rechts.

Weil nach jeweils 64 Runden immer der vorherige Block mit dem zuletzt gehashten Block verknüpft wird, gibt es für Block Nr. 0 keinen Vorgänger. Deshalb verwendet SHA einen Initialisierungsvektor (kurz IV). Der *Initialisierungsvektor* ist derjenige Block, der für die allererste Verknüpfung mit dem Vorgängerblock verwendet wird, wenn es noch keinen Vorgänger gibt. Bei SHA-2 besteht das Array **IV** aus den folgenden 32-Bit-Worten:

```
unsigned long int IV[8]=
{
0x6a09e667,
0xbb67ae85,
0x3c6ef372,
0xa54ff53a,
0x510e527f,
0x9b05688c,
0x1f83d9ab,
0x5be0cd19,
};
```

Der Initialisierungsvektor wird vom SHA-2-Standard fest vorgegeben.

Sehen Sie sich nun Listing 10.9 an, das das Gleiche tut wie Listing 10.8, nur mit einem SHA-2-Hash anstatt mit einem erweiterten XOR-Hash.

Listing 10.9 SHA2.c

```
01  #include<stdio.h>
02  #include<string.h>

03  unsigned long int IV[8]=
04  {
05      0x6a09e667,
06      0xbb67ae85,
07      0x3c6ef372,
08      0xa54ff53a,
09      0x510e527f,
10      0x9b05688c,
11      0x1f83d9ab,
12      0x5be0cd19,
13  };

14  void Padding(char *S)
15  {
16      int i=0, L=strlen(S);
17      S[L]=0x80; // angehängtes Bit ist im MSB
18      for (i=L+1; i<63; i++) { S[L]=0; } // Padding mit 0-Bits
19      S[63]=64; // Im letzten Byte steht die Länge der Nachricht (hier 64=1 Block)
20  }

21  unsigned long int GetWord(void *S, long int Pos)
22  {
23      char *BOS=(char *)S+Pos; // BOS=BeginOfString
24      unsigned long int *NumArray=(unsigned long int *)BOS; // String als Array aus long ints betrachten
25      return NumArray[0];
26  }

27  void SetWord(void *S, long int Pos, unsigned long int Val)
28  {
29      char *BOS=(char *)S+Pos; // BOS=BeginOfString
30      unsigned long int *NumArray=(unsigned long int *)BOS; // String als Array aus long ints betrachten
31      NumArray[0]=Val;
32  }
```

```
33  unsigned long int RotWordRight(long int x, int w)
34  {
35      w=w%32;
36      return (((x>>w)&0x7fffffff)|(x<<(32-w)));
37  }

38  unsigned long int Ch(unsigned long int *P)
39  {
40      int A=0,B=1,C=2,D=3,E=4,F=5,G=6,H=7;
41      unsigned long int V=(P[E]&P[F])^(~P[E]&P[G]);
42      return V;
43  }

44  unsigned long int Ma(unsigned long int *P)
45  {
46      int A=0,B=1,C=2,D=3,E=4,F=5,G=6,H=7;
47      unsigned long int V=(P[A]&P[B])^(P[A]&P[C])^(P[B]&P[C]);
48      return V;
49  }

50  unsigned long int S0(unsigned long int *P)
51  {
52      int A=0,B=1,C=2,D=3,E=4,F=5,G=6,H=7;
53      unsigned long int V=(RotWordRight(P[A],2))^(RotWordRight(P[A],13))^(RotWordRight(P[A],22));
54      return V;
55  }

56  unsigned long int S1(unsigned long int *P)
57  {
58      int A=0,B=1,C=2,D=3,E=4,F=5,G=6,H=7;
59      unsigned long int V=(RotWordRight(P[E],6))^(RotWordRight(P[E],11))^(RotWordRight(P[E],25));
60      return V;
61  }

62  void SHAHash(char *HV, char *S, int L) // H=Hash Value, S=Textstring, L=Textlänge
63  {
64      int A=0,B=1,C=2,D=3,E=4,F=5,G=6,H=7;
65      int i=0, j=0, Pos=0, BlockNum=0;
66      unsigned long int P[8]; // P=Plaintextblock mit 32 Bytes
67      BlockNum=L/32; // 1 Block sind 32 Bytes
68      if (strlen(S)<64) { Padding(S); } // Padding mit Null-Bytes, falls  zu kurz ist
69      for (j=0; j<BlockNum; j++) // S blockweise verarbeiten
70      {
71          // Daten nach P kopieren
72          for (i=0; i<8; i++)
73          {
74              P[i]=GetWord(S,Pos);
75              Pos+=4;
76          }
77          // Daten mit dem Initialisierungsvektor verknüpfen
78          for (i=0; i<8; i++)
79          {
80              P[i]=P[i]^IV[i];
81          }
82          // Runden ausführen (=64)
```

```
83          for (i=0; i<64; i++)
84          {
85              //Ch(E,F,G)=(E&F)^(~E&G)
86              P[E]=Ch((unsigned long int *)P);
87              P[F]=Ch((unsigned long int *)P);
88              P[G]=Ch((unsigned long int *)P);
89              // Ma(A,B,C)=(A&B)^(A&C)^(B&C)
90              P[A]=Ma((unsigned long int *)P);
91              P[B]=Ma((unsigned long int *)P);
92              P[C]=Ma((unsigned long int *)P);
93              //S0(A)=(A>>>2)^(A>>>13)^(A>>>22)
94              P[A]=S0((unsigned long int *)P);
95              //S1(E)=(E>>>6)^(E>>>11)^(E>>>25)
96              P[E]=S1((unsigned long int *)P);
97          }
98          // CBC:Neuen Initialisierungsvektor aus den verschlüsselten Daten erzeugen
99          for (int i=0; i<8; i++)
100         {
101             IV[i]=P[i];
102         }
103     }
104     // Zum Schluss Hash-Wert nach HV kopieren
105     for (int i=0; i<8; i++)
106     {
107         SetWord(HV,4*i,P[i]);
108     }
109 }

110 int main(void)
111 {
112     char Name[64]; // Benutzername
113     char Passwort[64]; // Passwort
114     char OS[64]; // Betriebssystem
115     char PWDHash[32]; // Generierter Passwort-Hash
116     char Login[64]; // Zusammengesetzte Login-Infos
117     printf("Benutzername:"); scanf("%s",Name);
118     printf("Passwort:"); scanf("%s",Passwort);
119     printf("Betriebssystem:"); scanf("%s",OS);
120     strcpy(Login,Name); // Benutzername nach Login kopieren
121     strcat(Login,"@"); strcat(Login,Passwort); // @[Passwort] anhängen
122     strcat(Login,":"); strcat(Login,OS); // :[OS] anhängen
123     printf("Login-Daten:%s\n",Login); // Login-Daten ausgeben
124     SHAHash(PWDHash,Login,64); // SHA2 ausführen und Hash erzeugen
125     printf("Passwort-Hash:");
126     // Hash-String ausgeben (kann Nullbytes enthalten)
127     for (int i=0; i<32; i++) { printf("%02x",PWDHash[i]&0xff); }
128     printf("\n");
129     return 0;
130 }
```

10.4 Hashing-Verfahren

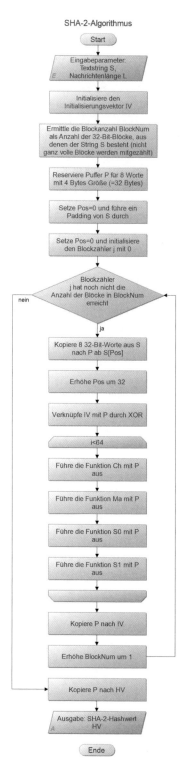

Bild 10.4
Programmablaufplan des SHA-Algorithmus

In Zeile **001–013** werden zunächst die nötigen Include-Dateien eingebunden sowie der Initialisierungsvektor definiert. Dieser wird hier mit **IV** abgekürzt. Zusätzlich zum **IV** benötigt SHA noch einige Hilfsfunktionen. Die erste Hilfsfunktion ist `Padding()` (Zeile **014–020**). `Padding()` bekommt als Parameter den Null-terminierten String **S** übergeben, von dem zunächst mit `strlen()` die Länge ermittelt wird (Zeile **016**). Anschließend wird **S** bis zum 63. Byte mit Null-Bytes aufgefüllt und in das 64. Byte wird der Wert 64 geschrieben. 64 ist die Nachrichtenlänge, in diesem Fall ist dies auch der maximal zulässige Wert. An dieser Stelle besteht ein kleines Problem, denn am Anfang wurde SHA nur für kurze Logins mit maximal 64 Zeichen benutzt. Inzwischen wird SHA in der zweiten Version jedoch auch für längere Nachrichten benutzt (z. B. Benutzer-Login-Profile) und ein Byte reicht dann nicht mehr aus, um die Länge zu speichern. Die Lösung ist dann entweder, das letzte Byte einfach mit 64 zu beschreiben oder die letzten vier Bytes für die Länge zu benutzen. Leider entspricht dies nicht dem Standard, weshalb es dann z. B. auch zu Inkompatibilitäten zwischen einzelnen Login-Routinen kommen kann. So verwendete z. B. Facebook für die erste Facebook-App die Variante mit dem Byte vom Wert 64 am Ende, Twitter jedoch die Variante mit den vier Längenbytes. Als Facebook dann Twitter übernahm und die beiden Server für Facebook und Twitter zusammengeführt wurden, waren einige Profile plötzlich ungültig und mussten neu angelegt werden. Inzwischen verwendet Facebook jedoch ein eigenes Hashing-Verfahren, das angeblich viel sicherer ist. Bis jetzt kann nicht entschieden werden, ob dies stimmt, denn geheim gehaltene Krypto-Algorithmen verstoßen gegen die Kerckhoff-Regel, was z. B. oft vom CCC kritisiert wird.

Zusätzlich zum Padding werden noch weitere Hilfsfunktionen benötigt. Dies sind zunächst wieder die Funktionen `GetWord()` und `SetWord()` (Zeile **021–032**), die auch schon in Listing 10.7 verwendet wurden. Auch bei Hashing-Verfahren werden Strings als aus 32-Bit-Worten bestehend betrachtet. Da `GetWord()` und `SetWord()` schon in Listing 10.7 erklärt wurden, muss ich dies an dieser Stelle nicht noch einmal tun. Zusätzlich zu `GetWord()` und `SetWord()` benötigen Sie dann noch die Funktion `RotWordRight()` (Zeile **033–037**). `RotWordRight()` rotiert die Zahl **x** vom Typ `unsigned long int` um die Anzahl an Bits nach rechts, die Sie im zweiten Paramater durch die Variable **w** (width) angeben. Hierfür wird in Zeile **036** eine Kombination aus Links-Shift, Rechts-Shift und ODER-Verknüpfung angewendet. Die Bits, die Sie rechts herausschieben, werden links wieder hineingeschoben. Sie können jedoch keine Bit-Verschiebungen vornehmen, die mehr als 32 Bits umfassen, dafür sorgt die Modulo-Operation in Zeile **035**.

Die Funktion `Ch()` (Zeile **038–043**) setzt nun die erste Rundenfunktion von SHA in eine C-Funktion um. Da die Array-Indices von **P** mit Buchstaben bezeichnet werden, müssen in Zeile **040** für P[A] bis P[H] Hilfsvariablen definiert werden. `Ch()` verknüpft einige der Bytes in **P** durch UND (Zeile **041**).

Die Funktion `Ma()` (Zeile **044–049**) setzt die zweite Rundenfunktion von SHA in eine C-Funktion um. Da die Array-Indices von **P** mit Buchstaben bezeichnet werden, müssen auch in diesem Fall in Zeile **046** für P[A] bis P[H] Hilfsvariablen definiert werden. `Ma()` verknüpft einige der Bytes in **P** durch eine Kombination aus UND- und XOR-Operationen (Zeile **047**).

Die Funktion `S0()` (Zeile **050–055**) setzt die dritte Rundenfunktion von SHA in eine C-Funktion um. Auch hier müssen wieder die Array-Indices von **P** mit Buchstaben bezeichnet werden (Zeile **052**). `S0()` verwendet eine Kombination aus Bitrotationen und XOR-Verknüpfungen (Zeile **053**).

Die Funktion S1() (Zeile **056–061**) setzt die vierte Rundenfunktion von SHA in eine C-Funktion um. Da die Array-Indices von **P** mit Buchstaben bezeichnet werden, muss auch S1() in Zeile **058** für P[A] bis P[H] Hilfsvariablen definieren. S1() benutzt wie S0() eine Kombination aus Bitrotationen und XOR-Verknüpfungen (Zeile **059**).

Die Funktion SHAHash() (Zeile **062–109**) implementiert nun den Hauptalgorithmus von SHA-2. SHAHash() bekommt drei Parameter übergeben, nämlich einmal den String **HV** (hash value), der am Ende den Hash enthält, einmal den String **S**, der den Klartext als nullterminierten String enthält, und die Länge **L** der Nachricht (in diesem Fall ist die Länge 64). SHAHash() paddet zunächst **S** und kopiert dann **S** in den Block-Puffer **P** (Zeile **072–076**). Anschließend wird **P** per XOR mit dem Initialisierungsvektor verknüpft und danach werden Ch(), Ma(), S0() und S1() jeweils hintereinander in 64 Runden ausgeführt (for-Schleife in Zeile **083–097**). Der SHA-2-Algorithmus verwendet stets das CBC-Verfahren (cipher block chaining) und leitet den neuen Initialisierungsvektor stets aus den Daten des verschlüsselten Blocks neu ab. Die geschieht einfach dadurch, dass **P** stets nach **IV** kopiert wird, nachdem ein Block gehasht wurde (Zeile **099–103**). Da ein Block 32 Bytes lang ist, müssen in diesem Fall zwei Blöcke verarbeitet werden, die Anzahl der Blöcke wurde vorher in Zeile **067** ermittelt. Erst, wenn sämtliche 32-Byte-Blöcke gehasht wurden, wird **P** in das Array **HV** kopiert, das Sie als ersten Parameter übergeben haben (for-Schleife in Zeile **105–108**).

Das Hauptprogramm (Zeile **110–130**) liest nun von der Tastatur drei Strings ein, nämlich den Benutzernamen, das Passwort und das Betriebssystem. Anschließend werden diese Daten zu einem einzigen String vereinigt und mittels SHA-2 gehasht. Das Programm gibt in der Konsole z. B. Folgendes aus:

Benutzername:Rene

Passwort:Pinguin

Betriebssystem:Linux

Login-Daten:Rene@Pinguin:Linux

Passwort-Hash:f6de8b2bbba37a73bba37a73c15f8be228058051 6b38e35d6b38e3 5d53cde01b

■ 10.5 Erzeugen sicherer Pseudo-Zufallszahlen

Eine Sache haben wir bis jetzt leider noch nicht gelöst, nämlich die relativ sichere Erzeugung von Zahlenreihen, die zwar nicht zufällig sind, aber dennoch zufällig aussehen und nicht so leicht vorhergesagt werden können. Bis jetzt habe ich die in C integrierte Funktion rand() und die Computeruhr zum Initialisieren des Zufallsgenerators benutzt. Ein guter Hacker kann aber sehr leicht durch einen Seitenkanalangriff herausfinden, mit welchem Wert der Computeruhr der Zufallsgenerator initialisiert wurde. In einem *Seitenkanalangriff* (engl.: side channel attack) versucht ein Hacker, den Stromverbrauch z. B. eines PCs zu messen. Es gibt sehr viele Apps für diesen Zweck, die sich unbemerkt installieren lassen, und oft sind solche Apps sogar direkt im System integriert. Hat der Hacker dann einmal den Zeitpunkt festgestellt, an dem z. B. der Stromverbrauch plötzlich in die Höhe schnellt (der

Zufallsgenerator führt in unseren Beispiel-Listings direkt nach dem Tastendruck auswendige mathematische Operationen aus), so kann er auch leicht feststellen, mit welchen Werten der Computeruhr `srand()` aufgerufen wird. Welchen alternativen Weg können Sie aber nun gehen, um wirklich einigermaßen unvorhersagbare Pseudo-Zufallszahlen zu erzeugen? Hier gibt es mehrere Möglichkeiten.

1. Verwendung eines XOR-Shift

Ein *XOR-Shift* ist ein Algorithmus, der Bit-Shift-Operationen bzw. Bit-Rotations-Operationen mit der XOR-Funktion verknüpft. Der amerikanische Mathematiker George Marsaglia hat einen solchen Algorithmus vorgeschlagen, um einigermaßen gute Pseudo-Zufallszahlen zu erzeugen. Ausgangspunkt des Marsaglia-Algorithmus ist eine als Initialisierungsvektor dienende vorzeichenlose 32-Bit-Zahl **IV**, die erst einmal in die Variable **x** geschrieben wird. **IV** ist hier das, was bei `rand()` der Seed ist. **IV** darf nicht 0 sein und sollte mindestens sechs gesetzte Bits aufweisen, die nicht direkt nebeneinanderliegen. Der Marsaglia-XOR-Shift führt pro Schritt die folgenden Operationen aus:

```
x^=x<<13;
x^=x>>17;
x^=x<<5;
(statt des Bit-Shift können Sie auch die Rotationsfunktion <<< und >>> einsetzen)
```

Vor dem eigentlichen XOR-Shift bzw. der Rotation kann noch eine lineare Skalierung der Art x=x*a+b durchgeführt werden, die Konstanten sind beliebig wählbar, aber für jeden Schritt gleich. Der Vorteil des Marsaglia-XOR-Shift ist, dass sich eine Zahlenfolge meistens erst nach 2^{32} Schritten wiederholt, der größte Nachteil ist allerdings die schlechte Skalierbarkeit des Algorithmus. Wenn Sie nämlich für a und b die falschen Werte einsetzen, dann wird der XOR-Shift gut vorhersagbar. Der bekannteste Hardware-Chip, der einen modifizierten XOR-Shift zur Erzeugung von Zufallszahlen einsetzte, war der SID-Soundchip im C64. Die Zufallszahlen wurden unter anderem dazu benutzt, die Wellenform „weißes Rauschen" zu erzeugen. Übrigens liefert der SID sehr gute Pseudo-Zufallszahlen, diese sind aber trotzdem nicht absolut unvorhersehbar. Dies liegt unter anderem daran, dass der SID periodische Interrupts erzeugt, in die man dann ein eigenes Programm einschleusen kann, das den Seed immer wieder auf 0 zurücksetzt. Es gibt einige Spiele, wie z. B. das Raumschiff-Schießspiel Uridium, die durch einen derartigen Hack den Gegner immer wieder an derselben Stelle anzeigen.

2. Verwenden eines Hashing-Verfahrens

Eine andere Möglichkeit ist, erst einmal einen Puffer **B** durch eine unsichere Funktion wie `rand()` mit Pseudo-Zufallszahlen füllen zu lassen. Dabei ist es nicht wichtig, wie der Seed genau aussieht, dieser kann sogar 0 sein. Anschließend führen Sie mit diesem Puffer mehrmals ein Hashing-Verfahren wie SHA aus. Wenn Sie dann genug Durchläufe gemacht haben, generieren Sie für jede neue Zufallszahl, die Sie ziehen wollen, einen neuen Hash und komprimieren eventuell den Hash auf eine 32-Bit-Zahl bzw. auf die Größe, die Sie wünschen. Natürlich muss die Anzahl der Durchläufe in der Initialisierungsphase dem Zufall unterliegen und kann ggf. aus der Computeruhr abgeleitet werden. Am besten ist auch hier wieder, auf einen Tastendruck zu warten, nach dem Tastendruck aber erst einmal den Puffer **B** mittels `rand()` zu füllen. Erst danach wird der Inhalt der Computeruhr ausgelesen. Der

Vorteil dieses Vorgehens ist, dass der Stromverbrauch schon ansteigt, bevor die eigentliche Initialisierung Ihres Zufallsgenerators erfolgt. Ein Hacker, der den Stromverbrauch analysiert, kann nun nicht mehr so einfach bestimmen, zu welchem Zeitpunkt die Anzahl der Initialisierungsrunden ermittelt wird. Eine große Schwäche ist an dieser Stelle, dass es nicht möglich ist, in sehr kurzer Zeit sehr viele Zufallszahlen zu erzeugen, da Hashing-Verfahren relativ langsam arbeiten.

3. Verwenden einer geeigneten Zahlenreihe oder Funktion

Eine weitere Möglichkeit ist, eine mathematische Funktion zu verwenden, die chaotische Muster erzeugt, die sich nur schwer vorhersagen lassen – vorausgesetzt, Sie wissen nicht, an welcher Stelle der Zufallsgenerator anfängt, die Funktionswerte auszugeben. Ein guter Kandidat wäre hier die Zahl Pi, deren Nachkommastellen anscheinend wirklich keinem Muster folgen. Leider gibt es keine Methode, mit der sich die Nachkommastellen von Pi nacheinander in beliebiger Anzahl ausgeben lassen. Auch bei der Berechnung von Zahlen wie der Wurzel aus 2 oder e verhält es sich ähnlich: Sie können die Nachkommastellen nur durch ein Annäherungsverfahren bestimmen. Moderne kryptographische Algorithmen benutzen an dieser Stelle gerne elliptische Kurven, gepaart mit weiteren Operationen, wie dem Modulo. Ob solche Verfahren jedoch Muster erzeugen, die man für einen Angriff nutzen kann, steht bis jetzt nicht fest. Ich persönlich glaube (aber das ist nur meine Meinung), dass elliptische Kurven verwertbare Muster erzeugen, weil sie im Endeffekt doch nur bestimmte Arten von Polynomen sind.

4. Verwenden spezieller Krypto-Hardware

Es gibt spezielle Krypto-Hardware, die Zufallszahlen erzeugt und die auch gegen Seitenkanalangriffe resistent ist. Dies wird dadurch gewährleistet, dass diese Hardware kaum Strom verbraucht, weil sie nicht mehr leisten muss, als einen bestimmten Algorithmus auszuführen. Die Ausgabe einer Zufallszahl wird hierbei durch spezielle Kommandos ausgelöst, die beim PC z. B. über eine USB-Leitung gesendet werden. Inzwischen ist zusätzliche Krypto-Hardware sogar Bestandteil moderner Prozessoren, in diesem Fall gibt es dann spezielle Prozessorbefehle, die eine Zufallszahl in ein bestimmtes Register schreiben. Krypto-Hardware hat leider auch Schattenseiten. So gibt es z. B. immer wieder Prozessor-Bugs, die dazu führen, dass die erzeugten Zufallszahlen doch vorhersehbar sind. Aber auch externe Zufallszahlengeneratoren in Form von USB-Geräten benötigen immer wieder Firmware-Updates, um neu entdeckte Sicherheitslücken zu schließen. Ferner kommt es auch auf die Güte der Hardware an, denn wenn Ihre Zusatzhardware doch nur einen einfachen XOR-Shift verwendet, dann können Sie diesen auch in einem C-Programm implementieren.

5. Verwenden von echten Zufallsprozessen

Echte Zufallsprozesse sind z. B. das thermische Rauschen auf einer stromlosen Leitung, der genaue Zeitpunkt (engl. timestamp), zu dem sich einer von Millionen Internetbenutzern in sein Konto einloggt, oder auch radioaktive Zerfallsprozesse (denen man normale PC-Nutzer natürlich nicht aussetzen kann). Meistens hat man aber nicht genug Messdaten, um echte Zufallsprozesse zu verwenden bzw. mit in seinen Algorithmus einzubinden. Eine Lösung wäre hier, die Berechnung von Zufallszahlen dem Server zu überlassen und diese anschließend durch ein sicheres Schlüsselaustauschverfahren zu übertragen.

10.6 Übertragen von Nachrichten durch Quantenkryptographie

Sie haben nun die wichtigsten kryptographischen Algorithmen kennengelernt und wissen inzwischen, dass alle irgendwie angreifbar sind. Dies liegt einmal daran, dass Algorithmen die Ergebnisse stets berechnen und deshalb immer die Möglichkeit besteht, dass nach einiger Zeit eine Methode gefunden wird, die Verschlüsselung in einfacher Weise rückgängig zu machen. Zum anderen ist ein Nachrichten-Übertragungskanal immer unsicher und kann stets abgehört werden. Allerdings ist es auch so, dass wenn es sichere Nachrichten-Kanäle gäbe, eine Verschlüsselung überhaupt nicht mehr nötig wäre bzw. sehr einfach: Der Schlüssel wird einfach auf einem separaten Schlüssel-Kanal übertragen und kann dann genauso lang sein wie der Klartext. Wir haben bereits gesehen, dass dieses Verfahren absolut sicher ist.

Sie denken vielleicht, dass es reine Illusion ist, einen absolut sicheren Nachrichtenkanal einzurichten, aber dem ist nicht so, wenn Sie die Nachrichten mit verschränkten Photonen übermitteln. Um Ihnen zu erläutern, was es damit auf sich hat, muss ich Ihnen ein paar Grundlagen der Quantentheorie erläutern. Keine Angst, so wild ist dies alles nicht, Sie benötigen an dieser Stelle keine komplizierten Formeln. Alles, was Sie an dieser Stelle wissen müssen, ist, dass in der Welt der kleinsten Teilchen sämtliche Vorgänge gequantelt sind. *Gequantelt* heißt nichts anderes, als dass sämtliche Abläufe in kleinste Zeitabschnitte zerteilt sind, die nicht unterschritten werden können. So wird z. B. Licht in Form von Photonen ausgesendet, also in Form von einzelnen Lichtteilchen. Ferner besitzt jedes Teilchen und jedes Atom bestimmte Energiezustände, die ebenfalls gequantelt sind. Zusätzlich zu dem Energieniveau besitzt jedes Teilchen eine Drehrichtung (einen Spin) und eventuell eine Ausrichtung der Rotationsachse im Raum. Bei Photonen ist dies ebenfalls so, deshalb können z. B. Lichtwellen um einen bestimmten Winkel gedreht werden. Es gibt viele organische Stoffe, die genau dies tun, das bekannteste Beispiel ist hier gewöhnlicher Haushaltszucker. Eine 1-molare Zuckerlösung dreht das Licht um 19,5 Grad nach links.

Stellen Sie sich nun vor, Sie hätten eine Lichtwelle erzeugt, die nicht gedreht ist und bei der die Rotationsachse sämtlicher Photonen direkt nach oben zeigt. Stellen Sie sich am besten an dieser Stelle eine Sinuskurve vor, bei der an manchen Punkten auf der y-Achse Photonen liegen, bei denen die Rotationsachse direkt nach oben zeigt. Nehmen Sie nun zwei dieser Photonen heraus. Die Rotationsachse beider Photonen zeigt nun nach oben. Der nächste Schritt ist, diese beiden Photonen zu verschränken. Dies geschieht zurzeit noch am CERN durch riesige Magnete, durch starke Kühlung bis kurz vor dem absoluten Nullpunkt und andere technisch aufwendige Prozesse. Wenn die Photonen jedoch einmal miteinander verschränkt sind, dann zeigt die Rotationsachse des einen Photons direkt nach oben und die Rotationsachse des anderen Photons direkt nach unten. Stellen Sie sich an dieser Stelle am besten zwei Vektoren A und B vor, von denen $A=(0,1)^T$ und $B=(0,-1)^T$ ist (das hochgestellte T bedeutet, dass der Vektor hier um 90 Grad gedreht geschrieben wird, um eine textbündige Ausrichtung zu erreichen). Wenn Sie nun die verschränkten Photonen voneinander trennen, bleiben diese verschränkt und beeinflussen sich auch über große Entfernungen gegenseitig. Wenn Sie also den Vektor A so drehen, dass danach $A=(0,-1)^T$ ist, dann ist automatisch $B=(0,1)^T$, und das ohne zeitliche Verzögerungen. Nehmen Sie nun an, dass $A=(0,1)^T$

einem gesetzten Bit und A=(0,-1)^T einem gelöschten Bit entspricht, dann entspricht B genau dem Inversen von A. Sie können also auf diese Weise Nachrichten von A nach B übermitteln, indem Sie die Drehrichtung von A entsprechend dem Bitmuster ändern, das Sie übertragen wollen. Dies ist bereits gelungen: Es wurden z. B. auf diese Weise schon Nachrichten von Calais nach Dover übertragen. Natürlich sind diese Art Versuche der Nachrichtenübermittlung noch sehr teuer und gelingen nur in Ausnahmefällen. Es ist aber durchaus vorstellbar, dass wir in zehn Jahren für unser Internet Lichtleiter kaufen müssen, die verschränkte Photonen zur Nachrichtenübermittlung verwenden. Sehr gute Kandidaten, um kabelförmige Lichtwellenleiter zu bauen, sind z. B. photonische Kristalle.

Wie die Lösung am Ende aussieht, ist heute noch nicht gewiss, gewiss ist aber, dass sie kommen wird. Was Sie von dieser Lösung haben, möchte ich Ihnen nun erklären. Verschränkte Photonen bilden ein Quantensystem, also ein zusammenhängendes Ganzes aus zwei Teilchen, wobei der Zustand des einen Teilchens den Zustand des anderen Teilchens determiniert. Wenn nun ein Angreifer versucht, den Zustand von A zu ermitteln, dann muss dieser in irgendeiner Weise eine Messung durchführen, denn sonst können ja keine Informationen gesammelt werden. In der Quantenwelt ist es aber nicht wie in der alltäglichen Welt und es gilt dort die *Heisenbergsche Unschärferelation*. Diese besagt kurz gesagt, dass jede Messung das gemessene Quantensystem verändert und diese Veränderung kann dann der Empfänger feststellen. Im Falle der verschränkten Photonen kollabiert das System durch eine zusätzliche Messung durch einen Angreifer zum Zustand A=B=(0,0)^T. Da dieser Zustand, der aus einer Überlagerung von A, B und E zustande kommt (E ist hier wieder die Lauscherin Eve) nicht definiert ist, kann man mit Sicherheit davon ausgehen, dass jemand mithört, wenn dieser Zustand auftritt. Eine mögliche Strategie, den Angreifer loszuwerden, wäre, mehrere Übertragungskanäle einzurichten und den Kanal immer dann zu wechseln, wenn der Zustand A=B=(0,0)^T auftritt.

Nehmen wir nun wieder den Tresor-Öffnungs-Schlüssel „SESAM ÖFFNE DICH" und übertragen diesen durch verschränkte Photonen von A (Alice) nach B (Bob). Dazu müssen wir den Schlüssel zunächst wieder in einzelne Bytes aufteilen. Wie erhalten also wieder folgendes Array:

```
unsigned char K[16]=
{0x53,0x45,0x53,0x41,0x4d,0x20,0xd6,0x46,0x46,0x4e,0x45,0x20,0x44,0x49,0x43,0x48};
```

Dieses Array soll nun zeichenweise übertragen werden. Ferner soll am Anfang der Nachricht eine Sequenz von vier wechselnden Bitfolgen {1,0} gesendet werden, damit der Empfänger daraus die Übertragungsgeschwindigkeit des Senders ableiten kann. Um eine Nachricht an Bob zu schicken, muss Alice also erst einmal ein Byte mit dem Wert 10101010_2=0xaa senden. Dies entspricht folgenden Zuständen für das Photon a (hier wird das Photon a nun klein geschrieben, um es von Alice (groß A) zu unterscheiden):

a={[0,-1]^T,[0,1]^T,[0,-1]^T,[0,1]^T,[0,-1]^T,[0,1]^T,[0,-1]^T,[0,1]^T}

Durch die Bitfolge a={0,1,0,1,0,1,0,1} kommt also die Bitfolge {1,0,1,0,1,0,1,0} bei Bob an. Für die Übermittlung der Nachricht muss also [0,-1]^T für das gesetzte und [0,1]^T für ein ungesetztes Bit verwendet werden.

Die Zeichen der wirklichen Nachricht werden nun genauso kodiert wie das Synchronisations-Byte und wenn keine Fehler auftreten, kommt die Nachricht auch korrekt bei Bob an. Nehmen wir nun an, Eve möchte die Nachricht mithören. Dazu startet sie direkt nach der

Synchronisationssequenz eine Messung, um den Zustand von a festzustellen. Dadurch kollabiert jedoch das Quantensystem zu $(0,0)^T$ und Bob empfängt nur noch folgende Nachricht:

1,0,1,0,1,0,1,0,U,U,U,U,... // U=unbestimmter Quantenzustand

Bob wechselt nun den Kanal, da er weiß, dass seine Übertragung mitgehört wird. Leider kommen dadurch die Informationen nicht mehr bei ihm an, die Alice ihm senden will. Wie soll er dies Alice aber mitteilen? Dies ist eine der großen, zurzeit noch ungelösten Fragen der Quantenkryptographie, denn wenn Alice überprüfen will, ob das, was sie sendet, tatsächlich bei Bob ankommt, müsste sie die Rolle von Eve übernehmen. Die Konsequenz wäre die gleiche wie bei einem Angriff durch Eve: Das Quantensystem kollabiert durch die zusätzliche Messung zu $(0,0)^T$. Dies ist auch im Fall von Bob so, aber wenn er das empfangene Bit einmal gemessen hat, dann kann er dies sofort danach in seinem Empfangspuffer ablegen. Selbstverständlich habe ich die Abläufe in Bezug auf die Nachrichtenübertragung mit verschränkten Photonen sehr vereinfacht dargestellt. Wenn Sie aber nun Begriffe wie Quantenkryptographie hören, werden Sie nicht mehr vollständig auf dem Schlauch stehen.

11 Graphen

Im dritten Kapitel habe ich zusammen mit den rekursiven Algorithmen das Thema Graphen schon angeschnitten. Der rekursive Algorithmus, der dazu benutzt wurde, den Ausgang zu finden, war das Backtracking. Mit Graphen können Sie jedoch noch viel mehr machen. Sie können z. B. nicht nur den Ausgang aus einem Labyrinth finden, sondern auch die Lösung, die am schnellsten ans Ziel führt. Dies kann der kürzeste, der schnellste, aber auch der einfachste Weg sein. Was Graphen sind, wurde auch schon angesprochen, nun soll dieses Wissen in einem separaten Kapitel vertieft werden. Genau wie das Thema Kryptographie wird das Thema Graphen immer wichtiger, vor allem, weil die Entwicklung moderner Navigationsgeräte oder KI-Algorithmen ohne sie nicht denkbar wäre. Aber auch moderne Multitasking-Betriebssysteme kommen ohne einen speziellen Graphen-Typ, den Petri-Netzen, nicht aus.

Wir wollen aber erst einmal einfach anfangen und uns noch einmal in Erinnerung rufen, woraus Graphen bestehen. Die wichtigsten Bestandteile sind die Knoten. Ein *Knoten* ist der Teil in einem Graphen, der die eigentlichen Informationen enthält. Dies können z. B. Städte sein, die in einem Netzwerk aus Straßen verbunden sind, aber auch Abzweige in einem durch Gänge verbundenen Höhlenlabyrinth. Jeder Knoten kann durch einen oder mehrere Kanten verbunden werden. Eine *Kante* ist in einem Graph eine Linie, die einen oder mehrere Knoten miteinander verbindet. Kanten können *gerichtet* sein, also nur eine bestimmte Richtung zulassen, in der sie passiert werden können, oder *ungerichtet*, das heißt, sie können in beliebiger Richtung passiert werden. Im dritten Kapitel, in dem es unter anderem darum ging, den Ausgang aus einem Labyrinth zu finden, war dies auch so: Sämtliche Knoten (Abzweigstellen) waren durch Kanten (Höhlengänge) verbunden und jede Abzweigstelle stellte auch eine bestimmte Höhle dar, in die bestimmte Gänge hineinführten und bestimmte Gänge hinausführten. Jede Höhle besaß auch eine bestimmte Nummer, dies war sozusagen die wichtigste Information, die in den einzelnen Knoten abgelegt wurde. Nun können aber nicht nur Knoten Informationen enthalten, sondern auch Kanten. An die einzelnen Kanten können nämlich Gewichte geschrieben werden. *Kantengewichte* können für alles Mögliche stehen und müssen stets interpretiert werden. So können z. B. in Ihrem Höhlensystem-Beispiel manche Gänge teilweise unter Wasser stehen und deshalb schwerer passierbar sein als andere. Vielleicht gibt es auch Gänge, die überhaupt nicht passierbar sind, weil sie z. B. komplett unter Wasser stehen oder durch einen Deckeneinsturz blockiert sind. Auch im Fall eines Straßennetzes ist dies so. Vielleicht können Sie auf einigen Strecken nur sehr langsam fahren oder Sie stecken gerade in einem Stau. Einige Autobahnen sind vielleicht sogar gesperrt. Kantengewichte können diese Informationen z. B. abbilden, indem an die Kanten die Durchschnittsgeschwindigkeit geschrieben wird, die Sie auf einem bestimmten Streckenabschnitt fahren können. Der Wert 0 würde bedeuten, dass die Strecke gesperrt ist. Im Falle des Höhlensystems können Sie vielleicht einen Schwierigkeitsgrad zwischen 1 und 10 angeben, 10 würde bedeuten, dass ein Gang nicht passierbar ist.

Im dritten Kapitel wurden all diese Dinge bereits angedeutet. Was aber ausgespart wurde, ist folgende Tatsache: Es gibt verschiedene Darstellungsformen und Typen von Graphen, die auch alle für ein bestimmtes Teilgebiet der Informatik verwendet werden. Die folgenden wichtigen Typen sollen in diesem Kapitel behandelt werden.

1. Darstellung eines Graphen als Adjazenzmatrix

Die Adjazenz- oder auch Nachbarschaftsmatrix wurde bereits im dritten Kapitel dafür verwendet, das Gängesystem zwischen den einzelnen Höhlen darzustellen. Die einzelnen n Knoten werden mit Nummern versehen und in den Zeilen einer nxn-Matrix dargestellt. In den Spalten, deren Nummer der Knotennummer entspricht, steht immer eine Zahl ungleich 0, wenn ein Knoten mit einem anderen Knoten verbunden ist. Diese Zahl kann zusätzliche Informationen enthalten, z. B. ein Gewicht, das angibt, wie gut ein Gang passierbar ist. Wenn Sie keine Gewichte verwenden wollen, dann ist die Adjazenzmatrix meist nur mit Nullen und Einsen gefüllt – man sagt auch, die Matrix ist *ungewichtet*.

2. Darstellung eines Graphen als verallgemeinerte Baumstruktur

Bäume kennen Sie wahrscheinlich bereits aus Kapitel 5 und Sie wissen, dass auch diese aus Kanten und Knoten bestehen. Dies liegt aber einfach daran, dass Bäume ein gewisser Typ von gerichtetem Graph sind. Wenn Sie die Knotenstruktur in einem Baum so erweitern, dass Sie jeden Knoten mit jedem anderen Knoten verbinden können, erhalten Sie einen allgemeinen Graphen, in dem es keine Ebenen mehr gibt, die Priorität gegenüber anderen Ebenen haben. Sie lösen hier also gewissermaßen die Top-down- oder Bottom-up-Struktur auf und erhalten eine sehr viel flexiblere Struktur, mit der Sie z. B. auch ein Straßennetz darstellen können. Natürlich funktionieren in diesem Fall Ihre Traversionsalgorithmen für Bäume nicht mehr und Sie müssen andere Suchstrategien für Ihre Knoten benutzen.

3. Darstellung eines Graphen als Petri-Netz (spezielle Form, die nur in der IT benutzt wird)

Petri-Netze sind spezielle Graphen, die wichtige Informationen über in einem Betriebssystem laufende Prozesse abbilden. Prozesse müssen oft synchronisiert werden, um z. B. Daten miteinander auszutauschen. Diese Daten müssen immer gültig sein, deshalb darf z. B. Prozess A nicht aus einem Speicherbereich lesen, der gerade von Prozess B verändert wird. Petri-Netze benutzen gerichtete Kanten mit Gewichten und zwei Typen von Knoten: die durch Kreise dargestellten Stellen und die durch ein Rechteck dargestellten Transitionen. Die Stellen enthalten nun Marken, die von einem Prozess (dargestellt durch eine oder mehrere Transitionen) entfernt oder gesetzt werden können. Die Anzahl der entfernten oder gesetzten Marken wird hierbei durch die Kantengewichte zwischen den Stellen und Transitionen vorgegeben. In einem Petri-Netz geben die gerichteten Kanten oft einen bestimmten Programmfluss wieder, in dem z. B. Prozess B nur aus einem Speicherbereich lesen kann, wenn zuvor Prozess A eine bestimmte Marke gesetzt hat. Eine solche Marke wird auch als *Semaphore* bezeichnet.

Ich werde im weiteren Verlauf Beispiele für sämtliche oben aufgeführten Graphen-Typen angeben sowie Programmbeispiele, mit denen Sie die Graphen-Typen simulieren können. Das erste Beispiel ist eine Erweiterung des Höhlenbeispiels aus dem dritten Kapitel. Sie sollen die Möglichkeit erhalten, nicht nur irgendeinen Ausgang aus dem Labyrinth zu finden, sondern auch den Weg auszuwählen, der am leichtesten zu gehen ist.

■ 11.1 Darstellung eines Graphen als Adjazenzmatrix

Nehmen wir erst einmal wieder das Höhlensystem aus Kapitel 3, in dem Sie feststecken, und zwar am zweiten Knoten:

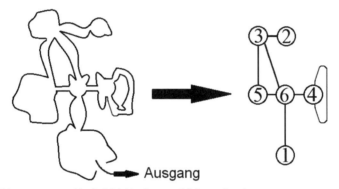

Bild 11.1 Höhlensystem aus Kapitel 3 inklusive zugehörigem Graph

Der vorigen Abbildung können Sie entnehmen, dass der Pfad zwischen Höhle 3 und Höhle 2 in eine Sackgasse führt, und in genau diese sind Sie hineingeraten. Leider hat sich die Situation im Vergleich zum dritten Kapitel dramatisch geändert: An der Erdoberfläche hat ein starker Regen eingesetzt und einige Gänge stehen teilweise schon unter Wasser, wie z. B. die Verbindung zwischen Höhle 3 und Höhle 6. Der Kreispfad, der Höhle 4 mit sich selbst verbindet, ist nun fast unpassierbar, weil Ihnen das Wasser dort schon bis zum Hals steht. Da eine Katastrophe bevorsteht, müssen Sie nun nicht nur irgendwie den Ausgang finden, sondern auch möglichst sicher dort hingelangen. Vielleicht überlegen Sie sich an dieser Stelle nun, ob man nicht die Adjazenzmatrix aus Kapitel 3 so abändern kann, dass diese auch die Passierbarkeit der einzelnen Gänge abbilden kann. Vielleicht können Sie den Backtracking-Algorithmus auch so tunen, dass er wirklich den einfachsten Weg zum Ausgang findet. Sie haben Glück: Dies geht wirklich mit folgender Strategie: Sie erstellen zwei Matrizen A und B. A enthält wieder die Verbindungen zwischen den Knoten und B enthält die Gewichte der Kanten zwischen den einzelnen Knoten. Ihr Backtracking-Algorithmus benutzt anschließend beide Matrizen und bestimmt für den Weg zum Ausgang zusätzlich die Summe der Gewichte sämtlicher passierten Kanten. Es führen drei Pfade zum Ausgang, nämlich der Pfad über die Knoten {2,3,5,6,1}, der Pfad {2,3,6,1} und der Pfad {2,3,6,4,4,1}. Allerdings müssen Sie den Pfad {2,3,6,4,4,6,1} ebenfalls möglichst meiden: Dieser führt zwar über Umwege auch zum Ausgang, aber leider ist der Kreispfad, der Höhle 4 mit sich selbst verbindet, inzwischen sehr gefährlich, weil Ihnen dort das Wasser schon bis zum Hals steht. Ihr Algorithmus sollte also erkennen, dass Sie sich auf dem Pfad {2,3,6,4,4,1} wahrscheinlich umbringen werden, und diesen auch nicht vorschlagen. Wie lösen Sie aber nun dieses Problem? Die Lösung sind hier wieder die Kantengewichte: Ihr Algorithmus wird so lange wiederholt ausgeführt, bis er keine neuen Pfade mehr findet, und für jeden Lösungspfad wird die Summe der Gewichte sämtlicher Kanten berechnet, die Sie passiert haben. Am Ende wird der Weg vorgeschlagen, der der kleinsten Summe der Kantengewichte entspricht. Wenn Sie die Kantengewichte richtig gesetzt haben, sollte Ihr Algorithmus auch den sichersten Weg liefern.

Stellen wir nun die beiden Matrizen A und B zusammen. Die Verknüpfungsdaten von A stehen für die einzelnen Knoten in den einzelnen Spalten einer bestimmten Zeile und beschreiben sämtliche Knoten, mit denen der betreffende Knoten verknüpft ist. Immer, wenn in einer Spalte eine Zahl steht, die nicht 0 ist, so bedeutet dies, dass der Knoten, der durch die Zeile beschrieben wird, mit dem Knoten verbunden ist, der durch die betreffende Spaltennummer bestimmt wird. Wie in Kapitel 3 auch, habe ich in die einzelnen Zellen immer die Knotennummer geschrieben, mit der ein bestimmter Knoten verknüpft ist. So steht z. B. in Zeile 1 in der sechsten Spalte auch die Zahl 6 (Zeile 0 und Spalte 0 werden hier nicht benutzt). Eigentlich ist diese Information überflüssig, es lässt sich aber auf diese Weise der Lösungspfad einfacher erstellen. Ich erstelle das Array A[7][7] und benutze Zeile 0 und Spalte 0 nicht, weil dies das Programm, das ich Ihnen später vorstelle, übersichtlicher macht. Sehen Sie sich nun die Adjazenzmatrix an, die die Verknüpfung der Gänge unseres Höhlensystems beschreibt:

```
int A[7][7]=
{
0,0,0,0,0,0,0,
0,0,0,0,0,0,6,
0,0,0,3,0,0,0,
0,0,2,0,0,5,6,
0,0,0,0,4,0,6,
0,0,0,3,0,0,6,
0,1,0,3,4,5,0
};
```

Zeile 0 und Spalte 0 werden nicht verwendet und enthalten nur Nullen. Zeile 1 beschreibt den Knoten 1, der nur mit Knoten 6 verbunden ist. Deshalb steht in Zeile 1 an Position 6 die Zahl 6. Knoten 2 ist mit Knoten 3 verbunden, deshalb steht in Zeile 2 an Position 3 die Zahl 3. Knoten 3 ist aber natürlich auch mit Knoten 2 verbunden, deshalb steht in Zeile 3 an Position 2 die Zahl 2. Knoten 3 ist mit Knoten 2, 5 und 6 verbunden (Zeile 3), Knoten 4 ist mit sich selbst und Knoten 6 verbunden (Zeile 4). Knoten 5 ist mit Knoten 3 und 6 verbunden (Zeile 5) und Knoten 6 mit Knoten 1, 3, 4 und 5 (Zeile 6).

Kommen wir nun zu der veränderten Situation, nämlich den teilweise schwer passierbaren Gängen. Die nächste Abbildung stellt diese Situation einmal als Landkarte und einmal als Graph mit gewichteten Kanten dar:

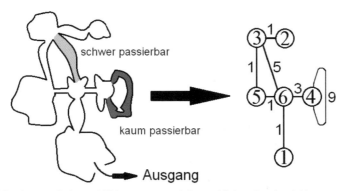

Bild 11.2 Teilweise passierbares Höhlensystem und dazugehöriger Graph mit Kantengewichten

Dies führt uns zu dem Array B mit folgenden Kantengewichten:

```
int B[7][7]=
{
0,0,0,0,0,0,0,
0,0,0,0,0,0,1,
0,0,0,1,0,0,0,
0,0,1,0,0,1,5,
0,0,0,0,9,0,3,
0,0,0,1,0,0,1,
0,1,0,5,3,1,0
};
```

Wie in Kapitel 3 auch, benötigen Sie an dieser Stelle wieder Wegmarken, die Sie genau dann setzen können, wenn Sie einen Knoten schon besucht haben. Dies verhindert, dass Ihr Backtracking-Algorithmus einen Weg doppelt geht bzw. im Kreis läuft. Das Array Marke[7][7], das Werte vom Typ bool enthält, die genau dann auf true gesetzt werden, wenn der entsprechende Knoten im Array **A** schon überprüft wurde, leistet genau dies.

Wie funktioniert nun Ihr Backtracking-Algorithmus in der veränderten Umgebung? Die Antwort ist, dass sich an dem wesentlichen Kern im Vergleich zum dritten Kapitel nicht viel ändert. Um die einzelnen Zielknoten zu überprüfen, die mit einem bestimmten Startknoten verknüpft sind, müssen Sie auch in diesem Beispiel zunächst einmal die betreffende Zeile auswählen (am Anfang ist dies die zweite Zeile). Anschließend durchlaufen Sie in einer Schleife sämtliche Spalten, die der Zeile zugeordnet sind, die den vorher ausgewählten Knoten beschreibt. In dieser Schleife ruft sich der Suchalgorithmus selbst wieder auf, und zwar für jeden Spalteneintrag einmal. Sei nun **i** die i-te Zeile von **A** und **j** die j-te Spalte von **A**. Sei **k** ein Zähler, der in diesem Beispiel von 1 bis 6 zählt, und **j** eine beliebige festgehaltene Spalte, die am Anfang 2 ist. Dann sieht der Hauptalgorithmus so aus:

```
for (int k=0; k<=6; k++) { SucheAusgang(j,k); } // j ist fest vorgegeben
```

Die Funktion SucheAusgang(), in die der Hauptalgorithmus eingebettet ist, bekommt zwei Parameter übergeben, nämlich **i** und **j**. Der Parameter **i** beschreibt hierbei den Startknoten und **j** einen Knoten, der genau im nächsten Schritt erreicht werden kann. Die Funktion SucheAusgang() untersucht für jeden Knoten, der mit dem Knoten **j** verknüpft ist, ob dieser der Zielknoten ist. Dies geschieht rekursiv, das heißt, es wird versucht, das Ausgangsproblem in kleinere Teile zu zerlegen. Sie wenden also auch hier einen Teile-und-Herrsche-Algorithmus an, wie schon im dritten Kapitel. Der einzige Unterschied in diesem Beispiel ist, dass die Funktion `SucheAusgang()` nicht sofort endet, wenn der Ausgang einmal gefunden wurde, sondern erst dann, wenn für sämtliche Gänge Marken gesetzt wurden. Die Marken werden wieder auf dieselbe Weise gesetzt, wie im dritten Kapitel: Innerhalb der Funktion `SucheKnoten()` wird zunächst überprüft, ob ein gewählter Teilpfad eine Sackgasse ist oder aber zur Lösung führt. Eine Sackgasse ist erreicht, wenn entweder `Adj[j][i]=0` ist (in diesem Fall führt der Pfad von Knoten **i** nach Knoten **j** ins Nichts) oder der entsprechende Knoten vorher schon untersucht wurde (`Marke[i][j]==true`). Auf diese Weise erhalten Sie die folgende Ausstiegsbedingung aus der Rekursion:

```
if ((Adj[i][j]==0)||(Marke[i][j])==true) { return; }
```

Wenn die erste Ausstiegsbedingung nicht zutrifft, muss zunächst einmal `Marke[i][j]` auf `true` gesetzt werden, um den gerade überprüften Knoten als bereits getestet zu markieren. Anschließend müssen Sie die zweite Ausstiegsbedingung überprüfen, die in Kapitel 3 dann erfüllt war, wenn Knoten 1 erreicht wurde:

```
if(Adj[i][j]==1) { AusgangGefunden=true; STOP; }
```

Diese Abbruchbedingung ist aber nun nicht mehr anwendbar, weil Sie auf diese Weise sofort den Pfad {2,3,6,1} als Lösung finden würden, und nicht die viel bessere (weil einfachere) Lösung {2,3,5,6,1}. Sie haben also ein kleines Problem, denn Ihr Backtracking-Algorithmus leistet zurzeit noch nicht mehr als der Algorithmus in Kapitel 3. Sie können also wieder nur irgendeinen Ausgang finden, womöglich den, der Sie direkt ins Verderben führt. Deshalb habe ich den Algorithmus so abgewandelt, dass dieser eine Wort-Case-Abschätzung darüber macht, wie viele Marken maximal gesetzt werden können. In diesem Beispiel sind es 7*7=49 Marken, die dann erreicht würden, wenn sämtliche Höhlen mit allen anderen Höhlen verbunden wären, inklusive mit sich selbst. Der Suchalgorithmus macht also 49 Schritte und endet mit einer Pfadliste, die viel mehr Pfade enthält, als Sie benötigen. Das Hauptprogramm extrahiert anschließend den kürzesten Pfad aus der Pfadliste.

Eine zweite wichtige Sache, die Ihr alter Algorithmus noch nicht beherrscht, ist das Auswerten von Kantengewichten. Sie können die Sache mit den Kantengewichten auf zwei Arten umsetzen. Die erste Möglichkeit ist, das Array **Marken** vom Typ `bool[7][7]` durch ein Array vom Typ `int[7][7]` zu ersetzen. In dieses Array schreiben Sie dann das Kantengewicht des zuletzt besuchten Knotens anstatt des Werts `true`. Leider hat dieses Vorgehen den Nachteil, dass Sie trotzdem anhand des Arrays **Marken** nicht genau feststellen können, welcher Pfad nun zur Lösung geführt hat. Deswegen habe ich die zweite Möglichkeit gewählt, nämlich das Hauptprogramm mit der Berechnung der Summen der Kantengewichte der einzelnen Pfade zu beauftragen. Ferner unterscheide ich zwischen Lösungspfaden (L-Pfaden) und Teilpfaden (T-Pfad) und gebe auch zusätzlich in der Konsole an, zu welcher Kategorie der gefundene Pfad gehört. Ein L-Pfad entsteht immer dann, wenn die Höhle, die als Erstes im Pfad auftaucht, eine Verbindung zu Höhle 3 hat. (Der Schritt von 2 nach 3 ist immer der erste Schritt auf einem Lösungspfad.) Ein T-Pfad entsteht immer dann, wenn die Höhle, die als Erstes im Pfad auftaucht, keine Verbindung zu Höhle 3 hat. So ist z.B. der Pfad {2,3,6,4,4,1} (auch, wenn er Kreispfade enthält) ein L-Pfad, weil Höhle 6 mit Höhle 3 verbunden ist, der Pfad {4,4,1} ist allerdings ein T-Pfad, weil er Teil des L-Pfads {2,3,6,4,4,1} ist. Selbstverständlich werden T-Pfade vom Hauptprogramm nicht in die Bewertung der besten Lösung mit aufgenommen, indem sie einfach ignoriert werden. Sehen Sie sich nun Listing 11.1 an, das nicht nur irgendeinen, sondern auch den besten Pfad findet.

Listing 11.1 GewichtetesBacktracking.c

```
01   #include<stdio.h>
02   #include<stdlib.h>

03   int AnzMarken=0;
04   bool Marke[7][7]={false};

05   int A[7][7]=
06   {
07   0,0,0,0,0,0,0,
08   0,0,0,0,0,0,6,
09   0,0,0,3,0,0,0,
10   0,0,2,0,0,5,6,
11   0,0,0,0,4,0,6,
12   0,0,0,3,0,0,6,
13   0,1,0,3,4,5,0
14   };

15   int B[7][7]=
16   {
17   0,0,0,0,0,0,0,
18   0,0,0,0,0,0,1,
19   0,0,0,1,0,0,0,
20   0,0,1,0,0,1,5,
21   0,0,0,0,9,0,3,
22   0,0,0,1,0,0,1,
23   0,1,0,5,3,1,0
24   };

25   int Pfad[1000]={0}; // Pfadarray
26   int Cnt=0,CntReset=0,Start=0; // Puffer für FindeAusgang
27   bool Init=false;
28   bool SuchEnde=false; // Ende der Suche nach einer bestimmten Anzahl Schritten

29   void FindeAusgang(int i, int j) // auf Weg von i nach j
30   {
31       int k;
32       if (Init==false) { Init=true; Start=i; } // Startpunkt in Pfad setzen
33       if (SuchEnde==false)
34       {
35           if ((A[i][j]==0)||(Marke[i][j])==true) { return; }
36           printf("überprufe Pfad %d->%d\n",i,A[i][j]);
37           if ((i==Start)||(j==Start))
38           {
39               printf("Pfad wird zurückgesetzt auf Position %d\n",CntReset);
40               Cnt=CntReset; // Pfadliste nicht komplett löschen
41           }
42           else
43           {
44               if (i!=A[i][j])
45               {
46                   printf("Hinzugefügt zu Pfad:%d->%d\n",i,A[i][j]);
47                   Pfad[Cnt]=i; Pfad[Cnt+1]=A[i][j]; // Pfad hat immer das Format Start->Ziel
```

```
48                    Cnt+=2;
49                }
50            }
51            if(A[i][j]==1) { CntReset=Cnt; } // Ausgang gefunden? Dann Resetpunkt
aktualisieren
52            else { Marke[i][j]=true; AnzMarken++; }
53            if (AnzMarken==49) { SuchEnde=true; } // Maximal 7x7 Schritte sind
möglich
54            for (k=1; k<=6; k++) { FindeAusgang(j,k); } // Hauptalgorithmus
55            Marke[i][j]=false;
56        }
57 }
58 int main(void)
59 {
60     bool LPfad;
61     int i,j,G,GI,Min,GMin,Tmp;
62     CntReset=2; Pfad[0]=0; Pfad[1]=2; j=2; Tmp=0;
63     FindeAusgang(2,3);
64     printf("Gefundene Pfade:\n#1:");
65     GI=Pfad[2]; Start=Pfad[2]; // Start=3, Gewicht von Pfad 2-3 wird ignoriert
66     G=GI; Min=0; GMin=32767;
67     for (i=2; i<Cnt-2; i+=2)
68     {
69         if (Tmp==0) // Erster Punkt im Pfad ist bei Tmp=0
70         {
71             Tmp=Pfad[i+1]; // Ersten Punkt im Pfad nach Tmp sichern
72             if (A[Tmp][Start]!=0) { LPfad=true; } // LPfad:Erster Punkt ist mit
Start verbunden
73             else { LPfad=false; } // TPfad:Erster Punkt ist nicht mit Start
verbunden
74         }
75         printf("%d ",Pfad[i+1]); // Pfadpunkt ausgeben
76         G+=B[Pfad[i]][Pfad[i+1]]; // Gewicht addieren
77         if (Pfad[i+1]==1)
78         {
79             if (LPfad==true)
80             {
81                 printf("(L)");
82                 if (G<GMin) { GMin=G; Min=j+1; } // Lösungspfad? Dann bestimmen,
ob es der beste Pfad ist
83             }
84             if (LPfad==false)
85             {
86                 printf("(T)"); // Teilpfad ignorieren, doch aber "(T)" ausgeben
87             }
88             printf("\n#%d:",j+1); // Nummer für den nächsten Pfad ausgeben
89             Tmp=0; G=GI; j++;
90         }
91     }
92     printf("\n");
93     printf("Der beste Pfad ist Pfad #%d\n",Min);
94     return 0;
95 }
```

In den Zeilen **05 – 24** wird zusätzlich zu der Adjazenzmatrix A noch eine Matrix B definiert, die die Kantengewichte für die Verbindungen zwischen den sechs Höhlen enthält. Hierbei entspricht B der Matrix A, außer dass für die Verbindungsdaten, die in den Spalten stehen,

Kantengewichte anstatt Höhlennummern verwendet werden. So enthält z. B. B[1][6] nicht die Zahl 6 (Höhle 1 ist mit Höhle 6 verbunden), wie es bei A[1][6] der Fall ist, sondern das Kantengewicht 1 (der Gang zwischen Höhle 6 und Höhle 1 ist sehr leicht passierbar). Natürlich steht in diesem Fall auch in B[6][1] der Wert 1, weil beide Richtungen gleich einfach sind. Wie Sie sehen, könnten Sie an dieser Stelle auch eine viel komplexere Situation abbilden, z. B. ein Gefälle zwischen Höhle 6 und Höhle 5, das nur in Richtung der fünften Höhle gut passierbar ist (Schwierigkeitsstufe 1), umgekehrt aber nicht (Schwierigkeitsstufe 10). In diesem Fall würde der Suchalgorithmus die Lösung {2,3,5,6,1} bevorzugen, auch, wenn der Pfad zwischen Höhle 3 und Höhle 6 nicht so gut passierbar ist.

Die Funktion FindeAusgang() (Zeile **29 – 57**) leistet auch in diesem Beispiel (wie auch in Kapitel 3) die Hauptarbeit. Wie auch in Kapitel 3, arbeitet FindeAusgang() rekursiv und wird erst einmal mit dem Schritt von Höhle 2 nach Höhle 3 aufgerufen. Dieser Schritt wird durch die Parameter **i** (Start) und **j** (Ziel) abgebildet und der Startpunkt **i** wird auch in Zeile **32** in der Variablen **Start** zwischengespeichert. Wenn es zufällig so sein sollte, dass die maximale Anzahl an Suchschritten schon ausgeführt wurde (was am Anfang nicht der Fall ist), dann kehrt FindeAusgang() unverzüglich zurück und die Suche ist damit beendet. Wenn die Suche jedoch noch nicht beendet ist, wird in Zeile **35** erst einmal überprüft, ob der Pfad von **i** nach **j** oder der Pfad von **j** nach **i** schon markiert ist. Ist dies der Fall, kehrt FindeAusgang() auch in diesem Fall zurück, da der entsprechende Pfad, der durch die Parameter **i** und **j** übergeben wurde, schon durchsucht wurde. Wenn jedoch FindeAusgang() nicht zurückkehrt, wird in Zeile **36** eine entsprechende Meldung ausgegeben, welcher Pfad nun überprüft wird. Wenn im nächsten Schritt **i** oder **j** mit **Start** übereinstimmt, sind Sie im Kreis gelaufen, ohne den Ausgang zu finden. Der Pfad wird dann zurückgesetzt, indem die aktuelle Position **Cnt** in der Pfadliste auf den Zähler **CntReset** zurückgesetzt wird (Zeile **40**). **CntReset** ist am Anfang 0 und **Cnt** ist der Array-Index, der die Position in der Pfadliste bestimmt, an der die nächsten Pfadinformationen eingetragen werden. **CntReset** wird immer dann aktualisiert, wenn Höhle 1 im Pfad auftaucht, denn dann haben Sie eine Lösung gefunden. Diese Lösung muss natürlich nach Rücksetzen des Pfads in Zeile **40** erhalten bleiben, weshalb auch in Zeile **51**, in der festgestellt wird, ob nun Höhle 1 im Pfad auftaucht, **CntReset** auf **Cnt** gesetzt wird. Wenn jedoch **i** nicht gleich **j** ist, muss der zuletzt gewählte Pfad in die Pfadliste aufgenommen werden (else-Block in Zeile **42 – 50**). Eine Pfadinformation, die den zuletzt gegangenen Schritt darstellt, ist hierbei immer ein Tupel der Form {Starthöhle,Zielhöhle}.

Nun kann es aber auch sein, dass keine der Abbruchbedingungen zutrifft und weder **i=j** ist noch ein bestimmter Gang bereits markiert ist. In diesem Fall wird FindeAusgang() mit dem aktuellen Ziel **j** für jede mögliche Zielhöhle erneut rekursiv aufgerufen (Zeile **54**). In den meisten Fällen wird der rekursive Aufruf von FindeAusgang() zurückkehren, ohne eine Lösung zu finden, manchmal aber eben doch nicht, und es wird dann auf dem Stack eine neue Instanz von FindeAusgang() angelegt. Erst, wenn alle Instanzen von FindeAusgang() zurückkehren, ohne eine Lösung zu finden, kehrt auch die erste Instanz erfolglos zurück. Vorher muss jedoch in Zeile **55** noch die entsprechende Markierung Marke[i][j] auf false gesetzt werden. Der rekursive Suchalgorithmus entspricht in diesem Beispiel also exakt demjenigen im dritten Kapitel. Der wirkliche Unterschied liegt im Hauptprogramm (Zeile **58 – 95**).

Das Hauptprogramm initialisiert zunächst in Zeile **62** die Pfadliste so, dass der Startpunkt der Schritt von Höhle 2 nach Höhle 3 ist. Anschließend wird in Zeile **63** `FindeAusgang()` mit den Parametern 2 und 3 aufgerufen. `FindeAusgang()` erstellt aber nun eine Pfadliste, die viel mehr Pfade enthält als nur die erstbeste Lösung. Diese Pfade enthalten dann auch Teilpfade, die z. B. als Startpunkte Höhle 6 enthalten, die mit Höhle 3 verbunden ist. Dies ist z. B. schon beim ersten Pfad der Fall, der die Einträge 6 und 1 enthält. Dies ist z. B. eine mögliche Lösung, wenn man den ersten Schritt mit hinzuzählt (Pfad{2,3,6,1}). Diesen Pfad müssen Sie aber aus der Pfadliste extrahieren, die `FindeAusgang()` erstellt hat. Hierzu dient die globale Variable **Cnt**, in der `FindeAusgang()` die Anzahl der Einträge ablegt, die sich im Array **Pfad** befinden. Dieses Array müssen Sie nun in einer `for`-Schleife (Zeile **67-91**) durchgehen und in jedem Schleifendurchlauf immer zwei Elemente extrahieren, nämlich `Pfad[i]` und `Pfad[i+1]`. Wenn Sie am Anfang eines neuen Pfads sind, der eventuell eine Lösung enthält (die temporäre Variable **Temp** ist in diesem Fall 0), übertragen Sie den Zielpunkt des Pfads nach **Temp** (Zeile **71**) und stellen anschließend fest, ob dieser Zielpunkt, der stets einer bestimmten Höhle entspricht, mit Höhle 3 verbunden ist (diese steht in der globalen Variablen **Start**). Wenn dies der Fall ist, wird **LPfad** auf `true` gesetzt, ansonsten auf `false`. In Zeile **75** und **76** wird anschließend der Pfadpunkt `Pfad[i+1]` ausgegeben und das entsprechende Gewicht der Kante, die von `Pfad[i]` zu `Pfad[i+1]` führt, zu dem aktuellen Wert **G** addiert. **G** hat am Anfang immer den Wert **GI** (G Init), der dem Gewicht des Gangs zwischen Höhle 2 und Höhle 3 entspricht. Wenn ein neuer Pfad gewählt wird, der eine Lösung sein könnte, wird **G** stets auf **GI** zurückgesetzt. Nun kann es im Laufe der Ausgabe der einzelnen Stationen eines Pfads dazu kommen, dass einer der Punkte Höhle 1 ist. Dies wird in einer entsprechenden `if`-Abfrage überprüft (Zeile **77-90**). Wenn **LPfad** `true` ist (`if`-Block in Zeile **79-83**), haben Sie eine Lösung gefunden und Sie können überprüfen, ob die Summe der Kantengewichte in **G** kleiner ist als das aktuelle Minimum **GMin**. Wenn dies der Fall ist, dann wird **GMin** gleich **G** gesetzt und **Min** wird auf j+1 gesetzt. **Min** enthält also immer die Nummer des Pfads, der dem einfachsten Pfad entspricht. Wenn **LPfad** allerdings `false` ist, wird der entsprechende Pfad ignoriert und in Zeile **86** anstatt des Textes „(L)" der Text „(T)" ausgegeben. Der Zähler **j** wird für jeden neuen Pfad um 1 jedem erhöht, aber nicht in jedem Fall wird `Min=j` gesetzt. Auf diese Weise entspricht **Min** stets der Pfadnummer mit dem bis jetzt kleinsten Aufwand. Das Hauptprogramm endet und gibt in Zeile **93** den besten Weg von Höhle 2 nach Höhle 1 aus, wenn die gesamte Pfadliste im Array **Pfad** abgearbeitet wurde. Dabei werden alle geprüften Pfade vorher in der Konsole ausgegeben und es kann dabei geschehen, dass Pfade doppelt geprüft werden. Das Programm gibt in diesem Beispiel in der Konsole Folgendes aus (detaillierter Suchverlauf ist nicht mit aufgelistet):

Gefundene Pfade:

#1:6 1 (L)

#2:6 1 (L)

#3:4 6 1 (T)

#4:5 6 1 (L)

#5:6 1 (L)

#6:5 6 1 (L)

#7:5 6 1 (L)

#8:4 6 1 (T)

#9:6 1 (L)

#10:4 6 1 (T)

#11:6 1 (L)

#12:5 6

Der beste Pfad ist Pfad #4

Der Suchalgorithmus macht 49 Schritte, dies ist die maximale Anzahl Marken, die es in dem Array **Marken** geben kann. Da es aber in Wirklichkeit nur 13 Marken gibt, laufen Sie quasi noch mehrmals hin und her, nachdem schon Pfad #4 die korrekte Lösung {2,3,5,6,1} enthält. Deshalb werden auch teilweise Teilpfade gefunden, die aber anschließend verworfen werden. Dies ist auch bei Pfad #12 der Fall, der nicht einmal den Ausgang (Höhle 1) enthält. Deshalb ist auch Pfad #12 weder eine Lösung (L) noch eine Teillösung (T).

Sie werden an dieser Stelle (oder vielleicht schon vorher) festgestellt haben, dass Sie in Listing 11.1 keinen optimalen Algorithmus implementieren, der einfach viel zu viele Schritte macht und der auch sehr viele Pfade findet, die am Ende keine Lösungen sind. Dies liegt vor allem daran, dass ich folgende Worst-Case-Abschätzung gemacht habe: B ist an sämtlichen Positionen mit Marken besetzt und die Anzahl der Marken entspricht der Anzahl der Elemente in der Matrix B (also 49). Sie haben allerdings nur 13 Marken in Benutzung. Sie könnten nun hergehen und in Zeile **53** nicht den Wert **49** für den maximalen Wert des Markenzählers einsetzen, sondern 13. In diesem Fall wird aber Folgendes in der Konsole ausgegeben:

Gefundene Pfade:

#1:6 1 (L)

#2:6 1 (L)

#3:4 6 1 (T)

#4:

Der beste Pfad ist Pfad #4

Diese Ausgabe ist offensichtlich falsch, denn ein leerer Pfad kann nicht einmal eine Teillösung sein, wie es z. B. Pfad #3 ist. Wo verbirgt sich hier der Fehler? Die Antwort ist, dass Sie einem klassischen Denkfehler zum Opfer fallen, der den besten Programmierern passieren kann: Sie setzen die Anzahl der gesetzten Marken mit der Anzahl der ausgeführten Suchschritte gleich. Nur setzt SucheAusgang() nicht immer neue Marken, deshalb müssen Sie ja auch den Worst-Case-Fall annehmen, dass sämtliche Einträge in B auf true gesetzt werden müssen. Wenn Sie tatsächlich sämtliche Marken verwenden, die möglich sind (in diesem Fall ist jede Höhle mit jeder anderen Höhle verbunden), müssen Sie sogar 7*7*7=343 Durchläufe als Wort-Case-Szenario annehmen. Wenn Sie sich nun fragen, woher ich meine Werte nehme, kann ich Ihnen nur sagen, dass dies Erfahrungswissen ist und nichts mit irgendwelchen Formeln zu tun hat, die Sie in einem guten Mathematikbuch nachschlagen können. Dies ist dann auch der größte Nachteil bei der Verwendung von Adjazenzmatrizen zum Finden des kürzesten Wegs: Die Matrizen müssen oft in aufwendiger Weise per Hand skaliert werden. Wenn Sie sich nun vorstellen, Sie wollten eine Navigationssoftware für Ihr Smartphone entwickeln, bei der Sie 10 000 Städte und Straßen speichern müssen, werden Sie begreifen, dass man an dieser Stelle Hilfe von Google und Co benötigt.

11.2 Darstellung eines Graphen als verallgemeinerte Baumstruktur

Neben dem Szenario aus Abschnitt 11.1 gibt es noch ein anderes Szenario: Nicht der Computer steuert die Suche eines Wegs, sondern der Benutzer. In diesem Fall benötigen Sie keinen komplexen Backtracking-Algorithmus, weil Sie ja selbst der Algorithmus sind. Nehmen wir z. B. an, Sie befinden sich in Ihrer Wohnung. Dort kennen Sie sämtliche Räume und wissen, wie diese miteinander verknüpft sind. Die Steuerung ist für Sie in diesem Fall kein Problem und den Weg zur Haustür finden Sie in einer Minute. Auch wissen Sie, welche Pfade garantiert nicht benutzbar sind. Sie wissen z. B., dass Sie nicht vom Bad direkt in die Garage gehen können, wo der Rasenmäher steht. Wenn Sie nun Ihre Wohnung durch ein Computerprogramm abbilden wollen, können Sie durchaus auch eine andere Datenstruktur nehmen als eine Matrix: Sie können eine normale Baumstruktur nehmen, so wie sie in dem Kapitel über Bäume behandelt wurde, und anschließend verallgemeinern.

Wie stellen Sie aber einen Graphen als Baum dar, wo doch in einem Baum immer nur Knoten mit anderen Knoten auf einer tieferen Ebene verbunden werden? Auch besitzt ein Baum eine Wurzel, die Sie stets zuerst aufrufen müssen, wenn Sie die Navigation durch den Baum beginnen wollen? Wie kann man dieses Vorgehen verallgemeinern und die Suche an einer beliebigen Stelle starten? Sie können auf die folgende Weise die Knotendefinition für einen Baum so verallgemeinern, dass daraus Knoten für beliebige Graphen werden:

```
struct Knoten_t
{
    long int Nummer;
    char Bezeichnung[100];
    Knoten_t *Nachbarn;
};
```

Jeder Knoten bekommt eine eindeutige Nummer und eine möglichst eindeutige Bezeichnung, die in diesem Fall 100 Zeichen umfassen kann. Wenn Sie beliebig lange Namen verwenden wollen, müssen Sie **Bezeichnung** als char* definieren und den Speicher für diesen Eintrag mit malloc() reservieren, bevor Sie einen String hineinschreiben. Kommen wir nun zu den Kanten, die ein Knoten besitzen kann. Wie realisieren Sie die Kanten, die auch Gewichte haben können? Hier haben Sie mehrere Möglichkeiten. Sie können z. B. die Kantengewichte als Attribut in dem Knoten speichern, zu dem die Kante hinführt. Die Nachbarn realisieren Sie als Zeiger auf den Anker einer verketteten Liste. Dies bringt uns zu dem folgenden Strukturtyp für einen Knoten in einem Graphen:

```
struct Knoten
{
    long int Nummer;
    int Gewicht;
    char Bezeichnung[100];
    Knoten *Nachbarn;
};
```

Leider sind die Kanten in diesem Fall nicht gerichtet und Sie müssen dann eine gerichtete Kante durch die richtige Belegung der Liste **Nachbarn** abbilden. Wenn z. B. Knoten 1 mit

Knoten 2 verbunden ist, aber nur die Richtung von Knoten 1 nach Knoten 2 zulässig ist, dann darf die Liste **Nachbarn** von Knoten 2 Knoten 1 nicht enthalten, die Liste **Nachbarn** von Knoten 1 muss aber Knoten 2 enthalten. Sie müssen also alle Kanten doppelt abbilden und das Gewicht, das die Knoten in der Liste **Nachbarn** haben, ist dann das Gewicht, das für eventuelle Berechnungen relevant ist. Sie können natürlich auch den umgekehrten Weg gehen und die Knoten durch eine Liste an Kanten verbinden. In diesem Fall müssen Sie die folgenden strukturierten Datentypen erstellen:

```
struct Kante
{
    int Gewicht;
    Knoten *Ref; // Referenzknoten als Zeiger
    Kante *Nachfolger; // für die verkettete Liste
};
struct Knoten
{
    long int Nummer;
    char Bezeichnung[100];
    Kante *Kanten;
    Kante *Listenkopf; // Für schnelles Anhängen am Ende der Liste
};
```

Sie definieren also nun eine Kantenliste anstatt einer Knotenliste. Dieses Vorgehen hat den Vorteil, dass Sie eine gerichtete Kante ganz einfach dadurch abbilden können, dass Sie diese nur in die Kantenliste des von dem betreffenden Knoten wegführenden Knotens aufnehmen müssen, die Kante selbst enthält einen Zeiger auf den Knoten, zu dem die Kante führt.

Aber halt! Haben Sie hier nicht eine Definition erstellt, in der die Definition einer Kante die Definition eines Knotens voraussetzt, die es aber noch gar nicht geben kann? Dies ist richtig, deshalb müssen Sie bei manchen Compilern folgende Prototypdefinition an den Anfang stellen:

```
struct Knoten;
struct Kante;
```

Selbstverständlich müssen Sie die Prototypdefinitionen irgendwann auflösen, denn sonst erhalten Sie einen Compilerfehler der Art „TYPE NAME EXPECTED IN DECLARATION OF KANTE".

Ich werde Ihnen nun für die Erstellung des Graphen unter Verwendung der hier aufgeführten Knoten- und Kantendefinition ein C++-Beispiel angeben. Dazu nehmen wir wieder das Beispiel der Wohnung. Angenommen, die Räume Ihrer Wohnung sind auf die folgende Weise verknüpft:

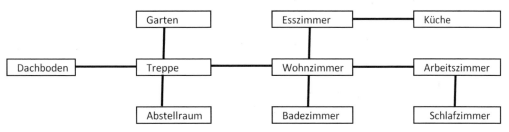

Bild 11.3 Verknüpfungsgraph für die einzelnen Räume

In der letzten Abbildung sind die Knoten durch Rechtecke dargestellt, es gibt jedoch auch die Möglichkeit, Knoten durch Kreise darzustellen. Diese Darstellungsform wird vor allem von Mathematikern gewählt. Welche Art der Darstellung Sie verwenden, bleibt im Endeffekt Ihnen überlassen. Sie sollten nur wissen, dass es beide Varianten gibt, und sich nicht wundern, wenn Sie in einem Mathematikbuch plötzlich auf eine andere Darstellungsform stoßen.

Sie haben verschiedene Möglichkeiten, die Räume im Speicher anzulegen. Sie können z. B. in der folgenden Weise eine verkettete Liste anlegen:

```
Knoten *Graph=new Knoten;
```

Da Sie ja sowieso schon eine Funktion programmieren müssen, die eine verkettete Liste verwendet, um die einzelnen Kanten Ihrer Knoten zu speichern, kann dies eine gute Idee sein. In diesem Fall haben Sie aber das Problem, dass Sie nicht in einfacher Weise auf einen beliebigen Raum zugreifen können. In diesem Fall müssten Sie die entsprechende Nummer bzw. Bezeichnung in Ihrer verketteten Liste suchen. Die Alternative, die ich im Folgenden verwenden werde, ist, ein Array mit der Bezeichnung **Graph** anzulegen und in diesem Array die einzelnen Räume als Knoten abzulegen. Jeder Knoten bekommt dabei eine eindeutige Nummer. Die fertige Raumkarte sieht also nun so aus:

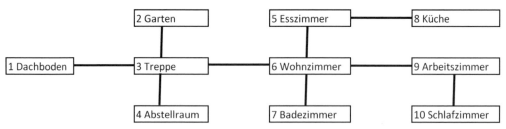

Bild 11.4 Verknüpfungsgraph mit Raumnummern

Die Anzahl der verwendeten Knoten in dem Array Graph ist also 10. Ich werde an dieser Stelle den Knoten `Graph[0]` nicht belegen, damit die Raumnummern stets bei 1 anfangen. Ein Raum mit der Nummer 0 ist also ungültig und gleichbedeutend mit „kein Durchgang". Sie können nun den ersten Raum einfach durch das Array-Element `Graph[1]` ansprechen und müssen sich nicht damit herumschlagen, dass Array-Indices bei 0 und nicht bei 1 anfangen. Um einen Raum zu initialisieren (z. B. Raum 1), können Sie z. B. folgende Anweisungen benutzen:

```
Graph[1].Nummer=1;
strcpy(Graph[1].Bezeichnung,"Dachboden");
Graph[1].Kanten=NULL; // Noch keine Kanten vorhanden
```

Erstellen wir nun die Verbindung zwischen Raum 1 (Dachboden) und Raum 3 (Treppe). Hierzu müssen wir zunächst noch Raum 3 definieren:

```
Graph[3].Nummer=3;
strcpy(Graph[3].Bezeichnung,"Treppe");
Graph[3].Kanten=NULL; // Noch keine Kanten vorhanden
```

Nun existiert eine ungerichtete Kante zwischen Raum 1 und Raum 3, also müssen Sie eine Verbindung zwischen Raum 1 und Raum 3 und eine Verbindung zwischen Raum 3 und Raum 1 definieren. Dies leisten die folgenden Anweisungen:

```
Kante *NeueKante;
NeueKante=new Kante;
NeueKante.Gewicht=1; // 1=Durchgang möglich, 0=kein Durchgang möglich
NeueKante.Ref=&Graph[3];
KanteZufuegen(&Graph[1],NeueKante); // Kante 1->3
NeueKante=new Kante;
NeueKante.Gewicht=1;  // 1=Durchgang möglich, 0=kein Durchgang möglich
NeueKante.Ref=&Graph[1];
KanteZufuegen(&Graph[3],NeueKante); // Kante 3->1
```

Sie müssen hier unbedingt beachten, dass die Funktion KanteZufuegen() den Knoten, dessen Kantenliste aktualisiert werden soll, als Zeiger übergeben bekommt und Sie deshalb für die Übergabe eines Array-Elements als ersten Parameter den Address-Of-Operator benutzen müssen. Die einzelnen Array-Elemente im Array **Graph** dürfen Sie jedoch nicht in der Form Graph[1]->Nummer=1 ansprechen, sondern Sie müssen hierfür die Struktur-Schreibweise Graph[1].Nummer=1 verwenden. Dies ist deshalb so, weil C++ Arrays stets als Zeiger auf das erste Byte im Speicher ablegt und deshalb im Speicher kein Unterschied zwischen *Graph und &Graph besteht. Es besteht aber dennoch ein Unterschied zwischen &Graph[1] und *Graph[1], denn für letzteren Zeiger gibt es keinen separaten Eintrag in der Variablentabelle.

Fehlt nur noch die Funktion KanteZufuegen():

```
void KanteZufuegen(Knoten *K, Kante *NeueKante)
{
    if (K->Kanten==NULL) // Kantenliste ist leer
    {
        NeueKante->Nachfolger=NULL;
        K->Kanten=NeueKante; K->Listenkopf=NeueKante;
    }
    else // Kantenliste ist nicht leer
    {
        NeueKante->Nachfolger=NULL;
        K->Listenkopf->Nachfolger=NeueKante;
        K->Listenkopf=NeueKante;
    }
}
```

KanteZufuegen() bekommt zwei Parameter übergeben, einmal einen Zeiger auf einen Knoten **K**, der durchaus auch die Adresse eines Array-Elements sein kann, und einen Zeiger auf die Kante, die zum Knoten **K** hinzugefügt werden soll. KanteZufuegen() legt hierzu eine einfache vorwärts verkettete Liste für die einzelnen Kanten an, die Kante **NeueKante** wird jeweils am Ende der Liste angehängt. Deshalb muss die Funktion KanteZufuegen() nur zwei Szenarien überprüfen. Im ersten Szenario ist die Knotenliste noch leer (der Listenanker zeigt auf NULL). In diesem Fall wird einfach der Listenanker aktualisiert und der Listenkopf auf den Listenanker gesetzt. Im zweiten Szenario gibt es bereits einen Listenanker. In diesem Fall wird einfach der Nachfolger des Listenkopfs das aktuelle Element und der Listenkopf wird am Ende auf das neue Element gesetzt. Der Nachfolger des neu hinzugefügten Elements ist hier immer NULL (Ende der Liste).

Wenn Sie etwas nachdenken, werden Sie erkennen, dass ich hier im Endeffekt durch die Funktion `KanteZufuegen()` eine Stack-Struktur mit einer verketteten Liste nachgebildet habe. Die Kanten, die Sie als Letztes zugefügt haben, befinden sich stets am Ende der Liste, und können auch z. B. durch die Anweisung `Kante=Graph[1].Listenkopf` referenziert werden. Den Top Of Stack (TOS) können Sie durch die folgenden Anweisungen entfernen:

```
Kante=Graph[1].Listenkopf; // Zeiger auf den alten Listenkopf sichern
Graph[1].Listenkopf=Graph[1].Listenkopf->Vorgaenger; // alten Listenkopf aushängen
Graph[1].Listenkopf->Nachfolger=NULL; // Der Listenkopf hat keinen Nachfolger
delete(Kante); // alten Listenkopf aus dem Speicher entfernen
```

Kommen wir nun zum nächsten Beispiel. In diesem Beispiel sollen die einzelnen Räume aus Bild 11.4 durch ein Programm abgebildet werden. Der Steueralgorithmus ist in dem nächsten Beispiel ganz einfach und entspricht einem alten, textorientierten Adventure. Dem Spieler wird in der Konsole angezeigt, in welchem Raum er sich befindet und in welche Richtung er gehen kann, nämlich nach Norden, Süden, Westen oder Osten. Hierbei entspricht die Kante für den Norden dem ersten Listeneintrag in der Knotenliste (also quasi dem Listenanker), der Osten dem Nachfolger des Listenankers, der Süden dem Nachfolger des Listenelements für den Osten und der Westen dem letzten Listenelement in der Knotenliste. Dieses Vorgehen entspricht der sogenannten Moore-Umgebung, die für Algorithmen sehr oft benutzt wird. Die *Moore-Umgebung* bildet die Richtungen, in die man sich bewegen kann, auf die folgende Weise ab:

```
            0(Norden)
3(Westen)               1(Osten)
            2(Süden)
```

Im nächsten Beispiel werden stets vier Kanten für jeden Knoten angelegt und wenn eine Kante nicht benutzt wird, so wird der entsprechende Zeiger, der auf einen Knoten verweist, auf **NULL** gesetzt. Im Endeffekt könnten Sie statt der verketteten Liste auch für jeden Knoten ein Array mit vier Kanten für jede Himmelsrichtung anlegen, aber vielleicht kommen Sie ja später mal auf die Idee, mehr als vier Verknüpfungen für einen Raum anzulegen, weil Sie wirklich ein komplexes Adventure programmieren wollen. In diesem Fall ist wahrscheinlich die Hybridlösung mit dem Graphen als Array und den Kanten als Knotenlisten die flexibelste Lösung. Schauen Sie sich nun Listing 11.2 an, das ein kleines Textadventure (ohne Gegenstände in den Räumen) implementiert.

Listing 11.2 Adventure.c

```
01  #include<stdio.h>
02  #include<string.h>
03  #include<conio.h> // für getch() und clrscr()

04  // Prototyp-Definitionen
05  struct Knoten;
06  struct Kante;

07  // Kanten und Knoten
08  struct Kante
09  {
10      int Gewicht;
11      Knoten *Ref;
```

```
12      Kante *Nachfolger;
13  };

14  struct Knoten
15  {
16      long int Nummer; // Ist der Array-Index
17      char Bezeichnung[100]; // Raumname
18      Knoten *Nachfolger;
19      Kante *Kanten; // Anker auf Kantenliste
20      Kante *Listenkopf;
21  };

22  // Graph
23  Knoten *Graph;
24  Kante *NeueKante;
25  // Himmelsrichtungen
26  char *NSWO[4]=
27  {
28  "Norden",
29  "Osten",
30  "Süden",
31  "Westen"
32  };
33  // Raum-Namen
34  char *N[11]=
35  {
36  "",
37  "Dachboden",
38  "Garten",
39  "Treppe",
40  "Abstellraum",
41  "Esszimmer",
42  "Wohnzimmer",
43  "Badezimmer",
44  "Küche",
45  "Arbeitszimmer",
46  "Schlafzimmer"
47  };
48  // Raum-Verknüpfungstabelle ist im Endeffekt eine Adjazenzmatrix
49  int V[11][4]=
50  {
51  0,0,0,0, // Nicht belegt (0)
52  0,3,0,0, // Dachboden (1)
53  0,0,3,0, // Garten (2)
54  2,6,4,1, // Treppe (3)
55  3,0,0,0, // Abstellraum (4)
56  0,8,6,0, // Esszimmer (5)
57  5,9,7,3, // Wohnzimmer (6)
58  6,0,0,0, // Badezimmer (7)
59  0,0,0,5, // Küche (8)
60  0,0,10,6, // Arbeitszimmer (9)
61  9,0,0,0, // Schlafzimmer (10)
62  };

63  void KanteZufuegen(Knoten *K, Kante *NeueKante)
64  {
65      if (K->Kanten==NULL) // Kantenliste ist leer
66      {
67          NeueKante->Nachfolger=NULL;
```

```
68            K->Kanten=NeueKante; K->Listenkopf=NeueKante;
69        }
70        else // Kantenliste ist nicht leer
71        {
72            NeueKante->Nachfolger=NULL;
73            K->Listenkopf->Nachfolger=NeueKante;
74            K->Listenkopf=NeueKante;
75        }
76    }

77    int main(void)
78    {
79        int i,j,Raum,Richtung;
80        Graph=new Knoten[11];
81        Kante *K;
82        bool AuswahlGueltig;
83        printf("Erzeuge Räume...\n");
84        for (i=1; i<=10; i++)
85        {
86            Graph[i].Nummer=i; Graph[i].Kanten=NULL;
87            strcpy(Graph[i].Bezeichnung,N[i]);
88            printf("%s\n",Graph[i].Bezeichnung);
89            for (j=0; j<4; j++)
90            {
91                NeueKante=new Kante;
92                NeueKante->Gewicht=1;
93                if (V[i][j]==0) { NeueKante->Ref=NULL; }
94                else {NeueKante->Ref=&Graph[V[i][j]]; }
95                KanteZufuegen(&Graph[i],NeueKante);
96            }
97        }
98        printf("fertig.Eine beliebige Taste startet das Spiel.\n");
99        getch();
100       Raum=6; // Der Spieler startet im Wohnzimmer
101       do
102       {
103           clrscr(); // Nach jedem Zug den Bildschirm löschen
104           printf("Du bist in folgendem Raum:%s\n",Graph[Raum].Bezeichnung);
105           printf("Ausgänge:"); K=Graph[Raum].Kanten;
106           for (i=0; i<4; i++) // Ausgänge als Himmelsrichtungen auflisten
107           {
108               if (K->Ref!=NULL) { printf("%d=%s ",i,NSWO[i]); }
109               K=K->Nachfolger;
110           }
111           printf("\n"); // Neue Zeile!
112           AuswahlGueltig=false;
113           do
114           {
115               printf("Wohin willst Du gehen (4 beendet das Spiel)?");
116               scanf("%d",&Richtung); // Moore-Umgebung abfragen
117               if (Richtung!=4) // Spielzug nur erlaubt, wenn Richtung!=4
118               {
119                   if ((Richtung<0)||(Richtung>4)) { printf("Auswahl ungültig!\n"); }
120                   else
121                   {
122                       K=Graph[Raum].Kanten;
123                       for (i=0; i<Richtung; i++) { K=K->Nachfolger; }
124                       if (K->Ref==NULL) { printf("Auswahl ungültig!\n"); }
125                       else { AuswahlGueltig=true; }
```

```
126                    }
127                }
128                else // Hier wurde 4 eingegeben
129                {
130                    AuswahlGueltig=true; // Die Auswahl 4 ist gültig
131                }
132            }
133            while (AuswahlGueltig==false);
134            if (Richtung!=4) // Spielzug ausführen
135            {
136                clrscr();
137                Raum=K->Ref->Nummer;
138            }
139        }
140        while ((Richtung>=0)&&(Richtung<4));
141        printf("Das Programm wurde beendet.\n");
142        return 0;
143 }
```

In Zeile **001–062** habe ich zugegebenermaßen zahlreiche globale Variablen definiert. Es gibt Programmierer und auch Professoren, die dies als schlechten Programmierstil betrachten und gegebenenfalls sogar die entsprechenden Programme nicht bewerten, wenn sie globale Variablen enthalten. Wenn Sie selbst in dieser Situation sind, dass Sie keine globalen Variablen verwenden dürfen, dann müssen Sie eine separate Klasse Graph anlegen und die globalen Arrays als Attribute deklarieren. Da ich aber denke, dass es mittlerweile für Sie nicht mehr schwierig ist, Klassen statt globalen Variablen zu verwenden, habe ich mich dafür entschieden, die Beispiele möglichst einfach zu halten.

Unser Adventure verwendet nun Himmelsrichtungen, die der Spieler bei jedem Spielzug in der Konsole eingeben muss. Die Namen für die Himmelsrichtungen stehen als Strings in dem Array **NSWO**. NSWO dient als Lookup-Tabelle, um die Moore-Richtung (Werte zwischen 0 und 3) in Strings umzuwandeln. Das Array **N** enthält die Namen der einzelnen Räume in Form einer statischen Liste. Diese statische Liste können Sie jedoch jederzeit durch eine dynamische Liste ersetzen, indem Sie für char *N[11] char **N einsetzen. Allerdings müssen Sie dann die entsprechenden Speicherbereiche für die Strings in der Liste N mittels malloc() reservieren. Genauso verhält es sich mit der Tabelle V[11][4], die die Verknüpfungsdaten zwischen den Räumen in Form einer Adjazenzmatrix enthält. Auch diese Tabelle könnten Sie als int **V deklarieren, aber dann müssten Sie die Verknüpfungsdaten irgendwoher holen, z. B. aus einer Datei. Viele Spiele gehen genau diesen Weg, damit Sie z. B. den Spielstand in einer Datei sichern können. Für dieses Beispiel ist dies aber nicht nötig, deshalb wandelt das Hauptprogramm quasi nur eine Adjazenzmatrix in eine verallgemeinerte Baumstruktur um. Ich gebe an dieser Stelle gerne zu, dass sich manche Mathematiker an dem Ausdruck „verallgemeinerte Baumstruktur" stoßen, weil sie der Ansicht sind, dass sich Bäume nicht verallgemeinern lassen. Lassen Sie sich am besten nicht verwirren oder in Diskussionen über mathematisch komplexe Themen hineinziehen. Wählen Sie immer den Weg, der auch am besten geeignet ist, um Ihre Ideen umzusetzen – es sein denn natürlich, im Praktikum ist ein bestimmter Weg vorgeschrieben.

Kommen wir nun zu der Funktion KanteZufuegen() (Zeile **063–076**), die dafür verwendet wird, den Graphen mit den verknüpften Räumen aufzubauen. KanteZufuegen() bekommt zwei Parameter übergeben, einmal einen Zeiger auf einen Knoten **K** und einen Zeiger auf eine neue Kante, die auch den Namen **NeueKante** erhält. Die Funktionsweise von KanteZufuegen() wurde bereits zuvor erläutert. Es gibt beim Einfügen einer neuen Kante in die Kantenliste eines Knotens nur zwei Szenarien: Entweder, die Knotenliste ist noch leer oder nicht, dann wird die neue Kante am Ende der Knotenliste angehängt. Sie können also keine Kanten entfernen, außer vom Listenkopf oder vom Anker aus.

Das Hauptprogramm (Zeile **077 – 143**) hat nun die Aufgabe, das Spiel zu steuern, und so lange zu laufen, bis der Benutzer das Spiel per Hand beendet. Für die Steuerung von Spielen gibt es zwei Strategien, die beide gleich häufig verwendet werden. Die erste Strategie ist, möglichst viel Arbeit vom Hauptprogramm erledigen zu lassen und die Geschwindigkeit dadurch zu erhöhen, dass die meisten Steuerbefehle direkt ausgeführt werden. Die zweite Strategie ist, möglichst viele Unterfunktionen bereitzustellen, die z. B. die Auswahl der Richtung oder das Wechseln des Raums regeln. Hierdurch lässt sich die Komplexität des Hauptprogramms stark reduzieren, was aber Geschwindigkeitseinbußen nach sich ziehen kann. Wenn Ihnen die zweite Strategie lieber ist, können Sie ja als kleine Übung versuchen, möglichst viele Teile des Hauptprogramms in Funktionen auszulagern (Sie werden sich wundern, wie wenig vom Hauptprogramm übrigbleibt). Dies betrifft z. B. die verschachtelte for-Schleife zum Erzeugen der Räume (Zeile **080 – 097**), die im Endeffekt nur ein neues Array **Graph** mit elf Knoten anlegt (Knoten 0 wird hier nicht benutzt) und anschließend in die Knoten die entsprechenden Raumdaten einträgt. Der Schleifenzähler **i** greift hier auf den Knoten Graph[i] zu und dient dazu, die Raumnummer auf **i** zu setzen, die Kantenliste auf NULL zu setzen und den entsprechenden Raumnamen aus N[i] nach Graph[i]. Bezeichnung zu kopieren (Zeile **086 – 088**). Der Zähler **j** dient nun dazu, die entsprechende i. Zeile der Adjazenzmatrix V spaltenweise nach Werten zu durchsuchen, die von 0 abweichen (Zeile **089 – 096**). Falls dies der Fall ist und V[i][j] nicht 0 ist, wird eine Kante erzeugt, die als Referenz Raum Nr. V[i][j] besitzt. Falls V[i][j] jedoch 0 ist, so wird eine neue Kante erzeugt, bei der der Referenzknoten NULL ist. Kanten, die NULL als Referenzknoten haben, kriegen das Kantengewicht 0 zugewiesen, alle anderen Kanten kriegen das Kantengewicht 1 zugewiesen. Nach der Initialisierung der Räume wird der Benutzer aufgefordert, eine Taste zu drücken, und anschließend wird der Bildschirm gelöscht. Nun befinden Sie sich in Raum Nr. 6 und das Spiel wird gestartet.

Das Programm gibt in der Konsole z. B. Folgendes aus:

Du bist in folgendem Raum:Wohnzimmer

Ausgänge:0=Norden 1=Osten 2=Süden 3=Westen

Wohin willst Du gehen (4 beendet das Spiel)?0

Du bist in folgendem Raum:Esszimmer

Ausgänge:1=Osten 2=Süden

Wohin willst Du gehen (4 beendet das Spiel)?1

Du bist in folgendem Raum:Küche

Ausgänge:3=Westen

Wohin willst Du gehen (4 beendet das Spiel)?3

Du bist in folgendem Raum:Esszimmer

Ausgänge:1=Osten 2=Süden

Wohin willst Du gehen (4 beendet das Spiel)?4

Das Programm wurde beendet.

In dem letzten Beispiel haben Sie gesehen, dass eine Adjazenzmatrix und ein Graph, der durch eine verallgemeinerte Baumstruktur dargestellt wird, im Grunde genommen gleichwertig sind. Mehr noch: Beide haben die gleichen mathematischen Eigenschaften. Sie könnten also das letzte Beispiel auch mit einer Adjazenzmatrix umsetzen und die Verwaltung der Position des Spielers wäre nicht einmal so verschieden. Leider gibt es keine allgemeinen Empfehlungen, wann Sie eine Adjazenzmatrix und wann eine Baumstruktur wählen sollten. Die Regel, die ich anwende, ist einfach die folgende: Ich wähle das Verfahren, das am besten zu dem passt, was ich erreichen möchte. Deshalb habe ich im letzten Beispiel die Baumstruktur gewählt, weil diese in einfacher Weise erweiterbar ist. Vielleicht komme ich ja, wenn ich in den Weihnachtsferien nicht viel zu tun haben sollte, auf die Idee, mein Adventure durch Gegenstände in den Räumen zu erweitern. Da man Gegenstände aufnehmen und auch woanders wieder ablegen kann, bilde ich diese dann auch durch verkettete Listen ab. Ich werde in diesem Fall froh darüber sein, dass ich für das letzte Beispiel die Baumstruktur verwendet habe. Diese kann man beliebig durch weitere Zeiger erweitern, z. B. durch Zeiger auf den Anker von Gegenstandslisten.

■ 11.3 Eulerkreise

Ein Problem, das fast in sämtlichen Vorlesungen über Graphen behandelt wird, ist das folgende: Gibt es einen Algorithmus, mit dem Sie einen Pfad durch einen Graphen finden können, der erstens wieder genau zum Ausgangspunkt zurückführt und zweitens so beschaffen ist, dass er sämtliche Kanten genau einmal durchläuft? Diese Fragestellung ist so klassisch, dass sie sogar inzwischen auf Wikipedia unter *https://de.wikipedia.org/wiki/ Eulerkreisproblem* detailliert erklärt wird. Die wichtigste Fragestellung für dieses Buch über Algorithmen ist natürlich: Gibt es eine Methode, um festzustellen, ob dies überhaupt möglich ist? Die Antwort muss hier natürlich sein, dass es diesen Algorithmus gibt und dass diejenigen Kreispfade, die jede Kante genau einmal durchlaufen, sogar einen Namen haben: Eulerkreis. Ein Eulerkreis wird in der Graphentheorie wie folgt definiert: Ein *Eulerkreis* ist ein Zyklus, der alle Kanten eines Graphen genau einmal durchläuft, wobei der Ausdruck *Zyklus* bedeutet, dass der Pfad in sich geschlossen ist und wieder zum Ausgangspfad zurückkehrt. Der Mathematiker Leonard Euler, nach dem die Eulerkreise benannt sind, hat sich hauptsächlich mit zyklischen Pfaden beschäftigt, es gibt inzwischen jedoch auch den Begriff des Eulerzugs. Ein *Eulerzug* ist lediglich ein Pfad in einem Graphen, bei dem jede Kante genau einmal durchlaufen wird, jedoch muss dieser Pfad nicht unbedingt zyklisch sein. Eulerzüge schließen Eulerkreise quasi mit ein, erlauben aber wegen der schwächeren Regeln auch zusätzliche Pfade, die in Eulers ursprünglicher Definition nicht enthalten sind.

Bevor ich mich mit der Mathematik der Eulerkreise beschäftige, muss natürlich noch geklärt werden, wozu diese überhaupt gut sind. Haben wir nicht in Abschnitt 11.1 schon den kürzesten Weg zwischen zwei Punkten mittels Backtracking ermittelt? Wenn es einen Pfad zwischen A und B gibt, der sämtliche Kanten nur einmal durchläuft, so muss dieser doch auch der kürzeste bzw. beste sein. Die letzte Aussage ist leider falsch, denn Eulerkreise und das Finden des kürzesten bzw. schnellsten Wegs zwischen A und B sind ein verschiedenes Paar Schuhe. Beim Backtracking in Abschnitt 11.1 mussten Sie nämlich gar nicht sämtliche

Kanten benutzen und der beste Pfad von Höhle 2 zum Ausgang war {2,3,5,6,1}. Einen Eulerkreis oder Eulerzug, der sämtliche Höhlen passiert und dabei sämtliche Kanten nur einmal durchläuft, gibt es jedoch in Abschnitt 11.1 nicht und kann es auch gar nicht geben. Wenn Sie nämlich Höhle 4 erreichen wollen, müssen Sie Höhle 6 stets zweimal passieren und so auch die Kante, die Höhle 4 mit Höhle 6 verbindet. Wozu sind aber dann Eulerkreise gut? Stellen Sie sich hierzu vor, Sie müssten mit dem Auto eine bestimmte Strecke abfahren, müssten aber bei Ihrer Tour an bestimmten Punkten halten. Vielleicht müssen Sie an bestimmten Stellen Kunden bedienen oder diesen bestimmte Dinge liefern, z. B. Pizzen, die jemand über Lieferheld bestellt hat. Sie wollen Ihre Tour natürlich möglichst so einrichten, dass Sie nicht unnötig viel Zeit oder Benzin verbrauchen, denn dies wäre erstens für Ihr Unternehmen ineffizient und zweitens auch nicht gut für das Klima. Eulerkreise haben also einen echten Bezug zur Realität und werden z. B. von Logistikunternehmen eingesetzt, um Touren zu planen. Meistens werden dann noch zusätzlich (und hier schließt sich der Kreis zu Abschnitt 11.1) Backtracking-Algorithmen und KI eingesetzt.

Bevor Sie jedoch Ihre nächste Lieferheld-Tour planen können, benötigen Sie erst einmal einfachere Beispiele, die Ihnen die nötigen Grundlagen vermitteln. Das Beispiel, mit dem fast immer begonnen wird, ist das Haus des Nikolaus. Dieses kennen Sie wahrscheinlich schon aus dem Kindergarten:

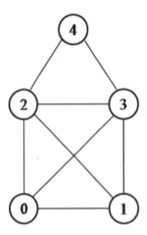

Bild 11.5
Haus des Nikolaus als Graph mit Knoten und Kanten

Ihre Aufgabe ist es, das Haus des Nikolaus so mit einem Buntstift abzufahren, dass Sie keinen Strich zweimal malen müssen. Wahrscheinlich haben Sie damals im Kindergarten so lange herumprobiert, bis Sie die Lösung gefunden haben, und diese Lösung dann einfach auswendig gelernt. Computer können dieses stupide Herumprobieren natürlich auch ausführen. Vielleicht denken Sie an dieser Stelle nun wieder an einen rekursiven Algorithmus, der sich so lange selbst aufruft, bis die Lösung gefunden wurde. In diesem Fall haben Sie Recht: Die Lösung für das Finden von Eulerkreisen in Graphen, für die das möglich ist, ist ein rekursiver Algorithmus in Form eines Teile-und-Herrsche-Verfahrens. Sie teilen also das große Problem, sämtliche Kanten zu durchlaufen, in kleinere Teilprobleme auf, und hoffen, dass Sie diese Teilprobleme lösen können. Wenn dies nicht der Fall ist, teilen Sie das Teilproblem wiederum in kleinere Teile auf, so lange, bis Sie die Teilprobleme lösen können. Sie wenden hier also eine spezielle Form des Backtracking-Verfahrens an. Der Algorithmus, der dieses Verfahren umsetzt, führt die folgenden vier Schritte aus:

1. Wähle einen Knoten 0 als Startknoten K aus.
2. Überprüfe alle Kanten von K. Wenn eine der Kanten mit einem weiteren Knoten verbunden ist, der noch nicht besucht wurde, verbuche dies als Erfolg und rufe den Algorithmus für den nächsten Zug rekursiv wieder auf.
3. Immer, wenn acht Spielzüge gemacht worden sind, muss der Algorithmus aus der Rekursion zurückkehren. Wenn dann auch die Anzahl der erfolgreichen Spielzüge acht ist, so wurde ein Lösungspfad gefunden.
4. Immer, wenn acht Spielzüge gemacht worden sind, muss der Algorithmus aus der Rekursion zurückkehren. Wenn dann die Anzahl der erfolgreichen Spielzüge nicht acht ist, so wurde ein Teilpfad gefunden.

Es soll nun ein C+-Programm vorgestellt werden, das die Lösung für das Haus vom Nikolaus findet. Eine weitere gute Erklärung und Lösung für diese beliebte Praktikumsaufgabe gibt es übrigens unter folgendem Link, den ich auch selbst benutzt habe:

https://www.linux-related.de/index.html?/coding/alg_nikohaus.htm

Vielleicht fragen Sie sich an dieser Stelle, warum nun plötzlich die Adjazenzmatrix wieder die beste Lösung ist und nicht die Darstellung des Graphen als verallgemeinerte Baumstruktur. Um die beste Darstellungsweise für einen Graphen zu finden, gibt es leider kein Patentrezept. Beim Haus des Nikolaus ist dies auch so und ich habe die einfachste Lösung (also das Programm mit dem kleinsten Codeumfang) einfach durch Internetrecherchen herausgefunden. Auch im Fall des Textadventures in Listing 11.2 ist es so, dass es kein Patentrezept gibt. Immer, wenn ich allerdings allein die Adjazenzmatrix V dazu verwende, um die Verknüpfung der Räume darzustellen, gelingt es mir nicht mehr, zu meinem Adventure Gegenstände hinzuzufügen, ohne die gesamte Programmstruktur ändern zu müssen. Wenn ich allerdings weiter mit verketteten Listen arbeite, brauche ich den Strukturvariablen für die Räume nur einen Anker auf eine Gegenstandsliste hinzuzufügen. Kommen wir nun zum nächsten C-Listing, das das Haus des Nikolaus löst, indem es für den entsprechenden Graphen einen Eulerkreis ermittelt.

Listing 11.3 Nikolaus.c

```
01  #include<stdio.h>
02  int Erfolge; // Zählt die Anzahl der erfolgreich besuchten Knoten
03  int Adj[5][5]= // Adjazenzmatrix für Nikolaus-Graph
04  {
05  0,1,1,1,0,
06  1,0,1,1,0,
07  1,1,0,1,1,
08  1,1,1,0,1,
09  0,0,1,1,0
10  };
11  void Nikolaus(int K, int n) // K=aktueller Knoten, n=Nummer des aktuellen Zuges 0<=n<=7
12  {
13      int i;
14      for(i=0; i<5; i++) // Checke alle 5 Kanten des Knotens K
15      {
16          if(Adj[K][i]==1) // Kante führt zu weiterem Knoten?
17          {
```

```
18                    Erfolge++; // In  diesem Fall Zahl der Erfolge um 1 erhöhen
19                    if(n==7) // 7. Zug gemacht?
20                    {
21                        if (Erfolge>8) { printf("(L)\n"); } // L-Pfad
22                        else { printf("(T)\n"); } // T-Pfad
23                        Erfolge=0; // Erfolgszähler nach dem 8. Zug zurücksetzen
24                        return; // Rekursionsebene verlassen
25                    }
26                    printf("%02d ",i); // Alle Pfade in der Konsole ausgeben
27                    Adj[K][i]=0; Adj[i][K]=0;
28                    Nikolaus(i,n+1); // Backtracking mit n+1 ausführen
29                    Adj[K][i]=1; Adj[i][K]=1;
30                }
31            }
32       }
33  int main(void)
34  {
35       int i,j;
36       Erfolge=0; // Erfolgszähler initialisieren
37       Nikolaus(0,0); // Lösungsalgorithmus aufrufen
38       return 0;
39  }
```

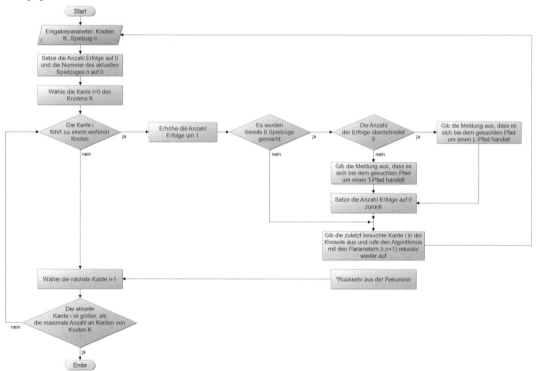

Bild 11.6 Programmablaufplan für den Lösungsalgorithmus des Hauses des Nikolaus

In Zeile **01–10** wird neben dem Einbinden von **stdio.h** auch die Adjazenzmatrix **Adj** definiert, die das Haus des Nikolaus als Graph beschreibt. Wie auch schon in Listing 11.1, stehen in den Zeilen die einzelnen Knoten und in den Spalten die Knoten, zu denen die Kanten führen, die in den Spalten stehen. Für das Haus des Nikolaus reicht es aus, die Adjazenzmatrix **Adj** nur mit Nullen und Einsen zu füllen und eine Eins immer dann zu setzen, wenn eine Verbindung zu dem Knoten existiert, der in der entsprechenden Spalte steht. So ist z.B. Knoten 4 mit Knoten 2 und 3 über eine Kante verbunden, deshalb werden sowohl Adj[4][2] als auch Adj[4][3] auf 1 gesetzt. Die Kanten werden also weder numeriert noch sind sie gewichtet, weil dies für den Lösungspfad unwichtig ist. Wichtig ist hier nur, dass ein Durchlauf, der jeweils acht Spielzüge ausmacht, acht Erfolge aufweist, die durch den Zähler **Erfolge** ermittelt werden. Ein Erfolg ist dann gegeben, wenn ein Knoten zu einem anderen Knoten führt, der nicht der Knoten selbst ist. Ein L-Pfad ist dann gegeben, wenn ein Durchlauf genau acht Erfolge enthält, ansonsten ist ein Pfad ein T-Pfad.

Das eigentliche Backtracking, das für das Haus des Nikolaus die Eulerpfade findet, leistet die Funktion Nikolaus() (Zeile **11–32**). Um die Suche nach den Eulerpfaden zu starten, müssen Sie Nikolaus() zwei Parameter übergeben, nämlich den Startknoten **K** und die Anzahl **n** der bis jetzt gemachten Spielzüge (am Anfang ist **n** 0). In einer for-Schleife (Zeile **14–31**) geht Nikolaus() nun die Spalten von i=0 bis i=4 in der Matrix **Adj** durch. Die Spalten entsprechen hierbei eventuellen Kanten, die vom Knoten **K** zum Knoten **i** führen. Wenn eine Kante existiert, die vom Knoten **K** zum Knoten **i** führt, und deshalb Adj[K][i] den Wert 1 hat (Zeile **18**), wird **Erfolg** um 1 erhöht. Dass **Erfolg** global ist, hat den Grund, dass dieser Zähler unabhängig von der aktuellen Rekursionsebene immer gültig sein muss. Wenn Sie z.B. Nikolaus() rekursiv aufrufen und dadurch z.B. für Knoten 4 zusätzlich Knoten 2 und 3 finden, die wirklich in einem Eulerpfad enthalten sein könnten, dann muss danach **Erfolg** auch den Wert 3 haben. Dies muss auch dann noch der Fall sein, wenn für Knoten 3 eine weitere Rekursionsebene nötig ist, um zusätzlich noch Knoten 0 und 1 zu überprüfen. Erst, wenn danach festgestellt wird, dass der Pfad {4,2,3,0,1,2,4} kein Eulerpfad ist, müssen sämtliche Rekursionen beendet werden und Erfolg muss den Wert 5 haben (ab dem sechsten Schritt passieren Sie die Kante zwischen Knoten 4 und 2 ein zweites Mal). Der erste Zug beginnt immer mit dem Startpunkt, deshalb ist **n** für den ersten Zug 0 und für den achten Zug 7. Wenn n=7 ist, müssen Sie in der if-Abfrage in Zeile **19–25** überprüfen, ob Sie in dem letzten Durchlauf auch acht Erfolge hatten. Da in Zeile **18** stets die Anweisung Erfolg++ ausgeführt wird, hatten Sie genau dann acht Erfolge in acht Spielzügen, wenn in Zeile **21** Erfolge>8 ist. In diesem Fall haben Sie einen Eulerpfad gefunden, der auch gleichzeitig ein Lösungspfad (L-Pfad) ist. Andernfalls (else-Zweig in Zeile **22**) wird angezeigt, dass die Lösung nur ein Teilpfad (T-Pfad) ist. Wenn n=7 ist, kehrt Nikolaus() auf jeden Fall aus der Rekursion zurück und der Algorithmus fährt mit der Ausführung auf der nächst höheren Ebene fort.

Wie kommt aber nun eine tiefere Rekursionsebene zustande, wann ruft sich Nikolaus() also selbst wieder auf? Dies geschieht genau dann, wenn in Zeile **16** Adj[K][i] den Wert 1 hat und so eine Kante existiert, die vom aktuellen Knoten **K** wegführt. Wenn dann noch keine acht Spielzüge gemacht wurden, dann wird in Zeile **26–28** eine neue Rekursionsebene erzeugt, indem Nikolaus mit den Parametern Nikolaus(i,n+1) aufgerufen wird. Dies führt dazu, dass für den Knoten **K** nun **i** (der Knoten, der von K wegführt) und für die Anzahl der Spielzüge n+1 benutzt wird. Nun müssen Sie allerdings vermeiden, dass der aktuelle Knoten **K** auf der nächst tieferen Rekursionsebene mit in den Suchpfad aufgenommen wird. Deshalb entfernen Sie in Zeile **27** die Kante, die von dem Knoten **K** wegführt, mit der folgenden Anweisung:

```
Adj[K][i]=0; Adj[i][K]=0;
```

Nun erzeugen Sie die nächste Rekursionsebene mit

```
Nikolaus(i,n+1);
```

Wenn `Nikolaus()` dann irgendwann aus der Rekursion zurückkehrt, fährt der Algorithmus in Zeile **29** fort. Zeile **29** stellt dann den Zustand von **Adj** vor dem rekursiven Aufruf durch die folgende Anweisung wieder her:

```
Adj[K][i]=1; Adj[i][K]=1;
```

Leider kann man diesen Vorgang nicht so leicht durch einen Programmablaufplan abbilden und z. B. der PAP-Designer lässt es an dieser Stelle nicht zu, zwischen dem Anweisungsblock in Zeile **28** und dem Anweisungsblock in Zeile **29** eine Verbindung zu setzen. Zumindest geht dies nicht, wenn man die Rekursion als Programmrückfluss zum Anfang von `Nikolaus()` abbildet. Deshalb steht an der entsprechenden Stelle ein Sternchen, mit dem Hinweis „Rückkehr aus der Rekursion". Dies schließt natürlich auch ein, dass man **Adj** im Endeffekt nicht verändern darf, und wenn man dies doch tut, muss man die Veränderung später rückgängig machen. Das Hauptprogramm (Zeile **33 – 39**) setzt nun den Zähler **Erfolg** auf 0 (Zeile **36**) und ruft anschließend `Nikolaus()` mit den Parametern `Nikolaus(0,0)` auf (Zeile **37**). Das Programm gibt anschließend in der Konsole Folgendes aus:

    01 02 00 03 01 02 04 03 (L)

    04 02 03 (T)

    03 00 02 04 03 (T)

    01 04 02 00 03 (T)

    04 03 00 02 03 (T)

    01 02 00 03 (T)

    03 00 02 01 03 04 02 (T)

    04 03 02 (T)

    02 00 03 04 02 (T)

    01 04 03 00 02 (T)

    04 02 00 03 02 (T)

    01 03 00 02 (T)

    02 01 00 03 01 02 04 03 (L)

    04 02 03 (T)

    03 00 01 02 04 03 00 (T)

    04 02 03 00 (T)

    03 00 01 02 04 03 (T)

    03 04 02 (T)

01 00 03 04 02 (T)
02 04 03 00 (T)
04 02 01 00 03 (T)
03 00 (T)
04 03 00 01 02 03 (T)
03 02 (T)
01 00 03 02 (T)
02 03 00 (T)
02 01 00 03 (T)
03 00 (T)
03 01 00 02 01 03 04 02 (L)
04 03 02 (T)
02 00 01 03 04 02 00 (T)
04 03 02 00 (T)
02 00 01 02 04 03 (T)
03 04 02 (T)
01 00 02 04 03 (T)
03 04 02 00 (T)
04 03 01 00 02 (T)
02 00 (T)
04 02 00 01 02 03 (T)
03 02 (T)
01 00 02 03 (T)
03 02 00 (T)
03 01 00 02 (T)
02 00 (T)

An der Konsolenausgabe können Sie gut sehen, dass der Lösungsalgorithmus viele Teilpfade findet, genau wie dies auch in Listing 11.1 der Fall war. Anders als in Listing 11.1 muss aber ein Pfad nicht extra markiert werden, weil dieser immer wieder zum Ausgangspunkt zurückführt. Deshalb reicht es auch aus, vor dem Eintritt in eine neue Rekursion die zuletzt besuchte Kante temporär aus dem Graphen zu entfernen und nach der Rückkehr aus der Rekursion wieder in den Graphen einzufügen. Der Stack sorgt dann in diesem Fall dafür, dass der Graph nach der Rückkehr aus einer Rekursion immer wieder in seinem ursprünglichen Zustand ist. Selbstverständlich zerstört der Algorithmus in Listing 11.3 die Adjazenzmatrix **Adj** genau dann, wenn der durch **Adj** beschriebene Graph keine zyklischen Pfade enthält. Die Funktion Nikolaus() wird in diesem Fall genau einmal aufgerufen, macht anschließend acht Spielzüge und meldet dann, dass es eine Lösung gibt. Diese Lösung ist aber deshalb keine, weil einige Knoten zweimal im Lösungspfad auftauchen.

Wie Sie an dem letzten Beispiel sehen, können Sie den Codeumfang beträchtlich reduzieren, wenn Sie die richtige Darstellungsform eines Graphen zusammen mit einem rekursiven Algorithmus verwenden. Sie können Ihren Code aber leider auch stark aufblähen oder sogar am Ziel vorbeilaufen, wenn Sie sich falsch entscheiden. In dem Fall des Textadventures in Listing 11.2 ist dies sicherlich auch der Fall: Wenn Sie für die Abbildung der Räume im Speicher allein die Adjazenzmatrix **V** verwendet hätten, dann könnten Sie z. B. nicht in einer relativ einfachen Weise Gegenstände zu Ihrem Spiel hinzufügen, ohne die Programmstruktur grundlegend zu ändern. Im Fall des Hauses des Nikolaus ist dies umgekehrt: Wenn Sie die Adjazenzmatrix in eine allgemeine Baumstruktur konvertieren, benötigen Sie einen komplett anderen Backtracking-Algorithmus. Leider gibt es kein Patentrezept, mit dem Sie entscheiden können, wann Sie das eine und wann das andere Verfahren anwenden müssen.

Kommen wir nun zu einem ganz anderen Graphen-Typen, der im nächsten Abschnitt ausführlich behandelt wird: dem Petri-Netz.

11.4 Petri-Netze

Ein weiterer Graphen-Typ, der in der Informatik immer wieder verwendet wird, ist das Petri-Netz. Petri-Netze haben im Gegensatz zu Abschnitt 11.1 und Abschnitt 11.2 nichts mit Straßennetzen, Höhlengängen oder dem Finden eines kürzesten Wegs zu tun. *Petri-Netze* sind spezielle Graphen, die die Interaktion verschiedener Prozesse auf einem Computersystem simulieren. Was in Abschnitt 11.1 schon angedeutet wurde, soll nun vertieft werden. Am besten geeignet ist an dieser Stelle wahrscheinlich ein Beispiel.

11.4.1 Prozess-Synchronisation

Stellen Sie sich vor, Sie haben mit den Methoden aus Abschnitt 11.1 bzw. Abschnitt 11.2 ein Höhlensystem entwickelt. Dieses Höhlensystem ist so groß und so gut gelungen, dass es für ein Spiel benutzt werden kann. Also erschaffen Sie ein paar Monster, platzieren Sie in Ihren Höhlengängen und lassen den Spieler gegen die Monster antreten. Es ist in diesem Fall unerheblich, wie Sie das Spiel realisieren, ob in modernem 3D-Look oder in klassischer D&D-Manier. Es ist nur wichtig, dass Sie und auch die Monster so intelligent sind, dass sie sich erstens frei bewegen können und zweitens in der Lage sind, das Höhlensystem zu verändern. So können Sie z. B. Türen aufbrechen, die vorher verschlossen waren, durch Sprengstoff Wände verschwinden lassen oder aber auch Gegenstände aufnehmen. Die Monster können dasselbe tun, z. B. indem sie in eine Deckenfalle tappen, die die Decke anschließend einstürzen lässt. Das Problem, das hierbei auftritt, ist das der Konsistenz. Sowohl Sie als auch die Monster können das Höhlensystem verändern und wenn eines der Monster das Höhlensystem verändern will und Sie wollen dies gleichzeitig tun, haben Sie und das Monster eventuell ganz verschiedene Pläne der Gänge. Ein weiteres Problem ist, dass sich die Monster selbstständig bewegen und es am Ende recht zufällige Muster gibt, nach denen eine Veränderung an Ihrem Höhlensystem auftritt. Sie ahnen es sicherlich schon, was an dieser Stelle die

Lösung ist: Sie müssen Ihre eigenen Bewegungen (also der Klasse Spieler) mit den Bewegungen der Monster (also der Klasse Monster) durch ein Petri-Netz synchronisieren.

Was eine Klasse ist, wissen Sie sicherlich schon aus den vorigen Kapiteln oder aus einer Ihrer Vorlesung in Programmierung. Eine Klasse kapselt bestimmte Objekttypen zu einer Einheit, z. B. zur Klasse der Monster. Auch Sie gehören in diesem Fall zu einer Klasse, nämlich zur Klasse der Spieler. Petri-Netze bilden diese Klassen in Form von Prozessen ab. Das bedeutet, dass Sie und auch die Monster Aktionen ausführen können, in diesem Fall führen die Aktionen dazu, dass die Veränderung an Ihrem Höhlensystem synchronisiert werden müssen. Die Synchronisation geschieht folgendermaßen: Für jeden Prozess gibt es im Petri-Netz einen oder mehrere Graphen-Knoten, die als Transitionen bezeichnet werden und durch Rechtecke dargestellt werden. *Transitionen* sind die zentralen Schaltstellen in Ihrem Petri-Netz, die die Synchronisation der Prozesse steuern. Hierzu gibt es ein zweites Element, nämlich die *Stellen*, die durch einen Kreis dargestellt werden. Die Transitionen werden mit den Stellen durch gerichtete Kanten verbunden, hierbei dürfen nur Stellen mit Transitionen, nicht aber Transitionen untereinander verbunden werden. Eine Stelle kann im Inneren Marken enthalten. Durch diese Marken geschieht die Synchronisation. Immer, wenn ein Prozess (z. B. der Spieler) eine Aktion ausführen will (in diesem Fall ist dies die Aktualisierung des Höhlensystems), muss eine Marke von einer Stelle an eine entsprechende Transition abgegeben werden, die diese Marke dann nimmt und an eine zweite Stelle weiterreicht. Wenn ein zweiter Prozess (z. B. die Monster) das Höhlensystem aktualisieren will, müssen er ebenfalls eine Marke aufnehmen, die aber nicht mehr vorhanden ist. Dies führt dazu, dass die Monster auf die Marke warten müssen, um dann ihrerseits das Höhlensystem zu aktualisieren. Natürlich geht es dem Spieler nicht anders: Er muss immer dann warten, wenn die Monster den aktuellen Spielzug noch nicht abgeschlossen haben. Sehen Sie sich das zugehörige Petri-Netz an, das den Synchronisationsablauf zwischen Spieler und Monstern darstellt.

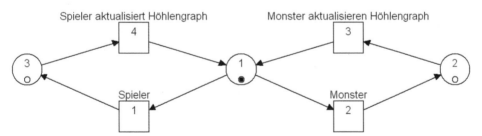

Bild 11.7 Petri-Netz für das Synchronisationsproblem zwischen Spieler und Monstern

Die entscheidende Stelle in dem Petri-Netz in Bild 11.7 ist die Stelle mit der Nummer 1 (in einem Petri-Netz besitzen die Stellen und Transitionen Nummern). Über diese Stelle läuft die Synchronisation der Prozesse: Immer, wenn der Spieler einen Zug macht, entfernt er mittels der Transition 1 die Marke aus S1 (ich werde die Stellen im weiteren Verlauf mit S abkürzen), was dazu führt, dass T2 (ich werde die Transitionen im weiteren Verlauf mit T abkürzen) keine Marke mehr aufnehmen kann. Da die Transition T1 bzw. T2 nur dann schalten kann, wenn sie mindestens eine Marke aufnimmt, können die Monster keinen Spielzug machen, während der Spieler das Höhlensystem aktualisiert. Nun benötigt die Aktualisierung des Höhlensystems Zeit, weil z. B. eine Datenbank aufgefrischt werden muss. Diese Tatsache wird dadurch simuliert, dass T1 die aufgenommene Marke sofort an eine Stelle weiterreichen muss. In diesem Fall ist es S3. S3 führt über eine gerichtete Kante zu T4 und T4 benötigt nun eine gewisse Zeit, um zu schalten. Nehmen wir an, T4 benötigt zum Schalten 5 Millisekunden. Dann wird nach 5 Millisekunden die Marke wieder an S1 abgegeben und die Monster können das Höhlensystem aktualisieren. In diesem Fall müsste der Spieler auf eine Marke in S1 warten, bis er den nächsten Zug ausführen kann.

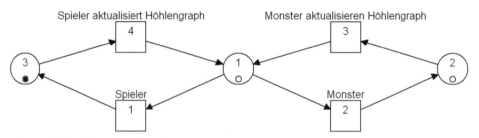

Bild 11.8 Der Spieler hat einen Zug gemacht und dadurch die Marke aus S1 entfernt.

Der Prozess, der die Monster steuert, kann also ebenfalls die Marke auf S1 nehmen, wenn diese vorhanden ist. Dadurch schaltet T2 und gibt die Marke an T3 wieder. Angenommen, T3 schaltet erst nach 10 Millisekunden, weil der Algorithmus, der die Monster steuert, länger benötigt als der Algorithmus, der den Spieler steuert. In dieser Zeit kann der Spieler, dargestellt durch T1, keinen Zug machen. Erst, wenn T3 die Marke wieder an S1 weiterleitet, besteht erneut die Ausgangskonfiguration.

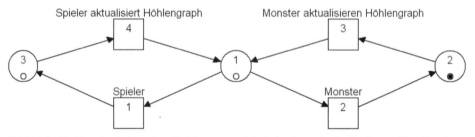

Bild 11.9 Die Monster haben einen Spielzug gemacht, dadurch wurde die Marke aus S1 entfernt.

Wie Sie sehen, werden in einem Petri-Netz Marken herumgereicht, die die Synchronisation steuern. Dabei kann ein Platz für eine Marke leer (weißer leerer Kreis) oder belegt sein (schwarz ausgefüllter Kreis). Wenn einzelne Stellen mehr Marken aufnehmen können als eine einzige, erscheinen an der entsprechenden Stelle mehrere zum Teil unausgefüllte Kreise. Dies ist in dem letzten Beispiel jedoch nicht der Fall. In dem letzten Beispiel wurden ebenfalls keine Gewichte an die Kanten geschrieben. Dies bedeutet, dass jede Kante das Gewicht 1 hat. In einem Petri-Netz besagt das Kantengewicht, wie viele Marken ein bestimmter Knoten mindestens an eine Transition abgeben muss, bzw. (bei wegführenden Kanten), wie viele Marken eine Transition setzen muss. Durch die Kantengewichte wird ein Petri-Netz sehr flexibel. Sie können dadurch z. B. die Wichtigkeit von Prozessen steuern. Angenommen, die Bewegung des Spielers soll als doppelt so wichtig erachtet werden wie die Bewegung der Monster, weil Sie dadurch den Spieler schneller steuern können. In diesem Fall schreiben Sie an die Kante zwischen S1 und T1 das Gewicht 1 und an die Kante zwischen S1 und T2 das Gewicht 2. Ferner sorgen Sie dafür, dass sich nun zwei Marken im Netz befinden. Der Prozess, der die Monster steuert, muss zwei Marken aufnehmen, um das Höhlensystem zu aktualisieren, der Prozess, der den Spieler steuert, nur eine Marke. Der Prozess, der den Spieler steuert, wird nun doppelt so oft ausgeführt, wie der Prozess, der die Monster steuert. An dieser Stelle müssen Sie aber aufpassen, dass nach einer bestimmten Zeit sämtliche Prozesse zum Zug kommen, sonst kann Ihr Netz in einen Deadlock geraten. Ein *Deadlock* ist ein kritischer Zustand, in dem ein Petri-Netz quasi feststeckt und in dem sich keine Zustandsänderungen mehr ergeben können. Wenn z. B. sämtliche Monster gleichzeitig das Höhlensystem aktualisieren wollen, weil z. B. der Prozess, der sie steuert, vorher zu lange warten musste, kann dies dazu führen, dass sich nun der Spieler nicht mehr bewegen kann. Es ist nicht immer einfach, solche Deadlocks zu vermeiden.

11.4.2 Das Erzeuger-Verbraucher-Problem

Das Erzeuger-Verbraucher-Problem ist eigentlich in einem Satz beschrieben: Es gibt zwei Prozesse, der eine Prozess erzeugt Produkte, der andere Prozess nimmt diese Produkte vom Stapel und verbraucht diese. Wenn keine Produkte mehr auf dem Stapel sind, muss der Verbraucherprozess warten, wenn der Stapel voll ist, muss der Erzeugerprozess warten. In der Wirtschaft ist es normalerweise so, dass der Erzeuger möglichst viele Produkte erzeugen will, die auch möglichst schnell verbraucht werden. Auf diese Weise kann der Erzeuger seinen Gewinn maximieren – natürlich nur dann, wenn er möglichst viele Verbraucher davon überzeugen kann, seine Produkte zu konsumieren. Selbstverständlich darf der Stapel bzw. das Lager niemals ganz voll sein, denn dann entstehen zeitweise Deadlocks, in denen der Erzeuger nichts verkaufen kann. Das Lager darf aber auch nicht leer sein, denn auch dann kann nichts verkauft werden. Das Erzeuger-Verbraucher-Problem ist also deshalb ein wirkliches Problem, weil es nicht nur in der reinen Theorie vorkommt.

Das Erzeuger-Verbraucher-Problem ist nicht nur für die Wirtschaft oder Logistik interessant, sondern auch auf einige Bereiche der Informatik übertragbar. Stellen Sie sich hierfür folgendes Szenario vor: Über eine serielle Leitung werden einzelne Bits übertragen, die zusammengenommen eine Nachricht enthalten. Der Sender möchte sichergehen, dass auch wirklich alle Bits beim Empfänger ankommen. Deshalb wird ein gesendetes Bit erst einmal in einen Puffer übertragen und dort gespeichert. Der Sender kann dieses Bit später abholen. Nun muss aber gewährleistet werden, dass der Sender erst dann ein weiteres Bit sendet, wenn der Empfänger das letzte Bit abgeholt hat. Das folgende Petri-Netz stellt das Sender-Empfänger-Problem in Form eines Erzeuger-Verbraucher-Problems dar:

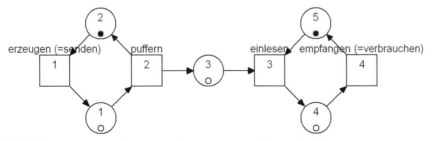

Bild 11.10 Synchronisiertes Senden und Empfangen eines Bits als Petri-Netz

Das Petri-Netz in der letzten Abbildung wird auch als synchronisiertes Senden und Empfangen bezeichnet, weil der Sender durch den Empfänger synchronisiert wird. Die Synchronisation geschieht hier durch die Verknüpfung des Senders (= Erzeuger von Bits) und des Empfängers (= Verbraucher von Bits) über die Stelle S3. Erst, wenn Transition T1 schaltet und dadurch eine Marke in S1 setzt, kann die Transition T2 diese Marke nach S3 verschieben. Erst jetzt kann T3 schalten und das Bit (das nun verfügbar ist) vom Empfänger verarbeitet werden. Der Empfänger ist genauso organisiert wie der Sender: Er muss das Bit aus dem Puffer abholen und dabei eine Marke von S3 nach S4 verschieben. Erst jetzt kann der Sender das nächste Bit empfangen. Nun sind aber Sender und Empfänger in Einzelschritte unterteilte, zyklische Prozesse und müssen auch so dargestellt werden. Beim Sender wird dies dadurch erreicht, dass es eine zusätzliche Stelle S2 gibt, die erst dann eine Marke enthält, wenn der Puffer aktualisiert wurde (gesetzte Marke in S3). Ist dies geschehen, ist der Sender wieder sendebereit und quasi im ursprünglichen Zustand. Der Empfänger dagegen besitzt eine zusätzliche Stelle S5, die erst dann wieder eine Marke enthält, wenn das Bit aus dem Puffer abgeholt und irgendwo gespeichert (verbraucht) wurde. Ist S5 gesetzt, ist der Sender wieder in seinem ursprünglichen Zustand. Natürlich kann dann T3 erst wieder schalten und den Empfänger das nächste Bit abholen lassen, wenn die Marke in S3 wieder gesetzt ist.

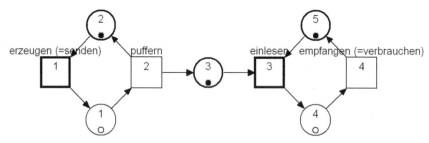

Bild 11.11 Der Sender hat S3 gesetzt, der Empfänger kann jetzt das Bit abholen.

Ist allerdings zusätzlich zu S3 eine Marke in S1 gesetzt, so enthält S2 keine Marken und T1 kann nicht schalten. In diesem Fall muss der Sender mit der Übertragung des nächsten Bits in den Puffer warten, bis der Empfänger den Puffer geleert hat. Der Empfänger synchronisiert also das Tempo des Senders und wenn dieser schneller sendet, als der Empfänger empfangen kann, muss der Sender häufige Wartepausen einlegen.

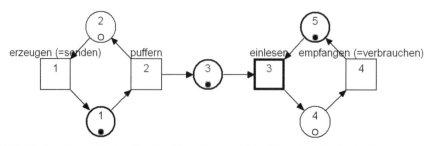

Bild 11.12 Blockierter Sender: Der Empfänger hat das letzte Bit noch nicht abgeholt.

Sind Sender und Empfänger direkt miteinander verbunden, wird die Synchronisation oft über eine spezielle Signalleitung realisiert. Die einfachste Form ist hier, eine separate CLK-Leitung (Abkürzung für clock) zu benutzen, die immer dann auf HIGH gelegt wird, wenn der Sender vorher ein Bit auf die Datenleitung gelegt hat (LOW=0, HIGH=1). CLK übernimmt quasi die Aufgabe von S3. Allerdings muss dann der Prozessor des Empfängers viel schneller sein als der des Senders, damit stets garantiert werden kann, dass der Sender das Bit bereits verarbeitet hat, wenn am Empfänger ein neues Bit bereitsteht.

Wenn allerdings Sender und Empfänger nicht direkt miteinander verbunden sind, können diese sich auch keine CLK-Leitung teilen. Man löst dieses Problem dann dadurch, dass man die Nachrichten in Pakete aufteilt, die auch spezielle Synchronisationsfunktionen haben können. Zusätzlich bekommt jedes Paket eine Nummer und jedes Gerät eine eindeutige Adresse. So können Sie Sender und Empfänger immer eindeutig identifizieren und zur Not auch über mehrere Zwischenstationen vom Sender zum Empfänger gelangen. Bei dem Internet-Protokoll TCP/IP ist dies beispielsweise auch so und die Zwischenstationen, die Router, kennt wahrscheinlich jeder. Dabei spielt es auch keine Rolle, ob das Überträgermedium ein Kabel, eine Funkverbindung oder was auch immer ist, weil die verschiedenen Pakettypen die CLK-Leitung ersetzen.

11.4.3 Das Philosophenproblem von Dijkstra

Im Studium stehen Petri-Netze manchmal auch auf dem Lehrplan einiger Vorlesungen, die nicht direkt mit den Veranstaltungen „Algorithmen und Datenstrukturen" zusammenhängen. Dies ist z. B. die Vorlesung „Rechnerstrukturen und Betriebssysteme". Im Bereich Petri-Netze überschneiden sich deshalb einige Problemstellungen und diese werden dann oft in beiden Vorlesungen behandelt. Dies trifft auch auf das sogenannte Philosophenproblem zu, das zu Lehrzwecken von dem Holländer Dijkstra erfunden wurde, um seinen Studenten die Synchronisation von Prozessen zu demonstrieren. Das Philosophenproblem lautet wie folgt: An einem runden Esstisch sitzen fünf Philosophen, die alle zu Mittag essen wollen. Jeder Philosoph hat genau einen Teller, deshalb kann jeder einzelne Philosoph davon essen. Essen ist auch genug da, nur leider sind nicht genug Gabeln vorhanden. Jeder Philosoph benötigt zum Essen zwei Gabeln, die links und rechts neben ihm liegen. Nur muss ein Philosoph sich immer die rechte und linke Gabel mit jeweils einem anderen Philosophen teilen. Ein Philosoph besitzt nun zwei Zustände, nämlich essen und denken. Immer, wenn er mit dem Essen fertig ist (was eine Zeit lang dauert), geht er denken und legt natürlich die Gabeln wieder auf den Tisch. Diese Gabeln kann dann ein anderer Philosoph nehmen und damit essen. Ihre Aufgabe ist nun, das Philosophenproblem auf ein Petri-Netz abzubilden und ferner dafür zu sorgen, dass keiner der Philosophen verhungert. Dies passiert z. B., wenn das Netz in einen Deadlock gerät und dadurch am Ende keiner mehr essen kann. Eine mögliche Lösung wäre hier, die Zeit, die ein Philosoph isst oder denkt, durch eine Zufallszahl zu bestimmen (es ist übrigens nicht wichtig, ob Sie hier eine kryptographisch sichere Zufallszahl verwenden). Vielleicht denken Sie an dieser Stelle, dass es eigentlich ganz einfach sein muss, das Philosophenproblem durch einen geeigneten Graphen darzustellen, aber leider ist dem nicht so. Sie benötigen nämlich für jeden Philosophen ein eigenes Teilnetz, das auch oft als Subnetz oder Subgraph bezeichnet wird. Dies liegt daran, dass jeder Philosoph ein eigener Teilprozess ist, der mehrere Zustände besitzen kann, nämlich denken und essen. Diese Teilzustände müssen zunächst durch zwei separate Stellen und zwei separate Transitionen dargestellt werden.

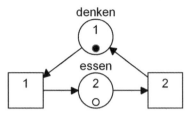

Bild 11.13 Subgraph für die zwei Hauptzustände eines Philosophen

Nun benötigt ein Philosoph aber noch zwei Gabeln zum Essen, er kann also nur dann eine Marke in S2 platzieren, wenn er sowohl die linke als auch die rechte Gabel aufnimmt. Dazu müssen Sie den Subgraph um die entsprechende Anzahl an Gabeln erweitern, die ein Philosoph nach dem Essen auch wieder ablegen kann.

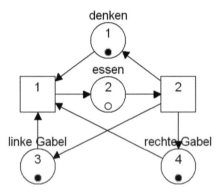

Bild 11.14 Durch zwei Gabeln erweiterter Subgraph für einen der fünf Philosophen

T1 ist die steuernde Transition. Wenn T1 von dem Zustand denken in den Zustand essen übergeht, verschiebt sie die Marke von S1 nach S2. Dies gelingt aber nicht immer, weil T1 mehrere Eingänge besitzt. T1 kann in diesem Fall nur schalten, wenn sämtliche Eingänge mindestens eine Marke aufnehmen können. Wenn der Philosoph allein am Tisch säße, könnte T1 immer schalten und sowohl die Marke von S1 (Zustandswechsel) als auch die Marke von S3 (linke Gabel) und S4 (rechte Gabel) aufnehmen. Wenn aber ein anderer Philosoph schon eine Marke aus S3 oder S4 aufgenommen hat, kann T1 nicht schalten und der Philosoph kann nicht essen. In diesem Fall bleibt er im Zustand denken, weil die Marke nicht von S1 nach S2 verschoben werden kann. Normalerweise gibt es nun fünf Philosophen, deshalb müssen Sie deren Subnetze zu folgendem Netz verbinden:

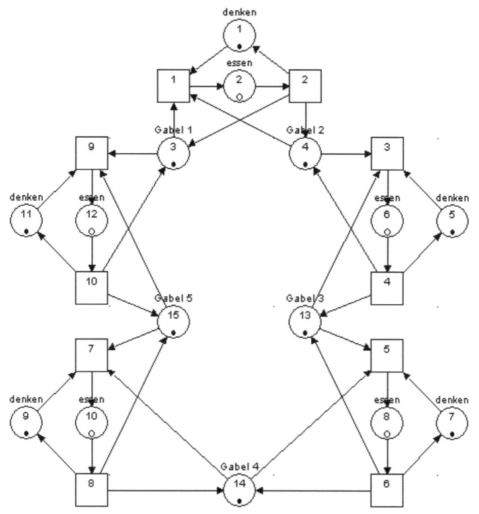

Bild 11.15 Petri-Netz für das Philosophenproblem

Wir fassen nun fünf Philosophen-Subnetze zu einem großen Netz zusammen. Es gibt fünf Gabeln, die jeweils durch eine Stelle mit einer Marke dargestellt werden. Jeder Philosoph tut weiterhin das Gleiche wie vorher: Er beginnt mit dem Denken und nach einiger Zeit versucht er, den Zustand in essen umzuändern. Beim ersten Philosophen leistet dies T1, die versucht, Gabel 1 (Marke in S3) und Gabel 4 (Marke in S4) aufzunehmen. Wenn das Essen beendet ist, wechselt T2 den Zustand wieder in denken und legt dabei die Gabeln ab (setzt die Marken in S3 und S4). Beim zweiten Philosophen bewirkt T3 die Zustandsänderung von denken zu essen, indem die Marken aus S4 (Gabel 2) und S13 (Gabel 3) entfernt werden. Wenn allerdings Philosoph 1 die zweite Gabel noch nicht abgelegt hat, muss Philosoph 2 auf den ersten Philosophen warten. Philosoph 3 benutzt nun seinerseits Gabel 3, die von T5 in Form einer Marke in S13 genommen wird, sowie Gabel 4, die einer gesetzten Marke in S14 entspricht. Nach dem Essen sorgt hier T6 dafür, dass die Gabeln wieder korrekt abgelegt werden. Philosoph 3 muss hierbei auf Philosoph 2 warten, wenn dieser gerade Gabel 3 zum

Essen benutzt. Philosoph 4 benutzt Gabel 4 und 5 zum Essen, was dadurch simuliert wird, dass T7 die Marken von S14 und S15 entfernt. Nach dem Essen werden die entsprechenden Marken von T8 wieder gesetzt. Philosoph 4 muss eventuell auf Philosoph 3 warten, bis dieser Gabel 4 abgelegt hat. Der letzte Philosoph in der Runde (Philosoph 5) benutzt nun Gabel 5 und Gabel 1 zum Essen, was dadurch realisiert wird, dass T9 eine Marke aus S3 (entspricht Gabel 1) und S15 (entspricht Gabel 5) entfernt.

Ich möchte Ihnen nun zeigen, wie Sie das Philosophenproblem mit Java-Threads simulieren können. Hierzu wird zusätzlich zu der IO-Klasse der Thread eingebunden, der Bestandteil des Language-Pakets (**java.lang**) ist.

Listing 11.4 Philosophen.java

```
01   import java.io.*;
02   import java.lang.*;
03   class Philosoph
04   extends Thread
05   {
06          int Nummer; // Nummer, die in der Konsole angezeigt wird
07          int LinkeGabel; // 1-5
08          int RechteGabel; // 1-5
09          int Gabel[]; // Globales Gabel-Array
10          private static int Zustand; // 1=denken, 2=essen
11          private static long Denkzeit; // in ms
12          private static long Esszeit; // in ms
13          private static long DenkEnde;
14          private static long EssEnde;
15          private static long WartEnde; // Wartezeit bis zum Verhungern ist 1 Minute

16          public Philosoph(long D, long E, int N, int L, int R, int G[])
17          {
18                 Denkzeit=D; Esszeit=E; Nummer=N;
19                 Gabel=G; LinkeGabel=L; RechteGabel=R; // Referenz auf G, linke und rechte Gabel
20                 DenkEnde=System.currentTimeMillis()+D;
21                 Zustand=1; System.out.println("Philosoph #"+Nummer+" denkt");
22                 int i;
23          }

24          public void run()
25          {
26                 while (true)
27                 {
28                        if(System.currentTimeMillis()>=DenkEnde) // Ende der Denkschleife startet die Essens-Schleife
29                        {
30                               System.out.println("Philosoph #"+Nummer+" geht zum Tisch");
31                               System.out.println("Philosoph #"+Nummer+" nimmt Gabeln "+LinkeGabel+" und "+RechteGabel+"...");
32                               if ((Gabel[LinkeGabel]==1)&&(Gabel[RechteGabel]==1)) // Beide Gabeln zum Essen benutzen
33                               {
34                                      Gabel[LinkeGabel]=0; Gabel[RechteGabel]=0; // Gabeln nehmen (Marke löschen)
35                                      System.out.println("Erfolg.");
36                                      EssEnde=System.currentTimeMillis()+Esszeit;
37                               }
```

```
38                       else // Nur beide Gabel-Marken führen zum erfolg, sonst warten
39                       {
40                           System.out.println("Misserfolg!");
41                           System.out.println("Philosoph #"+Nummer+" wartet auf Gabeln.");
42                           WartEnde=System.currentTimeMillis()+60000;
43                           // Warten, bis beide Gabel-Marken verfügbar sind
44                           while ((Gabel[LinkeGabel]!=1)||(Gabel[RechteGabel]!=1))
45                           {
46                               if (System.currentTimeMillis()>WartEnde)
47                               {
48                                   System.out.println("Philosoph #"+Nummer+" ist verhungert.");
49                                   while (true) { } // Tod durch Verhungern stoppt den Prozess
50                               }
51                           }
52                           EssEnde=System.currentTimeMillis()+Esszeit;
53                       }
54                       while (System.currentTimeMillis()<=EssEnde) { } // Essen ist nur eine Warteschleife
55                       Gabel[LinkeGabel]=1; Gabel[RechteGabel]=1; // Gablen wieder hinlegen
56                       System.out.println("Philosoph #"+Nummer+" denkt");
57                       DenkEnde=System.currentTimeMillis()+Denkzeit;
58                   }
59               }
60           }
61   }
62   public class Philosophen
63   {
64       public static void main(String[] args) throws InterruptedException
65       {
66           int G[]=new int[6];
67           G[1]=1; G[2]=1; G[3]=1; G[4]=1; G[5]=1; // Gabeln hinlegen
68           // Threads erzeugen und starten (Strg+C bricht das Programm ab)
69           Thread P1=new Philosoph(5000,5000,1,1,2,G);
70           Thread P2=new Philosoph(5000,5000,2,2,3,G);
71           Thread P3=new Philosoph(5000,5000,3,3,4,G);
72           Thread P4=new Philosoph(5000,5000,4,4,5,G);
73           Thread P5=new Philosoph(5000,5000,5,5,1,G);
74           P1.start();
75           P2.start();
76           P3.start();
77           P4.start();
78           P5.start();
79       }
80   }
```

In Zeile **01** und **02** binden Sie die benötigten Bibliotheken ein und definieren danach in Zeile **03** - **61** die Klasse Philosoph. Die Klasse Philosoph besitzt verschiedene Attribute (Zeile **06** - **15**), um einen konkreten Philosophen zu charakterisieren. Jeder Philosoph hat eine eindeutige Nummer (Attribut **Nummer**) sowie die Gewohnheit, eine bestimmte Zeit zu denken (Attribut **Denkzeit**) und zu essen (**Esszeit**). Ein konkreter Philosoph ist ein Objekt, das von der Klasse `Thread` abgeleitet wird, also ein Java-Prozess. In diesem Beispiel gibt es fünf Philosophen, also existieren auch fünf Prozesse, die unabhängig voneinander laufen. Um einen Prozess im Hintergrund laufen zu lassen, muss die Klasse `Philosoph` die Methode `run()` (Zeile **24 – 61**) implementieren, die in einer Schleife immer wieder folgende Dinge tut: Solange der Philosoph noch nicht mit Denken fertig ist, tut `run()` nichts, außer in Zeile **28** die Systemzeit mit der Methode `System.currentTimeMillis()` abzufragen. Wenn dann seit dem allerersten Aufruf von `System.currentTimeMillis()` in Zeile **20** die Anzahl an Millisekunden vergangen ist, die das Attribut **DenkZeit** angibt, geht der Philosoph zum Tisch, was auch in Zeile **30** in der Konsole angezeigt wird. Nun wird noch in Zeile **31** die Information ausgegeben, welche Gabel der Philosoph nimmt, um dies in Zeile **32** auch tatsächlich zu versuchen. Das Nehmen einer Gabel gelingt aber nur, wenn im Array **Gabel** an der entsprechenden Position der Wert 1 steht. Welche Gabeln ein Philosoph benutzen kann, ist in den Attributen **LinkeGabel** und **RechteGabel** gespeichert, die die Indices im Array **Gabel** enthalten, die ein Philosoph verändern kann. Die Gabeln werden nun genommen, indem `Gabel[LinkeGabel]` und `Gabel[RechteGabel]` zu 0 gesetzt werden. Da das Array **Gabel** vom Hauptprogramm beim Anlegen eines neuen Philosophen-Objekts per Referenz übergeben wird, sehen sämtliche Philosophen dasselbe Array **Gabel**. Wenn also Philosoph 1 Gabel 1 und Gabel 2 nimmt, ist Gabel 2 für den zweiten Philosophen nicht mehr verfügbar. Wenn das Aufnehmen der Gabeln jedoch Erfolg hatte, wird eine Erfolgsmeldung in der Konsole ausgegeben und der entsprechende Philosoph tritt in den Zustand essen über. Dieser Zustand entspricht einer simplen Warteschleife: In Zeile **52** wird die Variable **EssEnde** dadurch bestimmt, dass zu der Systemuhr `System.currentTimeMillis()` der Wert **Esszeit** addiert wird. Solange nun `EssEnde< System.currentTimeMillis()` ist, geschieht nichts (Zeile **54**). Nach dem Essen wird das Array **Gabel** an den Positionen **LinkeGabel** und **RechteGabel** mit dem Wert 1 gefüllt und der Variablen **DenkEnde** wird der Inhalt von `System.currentTimeMillis()` zugewiesen, zuzüglich der Denkzeit, die der Philosoph benötigt, bevor er wieder zum Essen geht. Damit der Thread auch die richtigen Zeitparameter benutzt, müssen Sie diese vorher durch die Konstruktor-Methode des Objekts `Philosoph` (Zeile **16 – 23**) durch sechs Parameter festlegen. Die Reihenfolge ist hierbei: Denkzeit, Esszeit, Nummer des Philosophen, linke Gabelnummer (1 – 5), rechte Gabelnummer (1 – 5) und das verwendete Gabelarray vom Typ `int[]` mit sechs Elementen (Position 0 wird hier der Einfachheit halber nicht benutzt).

Was geschieht nun, wenn ein Philosoph Gabeln nehmen möchte, die ein anderer Philosoph bereits genommen hat? In diesem Fall ist entweder `Gabel[LinkeGabel]` oder `Gabel[RechteGabel]` 0 und es werden eine Misserfolgsmeldung (Zeile **40**) sowie eine Meldung ausgegeben, die anzeigt, dass der entsprechende Philosoph auf seine Gabeln wartet. Das Warten wird durch eine einfache `while`-Schleife realisiert, die so lange wartet, bis sowohl `Gabel[LinkeGabel]` als auch `Gabel[RechteGabel]` den Wert 1 haben. In diesem Fall werden die Gabeln aufgenommen, indem `Gabel[LinkeGabel]` und `Gabel[RechteGabel]` zu 0 gesetzt werden. Danach wird wieder die Variable **EssEnde** dadurch bestimmt, dass zu der Systemuhr der Wert **Esszeit** addiert wird. Solange nun `EssEnde< System.currentTimeMillis()` ist, geschieht wieder nichts (Zeile **54**). Nach dem Essen wird das Array **Gabel** wieder an den Positionen **LinkeGabel** und **RechteGabel** mit dem Wert 1 belegt und der Variablen **DenkEnde** wird der Inhalt von `System.currentTimeMillis()` zugewiesen, zuzüglich der Zeit, die ein Philosoph normalerweise denkt.

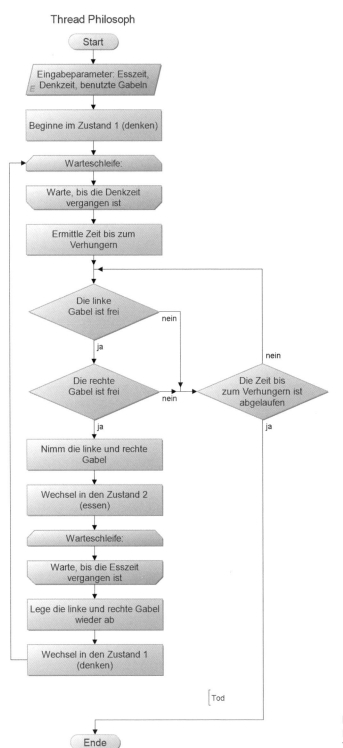

Bild 11.16
Programmablaufplan des
Threads Philosoph()

Damit Ihr Programm nicht in einen Deadlock gerät, kann ein Philosoph auch verhungern, wenn er länger als eine Minute auf seine Gabeln warten muss. Hierzu wird bei einem Misserfolg beim Nehmen der Gabeln in Zeile **42 WartEnde** auf die Systemuhr zuzüglich 60 000 Millisekunden gesetzt. Wenn diese Wartezeit überschritten ist, wird die Meldung ausgegeben, dass der entsprechende Philosoph verhungert ist (Zeile **48**), und danach der Prozess, der den Philosophen steuert, in eine Endlosschleife geschickt (Zeile **49**). Ein verhungerter Philosoph kann so natürlich auch keine Gabeln mehr aufnehmen und überlässt auf diese Weise den Überlebenden das Feld.

Das Hauptprogramm (Zeile **62 – 80**) macht im Endeffekt nicht viel, außer fünf Philosophen-Threads anzulegen und zu starten. In Listing 11.4 werden jedem Philosophen fünf Sekunden Denkzeit und fünf Sekunden Esszeit eingeräumt. Da sämtliche Prozesse gleichzeitig starten, wird auch irgendwann einmal ein Philosoph verhungern, da er keine Gabeln mehr abbekommt. Das Programm gibt in der Konsole z. B. folgende Meldungen aus:

```
/home/Rene/Kapitel 11/java Philosophen
Philosoph #1 geht zum Tisch
Philosoph #4 geht zum Tisch
Philosoph #3 geht zum Tisch
Philosoph #2 geht zum Tisch
Philosoph #5 geht zum Tisch
Philosoph #2 nimmt Gabeln 2 und 3...
Philosoph #3 nimmt Gabeln 3 und 4...
Misserfolg!
Philosoph #4 nimmt Gabeln 4 und 5...
Erfolg.
Philosoph #1 nimmt Gabeln 1 und 2...
Misserfolg!
Philosoph #1 wartet auf Gabeln.
Philosoph #3 wartet auf Gabeln.
Erfolg.
Philosoph #5 nimmt Gabeln 5 und 1...
Misserfolg!
Philosoph #5 wartet auf Gabeln.
Philosoph #2 denkt
Philosoph #4 denkt
Philosoph #2 geht zum Tisch
Philosoph #4 geht zum Tisch
Philosoph #4 nimmt Gabeln 4 und 5...
Philosoph #2 nimmt Gabeln 2 und 3...
Erfolg.
Erfolg.
```

Philosoph #4 denkt
Philosoph #2 denkt
Philosoph #4 geht zum Tisch
Philosoph #4 nimmt Gabeln 4 und 5...
Philosoph #2 geht zum Tisch
Philosoph #2 nimmt Gabeln 2 und 3...
Erfolg.
Erfolg.
Philosoph #2 denkt
Philosoph #4 denkt
Philosoph #2 geht zum Tisch
Philosoph #2 nimmt Gabeln 2 und 3...
Erfolg.
Philosoph #4 geht zum Tisch
Philosoph #4 nimmt Gabeln 4 und 5...
Erfolg.
Philosoph #4 denkt
Philosoph #2 denkt
Philosoph #4 geht zum Tisch
Philosoph #4 nimmt Gabeln 4 und 5...
Erfolg.
Philosoph #2 geht zum Tisch
Philosoph #2 nimmt Gabeln 2 und 3...
Erfolg.
Philosoph #4 denkt
Philosoph #2 denkt
Philosoph #2 geht zum Tisch
Philosoph #2 nimmt Gabeln 2 und 3...
Philosoph #4 geht zum Tisch
Philosoph #4 nimmt Gabeln 4 und 5...
Erfolg.
Erfolg.
Philosoph #4 denkt
Philosoph #2 denkt
Philosoph #3 ist verhungert.
Philosoph #1 ist verhungert.
Philosoph #5 ist verhungert.

Wie Sie an der Ausgabe in der Konsole sehen können, verhungern Ihnen mit der Zeit drei der Philosophen, wenn die Zeit zum Denken und Essen bei allen Philosophen gleich lang ist. Eine Standardlösung, dies grundsätzlich zu verhindern, gibt es leider nicht. Sie können aber die Wahrscheinlichkeit dafür verringern, dass ein Philosoph verhungert, wenn Sie die Zeit zum Denken und Essen zufällig festlegen. Eine andere Möglichkeit wäre, eine Art Ungedulds-Funktion in das Programm einzubauen: Wenn ein Philosoph lange genug auf seine Gabeln gewartet hat, dann geht er wieder denken und versucht es mit dem Essen später noch einmal. Eventuell hat er dann mehr Glück. Natürlich müssen Sie dafür sorgen, dass ein Philosoph erst dann verhungert, wenn er mehrmals vergeblich versucht hat, seine Gabeln zu bekommen.

Ich möchte Ihnen ein weiteres Listing vorstellen, das auch im Studium sehr oft als Erweiterung zu Listing 11.4 gesehen werden kann. In diesem erweiterten Philosophenprogramm kann ein Philosoph nicht verhungern, deshalb kann das Netz nach einiger Zeit in einen Deadlock geraten. Dies ist in diesem Fall gewollt, weil Sie den Ablauf grafisch in einem Fenster darstellen. Der Deadlock wird dann dadurch sichtbar, dass sich einfach nichts mehr tut. Die Philosophen werden nun in dem nächsten Beispiel um einen kreisförmigen Tisch als Kreise angeordnet und die Gabeln befinden sich dazwischen in Form von kleinen Kreisen. Die Klasse Philosoph bleibt hier fast in der ursprünglichen Form bestehen, allerdings muss die Klasse, die das Hauptprogramm enthält (hier PhiloGraph), von der Klasse Frame abgeleitet werden, damit Sie ein Fenster erhalten, in das Sie zeichnen können. Das Fenster sieht in diesem Fall so aus:

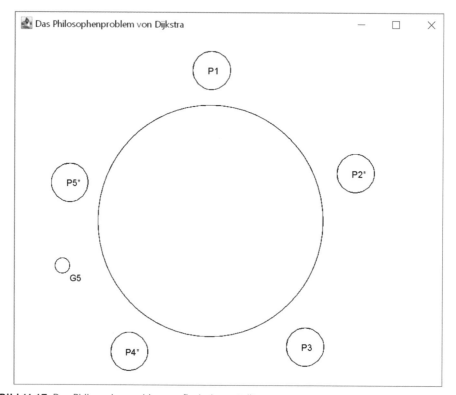

Bild 11.17 Das Philosophenproblem grafisch dargestellt

Um ein Fenster darzustellen, haben Sie nun verschiedene Möglichkeiten. Sie können z. B. die Java-Swing-Bibliothek benutzen, mit der Sie sogar sehr komplexe grafische Oberflächen gestalten können. Für Listing 11.5 ist diese Vorgehensweise jedoch etwas übertrieben, denn Sie müssen ja nur ein paar Kreise zeichnen. Deshalb verwendet das nächste Beispiel die AWT-Bibliothek, die für unsere Zwecke völlig ausreicht. Sehen Sie sich nun Listing 11.5 an.

Listing 11.5 PhiloGraph.java

```
01  import java.awt.*;
02  import java.awt.event.*;

03  class Philosoph extends Thread
04  {
05          int[] Gabel;
06          int[] Zustand;
07          int RechteGabel;
08          int LinkeGabel;
09          int Nummer;
10          long Denkzeit; // in ms
11          long Esszeit; // in ms
12          long DenkEnde;
13          long EssEnde;

14          public Philosoph(long D, long E, int N, int L, int R, int G[], int Z[])
15          {
16                  Denkzeit=D; Esszeit=E; Nummer=N;
17                  Zustand=Z; Gabel=G;
18                  LinkeGabel=L; RechteGabel=R; // Referenz auf G, linke und rechte Gabel
19                  Zustand[Nummer]=1;
20                  DenkEnde=System.currentTimeMillis()+Denkzeit;
21                  int i;
22          }

23          public void run()
24          {
25                  while (true)
26                  {
27                          while (System.currentTimeMillis()<DenkEnde) { }
28                          Zustand[Nummer]=2; // warten=2
29                          while ((Gabel[LinkeGabel]==0)||(Gabel[RechteGabel]==0)) { }
30                          Gabel[LinkeGabel]=0; Gabel[RechteGabel]=0;
31                          EssEnde=System.currentTimeMillis()+Esszeit;
32                          Zustand[Nummer]=3; // essen=3
33                          while (System.currentTimeMillis()<EssEnde) { }
34                          Gabel[LinkeGabel]=1; Gabel[RechteGabel]=1;
35                          DenkEnde=System.currentTimeMillis()+Denkzeit;
36                          Zustand[Nummer]=1; // denken=1
37                  }
38          }
39  }

40  public class PhiloGraph extends Frame
41  {
42          static int Gabel[];
43          static int Zustand[];
44          public PhiloGraph()
```

```java
45          {
46              setSize(600,600);
47              setVisible(true);
48              setTitle("Das Philosophenproblem von Dijkstra");
49              Gabel=new int[6]; Zustand=new int[6];
50              Gabel[1]=1; Gabel[2]=1; Gabel[3]=1; Gabel[4]=1; Gabel[5]=1;
51              Zustand[1]=1; Zustand[2]=1; Zustand[3]=1; Zustand[4]=1; Zustand[5]=1;
52              addWindowListener(new WindowAdapter()
53              {
54                  public void windowClosing (WindowEvent e)
55                  {
56                      System.exit(0);
57                  }
58
59              });
60
61          }

62      public void paint(Graphics g)
63      {
64          int i=0;
65          double x1=0,y1=0,x2=0,y2=0,x3=0,y3=0,P=0;
66          g.drawOval(120,120,300,300);
67          for (i=0; i<5; i++)
68          {
69              if (Zustand[i+1]!=1)
70              {
71                  P=(double)(i); P*=1.25; P+=3.125;
72                  x1=200*Math.sin(-P)+250;
73                  y1=200*Math.cos(-P)+250;
74                  g.drawOval((int)(x1),(int)(y1),50,50);
75                  if (Zustand[i+1]==2)
76                  {
77                      g.drawString("P"+(i+1)+"*",(int)(x1+20),(int)(y1+30));
78                  }
79                  if (Zustand[i+1]==3)
80                  {
81                      g.drawString("P"+(i+1),(int)(x1+20),(int)(y1+30));
82                  }
83              }
84          }
85          for (i=0; i<5; i++)
86          {
87              if (Gabel[i+1]==1)
88              {
89                  P=(double)(i); P*=1.25; P+=3.125-0.625;
90                  x1=200*Math.sin(-P)+250;
91                  y1=200*Math.cos(-P)+250;
92                  g.drawOval((int)(x1),(int)(y1),20,20);
93                  g.drawString("G"+(i+1),(int)(x1+20),(int)(y1+30));
94              }
95          }
96
97      }
```

```
98          public static void main(String[] args)
99          {
100             int i;
101             long F=System.currentTimeMillis()+200; // 5 FPS
102             PhiloGraph PG=new PhiloGraph();
103             Thread P1=new Philosoph(5000,5000,1,1,2,Gabel,Zustand);
104             Thread P2=new Philosoph(6000,6000,2,2,3,Gabel,Zustand);
105             Thread P3=new Philosoph(7000,7000,3,3,4,Gabel,Zustand);
106             Thread P4=new Philosoph(8000,8000,4,4,5,Gabel,Zustand);
107             Thread P5=new Philosoph(9000,9000,5,1,5,Gabel,Zustand);
108             P1.start();
109             P2.start();
110             P3.start();
111             P4.start();
112             P5.start();
113             while (true)
114             {
115                 if (System.currentTimeMillis()>F)
116                 {
117                     PG.repaint();
118                     F=System.currentTimeMillis()+200;
119                 }
120             }
121         }
122 }
```

Die Klasse Philosoph (Zeile 003 – 039) hat sich nicht grundlegend geändert und muss nicht mehr ausführlich erklärt werden. Sie erstellen eine neue Instanz eines Philosophen-Objekts also auf die gleiche Weise wie in Listing 11.4: Sie übergeben zusammen mit der new-Anweisung die entsprechenden Parameter für die Denkzeit, die Esszeit, die Nummer, das Gabel-Array und den Index für die linke und rechte Gabel. Anschließend starten Sie mit der start()-Methode den entsprechenden Thread, den ein Philosoph immer wieder ausführen soll. Allerdings benötigen Sie für die Zeichenroutine des Hauptfensters den aktuellen Zustand des Philosophen, der dann in dem Array **Zustand** gespeichert wird. Dieses Array wird vom Hauptprogramm per Referenz über den Parameter **Z** übergeben und in Zeile **017** wird dann (genau wie auch bei den Gabeln) Zustand=Z gesetzt, damit die Klasse Philosoph auf das Array **Zustand** zugreifen kann. Sie fragen sich an dieser Stelle vielleicht, ob es nicht besser wäre, für das Attribut **Zustand** Set- und Get-Funktionen zur Verfügung zu stellen und auf diese Weise den Zugriff von außen nur über diese Funktionen zuzulassen. Sicherlich ist dies das Mittel der Wahl und ich hatte dies am Anfang auch so programmiert. Leider wurde in diesem Fall die Zeichenroutine so langsam, dass die Philosophenprozesse kaum noch CPU-Leistung bekamen. Anscheinend verwendet Java nicht immer die Grafikbeschleunigung, um die Fenster aufzufrischen.

Anders als in Listing 11.5 hat ein Philosoph nun drei Zustände, nämlich denken (1), warten auf eine Gabel (2) und essen (3). Der Hauptthread, der in einer Endlosschleife läuft (Zeile **025 – 037**), startet also mit einer Warteschleife, die die Denkzeit abwartet (Zeile **027**). In dieser Zeit hat **Zustand** den Wert 1. Danach wird Zustand=2 gesetzt (Zeile **028**) und anschließend versucht der Philosoph, die Gabel aufzunehmen. Gelingt dies nicht, verharrt er in Zustand 2, und erst, wenn die linke und rechte Gabel verfügbar sind, werden die beiden Gabeln aufgenommen. Anschließend wird die Warteschleife für das Essen ausgeführt (Zeile **033**). Nach dem Essen werden die Gabeln wieder abgelegt und **Zustand** hat danach wieder den Wert 1. Auch in Listing 11.5 ist also das Array **Gabel** das Array, das das Hauptprogramm angelegt hat, sämtliche Philosophen benutzen also das gleiche Array **Gabel**.

Die Klasse, die das eigentliche Programm ausführt, ist die Klasse `PhiloGraph`, die in Zeile **040**-**122** definiert wird. `PhiloGraph` ist von `Frame` abgeleitet, deshalb muss `PhiloGraph` einige Methoden implementieren, die der Steuerung von Fenstern dienen. In Listing 11.5 gibt es nur ein einziges Hauptfenster, aber Sie müssen für dieses trotzdem die Größe und die Titelleiste definieren. Dies geschieht dadurch, dass nach Erstellen des Hauptfensters in der `main()`-Methode die Methode `PhiloGraph()` aufgerufen wird. Diese Methode ist gewissermaßen der Konstruktor des Hauptfensters, der immer aufgerufen wird, wenn eine neue Instanz von `PhiloGraph` angelegt wird. `PhiloGraph()` setzt zunächst die Breite und Höhe des Hauptfensters auf 600*600 Pixel (Zeile **046**), macht das Fenster sichtbar (Zeile **047**) und setzt anschließend den Text in der Titelleiste (Zeile **048**). Anschließend werden die Arrays **Gabel** und **Zustand** initialisiert (Zeile **049**-**051**). Nachdem das Hauptfenster erstellt wurde, wird nun neben der Methode `PhiloGraph()` zusätzlich die Methode `paint ()` (Zeile **062**-**097**) aufgerufen, die dazu dient, den Grafikbereich des Fensters aufzufrischen. Die Methode `paint()` enthält nun die Routine, mit der die Philosophen und Gabeln im Fenster ausgegeben werden. Allerdings könnten Sie allein mit `paint()` das Programm nicht beenden, weil Sie das Fenster mit dieser Methode nicht schließen können. Um das Fenster mit der Maus schließen zu können, müssen Sie einen Windows-Listener definieren (Zeile **052**-**059**), der die Methode `windowClosing()` enthält (Zeile **054**-**057**). Die Methode `windowClosing()` wird nun immer aufgerufen, wenn Sie auf das Kreuz zum Schließen des Fensters klicken. In diesem Bespiel macht `windowClosing()` nicht viel, außer mit dem `exit()`-Befehl das Programm zu beenden (Zeile **056**).

Das Hauptprogramm (Zeile **098**-**122**) erstellt das Hauptfenster (Zeile **102**) und fünf Philosophen-Threads (Zeile **103**-**112**). Anschließend wird eine Endlosschleife (Zeile **113**-**121**) ausgeführt, die so lange läuft, bis Sie das Hauptfenster schließen. Das Hauptfenster wird alle 200 Millisekunden neu gezeichnet, also fünfmal in der Sekunde. Hierzu dient der Zähler F, der in Zeile **101** definiert wird und genauso funktioniert wie die Warteschleifen, die die Philosophen-Threads ausführen: Immer, wenn F Millisekunden vergangen sind, wird das Fenster mit der `repaint()`-Anweisung neu gezeichnet (Zeile **117**), und anschließend wird die Warteschleife erneut ausgeführt. Währenddessen laufen die Philosophen-Threads natürlich weiter und können auch die Arrays **Gabel** und **Zustand** ändern. Deshalb verwendet die Methode `paint()` auch immer die aktuellen Arrays **Gabel** und **Zustand** und wenn einer dieser Arrays geändert wurde, ändert sich auch das von `paint()` ausgegebene Bild.

Wir wollen nun das Philosophenbeispiel abschließen und uns eine weitere entscheidende Frage stellen: Müssen Sie ein Petri-Netz stets im Kopf durchspielen und schaffen Sie es in diesem Fall nur mit sehr viel Übung und Ausdauer, eines fernen Tages den vollständigen Überblick zu behalten? Oder hilft Ihnen in diesem Fall wirklich nun eine Simulation mit Java-Threads weiter? Vielleicht malen Sie sich auch das Philosophenproblem auf ein Blatt Papier und schieben die Marken anschließend per Hand hin und her. Die Marken sind in diesem Fall vielleicht Cent-Münzen oder auch Chips aus irgendeinem Gesellschaftsspiel aus alten Tagen, das die letzten 20 Jahre im Schrank rumgelegen hat. Sie werden staunen, aber genauso habe ich es selbst in meinem Studium sogar in der Klausur gemacht: Ich habe Cent-Stücke gesammelt und diese auf dem Aufgabenblatt hin und her geschoben. Anders konnte ich die Aufgabe nicht lösen. In Zeiten des Internets gibt es natürlich Simulationsprogramme für Petri-Netze. Das Programm, das ich selbst verwendet habe, um die Diagramme in diesem Kapitel zu erstellen, heißt Netlab und kann unter dem folgenden Link heruntergeladen werden:

https://www.irt.rwth-aachen.de/cms/IRT/Studium/Downloads/~osru/Petrinetz-Tool-Netlab/

Eine Alternative ist WinPetri, das aber inzwischen kostenpflichtig ist. Der Vorteil ist allerdings, dass WinPetri im Gegensatz zu Netlab noch aktualisiert wird, und auch auf Windows 11 noch lauffähig sein dürfte. Wahrscheinlich gibt es inzwischen zumindest für Linux noch sehr viele weitere Alternativen, auf dem Raspberry Pi ist ein solches Tool inzwischen sogar vorinstalliert. Obwohl also Simulatoren für Petri-Netze inzwischen nicht mehr schwer zu besorgen sind, möchte Ihnen trotzdem erklären, wie solche Programme intern arbeiten. Dies ist wirklich nicht schwer zu verstehen und mit ein paar Java-Kenntnissen können Sie sich sogar eine grafisch orientierte App programmieren. Alles, was Sie hierfür benötigen, ist ein klein wenig Matrizenrechnung, die Sie im Studium sicherlich bereits im ersten Semester durchnehmen.

11.4.4 Simulation von Petri-Netzen mit Inzidenzmatrizen

Sie wissen aus Abschnitt 11.1 bereits, dass sich Graphen als Matrizen darstellen lassen, in dem Beispiel mit den Höhlengängen war dies die Adjazenz- oder Nachbarschaftsmatrix. Im Fall der Petri-Netze heißen diese Matrizen Inzidenzmatrizen. Der Begriff „Inzidenz" ist vom englischen Wort „incident" abgeleitet, und bedeutet so viel wie „Ereignis" oder „Fall". Dies ist auch der Grund, warum man beim Corona-Virus von Inzidenz spricht: Die Inzidenz gibt an, wie viele Krankheitsfälle es in einer Woche gegeben hat. Bei einem Petri-Netz tritt ein Ereignis dagegen immer dann ein, wenn eine Transition schaltet und dadurch Marken verschoben werden. Eine *Inzidenzmatrix* versucht, sämtliche Ereignisse, die in einem Petri-Netz auftreten können, durch Zustandsänderungen abzubilden. Die Inzidenzmatrix I ist bei Petri-Netzen wie folgt aufgebaut: In den Zeilen werden die einzelnen Stellen eingetragen, in den Spalten die Transitionen. Wenn n die Anzahl der Stellen ist und m die Anzahl der Transitionen, dann ist die Inzidenzmatrix I eine nxm-Matrix. Immer, wenn eine Transition T eine Marke in eine Stelle S hineinschiebt, wird in das Array `I[T][S]` ein positiver Wert hineingeschrieben, der der Anzahl der zu S hinzugefügten Marken entspricht. Immer, wenn eine Transition T Marken von einer Stelle S wegnimmt, wird in das Array `I[T][S]` ein negativer Wert hineingeschrieben, der der Anzahl der von S weggenommenen Marken entspricht. An den Stellen, an denen keine Verbindungen bestehen, wird I mit Nullen belegt. Jede Spalte entspricht also einem Vektor, der den Beitrag der entsprechenden Transition zu der Markenanzahl in der entsprechenden Stelle angibt. Der *Schaltvektor*, der die Zustandsänderung der Marken angibt, die durch eine bestimmte Transition erzeugt wird, ergibt sich nun durch eine Multiplikation der Inzidenzmatrix mit dem Vektor, der die entsprechende Transition darstellt. Für die erste Transition wäre dies ein Vektor, bei dem der erste Eintrag 1 ist ($S=[1,0,\ldots,0]^T$), für die zweite Transition wäre dies ein Vektor, bei dem der zweite Eintrag 1 ist ($S=[0,1,\ldots,0]^T$.) Wenn Sie nun den Schaltvektor ermittelt haben, wird dieser mit der entsprechenden Spalte in I multipliziert, die die Eingänge der entsprechenden Transition repräsentiert, und anschließend zum Markierungsvektor M addiert. Der Markierungsvektor enthält die Anzahl der Marken für alle Stellen und entscheidet auch darüber, ob eine

Transition überhaupt schalten kann. Meistens wird diese Überprüfung in Form eines Simulationsprogramms vorgenommen, das auch die entsprechenden Transitionen verwaltet.

Sehen wir uns nun ein konkretes Beispiel an, damit Sie erkennen, dass die Sache mit der Inzidenzmatrix gar nicht so schwer ist. Im nächsten Beispiel handelt es sich um die Simulation eines Automaten für Parktickets. Um das Beispiel möglichst einfach zu halten, gibt es nur eine Art von Münzen (z. B. 1-Euro-Münzen) und Sie benötigen auch nur eine einzige Münze, um ein Ticket zu kaufen. Diese Münze geben Sie in den Münzeinwurf. Wenn die Münze ungültig ist, wird diese sofort wieder ausgeworfen und landet bei den ungültigen Münzen, deren Anzahl die Simulation an dieser Stelle erfassen soll. Wenn die Münze gültig ist, wird ein Rohticket aus einem Ticketbehälter entnommen und falls noch ein Rohticket vorhanden ist, wird dieses auch bedruckt und ausgegeben. Die vorher eingeworfene Münze landet am Ende in einem Münzbehälter für gültige Münzen, deren Anzahl (genau wie die Anzahl ungültiger Münzen) ebenfalls erfasst wird.

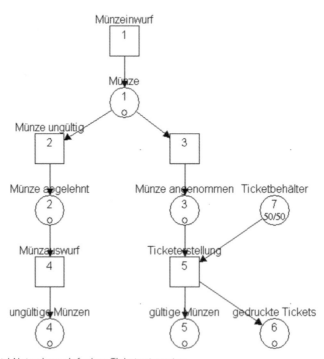

Bild 11.18 Petri-Netz eines einfachen Ticketautomaten

Der Münzeinwurf wird durch Transition T1 dargestellt. T1 erzeugt immer dann eine Marke, wenn sie durch einen Benutzer aktiviert wird. Einer Marke in S1 entspricht auch eine neue Münze. Die Münze kann natürlich ungültig sein, wenn z. B. jemand statt eines Euros nur 10 Cent einwirft. In diesem Fall wird T2 aktiviert. T2 nimmt die Marke aus S1 auf und gibt sie an S2 weiter, was bedeutet, dass die Münze abgelehnt wurde. Wenn allerdings T3 schaltet, nimmt die Marke aus S1 (also die vorher eingeworfene Münze) den Weg der angenommenen Münzen. Während eine abgelehnte Münze über den Münzauswurf T4 in den Behälter mit den ungültigen Münzen gelangt, ist für angenommene Münzen T5 zuständig. T5 kann im Gegensatz zu T4 nur dann schalten, wenn sich erstens eine Marke in S3 befindet und zweitens noch Marken in S7 sind, was dem Behälter für Rohtickets entspricht. Die Ticketerstellung verbraucht also sowohl eine Münze als auch ein Rohticket, erst dann kann in S5 (Behälter für gültige Münzen) und S6 (gedruckte Tickets) jeweils eine Marke gesetzt werden. In diesem einfachen Beispiel fasst der Behälter für Rohtickets genau 50 Tickets. Sehen Sie sich nun die Einträge der Inzidenzmatrix I für den Ticketautomaten an:

	T1	T2	T3	T4	T5
S1	1	-1	-1	0	0
S2	0	1	0	-1	0
S3	0	0	1	0	-1
S4	0	0	0	1	0
S5	0	0	0	0	1
S6	0	0	0	0	1
S7	0	0	0	0	-1

An der Inzidenzmatrix können Sie direkt ablesen, dass z. B. T1 nur mit S1 verbunden ist und dass T1 eine Marke nach S1 verschiebt. T2 ist allerdings mit S1 und S2 verbunden und nimmt eine Marke aus S1 auf, während sie eine Marke in S2 hinzufügt. Genauso können Sie die anderen Verbindungen und Schaltvorgänge direkt ablesen. Wenn z. B. T3 schaltet, dann zieht sie von der Anzahl Marken in S1 den Wert 1 ab und addiert 1 zu der Anzahl Marken in S3. Wenn Sie also die einzelnen Schaltvorgänge durch einen Computeralgorithmus simulieren wollen, benötigen Sie zunächst die Anzahl an Marken, die jede Stelle am Anfang beinhaltet. Diese Informationen beinhaltet der Markierungsvektor M, der in diesem Beispiel direkt am Anfang $[0,0,0,0,0,0,0]^T$ ist. Mit der Inzidenzmatrix I und dem Markierungsvektor M können Sie nun in einfacher Weise die Markierung M' für den nächsten Schritt erstellen, indem Sie sämtliche Spalten in M durchgehen und jeweils nachschauen, ob die entsprechende Transition schaltet. Dies ist immer dann der Fall, wenn die Summe der noch verfügbaren Marken in den entsprechenden Stellen mit der geforderten Anzahl übereinstimmt. Wenn Sie nun auf diese Weise sämtliche Zustände, die M in den einzelnen Schritten annehmen kann, systematisch bestimmen, erhalten Sie den Erreichbarkeitsgraphen. Der Erreichbarkeitsgraph stellt sämtliche Zustände zeilenweise dar, die I für den Anfangsvektor M annehmen kann. Dieser sieht in diesem Beispiel wie folgt aus:

```
M001:   0 ( 0 0 0 0 0 0 50)  ---t1--->  M002:  1 ( 1 0 0 0 0 0 50)
M002:   1 ( 1 0 0 0 0 0 50)  ---t2--->  M003:  2 ( 0 1 0 0 0 0 50)
                             ---t3--->  M004:  2 ( 0 0 1 0 0 0 50)
M003:   2 ( 0 1 0 0 0 0 50)  ---t1--->  M005:  3 ( 1 1 0 0 0 0 50)
                             ---t4--->  M006:  3 ( 0 0 0 1 0 0 50)
M004:   2 ( 0 0 1 0 0 0 50)  ---t1--->  M007:  3 ( 1 0 1 0 0 0 50)
                             ---t5--->  M008:  3 ( 0 0 0 0 1 1 49)
M005:   3 ( 1 1 0 0 0 0 50)  ---t3--->  M009:  4 ( 0 1 1 0 0 0 50)
                             ---t4--->  M010:  4 ( 1 0 0 1 0 0 50)
M006:   3 ( 0 0 0 1 0 0 50)  ---t1--->  M010:  4 ( 1 0 0 1 0 0 50)
M007:   3 ( 1 0 1 0 0 0 50)  ---t2--->  M009:  4 ( 0 1 1 0 0 0 50)
                             ---t5--->  M011:  4 ( 1 0 0 0 1 1 49)
M008:   3 ( 0 0 0 0 1 1 49)  ---t1--->  M011:  4 ( 1 0 0 0 1 1 49)
M009:   4 ( 0 1 1 0 0 0 50)  ---t1--->  M012:  5 ( 1 1 1 0 0 0 50)
                             ---t4--->  M013:  5 ( 0 0 1 1 0 0 50)
                             ---t5--->  M014:  5 ( 0 1 0 0 1 1 49)
M010:   4 ( 1 0 0 1 0 0 50)  ---t2--->  M015:  5 ( 0 1 0 1 0 0 50)
                             ---t3--->  M013:  5 ( 0 0 1 1 0 0 50)
M011:   4 ( 1 0 0 0 1 1 49)  ---t2--->  M014:  5 ( 0 1 0 0 1 1 49)
```

```
                                    ---t3--->  M016:   5 ( 0 0 1 0 1 1 49)
M012:   5 ( 1 1 1 0 0 0 50) ---t4--->  M017:   6 ( 1 0 1 1 0 0 50)
                                    ---t5--->  M018:   6 ( 1 1 0 0 1 1 49)
M013:   5 ( 0 0 1 1 0 0 50) ---t1--->  M017:   6 ( 1 0 1 1 0 0 50)
                                    ---t5--->  M019:   6 ( 0 0 0 1 1 1 49)
M014:   5 ( 0 1 0 0 1 1 49) ---t1--->  M018:   6 ( 1 1 0 0 1 1 49)
                                    ---t4--->  M019:   6 ( 0 0 0 1 1 1 49)
M015:   5 ( 0 1 0 1 0 0 50) ---t1--->  M020:   6 ( 1 1 0 1 0 0 50)
M016:   5 ( 0 0 1 0 1 1 49) ---t1--->  M021:   6 ( 1 0 1 0 1 1 49)
M017:   6 ( 1 0 1 1 0 0 50) ---t2--->  M022:   7 ( 0 1 1 1 0 0 50)
                                    ---t5--->  M023:   7 ( 1 0 0 1 1 1 49)
M018:   6 ( 1 1 0 0 1 1 49) ---t3--->  M024:   7 ( 0 1 1 0 1 1 49)
                                    ---t4--->  M023:   7 ( 1 0 0 1 1 1 49)
M019:   6 ( 0 0 0 1 1 1 49) ---t1--->  M023:   7 ( 1 0 0 1 1 1 49)
M020:   6 ( 1 1 0 1 0 0 50) ---t3--->  M022:   7 ( 0 1 1 1 0 0 50)
M021:   6 ( 1 0 1 0 1 1 49) ---t2--->  M024:   7 ( 0 1 1 0 1 1 49)
M022:   7 ( 0 1 1 1 0 0 50) ---t1--->  M025:   8 ( 1 1 1 1 0 0 50)
                                    ---t5--->  M026:   8 ( 0 1 0 1 1 1 49)
M023:   7 ( 1 0 0 1 1 1 49) ---t2--->  M026:   8 ( 0 1 0 1 1 1 49)
                                    ---t3--->  M027:   8 ( 0 0 1 1 1 1 49)
M024:   7 ( 0 1 1 0 1 1 49) ---t1--->  M028:   8 ( 1 1 1 0 1 1 49)
                                    ---t4--->  M027:   8 ( 0 0 1 1 1 1 49)
M025:   8 ( 1 1 1 1 0 0 50) ---t5--->  M029:   9 ( 1 1 0 1 1 1 49)
M026:   8 ( 0 1 0 1 1 1 49) ---t1--->  M029:   9 ( 1 1 0 1 1 1 49)
M027:   8 ( 0 0 1 1 1 1 49) ---t1--->  M030:   9 ( 1 0 1 1 1 1 49)
M028:   8 ( 1 1 1 0 1 1 49) ---t4--->  M030:   9 ( 1 0 1 1 1 1 49)
M029:   9 ( 1 1 0 1 1 1 49) ---t3--->  M031:  10 ( 0 1 1 1 1 1 49)
M030:   9 ( 1 0 1 1 1 1 49) ---t2--->  M031:  10 ( 0 1 1 1 1 1 49)
M031:  10 ( 0 1 1 1 1 1 49) ---t1--->  M032:  11 ( 1 1 1 1 1 1 49)
M032:  11 ( 1 1 1 1 1 1 49)
```

Im Erreichbarkeitsgraphen stellen Sie also sämtliche möglichen Markierungsvektoren und Folgevektoren dar, die durch I angenommen werden können. Wenn Markierungsvektoren doppelt auftauchen, werden diese natürlich nicht noch einmal aufgeführt. Sie fragen sich an dieser Stelle vielleicht, was Sie von einer solchen komplizierten Analyse haben, hinter der doch sicherlich auch ein komplexer rekursiver Algorithmus steckt. Um diese Frage zu beantworten, schauen Sie sich am besten noch einmal die Transition T5 an. T5 ist mit S3, aber auch mit S7 verbunden. Das heißt, es muss eine gültige Münze vorhanden sein UND der Ticketbehälter muss mindestens ein Rohticket enthalten. Das bedeutet Folgendes: Wenn der Ticketbehälter leer ist, kann T5 überhaupt nicht mehr schalten, die eingeworfene Münze wird verschluckt und es wird auch kein Ticket ausgegeben. Die Konsequenz ist, dass Ihr Netz in einen Deadlock gerät, der nur dadurch behoben werden kann, dass der Behälter mit den Rohtickets neu gefüllt wird. Diesen Deadlock können Sie nun in einfacher Weise am Erreichbarkeitsgraph ablesen, indem Sie den Eintrag „0010000->t5" suchen. Diesen Eintrag gibt es offensichtlich nicht, woran Sie sofort erkennen können, dass es mit Ihrer Simulation ein Problem gibt.

Wie lösen Sie aber nun den Deadlock bei M=[0,0,1,0,0,0,0]^T auf? Die Antwort ist, dass dies mit dem ursprünglichen Netz nicht geht. Sie müssen also eine zusätzliche Transition T6 zwischen S3 und S2 hinzufügen. T6 ist gewissermaßen eine Funktion, mit der ein Benutzer den Bezahlvorgang abbrechen und seine Münze wieder auswerfen kann.

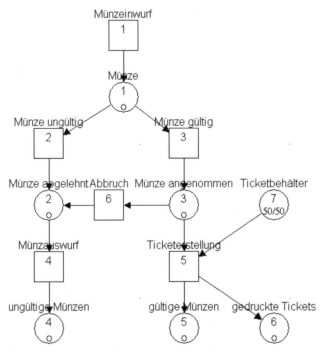

Bild 11.19 Petri-Netz eines einfachen Ticketautomaten (Version 2)

Wenn ein Benutzer also T6 auslöst, wird die zuvor angenommene Münze in eine abgelehnte Münze umgewandelt. Der Münzauswurf gibt darauf die Münze wieder frei. Durch T6 ausgeworfene Münzen zählen allerdings als ungültige Münzen, was entweder gewollt sein oder wiederum als Fehler gelten kann. Es kommt hier darauf an, was Sie mit Ihrer Simulation zählen wollen und welche Art Statistik Sie anschließend aufstellen. Wenn Sie nur die Anzahl an Fehlern messen wollen, die im Laufe des Betriebs auftreten, ist der Graph in Bild 11.18 die richtige Version. Die Anzahl an verkauften Tickets entspricht in diesem Fall einfach der Anzahl der Marken in S6. Wenn Sie aber zusätzlich ermitteln wollen, wie oft der Benutzer das Programm aufgrund eines Fehlers abgebrochen hat, dann müssen Sie T6 noch mit einer zusätzlichen Stelle verbinden, die immer dann eine Marke erhält, wenn T6 schaltet. Dagegen kann nicht so einfach festgestellt werden, wie oft der Ticketbehälter leer war, da es in einem einfachen Petri-Netz keine Regel gibt, die besagt, dass eine Transition schalten soll, wenn eine bestimmte Stelle keine Marken enthält. Es gibt allerdings erweiterte Formen, die z. B. Testkanten zulassen, über die Sie bestimmen können, ob eine Stelle Marken enthält oder leer ist. Diese Art Variablen vom Typ `bool` sind aber in einfachen Standardnetzen nicht zulässig.

Zum Abschluss möchte ich Ihnen nun noch ein kleines C-Programm vorstellen, das das Petri-Netz für den Ticketautomaten simuliert. Ausgangspunkt ist hier wieder die entsprechende Inzidenzmatrix I sowie der Markierungsvektor M, der am Anfang $[0,0,0,0,0,0,0]^T$ ist. In dem nächsten Beispiel müssen Sie in jedem Schritt diejenige Transition aus einer Liste aller aktiven Transitionen auswählen, die als Nächstes schalten soll. Hierfür müssen Sie in der Konsole die entsprechende Nummer eingeben. Ich habe in einem separaten Namensarray dafür gesorgt, dass für jede Nummer auch immer der entsprechende Name angezeigt wird. Sehen Sie sich nun Listing 11.6 an.

Listing 11.6 Ticketautomat.c

```
01  #include<stdio.h>

02  // Definition Inzidenzmatrix (Zeile 0 und Spalte 0 werden nicht benutzt)
03  int I[8][7]=
04  {
05   0, 0, 0, 0, 0, 0, 0,
06   0, 1,-1,-1, 0, 0, 0,
07   0, 0, 1, 0,-1, 0, 1,
08   0, 0, 0, 1, 0,-1,-1,
09   0, 0, 0, 0, 1, 0, 0,
10   0, 0, 0, 0, 0, 1, 0,
11   0, 0, 0, 0, 0, 1, 0,
12   0, 0, 0, 0, 0,-1, 0
13  };
14  // Definition Markierungsvektor
15  char *TN[7]={"","Münzeinwurf","Münze ungültig","Münze gültig","Münzauswurf","Ticketerstellung","Abbruch"};
16  int M[8]={0,0,0,0,0,0,0,0};
17  bool A[8]; // Aktivitätsvektor (nur für Hauptprogramm)
18  int TNum=6; // Anzahl Transitionen
19  int SNum=7; // Anzahl der Stellen
20  int NNum=7; // Lände des Markierungsvektors

21  bool Aktiv(int T) // stellt fest, ob eine Transition T aktiv ist
22  {
23      bool A=true; // Erst einmal annehmen, T ist aktiv
24      int i;
25      for (i=1; i<=SNum; i++) // Alle Stellen durchgehen
26      {
27          if ((I[i][T]<0)&&(-I[i][T]>M[i])) { A=false; } // Nicht genug Marken? Dann A auf false setzen
28      }
29      return A;
30  }

31  void Schalte(int T) // Schaltet T und setzt Marken in S1...SN
32  {
33      int i;
34      for (i=1; i<=SNum; i++) // Alle Stellen in der Spalte T durchgehen
35      {
36          if (I[i][T]!=0) { M[i]+=I[i][T]; } // M nur aktualisieren, wenn I[i][T] nicht 0 ist
37      }
38  }

39  int main(void)
40  {
41      int i,Schalt,Tickets;
42      printf("Anzahl Rohtickets:"); scanf("%d",&Tickets);
43      M[7]=Tickets; // Rohtickets sind in S7
44      A[0]=true; // A[0] ist immer aktiv (Programmende)
45      do
46      {
```

```
47          printf("Aktive Transitionen:\n");
48          for (i=1; i<=TNum; i++)
49          {
50              A[i]=false; // A[i] vorerst löschen
51              if (Aktiv(i))
52              {
53                  printf("%d:%s ",i,TN[i]); // Nur aktive Transitionen anzeigen
54                  A[i]=true; // A aktualisieren
55              }
56          }
57          printf("\n");
58          do
59          {
60              printf("Schalte Transition (0 beendet das Programm):");
scanf("%d",&Schalt);
61              if (A[Schalt]==false) // Nur aktive Transitionen können schalten
62              {
63                  printf("Fehler:Transition %d ist nicht aktiv\n",Schalt);
64              }
65          }
66          while (A[Schalt]==false);
67          if (Schalt>0)
68          {
69              printf("M=");
70              Schalte(Schalt);
71              for (i=1; i<=NNum; i++) // nach dem Schalten stets M ausgeben
72              {
73                  printf("%02d ",M[i]);
74              }
75              printf("\n");
76          }
77          else
78          {
79              printf("Das Programm wurde durch den Benutzer beendet\n");
80          }
81      }
82      while (Schalt!=0); // Eine Eingabe von Schalt=0 beendet das Programm
83      return 0;
84  }
```

In Zeile **01-20** müssen einige Variablen definiert werden. Dies sind neben der Inzidenzmatrix **I** und dem Markierungsvektor **M** die Namen für die Transitionen (**TN**), der Aktivitätsvektor **A** sowie **TNum**, **SNum** und **NNum**. Der Aktivitätsvektor wird nur für das Hauptprogramm verwendet und gibt an, welche Transitionen zu einem bestimmten Zeitpunkt überhaupt schalten können. Nur diese Transitionen können Sie anschließend auswählen. **TNum** enthält die Anzahl der Transitionen im gesamten Netz, **SNum** enthält die Anzahl Stellen und **NNum** die Länge des Markierungsvektors. Sie können also Ihr Programm durchaus so umschreiben, dass Sie mit malloc() die Größe der Inzidenzmatrix dynamisch festlegen und diese im Hauptprogramm initialisieren können.

Damit Sie im Hauptprogramm nur die Transitionen schalten können, die aktiv sind, benötigen Sie die Funktion Aktiv() (Zeile **21-30**). Aktiv() geht in einer Schleife (Zeile **25-28**) sämtliche Stellen der Transition durch, die Sie im Parameter **T** übergeben haben. Die Anzahl der Stellen wird durch **SNum** angegeben. Damit ein Zugriff auf die Inzidenzmatrix einfacher wird, werden Zeile 0 und Spalte 0 nicht verwendet und die Transitionsnummer entspricht genau dem Array-Index in I. Die Stellen für die Transition **T** befinden sich also in den einzelnen Zeilen der Spalte **T**. Um festzustellen, ob die Transition **T** aktiv ist, wird in Zeile **32** erst einmal angenommen, dass **T** wirklich aktiv ist. Wenn aber festgestellt wird, dass nicht genug Marken in den Stellen vorhanden sind, die mit **T** verbunden sind, dann wird die Aktivität auf `false` gesetzt. Nicht genug Marken sind genau dann vorhanden, wenn das Gewicht `I[i][T]` in der i. Spalte vom **I** negativ ist (die Stelle führt zu **T** hin) und der Betrag von `I[i][T]` größer ist als der entsprechende Markierungsvektor `M[i]`. Hieraus ergibt sich der Ausdruck

```
if ((I[i][T]<0)&&(-I[i][T]>M[i])) { A=false; }
```

in Zeile **27**. Im Array **M** müssen also sämtliche Komponenten positiv oder 0 sein. Ist dies nicht der Fall, dann ist dies ein Hinweis auf einen Programmierfehler. Da **M** stets in der Konsole angezeigt wird, merken Sie sofort, wenn irgendetwas nicht stimmt. Die Funktion `Schalte()` (Zeile **31 – 38**) schaltet die Transition **T**, die Sie als Parameter übergeben. `Schalte()` überprüft in einer Schleife (Zeile **34 – 37**) die Gewichte sämtlicher Kanten zu sämtlichen Stellen. Wenn eine Kante zu **T** hinführt, dann ist das Gewicht in `I[i][T]` nicht 0 und so wird der entsprechende Wert zu `M[i]` addiert. Wenn Sie also für die Schaltfunktion nur eine einzige Transition wählen, dann wird die Matrizenmultiplikation von **I** mit dem Schaltvektor **S** zur simplen Addition. Diese Vereinfachung führt in diesem Beispiel natürlich dazu, dass immer nur eine Transition schalten kann, niemals mehrere gleichzeitig.

Das Hauptprogramm (Zeile **39 – 84**) wird nun entsprechend einfach. Nachdem in Zeile **41 – 43** die Anzahl Tickets abgefragt worden ist, die Sie in den Ticketbehälter legen wollen, wird dieser Wert in Zeile **43** nach `M[7]` übertragen (die Anzahl Marken, die sich in S7 befindet, entspricht der Zahl an verfügbaren Rohtickets). Das Hauptprogramm läuft nun so lange, bis Sie für die Transition, die als Nächstes schalten soll, den Wert 0 eingeben. Da es T0 nicht gibt, wird dieser Wert für das Beenden des Programms benutzt. Bevor Sie jedoch einen Wert eingeben können, werden in einer Schleife (Zeile **48 – 56**) erst einmal in der Konsole sämtliche Transitionen ausgegeben, die zurzeit aktiv sind. Hierzu wird die Funktion `Aktiv()` benötigt. Zusätzlich zu der Transitionsnummer wird auch immer der Name mit ausgegeben. Wenn z. B. der Münzeinwurf aktiv ist, wird zusätzlich zu Nummer 1 auch der Name „Münzeinwurf" angezeigt. Zusätzlich wird auch immer `A[i]` mit `true` beschrieben, wenn die Transition T_i aktiv ist (Zeile **54**), **i** entspricht hierbei der Nummer der aktiven Transition. Ansonsten wird `A[i]` auf `false` gesetzt. Die Abfrage, welche Transition der Benutzer schalten lassen will, erfolgt in einer Schleife (Zeile **58 – 65**). Diese Schleife läuft so lange, bis der eingegebene Wert auch tatsächlich einer aktiven Transition entspricht. Dieser Wert befindet sich anschließend in der Variablen **Schalt**. Sie können also keine Transition schalten lassen, die nicht aktiv ist. Wenn Sie einen Fehler machen und `A[Schalt]=false` ist, wird in Zeile **63** auch eine entsprechende Fehlermeldung ausgegeben. Wenn in Zeile **67** der Wert **Schalt** einer aktiven Transition entspricht und **Schalt** auch nicht 0 ist, so wird der Wert **Schalt** an die Funktion `Schalte()` übergeben. Anschließend wird der durch den Schaltvorgang veränderte Markierungsvektor **M** in der Konsole angezeigt (Zeile **71 – 74**). Nun beginnt die Abfrage, welche Transition als Nächstes schalten soll, von vorn, bis der Benutzer das Programm durch die Eingabe einer 0 beendet. Das Programm gibt in der Konsole z. B. Folgendes aus:

Anzahl Rohtickets:1
Aktive Transitionen:
1:Münzeinwurf
Schalte Transition (0 beendet das Programm):1
M=01 00 00 00 00 00 01
Aktive Transitionen:
1:Münzeinwurf 2:Münze ungültig 3:Münze gültig
Schalte Transition (0 beendet das Programm):2
M=00 01 00 00 00 00 01
Aktive Transitionen:
1:Münzeinwurf 4:Münzauswurf
Schalte Transition (0 beendet das Programm):4
M=00 00 00 01 00 00 01
Aktive Transitionen:
1:Münzeinwurf
Schalte Transition (0 beendet das Programm):1
M=01 00 00 01 00 00 01
Aktive Transitionen:
1:Münzeinwurf 2:Münze ungültig 3:Münze gültig
Schalte Transition (0 beendet das Programm):3
M=00 00 01 01 00 00 01
Aktive Transitionen:
1:Münzeinwurf 5:Ticketerstellung 6:Abbruch
Schalte Transition (0 beendet das Programm):5
M=00 00 00 01 01 01 00
Aktive Transitionen:
1:Münzeinwurf
Schalte Transition (0 beendet das Programm):1
M=01 00 00 01 01 01 00
Aktive Transitionen:
1:Münzeinwurf 2:Münze ungültig 3:Münze gültig
Schalte Transition (0 beendet das Programm):3
M=00 00 01 01 01 01 00
Aktive Transitionen:
1:Münzeinwurf 6:Abbruch
Schalte Transition (0 beendet das Programm):6
M=00 01 00 01 01 01 00

Aktive Transitionen:

1:Münzeinwurf 4:Münzauswurf

Schalte Transition (0 beendet das Programm):0

Das Programm wurde durch den Benutzer beendet

An den Ausgaben in der Konsole sehen Sie, dass ein Münzeinwurf immer möglich ist, aber ein Abbruch des Vorgangs durch den Benutzer nur dann erfolgen kann, wenn keine Rohtickets mehr im Ticketbehälter vorhanden sind. Auch die Funktion zum Drucken eines Tickets kann nur ausgeführt werden, wenn sämtliche Vorgänge bis dahin korrekt ablaufen. Allerdings kann eine beliebige Anzahl Münzen in den Automaten eingeworfen werden, auch dann, wenn noch gar keine Tickets gedruckt worden sind. In diesem Fall arbeitet der Automat sämtliche eingeworfenen Münzen der Reihe nach ab, die in diesem Fall als Marken in S1 zwischengespeichert werden. Wenn Sie stattdessen erreichen wollen, dass sich stets immer nur eine Münze im Automaten befindet, dann müssen Sie T5 (Ticketerstellung) und T4 (Münzauswurf) über eine weitere Stelle S8 mit T1 rückverbinden und S8 muss dann auch ganz zu Anfang eine Marke enthalten. Nur, wenn diese Marke gesetzt ist, kann eine neue Münze eingeworfen werden. Man sagt in diesem Fall auch, S8 ist eine Semaphore. Eine *Semaphore* ist gewissermaßen ein Signal, das anzeigt, dass ein bestimmter Vorgang beendet ist und das Programm mit der Arbeit fortfahren kann. Im Philosophenbeispiel sind die Semaphoren die Gabeln: Solange für einen Philosophen nicht sämtliche Semaphoren gesetzt sind (also sowohl die linke als auch die rechte Gabel neben ihm liegen), kann er nicht essen. Ticketautomaten müssen natürlich die Semaphoren auf andere Weise realisieren und blockieren z. B. den Münzschlitz mechanisch, solange der Benutzer noch kein Ticket gedruckt bzw. den Kauf storniert hat. Dies ist aber leider nicht immer so und so gibt es auch einige Ticketautomaten, die sich schlicht verschlucken, wenn Sie mehr als ein Ticket gleichzeitig kaufen wollen.

Ich möchte nun das Thema Graphen abschließen. Es folgt auch kein weiteres Kapitel mehr. Ich hoffe, ich habe in diesem Buch alles abgedeckt, was für Ihr Studium wichtig ist, und Ihnen so manches Praktikum erleichtert. Ich kann aber leider nicht ausschließen, dass das eine oder andere fehlt, denn die Entwicklung des Internets schreitet rasant voran. Vielleicht vermissen Sie an dieser Stelle auch das Thema Netzwerktechnologien, aber über dieses Thema kann ich zugegebenermaßen kein wirklich neues Buch schreiben. Das liegt zum einen daran, dass der Markt in diesem Bereich inzwischen unüberschaubar groß ist, und zum anderen daran, dass ich einfach nicht mit dem Internet groß geworden bin. Ich kann also schlicht nicht mit den Koryphäen auf diesem Gebiet mithalten, weil mir eben kein Router in die Wiege gelegt wurde. Mein Zugang zu dem damals in meinem Studium neuen Internet (um 1990) sah dann auch so aus: Mit einem selbstgebauten Modem und einem selbstgebastelten Betriebssystem, das von Diskette startete, musste ich mich in den Mailserver der FH einwählen, um zu einigen Kommilitonen und Professoren Kontakt aufnehmen zu können. Das damals neue Betriebssystem Linux konnte ich weder installieren noch bedienen, weil es niemanden gab, der mir dabei half. Also kaufte ich mir Hardwarebücher und programmierte meinen eigenen Mailclient – in Assembler! Weil ich Assembler liebe und diesen schon auf dem C64 angewendet habe, denke ich auch, dass ich ohne den C64 niemals programmieren gelernt hätte. Und dann gäbe es auch dieses Buch nicht. Deshalb möchte ich dieses Buch auch in C64-Manier beenden:

READY.

11.5 Übungen

Übung 1
Was ist eine Adjazenzmatrix und wie werden durch diese Graphen dargestellt? Was ist der Unterschied zwischen einer Adjazenzmatrix und einer Inzidenzmatrix, wie sie für Petri-Netze verwendet wird?

Übung 2
Was sind die hauptsächlichen Bestandteile von Graphen und wie sind diese untereinander verbunden? Gibt es auch verschiedene Graphentypen? Wenn ja, welche Typen sind speziell für die Informatik wichtig?

Übung 3
Erklären Sie in Worten (keine Graphen), was das Philosophenproblem ist und wie dieses mit einem Java-Programm simuliert werden kann (beschreiben Sie nur Ihr Vorgehen, keinen Programmcode). Überlegen Sie auch, welche Probleme bei der Simulation des Philosophenproblems auftreten können und wie sich diese lösen lassen.

Übung 4
Wie können Sie entscheiden, ob ein Graph vollständig durchlaufen werden kann, ohne eine Kante zweimal zu passieren? Nennen Sie ein Beispiel für einen Graphen, wo dies möglich ist, bzw. skizzieren Sie diesen Graphen, wenn Ihnen eine bildliche Darstellungsweise lieber ist.

Anhang: Lösung der Übungsaufgaben

■ Anhang zu Kapitel 1 „Einführung"

Gehen Sie bei den Übungen davon aus, dass sich der Lesekopf und nicht das Band bewegt und dass die erste Position auf dem Band 0 ist. Wenn Sie in Übung 3 die Turing-Simulation programmieren, benutzen Sie Zustand 999 als STOP-Anweisung und gehen davon aus, dass eine negative Verschiebung (z. B. um −1 Felder) einer Verschiebung des Lesekopfs nach links entspricht. Entsprechend soll eine positive Verschiebung einer Verschiebung des Lesekopfs nach rechts entsprechen. Auf diese Weise sind Ihre Zustandstabellen kompatibel mit den Array-Indices in C.

Übung 1
Geben Sie die Zustandstabelle einer Turing-Maschine an, mit der Sie eine binäre Zahl invertieren können. Das heißt, dass in dieser Zahl sämtliche Bits umgedreht werden und dass aus einer 1 eine 0 und aus einer 0 eine 1 wird. Die Ziffer 2 soll die Eingabe abschließen und dazu führen, dass die Maschine anhält.

Lösung zu Übung 1
Die Turing-Maschine, die eine Binärzahl invertiert, besitzt folgende Zustandstabelle:

Tabelle A1.1 Zustandstabelle für die Turing-Maschine für Übung 1.1

Zustand	Symbol	schreibe	Verschiebung Lesekopf	nächster Zustand
0	1	0	1 rechts	0
0	0	1	1 rechts	0
0	2	2	—	STOP

In Zustand 0, dem Startzustand, wird jede 1 durch eine 0 ersetzt und danach wird der Lesekopf um eine Position nach rechts bewegt. Außerdem wird jede 0 durch eine 1 ersetzt und anschließend wird der Lesekopf ebenfalls um eine Position nach rechts bewegt. Eine 2 wird dagegen durch sich selbst ersetzt und die Maschine hält an. Als Alternative können Sie in der dritten Zeile bei „schreibe" auch „–" eintragen.

Übung 2

Geben Sie die Zustandstabelle einer Turing-Maschine an, mit der Sie zwei Wörter zu einem Wort vereinigen können. Aus „HAUS" und „TÜR" wird also „HAUSTÜR". Die zwei Wörter sollen vorher durch genau ein Leerzeichen getrennt sein und die Eingabedaten sollen durch eine Zwei abgeschlossen werden. Die zwei Wörter sollen nur aus Großbuchstaben bestehen. Am Ende sollen die Wörter zu einem einzigen Wort vereinigt worden sein und durch eine Zwei abgeschlossen werden. Verwenden Sie eine erweiterte Turing-Maschine, die einzelne Symbole auch in einem Puffer zwischenspeichern kann.

Lösung zu Übung 2

Sie können hier zwei Tabellen als Lösung angeben. Die erste Tabelle enthält für Zustand 0 als Symbole jeden möglichen Buchstaben des Alphabets sowie Ä, Ö, Ü und ß. Für sämtliche dieser Symbole wird der Lesekopf einfach um eine Position nach rechts gerückt. Zusätzlich benötigen Sie dann noch das Leerzeichen, das ebenfalls den Lesekopf nach rechts rückt, aber zusätzlich in Zustand 1 wechselt. Für Zustand 1 benötigen Sie dann wiederum sämtliche Symbole, ein Lesen eines Symbols bewirkt dann aber, dass das entsprechende Symbol in den Puffer übertragen und anschließend gelöscht wird. Wenn dann in Zustand 1 eine Zwei gelesen wird, dann wechselt die Maschine in Zustand 2. In diesem Zustand wird der Lesekopf dann so lange nach links bewegt, bis kein Leerzeichen mehr gefunden wird (Sie sind dann am Ende des ersten Worts angekommen). Nun wird der Lesekopf um eine Position nach rechts bewegt, der Puffer wird ausgegeben und die Maschine hält an. Die erste Tabelle ist nun sehr umfangreich. Dies liegt daran, dass Sie für jeden Zustand für jedes mögliche Symbol eine Aktion angeben müssen. Für die zweite Zustandstabelle, die als Lösung möglich ist, machen Sie nun die implizite Annahme, dass die Turing-Maschine immer dann nichts tun und anschließend den Lesekopf um eine Position nach rechts bewegen soll, wenn für ein Symbol keine Regel gefunden wird. In diesem Fall erhalten Sie dann die folgende Zustandstabelle:

Tabelle A1.2 Zustandstabelle der Turing-Maschine für Übung 1.2

Zustand	Symbol	schreibe	Verschiebung Lesekopf	zusätzliche Aktion	nächster Zustand
0	Leerzeichen	–	1 rechts	–	1
1	A	Leerzeichen	1 rechts	speichere A in Puffer	1
1	B	Leerzeichen	1 rechts	speichere B in Puffer	1
…	…	…	…	…	…
1	Z	Leerzeichen	1 rechts	speichere Z in Puffer	1
1	Ä	Leerzeichen	1 rechts	speichere Ä in Puffer	1
1	Ö	Leerzeichen	1 rechts	speichere Ö in Puffer	1
1	Ü	Leerzeichen	1 rechts	speichere Ü in Puffer	1
1	ß	Leerzeichen	1 rechts	speichere ß in Puffer	1
1	2	Leerzeichen	1 links	speichere 2 in Puffer	2
2	Leerzeichen	–	1 links	–	2
2	A	–	1 rechts	Ausgabe Puffer	STOP

Zustand	Symbol	schreibe	Verschiebung Lesekopf	zusätzliche Aktion	nächster Zustand
2	B	–	1 rechts	Ausgabe Puffer	STOP
2	…	…	…	…	…
2	ß	–	1 rechts	Ausgabe Puffer	STOP

Durch die implizite Annahme, dass die Turing-Maschine immer dann nichts tut und den Lesekopf nach rechts verschiebt, wenn keine passende Regel gefunden wurde, können Sie den Umfang der Zustandstabelle reduzieren. Allerdings müssen Sie auch in diesem Fall noch explizit angeben, wann welche Zeichen in den Puffer geschrieben werden und wann der Puffer wieder ausgegeben wird.

Übung 3

Überlegen Sie sich, wie Sie in C ein Simulationsprogramm für eine einfache Turing-Maschine erstellen können, mit dem Sie Ihre Ergebnisse aus den Übungen überprüfen können. Verwenden Sie für die Zustandstabelle ein globales Array für maximal 1000 Einträge und für den aktuellen Zustand eine globale Variable.

Mögliche Lösung zu Übung 3

Listing A1.1 Turingmaschine.c

```
01  #include<stdio.h>
02  #include<string.h> // für strlen()
03  #include<conio.h>  // Für getch()
04
05  #define Zustand 0 // Zeile 0=Zustand (Startzustand=0)
06  #define Symbol 1 // Zeile 1=gelesenes Symbol
07  #define Schreibe 2 // Zeile 2=geschriebenes Symbol
08  #define Verschiebe 3 // Zeile 3=Verschiebung (positive Zahlen=rechts)
09  #define ZNeu 4 // Zeile 4=Zustandswechsel (muss positive Zahlen enthalten)
10
11  int ZTab[1000][5]; // Zustandstabelle mit maximal 1000 Einträgen
12  char Band[1000];
13  int Z; // aktueller Zustand
14  int Pos; // aktuelle Bandposition
15  int Ende; // Position des Bandendes
16
17  int main(void)
18  {
19      bool Run;
20      int i,j,V,S;
21      printf("Simulation einer einfachen Turing-Maschine\n");
22      printf("Geben Sie nun die Daten ein.\n");
23      printf("Wenn Sie für den Zustand -1 eingeben, wird die Konfiguration beendet.\n");
24      i=0; j=0; V=0;
25      while (V!=-1) // -1 beendet die Konfiguration, 999 ist der STOP-Zustand
26      {
27          printf("Zustand:"); scanf("%d",&V);
28          if (V!=-1) // Zustand ist nicht -1? Dann Daten einlesen
```

```
29              {
30                      ZTab[i][Zustand]=V; fflush(stdin);
31                      printf("Symbol:"); scanf("%c",&V); ZTab[i][Symbol]=V; fflush(stdin);
32                      printf("Schreibe:"); scanf("%c",&V); ZTab[i][Schreibe]=V;
33                      printf("Verschiebung Lesekopf:"); scanf("%d",&V); ZTab[i]
[Verschiebe]=V;
34                      printf("Neuer Zustand (999=STOP):"); scanf("%d",&V); ZTab[i][ZNeu]=V;
35                      i++; // Hier steht die Größe der Zustandstabelle
36              }
37      }
38      printf("Bandinhalt:"); scanf("%s",Band); // Symbole sind vom Typ char
39      printf("Startposition:"); scanf("%d",&Pos); // Lesekopf positionieren
40      printf("Starte Turingmaschine …\n");
41      Ende=strlen(Band)-1; // Die Position des Lesekopfs kann niemals außerhalb des
Strings Band liegen
42      Run=true; // Weil Run false ist, wurde die Maschine angehalten
43      while (Run==true)
44      {
45          S=Band[Pos]; // Position 0 ist erste Position
46          printf("Lese Symbol '%c' von Position %d\n",S,Pos);
47          for (j=0; j<i; j++) // Symbol und Zustand Z in ZTab suchen
48          {
49              if ((ZTab[j][Symbol]==S)&&(ZTab[j][Zustand]==Z))
50              {
51                  break; // Wenn S gefunden wird, aus der Schleife aussteigen
52              }
53          }
54          if (j<i) // Wenn j<i ist, dann wurde das Symbol für Zustand Z gefunden
55          {
56              printf("Ersetze '%c' durch '%c'\n",ZTab[j][Symbol],ZTab[j]
[Schreibe]);
57              Band[Pos]=ZTab[j][Schreibe]; Z=ZTab[j][ZNeu];
58              if (ZTab[j][Verschiebe]>=0) // rechts=positive Werte
59              {
60                  printf("Verschiebe Lesekopf um %d Felder nach rechts\n",ZTab[j]
[Verschiebe]);
61              }
62              else // links=negative Werte
63              {
64                  printf("Verschiebe Lesekopf um %d Felder nach links\n",-ZTab[j]
[Verschiebe]);
65              }
66              Pos+=ZTab[j][Verschiebe];
67              if (ZTab[j][ZNeu]==999) // Zustand 999=STOP
68              {
69                  printf("STOP gefunden, Turing-Maschine wird angehalten.\n");
70                  Run=false;
71              }
72              else
73              {
74                  printf("Wechsel in Zustand %d\n",ZTab[j][ZNeu]);
75                  Z=ZTab[j][ZNeu];
76              }
77          }
78          else // Wenn keine Regel gilt, dann Lesekopf um 1 Feld weiter (rechts)
schieben
79          {
80              printf("Kein Symbol '%c' für Zustand '%d', der Lesekopf wird nach
```

```
                rechts verschoben\n",S,Z);
81              Pos++;
82          }
83          if ((Pos<0)||(Pos>Ende)) // Wenn Pos außerhalb des Strings Band ist, hält die Maschine an
84          {
85              printf("Der Lesekopf ist außerhalb des Bandes, die Turing-Maschine wird angehalten\n");
86              Run=false;
87          }
88          else if (Band[Pos]==0) // Das Nullzeichen ist immer ein STOP-Zeichen
89          {
90              printf("Das Ende des Bandes wurde erreicht, die Turing-Maschine wird angehalten\n");
91              Run=false;
92          }
93          printf("Bandinhalt:%s\n",Band);
94          getch();
95      }
96      printf("Ausgabe Zustandstabelle:\n");
97      for (j=0; j<i; j++)
98      {
99          printf("%d\t%c\t%c\t%d\t%d\n",ZTab[j][0],ZTab[j][1],ZTab[j][2],ZTab[j][3],ZTab[j][4],ZTab[j][5]);
100     }
101     getch();
102     return 0;
103 }
```

Das hier angegebene Programm simuliert eine einfache Turing-Maschine, die keine zusätzlichen Aktionen ausführen kann, wie z. B. das Übertragen eines Symbols in einen Puffer. Die Zustandstabelle ist hier in einem Array gespeichert, das für maximal 1000 Bedingungen, die in den Zeilen stehen, folgende Spalten verwendet:

Spalte 0: Der Zustand, für den die Bedingung gilt

Spalte 1: Das Symbol, für das die Bedingung gilt

Spalte 2: Das Symbol, das geschrieben wird, wenn die Bedingung erfüllt ist

Spalte 3: Die Verschiebung des Lesekopfs (positive Zahlen = rechts)

Spalte 4: Der nächste Zustand, in die gewechselt werden soll

Wenn das Programm startet, müssen erst einmal sämtliche Einträge in die Zustandstabelle eingetragen werden, indem Sie die entsprechenden Daten über die Tastatur eintippen. Der Simulationsalgorithmus durchsucht danach sämtliche Zeilen in der Zustandstabelle und führt die entsprechende Aktion aus, wenn der aktuelle Zustand der Maschine und das Symbol unter dem Lesekopf mit den entsprechenden Einträgen in der Zustandstabelle übereinstimmen. Der Simulationsalgorithmus wird in einer Endlosschleife so lange ausgeführt, bis entweder der aktuelle Zustand 999 ist oder der Lesekopf außerhalb des hier endlichen Bandes platziert wird. Nach jedem Schritt wird auf einen Tastendruck gewartet, damit Sie die einzelnen Ausgaben in der Konsole in Ruhe lesen können.

Anhang zu Kapitel 2 „Basisalgorithmen"

Übung 1

Ergänzen Sie das letzte Programm durch eine Funktion, mit denen sich auch beliebig lange Zahlen, die Sie vorher von der Tastatur im Dezimalformat eingelesen haben, in eine lange Binärzahl wandeln lassen. Gehen Sie wie folgt vor:

1. *Initialisierung einer Zahl a mit dem Wert 1, einer Zahl b mit dem Wert 10 und der Ergebniszahl e mit dem Wert 0*
2. *Einlesen des nächsten Zeichens aus dem Eingabepuffer und Erzeugen einer langen Zahl zwischen 0 und 9 aus diesem Puffer. Der Puffer muss hierbei von hinten nach vorne durchlaufen werden.*
3. *Multiplikation der im letzten Schritt erzeugten Zahl mit a*
4. *Addition von c zur Ergebniszahl e*
5. *Multiplikation von a mit b (dadurch wird a = 10*a)*

Die Punkte 2 bis 5 in der Liste werden so lange ausgeführt, bis entweder Enter gedrückt wird oder (bei Verwenden eines Eingabepuffers) der Eingabepuffer vollständig verarbeitet wurde.

Lösung zu Übung 1

Listing A2.1 Funktion Str2NumDec

```
01  void Str2NumDec(char *e, char *Str)
02  {
03      long int i,L,Pos;
04      char a[256];
05      char b[256];
06      char c[256];
07      L=strlen(Str)-1;
08      Pos=L;
09      SetLen(a,251); Clear(a); SetLen(a,L); a[4]=1;  // Setze a zu 1
10      SetLen(b,251); Clear(b); SetLen(b,L); b[4]=10; // Setze b zu 10
11      SetLen(c,251); Clear(c); SetLen(c,L); c[4]=0;  // Setze c zu 0
12      SetLen(e,251); Clear(e); SetLen(e,L); e[4]=0;  // Setze e zu 0
13      for (i=Pos; i>=0; i--)
14      {
15          Clear(c); // c löschen
16          c[4]=Str[i]-'0'; // nächste Ziffer in Buff nach c übertragen
17          Mul(c,a,false); // c=c*a
18          Add(e,c); // e=e+c
19          Mul(a,b,false); // a=a*10
20      }
21  }
```

Zunächst deklarieren Sie in Zeile **04 – 06** die Puffer **a**, **b** und **c**. Hier wird vorausgesetzt, dass die Zahlen inklusive Längenbytes nicht mehr als 256 Bytes lang sind. Anschließend müssen Sie in Zeile **07** die Länge **L** des Eingabepuffers **Str** ermitteln. Anschließend setzen Sie den Positionszähler in Zeile **08** auf das letzte Zeichen von **Str**, denn dies ist die Ziffer mit der niedrigsten Zehnerpotenz. Nun müssen Sie in einer for-Schleife (Zeile **13 – 20**) die einzelnen Ziffern in **Str** von hinten nach vorne durchgehen, und zwar bis Str[0]. Innerhalb der for-Schleife werden nun die einzelnen Ziffern von **Str** erst einmal in Zeile 15 und 16 nach c übertragen und anschließend mit a multipliziert. Hierzu muss in Zeile 15 c stets vorher gelöscht werden. Die Zahl **a** enthält immer die Zehnerpotenz der aktuellen Stelle in **Str**. Um das Ergebnis **e** schrittweise aufzubauen, wird deshalb in Zeile 18 e=e+c gesetzt und anschließend a mit 10 multipliziert. Der Wert 10 steht hierbei im Puffer b. Die Zehnerpotenz in **a** wird also am Ende der for-Schleife stets aktualisiert. Str2NumDec() liest das Ergebnis direkt in **e** ein und gibt keinen Wert zurück. Das heißt, dass Sie **e** vorher im Hauptprogramm so deklarieren müssen, dass auch der Speicher für **e** korrekt reserviert wird. Wenn Sie dies nicht tun, stürzt Str2NumDec() ab. Genauso führt Str2NumDec() keine Prüfung aus, die gewährleistet, dass in **Str** nur gültige Ziffern stehen. Auch negative Zahlen werden hier nicht beachtet.

Übung 2

Ergänzen Sie Ihr Programm aus Übung 1 so, dass auch negative Dezimalzahlen in der richtigen Weise eingelesen werden können. Tipp: Bei negativen Zahlen kann der Betrag dadurch ermittelt werden, dass sämtliche Bits umgedreht und anschließend 1 addiert wird.

Lösung zu Übung 2

Da das negative Vorzeichen, wenn es dann vorhanden ist, immer in Str[0] steht, ist eine mögliche Lösung, zunächst zu prüfen, ob dieses in Str[0] vorhanden ist. Wenn dies der Fall ist, dann wird Str[0] zu 0 gesetzt (hier wird die ASCII-0, nicht die Binär-0 verwendet) und ein Flag vom Typ bool wird auf true gesetzt. Ein positives Vorzeichen dagegen wird zu 0 gesetzt, ohne dass etwas Zusätzliches geschieht. Dieses Verhalten können Sie z. B. durch den folgenden C-Code erreichen:

```
bool negativ=false; // Erst einmal annehmen, die Zahl sei positiv
if (Str[0]=='+') { Str[0]='0'; } // positives Vorzeichen nur ersetzen
else if (Str[0]=='-') { Str[0]=0'; negativ=true; } // bei negativem Vorzeichen wird
negativ true
```

Am Ende der Funktion Str2NumDec() müssen Sie dann eine zusätzliche if-Anweisung einfügen, die immer dann, wenn **negativ** true ist, sämtliche Bits von **e** umdreht und anschließend 1 addiert. Wenn Sie eine zusätzliche Zahl **d** deklarieren, die den Wert 1 hat, können Sie nun am Ende von Str2NumDec() folgende Zeilen anhängen:

```
If (negativ==true)
{
    Invert(e); // e wird nun negativ, aber e ist um 1 zu klein
    Add(e,d); // d=1
}
```

Anhang zu Kapitel 3 „Rekursive Algorithmen"

Übung 1
Erklären Sie, was bei einem Funktionsaufruf geschieht und wie es der Prozessor schafft, die lokalen Variablen zwischenzuspeichern.

Lösung zu Übung 1
Vor einem Funktionsaufruf werden die **lokalen** Variablen, die innerhalb der aufrufenden Funktion deklariert wurden, **auf dem Stack zwischengespeichert**. Wenn die aufgerufene Funktion Parameter hat, werden auch diese zusätzlich auf dem Stack abgelegt. Wenn eine Funktion zurückkehrt, wird der Stack bereinigt und die lokalen Variablen der aufrufenden Funktion werden wiederhergestellt. Da der Prozessor auch Rücksprungadressen auf dem Stack ablegt, findet dieser stets zurück zu der Funktion, die eine andere Funktion aufgerufen hat. Natürlich können auf diese Weise Funktionen wieder Funktionen und diese auch wieder Funktionen aufrufen, und zwar so oft, wie der Stapelspeicher ausreicht.

Übung 2
Erläutern Sie, was die folgenden Begriffe bedeuten: TOS, Operand, Operator, Operatoren-Stack, Operanden-Stack. Erläutern Sie ferner, was ein Stack Overflow ist und warum dies einen sehr kritischen Zustand darstellt.

Lösung zu Übung 2
TOS ist die Abkürzung für *top of stack*, der TOS ist also das Element, das als Letztes auf dem Stack abgelegt wurde. Wenn der Stack leer ist, dann gibt es keinen TOS bzw. der TOS zeigt auf NULL.

Ein *Operand* ist ein Zahlenwert bzw. eine Variable, **mit der gerechnet** wird, mit der also eine Operation ausgeführt werden kann. Ein *Operator* dagegen ist die Rechenoperation selbst, also wird ein Operator immer mit einem Operanden ausgeführt.

Der *Operanden-Stack* ist ein separater Stack, auf dem Operanden zwischengespeichert werden können. Meist werden in diesem Fall die Rechenoperationen direkt mit dem Operanden auf dem Stack ausgeführt. Der *Operatoren-Stack* ist ein separater Stack, auf dem Operatoren zwischengespeichert werden können. Meist werden in diesem Fall die Rechenoperationen direkt mit dem Operanden auf dem Stack ausgeführt und die Operatoren selbst liegen ebenfalls auf dem Operatoren-Stack.

Ein *Stack-Overflow* ist ein kritischer Zustand, in dem kein neuer Stapelspeicher mehr angefordert werden kann, was dazu führt, dass der Stack **überläuft** (deshalb der Name). Dies kann auf verschiedene Weise geschehen, meistens läuft jedoch einfach das Prozessorregister, das den Zeiger auf den Stapelspeicher enthält, von 0 nach 0xffffffff über (der Stack wächst meist nach unten). Wenn ein Stack-Overflow innerhalb einer Funktion geschieht, findet der Prozessor nicht wieder zurück zum Hauptprogramm. Ein Systemabsturz oder eine allgemeine Schutzverletzung ist dann die Folge. Manchmal können sogar Hacker einen Stack-Overflow gezielt ausnutzen, um Schadcode einzuschleusen.

Übung 3

Erklären Sie, welche kritischen Programmierfehler möglicherweise bei der Verwendung von Rekursionen auftreten können.

Lösung zu Übung 3

Der Fehler, der bei Rekursionen am häufigsten gemacht wird, ist sicherlich das Definieren falscher Abbruchbedingungen für den Ausstieg aus der Rekursion. Wenn die falschen Abbruchbedingungen dazu führen, dass die Rekursion überhaupt nicht ausgeführt wird, ist ein fehlerhaftes Ergebnis die Folge. Wenn die fehlerhaften Abbruchbedingungen dazu führen, dass die Rekursion überhaupt nicht beendet, sondern immer wieder ausgeführt wird, ist ein Stack-Overflow die Folge. Ein Fehler, der auch immer wieder gemacht wird, ist das Verwenden fehlerhafter Rekursionsparameter für den Funktionsaufruf selbst. Ein gutes Beispiel ist hier z. B. die Funktion `Parse()` aus dem letzten Listing im dritten Kapitel. Wenn Sie z. B. `Parse()` die Variable **Pos** nicht als Zeiger, sondern nur als temporäre Variable übergeben (also ohne Adress-Of-Operator), dann wird **Pos** in dem Moment nicht mehr richtig aktualisiert, indem Sie in eine Rekursion einsteigen (z. B. durch eine geöffnete Klammer). In diesem Fall gerät Ihr Programm in eine Endlosschleife, weil niemals das Ende des auszuwertenden Ausdrucks erreicht wird.

Übung 4

Nennen Sie drei Beispiele für Algorithmen, die nur rekursiv umgesetzt werden können bzw. die ohne Rekursion nur sehr schwer zu beherrschen sind.

Lösung zu Übung 4

Ein erstes Beispiel wurde schon in der vorigen Aufgabe angedeutet, nämlich die Funktion `Parse()` aus dem letzten Listing im dritten Kapitel. `Parse()` wertet einen mathematischen Ausdruck aus, der als String vorliegt, und liefert (falls dann der Ausdruck korrekt ist) ein Ergebnis vom Typ float zurück. Ein solcher Ausdrucksauswerter (expression evaluator) kann eigentlich nur rekursiv programmiert werden, zumindest, wenn der auszuwertende Ausdruck auch Klammern enthalten kann. Die meisten modernen Skriptsprachen verwenden rekursive Ausdrucksauswerter.

Ein zweites Beispiel sind Strategiespiele, wie z. B. die Türme von Hanoi, Schiebe-Puzzles oder auch der Rubiks-Würfel. Auch Schach gehört in diese Kategorie. Die Lösungsstrategien für Strategiespiele können am besten rekursiv programmiert werden, wobei es im Fall von Schach für eine einzige Partie schon so viele mögliche Varianten gibt, dass hier oft Supercomputer zum Einsatz kommen (zumindest, wenn man mit seinem Schachprogramm den Meister schlagen möchte).

Ein drittes Beispiel sind Suchstrategien, um z. B. die kürzeste Strecke zwischen A und B oder den Ausweg aus einem Irrgarten zu finden. Suchstrategien können sowohl iterativ als auch rekursiv umgesetzt werden. Meistens ist jedoch die rekursive Variante mit viel weniger Code-Zeilen umsetzbar, was die Fehleranfälligkeit stark reduziert. Deshalb nimmt man im Fall von Suchstrategien dann die iterative Variante, wenn wenig Speicher zur Verfügung steht. Bei den ersten Navigationsgeräten auf dem Markt war dies z. B. der Fall, die meisten modernen Geräte verwenden jedoch inzwischen rekursive Suchverfahren.

Anhang zu Kapitel 4 „Verkettete Listen"

Übung 1

Erläutern Sie den Unterschied zwischen einer einfach verketteten Liste und einer doppelt verketteten Liste. Erklären Sie auch anhand eines kurzen Codebeispiels in C++, wie bei einer einfach verketteten Liste und einer doppelt verketteten Liste Elemente **in der Mitte der Liste** *eingefügt werden können. Tipp: Skizzieren Sie den Ablauf am besten vorher auf ein Blatt Papier und erstellen Sie das Codefragment erst zum Schluss.*

Lösung zu Übung 1

Bei einer einfach verketteten Liste sind die einzelnen Elemente nur durch **einen einzigen Zeiger** verkettet. Diese Verkettung erfolgt **vorwärtsgerichtet**. Das bedeutet, dass jedes Element in einer einfach verketteten Liste nur einen **Nachfolger**, aber **keinen Vorgänger** besitzen kann. Deshalb kann eine einfach verkettete Liste auch nur von vorn nach hinten durchsucht werden. In einer doppelt verketteten Liste dagegen sind die einzelnen Elemente **durch zwei Zeiger** miteinander verbunden und können deswegen einen **Vorgänger und Nachfolger** besitzen.

Mit den folgenden C++-Anweisungen können Sie nun ein Element in der Mitte einer einfach verketteten Liste einfügen (**Aktuell** ist ein Zeiger auf das Element, vor dem etwas eingefügt werden soll, und **Alt** ist ein Zeiger auf das Element, nach dem etwas eingefügt werden soll):

```
if (Aktuell!=NULL)
{
    Neu->Nachfolger=Aktuell;
    Alt->Nachfolger=Neu;
}
```

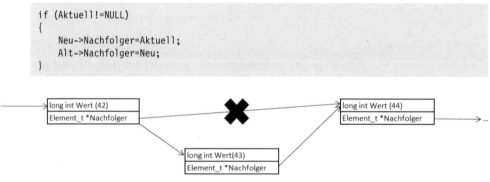

Bild A4.1 Einfügen eines neuen Elements in der Mitte einer einfach verketteten Liste

Das neue Element muss also direkt vor dem Element an der aktuellen Position eingefügt werden. Deshalb muss der Nachfolger des neuen Elements das aktuelle Element werden. Danach muss das neue Element noch adressierbar gemacht werden, weil ja der Zeiger **Nachfolger** noch auf **Aktuell** zeigt. Hierzu dient die Anweisung Alt->Nachfolger=Neu.

Mit den folgenden C++-Anweisungen können Sie ein Element in der Mitte einer doppelt verketteten Liste einfügen (**Aktuell** ist ein Zeiger auf das Element, vor dem etwas eingefügt werden soll, und **Alt** ist ein Zeiger auf das Element, nach dem etwas eingefügt werden soll):

```
Neu->Nachfolger=Aktuell;
Neu->Vorgaenger=Alt;
Alt->Nachfolger=Neu;
```

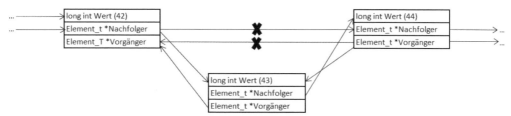

Bild A4.2 Einfügen eines neuen Elements in der Mitte einer doppelt verketteten Liste

In einer doppelt verketteten Liste ist `Aktuell->Vorgaenger` nicht NULL und `Aktuell->Nachfolger` nicht NULL. Sie müssen nun die Zeiger des Vorgänger- und des Nachfolgerelements **Aktuell** so umbiegen, dass das neue Element korrekt adressiert werden kann.

Übung 2

Gibt es Unterschiede zwischen Blockchains und vorwärts verketteten Listen, und wenn ja, welche? Erläutern Sie ferner mit etwa 250 Worten, in welchen Bereichen Blockchains eingesetzt werden und in welchen Bereichen vorwärts verkettete Listen zum Einsatz kommen.

Lösung zu Übung 2

Blockchains sind eine Variante vorwärts verketteter Listen, deshalb sind Blockchains und vorwärts verkettete Listen erst einmal dasselbe. Man kann auch sagen, Blockchains sind eine Unterkategorie vorwärts verketteter Listen. Die Unterschiede zwischen vorwärts verketteten Standardlisten und Blockchains liegen in den zusätzlichen (bzw. manchmal auch nicht vorhandenen) Funktionen, die Blockchains bieten. So werden bei Blockchains die einzelnen Elemente in der Liste oft durch kryptographische Algorithmen gegen absichtliche Veränderung von außen abgesichert, und es können auch nur Elemente eingefügt, nicht aber entfernt werden. Wenn dann die einzelnen Elemente noch einen Zeitstempel besitzen, kann auch stets nachverfolgt werden, wann welche Aktionen stattgefunden haben. Da Blockchains auch direkt auf einem Datenträger erzeugt und verwaltet werden können, werden diese oft bei digitalen Währungen eingesetzt, z. B. beim digitalen Euro oder bei Bitcoin. Die vollständige Blockchain, die stets sämtliche bisher getätigte Transaktionen enthält, wird dann auf dem Datenträger gespeichert, auf dem auch die App zum Verwalten des eigenen Geldkontos installiert wird. Solche Apps werden auch als Wallets (digitale Geldbeutel) bezeichnet. Eine Wallet-App muss natürlich durch kryptographische Verfahren und andere Sicherheitsmaßnahmen stets dafür sorgen, dass jeder Benutzer die gleiche Blockchain verwendet. Im Gegensatz zu den Blockchains werden die vorwärts verketteten Standardlisten (also die Listen, die z. B. keine zusätzlichen kryptographischen Funktionen besitzen) dann auch viel öfter angewendet. Ein Beispiel sind z. B. einfache Personenlisten oder Listen mit Online-Spielern, die einfach nur zeitweise von vorne nach hinten durchsucht oder aktualisiert werden müssen. Ein anderes Beispiel sind einfache (oft ältere) Dateisysteme, die die Daten schlicht hintereinander ablegen und die einzelnen Blöcke miteinander verketten. Dies ist z. B. bei FAT32 der Fall.

Übung 3

Überlegen Sie, welche Programmierfehler beim Einfügen von Elementen in eine doppelt verkettete Liste auftreten können. Beschreiben Sie diese mit 250 Worten, nicht mit Quellcode-Beispielen.

Lösung zu Übung 3

Beim Einfügen von Elementen in eine doppelt verkettete Liste können mehrere Fehler auftreten, die von den Bedingungen des Ausgangszustands der Liste abhängen. Ein häufig gemachter Fehler ist, das Initialisieren des Ankers mit NULL zu vergessen. Hierdurch kann dann beim Einfügen von neuen Elementen eine leere Liste nicht erkannt werden und der Zugriff z. B. auf Anker->Nachfolger schlägt fehl. Ebenso kann es geschehen, dass man vergisst, den Nachfolger des letzten Elements auf NULL zu setzen, wodurch dann z. B. die Suchfunktion irgendwann auf ein nicht gültiges Speicherobjekt zeigen kann. Ferner können auch Fehler beim Einfügen von Elementen vor dem Anker auftreten, der häufigste Fehler ist hier sicherlich, den Anker am Ende nicht auf das Objekt zu setzen, das vor dem Anker eingefügt wurde. Der am häufigsten gemachte Fehler ist jedoch, beim Einfügen eines Elementes in der Mitte der Liste die Zeiger des Vorgängers und Nachfolgers des einzufügenden Elements nicht richtig umzubiegen bzw. das einzufügende Element nicht korrekt adressierbar zu machen. Dies kann z. B. dadurch geschehen, dass man vergisst, auch für das neue Element einen Vorgänger und einen Nachfolger zu definieren. Auch das Einhängen des neuen Elements in die Liste wird oft vergessen, wodurch dies zwar im Speicher angelegt wird, anschließend aber nicht adressierbar ist. Ein anderer Standardfehler ist auch, new-Anweisungen wie Neu=new Element_t zu vergessen, und dadurch zu versuchen, auf Objekte zuzugreifen, die noch nicht im Speicher angelegt wurden. Die Konsequenz ist dann eine allgemeine Schutzverletzung oder das sofortige Beenden des Programms durch das Betriebssystem. Wenn solche Dinge geschehen, dann ist fast immer eine fehlende new-Anweisung oder ein falsch verwendeter Zeiger die Ursache.

■ Anhang zu Kapitel 5 „Bäume"

Übung 1

Erläutern Sie, was der Unterschied zwischen allgemeinen Bäumen und Binärbäumen ist und in welchen Bereichen man beide Varianten verwendet. Erläutern Sie auch kurz, welche Vor- und Nachteile beide Varianten haben.

Lösung zu Übung 1

Allgemeine Bäume sind die universellste Form von Bäumen, in denen ein Knoten mit beliebig vielen Knoten einer tieferen Ebene verbunden sein kann. Man sagt an dieser Stelle auch, ein Knoten kann in allgemeinen Bäumen beliebig viele Kind-Knoten haben. Ein Beispiel für einen allgemeinen Baum ist der Artenstammbaum, den Sie in Kapitel 5 erstellt haben. In Binärbäumen kann im Gegensatz zu einem allgemeinen Baum ein Knoten maximal zwei

Kind-Knoten haben, man spricht hier auch von rechtem und linkem Kind-Knoten. Der Vorteil von allgemeinen Bäumen gegenüber Binärbäumen ist also die Flexibilität und Universalität und die Anwendbarkeit in sehr vielen Bereichen. Der Nachteil von allgemeinen Bäumen ist allerdings die relativ komplizierte Verwaltung vor allem großer Baumstrukturen im Speicher, sowie der grundsätzlichen Instabilität der rekursiven Suchverfahren in diesen Bäumen. Binärbäume versuchen diese Nachteile durch einen einfachen Aufbau zu umgehen, können jedoch nicht alle Bereiche abdecken, die allgemeine Bäume abdecken können. Binärbäume werden bevorzugt für schnelle Sortierverfahren verwendet (z.B. Treesort oder Heapsort), sofern genug Stapelspeicher für zahlreiche rekursive Aufrufe der Sortierfunktionen zur Verfügung steht.

Übung 2

Was ist der Unterschied zwischen Knoten, Kanten und Blättern in einem Baum? Welche Begriffsüberschneidungen gibt es zwischen Bäumen und Graphen?

Lösung zu Übung 2

Knoten sind in Bäumen die Strukturen, die die eigentlichen Daten enthalten, und die Kanten sind die Verbindungen zwischen den Knoten (z.B. über Zeiger). Blätter nennt man die Knoten, die keine weitere Verbindung zu anderen Knoten auf einer tieferen Ebene haben. Bäume sind also spezielle Graphen, nämlich gerichtete Graphen, in denen Sie von einem Knoten stets nur eine Ebene tiefer oder höher gelangen können. Im Gegensatz zu gerichteten Graphen in der allgemeinen Graphentheorie, wird bei Bäumen die Richtung, in der Sie den Baum durchsuchen können, nicht explizit an die Kanten geschrieben. Dies ist dann wohl der größte Unterschied zwischen dem Begriff Graph und Baum. Ein weiterer Unterschied zwischen Graphen und Bäumen kann darin bestehen, dass Graphen auch Schleifen enthalten können, die dann zu Kreispfaden führen.

Übung 3

Was ist eine Wrapper-Funktion und wozu verwendet man diese? Warum lassen sich Wrapper-Funktionen nicht immer vermeiden?

Lösung

Eine Wrapper-Funktion ist eine Hilfsfunktion, die quasi den eigentlichen Algorithmus, den man ausführen möchte, in einer Hülle kapselt. Die Wrapper-Funktion ruft also den eigentlichen Algorithmus auf, bietet darüber hinaus aber oft noch zusätzliche Parameter an. Wrapper-Funktionen lassen sich vor allem bei rekursiven Algorithmen nicht immer vermeiden, vor allem dann nicht, wenn man bestimmte Startparameter benötigt. Dies kann z.B. der erste Schritt bei der Suche eines Ausgangs aus einem Irrgarten sein, aber auch der erste Spielzug bei den Türmen von Hanoi.

Anhang zu Kapitel 6 „Such- und Sortierverfahren"

Übung 1

Sowohl Mergesort, als auch Quicksort sind rekursive Algorithmen, die nach dem Teile-und-herrsche-Prinzip funktionieren und Ihr Sortierproblem in mehrere Teilprobleme aufteilen. Warum ist Quicksort jedoch so viel schneller als Mergesort? Erklären Sie diesen Sachverhalt mit etwa 250 Worten.

Lösung zu Übung 1

Quicksort ist Mergesort in dem Punkt ähnlich, in dem das zu sortierende Array in kleinere Teilarrays aufgeteilt wird, die dann in sich sortiert werden. Genau wie Mergesort auch wird Quicksort meistens unter Verwendung des Teile-und-herrsche-Prinzips rekursiv programmiert. Mergesort hat jedoch den großen Nachteil, dass nach der Sortierung der Teilarrays diese Teilarrays wieder durch eine Merge()-Funktion zu größeren Arrays verbunden werden müssen. Dies zieht dann meistens weitere Sortierschritte mit einem einfacheren Sortierverfahren wie Bubblesort nach sich, was sehr viel Zeit kosten kann. Quicksort vermeidet diesen Schritt, indem es vorher in korrekter Weise eine Position auswählt, an der das zu sortierende Array geteilt werden kann. Dies geschieht hier, ohne dass nach dem Sortieren der Teilarrays diese wieder miteinander verbunden und erneut sortiert werden müssen. Die korrekte Position, an der das zu sortierende Array ggf. wiederholt geteilt wird, wird als Pivot-Element bezeichnet. Über die optimale Wahl des Pivot-Elements sind inzwischen ganze Bücher verfasst worden. Die einfachste Strategie ist, das Pivot-Element so zu wählen, dass sämtliche Array-Einträge, die vor dem Pivot-Element stehen, kleiner oder gleich dem Pivot-Element sind.

Übung 2

Worin liegt der Unterschied zwischen einer rein naiven Textsuche und dem KMP-Algorithmus und welches Vorgehen macht diesen schneller als die rein naive Textsuche? Skizzieren Sie auch, worin die Grenzen liegen, die dem KMP-Algorithmus gesetzt sind.

Lösung zu Übung 2

Der KMP-Algorithmus entspricht eigentlich der rein naiven Textsuche, erweitert diese aber durch eine Präfix-Tabelle, in der vorab gespeichert wird, welche Teile des gesuchten Wortes wahrscheinlich am häufigsten im Text auftreten werden. Durch diese Vorverarbeitung kann dann die Suche durch Vermeidung überflüssiger Vergleiche zwischen dem gesuchten Muster **p** und Teilen des Textes **T** beschleunigt werden. Die Grenzen des KMP-Algorithmus liegen in dem Beschleunigungsfaktor von maximal 500 – 1000 Prozent unter günstigen Bedingungen, was die Computerentwicklung seit der Zeit, in dem dieser Algorithmus erfunden wurde, inzwischen mehr als wettgemacht hat.

Übung 3

Es wird manchmal gesagt, dass die Suche eines Musters p in einem Text T nicht wirklich beschleunigt werden kann. Erklären Sie mit etwa 250 Worten, was diese Aussage genau bedeutet. Erläutern Sie auch, inwieweit die Textsuche durch mehrere Threads beschleunigt werden kann.

Lösung zu Übung 3

Wenn ein Muster **p** in einem Text **T** gesucht wird, ist das Hauptproblem, dass man vorher nicht wissen kann, an welcher Position **p** in **T** auftritt. Deshalb muss man stets den gesamten Text zeichenweise nach **p** durchsuchen. In diesem Fall hilft auch das Teile-und-herrsche-Prinzip nicht weiter, denn in diesem Fall müssen nun die einzelnen rekursiv aufgerufenen Kopien der Suchfunktion ihren Teilbereich zeichenweise scannen. Deshalb kann nur eine gute und schnelle Vorfilterung des Textes eine Beschleunigung der Suche bewirken. Allerdings ist der Beschleunigungsfaktor linear und ändert nichts an der Tatsache, dass die Laufzeit nach wie vor O(n) beträgt. Genau deshalb wird auch oft gesagt, dass sich die Mustersuche in einem Text nicht wesentlich beschleunigen lässt. Die letzte Aussage gilt allerdings nicht, wenn die Suche auf mehrere Threads aufgeteilt werden kann, die den Text **T** gleichzeitig nach dem Muster **p** durchsuchen. In diesem Fall führt eine größere Anzahl n von Threads zu einer geringeren Laufzeit. Allerdings gibt es eine obere Grenze für n, ab der sich die Laufzeit nicht mehr wesentlich verringert. Diese Grenze ist dann erreicht, wenn nicht mehr alle Threads auf verschiedenen Prozessorkernen laufen können. Allerdings ist auch bei mehreren Threads der Beschleunigungsfaktor für die Mustersuche linear und die Laufzeit ist nach wie vor O(n). Acht Threads durchsuchen den Text in 1/8 der Zeit, 16 Threads durchsuchen den Text in 1/16 der Zeit und 100 Threads in 1/100 der Zeit. Auch, wenn in diesem Fall die Beschleunigung spürbar wird, ist die Laufzeit O(n).

Anhang zu Kapitel 7 „Signalverarbeitung"

Übung 1

Erklären Sie, was ein Signal ist und wie dieses gemessen werden kann. Was müssen Sie beim Messen von Signalen beachten? Mit welchen elektronischen Bauteilen können Signale in Form digitaler Daten eingelesen und mit welchen elektronischen Bauteilen können Signale generiert werden?

Lösung zu Übung 1

Ein Signal ist definiert als die **Änderung** einer bestimmten Größe **über die Zeit**. In der Informatik und der Elektrotechnik entspricht dies meistens der Änderung einer Spannung über die Zeit. Um ein Signal zu messen, gibt es verschiedene Messgeräte. Die einfachsten Messgeräte sind Multimeter, die allgemein in der Hand gehalten werden. Multimeter haben meist zwei Krokodilklemmen, um damit an einer bestimmten Stelle in einem Stromkreis eine Spannung abzugreifen. Quasi die Königsklasse sind Oszilloskope, die es auch oft erlauben, spezielle Messköpfe für die unterschiedlichsten Signaltypen anzuschließen. Beim

Messen von Signalen müssen einige Dinge beachtet werden. Zunächst sollte ein Signal nicht in der Nähe der Stromquelle abgegriffen werden, es sei denn, Sie wollen die Stabilität der Stromquelle selbst prüfen. Ferner sollte ein Signal möglichst direkt an der Signalquelle abgegriffen werden, um Störimpulse und Einstreuungen von außen zu vermeiden. Handys, WLAN-Router oder andere Quellen von Funksignalen sollten möglichst ausgeschaltet werden, unisolierte Kabelenden sollten nicht nur wegen ihrer Gefährlichkeit möglichst vermieden werden.

Signale lassen sich mit Analog/Digital-Wandlern (**ADC**s) in digitaler Form einlesen, dabei gibt es verschiedene Auflösungen, die man allgemein in Bits angibt. Ein 8-Bit-ADC kann beispielsweise ein Signal in 256 Abstufungen (Werte zwischen 0 und 255) einlesen, ein 10-Bit-ADC kann schon 1024 Abstufungen (Werte zwischen 0 und 1023) verwenden. Wenn man Signale generieren will, benötigt man einen Digital/Analog-Wandler (**DAC**). Ein **DAC** nimmt einen digitalen Wert entgegen und wandelt diesen Wert in eine Ausgabespannung um, die in einem bestimmten Bereich liegt. Dieser Bereich ist vom DAC-Baustein abhängig, beträgt aber meistens entweder 5 V oder 3,3 V. Für den Betrieb eines DAC benötigt man immer ein Programm, das einen Algorithmus ausführt, um ein ganz bestimmtes Signal zu erzeugen. DACs sind deshalb auch manchmal Bestandteil von Mikrocontrollern, wie dies z. B. beim ESP32 der Fall ist.

Übung 2

Erläutern Sie, welche primitiven Signalformen es bei Audiosignalen gibt und wie diese im Oszillogramm aussehen (Sie brauchen hier keine Bilder zu malen, Text genügt). Erläutern Sie auch, auf welche Weise diese Signaltypen generiert werden können (kein Programmcode, eine grobe Angabe des Verfahrens genügt hier)?

Lösung zu Übung 2

Bei Audiosignalen werden folgende Signaltypen als grundlegend bzw. *primitiv* betrachtet: Sägezahnsignal, Dreiecksignal, Rechtecksignal und Rauschsignal. Das Sägezahnsignal sieht im Oszillogramm aus wie der Zahn einer Säge: Die Kurve steigt bis zu einem bestimmten Punkt linear an, um danach wieder steil bis zum Ausgangspunkt abzufallen. Das Sägezahnsignal wiederholt sich danach periodisch. Das Sägezahnsignal kann einfach durch einen aufsteigenden Zähler zusammen mit der Modulo-Funktion generiert werden. Das Ergebnis des Modulos ist dann der Wert, der an den DAC weitergereicht wird (unter Umständen noch mit einer zusätzlichen Skalierung auf den maximalen Wertebereich des DAC). Das Dreiecksignal sieht im Oszillogramm aus wie ein Dreieck. Im Unterschied zum Sägezahnsignal fällt also die Kurve genauso linear wieder ab, wie sie vorher angestiegen ist. Auch das Sägezahnsignal ist periodisch und kann deshalb durch einen Zähler **Z** und eine Modulo-Funktion (z. B. Z%4096) generiert werden. Allerdings gibt es einen Zusatz: Ab einem bestimmten Zählerwert (z. B. ab 2048) werden die Bits des Zählers invertiert und das oberste Bit wird zu 0 gesetzt. Alternativ kann auch eine if-Anweisung verwendet werden, die für einen bestimmten Wertebereich von **Z** eine bestimmte Formel für den DAC-Ausgabewert verwendet. Das Rechtecksignal sieht im Oszillogramm aus wie ein Rechteck und kann nur zwei Werte annehmen: U_{min} (oft 0) und U_{max} (oft 5 oder 3,3 V). Das Rechtecksignal springt also periodisch zwischen U_{min} und U_{max} hin und her, wobei der Anteil am gesamten Signal, in der $U=U_{max}$ ist, als Signalbreite bezeichnet wird. Das Rechteck kann durch denselben Algorithmus generiert werden wie das Sägezahnsignal, also durch einen aufsteigenden Zähler zusammen mit der Modulo-Funktion. Allerdings hängt hier die Ausgabe von einem Schwellwert ab: Ist der Zähler kleiner als der Schwellwert, wird U_{max} ausgegeben, ansonsten U_{min}. Nun gibt es noch das Rauschsignal. Das Rauschsignal wird einfach durch Ausgabe von Zufallszahlen an den DAC erzeugt. Genauso sieht auch in diesem Fall das Oszillogramm aus, nämlich chaotisch und unregelmäßig. Da es beim Rauschsignal keine wirkliche Frequenz gibt, entspricht die gehörte Tonhöhe dann auch nicht der Frequenz, mit der die Zufallszahlen erzeugt werden. Vielmehr fasst das Ohr (bzw. das träge Gehirn) in etwa 250 Zufallswerte eines Rauschsignals zu einer einzigen Welle zusammen.

Übung 3

Was ist eine Hüllkurve für Audiosignale und wie wird diese erzeugt? Welche vier Parameter kennzeichnen eine Hüllkurve?

Lösung zu Übung 3

Eine Hüllkurve ist ein Algorithmus, der die Lautstärke eines Audiosignals noch vor der Ausgabe an den entsprechenden Ausgang über die Zeit verändert. Dieser Algorithmus wird durch eine Zustandsmaschine realisiert, die verschiedene Phasen durchläuft. In diesen Phasen wird die Lautstärke während einer bestimmten Zeitdauer auf einen bestimmten Wert abgesenkt. Die wichtigsten Parameter einer Standard-Hüllkurve sind die Anschwellzeit ab der Lautstärke 0 (Attack **A**), die Abschwellzeit auf einen bestimmten Haltepegel (Decay **D**), der Haltepegel, der für eine bestimmte Zeitdauer gilt (Sustain **S**), und die Ausklingphase (Release **R**). Die Realisierung des Hüllkurven-Algorithmus kann entweder in Form eines Programms oder aber auch in Form von Hardware geschehen.

Übung 4

Was ist ein Signalfilter und was haben Signalfilter mit dem Thema Algorithmen zu tun?

Lösung zu Übung 4

Ein Signalfilter ist ein Mechanismus, mit dem ein Signal in einer gewünschten Weise verändert werden kann. So kann ein Signalfilter (auch kurz Filter) z. B. bestimmte Frequenzen entfernen oder aber auch Störgeräusche wie Pops oder Klicks eliminieren. Ein Filter kann nun entweder durch eine elektronische Schaltung oder einen Algorithmus realisiert werden, der die Audiodaten in digitalisierter Form entgegennimmt.

Anhang zu Kapitel 8 „Grafische Bildverarbeitung"

Übung 1

Was ist der Unterschied zwischen dem Mittelwert und dem Median? Weswegen ist der Mittelwert nicht so gut geeignet, um Störungen aus einem Bild zu entfernen, wie der Median?

Lösung zu Übung 1

Der Median ist der mittlere Wert in einer **geordneten** Zahlenreihe, der Mittelwert ist die Summe aller Werte einer eventuell **ungeordneten** Zahlenreihe, dividiert durch die Anzahl der Werte. Deshalb ist der Mittelwert z. B. der RGB-Farbwerte von 3 x 3 Pixeln zwar geeignet, um Ausreißer zu eliminieren, aber alle anderen RGB-Farbwerte würden ebenfalls glattgebügelt. Die Konsequenz wäre ein sehr blasses Bild, das zwar keine Kratzer, aber dafür auch nur sehr blasse Farben enthält. Der Medianfilter dagegen erkennt die meisten Ausreißer, lässt aber das Farbspektrum weitgehend unberührt. Leider ist die Voraussetzung für die korrekte Verwendung von Medianfiltern sehr viel praktische Erfahrung.

Übung 2

Erklären Sie, was der Begriff Binärisierung bedeutet und wie dieses Verfahren in Form eines Algorithmus umgesetzt wird.

Lösung zu Übung 2

Binärisierung bedeutet, ein Bild in ein Schwarzweißbild umzuwandeln, das nur noch zwei Farben enthält. Die Pixel sind also am Ende binär und können nur noch voll Schwarz oder voll Weiß sein. Der Algorithmus für die Binärisierung ist sehr simpel: Für sämtliche Pixel im Bild wird zunächst der Grauwert der entsprechenden Farbe ermittelt, der dem Mittelwert aus den einzelnen Farbwerten für Rot, Grün und Blau entspricht. Anschließend wird dieser Grauwert mit einem Schwellwert verglichen (z. B. 128). Liegt dieser Grauwert unter dem Schwellwert, wird das entsprechende Pixel durch ein schwarzes Pixel ersetzt, ansonsten durch ein weißes Pixel.

Übung 3

Kann ein Algorithmus die Kanten in einem Bild erkennen und ggf. sogar isoliert darstellen? Wenn es diesen Algorithmus gibt, wie funktioniert dieser?

Lösung zu Übung 3

Wenn ein Bild binärisiert wurde, können Kanten durch Anwendung eines linearen Filters erkannt und auch korrekt dargestellt werden (in Form von weißen Linien auf schwarzem Grund). Es gibt drei verschiedene Kantenoperatoren, nämlich den horizontalen Operator, den vertikalen Operator und den Kreuzoperator. Der horizontale Operator kann durch folgende 3x3-Filtermaske definiert werden:

```
long int M[3][3]=
{
    0,0,0,
    0,-1,1,
    0,0,0
};
```

Der Vorteil dieses Operators ist, dass er in der horizontalen Ebene liegende Kanten sehr gut erkennt. Der Nachteil ist, dass er sehr schlecht Kanten erkennt, die in der vertikalen Ebene liegen. Der vertikale Operator kann durch folgende 3 x 3-Filtermaske definiert werden:

```
long int M[3][3]=
{
    0,0,0,
    0,-1,0,
    0,1,0
};
```

Der Vorteil dieses Operators ist, dass er in der vertikalen Ebene liegende Kanten sehr gut erkennt. Der Nachteil ist, dass er sehr schlecht Kanten erkennt, die in der horizontalen Ebene liegen. Der Kreuzoperator kann durch folgende 3 x 3-Filtermaske definiert werden:

```
long int M[3][3]=
{
    a,0,a,
    0,-a,0,
    a,0,a
};
```

Die Variable **a** ist hierbei der Schwellwert, der auch bei der Binärisierung verwendet wurde, um den Kreuzoperator für die anschließende Verwendung vorzubereiten. Der Kreuzoperator kann sowohl horizontale als auch vertikale Kanten erkennen, ist aber ungenauer als der horizontale oder vertikale Operator.

Übung 4

Mit Chroma Keying können Sie einen einfarbigen Hintergrund entfernen und anschließend z. B. durch ein Foto ersetzen. Dies funktioniert bekanntlich sehr gut, sogar im Falle von Videomaterial. Denken Sie, dass dies auch mit beliebigen, zur Not statischen Hintergründen möglich ist, z. B. mit einer weiten, grünen Wiese? Wenn dies möglich sein sollte, wie könnte dies funktionieren?

Lösung zu Übung 4

Das Entfernen eines einfarbigen Hintergrunds ist durch den Chroma-Keying-Algorithmus sehr effektiv umsetzbar, auf moderner Grafikhardware sogar für Videos und mit mehreren Spuren gleichzeitig. Das Entfernen eines nicht einfarbigen Hintergrunds ist dagegen durch den *Difference Matting*-Algorithmus möglich. Dieser Algorithmus ermittelt die Unterschiede zwischen einem statischen Hintergrundbild und einem Video, das denselben Hintergrund zeigt, über den aber z. B. ein Schauspieler läuft. Zum Ermitteln des Unterschieds (engl. *difference*) zweier Videos oder Fotos zieht dann der Algorithmus wieder Farbwerte heran.

Wenn sich die Farben der Pixel an der Position (x,y) auf dem statischen Hintergrund und dem Video, über das der Schauspieler läuft, nicht stark genug unterscheiden, dann wird das Pixel im ersten Bild durch Schwarz ersetzt. Ansonsten wird das Pixel auf dem statischen Hintergrund durch das Pixel ersetzt, das sich auf dem Video mit dem Schauspieler an der Position (x,y) befindet. Der Difference-Matting-Algorithmus ist leider nur sehr schwer in einer optimalen Weise umsetzbar, deshalb bieten ihn sogar professionelle Videoprogramme nur selten an. Die Ergebnisse sind einfach zu schlecht, um in kommerzieller Software angeboten zu werden. Dies hat mehrere Gründe. Der Hauptgrund ist sicherlich, dass z. B. auf einer weiten Wiese nicht nur reines Grün vorkommt, sondern auch andere Farben. Damit steigt die Wahrscheinlichkeit, dass die Farben der Kleidung des Schauspielers sich an einigen Stellen mit den Farben der Wiese überdecken. Auch Schatten z. B. von Bäumen oder bunte Blumen können ein Problem sein, da deren Farben auch sehr oft in der Sommerkleidung von Menschen vorkommen. Die Konsequenz ist dann eine sehr schlechte Skalierbarkeit des Difference-Matting-Algorithmus oder sogar ein Scheitern desselben (Hintergrund und Schauspieler können dann einfach nicht ausreichend getrennt werden).

■ Anhang zu Kapitel 11 „Graphen"

Übung 1

Was ist eine Adjazenzmatrix und wie werden durch diese Graphen dargestellt? Was ist der Unterschied zwischen einer Adjazenzmatrix und einer Inzidenzmatrix, wie sie für Petri-Netze verwendet wird?

Lösung

Eine Adjazenzmatrix ist eine sogenannte Nachbarschaftsmatrix, mit deren Hilfe die Knoten eines Graphen und die mit diesen Knoten verbundene Nachbarknoten in Form einer Matrix dargestellt werden können. Zu diesem Zweck werden die einzelnen Knoten in den einzelnen Spalten dargestellt. Die Zeilen beschreiben dann sämtliche Knoten, mit denen der betreffende Knoten verknüpft ist. Immer, wenn in einer Spalte eine Zahl steht, die nicht null ist, so bedeutet dies, dass der Knoten, der durch die Zeile beschrieben wird, mit dem Knoten verbunden ist, der durch die betreffende Spaltennummer bestimmt wird. Eine Inzidenzmatrix dagegen ist eine bestimmte Form einer Graphenmatrix, die speziell für Petri-Netze entwickelt wurde. Die Inzidenzmatrix beschreibt in einem Petri-Netz die Zustandsänderungen des Markierungsvektors, die die einzelnen Transitionen bei einem Schaltvorgang bewirken können.

Übung 2

Was sind die hauptsächlichen Bestandteile von Graphen und wie sind diese untereinander verbunden? Gibt es auch verschiedene Graphentypen? Wenn ja, welche Typen sind speziell für die Informatik wichtig?

Lösung

Graphen bestehen aus Knoten und Kanten, dabei enthalten die Knoten die Informationen (z. B. Städtenamen, Raumnamen oder Markierungspunkte). Die Knoten sind durch die Kanten verbunden, dabei führt eine Kante entweder zu einem anderen Knoten oder aber auch zurück zu dem gleichen Knoten, von dem die Kante ausgeht (Kreispfade sind also erlaubt). Kanten können auch gerichtet sein, dann spricht man von einem gerichteten Graph. Es gibt verschiedene Graphentypen, nämlich den allgemeinen Graphen, der gerichtet oder ungerichtet sein kann, den Baum, der ein spezieller gerichteter Graph ist, und einige Graphentypen, die nur in der Informatik vorkommen. Einer dieser speziellen Graphentypen, der nur in der Informatik vorkommt, ist z. B. das Petri-Netz.

Übung 3

Erklären Sie in Worten (keine Graphen), was das Philosophenproblem ist, und wie dieses mit einem Java-Programm simuliert werden kann (beschreiben Sie nur Ihr Vorgehen, keinen Programmcode). Überlegen Sie auch, welche Probleme bei der Simulation des Philosophenproblems auftreten können und wie sich diese lösen lassen.

Lösung

Das Philosophenproblem ist ein Problem, dass der Holländer Dijkstra in einer seiner Vorlesungen als Übungsaufgabe für seine Studenten verwendet hat, um diesen die Synchronisation zwischen Prozessen zu veranschaulichen. Dieses Beispiel, das es später ähnlich wie Schrödingers Katze zu einer gewissen Berühmtheit gebracht hat, geht so: An einem runden Esstisch sitzen fünf Philosophen, die alle zu Mittag essen wollen. Jeder Philosoph hat genau einen Teller, deshalb kann jeder einzelne Philosoph davon essen. Essen ist auch genug da, nur leider sind nicht genug Gabeln vorhanden. Jeder Philosoph benötigt zum Essen zwei Gabeln, die links und rechts neben ihm liegen. Nur muss ein Philosoph sich immer die rechte und linke Gabel mit jeweils einem anderen Philosophen teilen. Ein Philosoph besitzt nun zwei Zustände: essen und denken. Immer, wenn er mit dem Essen fertig ist (was eine Zeitlang dauert), geht er denken und legt natürlich die Gabeln wieder auf den Tisch. Diese Gabeln kann dann ein anderer Philosoph nehmen und damit essen.

Um das Philosophenproblem mit einem Java-Programm zu simulieren, muss eine Klasse Philosoph erstellt werden, die von der Klasse Thread abgeleitet ist und die Methode run() implementiert. Die Methode run() enthält nun eine Endlosschleife, die die einzelnen Philosophen abwechselnd in den Zustand denken und essen versetzt. Ein Philosoph kann aber nur dann essen, wenn er auch wirklich seine Gabeln aufnehmen kann. Um die Gabeln zu simulieren, ist es am besten, ein Array Gabel zu erstellen, das als globale Variable beim Erstellen der Klasse Philosoph an den Konstruktor übergeben wird. Dadurch müssen sich sämtliche Philosophen ein Gabel-Set teilen, was an dieser Stelle gewollt ist.

Bei der Simulation des Philosophenproblems durch ein Java-Programm können folgende Probleme auftreten:

- Weil sämtliche Philosophen-Threads besonders auf einem schnellen Betriebssystem quasi gleichzeitig angelegt werden, wollen sie auch alle gleichzeitig essen. Dies führt dazu, dass der letzte Philosoph (Philosoph Nr. 5) quasi verhungert, weil er niemals eine Gabel abbekommt. Die Lösung ist hier, die Ess- und Denkzeit per Zufall festzulegen.

- Wenn die Denkzeit und Esszeit bei allen Philosophen gleich lang ist, kann das Netz in einen Zustand geraten, an dem sich nichts mehr bewegt, weil keiner der Philosophen noch seine Gabeln aufnehmen kann. Diesen Zustand nennt man einen Deadlock. Wenn Sie das Programm so umgesetzt haben, dass Ihre Philosophen verhungern können, dann verhindern Sie den Deadlock, aber mit der Zeit verhungern Ihnen drei der Philosophen. Die Lösung ist hier wieder, die Denk- und Esszeit per Zufall festzulegen und vielleicht die einzelnen Threads auch zu unterschiedlichen Zeitpunkten zu starten.

Übung 4

Wie können Sie entscheiden, ob ein Graph vollständig durchlaufen werden kann, ohne eine Kante zweimal zu passieren? Nennen Sie ein Beispiel für einen Graphen, wo dies möglich ist, bzw. skizzieren Sie diesen Graphen, wenn Ihnen eine bildliche Darstellungsweise lieber ist.

Lösung

Um zu entscheiden, ob es in einem Graphen eine Möglichkeit gibt, diesen zu durchlaufen, ohne eine Kante zweimal zu passieren, muss ein Eulerpfad gefunden werden. Um einen Eulerpfad zu finden, kann der Graph z. B. in eine Adjazenzmatrix überführt werden, die nur Nullen und Einsen enthält und nur die Verbindungen zwischen den Kanten beschreibt. Anschließend kann auf die Adjazenzmatrix ein spezieller Backtracking-Algorithmus zum Finden der Eulerpfade angewendet werden. Nicht sämtliche Graphen enthalten zyklische Pfade und auch nicht alle Graphen enthalten Eulerpfade. Ein Beispiel für einen Graphen, bei dem es Eulerpfade gibt (sogar mehrere davon) ist das bekannte Kinderspiel „Haus des Nikolaus". Dieses Haus kann mit einem Buntstift gezeichnet werden, ohne diesen abzusetzen.

Index

Abtastrate 271
Adjazenzmatrix 100, 512
Ägyptische Division 71
Ägyptische Multiplikation 68
Amplitude 275
Anker-Element 117
Asymmetrische Verschlüsselungsverfahren 395
AVL-Baum 176
Axone 333

Backtracking 99
Baum 513
Bäume 175
Binärbaum 176, 202
Binärisierung 321
Blockchain 138
Bottom-up-Methode 180
Bug 23

Carry-Bit 60
Chiffre 358
Chroma Keying 330
Cipher Block Chaining 395
Collections 166

DAC 272
Deadlock 465, 514
Difference Matting 511
diskret 268 f.
Distortion-Algorithmus 293
doppelt verkettete Liste 117

einfach verkettete Liste 117
Einstreuung 270

Euklidischer Algorithmus 53
Eulerkreis 455
Eulerpfad 514
Eulerzug 455

Falltürfunktion 382
Feuern 334
Fibonacci-Folge 90
Folge 90
Frequenz 273

Galois-Feld 92
Gequantelt 432
gerichtet 435
Graph 99, 512

Handle 307
Harmonisch 283
Hashing 412
Hash-Wert 412
Haus des Nikolaus 514
Hebbsches Lernen 335
Heisenbergsche Unschärferelation 433
Histogramm 349
Hüllkurve 285

Initialisierungsvektor 423
Interferenz 342
Inzidenzmatrix 481, 512
IP 85

Kante 435
Kantengewichte 435
Kerckhoff-Regel 397

Klartext 358
Klasse 130
Klick 290
Knoten 435
Kollision 185, 422
Kompression 422
Konstruktor 129
kontinuierlich 269
Kryptographischer Algorithmus 358
kryptographisches Hashing-Verfahren 138
Kryptographisches Hashing-Verfahren 412

LSB 69

Man-In-The-Middle-Angriff 361
Median 306
Merkle-Damgård-Konstruktion 422
MFR-Prinzip 172
Mikrocontroller 272
Miller-Rabin-Algorithmus 385
Moore-Umgebung 450

Neuron 333
Nibble 60
Normale Zahl 415

Objekt 130
Offscreen-Buffer 308
One Time Pad 365
Operand 105, 500
Operanden-Stack 500
Operator 105, 500
Operatoren-Stack 500
Overflow 64

Petri-Netze 462
Philosophenproblem 513
Phonem 347
Pin 272
Pivotelement 231
Polymorphismus 170
Primfaktorzerlegung 47
Primzahlen 47
Primzahltest 385
Prozessorstapel 86
Pseudoprimzahlen 385

Pseudo-Primzahlen 48
Public-Key-Verfahren 383

Quelle 269

Register 85
Reihe 299
Rekursion 85
relativer Signalanteil 271
Rohdaten 289

Salz 420
Sample 292
SBox 396
Schaltvektor 481
Schlüssel 358
Schlüsselraum 363
Seitenkanalangriff 429
Semaphore 259, 437, 490
Senke 269
Sieb des Eratosthenes 56
Signal 259, 267
Signalbreite 273
SP 85
Square-And-Multiply 385
Stack-Overflow 86, 500
Stellen 463
Strings 26
Symmetrische Verschlüsselungsverfahren 395

Teile-und-herrsche-Prinzip 95
Thread-Programmierung 250
Top-down-Methode 180
TOS 500
Transitionen 463

ungerichtet 435
ungewichtet 436

Verstärkungsfaktor 270

Wellenform 273
Wrapper-Funktion 192

XOR-Shift 430

Zyklus 455